AF525240

Historische Spitzen

Die Leopold-Iklé-Sammlung im
Textilmuseum St. Gallen

Mit Fotografien
von Michael Rast

Historische Spitzen

Die Leopold-Iklé-Sammlung im Textilmuseum St. Gallen

Herausgegeben vom Textilmuseum St. Gallen
und der Iklé-Frischknecht-Stiftung

arnoldsche

Inhalt

Vorwort

Die Publikation *Historische Spitzen: Die Leopold-Iklé-Sammlung im Textilmuseum St. Gallen*, herausgegeben von der Iklé-Frischknecht-Stiftung und dem Textilmuseum St. Gallen ist untrennbar mit Leopold Iklé verbunden. Als Textilindustrieller und leidenschaftlicher Sammler textiler Kunstwerke schenkte er dem heutigen Textilmuseum St. Gallen ab 1901 eine umfangreiche und wertvolle Sammlung historischer Textilien in mehreren Tranchen. Zusammen mit weiteren Textilien aus der Sammlung Iklé besitzt das Museum heute Objekte der textilen Kunstgeschichte von herausragender Qualität.

Gertrud Calame-Iklé, die Enkelin von Adolf Iklé, der zusammen mit seinem Bruder Leopold die Firma Iklé Frères in St. Gallen führte, hat in ihrem Vermächtnis im Jahr 1999 die Errichtung der Iklé-Frischknecht-Stiftung verfügt. Zweck dieser Stiftung ist die Förderung, Betreuung und Erhaltung der Leopold-Iklé-Sammlung im Textilmuseum St. Gallen.

Der Stiftungsurkunde entsprechend setzte die Stiftung seit ihrem Bestehen ihr Kapital für bauliche Verbesserungen der Museumsdepots und für die schonende Lagerung der Textilien in Spezialschränken ein.

Durch Ankauf bedeutender Textilien unterstützte sie die Erweiterung der Sammlung. Sie finanzierte die Restaurierung und Konservierung historischer Textilien, beteiligte sich an Ausstellungen, Publikationen und Weiterbildungen und leistete damit einen wichtigen Beitrag zum Erscheinungsbild des Textilmuseums St. Gallen.

Die Sammlung von Leopold Iklé ist äusserst umfangreich und sehr vielseitig. Sie umfasst spätantike Textilien aus byzantinischer Zeit, auch „koptisch" genannt, verschiedene historische Leinenstickereien aus der Schweiz und aus dem Ausland, Kirchengewänder, Gobelins, Spitzen und vieles andere mehr. Einen Teil dieser Sammlungsstücke hat das Textilmuseum ausführlich beschrieben und Interessenten in einem grossen Online-Sammlungskatalog zugänglich gemacht.

In St. Gallen spielen Stickereien und Spitzen seit jeher eine grosse und traditionsreiche Rolle. Daher hat der Stiftungsrat der Iklé-Frischknecht-Stiftung zusammen mit dem Textilmuseum St. Gallen im Sommer 2016 beschlossen, über das Teilgebiet der Spitzen der Sammlung diese nun vorliegende Publikation herauszugeben. Mit dieser Publikation erfüllt sich der lang gehegte Traum des Textilmuseums, die Sammlung Iklé in würdiger Form präsentieren zu können. Die Stiftung dankt allen Mitwirkenden.

Stiftungsrat der Iklé-Frischknecht-Stiftung

Einleitung

Das Textilmuseum St. Gallen besitzt eine der qualitativ hochwertigsten Spitzensammlungen weltweit. Dies nicht zuletzt dank der Schenkungen, die Leopold Iklé zu Beginn des 20. Jahrhunderts getätigt hat und denen die vorliegende Publikation gewidmet ist. Spitzen sind textile Juwelen und waren zur Zeit ihrer Entstehung exklusives Luxusgut. Zudem gehören die Herstellungstechniken von Klöppel- und Nadelspitze zu den wichtigsten textilen Innovationen Europas in der frühen Neuzeit – Innovationen, die überwiegend von Frauen entwickelt wurden, die diese in Heimarbeit produzierten. Spitzen fallen unter die frühesten Produktgruppen, die ab dem 15. Jahrhundert in Europa selbst, konkret in Italien, entwickelt wurden und nicht aus China und Zentralasien importiert worden sind, wie etwa komplexe Webtechniken. Im Zuge der Mechanisierung der Herstellungsprozesse wurden Spitzen während der folgenden Jahrhunderte zu wichtigen Trägern der industriellen Revolution. Spitzen revolutionierten nicht nur die Mode der Eliten, sondern auch das Leben zigtausender Frauen, die sie ab dem 16. Jahrhundert produzierten.

Die Spitzenproduktion in Europa erreichte gegen Ende des 16. Jahrhunderts einen ersten Höhepunkt. Ihr Aufstieg ging mit jenem des Buchdrucks einher, der die Muster und Techniken der Spitzen in Form von einschlägigen Modelbüchern, die Vorlagen beinhalteten, über ganz Europa verbreitete. Ihr Erfolg spiegelte sich in den Kleiderordnungen der Zeit, die den niederen Ständen das Tragen von Spitzen verboten, um die Hoffart einzuschränken und soziale Kontrolle auszuüben. Im Laufe des 17. Jahrhunderts wurden die Herstellungsprozesse zunehmend professionalisiert. Die Mode änderte sich mit den politischen Machtverhältnissen. Hatte die in Bezug auf Spitzen stark italienisch beeinflusste spanische Mode bis zur Mitte des 17. Jahrhunderts dominiert, übernahm ab dieser Zeit der französische Hof Ludwigs XIV. das Zepter und setzte neue Massstäbe in den Künsten. Frankreich wurde in der Folge das innovative Zentrum der Spitzenproduktion. Das höfische Europa folgte den am französischen Hof gesetzten Standards. Mit der französischen Revolution erlitt die Spitzenproduktion dann auch einen ersten deutlichen Einbruch.

Im 19. Jahrhundert erholten sich die Luxusindustrien langsam wieder, doch auch die Käuferschichten änderten sich. Im Zuge der industriellen Revolution wuchs mit der stetig wohlhabender werdenden Bevölkerung auch die Nachfrage nach Spitzen und trieb technische Innovationen an, um für die neuen Konsumenten mehr und günstiger produzieren zu können. Im Historismus wurden Spitzen als dekorative Accessoires für Mode und Interieur wiederentdeckt. Diese Wiederentdeckung förderte schliesslich auch den Aufstieg St. Gallens und den Erfolg der St. Galler Spitze, wie sie unter anderem von Leopold Iklés Firma produziert wurde, der wiederum historische Spitzen als Vorlagen für seine Produktion sammelte. Und so schloss sich der Kreis.

Die Sammlung Leopold Iklé zeichnet die europäische Geschichte der Spitze nach, auf der die St. Galler Stickerei-Industrie fusste und durch die sie inspiriert wurde.

Das Textilmuseum St. Gallen dankt der Iklé-Frischknecht-Stiftung für die langjährige Unterstützung und das Vertrauen in die Institution und ihre Sammlungen, die zu einem wichtigen Teil von den unterschiedlichen Zweigen der Familie Iklé geprägt wurden. Speziell den Mitgliedern des Stiftungsrates Monika Frey-Iklé, Silvia Iklé, Ursula Karbacher und Anne Wanner-JeanRichard, letztere war lange Jahre Kuratorin im Textilmuseum St. Gallen und fungierte hier auch als Autorin. Zudem dankt das Museum Michaela Reichel, unter deren Direktion das Buchprojekt seine vorliegende Form angenommen hat, und den Autorinnen des Bandes, Frieda Sorber, Kuratorin im Modemuseum Antwerpen, Roberta Orsi Landini, Mode- und Textilhistorikerin, und speziell Thessy Schoenholzer Nichols, Spitzenhistorikerin, die auch die technische Analyse der gesamten Sammlung des Textilmuseums im Rahmen eines Projektes revidiert und weitergeführt hat. Hierin hat sie auf die exzellente Vorarbeit zweier ehemaliger Mitarbeiterinnen des Museums aufbauen können, neben Ursula Karbacher sei hier Marianne Gächter ebenfalls herzlich gedankt. Die Koordination der einzelnen Elemente des Buches ist die Leistung des unermüdlichen MitarbeiterInnenteams des Textilmuseums, speziell von Christine Freydl-Kuster, Silvia Gross und Ilona Kos. Zudem sei Rita Cordey, Franco Della Libera, Judith Fuchs, Angela Graf, Ali Harrak, Janina Hauser, Bernadette Scherrer, Luzia Schindler, Claudia Schmid, Annina Weber, Jacques Weil und Pia Zweifel gedankt. Danke auch den Arnoldsche Art Publishers mit Dirk Allgaier und Greta Garle sowie der Gestalterin Silke Nalbach. Besonderer Dank gebührt Sarah Obrecht, die die Montierungen für die Spitzen gefertigt hat, und Michael Rast, der über zwei Monate an der Herstellung der fantastischen Fotografien der Publikation gearbeitet hat.

Barbara Karl
Direktorin Textilmuseum St. Gallen

„Das Alte auf eine neue Weise tun – das ist Innovation“

Anne Wanner-JeanRichard

Dieses Zitat des Nationalökonomen Joseph Alois Schumpeter hat seine Gültigkeit auch für viele Bereiche der St. Galler Stickerei-Industrie, wie in dieser Studie gezeigt wird. Unter anderem war es gängige Praxis, in Betrieben Sammlungen historischer Textilien anzulegen, die als Vorbild für neue Entwürfe dienten. Auch Leopold Iklé war sich als Fabrikant von Stickereien des Wertes historischer Textilien sehr bewusst, sein Interesse an alten Techniken war vermutlich der Anstoss und bildete den Anfang seiner Sammlertätigkeit. Der Schwerpunkt seiner Sammlung lag auf europäischen Stickereien und Spitzen, ethnografischen Textilien und spätantiken ägyptischen Geweben. In den Jahren 1901/1904 schenkte er dem damaligen Industrie- und Gewerbemuseum St. Gallen, dem heutigen Textilmuseum, den ersten Teil seiner Sammlung. Diese grosszügige Geste beruhte unter anderem auf Iklés Überzeugung, dass Textilien früherer Zeiten Grundlage für neues Gestalten bildeten. So sollten denn seine mit viel Liebe zusammengetragenen Kostbarkeiten auch für die Zukunft als Anregung und Inspiration für Schulen, Studierende und Interessierte dienen. Iklé formulierte dies folgendermassen: „Bei der Vielseitigkeit der Industrie und dem Wechsel der Mode sind aber alle guten Vorbilder früher oder später von Nutzen.“[1] Um diese Aussage noch zu bekräftigen, erstellte er den zugehörigen Katalog, der am 21. Juli 1908 erschien.[2]

Die hier vorliegende Studie möchte die Geschichte der Sammlung von Leopold Iklé skizzieren. Die hohe Bedeutsamkeit historischer Textilien als Inspirationsquelle für zeitgenössisches Design steht dabei im Zentrum. In einem weiteren Teil soll mithilfe des erwähnten Katalogs Iklés Sammlungstätigkeit beleuchtet und anhand ausgewählter Objekte die historische Entwicklung der maschinellen Produktion verfolgt werden. Dabei stehen einige handgefertigte Stücke maschinell hergestellten Stickereien gegenüber. Zudem wirft die Studie einen Blick auf die faszinierende Welt der Musterbücher und zeigt den Einfluss der Textilsammlungen auf die Ausbildung von Stickerei-Entwerfern.

Leopold Iklé und die Firma Iklé Frères

In den Jahren, in denen neue Stickmaschinen und neue Verfahren immer ausgeklügelter wurden, entwickelte sich die Fabrikation der Gebrüder Iklé in St. Gallen.[3] Leopold Iklé (1838–1922) aus Hamburg reiste als Importeur und Exporteur von Textilien oft nach Appenzell und Vorarlberg. Nach dem Tode seines Vaters übernahm er 1864 die St. Galler Niederlassung des Familienunternehmens. Er erhielt hier das Niederlassungsrecht und 1881 das Bürgerrecht. Bereits seit den 1870er-Jahren scheint er sich auch mit der Produktion mechanischer Stickereien befasst zu haben. Jedenfalls war er einer der acht Fabrikanten, die am 21. Dezember 1875 in St. Gallen den Industrie-Verein gründeten.[4] Diesem Zusammenschluss stand er als Präsident und Vizepräsident vor und als er sich mit 80 Jahren zurückzog, erhielt er die Ehrenmitgliedschaft bis an sein Lebensende.

Leopold hatte viele Geschwister. Sein Bruder Adolph (1852–1923) half seit 1870 in St. Gallen, Bruder Ernst (1842–1936), auch er zuerst in St. Gallen beteiligt, leitete seit 1871 die Pariser Niederlassung. Er verfasste später zusammen mit Leopolds Sohn Fritz sein grundlegendes Werk über die frühe Maschinenstickerei.[5] Ein Bruder blieb im Hamburger Stammhaus, ein anderer baute die Geschäftsstelle in New York auf, die sich noch vor 1925 zur selbstständigen US-Firma wandelte.

Niederlassungen gab es auch in europäischen Ländern, wie zum Beispiel in Plauen (Deutschland), hier bestand die Firma von 1878 bis 1941.[6]

Ein Neffe Leopold Iklés, John Jacoby (1869–1953) betätigte sich als junger Mann in der Firma seines Onkels in St. Gallen. Im Jahre 1895 eröffnete er die Filiale in London. Jacoby interessierte sich wie sein Onkel für Spitzen, er hielt Vorträge und organisierte Ausstellungen seiner Anschaffungen. Bedeutsame Objekte erwarb er anlässlich einer Auktion der weiteren Sammlung Leopold Iklés’ 1923. Diese Stücke, zusammen mit seinen anderen gesammelten historischen Textilien, finden sich heute in der Sammlung John Jacoby. Diese wurde 1955 von der Trägerschaft des Textilmuseums St. Gallen erworben.

Die Firma Iklé Frères liess 1879/80 die erste Schifflimaschinenstickerei der Ostschweiz in St. Gallen (ehemalige Gemeinde Straubenzell) aufstellen. Einen Umbau und zusätzlichen Neubau errichtete Architekt Wendelin Heene in den Jahren 1901 und 1906. Leopold Iklé zog sich bereits zu Beginn des 20. Jahrhunderts aus der Firma zurück und überliess Adolph die Leitung. Nach dessen Tode übernahm Adolphs Schwiegersohn Felix German im Jahre 1923 das St. Galler Haus. 1929 schloss sich Iklé Frères mit Reichenbach & Cie zusammen. Diese St. Galler Firma besass ebenfalls Niederlassungen in New York, Berlin, Paris und Plauen. Iklé Frères wurde 1931 aus dem Handelsregister gelöscht, blieb aber bis 1938 als Gesellschafter weiterhin eingetragen. Aus einer Korrespondenz lässt sich schliessen, dass Leopold Iklés Sohn Fritz, bis Mitte der 1930er-Jahre in der Firma beschäftigt blieb und auch Beziehungen zu seinem Onkel Ernst Iklé in Paris pflegte.[7]

Leopold Iklés Unterstützung erhielt die im Aufbau begriffene St. Galler Textilsammlung im Industrie- und Gewerbemuseum (heute Textilmuseum St. Gallen), indem er dieser Institution die eingangs erwähnten historischen Textilien schenkte und dazu einen Katalog mit 1467 Nummern verfasste (Druckjahr 1908). Später kamen dazu rund 100 koptische Wirkereien und zirka 600 ethnografische Textilien. In den folgenden Jahren vergrösserte sich Iklés zweite Sammlung und er gab zusammen mit Dr. Adolf Fäh Tafelwerke mit hervorragenden Spitzen heraus.[8]

Am 18. September 1923 und an den folgenden Tagen wurde in Zürich im Zunfthaus zur Meise jener zweite, von Iklé seit 1901 erweiterte Sammlungsteil versteigert. Im Vorwort zum Auktionskatalog heisst es, diese Textilsammlung gehöre zu den „reichhaltigsten und vielseitigsten, die je von sachkundiger Hand als ein Lebenswerk zusammengetragen wurden".[9] Anlässlich der Auktion ging ein grosser Teil der angebotenen Spitzen und Stickereien in den Besitz von Leopolds Neffen John Jacoby über.

Zusammenfassend lässt sich zur Sammlungstätigkeit Iklés' bemerken, dass der ursprüngliche Anstoss wohl in der Suche nach Vorlagen für die Produktion der eigenen Betriebe lag, aber bald darüber hinaus ging. So stellte er mit dem Katalog von 1908 seine Sammlung in den Dienst aller Entwerfer und ermöglichte darüber hinaus auch ihre wissenschaftliche Aufarbeitung. Mit der Schenkung stellte er seine Sammlung der Allgemeinheit zur Verfügung.

Gewebegrund und Handstickerei

Der nun folgende Teil der Studie widmet sich vorrangig der historischen Entwicklung jener Bereiche, die für die Produktionen der Firma Iklé Frères wichtig waren, der Nadelspitze und der Stickerei. Die Mechanisierung der Stickerei machte St. Gallen im Laufe des 19. Jahrhunderts zum Weltmarktführer in dieser Sparte.

Leopold Iklés Interesse für die Technik der Stickerei kommt auch in seinem oben erwähnten Tafelwerk über die Spitze zum Ausdruck. Im ersten Teil dieses Bandes führt er die Entstehung der genähten Spitze auf die Leinenstickerei und hier vor allem auf die verschiedenen Zier- und Schlingstiche zurück, die „zuweilen schwebend auf der Leinwand" gearbeitet seien.[10] Solch schwebende Zierstiche finden sich schon auf norddeutschen Altar- und Fastentüchern, zum Beispiel bei Weissstickereien, die in niedersächsischen Klöstern wie Lüne oder Ebstorf zum Ende des 13. und am Anfang des 14. Jahrhunderts entstanden. In einem weiteren Abschnitt des erwähnten Tafelwerkes vermutet Iklé, dass vielleicht die dalmatinische Küste als Wiege

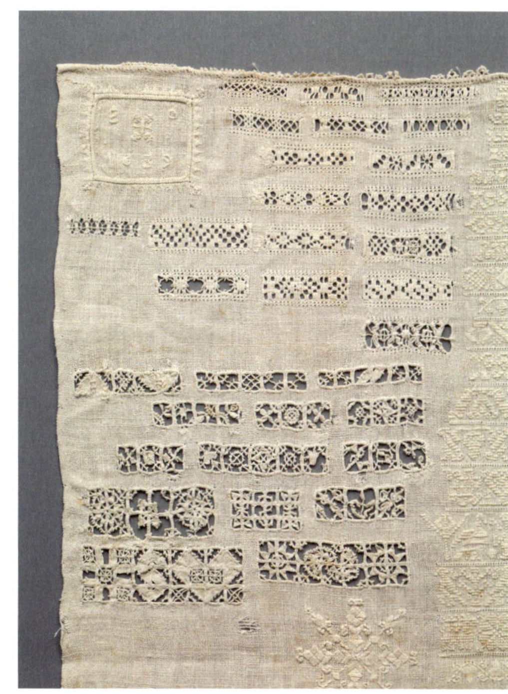

Abb. 1 Detail aus Mustertuch mit Durchbrucharbeit und Spitzenmustern mit Initialen E. O., Handarbeit, England oder Schweiz, datiert 1635, Textilmuseum St. Gallen, Inv.-Nr. 20033.

1 Iklé, Wild 1908, S. 5. Datum der Schenkung erwähnt im Vorwort des Kataloges der Sammlung von 1908.
2 Iklé, Wild 1908.
3 Ich danke Heino Strobel, der für seinen Vortrag in Arbon (Schweiz) am 10. Oktober 2017 die Daten gemäss Handelsregistern, Grundbuchämtern, Adressbüchern in Plauen und in St. Gallen überprüfte. Er stellte die Ergebnisse seiner Recherchen für diese Studie zur Verfügung.
4 Iklé 1931, S. 225.
5 Iklé 1931.
6 Ich danke Heino Strobel, der die Angaben zur Plauener Firma recherchierte.
7 Wanner 2013, S. 34, 40, und unveröffentlichte Briefe aus dem Privatarchiv der früheren Stoffdruckerei Bartholome Jenny & Cie, Ennenda (Kanton Glarus, Schweiz).
8 Iklé, Fäh 1919; Fäh 1920.
9 Auktionskatalog 1923, Vorwort.
10 Iklé, Fäh 1919, S. 1, 2 und 54; sowie: Wanner-JeanRichard, Gächter-Weber, Kessler-Loertscher 2002, S. 7, 16, 32 und 46.

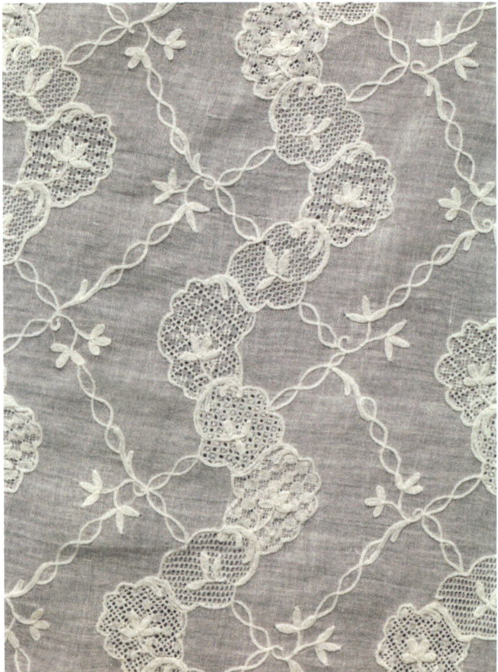

Abb. 2 Detail aus bestickter Decke, Handarbeit, Ostschweiz, um 1770, Textilmuseum St. Gallen, Inv.-Nr. 21260.

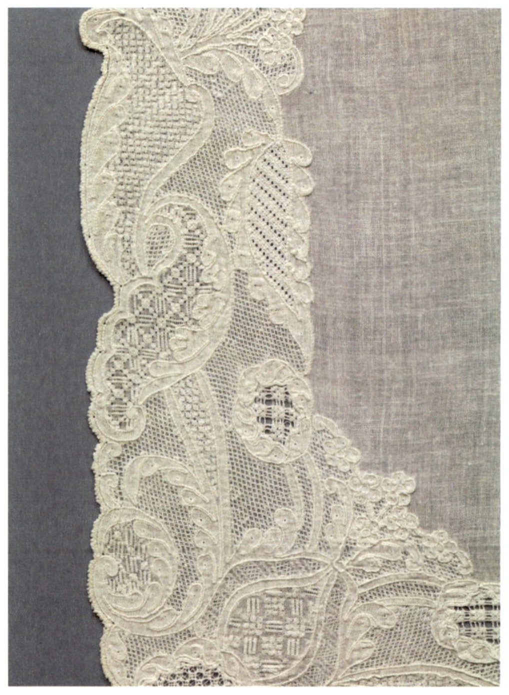

Abb. 3 Detail aus besticktem Schultertuch Typ *Point de Saxe*, Handarbeit, Deutschland, um 1770, Textilmuseum St. Gallen, Sammlung J. Jacoby, Inv.-Nr. 21264.

der Spitze betrachten werden könnte, da man hier die Technik des Doppeldurchbruchs in frühen Zeiten zur Verzierung von Kleidern verwendete. Die Venezianer hätten nach der Eroberung dieses Gebietes um 1400 die dort heimischen Zierarten aufgenommen und weiterentwickelt.

Iklé sammelte Leinenstickereien aus einem Zeitraum vom 15. bis 17. Jahrhundert. Gemäss erhaltener Familienwappen lassen sich diese Arbeiten vor allem in der deutschen Schweiz lokalisieren. Neben dem naiv-lebendigen Erzählen gehört das Beleben des Leinengrundes durch verschiedene Stickstiche zum Merkmal der Gruppe. Wie erwähnt, interessierten Iklé die schwebenden Stiche besonders, da er meinte, bei den auf dem Gewebe liegenden und mit diesem nur am Rande verbundenen Schling- und Flechtstichen die Anfänge von Nadelspitzen gefunden zu haben.

Zu den frühesten spitzenähnlichen Textilien zählen die in der Technik des Doppeldurchbruches gemusterten Leinenarbeiten. In der Sammlung Iklé sind Altartücher, Kelchtücher, Decken, Bett- und Tischwäsche vom 15. bis 17. Jahrhundert aus Italien und Deutschland in dieser Art verziert. Frühe Spuren finden sich auch auf mehreren Mustertüchern, die sich in Schweizer Museen erhalten haben. Im Textilmuseum St. Gallen tragen entsprechende Beispiele die Jahreszahlen 1635, 1652 und 1659. Allerdings stammen sie nicht aus der Sammlung Iklé, sondern aus einem früheren Museumsbestand, der vermutlich Arbeiten aus der östlichen Schweiz vereint. Bei den Mustertüchern könnte es sich um Schularbeiten handeln, die unter Leitung derselben Lehrerin entstanden (Abb. 1).[11]

Leopold Iklé hatte eine ganze Reihe datierter und signierter Spitzen-Mustertücher des 17. Jahrhunderts aus England in seine Sammlung einbezogen. Sie zeigen die Beliebtheit der Durchbruch- und Spitzentechnik auch in jenem Land. Zur Verzierung von Tüchern und Decken zog man die Fäden oft nur in einer Richtung aus dem Gewebe und ergänzte später mit verschiedenen Stick- und Hohlsaumstichen (Zughöhlarbeiten). Bei anderen Beispielen ist eine fortschreitende Auflösung des leinenen Gewebegrundes erkennbar. Das Ausziehen von Fäden in waagrechter und senkrechter Richtung wie auch das Wegschneiden kleiner Teilstücke verleihen dem Gewebegrund vermehrt Transparenz. Spezielle, weitmaschige Gewebearten oder auch Gerüste von schmalen Litzen und Schnüren ersparten bald das mühsame Herauslösen und Entfernen der Gewebefäden. Das Gitter trat in der Folge kaum mehr in Erscheinung, denn die durch das Ausziehen entstandenen Öffnungen oder weggeschnittenen Partien wurden in weiteren Arbeitsgängen mit Schling- oder Webstichen wieder gefüllt. Das Gitter diente lediglich als Stütze für die Spitzenstiche.

Ein lichtes, luftiges Gebilde hat nun das Gewebe verändert, eine Netzspitze oder *Reticella* mit geometrischen Formen, mit Quadraten, Sternen ist entstanden. Bald entwickelten sich freiere Formen, die elegante venezianische Spitze zeigt Blätterranken, Blumen, ja bisweilen Figuren.

Seit dem 17. und vor allem im 18. Jahrhundert verfeinerte sich der Gewebegrund. Die Ostindischen Handelsgesellschaften vermittelten feinste Baumwollgewebe – indischen Musselin – nach Europa (Abb. 2, 3). Mit veränderten Anbaumethoden des Flachses gelang auch in den Niederlanden die Herstellung feinerer Leinengewebe. Die sogenannten Leinenbatiste oder *Cambric* wurden beliebt. Zudem spann und verwebte man vermehrt Baumwolle. Das Material selbst fand sich in Europa

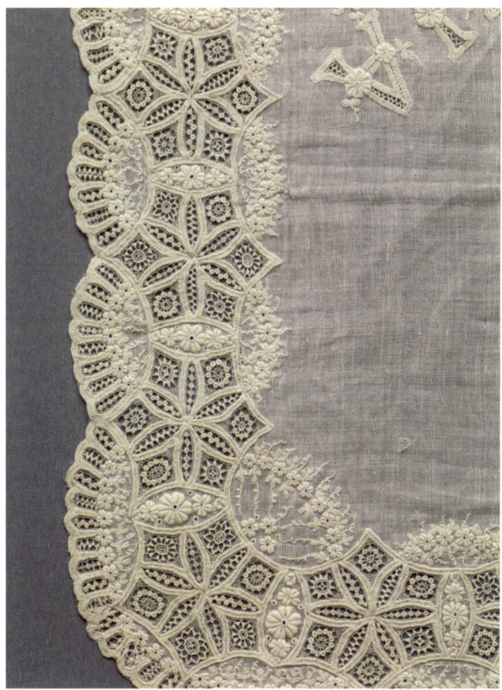

Abb. 4 Detail aus Taschentuch, Handarbeit, Appenzell, Schweiz, Mitte 19. Jahrhundert, Textilmuseum St. Gallen. Sammlung L. Iklé, Inv.-Nr. 20332.

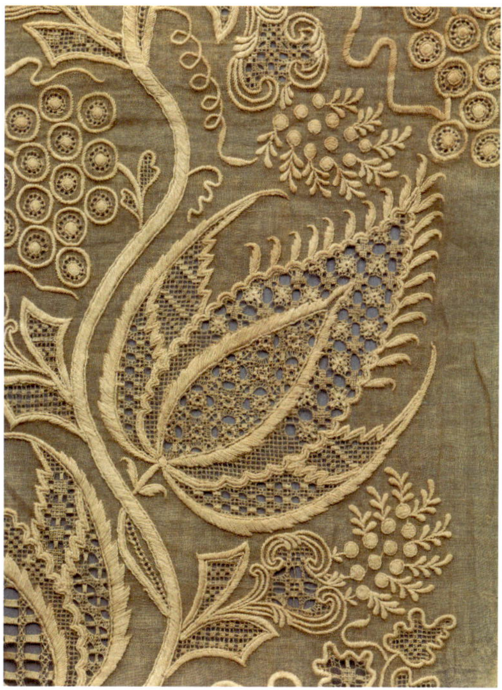

Abb. 5 Detail aus bestickter Decke, Handarbeit, Manila, Philippinen, zweite Hälfte 19. Jahrhundert, Textilmuseum St. Gallen, Sammlung L. Iklé, Inv.-Nr. 23493.

schon seit längerer Zeit, als Mischgewebe (*Barchent*) war es in Italien bereits im 14. Jahrhundert bekannt. Handelshäuser, wie zum Beispiel der seit dem 13. Jahrhundert bestehende Fondaco dei Tedeschi in Venedig, kauften Baumwolle aus Mittelmeergebieten. Das Material gelangte über die Alpenpässe in verschiedene Länder, in denen man es weiterverarbeitete.

Im Zürcher Oberland ist das Baumwollspinnen im 17. Jahrhundert durch Armenberichte belegt und im Kanton Glarus geht die Einführung in die Jahre um 1714 zurück. In der Ostschweiz herrschte die Leinwandindustrie vor, dies änderte sich um 1721 mit der Einwanderung von Peter Bion. Er stammte aus einer Hugenottenfamilie und führte den Handel mit Baumwollgeweben und ihre Herstellung in die Ostschweiz ein. Im Kanton Appenzell stellten feine Musselingewebe eine Besonderheit dar. Wie der Zeitgenosse Ulrich Bräker (1735–1798) berichtet, war das Baumwollspinnen auch im St. Galler Nachbarort Toggenburg seit den 1730er-Jahren bekannt.[12] Zu einem ausgedehnten Baumwollgebiet entwickelte sich zudem der bernische Unteraargau. Aus mittleren und gröberen Garnen entstanden unter anderem Druckböden für bedruckte Baumwollstoffe.

Eine Gewebeverzierung mittels Stickerei kam nach 1750 in Mode. Damals sollen Mädchen aus Lyon die Technik des Tambourierens in die Stadt St. Gallen gebracht haben. Der feine Baumwollstoff zu einer im Textilmuseum St. Gallen erhaltenen Taufdecke mit Kettenstichverzierung könnte aus Indien stammen, aber vielleicht handelt es sich auch bereits um einheimisches Gewebe (Abb. 2). Als Ziertechnik erschien die neue Tambouriertechnik nun im Bund mit feinsten Zughöhlarbeiten. Bei diesen Verzierungen zog man oft nur das lockere Gewebe in regelmässigen Gruppierungen zusammen, löste also keine Fäden heraus. Die Technik könnte von Arbeiten aus Sachsen (Deutschland) inspiriert sein. Dort hatten sich um die Mitte des 18. Jahrhunderts *Point-de-Saxe*-Arbeiten zu hoher Perfektion entwickelt (Abb. 3).[13] Ähnliche Musterungen entstanden zu dieser Zeit in anderen Gebieten, beispielsweise im schottischen Ayr, im Bourbonnais in Frankreich oder im belgischen Dinant.

Ostschweizer Stickerinnen waren seit der Mitte des 19. Jahrhunderts bekannt für ihre handgearbeiteten Spitzeneinsätze, zum Beispiel bei Taschentüchern (Abb. 4). Sie schnitten aus dem Grundgewebe kleine Teilstücke heraus und füllten die Lücken später wieder mit Nadelspitzen. Es scheint, dass sie dazu Anregung bei französischen Spitzenarbeiten fanden. Alençon-Spitzen der zweiten Hälfte des 18. Jahrhunderts weisen in vielen Fällen ähnliche Zierformen auf.

Appenzellerinnen verbanden nun diese Ornamente mit einheimischen Vorstellungen: heute noch finden sich dafür Namen wie *Rösli, Fineli, Iszäpfli, Bläckler, Bläckli-Chrüzli* oder *Tschäpeli-Rösli*.[14]

Französische Spitzenmotive wie auch die Musterungen, die im Gebiet von Dresden als *Point de Saxe* in der Zughöhl- und Durchbruchtechnik erschienen, beeinflussten im späteren 19. und 20. Jahrhundert auch die Textilarbeiten in anderen Gebieten. Dies zeigen nicht nur Hauben und Schultertücher aus Böhmen, Norwegen (*Hardanger*) oder Dänemark (*Hedebo*). Ja, weisse Decken und Tücher aus Persien, Manila (Abb. 5) und

11 Rapp 1976, S. 6.
12 Bräker 1978; Bodmer 1960; Wanner-JeanRichard 1986, S. 91–108.
13 Bleckwenn 2000, S. 46.
14 Wanner-JeanRichard 1983, S. 6, 19.

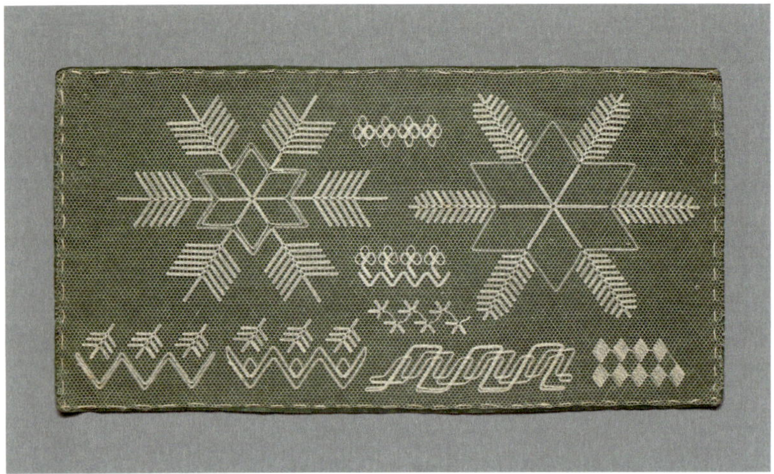

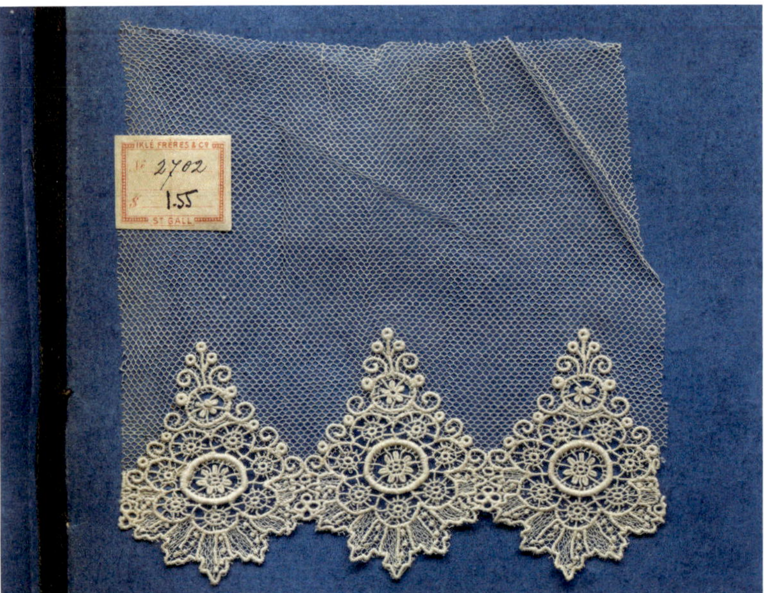

Abb. 6 Muster einer Tülldurchzugstickerei, Handarbeit, Schweiz, Ende 19. Jahrhundert, Textilmuseum St. Gallen, Sammlung J. Jacoby, Inv.-Nr. 22940.

Abb. 7 Muster aus Musterbuch der Produktion der Gebrüder Iklé: Imitation einer Tüllstickerei, produziert mit Handstickmaschine und Aetzapplikation, Textilmuseum/Bibliothek St. Gallen, Iklé Frères RE 5.28, 2702.

Indien (*Chikan*) verwendeten bisweilen ähnliche Zierformen. Bei den asiatischen Beispielen müsste allerdings abgeklärt werden, wie weit man diese speziell für den Export nach Europa fertigte und sie sich deshalb europäischen Kundenwünschen annäherten.

Die Bedeutung von Tüll und die Mechanisierung – *Genre d'Alençon*

John Heathcoat (1783–1861) entwickelte Ende des 18. Jahrhunderts eine Maschine, die einen Netzgrund auf mechanische Weise produzierte. 1808 entstand auf dieser Bobinet-Netz-Maschine erstmals ungemusterter, einem handgearbeiteten Klöppelnetz ebenbürtiger Tüll. Der neue Netzgrund liess sich auf verschiedene Weise verzieren, zunächst mit einfacher Handstickerei (Abb. 6).

Naheliegend war es, das Grundnetz mit Stickgarn und in Vorstich zu durchziehen. Aber auch Kettenstich mittels der seit 1868 immer weiter verbreiteten Ketten- oder Kurbelstickmaschine (*Cornély*-Maschine) konnte auf Tüll gestickt werden. Allerdings verzog sich das Netz beim Besticken häufig und deshalb kam schon bald eine besondere Ausschneidetechnik auf, bei welcher man den Tüll auf Musselingewebe auflegte und mit diesem gemeinsam bearbeitete. In einem weiteren Arbeitsgang konnten einzelne Teile des Tülls oder des Musselins weggeschnitten werden, es entstand die Ausschneide- oder Spachtelarbeit mit Tüll.

Seit den 1880er-Jahren verwendete man in der Ostschweiz diese Technik häufig zur Verzierung von Vorhängen. Die zeitgenössischen Jahresberichte des Kaufmännischen Directoriums meinen, dass man damit erfolgreich gegen die ausländische Konkurrenz bestehen könne.[15] Dies vor allem, als es möglich wurde, die Spachtelstickerei mit der Aetztechnik (Aetzapplikation) zu kombinieren (Abb. 7).

Eine Neuerung den Tüllgrund betreffend, war die Fabrikation von Seidentüll, mit sogenannten *Toiles d'Araignées* und *Craquelés*.[16] Die Erfindung eines zusätzlichen Gerätes, des *Soutache*-Apparates, ermöglichte das Applizieren von Schnürchen oder Bändern auf Tüll.

Was die Musterung anbetraf, so inspirierte die Alençon-Spitze mit ihrem Netzgrund und den umrandeten Musterkonturen auch in diesem Falle die erwähnten Maschinenarbeiten. Ebenso finden sich Spitzeneinsätze mit Füllungen in Spitzenstichen. Diese Einsätze hatten sich ja, wie bereits erwähnt, schon in der Appenzeller Handstickerei grosser Beliebtheit erfreut, jetzt erhielten sie durch Maschinenstickerei und Aetztechnik eine neue Bedeutung. Erste Arbeiten waren den französischen Spitzen ähnlich, erst später zeigten sich neue Gestaltungen. Bei diesen Imitationen spielten stilistische Unterschiede der echten französischen Spitzen nur eine kleine Rolle, die neue mechanische Version lehnte sich ebenso gut an Spitzen der Zeit von Louis XV., Louis XVI., Argentan-Spitzen oder Spitzen aus der Zeit des Empire an. In St. Gallen verwendete man den Namen Alençon-Stickerei oder *Genre d'Alençon* bis weit ins 20. Jahrhundert hinein für die meisten Arten des mechanischen, mit Stickerei gemusterten Tülls.[17]

Auflösung des Gewebegrundes nach dem Besticken

Wichtige Neuerungen in der zweiten Hälfte des 19. Jahrhunderts bedeuteten die Erfindung der Stickmaschine und die Einführung der Aetztechnik. Eine erste Stickmaschine entwickelte Josua Heilmann (1796–1848) in Mülhausen (Frankreich) bereits im Jahr 1827. Der St. Galler Franz Mange (1776–1846) erwarb im Herbst 1829 mehrere dieser sogenannten Handstickmaschinen von der Maschinenfabrik André Koechlin & Cie in Mülhausen.[18] Zunächst konnten diese aber nicht erfolgreich eingesetzt werden. Erst Verbesserungen der 1840er-, 1850er-Jahre durch Jacob Bartholome Rittmeyer (1786–1848) zusammen mit seinem Sohn Franz Elisäus Rittmeyer (1819–1892) und dem Mechaniker Franz Anton Vogler ermöglichten eine grössere Produktion.

Die ersten Erzeugnisse der Stickmaschine in der Schweiz bestanden in bestickten Bändern und *Entre-Deux* für Wäschestücke. Rapportware oder die sogenannten Längenen hatten in den 1840/50er-Jahren schon als Handstickerei einen grossen Exportanteil ausgemacht, die frühen mechanischen Produkte (Abb. 8) nahmen sich nun die einfachen Handarbeiten zum Vorbild und ahmten sie immer perfekter nach, bis sie jene vollständig verdrängten.

Isaak Gröbli (1822–1917) erfand im Jahre 1863 die Schifflistickmaschine. Das mühsame Einfädeln der Sticknadeln erübrigte sich nun, denn mit einem 2-Fadensystem liessen sich Spulen mit grösserem Garnvorrat einsetzen. Ähnlich wie bei der Nähmaschine verband sich ein Vorderfaden durch Verschlingen mit dem Faden auf der Geweberückseite. Dies erlaubte schnelleres Arbeiten und damit eine umfangreichere und billigere Produktion. Nachdem Isaak Gröblis Sohn Arnold (1850–1939) im Jahre 1898 den Stickautomaten entwickelt hatte, ergab sich eine weitere Steigerung in der Produktivität. Mit einer Lochkartensteuerung lief die Schifflistickmaschine nun automatisch ohne den am Pantografen, einem mechanischen Instrument, das die Übertragung der Vorlagenzeichnung auf die Stickerei ermöglichte, sitzenden Arbeiter.

Die den Stickgrund betreffende Neuerung war von entscheidender Bedeutung. In den frühen 1880er-Jahren erfanden Charles Wetter-Rüsch (1857–1921) und seine Mitarbeiter eine Methode, diesen Grund nach dem Besticken mit chemischen Mitteln zu entfernen. Die Stickstiche blieben übrig, damit sie sich jedoch gegenseitig hielten, war ein enges Ineinanderarbeiten der einzelnen Stiche grundlegend wichtig. In ostschweizerischen Betrieben bezeichnete man eine auf diese Weise entstandene, imitierte venezianische Spitze als *Guipure*. Der Ausdruck stammt vom französischen *guiper*, was mit Seide überspinnen bedeutet. Die auf der Handstickmaschine gearbeiteten Aetzspitzen glichen mit ihren eng aneinanderliegenden Stickstichen den umwickelten, aus der Posamentrie bekannten *Gimpen*. So galt die Bezeichnung *Guipure* bald für Aetzspitzen im Allgemeinen.

Die Aetztechnik ermöglichte ein Nachahmen sozusagen aller bekannter Spitzenarten (Abb. 10–16). Von den 1880er-Jahren bis gegen 1930 eroberten mit Maschine hergestellte *Gros Point de Venise*, *Duchesse*-Spitzen, Filetarbeiten, Irische Häkelarbeiten und andere den Markt.[19]

Es blieb nicht bei einer einzigen Methode, den Gewebegrund aufzulösen. Mehrere erhaltene Patente weisen auf immer wieder neue und besondere Verfahren, diesen Grund zu entfernen. In der Schweiz konnte ein Patentschutz für Verfahren erst seit

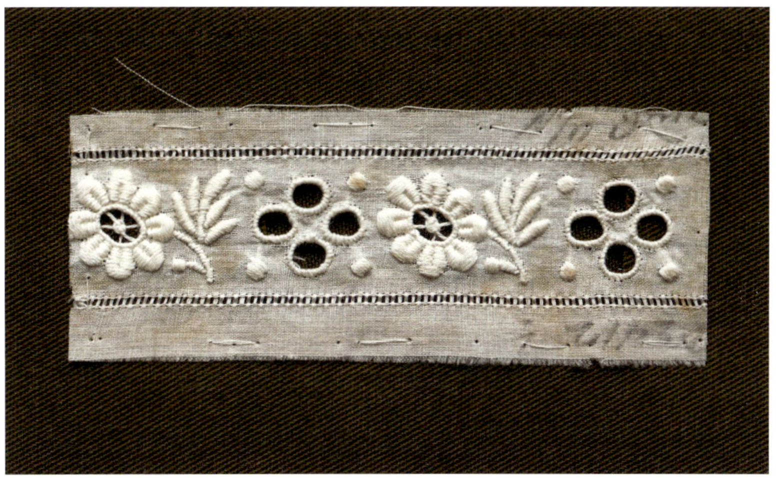

Abb. 8 Abschnitt eines Entre-Deux, frühes Beispiel von Stickerei mit einer Handstickmaschine (sog. Hamburghs), St. Gallen, zirka 1850, Textilmuseum St. Gallen, Sammlung E. Iklé, Inv.-Nr. 30752. Siehe auch Iklé 1931, Taf. 7, S. 19.

Abb. 9 Detail aus einem Muster in Broderie Anglaise produziert mit Handstickmaschine, St. Gallen, 1905–1912, Textilmuseum St. Gallen, Sammlung E. Iklé, Inv.-Nr. 30810. Siehe auch Iklé 1931, Taf. 62, S. 122.

15 *Jahresbericht des Kaufmännischen Directoriums* 1888, S. 15.
16 Bei den Begriffen handelt es sich um Produktbenennungen, die Ernst Iklé in seinem Buch verwendet. Vgl. Iklé 1931, S. 132.
17 Karbacher 2012 (c), S. 131–141.
18 Eine noch unveröffentlichte Studie vergleicht die in der St. Galler Literatur vorkommenden Daten mit Geschäftsbüchern der Firma A. Koechlin & Cie, die in den „Archives municipales de Mulhouse, 80 rue du Manège", im elsässischen Mulhouse aufbewahrt werden. Im „Inventaire des Archives de la Société des Constructions Mécaniques (S.A.C.M), CERARE, 1997" befindet sich unter 18 TT eine Liste „archives d'entreprise DON 1826–1970". Hier sind die Geschäftsbücher (Livres des factures) der Firma A. Koechlin aufgeführt und unter 2 G 1–5 (1828–1833) können Originaleinträge der Lieferungen z. B. nach St. Gallen, nachgesehen werden.
19 Ich danke Ursula Karbacher, dass sie mir ihre Publikationen zum Thema zur Verfügung stellte. Vgl. hier besonders Karbacher 2012 (a) und Karbacher 2007.

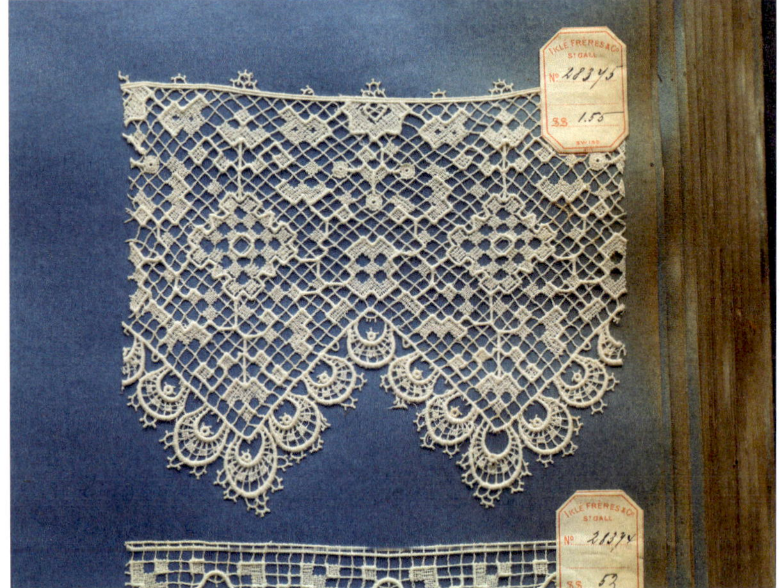

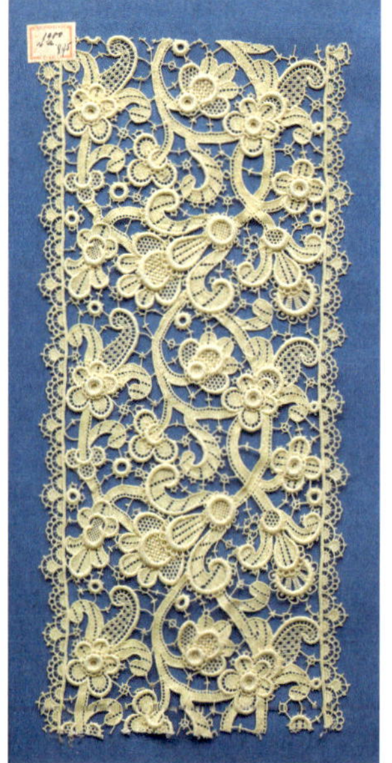

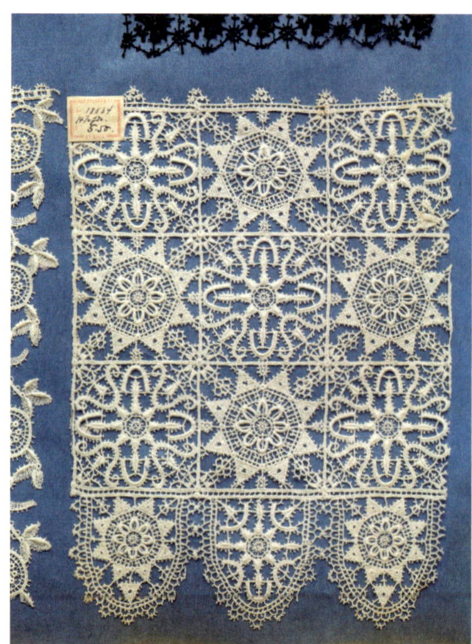

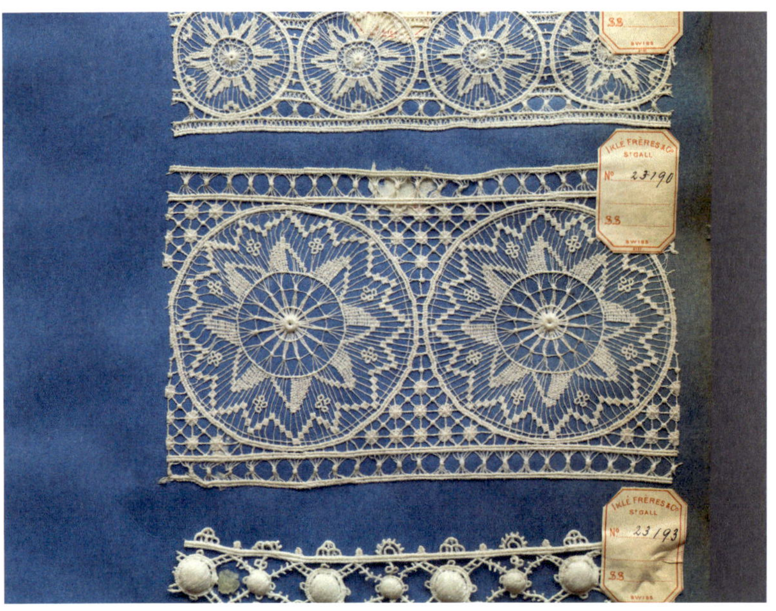

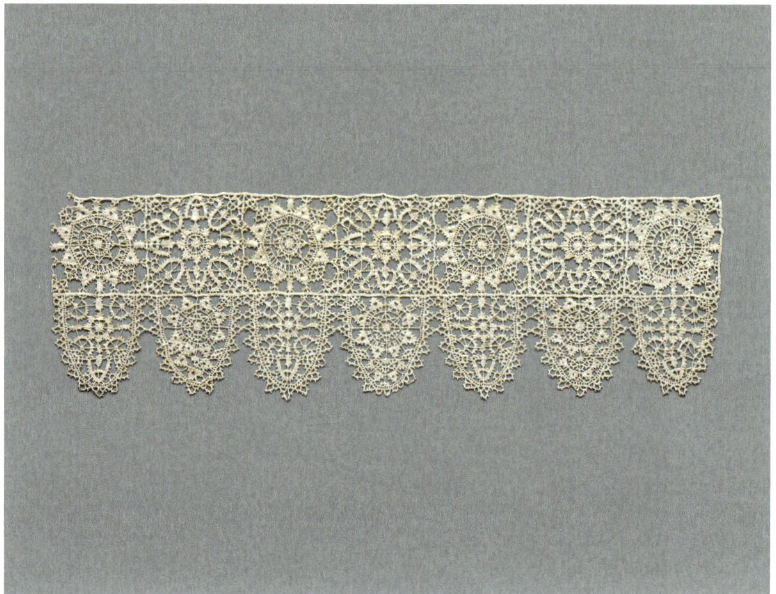

Abb. 10 Muster aus Musterbuch der Produktion der Gebrüder Iklé: Imitation einer Netzstickerei (Filetstickerei), produziert mit Schifflistickmaschine und Aetztechnik, Textilmuseum/Bibliothek St. Gallen, Iklé Frères RE 5.29, 28345.

Abb. 11 Muster aus Musterbuch der Produktion der Gebrüder Iklé: Imitation einer *Sol*spitze (*Nanduti*) aus Paraguay mit Schifflistickmaschine und Aetztechnik, Textilmuseum/Bibliothek St. Gallen, Iklé Frères RE 5.31, 23190.

Abb. 12 Muster aus Musterbuch der Produktion der Gebrüder Iklé: Imitation einer *Gros-Point-de-Venise*-Spitze, produziert mit Handstickmaschine und Aetztechnik (Guipure), Textilmuseum/Bibliothek St. Gallen, Iklé Frères RE 5.28, 1980.

Abb. 13 Muster aus Musterbuch der Produktion der Gebrüder Iklé: Imitation einer *Reticella*, produziert mit Schifflistickmaschine und Aetztechnik, Textilmuseum/Bibliothek St. Gallen, Iklé Frères RE 5.25, 18834.

Abb. 14 Borte, Handarbeit, Westeuropa, um 1600, Nadelspitze, Sammlung Leopold Iklé, Textilmuseum St. Gallen, Inv.-Nr. 935.

dem 23. Juni 1888 erworben werden.[20] Die Möglichkeit, auf Papier zu sticken und dieses anschliessend zu entfernen, liess Joseph Halter aus Rebstein am 23. August 1881 deshalb in Deutschland schützen. Frederick Suter aus Suhr, Mitarbeiter bei Wetter Frères in St. Gallen, reichte seinen Patentantrag am 19. November 1882 in den USA ein, wo seine Methode, auf Seide zu sticken und diesen Grund in kaustischer Soda wegzuätzen, am 26. Juni 1883 den Patentschutz erhielt.

Ab 1889 sind weitere Patente aus der Schweiz und aus Deutschland bekannt. Sie betreffen vor allem den Gewebegrund, wollte man diesen doch mit möglichst wenig Aufwand entfernen können. In der Folge überboten sich Erfinder gegenseitig mit ihren Ideen, den Gewebegrund nach dem Besticken gänzlich oder teilweise mit Chemikalien wegzuätzen. Heute ist es möglich, einen Kunststoffgrund mit warmem Wasser auszuwaschen. Die neue Aetztechnik, verbunden mit Neuerungen bei den Stickmaschinen, waren es denn auch, welche die maschinelle Nachahmung der historischen handgearbeiteten Spitzen ermöglichten.

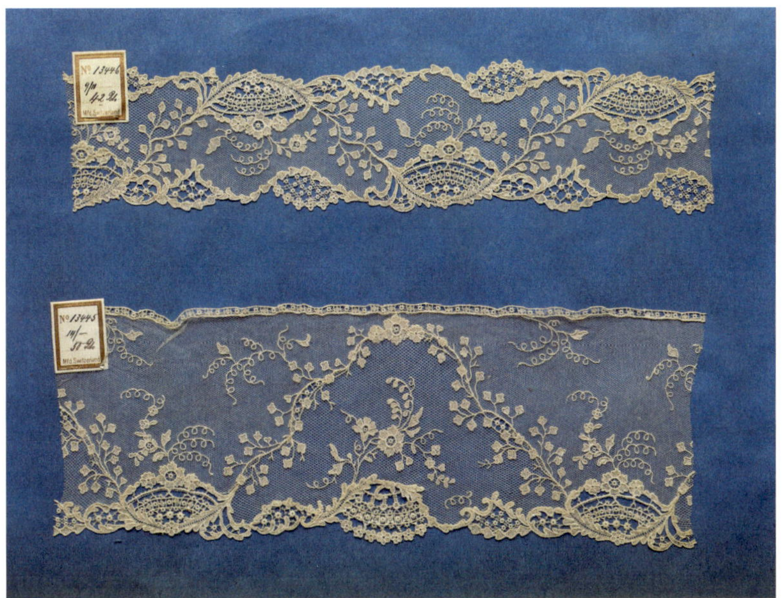

Abb. 15 Muster aus Musterbuch der Produktion der Gebrüder Iklé: Imitation zweier Alençon-Spitzen, produziert mit Handstickmaschine und Aetzapplikation, Textilmuseum/Bibliothek St. Gallen, Iklé Frères RE 5.26, 13445, 13446.

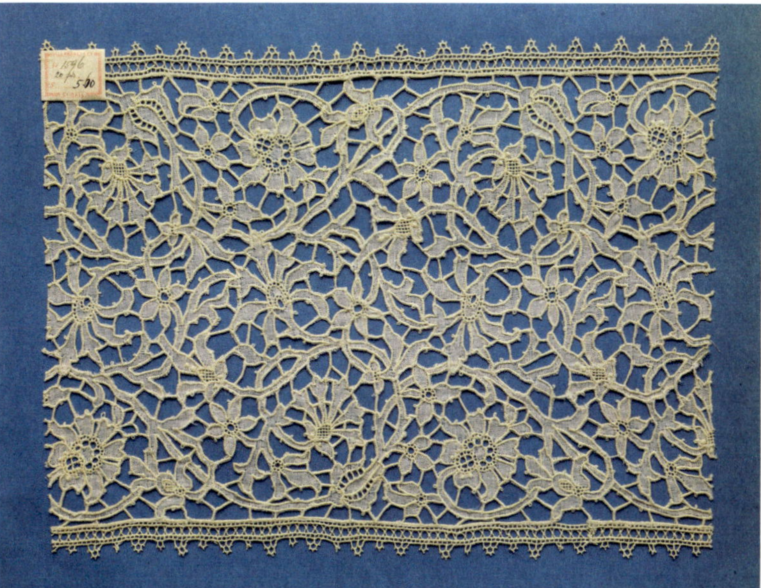

Abb. 16 Muster aus Musterbuch der Produktion der Gebrüder Iklé: Imitation einer Spitze aus dem dritten Viertel des 17. Jahrhunderts, produziert mit Handstickmaschine und Ausschneidetechnik (Spachtelarbeit), Textilmuseum/Bibliothek St. Gallen, Iklé Frères RE 5.28, 1596.

Musterbücher und Muster

Im Folgenden sollen Musterbücher im Allgemeinen besprochen werden. Im Besonderen haben sich eine Reihe von Exemplaren der Firma Iklé Frères erhalten, in denen sich Muster finden, die sich an historischen Vorbildern aus der Sammlung Iklé orientieren.

Schon seit dem ausgehenden 19. Jahrhundert führten die Stickerei-Unternehmen Musterbücher. Mindestens zweimal pro Jahr stellte man hier neue Musterkollektionen zusammen, klebte entsprechende Beispiele in grosse Musterfolianten ein und bewahrte sie in eigenen Musterzimmern auf. Zusätzlich wurden hier auch Muster fremder Firmen gehütet. Besondere Angestellte betreuten die Bücher und ordneten die Muster einer vorgegebenen Nummerierung entsprechend ein. Oft gab es die Bücher in mehreren Ausführungen, denn ein Exemplar blieb als Vorführbuch für Kunden im Musterzimmer, ein anderes war für die Zeichner und für das Firmenarchiv bestimmt, ein weiteres diente der Speditionsabteilung. Diese Bücher bilden heute wichtiges Quellenmaterial für die Produkte der Stickerei-Unternehmen. Musterbücher der bedeutendsten St. Galler Stickereifirmen gelangten in grosser Anzahl in die Textilbibliothek St. Gallen. In dieser Sammlung befinden sich entsprechende Bücher aus der Anfangszeit der Firma Iklé Frères, also aus der zweiten Hälfte des 19. Jahrhunderts.

Ernst Iklé stellte eine Sammlung von frühesten bis späteren maschinell gestickten Mustern zusammen. In seinem grundlegenden und reich illustrierten Werk über die Entwicklung der Maschinenstickerei veröffentlichte er einen grossen Teil davon.[21] Seit den Anfängen der Maschinenstickerei bemühte man sich, durchbrochene Musterungen (Abb. 8) zu sticken, dazu legte der Sticker zugespitzte, als Bohrer bezeichnete kleine Geräte in die Stickmaschine ein. Sehr bald entfernte man Stoffteile auch maschinell. Bei grösseren Lücken mussten gestickte Stege als Verbindungsglieder eingefügt werden. Einige bei Ernst Iklé abgebildete Beispiele aus den Jahren 1870/75, nahmen sich englische Stickereien zum Vorbild. Er zeigte mit seinen Mustern, dass es auch eine Imitation von Handstickerei ohne Aetztechnik gab. Diese *Broderie Anglaise* entwickelte sich zu einem wichtigen Artikel in der Maschinenstickerei (Abb. 9).

Weitere Musterbücher des Unternehmens Iklé Frères verblieben zunächst in der Firma, sie gelangten im Laufe der Entwicklung in den Besitz der Stiftung Steinegg in Herisau und erst im Jahre 2014 ins Textilmuseum.[22] Es handelte sich dabei um Bücher der Firmen Iklé Frères, Reichenbach & Cie und später WASCO. Interessant sind einige Folianten mit den Bezeichnungen Iklé Frères St. Gall, Iklé Frères New York und Jacoby-Iklé London. Darunter geben sieben von ihnen Einblick in die Produktion von Iklé Frères. Hier finden sich Imitationen von französischer Spitze, von Filetarbeiten, von irischen Häkelarbeiten oder Solspitzen aus Paraguay. Als besonders erfolgreich

20 Erste Gesetzgebung vom 23. Juni 1888. Seite „Eidgenössisches Institut für Geistiges Eigentum"; https://de.wikipedia.org/w/index.php?title=Eidgen%C3%B6ssisches_Institut_f%C3%BCr_Geistiges_Eigentum&oldid=156493714 (Zugriff: 10.05.2018). Heino Strobel stellte seine Internetrecherchen zu Patenten für diese Studie dankenswerter Weise zur Verfügung.

21 Die für diese Studie verwendeten Beispiele der Maschinenstickerei stammen zum Teil aus der Sammlung von Maschinenstickereien, welche in Ernst Iklés Buch reproduziert wurden und heute im Textilmuseum St. Gallen aufbewahrt werden (vgl. Abb. 8, 9).

22 Musterbücher Iklé Frères: Schenkung von 500 Musterbüchern, Zeitraum 1880–1990, von der Steinegg Stiftung, Herisau, Eingangsdatum 2014: Bände Nrn: RE 5.26–33.

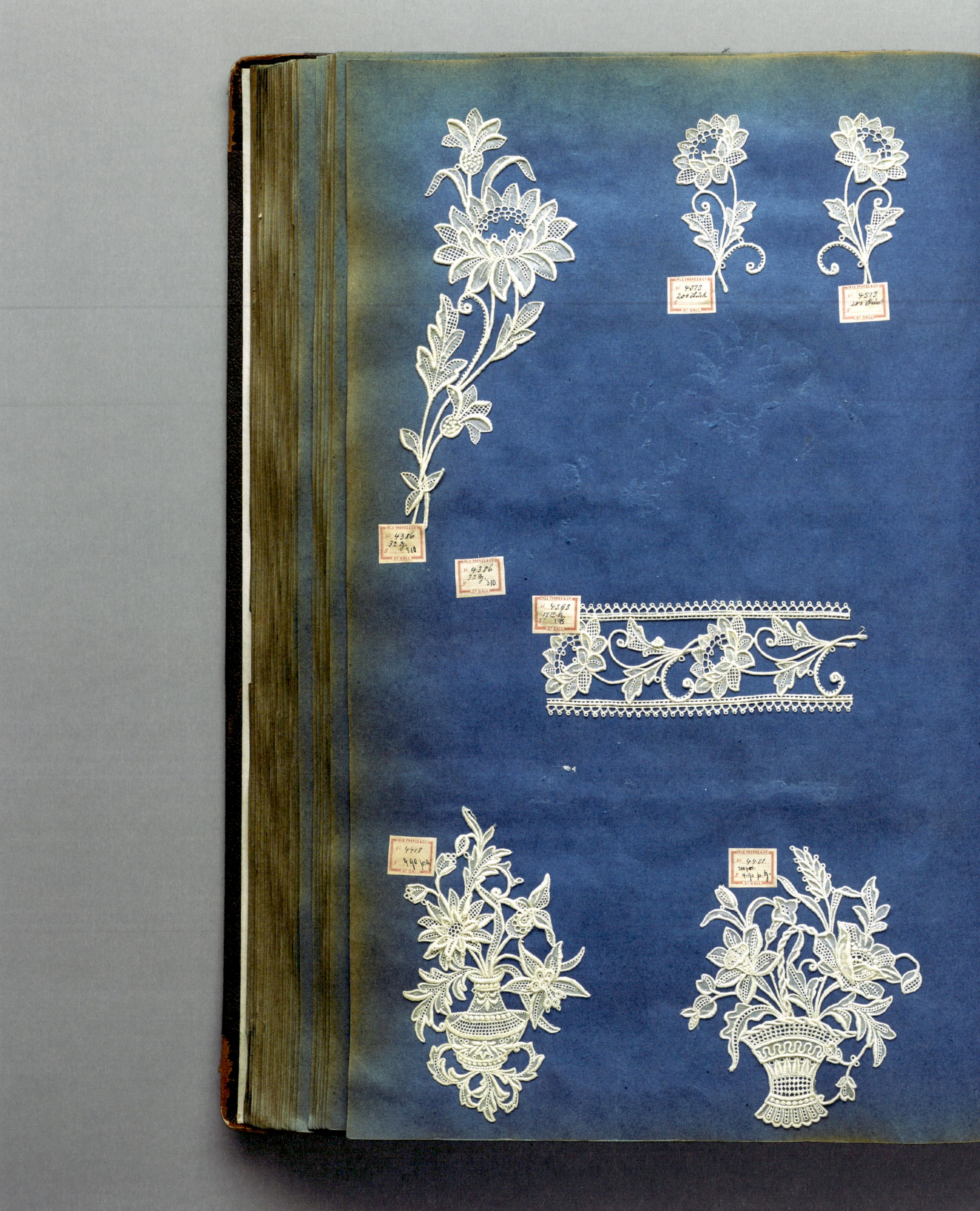

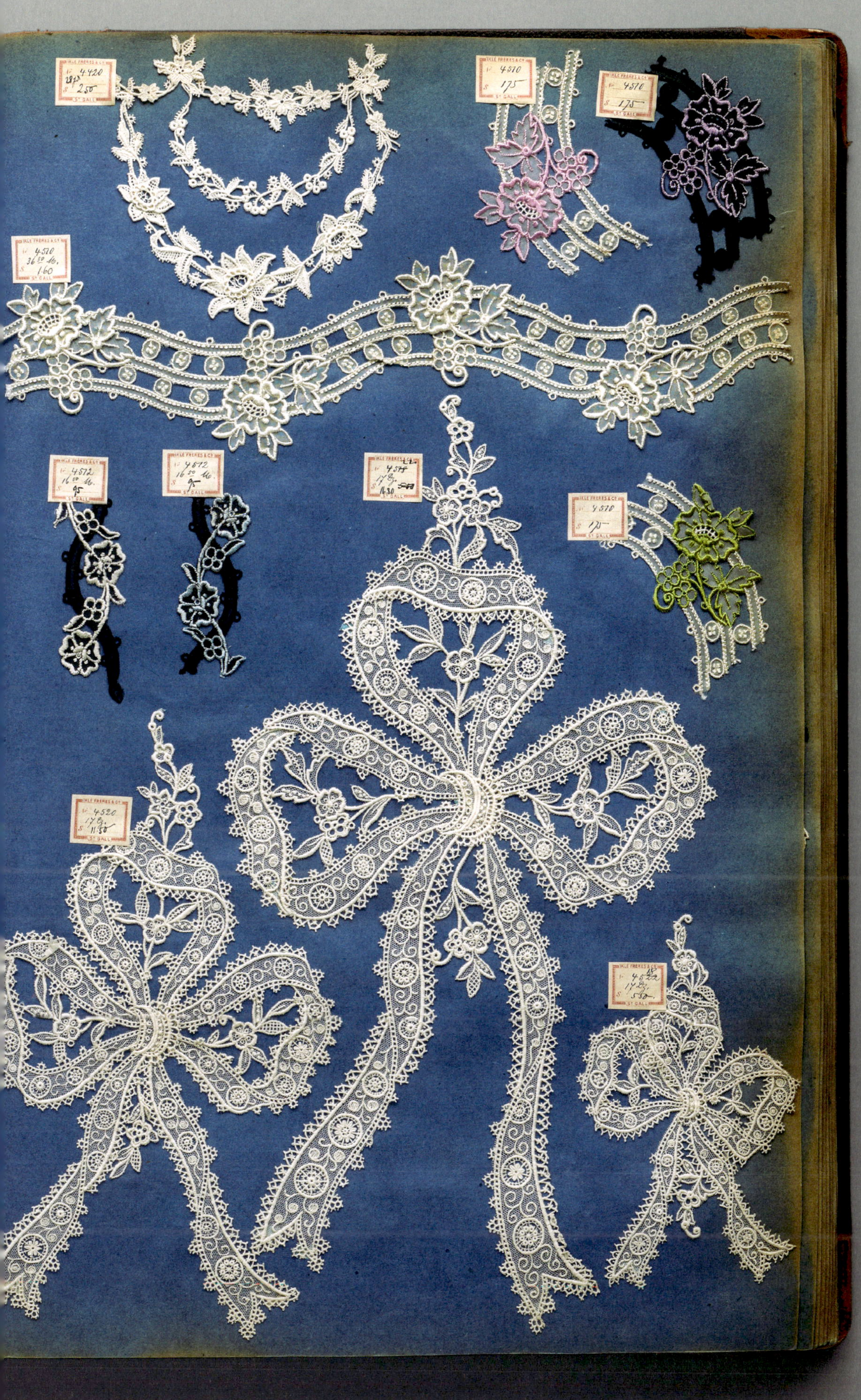

Abb. 17 Musterbuch aus der Produktion der Gebrüder Iklé: Motive, wie sie im Buch eingeklebt sind, wurden jeweils mehrfach gestickt und konnten anschliessend in Kombination mit anderen Motiven zu ganzen Spitzenstoffen zusammengefügt werden. Textilmuseum/Bibliothek St.Gallen, Iklé Frères RE 5.27.

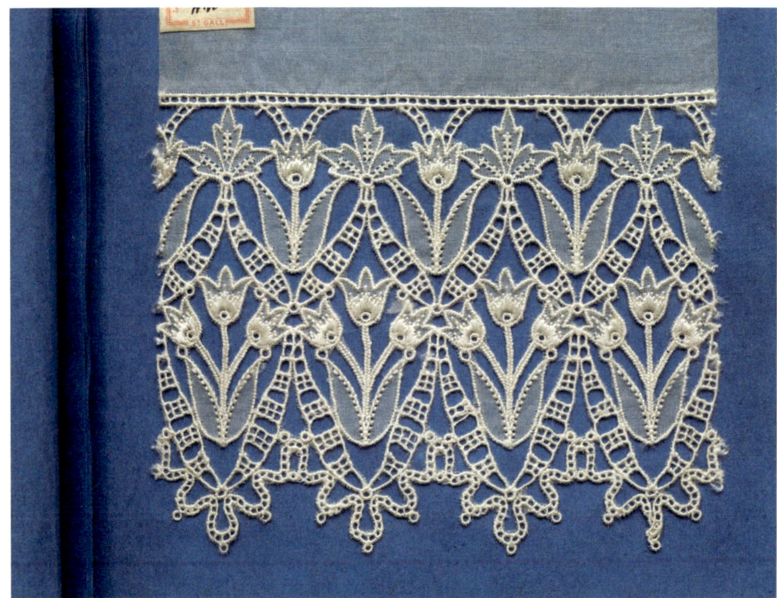

Abb. 18 Muster aus Musterbuch der Produktion der Gebrüder Iklé: Nouveauté, Ausschneidetechnik, produziert mit Handstickmaschine und Ausschneidetechnik (Spachtelarbeit), Textilmuseum/Bibliothek St. Gallen, Iklé Frères RE 5.27, 2938.

bis in die 1920er-Jahre erwies sich die *Gros Point de Venise*. War es doch diese Spitze, die sich zur gestickten *St. Galler Spitze* entwickelte und für die die Bezeichnung *Guipure* zuerst Verwendung gefunden hatte (Abb. 12).

Der Musterentwurf

Schliesslich seien in dieser Studie die am Entwurfsprozess Beteiligten erwähnt. Besonders zur Inspiration der jungen, an der St. Galler Zeichnungsschule Lernenden, hatte Leopold Iklé ja seine Sammlung im frühen 20. Jahrhundert gestiftet.

Die typischen Motive der heimischen Spitzenstickereien übermittelten die handarbeitenden Frauen jahrzehntelang von einer Stickerin zur anderen. Als Vorlagen für Figuren und szenische Darstellungen mochten manchmal Illustrationen aus Büchern dienen. Doch in der Ostschweizer Handstickerei fanden auch Entwerfer Beschäftigung und Auskommen. Ihre Namen blieben nur vereinzelt erhalten und auch der Ort ihrer Ausbildung ist selten bekannt. Zum Beispiel hatte sich der Zürcher Kunstmaler Hans Christian Ulrich (1880–1950) im appenzellischen Weissbad niedergelassen, er beschäftigte seit 1915 Stickerinnen in seinem Atelier und beeinflusste dadurch die Handstickerei.

Bei den handgearbeiteten Stickereien oder Spitzen handelte es sich in jedem Falle um Originale, deren Herstellung sehr viel Zeit in Anspruch nahm. Aber auch Handarbeiten wiesen unterschiedliche Qualitäten auf. Zwischen einfachen Einsätzen für Wäschestücke, die in Heimarbeit in der Ostschweiz und auch in Schwaben entstanden, und den reichverzierten Taschentüchern oder Spitzenschleiern für adelige Damen bestand eine grosse Spannweite. Dies verhielt sich bei Maschinenstickereien nicht anders. Doch wegen ihrer massenhaften Produktion waren sie preisgünstiger, fanden grössere Verbreitung und damit auch einen grossen Bekanntheitsgrad.

Ein Vorteil der Stickmaschine ist ihre Möglichkeit, einzelne Motive[23] in grosser Anzahl zu sticken. Solche in kleinstmöglichem Rapport gestickte Formen wurden in vielen Fällen nach dem Stickvorgang ausgeschnitten und später mit der Nähmaschine zu neuen Gebilden zusammengesetzt. Um das Produkt fertigzustellen, sind nach dem Besticken eine ganze Reihe von weiteren Tätigkeiten erforderlich wie Ausschneiden, Zusammensetzen und anderes mehr. Dies besorgten Mitarbeiterinnen der Firmen weitgehend in Heimarbeit.

Seit der Mitte des 19. Jahrhunderts fanden Weltausstellungen statt, hier wurden die Produkte von Ausstellern und Ausstellungsbesuchern verschiedener Nationen verglichen. Es gab Jurierungen, Preise konnten gewonnen werden. So war es gerade die aufkommende Massenproduktion und die Maschinenstickerei, die den Wunsch nach ästhetisch befriedigenden Erzeugnissen weckte.

Maschinenarbeiten hatten ihre eigenen Gegebenheiten, es liess sich nicht jeder Wunsch realisieren. Zwar war die Idee, die Inspiration für ein Muster wichtig, doch ebenso wichtig war die Frage, wozu die Stickerei dienen sollte, ob Tisch-, Bett- oder Leibwäsche, ob Taschentuch, Bluse oder Abendkleid mit Stickerei verschönert würden. Unerlässlich war die Auseinandersetzung mit dem zu verwendenden Material, Kundenwünsche waren zu berücksichtigen, auch Modetrends spielten eine Rolle. Nicht zuletzt musste der Entwerfer seine künstlerischen Vorstellungen der Maschine anpassen. Hier galt es, Rapport und Abstand der Nadeln zu beachten und aus Preisgründen die Anzahl der Stickstiche auf die unbedingt nötige Menge zu beschränken, bezahlte doch der Auftraggeber die Sticker an den Maschinen nach der Anzahl getätigter Stickstiche. Es bestand ein Zusammenhang zwischen den Stichzahlen und der Qualität einer Stickerei. Qualitätsvolle Maschinenarbeiten, Luxusartikel, zeichneten sich durch sehr dicht bestickte Flächen aus, was sich für Aetzarbeiten als besonders ausschlaggebend erwies. Sobald man versuchte, weniger Stiche einzusetzen, bestand die Gefahr von ungenügender Verbindung dieser Stiche untereinander und der damit einhergehenden Verringerung der Qualität. Dies konnte zu Stickereien führen, wie man sie auch überall auf den Wochenmärkten entdecken konnte.[24]

Ein technischer Stickereizeichner, der sogenannte Vergrösserer, zeichnete den originalen Entwurf für die Stickmaschine um. Bei der technischen Zeichnung handelte es sich um eine 6-fache Vergrösserung mit Einzeichnung aller technischer Angaben und den zu stickenden Stichen. Letztere wurden von Hand gezählt und in Spiegelschrift notiert, denn anschliessend übertrug man das seitenverkehrte Original mit einer Kopierwalze auf den Stickkarton. Der Karton diente dem Sticker an der Handstickmaschine und auch an der Schifflistickmaschine als Arbeitsvorlage.

In St. Gallen war man sich der Notwendigkeit, gute Zeichner auszubilden, sehr bewusst. Eine erste Zeichnungsschule für Musterzeichner bestand seit 1867, sie wurde in das 1886 neu erbaute Institut in St. Gallen integriert, welches auch die Textilsammlung und die Bibliothek beherbergte. An der Schule übernahm Johannes Stauffacher (1850–1916) den Unterricht im „Stilisieren und Componieren unter besonderer Berücksichtigung der Bedürfnisse unserer Industrie".[25]

Unter den Lehrern besass Ludwig Otto Werder (1868–1902) eine besondere Stellung. Dies zeigt sich in seiner Auseinandersetzung mit dem neuen Stil, dem floralen Jugendstil. Nach einer Ausbildung als Stickereizeichner in St. Galler Stickereibetrieben und einem Aufenthalt in Paris, berief man ihn am 1. November 1896 als Lehrer für Musterkomponieren für Maschinenstickerei. Im Jahresbericht der Zeichnungsschule heisst es: „Herr Werder wurde mit der Aufgabe betraut, im Musterzeichnen für Maschinenstickerei und verwandte Gebiete zu unterrichten" und weiter: „Die Abteilung wird nach dem Plane geführt, dass im engeren Anschluss an das vorausgegangene Fach des Naturzeichnens einfache, in grossem Rapport gehaltene Flächenmuster entworfen werden; allmählich wird die Aufgabe bestimmter und enger gefasst und schliesslich eine spezielle Technik zu Grunde gelegt, für welche die Zeichnung zu berechnen ist." Ludwig Otto Werder veröffentlichte zwei Vorlagenwerke zu Stickereimustern. Im Vorwort des ersten Bandes von 1898 heisst es, Werder „mache es sich zur Pflicht, nicht nur Historisch-Konventionelles zu bewundern, sondern auch für weitergehende Bestrebungen Herz und Auge offen zu halten"[26]. Und weiter unten, er wolle nicht „Veranlassung zum Kopieren und Pausen geben", sondern vielmehr „Fachleuten den Schlüssel zum Ausgangspunkt selbständigen Denkens und Schaffens in die Hand geben"[27].

Zu Beginn von Werders Lehrtätigkeit war auch Emil Hansen, der später als Emil Nolde berühmt gewordene Kunstmaler, Lehrer an der Zeichnungsschule. Hansen beschäftigte sich damals mit dem aufkommenden Jugendstil. Die beiden kannten einander, es ist nicht ausgeschlossen, dass Hansen mit Werder über seine neuen Ideen diskutierte.

Die Muster im ersten Band des Mappenwerks von 1898 zeigten denn auch den neuen, vom Historismus abweichenden Stil. Doch damit erntete Werder wenig Lorbeeren. Im Gegenteil, der bekannte Stickereifabrikant Otto Alder kritisierte dieses Werk und schrieb am 15. April 1898 im St. Galler Tagblatt unter anderem: „einflechten möchten wir noch die Warnung für Herrn Werder als Lehrer, sich ja nicht zu sehr von diesen Bestrebungen gefangen nehmen zu lassen und an der Schule selbst sie nur äusserst sparsam anzuwenden". Nach der Veröffentlichung von Werders zweitem Vorlagewerk reagierte Alder versöhnlicher und liess sich von Werders Mustern überzeugen.[28]

Die Firma Iklé Frères scheint an dem neuen floralen Jugendstil Gefallen gefunden zu haben, denn in den Musterbüchern finden sich in diesem Sinne gestaltete Muster, sie sind dort als *Nouveautés* bezeichnet (Abb. 17, 18).

Im Allgemeinen war die Haltung der Stickerei-Industrie St. Gallens dem Jugendstil gegenüber eher ablehnend, denn diese modernen Spitzen fanden keinen guten Absatz. Man griff lieber auf Bewährtes, nämlich auf die Formenwelt des Barock und Rokoko zurück. Wichtiges Inspirations- und Vorlagenmaterial fand man in den Sammlungen von St. Galler Stickereifabrikanten wie zum Beispiel in derjenigen von Leopold Iklé.

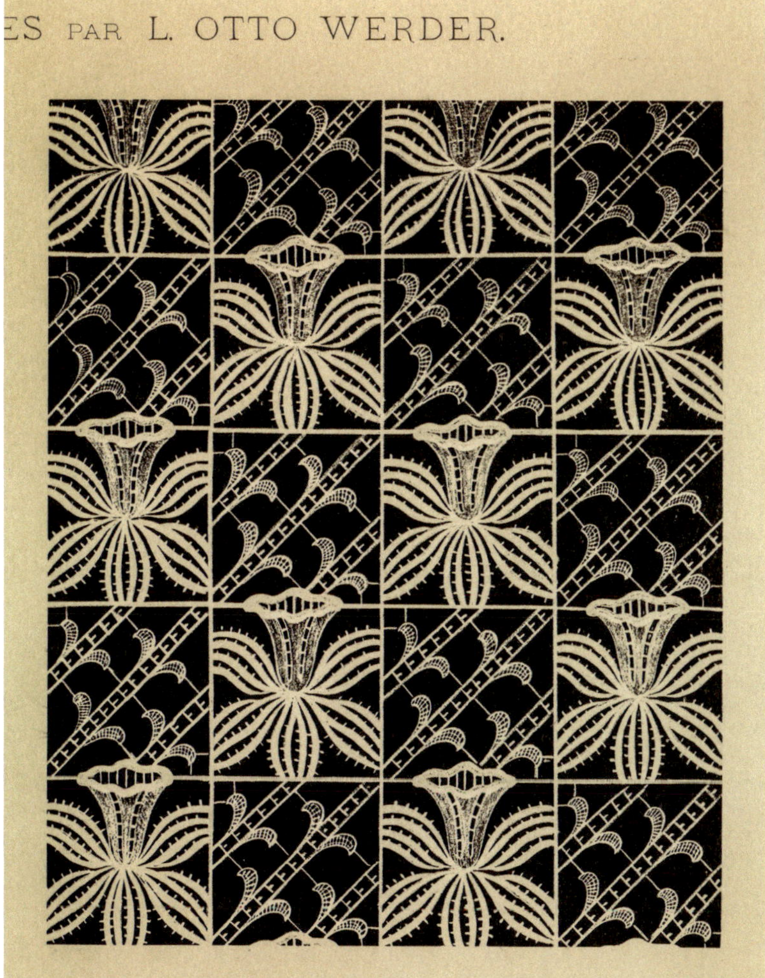

Abb. 19 Vorlage aus: Otto Werder, *Dentelles Nouvelles*, 1898, Blatt 1, Textilmuseum/Bibliothek St. Gallen.

23 Hochuli 1994, S. 52. In der Ostschweizer Maschinenstickerei kennt man besondere Bezeichnungen für verschiedene Techniken (Aetztechnik, Spachteltechnik, Schnürlistickerei usw.), zudem gibt es die sog. Artikel, z. B. Motive. Andere Artikel heissen *Entre-Deux*, Band, *Galon*, *Allover*.

24 Iklé 1931, S. 132.

25 Wanner-JeanRichard, Hochuli 1994, S. 15; Framke 1995, S. 77; sowie: *6. Bericht Zeichnungsschule* 1888/89, S. 7.

26 Zitate aus: *Verwaltungsberichte des Kaufmännischen Directoriums an die kaufmännische Korporation in St. Gallen* 1897, S. 18; *Bericht über das Industrie- und Gewerbe-Museum St. Gallen und über die Zeichnungsschule für Industrie und Gewerbe* 01.05.1896–30.04.1897, S. 12, 15.
Zu Werder und St. Gallen um 1900: http://www.annatextiles.ch/publications/spitzen/spitze_um_1900/spitz_1900.htm (Zugriff: 13.05.2018). Werder 1898 und Werder 1901; Wanner 1999, S. 75.

27 Werder 1898, Vorwort; Wanner-JeanRichard 1999, S. 75–78.

28 Otto Alders Kritik in: *Tagblatt der Stadt St. Gallen* 15.04.1898 und 22.11.1901. Zudem ist diese Frage behandelt in: Hochuli 1989, S. 60ff.

In diesem Sinne ist zu verstehen, dass Charles Iklé (1879–1963), Neffe von Leopold und Leiter der New Yorker Niederlassung, den Entwurf zu einer *Guipure* patentieren liess.[29]

Die an der Schule in St. Gallen ausgebildeten Dessinateure fanden Beschäftigung in Stickereibetrieben oder sie machten sich als Stickereientwerfer selbstständig. Nicht auszuschliessen ist, dass sie auch für die weiterhin im Kanton Appenzell bestehende Handstickerei Entwürfe fertigten. Jedoch sind Namen von Entwerfern auch in der Maschinenstickerei nur in seltenen Fällen überliefert. Als Schüler der Zeichnungsschule erscheinen viele von ihnen aufgeführt in den dortigen Schülerlisten und signierte Schülerzeichnungen werden in den Sammlungen der Textilbibliothek aufbewahrt. Über ihre späteren Aktivitäten sind nur zufällige Begebenheiten bekannt geblieben.

So veröffentlichte zum Beispiel Walter Siegfried (1858–1947) seine Lebenserinnerungen. Die Firma Rittmeyer hatte den in Paris ausgebildeten Stickerei-Entwerfer in ihr Unternehmen nach Bruggen geholt. In seinem Buch beschreibt er unter anderem die Arbeitsvorgänge in der Stickereifabrik. Auch Erwin Bernets (1836–1910) Name blieb bekannt, denn mit seinem Interesse für die Irischen Häkelspitzen erlangte er einige Beachtung. Er hatte in Irland selbst nach original irischen Spitzen Vorlagen für die Maschinenproduktion erstellt.[30]

Zusammenfassend lässt sich festhalten, dass der Sammler Leopold Iklé mit seiner sorgfältig für den Eigenbedarf, sowie für Museum und Schule zusammengetragenen Sammlung Einfluss auf die Massenproduktion von Stickereien in seiner Zeit ausübte. Die Sammlerstücke bezeugen auch eine Wiederkehr von lange Zeiten hindurch in Handarbeit geübten Formen, nun unter neuen Voraussetzungen. Die Massenproduktion als solche hat mit den einzelnen Motiven wenig zu tun, ermöglicht doch die Maschine nur ihr gleichzeitiges Herstellen in grosser Anzahl. So ist es nicht die Handarbeit oder die Maschinenarbeit, die eine hohe Qualität des Endergebnisses sichert. Vielmehr werden technische Gegebenheiten vereint mit einem gestalterischen, schöpferischen Geist einem solchen Anspruch näherkommen.

Martin Leuthold, ehemals Creative Director in der Firma Jakob Schlaepfer, St. Gallen, und heute einer der bekanntesten Textildesigner der Schweiz, formulierte die Problematik in einem neueren Zitat wie folgt:

„[...] und schliesslich liefern Weltarchive und Sammlungen in Museen Inspiration. [...] Etwas ganz Neues zu schaffen, ist eigentlich gar nicht mehr möglich. Alles ist lediglich eine Neuinterpretation des Bestehenden [...].“[31]

29 Patentzitat: *Charles F. Iklé: US design patent 69085 vom 22.12.1925 „Design for Lace“*, online: https://patents.google.com/patent/USD69085S/en (Zugriff: 20.04.2018). Ich danke Herrn Heino Strobel für den Hinweis auf Abbildung und Zitat. Allgemein zu US-Patenten siehe: https://en.wikipedia.org/wiki/Design_patent (Zugriff: 20.04.2018).

30 Nachforschungen im Stadtarchiv St. Gallen ergaben nur die Bestätigung persönlicher Daten des Stickereientwerfers. Wanner 1999, S. 31, 33.

31 Wochenzeitung: *Migros Magazin 3, Menschen*, 15.01.2018, S. 33.

Antwerpen und Brüssel: zwei Zentren der Spitzenherstellung und des Spitzenhandels 1550–1750

Frieda Sorber

Während der frühen Neuzeit (16. bis 18. Jahrhundert) spielten Antwerpen und Brüssel eine wichtige Rolle in der Entwicklung und Kommerzialisierung der Spitzen. Die Städte waren Teil der von den Habsburgern regierten Niederlande. Es existieren nur wenige gut dokumentierte Spitzen, doch in den Antwerpener Archiven finden sich zahlreiche wertvolle Dokumente, die Auskunft zu Spitzenherstellung und -handel geben können. Auf Grundlage dieser Archivalien soll im Folgenden die Tätigkeit der niederländischen Spitzenhändlerinnen und -händler vorgestellt werden.

Die Plantins: Grossisten und Einzelhändler von Spitzen, Antwerpen, Mitte 16. Jahrhundert

Der 1. September 1567 war ein wichtiger Tag im Leben von Martine Plantin (Abb. 1).[1] Das fünfzehnjährige Mädchen verbrachte jenen Tag zum ersten Mal mit der Leitung des von ihrem Vater 1565 gemieteten Ladengeschäfts in der Tapissierspand, der Halle der Wandteppichhersteller, der damaligen Entsprechung eines luxuriösen Shoppingcenters von heute. An ihrem ersten Tag kaufte ihre Schwester Catherine blaues Papier, zweifelsohne zum Einpacken von Spitzen und Unterwäsche, und verkaufte eine halbe Elle ¹/₁₆ „breynaet" – Klöppelspitze. Ihr Vater Christophe und seine Ehefrau Jeanne Rivière waren zu einem früheren Zeitpunkt von Frankreich nach Antwerpen gezogen, da diese Stadt eine florierende Metropole war, die einem Vergleich mit Paris oder London durchaus standzuhalten vermochte. Christophe etablierte sich als Buchdrucker, Verleger[2] und Buchhändler, unterhielt binnen kurzer Zeit freundschaftliche Beziehungen mit führenden Humanisten und Wissenschaftlern seiner Zeit und veröffentlichte deren Bücher. Das Ehepaar hatte fünf Töchter – Marguerite, Martine, Catherine, Henriette und Madeleine[3] –, die eine hervorragende Bildung geniessen durften. Madeleine arbeitete als Lektorin an einer der berühmtesten Veröffentlichungen Plantins; sie beherrschte bereits im Alter von dreizehn Jahren mehrere Sprachen. Plantin war jedoch weit mehr als ein Verleger mit internationalen Beziehungen. Der Buchhandel stand manchmal beinahe im Schatten anderer kaufmännischer Tätigkeiten.[4]

Die Familie Plantin und später ihre Nachkommen, die Familie Moretus, bewohnten das Haus „de gulden passer" am Freitagsmarkt in Antwerpen von der Mitte des 16. Jahrhunderts bis zum Ende des 19. Jahrhunderts, wonach das Haus und sein Inventar zum Plantin-Moretus-Museum wurde. Die Familie hatte nicht nur die meisten Buchdruckmaterialien aus dem 16. Jahrhundert aufbewahrt, sondern auch eine umfangreiche Bibliothek und ein Archiv mit der Korrespondenz, den Haushaltsbüchern, den Familienpapieren und den Geschäftsunterlagen von der Mitte des 16. Jahrhunderts bis zum 19. Jahrhundert. Diese Unterlagen bilden eine einzigartige Informationsquelle für die frühe Geschichte der Klöppel- und Nadelspitze. Die Geschäftsbücher, die Korrespondenz sowie die Aufzeichnungen über Verkauf, Provisionen und Produktion der Plantins erstrecken sich allein über die Zeitspanne von 1556 bis 1583.

Die Geschäftsbücher geben nicht nur Einblicke in den Warenverkehr, sondern lassen auch nachvollziehen, wer welche Aufgaben übernommen hatte und geben so zum Teil auch Einblicke in den Alltag der geschäftstüchtigen Familie. So wird

1 Die folgenden Abschnitte basieren zum grossen Teil auf zwei Artikeln von Madame Risselin-Steenebrugen, „Martine et Catherine Plantin", 1957, S. 169–188; „Christophe Plantin, facteur de lingerie fine et en dentelles", 1959, S. 74–111.

2 Plantin veröffentlichte allerdings nie ein Musterbuch für Spitzen oder Stickereien. Der einzige belgische Buchdrucker, der dies tat, nämlich Jean de Glen aus Lüttich, veröffentlichte das Musterbuch *Du debvoir de filles* 1597, das frühere italienische Veröffentlichungen abkupferte.

3 Diese wurden auf einem Gemälde porträtiert, das J. De Backer zugeschrieben wird und den rechten Flügel eines Triptychons in der Liebfrauenkathedrale von Antwerpen bildet.

4 Iris Cockelbergh, die gegenwärtige Direktorin des Plantin-Moretus-Museums, wies die Autorin in einem Gespräch darauf hin, dass das Leinen- und Spitzengeschäft das bekanntere Buchdruckgeschäft über Wasser hielt.

deutlich, dass die Plantins auch mit Luxusgütern, wie zum Beispiel Perlen, Edelsteinen, feinem Leinen, Stickereien und Spitzen, handelten, die auch zur Verzierung der Wäsche dienten. Vor allem Plantin selbst und seine Töchter Martine und Catherine erscheinen mit grosser Häufigkeit in den fast wie durch ein Wunder erhaltenen Geschäftsbüchern.

Die Unterlagen umfassen und dokumentieren eine sehr wichtige Periode in der Geschichte Antwerpens. Im frühen 16. Jahrhundert hatte Antwerpen die Rolle von Brügge als kommerzielle und künstlerische Drehscheibe der Südlichen Niederlande übernommen. Gleichzeitig hatte sich das politische Zentrum der Niederlande von Mechelen nach Brüssel verschoben. Antwerpen hatte eine Vielzahl von Ausländern angezogen. Bis Mitte des 16. Jahrhunderts soll sich der Anteil der nicht vor Ort Geborenen auf 30 % der Wohnbevölkerung der Stadt erhöht haben; die meisten Zugewanderten waren Händler oder spezialisierte Handwerker. Auch Christophe Plantin musste von dieser Stadt angezogen worden sein, die für Unternehmer, die sich in relativ neuen Berufszweigen engagieren mochten, gute Aussichten für die Zukunft bot. Internationale Kontakte, die weit über die Grenzen Westeuropas hinausreichten, eröffneten die Möglichkeit zur Vermarktung eines wachsenden Sortiments von Luxusprodukten. In diesem Klima musste Plantin den Plan gefasst haben, seine Kontakte in Paris zu nutzen, um mit Wäsche und Spitzen zu handeln.

Pierre Gassen, der in den Geschäftsbüchern als „lingier de Messieurs, les frères du Roy“ – Wäschelieferant der Brüder des Königs – bezeichnet wird, war der wichtigste dieser Kontakte. Gassen korrespondierte sowohl mit Plantin selbst als auch mit Catherine, die mit ihm in ihrem elften Lebensjahr in einen Briefwechsel trat. Sie heiratete später sogar Gassens Neffen Jean, dieser verstarb indes in jungem Alter nach einem Überfall während einer Geschäftsreise in den Norden der Niederlande. Die Geschäftsbeziehung, die von Freundschaft und tiefem, wechselseitigen Vertrauen geprägt war, endete in den 1580er-Jahren aus undokumentierten Gründen. Ein weiterer Kontakt aus Paris bestand zu dem Apotheker Pierre Porret, ein Jugendfreund Plantins. Martine sandte ihm Leinen, Stickereien und Spitzen und erhielt im Gegenzug von Porret unterschiedliche Luxusaccessoires. Die Schwestern Plantin betreuten auch die vom Pariser Leinenhändler Çaias erhaltenen Aufträge. Ein weiterer Händler, mit dem Martine verkehrte, war Nicolas Fournier, ein Wäschehändler aus Paris. Plantin unterhielt darüber hinaus auch enge Geschäftsbeziehungen in Venedig, Portugal und Deutschland.

Während das Geschäft in den 1560er-Jahren blühte, verschlimmerte sich das politische und religiöse Klima später zusehends. Philipp II., der Sohn des allgemein beliebten, in Flandern geborenen Kaisers Karl V. residierte beinahe ausschliesslich in Spanien und verlor den Zugang zu seinen Untertanen in den Niederlanden. Dies führte zu politischen, konfessionellen und militärischen Unruhen und gipfelte in der sogenannten Spanischen Furie von 1576, während der Teile von Antwerpen zerstört und viele seiner Einwohner ins Exil in die nördlichen Niederlande (die sich dann erfolgreich von Spanien losgesagt und für unabhängig erklärt hatten), nach Deutschland, Frankreich und England vertrieben wurden. Die in den vorangegangenen Jahren in Antwerpen entwickelten Spitzenherstellungstechniken breiteten sich damit zweifelsohne ebenfalls aus. In Frankreich brachten der Ausbruch der Pest sowie politische Unruhen den Handel mit Luxusgütern in den 1580er-Jahren beinahe zum Erliegen.

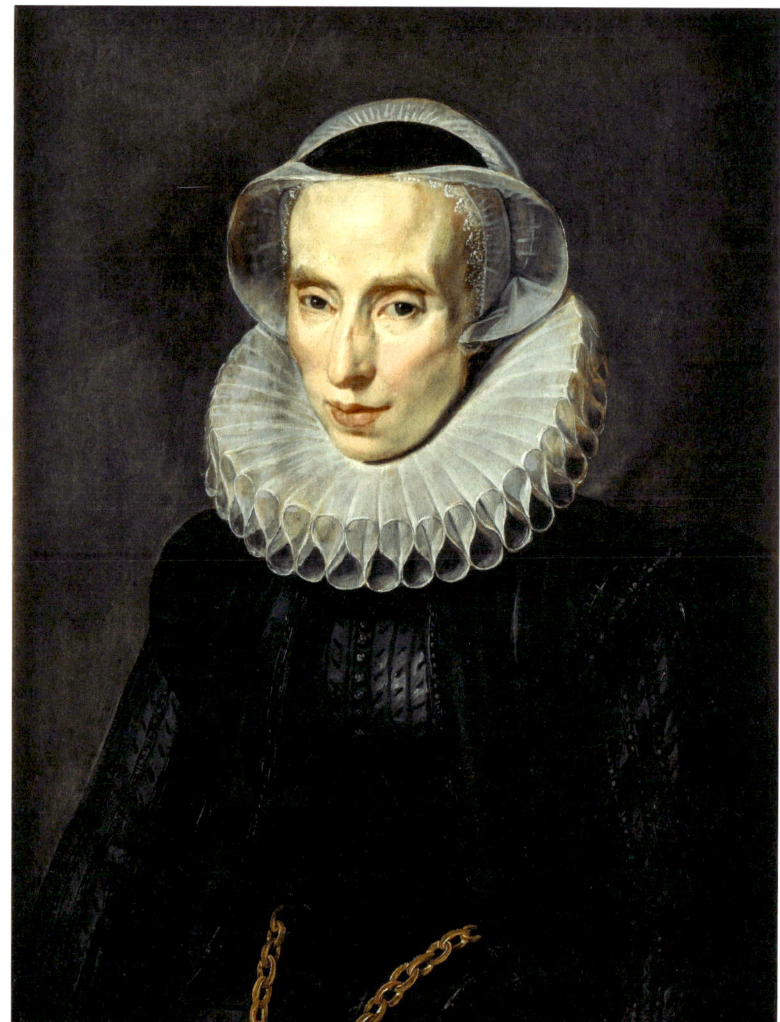

Abb. 1 Werkstatt von Peter Paul Rubens, Bildnis der Martine Plantin, zwischen 1630 und 1636, Museum Plantin-Moretus Antwerpen.

Obwohl Plantins geschäftliche Aufzeichnungen bei weitem nicht vollständig sind, vermitteln die Geschäftsbücher und die Korrespondenz über den Spitzen- und Leinenhandel einen hervorragenden Einblick in den Arbeitsalltag eines frühen Spitzengeschäfts. Dazu vermitteln sie auch Anhaltspunkte über die anfängliche Entwicklung von Klöppel- und Nadelspitzen. Die Unterlagen aus den 1550er-Jahren beziehen sich hauptsächlich auf Artikel aus besticktem Leinen und bestickten Netzgeweben. Die Plantins handelten mit Krägen, Manschetten, Taschentüchern und Bundhauben, oft in grossen Mengen. In einfacher Ausführung bestanden diese aus einfarbigem Leinen, doch die meisten waren auf irgendeine Art und

Weise verziert. Häufig erscheinen bestickte Netzgewebe, andere Artikel sind „gepaireld“. In mindestens einem zeitgenössischen Wörterbuch, dem *Dictionarium Teutonic-Latinum* von Cornelis Kiliaan (Antwerpen, Plantin, 1574) verweist gepaireld, wortwörtlich geperlt, ohne Zweifel auf die Nadel*pikots*[5], die zumindest seit der ersten Hälfte des 16. Jahrhunderts als Bordüren auf Leinen zur Anwendung gelangten. Ursprünglich lagen diese *Pikots* weit auseinander,[6] im Verlauf der Zeit verringerte sich der Abstand aber zunehmend; sie können als unmittelbare Vorstufe der Nadelspitze betrachtet werden.

In den 1560er-Jahren tauchten neue Begriffe auf. Zusätzlich zu den bisherigen Erzeugnissen wurden auch zunehmende Mengen an Passementen verkauft – Posamentrieborten, mit Sicherheit Frühformen von Klöppelspitze, und *breynaet*, und zwar immer als Meterware, wobei eine Lieferung 500 bis 600 Ellen umfassen konnte. Wie pairlen ist auch der Begriff *breynaet* vollständig aus der niederländischen Sprache verschwunden. *Breien* heisst heute stricken, hatte jedoch im 16. Jahrhundert und in einigen flämischen Dialekten eine viel weiter gefasste Bedeutung und bezeichnete verschiedene Techniken, die zum Flechten, Knüpfen und Verweben von Garnen verwendet wurden. Da in einigen Dokumenten festgehalten wird, dass *breynaet* mithilfe von Klöppeln auf einem Kissen hergestellt wurde, dürfen wir mit Sicherheit annehmen, dass *breynaet* in den Geschäftsunterlagen der Plantins auf Klöppelspitzen verweist. Schon die blosse Tatsache, dass Werkzeuge erwähnt werden, weist darauf hin, dass die Herstellung von Klöppelspitzen in den frühen 1560er-Jahren eine neue Erfindung war. Es ist nach wie vor unklar, ob Posamenten und *breynaet* immer mit Leinenfäden hergestellt wurden.

Einige Posamenten wurden nach Gewicht verkauft, was der gängigen Praxis entsprach, wenn die Kosten des Rohmaterials die Lohnkosten überstiegen. Dürfen wir daraus schliessen, dass bestimmte von den Plantins verkaufte Klöppelspitzen aus Silber- und Goldfäden hergestellt wurden? Beides war in Antwerpen leicht erhältlich und fand Verwendung bei Seidenwebern, Wandteppichwebern und Goldstickern – aber hier besteht keine Gewissheit, wurde doch Meterware von Leinenspitzen manchmal ebenfalls nach Gewicht verkauft. Leider enthält das Archiv der Plantins keinerlei Muster der tatsächlich verkauften Produkte.[7]

Ausführliche Informationen gibt das Archiv jedoch zu den Produktionsstätten. Gelegentlich betreuten die Plantins die Abwicklung besonderer Aufträge; im Normalfall wurden jedoch aufgrund von detaillierten Angaben und nach dem Geschmack von Käufern spezifische Artikel hergestellt, manchmal in Einheiten von über 200 Stück. Bereits im frühen Jugendalter reisten Martine und Catherine regelmässig von Antwerpen nach Mechelen, um die im Beginenhof verrichtete Arbeit zu überwachen.[8] In den 1560er-Jahren war jener Beginenhof für die hohe Qualität seiner bestickten Netzgewebe bekannt und Preisverhandlungen mussten zumindest einen Teil der von den Mädchen in Mechelen verbrachten Zeit in Anspruch genommen haben. Der Grossteil der Ware der Plantins wurde über den Zwischenhandel abgewickelt, der häufig in den Händen geschäftstüchtiger Frauen lag, die wiederum die Produkte von ortsansässigen Arbeitern, ebenfalls meist Frauen, herstellen liessen. Antwerpen und die umliegenden Dörfer sowie Mechelen und Brüssel stellten die meisten Arbeitskräfte.

Im Archiv der Plantins werden einige Spitzenherstellerinnen namentlich geführt – eine Seltenheit. Auf deren Spur kommt man ansonsten lediglich in einem einzigen amtlichen Dokument, das zeigt, wie lukrativ die Spitzenherstellung für Frauen war: Gegen Ende des 16. Jahrhunderts sprach sich eine Verordnung der Stadt Gent dagegen aus, die Herstellung von Spitzen als eigenständigen Beruf anzuerkennen, denn die guten Bürger der Stadt fanden keine Dienstmädchen mehr, da die Spitzenproduktion für Frauen einträglicher war als der Hausdienst. Einer der Zwischenhändler hiess Pierre de Bruges alias Van Der Beke – ob er jedoch in Brügge wohnte, ist nicht klar; Bruges könnte auch nur ein Familienname gewesen sein. Stickereien und Spitzen wurden auch in Breda in den Niederlanden gefertigt, einer Stadt nicht weit von Antwerpen, in der die Plantins Verwandte hatten.

Zusammenfassend kann gesagt werden, dass das Archiv der Plantins belegt, dass das Spitzengeschäft von Anbeginn international war. Dank eines Netzwerkes von Kunden und Herstellern mussten sich die Kenntnisse der neuen Techniken und Designs rasch in vielen Teilen Europas verbreitet haben.

5 Für bestimmte regionale niederländische Trachten wurden die Pikots bis ins frühe 20. Jahrhundert hinein hergestellt. Die damalige Insel Marken, inzwischen durch einen Deich mit dem niederländischen Festland verbunden, war berühmt für ihre feine Handarbeit aus Leinen, die mit den Arbeitsweisen und der Ästhetik des 16. Jahrhunderts verwandt ist. Die dortigen Arbeitsweisen wurden 1960 dokumentiert. Vgl. Hemert 1960.

6 Ein frühes Beispiel aus den südlichen Niederlanden ist ein Wickeltuch mit einem Abbild des Lammes Gottes und des katholischen Glaubensbekenntnisses in lateinischer Sprache, gefertigt in Wiener Flechtstich, mit durchbrochenen Säumen und mit Nadeln gefertigten Perlen von rund 1,5 cm Breite. Das Tuch wird noch immer verwendet, und zwar zum Umwickeln der wundertätigen Statuette der Jungfrau Maria aus dem 16. Jahrhundert in der St. Waldtrautskirche in Herentals (Provinz Antwerpen).

7 Es ist bemerkenswert, welche Wertschätzung die Familien Platin und Moretus jeglichem Stück Papier entgegenbrachen. Ihr Archiv ist nach wie vor eine Schatzkammer für (Kunst-)Historiker bezüglich einer Vielzahl von Themen, nicht nur in Verbindung mit der Familie selbst, sondern mit den vielen Familien, die mit den Moretus' durch Heirat verbunden waren. Für Kostüm- und Textilhistoriker hingegen ist es bedauernswert, dass die einigen Dokumenten aus dem 17. und 18. Jahrhundert beigelegten Muster die einzigen Textilien sind, welche die Familie für erhaltenswert hielt. Geschäftsinventarien, persönliche Kleider und Haushaltsleinen wurden in gewohnter Weise verstreut: durch Erbfolgen oder Verkäufe, oft auch an der sprichwörtlich auf der Türschwelle der Familie stattfindenden Kleiderbörse und gelegentlich als Schenkungen an römisch-katholische Kirchen.

8 Beginen: christlich-religiöse Gemeinschaft in den Niederlanden. Ab dem 12. Jahrhundert aktiv.

Margaretha von der Marck (1527–1599), Modeberaterin und Geschäftsfrau

Margaretha von der Marck[9] kam im Rheinland zur Welt. Ihr langes Leben sollte sie dem Rheinland verbunden bleiben, lebte aber auch in den Ardennen sowie im Süden und Norden der Niederlande (Abb. 2). Sie verbrachte schon in früher Jugend ein Jahr am Hof der Herzöge von Lothringen in Nancy. Im Alter von siebzehn Jahren erbte sie schliesslich grosse Teile des Familienvermögens. Margaretha von der Mark ehelichte 1547 Jean de Ligne, Baron von Barbençon, der bereits 1568, in seinen vierziger Jahren, verstarb. Und so verwandte die Witwe die folgenden dreissig Jahre darauf, ihre Familienbesitztümer zu bewahren. Ihre beträchtlichen Talente gestatteten es ihr, in den höchsten Kreisen zu verkehren, höhere Adelstitel zu erlangen und das Familienerbe auch in politisch schwierigen Zeiten zu erhalten. 1570 begleitete sie Elisabeth von Österreich auf ihrer Brautreise nach Frankreich als Grande-Maîtresse de la Cour. 1576 verlieh ihr Kaiser Maximilian II. den Titel einer Gefürsteten Gräfin, was ihrer Familie das Stimmrecht im Reichstag einräumte. Sie genoss die Wertschätzung von Margaretha von Parma und Alexander Farnese, der 1578 zum Statthalter der Spanischen Niederlande ernannt wurde. Eine Reihe von Zeitgenossen schrieben sogar über sie, unter anderen der niederländische calvinistische Historiker Emanuel van Meteren (1535–1612): „C'était une sage et habile dame."

Auf den ersten Blick schien es unwahrscheinlich, dass eine Frau wie sie im Textil- und Spitzengeschäft tätig sein würde. Doch nach dem Tod ihres Ehemanns in der Schlacht von Heiligerlee sah sich Margaretha von der Marck mit hohen Steuern von über 120.000 Gulden, mit denen ihre Besitztümer in den Nordniederlanden belastet wurden, sowie mit Plünderungen ihrer Anwesen in den Ardennen, den Spanischen Niederlanden und der Eifel konfrontiert. Weitere Schulden von 12.000 Gulden kamen hinzu, als ihr ältester Sohn Karl von einem dreijährigen Aufenthalt am spanischen Hof zurückkehrte. Hoch verschuldet, wie sie nun war, musste sie ein hohes Mass an Kreativität entwickeln, um ihre Gläubiger befriedigen zu können.

Bereits vor dem Tod ihres Ehemannes hatte Margaretha ihr umfangreiches Wissen und ihre Beziehungen zu den europäischen Höfen genutzt, um Damen des Hochadels mit modischen Stoffen und Accessoires zu versorgen. Während ein Briefwechsel über Modefragen mit ihrer seit 1550 mit dem Landgrafen Ludwig Heinrich von Leuchtenberg verheirateten Schwester Mechthild hin und wieder dazu führte, dass Margaretha ihrer Schwester Handelsware zum weiteren Vertrieb sandte – was jedoch zu jener Zeit durchaus den Konventionen entsprach –, zogen ihre kaufmännischen Aktivitäten in späteren Jahren wesentlich weitere Kreise.

Im Jahr 1565 wurde Margaretha von Herzogin Hedwig von Braunschweig-Lüneburg um Muster der von der Gräfin getragenen Hauben und Tücher gebeten. Margaretha kleidete sich modisch und gab sich damit wohlhabend, sodass auch die Damen an europäischen Höfen darauf erpicht waren, von ihr ähnliche Kleidungsstücke zu erhalten. 1562 sandte sie ihrer Schwester spezielle Hauben, die an aus Netzgeweben gefertigte Bundhauben erinnerten, welche die Familie Plantin zur gleichen Zeit beim Beginenhof in Mechelen in Auftrag gab. 1577 bestellte die Königinwitwe Elisabeth von Österreich, die nach einer sehr kurzen Ehe aus Wien zurückgekehrt war, Rollen gemusterten Leinens, vermutlich zur Verwendung in ihrem Haushalt. Mechthilds Sohn erinnerte seine Tante 1582 an Hemden, die sie nicht vergessen sollte zu senden. Diese Hemden waren zweifelsohne mit modischen Stickereien und Spitzen verziert. Auf einer Reise in Italien 1575 kam Margaretha in Kontakt mit den Erzherzoginnen Johanna von Österreich-Medici und Eleonora von Österreich-Mantua. Leinenstoffe zur hauptsächlichen Verwendung im Haushalt schienen die wichtigste Handelsware zu sein, doch waren Hemden, Krägen und Hauben weitere bedeutsame Artikel nebst einer ganzen Palette

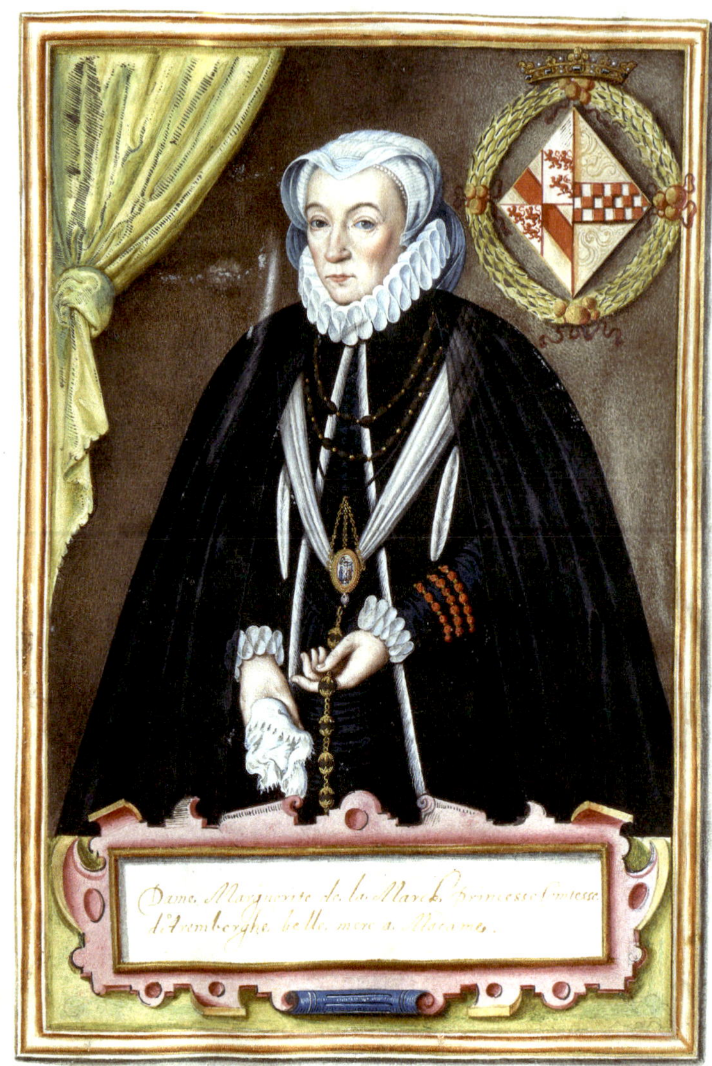

Abb. 2 Margaretha von der Mark, um 1600, Bildnis aus einem Album mit 18 Porträts der Familien Croÿ und Arenberg, Private Sammlung.

von Waren, von Zuckerwerk bis zu Schmuck und einem Kleid aus Goldgewebe. Zwischen 1570 und 1580 sandte sie viele Artikel an den herzoglichen Hof von München: nicht nur Spitzen aus den Spanischen Niederlanden, sondern auch Pferde samt Jagdausrüstung und sogar Strausseneier, die in wertvollen Goldschmiedearbeiten montiert werden sollten. Herzog Wilhelm der Reiche bat sie, ihm Muster für Hemdverzierungen zu schicken, sodass er auswählen könne, was er bestellen wollte.

Margaretha kaufte ihre Waren teilweise über den Zwischenhandel in Köln, erwarb jedoch auch Artikel, die direkt an den Familiensitz Arenberg bei Köln gingen. Die Waren hatten ihren Ursprung in den Spanischen Niederlanden, Frankreich, Italien, Spanien, den Nordniederlanden und Deutschland. In Antwerpen verkehrte sie mit mehreren Händlern wegen des Kaufs von Zucker, Seidenstoffen, Parfüm, Ledertapeten, Wandteppichen, Leinen, Schmuck und wertvollen Vasen. In den Jahren 1578 bis 1580 bestellte sie in Antwerpen *Passements de Milan*. Es ist verlockend anzunehmen, dass es sich hier um Klöppelspitzen handelte, die entweder in Antwerpen oder in Mailand im mailändischen Stil hergestellt worden waren. Möglicherweise traf sie sich mit einigen ihrer Handelspartner, als sie wiederum 1591 Antwerpen besuchte.

Die Gefürstete Gräfin Margaretha von der Marck wusste ihre auf hoher Ebene angesiedelten europäischen Beziehungen erfolgreich für den profitablen Handel mit Luxusgütern zu nutzen, der es ihr ermöglichte, den Familienbesitz zu erhalten. So unterstützte sie den Handel an den Höfen in Deutschland, Österreich, Italien, Frankreich und den Niederlanden.

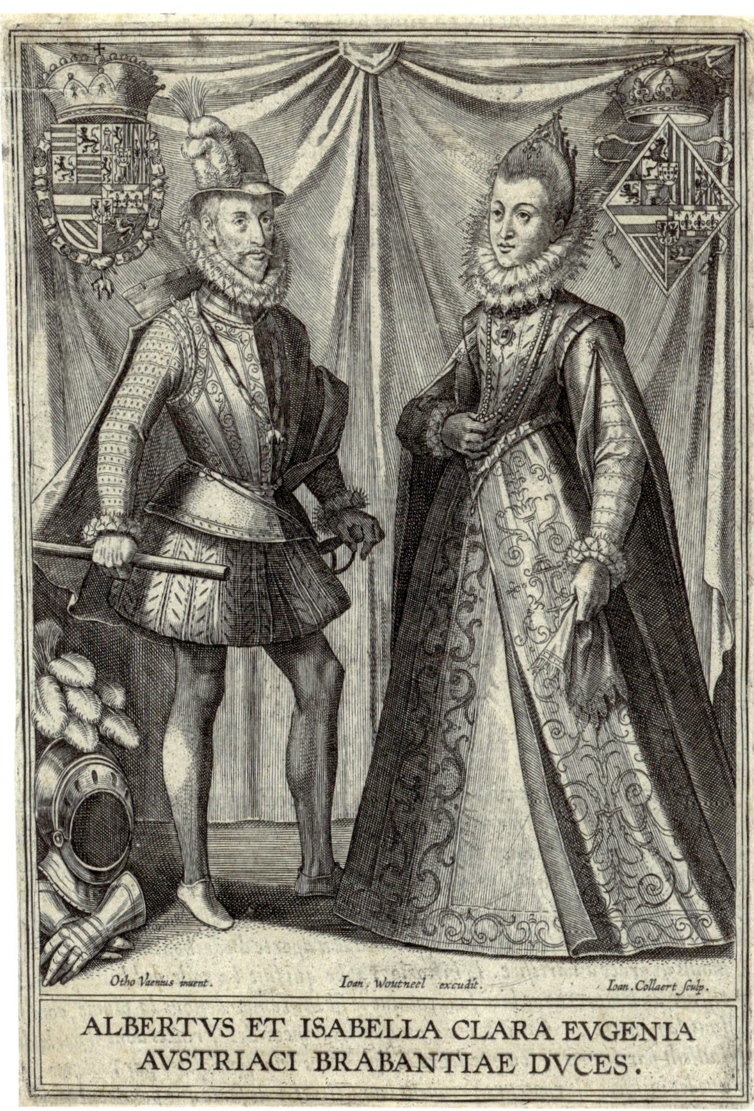

Abb. 3 Jan Collaert nach Otto van Veen, Bildnis Albrecht und Isabella Clara Eugenia, 1600, Rijksmuseum Amsterdam.

17. Jahrhundert: Innovation und Welthandel

Im frühen 17. Jahrhundert wurden die Südlichen und Spanischen Niederlande von der Infantin Isabella Clara Eugenia von Spanien, Tochter Philipps II., und ihrem Ehemann, Erzherzog Albrecht von Österreich, regiert (Abb. 3). Das Ehepaar blieb kinderlos, und die Spanischen Niederlande fielen an die spanische Krone zurück, als die verwitwete Isabella 1621 in ein Kloster in Brüssel eintrat. Die Eheleute waren prominente Verfechter der Gegenreformation und bedachten die Kirchen in den Spanischen Niederlanden, Köln und Spanien mit grosszügigen Spenden, unter anderem auch mit wertvollen Textilien, die noch heute erhalten sind. Zwei ungewöhnliche Decken[10] werden mit dem Herrscherpaar in Verbindungen gebracht; ihre Herkunft ist allerdings nicht gesichert, bekannt ist nur, dass sie vom Königlichen Museum für Kunst und Geschichte in Brüssel und dem Kunstmuseum Genf zum Ende des 19. Jahrhunderts erworben wurden. Die sogenannte Fussdecke, die in Brüssel verwahrt wird, ist gänzlich in Klöppelspitze ausgeführt, während die Decke in Genf aus Klöppelspitzenquadraten und bestickten Leinen besteht. Die Brüsseler Decke wird im Allgemeinen auf 1599 datiert, dem Jahr der Heirat des Herrscherpaars. Sie weist neben Wappen, religiösen Darstellungen, Porträts der Erzherzöge und königlicher Personen aus Europa auch Szenen aus einem *Ommegang* auf. Hierbei handelt es sich um eine zeremonielle Prozession, die durchgeführt wurde, als das Ehepaar in der wichtigsten Stadt der südlichen Niederlande

9 Die Informationen über Margaretha von der Marck stammen zum grössten Teil von Neu 2013.

10 Die Decke in Brüssel (Inv.-Nr. 2543) wurde in zwei Publikationen der ersten Hälfte des 20. Jahrhunderts thematisiert: Truyens-Bredael 1941, Van Overloop 1908. Gegenwärtig ist sie Gegenstand einer Untersuchung durch Ria Cooreman, Kuratorin für Spitzen am Königlichen Museum für Kunst und Geschichte in Brüssel, die ihre Forschungsergebnisse über die ikonografischen Quellen der abgebildeten Szene in dankenswerter Weise mit der Autorin teilte. Für die Decke in Genf sind keine ausführlichen Publikationen greifbar. Bedauerlicherweise konnten für dieses Buch keine Abbildungen der Decken zur Verfügung gestellt werden.

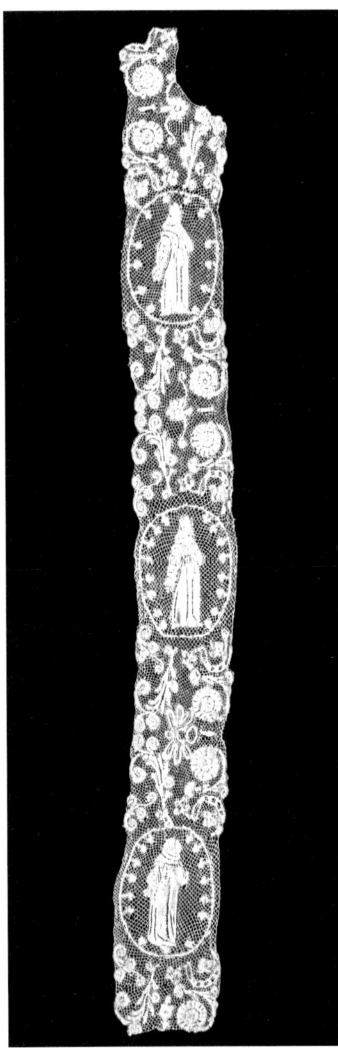

Abb. 4 Borte mit Darstellungen von Mönchen oder Heiligen: Klöppelspitze, zweite Hälfte 17. Jahrhundert, Modemuseum Antwerpen, Inv.-Nr. S76/8AB.

feierlich willkommen geheissen wurde. Beide Decken sind ungewöhnliche Meisterwerke des Spitzenhandwerks.

Während Klöppelspitzen um 1600 hauptsächlich aus ziemlich schmalen Bändern mit geometrischen Mustern bestanden (vgl. Tafeln 2, 3) – die Darstellung von Blumen und menschlichen Figuren waren noch eine Seltenheit –, gingen die Entwerfer der zwei Decken das Wagnis ein, die Spitzenhersteller Szenen von bis zu zwanzig Zentimetern Höhe und Breite ausführen zu lassen – eine Fläche, die in dieser Grösse wahrscheinlich noch nie zuvor mit einer Klöppelspitzenstruktur überzogen worden war. Eine Analyse der verwendeten Techniken verrät, dass die Spitzenhersteller vermutlich mit von Gravierungen inspirierten Strichzeichnungen arbeiteten und dabei laufend Techniken und Strukturen weiterentwickelten oder neu erfanden. Falls diese Annahme stimmt, sind die Decken Schlüsselstücke einer technologischen Innovation, die für die Klöppelspitzenproduktion in den Spanischen Niederlanden von enormem Nutzen war. Leider konnten bis heute keine sich auf diese Decken beziehenden Archivdokumente entdeckt werden.

Ein weiteres Beispiel eines möglichen königlichen Auftrags mit identifizierbaren Bildern ist eine Borte aus den 1660er-Jahren mit dem Abbild des Infanten Karl (dem späteren Karl II.), Kronprinz von Spanien, deren Fragmente in mehreren Sammlungen zu finden sind (vgl. Tafel 84).[11] Ebenfalls aus einem besonderen Auftrag stammen drei weitere Fragmente von Klöppelspitzen[12] aus dem dritten Quartal des 17. Jahrhunderts, die Medaillons mit Abbildungen von Heiligen oder Mönchen aufweisen (Abb. 4). Die einzigen wahrscheinlich niederländischen Beispiele aus dem frühen 17. Jahrhundert sind in einem kleinen Musterbuch zu finden[13], allerdings ohne jeglichen Text. Es handelt sich dabei um perfekt erhaltene Borten von geklöppelten Spitzen mit geometrischen Mustern, viele davon mit feineren Leinenfäden, als damals üblich war.

Die meisten Archivquellen stammen aus der zweiten Hälfte des 17. Jahrhunderts. Die amtlichen Aufzeichnungen der Stadt Antwerpen sind eine wahre Schatzkammer, was die Unterlagen über den Handel mit Spitzen betrifft. Die Insolvente Boedelskamer ist das Archiv, in dem die Geschäftsunterlagen von, wie der Name schon sagt, insolventen Firmen hinterlegt wurden, die ihre Geschäftstätigkeit einstellten. Firmen, die sich ausschliesslich mit der Herstellung und dem Verkauf von Spitzen beschäftigten, waren eine Seltenheit. Jedoch waren Spitzen eine wichtige, mehr oder weniger luxuriöse Handelsware für international tätige Luxusgüterhändler. Der Verkauf von Spitzen ging oftmals Hand in Hand mit dem Verkauf von Lebensmitteln und Spezereien, Gold und Silber, Schmuck, Wandteppichen, Goldleder, Wollstoffen und Seiden, modischen Geldbörsen und Handschuhen. Die Antwerpener Händler erwarben ihre Güter vor Ort oder in anderen Gebieten von Flandern und Brabant, namentlich auch Brüssel. Wie dieser Handel funktionierte, kann hauptsächlich aus der Geschäftskorrespondenz ersehen werden. Zu den in den amtlichen Aufzeichnungen der Stadt Antwerpen erhaltenen Briefen gesellen sich auch Schreiben aus den Archiven der Familie Moretus[14], die bislang nicht untersucht worden sind, sowie die Korrespondenzkopiarien der Familie Melijn[15], die jetzt im Modemuseum von Antwerpen aufbewahrt werden. Spuren von Transaktionen mit Spitzen sind nicht immer leicht zu finden.

Die Antwerpener Briefe, die sich in den Archiven erhalten haben, sind nicht nur auf Niederländisch verfasst. Es finden sich darunter Korrespondenzen auf Französisch, Deutsch, Englisch, Spanisch und Italienisch, wobei dazwischen auch örtliche Dialekte zu erkennen sind. Die Briefe vermitteln keinerlei Wissen über das Ausmass des Handelsverkehrs, sie enthalten jedoch Informationen zu zahlreichen Handelspraktiken, die im Laufe des Jahrhunderts wiederholt Verwendung fanden. In Antwerpen wurden verhältnismässig kleine Mengen an ausländischen Spitzen importiert, Venedig wird häufig namentlich erwähnt. Die von Antwerpen aus verkauften Klöppelspitzen trugen verschiedene Bezeichnungen. Sie wurden unter den Namen angeboten, die in den jeweiligen Destinationen bekannt waren und dort gut ankamen. Gelegentlich ist von Brüsseler oder

Mechelner Spitzen die Rede, das sind die einzigen Ortsbezeichnungen, die bei den verkauften Spitzen in Erscheinung treten. *Point de la Reine* wurde von den Ortsansässigen erworben oder nach Frankreich verkauft. *Puntas, Presillas* und *Filigranas* gingen nach Spanien und an die spanischen Kolonien in Übersee, die oft spezifisch als Mexiko, Havanna oder Lima aufgeführt werden. Für Südamerika bestimmte Spitzen wurden von Antwerpen zum Meerhafen Ostende transportiert und von dort nach dem spanischen Hafen Cadiz verschifft, wo eine bestimmte Menge an Spitzen für den örtlichen Gebrauch bestimmt war, während der Rest den Atlantik überquerte, um von den Kirchen, den in Übersee wohnhaften Spaniern und anderen Bewohnern der Region verwendet zu werden.

Die Bekanntheit Antwerpens und der Region – einschliesslich Mechelen – für Klöppelspitzen wuchs im Verlauf des 17. Jahrhunderts, wie die auf die jeweiligen Absatzmärkte zugeschnittenen Muster zeigten. Für die höchste Qualität wurden immer feinere Leinenfäden verwendet – im frühen 18. Jahrhundert hatten diese einen geringeren Durchmesser als menschliches Haar. Über eine Zeitspanne von zwanzig Jahren hinweg entwickelten sich die geometrischen Muster der frühen geklöppelten Spitzen zu erkennbaren Blumenmustern mit Rosen, Pfingstrosen, vereinzelten Tulpen und wirbelnden Zweigen mit Blättern, die durch *Brides* oder einen Maschenhintergrund verbunden waren (vgl. Tafeln 61, 62). Antwerpen scheint der Ausgangspunkt dieser Entwicklungen gewesen zu sein, und so verwundert es nicht, dass Ausländer nach Antwerpen kamen, um sich dieses Wissen ebenfalls anzueignen.

Die Familie Plantin hatte bereits Mitte 16. Jahrhundert einige Frauen aus Paris geholt, die in Antwerpen dem Stickereimetier nachgingen. In den Archiven findet sich auch ein Verweis auf eine gewisse Barbara Uthmann, eine Unternehmerin aus dem deutschen Erzgebirge, die die Spitzenherstellung im Antwerpen des 16. Jahrhunderts erlernt haben soll. Und die Oberin und Gründerin der Ursulinen aus Valenciennes,[16] Françoise Badar, kam ungefähr 100 Jahre später nach Antwerpen; sie spielte eine entscheidende Rolle bei der Gründung der wichtigen Spitzenindustrie, die im Valenciennes des 18. Jahrhunderts florierte. Nonnen und religiöse Frauen wie Françoise Badar waren massgeblich an der Lehre und der Verbreitung der Spitzentechniken in Europa beteiligt (vgl. Tafeln 137, 141).

Auch wenn der Luxusgüterhandel und die Künste in Antwerpen nach wie vor prosperierten, so herrschte in weiten Kreisen grosse Not. Es waren insbesondere arme Menschen, die in Hungersnöten in die Städte strömten, von der Hoffnung getrieben, Arbeit oder Nahrung zu finden. Die Stadtverwalter betrachteten sie zumeist als Gefahr für eine geordnete Gemeinschaft, gemeinnützige Institutionen dagegen vermittelten diesen Menschen nutzbringende Beschäftigungen.[17] Die Spitzenherstellung bot gerade Frauen eine gute Möglichkeit, ihren Lebensunterhalt zu verdienen, und so gründeten mehrere Orden, wie zum Beispiel die Ursulinen[18], Schulen für Mädchen, in denen diese die Grundlagen des Lesens und Schreibens, der

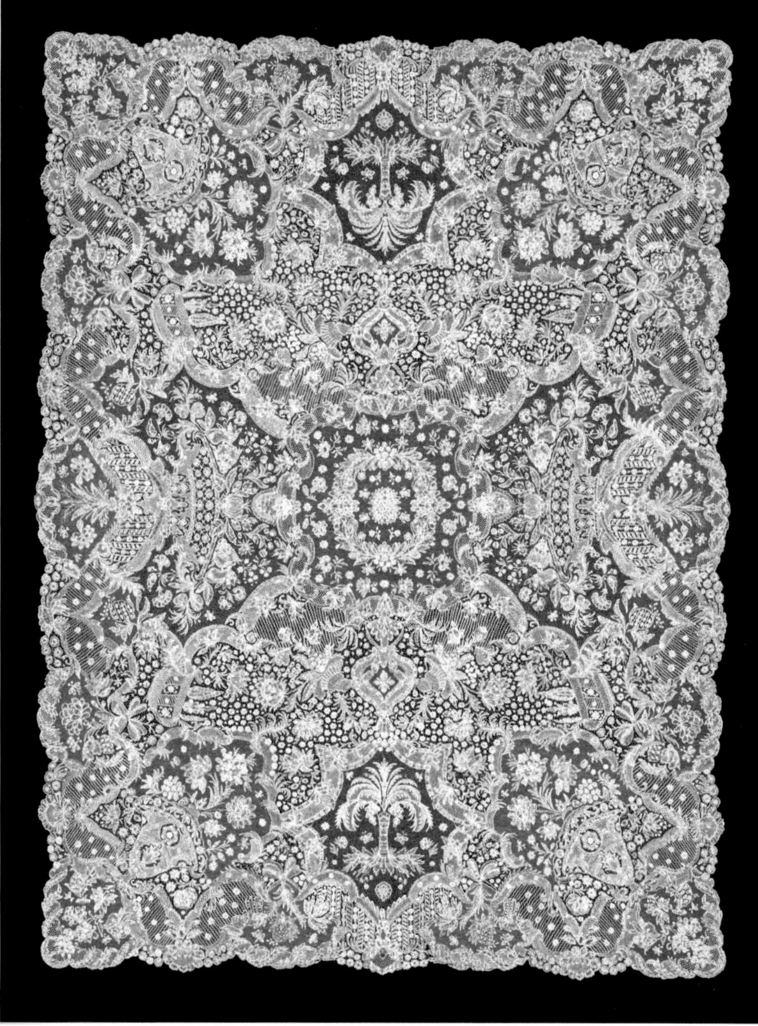

Abb. 5 Decke: Brüsseler Klöppelspitze, Mitte 18. Jahrhundert, Dauerleihgabe der Brüsseler König Baudouin Stiftung an das Modemuseum Antwerpen, Inv. B15/16, Foto: Stany Dederen.

11 Brüssel, Königliches Museum für Kunst und Geschichte, Inv.-Nr. 3269, Textilmuseum St. Gallen, Inv.-Nr. 00696; vgl. Risselin-Steenebrugen 1951, S. 65–68. Sie erwähnt weitere Stücke in der Sammlung Jacoby und im Victoria and Albert Museum, London.

12 Zwei Fragmente sind im Modemuseum in Antwerpen (Inv.-Nr. S76/8AB) erhalten. Ein weiteres Teilstück, enthalten in einem Buch mit verschiedenen Spitzenstücken (Inv.-Nr. 3270), wird im Königlichen Museum für Kunst und Geschichte in Brüssel verwahrt.

13 Musterbuch um 1600, Königliches Museum für Kunst und Geschichte in Brüssel, Inv.-Nr. D.0897.00.

14 Die Plantin-Moretus-Archive enthalten Hunderte von Briefwechseln mit Geschäftskontakten in Europa, vgl. oben.

15 Modemuseum in Antwerpen, Inv.-Nr. T94/183-186.

16 Zu jener Zeit Teil der Südniederlande, ab den 1680er-Jahren Teil Frankreichs.

17 Gering 1990.

18 Die Ursulinen waren in den Südniederlanden noch bis weit ins 20. Jahrhundert hinein tätig. Die Spitzenschule in Brügge wurde von den Ursulinen gegründet. Flämische Ursulinen könnten auch die Spitzenherstellung im Ursulinen-Kloster von Gorizia in der Nähe von Triest in Italien beeinflusst haben, in dem in Flandern unter unmittelbarem flämischen Einfluss gefertigte Muster bis heute aufbewahrt werden. Schoenholzer Nichols, Sgubin 2011.

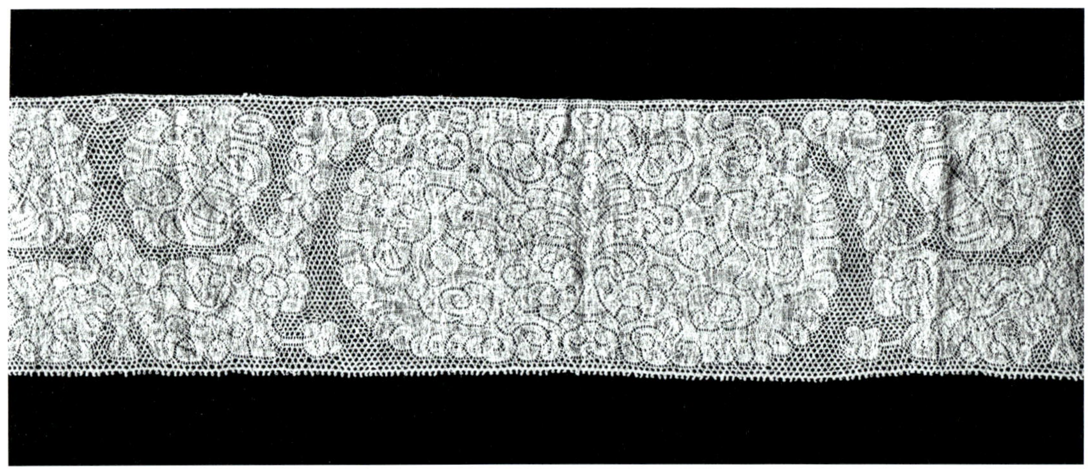

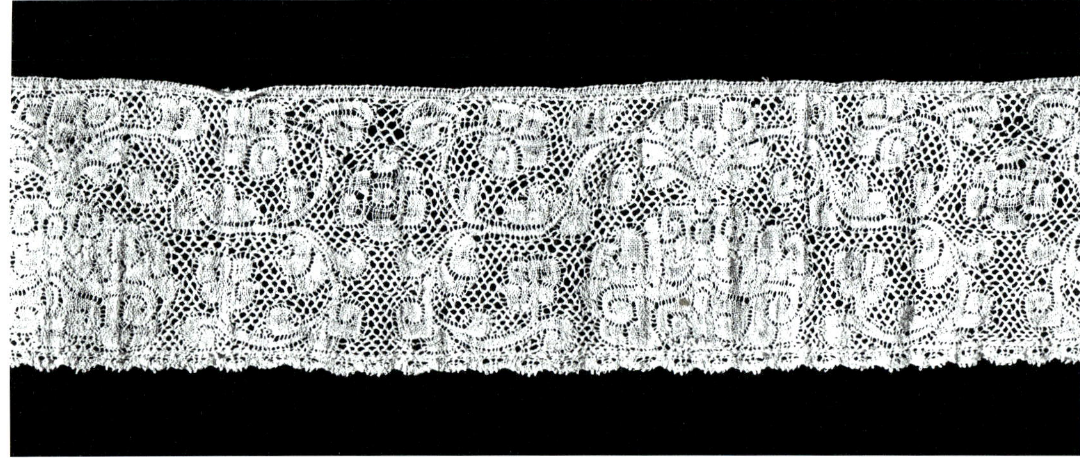

Abb. 6 Borte: Antwerpener Klöppelspitze, Mitte 17. Jahrhundert, Modemuseum Antwerpen, Inv.-Nr. T80/130.

Abb. 7 Borte: Antwerpener Klöppelspitze, zweite Hälfte 17. Jahrhundert, Modemuseum Antwerpen, Inv.-Nr. T80/135.

Religion sowie nützliche Handwerkstechniken wie Nähen, Spinnen und das Herstellen von Spitzen erlernen konnten. Ein ähnliches Ansinnen wurde im Antwerpener Waisenhaus Maagdenhuis[19] verfolgt, in dessen Archiv ein Teil der Auftragsbücher für die zweite Hälfte des 17. Jahrhunderts erhalten geblieben ist. Die Kunden waren grossteils ortsansässig – Bürger und Priester –, ein Teil der Produktion jedoch wurde möglicherweise auch von Händlern zum Weiterverkauf erworben.

Zusammenfassend kann man sagen, dass Spitzenherstellung und -handel im 17. Jahrhundert eine rasche Entwicklung durchmachten. Die internationale Bedeutung der niederländischen Produktion wird vor allem in der Vielfalt der Spitzen sichtbar, die für unterschiedlichste Märkte produziert wurden.

18. Jahrhundert: Spitzenproduktion zwischen kaiserlichen Aufträgen und Landestrachten

1706 ist das Jahr des Spanischen Erbfolgekriegs, der dazu führte, dass die ehemals Spanischen Niederlande an das von den Habsburgern regierte Österreich fielen – ein Zustand, der anhalten sollte, bis die französischen Revolutionstruppen die Österreicher vertrieben. Die Geschäfte der Spitzenhersteller und -händler litten wahrscheinlich darunter, jedoch dürfte der spanische Markt nicht gänzlich verloren gegangen sein. Klöppelspitzen aus den Österreichischen Niederlanden waren weiterhin bedeutende Güter des internationalen Handels und die Produktion passte sich problemlos der sich rasch verändernden Mode an. Verschiedene Auflagen des *Dictionnaire portatif du Commerce* von Jacques Savary des Bruslons von 1723 erwähnen Spitzen aus den Österreichischen Niederlanden, namentlich aus Mechelen und Brüssel. Brüssel war auch für sehr raffinierte Nadelspitzen bekannt. Brüssel, ein wichtiges Produktionszentrum von Klöppelspitze, meisterte den Übergang von Borten zu kompletten Objekten, die an die jeweilige Form angepasste Muster aufweisen. Halstuchabschlüsse für Männer sowie Haubenböden und Barben für Frauen konnten ausgezeichnet mit feinsten Fäden in kunstvollen Mustern hergestellt werden (vgl. Tafeln 119, 121, 122). Aber selbst für das im 18. Jahrhundert erreichte Niveau war ein 1744 von Kaiserin Maria Theresia von Österreich in Auftrag gegebenes Kleid aussergewöhnlich. Die Herstellung eines vollständigen Kleides[20] mit formgerecht gefertigten Musterstücken und einer dazu passenden Palatine – eine Art Umhängekragen – erforderte zwanzig

Monate. Das Kleid gefiel der Kaiserin so gut, dass sie es auf mindestens zwei Gemälden trug, auf denen es aus unterschiedlichen Perspektiven zu betrachten ist.[21] Es soll 30.000 Gulden gekostet haben.

Ein Kleid für die zukünftige Frau ihres Sohns Joseph, Isabella von Parma, das von den Staaten von Flandern für ihre Hochzeit im Jahre 1760 in Auftrag gegeben wurde, war noch teurer. Die Existenz dieses Kleides ist lediglich durch Archivdokumente belegt. Das Kleid wurde mit Brüsseler Nadelspitze gefertigt und kostete atemberaubende 120.000 Gulden – für die Spitze allein. 1.800 Spitzenherstellerinnen sollen an der Herstellung beteiligt gewesen sein.[22] Wahrscheinlich waren es die kaiserlichen Aufträge, die das Interesse an qualitativ hochstehenden Produkten aus Brüsseler Klöppel- und Nadelspitzen in anderen Ländern geweckt haben. Grossflächige Decken, die vermutlich an Hochzeiten und für das Wochenbett junger Mütter verwendet wurden, sind in vielen Sammlungen erhalten geblieben. Eine besondere Decke, die sich heute in Antwerpens Modemuseum befindet (Abb. 5)[23], stellt Muster zur Schau, die mit jenen auf Maria-Theresias Kleid verwandt sind. Die Decke soll Eigentum der bayerischen Herzogsfamilie gewesen sein, bevor sie im frühen 20. Jahrhundert am spanischen Hof auftauchte. Bislang haben sich keine Archivdokumente darüber finden lassen.

Modische Spitzen wurden in Ladengeschäften verkauft, die sich auf Accessoires wie zum Beispiel Hauben, Barben und Manschetten spezialisierten. Gelegentlich wurden solche Artikel auch nach spezifischen Kundenwünschen gefertigt. In Antwerpen belieferten die Geschwister Hoffinger[24] eine internationale Kundschaft mit modischen Artikeln aus mehreren Ländern, einschliesslich von vor Ort hergestellten Spitzen. Ob sie auf spezifische Vorlieben eingingen, kann nicht mehr festgestellt werden, jedoch entwickelten sich bis ins 18. Jahrhundert hinein regionale Vorlieben für Spitzen. Eine Vielzahl der nach den Nordniederlanden exportierten Spitzen sprach lokal vorherrschende Geschmäcker an.

Ab Mitte des 17. Jahrhundert kam in den Niederlanden ein Stil mit dicht gearbeiteten, pfingstrosenartigen Blumen in Mode (Abb. 6, 7; vgl. auch Tafel 63); dieser Stil war eine kurze Zeit lang in ganz Europa beliebt. Dicht gearbeitete Klöppel- und Nadelspitzen waren verhältnismässig einfach zu waschen und in Form zu halten; auch waren sie robuster als andere Spitzenarten. Diese Tatsache dürfte eine wichtige Rolle für ihre Verbreitung gespielt haben. Die Region Antwerpen war vermutlich von entscheidender Bedeutung für das Fortbestehen von dichten Borten mit pfingstrosenartigen Blumen auf dem niederländischen Markt: Diese Spitzen wurden zu einem Hauptbestandteil verschiedener regionaler Trachten in den Niederlanden.

Als die Borten im Verlauf des 18. Jahrhunderts breiter wurden, wurden den Blumenmotiven Töpfe und Urnen beigefügt. Das Ergebnis war eine Art Spitze, die von den Historikern des 19. Jahrhunderts – und wahrscheinlich erstmals von Fanny Bury Palliser (*History of Lace*, London, 1865) – als *Pottenkant* bezeichnet wurde. Weiterentwicklungen von *Pottenkant* wurden in der Region Antwerpen während des ganzen 19. Jahrhunderts produziert und reichten von breiten Borten für die Kopfbedeckungen der regionalen Trachten des Frieslands bis zu Borten im Stil des 17. Jahrhunderts für die Hauben der Inseln Marken und Urk. Während das Antwerpen des 18. Jahrhunderts noch immer ein internationales Zentrum für die Herstellung und den Handel von Spitzen war, wandten sich die Kaufleute langsam anderen Handelsgütern zu. Die Massenproduktion von Zucker und bedruckten Baumwollstoffen erforderte eine Vielzahl an Arbeitskräften, was die Frauen davon abgehalten haben könnte, den Beruf der Spitzenherstellerin zu ergreifen. Die Familie Moretus, die nach wie vor im internationalen Spitzenhandel tätig war, war einer der Gründungsinvestoren einer Baumwolldruckerei, der Catoendruckerij Beerenbrouck im Jahr 1753. Zu ihrer Blütezeit beschäftigte die Fabrik 1.200 Arbeiter, einen erheblichen Teil der Belegschaft stellten Frauen. Das Plantin-Moretus-Archiv enthält keine Hinweise auf den Handel mit Spitzen in der zweiten Hälfte des 18. Jahrhunderts. Als die modische Bedeutung der Spitzen zum Ende des 18. Jahrhunderts abnahm, wurde ihre Herstellung in Antwerpen wahrscheinlich praktisch eingestellt. Während Brüssel und Brügge im 19. Jahrhundert weiterhin eine internationale Rolle in der Produktion und Weiterentwicklung von Spitzen spielten, spezialisierte sich in Antwerpen lediglich eine kleine Anzahl von Kaufleuten auf den regionalen niederländischen Markt, in den ihre Vorfahren im 18. Jahrhundert investiert hatten.

19 Heute findet sich hier das Maagdenhuis-Museum, das über zwei grosse Gemälde (Inv.-Nr. A176-A178) von Joannes De Mare (ca. 1640 – nach 1676) verfügt, die Waisen darstellen, die mit dem Nähen von Kissen und Klöppelspitzenkissen beschäftigt sind.

20 Das Kleid ist nicht erhalten. Zu Ende des 19. Jahrhunderts befand sich ein grosses Fragment, das zu einer Krippendecke verarbeitet worden war, im Besitz der Familie Kinsky in Österreich. Vgl. Dreger 1906. Die Versuche der Autorin, diese Decke aufzuspüren, blieben ohne Erfolg.

21 Die genannten Gemälde sind: Martin van Meytens, Kaiserin Maria Theresia, 1. Hälfte 18. Jahrhundert, Gent, Rathaus; Martin van Meytens, Kaiserin Maria Theresia von Österreich, 1752–1753, Wien, Kunsthistorisches Museum, Inv.-Nr. 8762.

22 Leyder, Frédérique 2009.

23 Die Decke wurde 2015 von der Brüsseler König Baudouin-Stiftung in London erworben und ist eine langfristige Leihgabe an das Modemuseum Antwerpen. Inv. Nr. B15/2. Eine vergleichbare Decke befindet sich in der Sammlung des Königlichen Museums für Kunst und Geschichte in Brüssel, Inv.-Nr. 3136; vgl. Risselin-Steenebrugen 1953, S. 43–49.

24 Coppens 1983, S. 81–107.

Die Spitze und die Mode

Roberta Orsi Landini

Die Mode ist ein System zur Darstellung des eigenen Körpers und orientiert sich an den ästhetischen und ethischen Idealen des historischen Zeitraums, in dem sie entsteht. Die von den Schnittmustern der Kleider skizzierten Konturen entsprechen dabei nur selten den tatsächlichen Körperformen, sondern betonen, verbergen oder verformen diese gemäss der Vorstellung, die die jeweilige Leitkultur von der Körperlichkeit hat: ein Übel, vor dem es sich zu hüten, oder ein Gut, das es zu zeigen gilt. In der westlichen Welt ist jedes Anzeichen einer allzu offenen Zurschaustellung körperlicher Merkmale viele Jahrhunderte lang verpönt; vor allem weibliche Kleidungsstücke als Ausdruck von Eitelkeit, als Instrumente der Verführung und folglich der Fleischeslust veranlassen die Moralisten zu Tiraden. Zwar zeichnet sich die westliche Kleidung durch die Erfindung von Formen aus, die uns heute widersinnig erscheinen, doch gewisse Arten der Ausschmückung und die Betonung von Reichtum können sich dennoch entfalten, allen voran die Qualität und Kostbarkeit der Materialien und Verfahren, mit denen die Kleidung angefertigt wurde.

Welche Stellung nimmt nun die Spitze in diesem System ein? Eine Textilart mit einzigartigen Charakteristika, die jedoch praktisch nie eigenständig existiert, sondern nur in Verbindung mit Krägen, Miedern, Hauben oder Röcken bewundert werden kann. Ungeachtet ästhetischer und künstlerischer Überlegungen könnte man sagen, dass die Spitze in ihrer langen Geschichte ein mehr oder weniger wichtiges oder wesentliches Mode-Accessoire ist, jedoch die Mode nicht selbst „gestaltet“; sie trägt – einmal abgesehen vielleicht von ihrer Blütezeit im 17. Jahrhundert – nicht dazu bei, ein neues Gesamtbild der Person zu schaffen.

Der erste Auftritt

Ihren ersten bedeutenden Auftritt in der Bekleidung feiert die Spitze im 16. Jahrhundert im Zusammenhang mit der historischen Entwicklung des Hemds. Dieses in der Garderobe wohlhabender Menschen seit jeher vorhandene, jedoch nach aussen hin nie sichtbare Kleidungsstück kommt ab den 1520er-Jahren erstmals am Ausschnitt der Damengewänder zum Vorschein. Mit einem schlichten Saum und zuweilen aus feinstem Batist gefertigt, blitzt das Hemd zunächst diskret hervor, gewinnt jedoch im Laufe des Jahrhunderts an Bedeutung, als es still die Entwicklung und Geschicke einer Mode teilt, die die herrlichen, von den besten italienischen Manufakturen gewebten Gold- und Seidenstoffe betont. Deren Preise sind horrend, doch es braucht nur wenig Material, um ein Paar enge Ärmel zu nähen, so eng, dass sie nur mit vom Handgelenk bis zum Ellenbogen reichenden Schlitzen getragen werden können und ein direktes Annähen am Schulterstück unmöglich ist. Die Naht wird dort daher durch ein Schnürsystem ersetzt, das nicht nur das darunter liegende Hemd zeigt, sondern auch die Verschiedenartigkeit der Stoffe zwischen dem Rumpfteil und den Kleiderärmeln rechtfertigt, wobei oft nur letztere aus kostbaren Textilien bestehen.[1] Die Notwendigkeit, zu sparen und immer weniger edlen Stoff zu verwenden, lässt die Ärmel stets noch enger und die Schlitze vertikal länger werden, bis sie den Oberarm horizontal vom Unterarm trennen. So entstehen dekorative Gebilde aus Schnüren und Knöpfen, zwischen denen immer grössere Wölkchen weisser Hemden hervorpuffen.[2] Schon in den 1580er-Jahren war das Hemd zu einem wichtigen Kleidungsstück avanciert und „klettert“ zuweilen vom tiefen Ausschnitt des Oberteils hinauf Richtung Kehle, um ausser an den Ärmeln auch an der vorderen Öffnung des Mieders in Erscheinung zu treten, dessen Ränder am Busen auseinanderklaffen.

So erscheint es nur natürlich, das Hemd, dieses einst nahezu ärmliche und nun so sichtbare Kleidungsstück, durch Verzierungen zu verfeinern, die die Bedeutung des Objekts und vor allem die Wichtigkeit seines Trägers oder seiner Trägerin unterstreichen. Zunächst sind dies zarte Stickereien, oft, aber nicht immer, weiss auf weiss ausgeführt, später auch feine Nadelarbeiten, die mit winzigen Vorwölbungen oder filigranen Auszackungen den Kontrast zwischen Stoff und Haut abmildern.

Durch diesen Übergang von direkt am Körper getragener Wäsche zum festen Bestandteil der Oberbekleidung erlangt das

Hemd eine weit über die reine Zweckmässigkeit hinausgehende Bedeutung: Anders als die Kleider, deren Materialien – Wolle und Seide – tierischer Herkunft sind, besteht es in der Regel aus pflanzlichen Stoffen wie Leinen oder Hanf. Weiss wie die Wickelbinden der Neugeborenen und die Leichentücher der Verstorbenen soll die Unterkleidung den Träger daran erinnern, dass der Körper aus der Erde genommen ist und zur Erde zurückkehren muss. Wie eine Pflanze, die ihre Wurzeln in den Erdboden versenkt, um sich himmelwärts zu wenden, so muss die Seele der Ewigkeit entgegenstreben und das Elend des Fleisches überwinden, welches schamhaft bedeckt wird. Das helle Weiss des zur Schau gestellten Hemds zeigt die Reinheit des Menschen und damit zugleich auch die Reinheit und Unversehrtheit seiner Seele. Das Hemd ist daher in Ehren zu halten und zu verzieren, wobei Stickereien und Spitzen die wichtigsten Formen der Ausschmückung werden und indirekt auch symbolische Bedeutung annehmen.

Frühe Techniken und Motive

Die Historiker sind einhellig der Meinung, dass die Nadelspitze, so wie sie sich im 16. Jahrhundert entfaltet, eine Weiterentwicklung der sogenannten einfachen oder doppelten Durchbruchstickerei und der *Reticella*-Arbeit darstellt.[3] Beim einfachen Durchbruch werden die Fäden des intakten Stoffs gruppenweise zusammengezogen, sodass kleine Lücken entstehen, während beim doppelten Durchbruch und beim *Reticella*-Verfahren ein Teil des Grundgewebes oder dessen Kett- oder Schussfäden entfernt werden – natürlich in geometrischen, durch das rechtwinklige Überkreuzen der Fäden bedingten Formen –, damit der verbliebene Stoff mit verschiedenen Stichformen durch *Ajour*-Effekte verbunden oder in den Freiräumen Stickereien ausgeführt werden können, deren Grundlage von einem zum anderen Ende eingezogene Fäden bilden. Die Motive sind dabei schlicht: geometrische Verflechtungen, Rauten, Rosetten, Knoten und eingeflochtene Bänder. Das Verfahren selbst ist seit langem bekannt: In seinem Fresko im Palazzo Publico in Siena hat Ambrogio Lorenzetti bereits im Jahr 1378 die allegorische Friedensfigur auf einem grossen, von einer *Reticella*-Stickerei bedeckten Kissen ruhend dargestellt. Als das Unterhemd zum Hemd und damit zu einem wichtigen Teil der Bekleidung insgesamt wird, erfolgt zugleich der Übergang der Dekoration von Textilien durch Spitzen von der Haushalts- zur persönlichen Wäsche. Diese neue, besondere Zweckbestimmung sorgt für eine Verfeinerung der Verfahren, um den Effekt von Zartheit und Durchsichtigkeit weiter zu verstärken, bis die Nadelarbeit in ihren zahllosen Ausprägungen immer freier wird und schliesslich ganz auf das Grundgewebe verzichtet, um mit dem sogenannten *Punto in Aria* („Luftstich") Muster und Figuren zu schaffen.

Die geometrischen, gröberen Motive der ersten Nadelspitzen – die einer altüberlieferten mediterranen Textiltradition[4] angehören und in der volkstümlichen Handarbeit heute noch fortbestehen – sind die gleichen wie bei der Klöppelspitze, einem weiteren antiken Verfahren, das aus der Herstellung von Posamenten oder geflochtenen Borten entstanden ist[5]. Diese schneller auszuführende Handarbeit, die als weniger erlesen als Nadelspitze galt, ist in ganz Europa verbreitet. Dies belegen Schriftstücke, in denen sie seit dem 15. Jahrhundert Erwähnung findet.[6] An Hemden ist Klöppelspitze mindestens seit den letzten dreissig Jahren des 15. Jahrhunderts zu sehen und dient dort zur Herstellung einer dekorativen Verbindung der Stoffstücke[7], ein Verfahren, das auch früher schon für Haushaltswäsche angewandt worden ist.[8] Im 16. Jahrhundert werden Nadel- und Klöppelspitze im Zuge ihrer weiteren Vervollkommnung häufig zusammen verwendet, teilen sie doch dieselbe stilistische Grundhaltung, auch dank der Verbreitung der Modelbücher, die seit 1527 Zeichnungen für deren Ausführung vorstellen.

Die Motive der Spitzen unterscheiden sich damals stark von den wichtigsten gestickten oder gewebten Mustern der Seidenkleider, deren Vorhandensein vom Wohlstand des Eigentümers künden und die Schnittformen der Kleidungsstücke bestimmen. Die Gestaltung der verschiedenen Arten von Verzierungen beruht auf den technischen Besonderheiten der zu ihrer Fertigung verwendeten Hilfsmittel.[9] Doch erst als der wirtschaftliche Stellenwert der Spitze so weit ansteigt, dass er dem der üppigeren Seidenstoffe gleichkommt und die Entfaltung einer eigenen ästhetischen Gestaltungssprache ermöglicht, kann die Spitze sich mit dem Strukturgewebe auf Augenhöhe messen.

Ein Zeichen von Wohlstand

Der Wohlstand, der sich Anfang des 16. Jahrhunderts in ganz Europa und insbesondere in Italien ausbreitet, fördert das Aufkommen üppigerer, schwererer Gewandformen, für die grosse Mengen an Stoff erforderlich sind, und bewirkt so eine

1 In den Inventarlisten von Mitgiften des 15. Jahrhunderts sind kostbare Ärmelpaare häufig als separate Güter aufgeführt.
2 Dies belegen die Fresken von Domenico Ghirlandaio in Florenz, die Magdalenen-Bilder von Carlo Crivelli (Rijksmuseum, Amsterdam, sowie die Altartafel im Dom S. Emidio in Ascoli Piceno) ebenso wie das Gemälde *Le Cortigiane* von Vittore Carpaccio im Museo Correr, Venedig, die jeweils im späten 15. Jahrhundert entstanden sind.
3 Rizzini 2013, S. 22–24.
4 Abegg 1998, S. 22. Grundlegendes Werk zur Veröffentlichung der Modelbücher und zu deren Bedeutung.
5 Kraatz 1984, S. 15.
6 Mottola Molfino 1984, S. 36.
7 Vgl. Derick Baegert, *La Verónica*, Museum Thyssen-Bornemisza, Madrid, datiert auf 1477–78.
8 Schoenholzer Nichols, Tomasini 2012, S. 92.
9 Grundlegend für die Geschichte und die Fertigungsverfahren der Spitze sowie für das Verhältnis zwischen Nadel und Klöppel: Levey 1983, S. 17.

Erneuerung der Selbstdarstellung der Menschen. Der obere Abschluss der Hemden lugt nun aus eckigen, immer weiteren Ausschnitten hervor – zuweilen so weit, dass sie von den Schultern zu rutschen scheinen, während die Ärmel sehr weit aufgebauscht sind.[10] Die Nachfrage nach hochwertigen Bekleidungsstoffen beschränkt sich jedoch nicht nur auf feinste Seide und Wolle, sondern umfasst auch alle sonstigen Erzeugnisse, die sich daran anbringen lassen. Nicht nur Spitze, sondern auch Besätze, bestickte Bänder, teils ergänzt durch Perlen und goldene Pailletten, sowie eine Vielzahl von Handarbeitskreationen, mit denen vor allem bei jenen ebenso fantasievollen wie voluminösen Damenfrisuren experimentiert wird, die zwischen 1475 und 1630 praktisch zum wichtigsten Merkmal der gesamten Selbstdarstellung werden. Verflechtungen jeder Art, oft in Verbindung mit Nadelarbeiten, kommen auch an den Ausschnittbedeckungen[11] zum Einsatz, deren Vorhandensein die Sittengesetze häufig vorschreiben, um die nackte Haut zu bedecken, wann immer das Hemd nicht oben am Hals abschliesst. Diese Leidenschaft für Ausschmückungen sorgt dafür, dass auch die Spitze immer erlesenere Formen annimmt und hochkomplexe Entwürfe entstehen, bis sie zu einem heiss begehrten Luxusobjekt wird, einem Erzeugnis, dessen ästhetischer Wert dem anderer, bei der Fertigung von Bekleidung und Dekoration der Innenräume verwendeter Textilien erst gleichkommt und ihn schliesslich gar übertrifft. Und dies nicht nur in weiss: mehr noch als solche aus Leinengarn sind Klöppelspitzen aus Gold oder Silber der Inbegriff von Reichtum und zeugen von höchstem gesellschaftlichem Rang, weshalb sie dem Adel oder aber kirchlichen Paramenten vorbehalten sind. Ihre Gestaltung kann dabei zunächst starrer erscheinen, als es bei der Nadelspitze der Fall ist, doch bald schon werden andere Wege beschritten: Angestrebt wird nicht die zarte Feinheit der weissen Spitzen, sondern eine Plastizität und Strahlkraft, wie sie einzig Edelmetalle zu schenken wissen, noch verfeinert durch die Farbeffekte, die sich aus der Möglichkeit ergeben, Gold- und Silberfäden sowie später auch Garne unterschiedlicher Stärke gemeinsam zu verarbeiten. An den Kleidern findet sich die Spitze nun an den Säumen, in der Rockmitte für eine vertikale Wirkung sowie entlang der Miedernähte zur Betonung der Konturen des Modells. Während die rings um Gesicht und Hände angeordnete weisse Spitze noch – wenngleich immer schwächer – an die symbolische Bedeutung des Hemds erinnert, spricht die metallglänzende Spitze vor allem die Sprache des Reichtums.

Zentren der Mode: Florenz und Venedig im 16. Jahrhundert

Die Mode ist damals nur teilweise international: Sie bewahrt lange Zeit regionale Eigenheiten, je nach den unterschiedlichen europäischen Ländern. Doch die enorme Ausdehnung des Reichs von Karl V. begünstigt bereits im 16. Jahrhundert eine Vereinheitlichung der Kleidung und insbesondere die Verbreitung der strengen spanischen Mode, welche – häufig nur sporadisch – in den Staaten befolgt wird, die unter dem direkten Einfluss zunächst des Kaisers und später des Königs von Spanien stehen. Nur in den weiterhin unabhängigen Ländern wie England und Frankreich sowie in den Gebieten, die ihre Selbstbestimmung unter Beweis stellen wollen, wie die Republik Venedig, der Kirchenstaat und das Herzogtum Florenz in Italien, ist eine mehr oder weniger ausgeprägte Eigenständigkeit zu verspüren. Mit Ausnahme von Venedig, wo die Mode eigene Merkmale besitzt, geht die Tendenz jedoch auch hier im Allgemeinen zu einer Aussteifung, Verfremdung und Eingrenzung der Körperformen, zur Vermeidung der Sichtbarkeit nackter Haut und auch des Hemds, das in gewisser Weise auf diese Nacktheit anspielt. Dennoch werden gerade aufgrund der Steifheit der Kleidung die Spitzen rings um Gesicht und Hände immer aufwändiger und wichtiger, sowohl zur äusserlichen Selbstdarstellung als auch zugunsten der Wirtschaft der Herstellerstaaten.

Die erlesensten Spitzen und Stickereien für Bekleidung und Haushaltswäsche werden in der Regel in Klöstern angefertigt und zwar, im Unterschied zu allen von den Zünften organisierten Gewerben, ausschliesslich von Frauen. Der Florentiner Hof sendet das zu bearbeitende textile Material beispielsweise regelmässig an die diversen Klöster der Stadt, um die enorme Menge an Arbeit aufzuteilen: Denn schliesslich müssen nicht nur die Hemden der Herzöge beziehungsweise seit 1570 der Grossherzöge von Florenz verziert werden, sondern auch die der Prinzen und der wichtigsten Würdenträger des Hofstaats, ganz zu schweigen von den Wickeltüchern für die Neugeborenen und den Bergen an Tisch- und Bettwäsche. Es gibt kein Stück Stoff, das nicht mindestens eine kleine Stickerei schmückt. Doch in der Medici-Stadt hat die feine Tätigkeit der Spitzenkünstlerinnen weder eine marktorientierte Organisation, noch stellt sie eine Handelsgrösse dar. In Venedig wird die von den Ordensschwestern sowie von den Gästen der diversen Einrichtungen, die bekehrte Prostituierte oder verarmte Mädchen beherbergen, verrichtete Arbeit dagegen bis ins kleinste Detail geplant, um auf dem Staatsgebiet und im Ausland vermarktet zu werden. Schon 1576 sorgte der Verkaufserlös der wie Diamanten in Karat bewerteten Spitzen für beachtliche Einnahmen[12], ein eindeutiger Beleg ihrer wirtschaftlichen Bedeutung und der beachtlichen Nachfrage nach diesen Erzeugnissen für die Bekleidung der damaligen Zeit. Diese Entwicklung lässt sich im Übrigen auch sehr gut anhand der Porträtgemälde aus der zweiten Hälfte des 16. Jahrhunderts nachvollziehen. Bis zu den 1560er-Jahren ist die Spitze ein diskreter Teil der gesamten Kleidung; doch binnen weniger Jahre tritt sie in den Vordergrund und ziert immer imposantere Kragenformen. Die Ankunft der Venezianerin Bianca Cappello, der Liebhaberin und späteren Gattin von Grossherzog Francesco, kennzeichnet diesen Wandel in Florenz sehr deutlich. Ihre aus der Zeit zwischen 1570 und 1580 stammenden

Porträts zeigen eine luxusverliebte Dame, geschmückt mit golddurchwirkten Seidenstoffen, Juwelen und den Spitzen ihrer Heimatstadt. Grosse, mit Nadelarbeiten verzierte Krägen weisen nicht nur die „klassischen" geometrischen Motive auf, sondern auch erste, zarte Verflechtungen von Zweigen und Blüten, die mit der Nadel ausgeführt sind (Abb. 1). Da Bianca in jenen Jahren die einflussreichste weibliche Figur am Florentiner Hof war, ist davon auszugehen, dass die Mode der venezianischen Spitze unter den Damen der städtischen Aristokratie rasch Verbreitung fand.

Anders als die aus Österreich stammende erste Ehefrau von Grossherzog Francesco, die stets in üppiger Kleiderpracht, jedoch mit hochgeschlossenem Ausschnitt und kaum sichtbarem, schmucklosen weissem Kragen porträtiert wird, trägt Bianca nach der Mode ihrer Heimatstadt Gewänder mit tiefem Ausschnitt, die die zarte Spitze des Hemds präsentieren, und Überkleider, deren weiter Stehkragen das Gesicht umrahmt und den feinen, kostbaren Kreationen Halt gibt. Über Biancas Stieftochter Maria, die im Jahr 1600 Königin von Frankreich werden wird, sollte dieser Stil später auch die dortige Mode prägen.

Der spanische Stil

Die strenge spanische Mode, die die Formen des Körpers verbirgt, sorgt dagegen dafür, dass das Hemd wieder unter die Gewänder verschwindet und nur ein einfacher weisser Streifen um Hals und Handgelenke zu sehen ist. Zunächst handelt es sich um eine Rüsche am Saum eines hochgeschlossenen Hemdkragens[13], doch ab den 1560er-Jahren wird diese zu einem Gebilde aus aneinandergereihten gestärkten, steifen Stoffröhren, die Hals und Hände ringförmig umschliessen. Sie ist nun eindeutig nicht mehr ein Teil des Hemds, sondern ein eigenes Kleidungsstück, das über ein Bindesystem[14] an Ort und Stelle gehalten wird und einen speziellen Namen erhält: Halskrause. Die auch als „Kröse" bezeichnete Halskrause wird im Laufe der Jahrzehnte immer grösser und imposanter, bis zu Beginn des 17. Jahrhunderts geradezu enorme Ausmasse erreicht werden, was ihr den Beinamen „Mühlsteinkragen" einbringt.[15] Sie kann am Rand mit Spitze ausgeschmückt sein oder ganz aus Spitze bestehen und benötigt oft ein stützendes Drahtgestell, an dem zuweilen „Tränen" genannte Kristalltropfen baumeln. Die Halskrause verhindert, dass ihr Träger oder ihre Trägerin den eigenen Körper sehen kann, der, verborgen unter den strengen geometrischen Formen der Kleidung, durch die Aufbietung jedes möglichen Zeichens von Reichtum nur mehr zur Abbildung des gesellschaftlichen Status dienen kann. Die Halskrause mit den dazu passenden Manschetten beherrscht die gesamte Person: Der Körper ist strikt von Kopf und Händen getrennt, um die einzigen Funktionen zu betonen, die eines frommen Menschen würdig sind, nämlich Verstand und Gebet. Auch der erhöhte Kragen nach Art der Medici, der zusammen mit weniger steifen Formen die französische Mode derselben

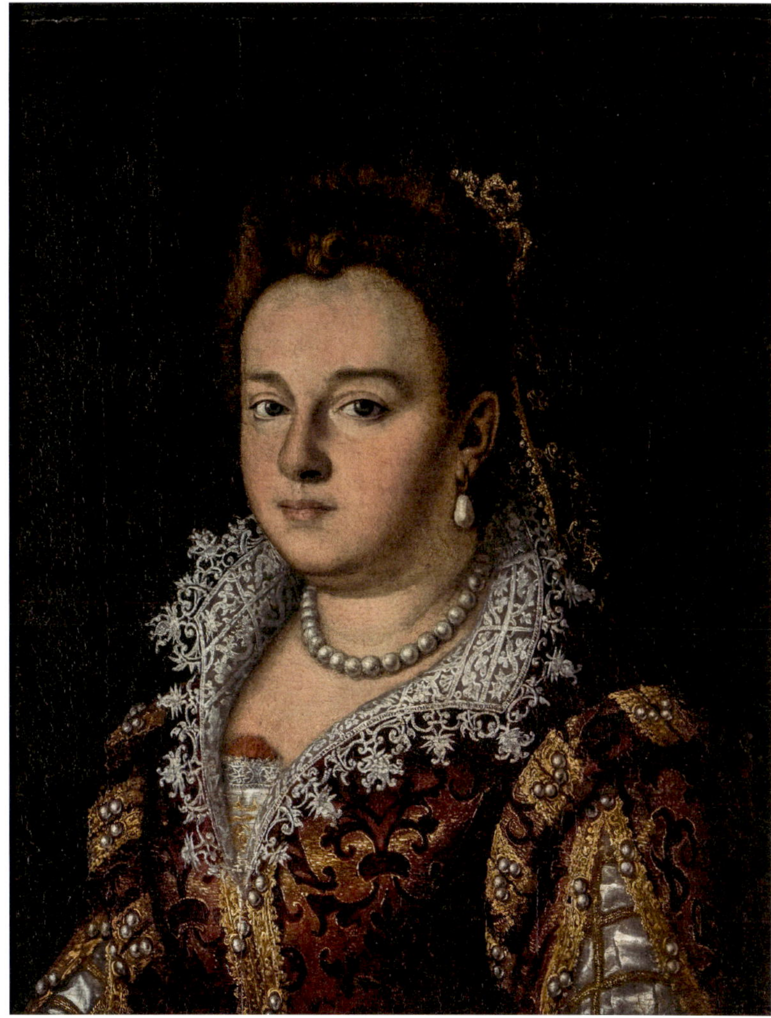

Abb. 1 Florentiner Maler, Bildnis der Bianca Cappello, 1580–1585, Galleria Palatina, Florenz.

Epoche kennzeichnet, betont den Kopf, isoliert ihn jedoch nicht vom Körper, sondern schafft durch seine Anordnung rings um das Gesicht eine reizvolle Gegenüberstellung von weisser Haut und weisser Spitze – ein sinnlicher Ansatz, der von späteren Modetendenzen gern aufgegriffen wird (Abb. 3). Der Bereich, der sich am besten für eine edle Zurschaustellung der Spitze eignet, ist derjenige um den Kopf: Die grossen Krägen, seien sie nun rund, flach oder erhöht, haben seit Anfang des 17. Jahrhunderts die Aufgabe, ein neues Bild der weiblichen und männlichen Figur zu zeichnen und bestimmen daher die Mode der damaligen Zeit (Abb. 2). Die Bedeutung, die diesem

10 Vgl. das Gemälde der Flora von Tizian (frühes 16. Jahrhundert) in den Uffizien, Florenz, sowie die Frauenbildnisse von Raffaello.
11 In Florenz im 15. Jahrhundert „Coverciere" (Bedeckung) und im 16. Jahrhundert „Gorgiera" (Halskrause) genannt.
12 Campagnol 2012, S. 130.
13 Vgl. Hemd von Nils Sture im Nationalmuseum von Stockholm.
14 Vgl. die aufgehängte Wäsche im Fresko von Alessandro Allori im Florentiner Palazzo Pitti, aus dem Jahr 1587.
15 Vgl. beispielsweise die Gemälde der adligen Genueser Damen Maria Serra Pallavicino (1606) und Brigida Spinola Doria (1606, National Gallery of Art, Washington), porträtiert von Peter Paul Rubens.

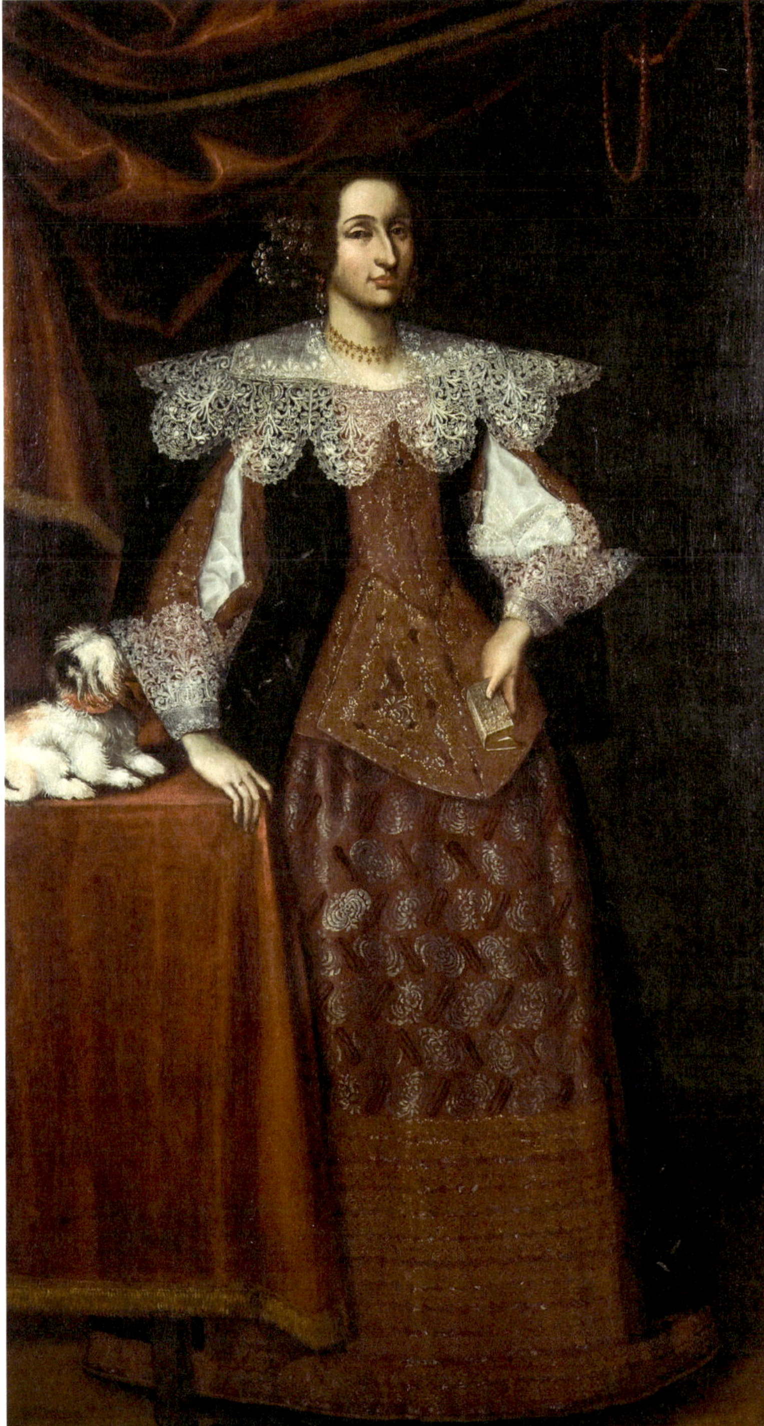

Abb. 2 Lombardischer Maler, Bildnis einer Dame, 1630–1635, Pinacoteca Tosio Martinengo, Brescia.

Teil der Bekleidung beigemessen wird, entwickelt sich proportional zum wirtschaftlichen Stellenwert der Spitze, ist ihr Verkauf oder Einkauf doch entscheidend für die Vergrösserung oder Verkleinerung der Reichtümer ganzer Staaten.

In Hülle und Fülle – Spitze im 17. Jahrhundert

Dank dieser neuen Bedeutungsfülle wandelt sich die Spitze im 17. Jahrhundert vom simplen Zubehör zum Inbegriff höchster Eleganz. Ihr Vorhandensein wird allumfassend und erstreckt sich auf ausnahmslos alle Arten von Bekleidung – für Männer, Frauen und Kinder –, von Hauben über Krägen und Manschetten bis hin zu Applikationen an sämtlichen Kleidungsstücken, Schürzen, Schärpen, Stiefelaufschlägen, Strumpfbändern und Schuhrosetten sowie Handschuhen und Taschentüchern, die mit scheinbarer Nachlässigkeit gehalten werden. Die grösste Sichtbarkeit ist dabei auch weiterhin dem weissen Hauch von Spitze rings um Gesicht und Schultern vorbehalten, während die flach oder gekräuselt an der Bekleidung angebrachte Spitze häufig gold- oder silberfarben und zuweilen auch schwarz ausgeführt ist.

Einige Manufakturen, etwa in Mailand und Genua[16], spezialisieren sich auf die Verwendung edler Materialien und fertigen Spitzen mit vereinfachtem Entwurf, bei denen jedoch jeder Garntyp, vom dicksten bis zum feinsten, gruppenweise verarbeitet wird, um reliefartige Effekte mit grosser plastischer, lichterfüllter Wirkung zu erzielen. Sie sind vor allem bei den Rocksäumen beliebt, die sie teilweise bis zur Hälfte bedecken, werden noch häufiger jedoch streifenweise verwendet und nebeneinander angeordnet, um ein die Struktur des Kleides nachbildendes Muster zu ergeben. In der Herrenmode und selbst bei der Militärkleidung zieren sie dagegen Schärpen, Waffengehänge, Bänder und Strumpfhalter und schaffen so starke Kontraste zwischen der Zartheit der Spitzengebilde und der steifen Härte der Rüstungen.

Die immer grössere Menge an Spitze und deren Diversifizierung erfordern eine konstante, gut organisierte Produktion: Die Anfertigung von Spitze ist nicht länger eine künstlerische, kurzweilige Handarbeitstätigkeit, sondern ein wichtiger Handelszweig, der die Wirtschaft der Staaten beeinflusst. Im reichen Flandern, wo die Klöppelarbeit bereits im 16. Jahrhundert höchste Vollkommenheit erzielt hat, wird mit neuen, für andere Formen geeigneten Motiven experimentiert[17]. Zwischen 1625 und etwa 1630[18] wird die starre Halskrause nach und nach durch einen flachen Kragen (Abb. 2) ersetzt, der rechteckig geformt sein kann und auf den Schultern aufliegt oder ausgesteift bleibt. Die Muster der Spitze, die diese Krägen ziert, sind im Vergleich zu denjenigen des *Punto in Aria* eine echte Neuheit: Grafisch und voller Verflechtungen und Windungen zeichnen sie botanische Elemente nach und bilden grosse sogenannte Langetten aus. Am Handgelenk oder oben am Stiefel werden sie häufig umgeklappt.

16 Alle bedeutenden Herstellungszentren fertigen auch metallische Spitze. Rizzini 2013, S. 52.

17 Levey 1983, S. 22–23.

18 Auf Porträtbildern ist sie noch bis zum Ende der 1630er-Jahre zu finden.

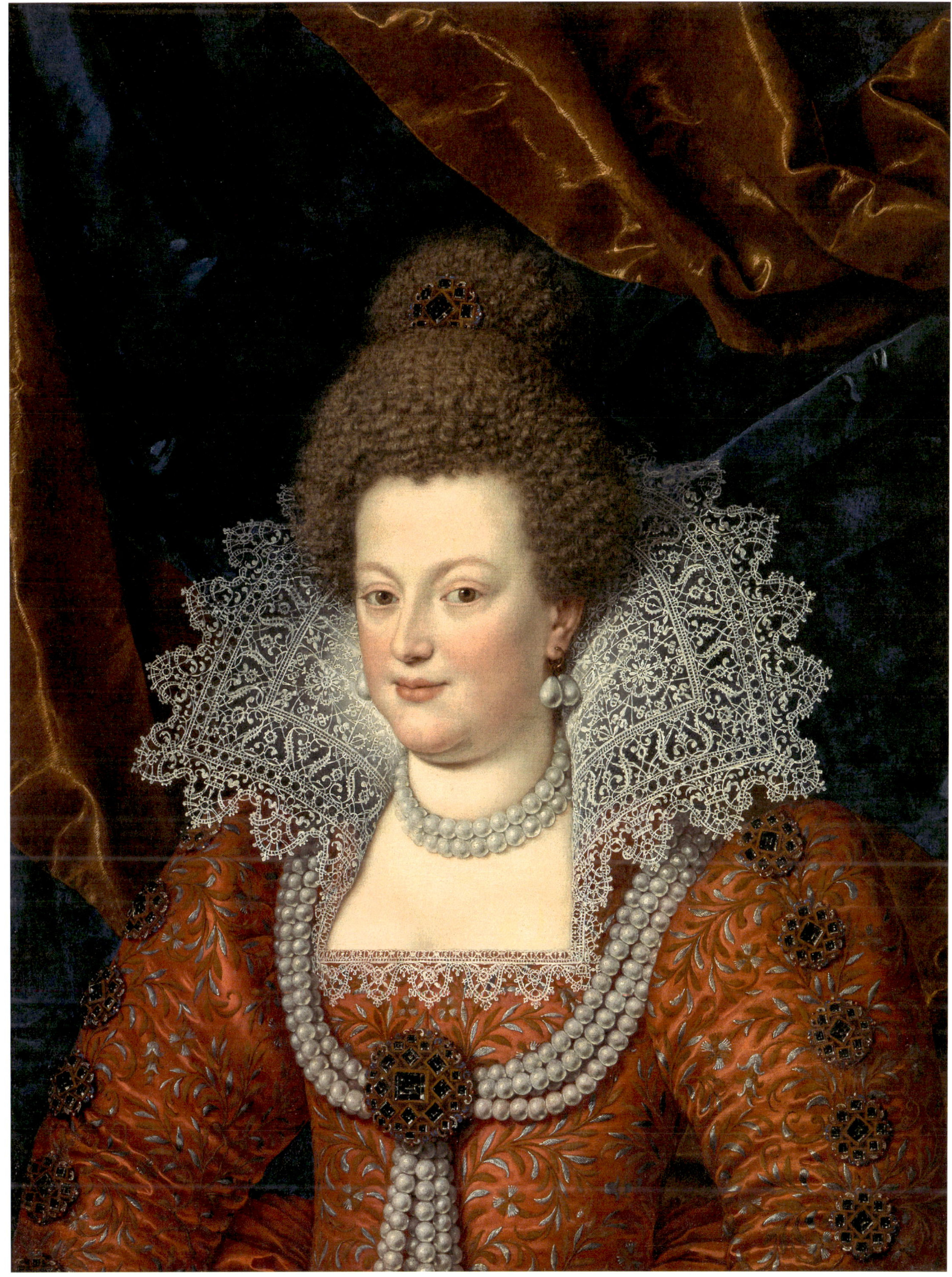

Abb. 3 Frans Pourbus il Giovane, Bildnis der Maria de' Medici, Königin von Frankreich, 1606, Galleria Palatina, Florenz.

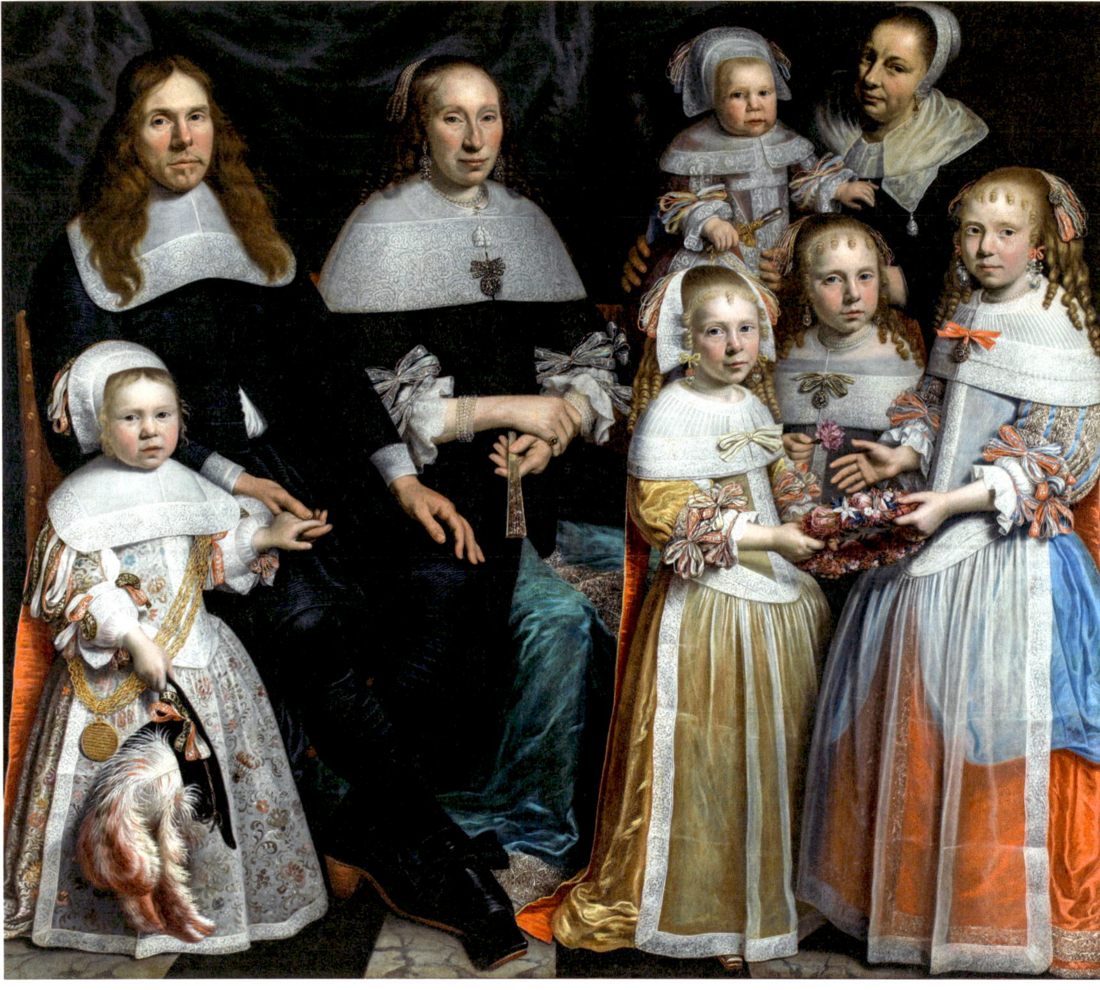

Abb. 4 Jan Albertsz Rotius, Meyndert Sonk mit seiner Familie, zirka 1660, Museum Mayer van den Bergh, Antwerpen.

Das Bestreben, Anteile dieses riesigen Marktes zu sichern, begünstigt den Wettbewerb unter den wichtigsten Herstellerländern, zu denen ab 1665 auch Frankreich zählt. Der Konkurrenzdruck führt zu einer Differenzierung durch die Entwicklung neuer Stilrichtungen und Techniken sowohl bei der Klöppel- als auch bei der Nadelarbeit. Erstere ist dabei ganz auf Leichtigkeit und hauchfeine Zartheit ausgerichtet, während Letztere im Zuge des machtvollen Aufkommens des Barocks ab der Mitte des 17. Jahrhunderts ganz auf dynamische Linien und skulpturenhafte Effekte abzielt. Die Unterschiede in der kulturellen Empfindsamkeit zwischen den nördlichen, protestantischen und den katholischen Ländern treten auch in der Art der gefertigten Spitze und der daraus resultierenden Mode zutage: Bis etwa zur Hälfte des 17. Jahrhunderts sind die Krägen der Frauen in den Niederlanden zwar grossformatig und auch überlappend angeordnet, um möglichst viel der vor Ort gefertigten Spitze zur Schau zu stellen. Doch werden sie wie ein Tuch steif und dreiecksförmig nach unten geführt, um die Schultern verschwinden zu lassen und eine Figur zu zeichnen, die die weibliche Tugend der Unterwürfigkeit auszudrücken scheint, was durch die meist schwarzen Gewänder noch betont wird. Diese Strenge lockert sich um die Jahrhundertmitte allmählich auf, als die Spitze, die die Schultern nun geschmeidig umhüllt, in einem Gewirr immer dichterer, feinerer Formen die Erkennbarkeit der von den Fadengeflechten gebildeten Motive verliert (Abb. 4).[19] Zur selben Zeit bevorzugen die französischen Damen unter Verwendung der gleichen, in grosser Zahl importierten Spitze eine Verlagerung des steifen Medici-Kragens nach weiter hinten, sodass Schultern und Busenansatz entblösst sind und eine neue Mode aufkommt, die sorgsam kalkulierte Natürlichkeit und scheinbare Nachlässigkeit zum Ideal einer neuen Eleganz krönt. Nach dem Westfälischen Frieden von 1648, der durch das Ende des Dreissigjährigen Kriegs die Hegemonie Frankreichs und den politischen und wirtschaftlichen Niedergang Spaniens besiegelt, übernehmen früher oder später und mit mehr oder weniger ausgeprägten Varianten alle europäischen Länder die aus Paris stammende Mode.

Gros Point de Venise

Dank bahnbrechender Erneuerungen von Fertigungsverfahren und Motiven gelingt es Venedig im 17. Jahrhundert, seine von den konkurrierenden Herstellungsgebieten bedrohte Vorherrschaft zu sichern. Es wird eine Spitze namens *Gros Point de Venise* geschaffen, die sich durch starke Reliefeffekte auszeich-

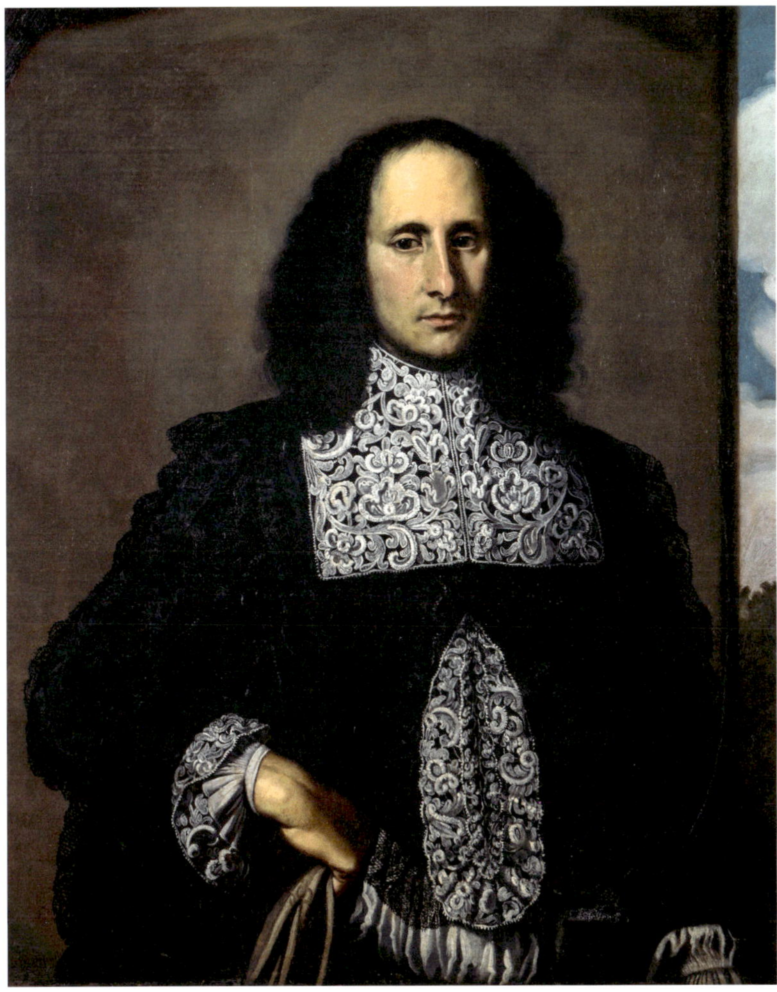

Abb. 5 Francesco Paglia, Bildnis eines Edelmannes, zirka 1680, Pinacoteca Tosio Martinengo, Brescia.

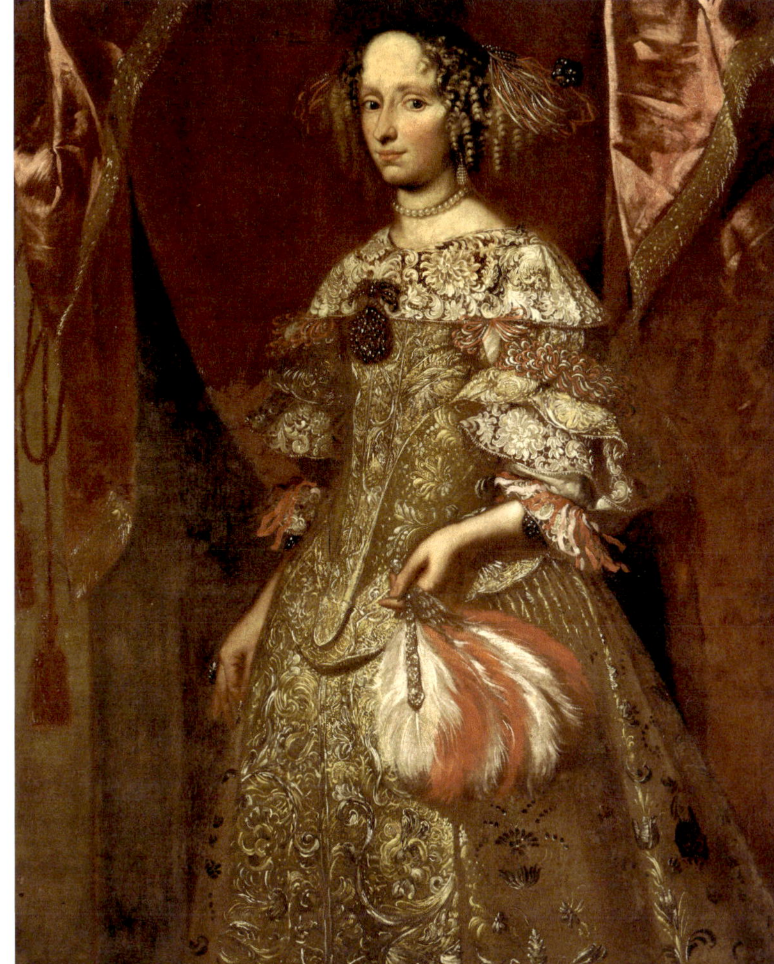

Abb. 6 Bergamasker Schule, Bildnis einer Dame mit Fächer, zirka 1670, Fondazione Accademia Carrara, Bergamo.

net und aufgrund mehrerer Merkmale grosse Erfolge feiert: Sie entspricht der neuen Empfänglichkeit für dynamische Formen und der aufkeimenden Vorliebe für exotische Elemente, indem sie geschwungene Zweige mit ungewöhnlichen Blüten nachzeichnet; sie betont Hell-Dunkel-Kontraste durch die Überlappung textiler Flächen auf unterschiedlichen Ebenen, in deren Füllstellen sich die Fantasie der Spitzenkünstlerinnen frei entfalten kann. Ausserdem passen die Motive perfekt zu den in die Seidenstoffe gewobenen Mustern. Hier kommt es erstmals zu einer eindeutigen Verbindung zwischen den beiden textilen Gewerben, die nie zuvor derart offensichtlich geworden ist.

Der *Gros Point de Venise* ist eine schwere Spitze, die bei den „Herren der Schöpfung" sofort grossen Anklang findet, weshalb nicht nur die Form des Kragens geändert, sondern dieser gleich ganz von den Schultern zur Brust verlagert wird; natürlich ziert die erlesene Handarbeit auch die Handgelenke (Abb. 5). Dieser neue Kragen wird *Rabat* genannt; aus ihm entwickeln sich später *Jabot* und Krawatte.[20] Die Damen verwenden lange Meter venezianischer Spitze, um die nackten Schultern ringförmig zu umhüllen und zu betonen (Abb. 6), und bei ausreichend finanziellen Mitteln bedecken sie gern auch einen Grossteil ihrer Gewänder damit oder verwenden sie zur Ausschmückung ihrer Haartracht.

Barocke Prachtentfaltung in Frankreich

In Frankreich rüstet man zum Gegenangriff, indem 1665 auf Empfehlung des Ministers Jean Baptiste Colbert in mehreren Städten königliche Spitzenmanufakturen gegründet werden, die jeweils besondere Verfahren entwickeln. Innerhalb von zehn Jahren gelingt es ihnen nicht nur, passable Nachahmungen der venezianischen Spitze zu fertigen, sondern einen eigenen Stil namens *Point de France* zu kreieren, der sie zunächst zu ernst zu nehmenden Wettbewerbern der Lagunenstadt macht, bevor sie letztere zur Jahrhundertwende hin endgültig übertrumpfen.[21] Grösster Abnehmer der französischen Spitzenproduktion ist der Hof von Ludwig XIV. Der Sonnenkönig

19 Dies ist die sogenannte Opake Spitze.

20 Vgl. die bis heute erhaltene Krawatte sowie die Manschetten von Frederik III. von Schweden. Nicht nur auf Gemälden und Radierungen, sondern auch in Skulpturen (z. B. von Bernini) ist *Gros-Point-de-Venise*-Spitze bestens erkennbar dargestellt. Walsh 2012 und Lock 2014.

21 Schoenholzer Nichols, Tomasini 2012, S. 108–109.

selbst ist der wichtigste „Werbeträger", weiss er doch nur zu genau, dass er für den Erfolg dieses Industriezweigs seines Landes als Vorbild dienen muss. Er zögert nicht, seine ganze Person mit unzähligen Spitzenartikeln zu bedecken und revolutioniert so zugleich das traditionelle Bild vom Kriegerkönig, das er durch das Bild eines omnipotenten Herrschers ersetzt, der sich die kostbarsten Objekte in Hülle und Fülle leisten und deren Verwendungsart diktieren kann.[22]

Um als solcher erkennbar zu sein, muss der französische Stil einheitlich durch alle dekorativen Künste durchexerziert werden: Die Künstler des Königshofs wie Charles Le Brun und Jean Bérain beliefern die diversen königlichen Spitzenmanufakturen daher mit Zeichnungen und kreieren einen neuen Geschmack. Die französische Nadelspitze aus Alençon kann sich ebenso wie die Klöppelspitze dank ihrer hohen Verarbeitungsqualität und der Leichtigkeit der zarten, auf netzartigem Untergrund angeordneten Motive durchsetzen.[23]

Die Tendenz zur Leichtigkeit verbreitet sich in allen Herstellungsgebieten: Reliefeffekte werden abgeflacht und grössere Transparenz und Duftigkeit angestrebt, mit winzigen Mustern, ideal für die neuen Damenhaartrachten, die seit den 1680er-Jahren unglaubliche Fülle und Fantasie erreicht haben. Die französische Mode bevorzugt auch weiterhin ein Aussehen, das wir heute als *casual* beschreiben würden, mit wallenden, künstlich zerwühlten Lockenfrisuren. Im Zeichen eines *Déshabillé*-Effekts wird das Hemdchen als mit kostbarer Spitze verzierte Bluse wieder zu einem wichtigen Bestandteil der Kleidung und zeigt sich am Busen, der dank des leicht aufklaffenden Obermieders grosszügig entblösst ist, sowie an den üppig aus den weiten Ärmeln hervorquellenden Puffen. Das Interesse für alles Exotische lässt die Linienführung der Damenmode weicher werden, die sich nun an der Bekleidung der türkischen Frauen orientiert und die Gewänder mit goldenen Besätzen und kostbaren Spitzen bereichert.

Ab den 1690ern, um ihre aussergewöhnliche Wichtigkeit im Kodex der Eleganz zu betonen, richten sich die Spitzen in einer vertikalen und steifen Konstruktion auf den Häuptern der Damen und Mädchen auf – diese Spitzengerüste werden *Fontange* genannt. Zur gleichen Zeit zieren weich gefaltete Krawatten die Brust ihrer männlichen Begleiter und werden gerade herabfallend oder als Masche gebunden getragen.[24]

Die Wirtschaftspolitik von Finanzminister Colbert und der prachtvolle Eindruck, den der französische Hof[25] dem eigenen Land und dem Ausland vermittelt, erzielen somit den erhofften Erfolg. Nicht nur die Produzenten von Spitzen, sondern auch alle Manufakturen von Luxusgeweben, einschliesslich derjenigen für strukturierte Seide, werden staatlich finanziert. Stoffe aus Lyon erreichen und erobern rasch den Markt, auch dank ganz neuer Muster. Wie bei der Spitze ist die Gestaltung auch hier luftiger und mehrdeutig: Barocke Zweige werden durch Elemente ersetzt, die zwar botanisch anmuten, jedoch nichts mit tatsächlichen Blumen oder Früchten zu tun haben, und wechseln sich ab mit ungewöhnlich geformten Objekten, die vage orientalisch wirken. Die neuen Formen sind in einem dynamischen, ansteigenden Rhythmus miteinander verbunden oder in einem spiegelbildlichen Gefüge zusammengefasst und von Rahmen umschlossen, die Spitzenborten nachahmen. Die Historiker haben den erstgenannten Stofftyp als „bizarr" und den zweiten als „spitzenartig" bezeichnet.

Air galante – Spitze als Sinnbild für Erotik und Geist

Dies ist das erste Mal, dass die Seide der Spitze huldigt und versucht, deren feine Gebilde mit eigenen Motiven nachzuahmen oder ihre Wirkung mit *Trompe-l'œil*-Effekten nachzustellen, wodurch die Bedeutung der Spitze in der Mode der damaligen Zeit besiegelt wird. In der Tat spielt die Spitze in der Adelskleidung des 18. Jahrhunderts bis zur Französischen Revolution eine Hauptrolle; die Motivzeichner gemusterter Seidenstoffe folgen dabei stets den jeweiligen Tendenzen und bilden diese bis zum Ende der 1760er-Jahre nach, als die Spitze die Form duftiger, schmaler Volants annimmt, die sich wie vom Wind getragen sinnlich um zarte Blumensträusse winden.

Begünstigt von der üppigen Verwendung durch die Mitglieder des französischen Hofstaats und die Königsfamilie selbst mit ihrer modischen Vorbildfunktion für alle übrigen Herrscherhöfe Europas, führt die Nachfrage nach Spitze zur Entwicklung unglaublich virtuoser Techniken, die sich je nach Spezialisierung der Herstellergebiete unterscheiden und die Preise in die Höhe treiben. Wie im Bereich der gemusterten Seidenstoffe, die in jeder Saison mit neuen Motiven oder Farben aufwarten, um die Gelüste der Verbraucher immer wieder aufs Neue zu entfachen, ist nun auch die Spitze in einer breit gefächerten Palette verschiedener Typen erhältlich, und zwar Nadel- ebenso wie Klöppelspitze. Seide und Spitze befruchten sich dabei gegenseitig: So kopieren die Seidenstoffe die Effekte von Grundflächen und Füllelementen, während die Spitze exotische oder fantastische Pflanzendetails inmitten perspektivischer Aussichten auf verzauberte Gärten nachbildet.

Im 18. Jahrhundert ist die Spitze ein wesentlicher Bestandteil der neuen weiblichen Selbstdarstellung: Sie wird nicht flach appliziert, sondern auf unterschiedlichste Weise gekräuselt an Hauben, Frisuren und am ganzen Gewand angebracht, wo sie in mehreren Reihen Ärmel, Brust sowie den unteren Saum ziert. Zwar war die Aufweitung der Damenkleidung durch die Verwendung des *Panier*-Reifrocks in erster Linie ein geschickter Schachzug, um die Seidenstoffe und ihre Dekore in ihrer ganzen Pracht darbieten und so die Lyoner Seidenproduktion begünstigen zu können, doch entstanden dadurch auch weite Anwendungsflächen für jede Art kreativer Ausschmückung. Der Gesamteffekt ist der einer duftigen, beschwingten Form (Abb. 7), ganz im Einklang mit dem neuen Modegefühl des Jahrhunderts, wie es Madame de Pompadour im Gemälde von François Boucher verkörpert.[26] Die intellektuellen Französinnen haben bereits ab der Hälfte des 17. Jahrhunderts begonnen, ihre Gleichstellung gegenüber dem Mann über die kulturelle Sphäre einzufordern: In ihren berühmten Salons huldigt man den Tugenden der „Galanterie" und der „Politesse" als Ausdruck eines neuen ethischen und ästhetischen Werteverständnisses, das alle Aspekte des gesellschaftlichen Lebens betrifft, auch das Verhalten und die Kleidung. Die *Air galante* – der Wunsch, zu gefallen und seine Mitmenschen durch spritzige, geistvolle Präsenz zu unterhalten – ist eine Grundvoraussetzung, um in der feinen Gesellschaft Fuss zu fassen. Der der höfischen Tradition eigene Prunk wird so zu einer Erweiterung der Anmut und lässt den französischen Stil[27] entstehen, jene zutiefst weibliche Ader, die sich durch das gesamte 18. Jahrhundert zieht. Und die Spitze – nunmehr Emblem dieses erlesenen Stils – hat die Aufgabe, ihn in seiner höchsten Ausdrucksform zu interpretieren.

Die Spitze, die in zwei- oder dreifacher Reihe die Ärmel der Damen sowie die Krawatten und Manschetten der Herren ziert, ist ein eigenständiger Bestandteil der Kleidung, der passend für mehrere Gewänder ausgewählt und je nach Anlass von einem Kleidungsstück zum nächsten versetzt wird; ihr strahlendes Weiss erinnert an das Hemd von einst, jedoch nicht länger – oder nicht nur – als Zeugnis der Reinheit von Körper und Seele[28], sondern als Anspielung auf eine Intimität voller erotischer Versprechungen. Die Motive der *Volants*, seien sie nun mit Nadel oder Klöppel gefertigt, passen sich diesem Wandel an und werden, vor allem in der zweiten Hälfte des Jahrhunderts, feiner und luftiger mit einem neuen Verhältnis zwischen Muster und Untergrund zugunsten des letzteren, sodass höchste Leichtigkeit erzielt wird.[29] Die Spitze kann dabei weiss, schwarz oder aus Seide sein: Die Vieldeutigkeit der Transparenz lässt sie in jedem Fall zu einem idealen Mittel der Verführung werden.

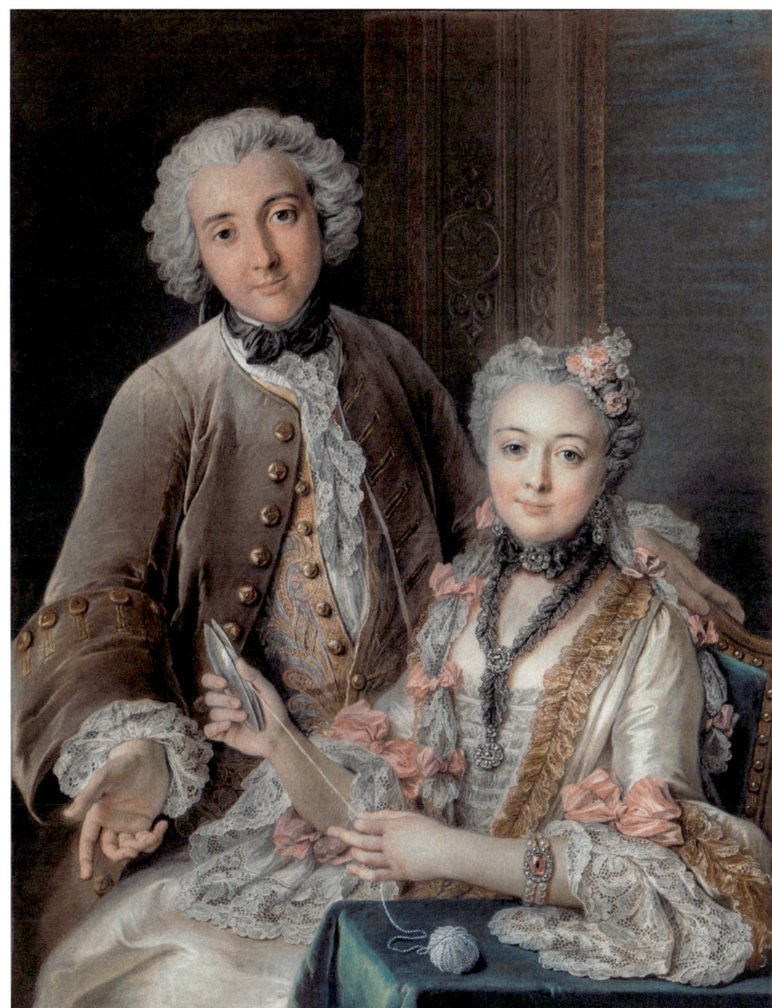

Abb. 7 Charles Antoine Coypel, François de Jullien und Maria Élisabeth de Séré de Rieux, 1743, Metropolitan Museum of Art, New York.

Das Ende des Ancien Régime

Unterdessen beschleunigen neue technische Errungenschaften die Herstellungsverfahren neuer Spitzen. Innovative Maschinen erlauben seit dem letzten Viertel des 18. Jahrhunderts das Weben grosser Mengen von Tüll und Netzgewirken, die sich zugleich durch Robustheit und Elastizität auszeichnen. Die Motive jener „Maschinenware" werden aufgestickt oder mit Nadel oder Klöppel separat angefertigt und anschliessend appliziert. Auf diese Weise lassen sich enorme Metermengen zu Preisen herstellen, die deutlich unter den bei reiner Handarbeit anfallenden Kosten liegen. Damit beginnt für die Spitze ein Demokratisierungsprozess, der sie zwar einerseits ihres monetären und symbolischen Sonderstatus beraubt, sie andererseits jedoch für breite Bevölkerungsschichten erschwinglich macht.

In ihrer ikonoklastischen Wut fegt die Französische Revolution alles hinweg, was an den Reichtum der Aristokratie erinnert, darunter natürlich auch die schwelgerischen Lyoner Seidenstoffe und die kostbare Spitze als Inbegriff des Ancien Régime. Doch dies ist nur der Höhepunkt eines Prozesses der Vereinfachung der Kleidung, den bereits die Gedankenwelt der Aufklärung befürwortet hatte – im Sinne einer Abkehr von künstlichen, unnatürlichen Formen zugunsten einer Hinwendung zu einer bis dato unbekannten Art der persönlichen Sauberkeit. Kultivierte Damen, aber auch die Königin selbst, wenngleich wohl eher als Ausdruck einer verspielten Laune statt aus intellektueller Überzeugung, lieben es, sich in schlichte weisse Leinengewänder zu kleiden, die mit Ausnahme eines

22 Binaghi Olivares 1977, S. 16.
23 Kraatz 1988, S. 74.
24 Die Krawatte wird ab den 1670er-Jahren in der Herrenmode modern.
25 Emblematisch hierfür ist die Szene der Begegnung zwischen dem französischen und dem spanischen Hofstaat auf der Fasaneninsel, wie sie auf einem der Wandteppiche der *Histoire du Roi* dargestellt ist, die unter der Leitung von Charles Le Brun in der Pariser Gobelin-Manufaktur angefertigt wurden.
26 Francois Boucher, Madame de Pompadour (1759, Wallace Collection, London).
27 Craveri 2001, S. 331–332.
28 Roche 1989, S. 166.
29 Schoenholzer Nichols 2003, S. 16.

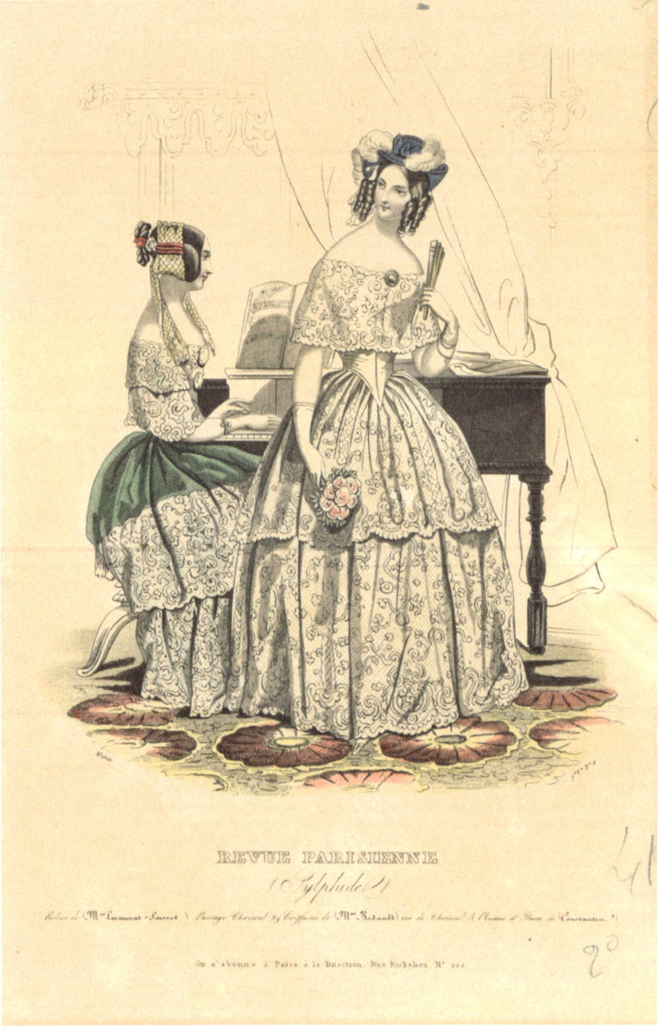

Abb. 8 Revue Parisienne, anno 1846.

bunten Taillenbands keinerlei Verzierungen aufwiesen.[30] Die einfache, schmucklose klassizistische Tunika, perfektes Symbol des Geistes der Revolution, ist die logische Weiterentwicklung dieses Ansatzes.

Als eine Art ironische Retourkutsche verbreitet sich dieses modische Vorbild – denn die Pariser Mode ist und bleibt *die* Mode – in ganz Europa, auch in jenen Ländern, die sich im Krieg mit dem revolutionären Frankreich befinden.

Das Gewerbe der Spitzenherstellung gerät in die unvermeidliche Krise, aus der es erst das Streben nach Pracht, wie es an Napoleons Kaiserhof gepflegt wird, befreit. Ingenieurstechnische Erfindungen und die Entwicklung chemischer Verfahren verleihen neue Impulse und revolutionieren die Fertigung im Laufe des 19. Jahrhunderts.

Rekonstruktion und Innovation

Mit der Französischen Revolution verschwindet die Spitze für immer aus der Herrenbekleidung, die nun eine strenge Figur ohne leuchtende Farben und natürlich ohne frivole Accessoires verlangt. Nachdem sie auch aus der Damenmode rund zwanzig Jahre lang fast vollständig verbannt war, kehrt die Spitze hier ab den 1830er-Jahren erst verhalten und dann immer ungestümer zurück. In ihrer von den klassizistischen Kleidern dargestellten Form ist die Figur der Frau mit ihren hohen, einzeln nachgezeichneten Brüsten, nackten Armen und unter leichten Musselin-Stoffen gut erkennbaren Beinen eine aufregende Erscheinung, aber vor allem eine bedrohliche Gestalt. Der damalige, stark männlich geprägte Zeitgeist denkt, dass die Frau zur Ordnung zu rufen ist und in jene „naturgegebene" Sphäre zurückkehren muss, in der ihr ein Leben als hingebungsvolle Ehefrau und Mutter bestimmt ist und sie sich ganz dem Glück von Ehemann und Kindern zu verschreiben hat. In Europa wird die alte politische Ordnung wiederhergestellt und mit dieser ein gesellschaftliches Gefüge, in dem der Finesse des weiblichen Intellekts kein Wert mehr beigemessen wird, denn was zählt, ist einzig der Verstand der Männer, die Staaten führen, Unternehmen gründen und Reichtümer schaffen. Der Frau bleibt damit nur der Bereich der Gefühle, angefüllt mit oberflächlichen Emotionen, Eitelkeit und frivolen Launen. Sie herrscht uneingeschränkt nur über die Kleidung, die von Saison zu Saison an die Moden angepasst werden muss und damit einem Rhythmus folgt, der bereits ein Vorbote des modernen Konsumverhaltens ist. Die romantische Ideologie ist es schliesslich, die den Herstellern von Modeobjekten einen schier unerschöpflichen Ideenvorrat beschert: die Vergangenheit. Über den Umweg von Romanen, Theaterstücken und Opern erlangt die Geschichte, wenngleich bildschöpferisch rekonstruiert, Zugang zum echten Leben, wo Jahrhunderte und modische Eigenarten bunt vermischt werden. Literatur und Theater sind die Inspirationsquellen, die das ganze 19. Jahrhundert – einschliesslich der Modezeitschriften – kennzeichnen, voller Faszination für das 17. und das 18. Jahrhundert sowie für die unvergessene Renaissance.[31] Und da Spitze in jenen Jahrhunderten eine wesentliche Rolle spielte, beginnt ihr neuerlicher Triumphzug an jeder Art von Kleidung, sei es für den Tag oder den Abend, sowie an Unterwäsche.

War die weibliche Idealfigur zu Anfang des 19. Jahrhunderts noch schlank und biegsam, so wird sie zunehmend schwerfällig. In den 1830er-Jahren wird die Taillenlinie tiefer gesetzt, sodass der Busen nicht mehr betont wird; Ärmel und Röcke plustern sich auf, während die Ausschnitte hoch schliessen und die Schultern unsichtbar werden. Sie sind nur mehr schräge Linien, die vom Halsansatz durchgehend zum Handgelenk führen, tagsüber bedeckt von enormen Krägen in Form umgedrehter Trichter, von Pelerinen und Schaltüchern namens *Canezou* sowie ausgeschmückt mit Rüschen und neuen Spitzenarten. Die Übereinstimmung dieser Formen mit jenen, die zweihundert Jahre zuvor die nordeuropäische Damenkleidung kennzeichneten, kann kein Zufall sein (Abb. 8). Das Gesicht wird nun von koketten Häubchen eingerahmt, zarten Gebilden aus Schleiern, Bändern und Spitzenborten mit schlichten Motiven, die die Säume zieren.

Im Laufe weniger Jahre „büsst" die weibliche Figur somit Brust, Arme, Schultern und ab den 1840er-Jahren, mit dem Aufkommen bodenlanger Röcke, auch die Füsse ein. Den stärksten Eindruck in der romantischen Biedermeierkleidung hinterlässt das Korsett mit spitz zulaufender Taille; es ist der Mode des ausgehenden 16. Jahrhunderts nachempfunden, ergänzt durch Einflüsse späterer Epochen wie das die Schultern umrundende Spitzenband und der doppelte Rock, bei dem der obere nach Art der *Manteau*-Röcke aus der Zeit des Sonnenkönigs hochgezogen wird. Nachdem die Krinoline beziehungsweise der Reifrock in den 1850er-Jahren eine aufgeweitete Figur schaffen, wird der weibliche Körper hinter unglaublichen Mengen von Stoff und Spitze verborgen, wobei diese dank moderner Herstellungsverfahren und des Verkaufs in ersten Kaufhäusern nun auch breiten Bevölkerungsschichten zugänglich sind.

Seit Anfang des 19. Jahrhunderts werden immer neue Webstühle für die Tüllherstellung entwickelt; dieses Material kann nun in einst undenkbaren Breiten produziert werden, die die Stickerinnen mit den traditionellen Motiven der kostbarsten Spitzen oder mit den Stoffdekoren nachempfundenen Mustern ausschmücken.[32]

Im Zuge der Entwicklung der Historistischen Mode erlebt auch die Herstellung von Nadel- und Klöppelspitze in Frankreich und Belgien eine Renaissance, denn grosse Blüten aus *Seidenblonde*-Spitze[33] erfreuen sich immenser Beliebtheit, ebenso wie ihre vom Rokoko inspirierten, transparenten Schwestern aus erlesener *Chantilly*-Spitze, die häufig in grossen, oft schwarzen Schaltüchern verwendet werden. Die Mitte des Jahrhunderts aufkommenden Weltausstellungen dienen zwar der Präsentation technischer Neuheiten, fördern jedoch auch die kunsthandwerklich gefertigte Spitze, die allerdings binnen kurzer Zeit immer schwerer von der industriell gefertigten Ware zu unterscheiden ist. Ab den 1840er-Jahren, als angefangen wird, Grundgewebe und Dekoration mit mechanischen Mitteln zusammen herzustellen, ist die Demokratisierung der Spitze abgeschlossen: Mit überschaubaren Kosten kann nun jede Frau ihre Kleidungsstücke nach Belieben schmücken. Zugleich verführen die Kaufhäuser mit ihrer unablässigen Darbietung immer neuer Produkte zu mässigen Preisen die Damen zu ständigen Käufen in einem fast schon zwanghaften Klima, das Émile Zola in seinem Roman *Au Bonheur des Dames* vortrefflich schildert.[34]

Die Modeskizzen aus der Zeit um die Jahrhundertmitte zeigen in ihren oft einfachen und stereotypenhaften Zeichnungen das neue Bild der Weiblichkeit: rüschengeschmückte Kleider von überzogener Breite, durch grosse Schaltücher betonte, abfallende Schultern, leicht geneigter, fast immer zur Seite gewandter Kopf. Die unterschiedlichen Spitzentypen, die von da an bis zum Ersten Weltkrieg in solcher Fülle die Kleider zieren, sind emblematisch: Ihre Leichtigkeit und Transparenz ist handfester Beleg der Eigenschaften, die die damalige Gesellschaft als weibliche Natur erkennen will: kapriziös, eitel, irrational und zwecks Führung oder Verbesserung männlicher Unterstützung bedürftig. Die Leichtigkeit der Spitze ist damit nicht länger Inbegriff jener Geistesbrillanz der Aufklärung, sondern scheint vielmehr einen Verstand widerzuspiegeln, der unfähig ist, die wichtigen Fragen des Lebens zu ergründen und diese nur emotional erfühlt – wie durch einen Schleier oder eben einen Hauch Spitze. Die Spitze – Stoff unter den Stoffen –, deren Beschaffenheit je nach aktueller Mode variiert, hat die eng an ihre aristokratische Natur geknüpfte symbolische Wertigkeit für immer verloren.

Spitze und Stickereien im 20. Jahrhundert

Gegen Ende des 19. Jahrhunderts haucht nach der Mechanik auch die Chemie der Spitze neues Leben ein und vergrössert ihr Potenzial zusätzlich. Doch nachdem sich nun fast jede Frau in meterweise Spitze hüllen kann, setzen sich die Damen aus Adel und begütertem Bürgertum von der breiten Masse ab, indem sie sich bei berühmten Modistinnen einkleiden und sich historischen Spitzen zuwenden. Sie gründen Schulen, um die jungen Mädchen in dieser Kunst zu unterrichten, sammeln selbst historische Spitzen und verwenden diese in beachtlicher Anzahl an ihren Roben.

Zwischen dem ausgehenden 19. und dem beginnenden 20. Jahrhundert feiert die handgefertigte Spitze eine wahre Wiedergeburt. Durch die Veröffentlichung ihrer modernen Versionen in Fachzeitschriften und die Ausstellung der historischen Varianten in den Vitrinen der Museen erringt sie sogar einen Platz in der Welt der zeitgenössischen Kunst mit der Darbietung neuer Dekorthemen sowie innovativer Anwendungen.

Für die Mode allerdings ist die kunsthandwerklich gefertigte Spitze nunmehr passé, während ihre industrielle Schwester mit den üblichen Höhen und Tiefen auch jetzt noch Absatz findet. Sie bezaubert die heutigen Designer, die die Spitze einzusetzen wissen, um ihr ästhetisches Ideal zu schaffen, und sie im Einklang mit den unterschiedlichen Eigenschaften auswählen, die dieser besondere Stoff abzubilden vermag. Je nach Grundmaterial ist die Spitze starr und steif oder fein und zart: So kann sie selbstsichere, bestimmte und sogar aggressive Weiblichkeit ausdrücken oder aber verführerisch vieldeutige Feminität vermitteln, wenn das Potenzial des subtilen Versteckspiels scheinbarer Transparenz genutzt wird. Vor allem diese zweite Rolle wird der Spitze auch heute noch zuerkannt. So ist es kein Zufall, dass sie derzeit vor allem in der Lingerie, dem Reich des Eros, höchste Entfaltung findet.

30 Zum Beispiel Madame Lavoisier mit ihrem Ehemann, porträtiert von Jacques-Louis David (1788, Metropolitan Museum of Art, New York), und Königin Marie Antoinette im Porträt von Élisabeth Louise Vigée Le Brun (1783, Metropolitan Museum of Art, New York).

31 Butazzi 1982, S. 23–25.

32 Schoenholzer Nichols 2003, S. 18–19.

33 Zum Vorteil für die *Blonde*: Kraatz 1988, S. 114.

34 Zola 1884.

Technische und stilistische Betrachtungen zur Spitzensammlung von Leopold Iklé

Thessy Schoenholzer Nichols

Anlässlich eines Forschungs- und Inventarisierungsprojekts, welches das Textilmuseum St. Gallen in den Jahren von 2016 bis 2018 unter anderem mit Unterstützung der Iklé-Frischknecht-Stiftung durchführte, hat sich die einmalige Situation ergeben, eine umfangreiche Sammlung von zirka 6.000 Spitzen über einen längeren Zeitraum im Detail untersuchen zu können.[1] Die kontinuierliche Beforschung – die Analyse, die Kategorisierung und die Datierung – dieser feinen Textilien aus fünf Jahrhunderten hat das Bild der Spitzen-Geschichte Europas ergänzt.[2] Dazu beigetragen haben nicht nur die hervorragenden Stücke, die in Publikationen und Ausstellungen berücksichtigt werden, sondern auch all diejenigen Spitzen, denen normalerweise wenig Beachtung geschenkt wird.

Die Sammlung des Textilmuseums verweist auf die Vielfalt von Motiven, Techniken und Materialien, die die Spitzenproduktion vom 16. bis zum 20. Jahrhundert kennzeichnete. Deutlich ersichtlich werden auch die grossen qualitativen Unterschiede, die von annähernd perfekten Stücken bis zu eher durchschnittlichen Arbeiten reichen. Beeindruckend ist die grosse Anzahl der gut erhaltenen Spitzen, wobei die Sammlung im Wesentlichen Borten und Fragmente umfasst.

Die Inventarisierung

Die wissenschaftliche Bearbeitung der Sammlung erfolgte nach einheitlichen Kriterien; aufgenommen wurden Material und Technik inklusive der Stiche, Schläge, Füllmuster, Gründe und Stege. Die systematische Erfassung sämtlicher Objekte ermöglichte die Quantifizierung gewisser Techniken und Typologien, des Weiteren liessen sich Unterschiede, unter anderem auch bezüglich Material und Fadendrehung, herausarbeiten.

Die Erhebung der oben genannten Daten erlaubte eine zeitliche und räumliche Einordnung. Gleichzeitig erwuchsen aus den im Rahmen der gross angelegten Untersuchung gewonnenen Erkenntnissen durchaus auch Zweifel an der herkömmlichen Zuweisung von Zeit und Ort der Entstehung. Sofern keine Informationen zum Ankauf des Objekts vorliegen, muss davon ausgegangen werden, dass der Herstellungsort nicht eindeutig identifiziert werden kann. Dies gilt für fast alle Spitzen der Sammlung, die Leopold Iklé dem Textilmuseum als Schenkung zukommen liess, sowie für die Privatankäufe des John Jacoby, die später ebenfalls dem Museum gestiftet wurden. Wie im 19. Jahrhundert durchaus üblich, dürften diese Stücke auf Auktionen und dem Antiquitätenmarkt erworben worden sein. Sie weisen unterschiedliche, heute nicht mehr nachvollziehbare Provenienzen auf, was eine eindeutige Zuordnung erschwert. Doch auch ohne diese Hintergrundinformationen sind die Objekte aus der Sammlung Iklé, die über viele Jahre von einem Liebhaber und Kenner der Materie zusammengestellt worden ist, aussagekräftig. Es ist davon auszugehen, dass die historischen Spitzen dem Stickerei-Produzenten und Tüftler Iklé als Vorlage und Inspiration für die Herstellung von maschinell gefertigten Nachahmungen dienten. Das dürfte jedoch nicht der einzige Zweck der Sammlung gewesen sein, die nur zu einem Teil im Textilmuseum St. Gallen verwahrt wird.[3] Die Sammlung Iklé zeichnet sich durch eine grosse Vielfalt an unterschiedlichen Spitzen und spitzenartigen Stickereien aus und beinhaltet Stücke aus allen wesentlichen Epochen, die die Kreativität und Meisterhaftigkeit der Spitzenkunst bezeugen.

Die Mustertücher

Die intensive Beschäftigung mit den Spitzen führt fast zwangsläufig zu einer Auseinandersetzung mit den Umständen ihrer Entstehung. Wer fertigte die Arbeiten an? Unter welchen Bedingungen sind sie entstanden? Handelt es sich um freie Entwürfe oder dienten die im 16. Jahrhundert und in der ersten Hälfte des 17. Jahrhunderts in Europa weit verbreiteten Modelbücher als Vorlage?[4]

In diesem Zusammenhang mögen sich die Mustertücher aus der Sammlung Iklé (vgl. Tafeln 35–37) als bedeutsam erweisen. Erstaunlicherweise zeigen sowohl die datierten wie auch die undatierten Mustertücher ähnliche Stickereien, Durchbrucheffektstickerein, Doppeldurchbruch als *Reticella* und Nadelspitzeneinsätze mit Rosetten. Zwei Exemplare aus der Sammlung Iklé weisen sehr schön verzierte Hemdeinsätze auf, wie sie schon Matio Pagano in seinem 1550 erschienenen Modelbuch[5] zeigt. Nebst geometrischen Mustern trifft man auch Rosetten und einfache Voluten-Motive an, wie sie Johann Sibmacher (1597)[6] und Elisabetta Catanea Parasole (1597–1636)[7] vorstellen.

Die Untersuchung der Mustertücher lässt den Schluss zu, dass in der zweiten Hälfte des 17. Jahrhunderts immer noch nach alten Mustern und Stickereien gelehrt und gestickt wurde. Die Tatsache, dass nicht bekannt ist, wie lange sich „alte" Muster, zumindest im privaten Bereich, der Beliebtheit erfreuten und tradiert wurden, erschwert die Datierung erheblich. Gleichzeitig stellt sich die Frage, warum zeitgenössische Techniken wie die venezianische Relief-Nadelspitze keinen Eingang in die Produktion der Mustertücher fanden. War die Herstellung zu schwierig oder stand der Grundstoff mit seiner Leinwandbindung der gestalterischen Freiheit entgegen?

In diesem Zusammenhang kommt der Gedanke auf, dass grundlegende Unterschiede zwischen geometrischen Spitzen und Durchbruchstickereien einerseits und frei entworfenen Spitzen andererseits existieren. Das hat weniger mit dem Schwierigkeitsgrad der Techniken und ihrer Umsetzung zu tun, als mit den kreativen Herausforderungen, die freies Arbeiten im Vergleich zu einem Entwurf in einem vorgegebenen Raster mit sich bringen (vgl. Tafeln 5, 19).

Die Geometrie und die Figuren im Raster

Inmitten des Rastergitters befinden sich auch figürliche Motive. Zwar sind sie stilisiert, aber als solche erkennbar, wie der Adler mit gefiedertem Schwanz und Flügeln, die beladenen Dromedare oder die Figuren in modischen, zeitgenössischen Kostümen, welche bis ins letzte Detail ausgeführt sind (vgl. Tafeln 18, 20). Das Raster als Basis wurde noch lange beibehalten; so trifft man diese Vorgehensweise zeitgleich auch bei den echten Nadelspitzen und den Klöppelspitzen an. Obwohl die Klöppelspitzen an sich „frei" wären, konnte man sich lange nicht aus dem „Gitter-Gefängnis" lösen (vgl. Tafel 2).

Trotz der Einschränkungen, die ein starres Raster mit sich bringt, weisen die Motive und Verzierungen einen erstaunlichen Formenreichtum auf. Eine Grundlage für die Mustervielfalt lieferten die Modelbücher, aber sie waren wohl nicht die einzige Inspirationsquelle; die Freude an der Kreation von Neuem und Schönem dürfte die Schöpferinnen ebenfalls motiviert haben.[8] Der Reichtum an Rosetten, wie er in der Sammlung des Textilmuseums zu finden ist, lässt die Weiterentwicklung der Form über die Vorlage hinaus und ihre Umsetzung in andere Techniken wie der Nadelspitze, der Klöppelspitze oder der Durchbrucharbeit erkennen.

Bereits in den frühen Modelbüchern deutete sich der Wunsch nach gestalterischer Freiheit an. Vielleicht waren die Stickereivorlagen, die aus technischen Gründen schon immer freie Formen schufen, auch ausschlaggebend für die Entwicklung pflanzlicher Motive bei den Spitzen und Durchbruchstickereien, denn Matio Pagano (1546)[9] hatte schon früh Motive mit Ranken mit Blüten und Trauben veröffentlicht, allerdings noch in ein Raster eingeschrieben (vgl. Tafel 7). Während einige Modelbücher wie zum Beispiel das von Johann Sibmacher aus dem Jahr 1597[10] noch die schönsten Varietäten von Rosetten vorstellten, kamen bereits Ende des 16. und vor allem Anfang des 17. Jahrhunderts neue Motive auf: Giacomo Franco (1596)[11] zeigte stilisierte Blüten, Elisabetta Catanea Parasole (1610)[12] widmete sich fliessenden Ranken und Blüten und Cesare Vecellio (1617)[13] präsentierte Tiere und Grotesken.

Demnach ist die Entwicklung hin zur freien Form den Italienern zuzuschreiben. Die Lösung von einem vorgegebenen Raster war bei der Nadelspitze technisch möglich, indem man kleine Bögen aufeinander nähte oder, für kompliziertere Muster, das Raster des durchbrochenen Stoffes durch feine Flechten ersetzte, welche auf eine Vorlage aufgenäht und verziert wurden. Meistens handelt es sich hierbei um geometrische Grundformen (vgl. Tafel 34).

Die Rosetten und die Festonformen

Ab Mitte des 17. Jahrhunderts wurden Flechten durch aufgelegte Fäden ersetzt.[14] Auch bei der Klöppelspitze[15] kam es zur

1 Die Sammlungen des Textilmuseums umfassen etwa 6.000 Spitzen aus einem Zeitraum vom 16. bis ins 20. Jahrhundert, von denen ca. 600 der Sammlung Iklé zuzurechnen sind. Vertreten sind die wichtigsten Zentren der Spitzenproduktion wie Italien, Frankreich und die Niederlande sowie alle wichtigen Gattungen wie Klöppelspitze, Nadelspitze, Häkelspitze und Makramee.

2 Die Katalogisierung beruht auf umfangreichen Vorarbeiten von Marianne Gächter, Ursula Karbacher und Christine Freydl. Die Autorin dankt zudem Silvia Gross für ihre Unterstützung beim Formulieren des vorliegenden Textes.

3 Spitzen aus der Sammlung Iklé befinden sich u.a. im Metropolitan Museum of Art in New York.

4 Modelbücher sind gedruckte Mustervorlagen für Stickereien und Spitzen. Sie wurden in vielen Ländern Europas seit dem Anfang des 16. Jahrhunderts publiziert.

5 Pagano 1550.

6 Sibmacher 1597.

7 Parasole 1597–1636. Es liegen verschiedene Auflagen vor, die teilweise um neue Muster erweitert worden sind.

8 Frühe Arbeiten lassen sich mit der reich verzierten *Nanduti*-Spitze aus Paraguay, auch als *Ruedas* oder *Sols* bekannt, vergleichen. Auf sternförmig angelegten Spannfäden werden viele geometrische Muster gestickt. Bis heute sind keinerlei Vorlagen bekannt und man geht davon aus, dass die Frauen ihre Muster selbst erfanden.

9 Pagano 1546.

10 Sibmacher 1597.

11 Franco 1596.

12 Parasole 1616.

13 Vecellio 1617.

14 Schoenholzer Nichols 2012.

15 Klöppelspitze mit fortlaufenden Fäden: Alle Fäden werden gleichzeitig vom Anfang bis zum Schluss benutzt, um eine Borte oder einen Einsatz zu gestalten.

Entwicklung neuer Techniken, um aus den frühen Posamenten-Einsätzen Rosetten und später Festonbögen[16] zu gestalten (vgl. Tafel 27). Diesen Effekt erzielte man, indem man Fadengruppen vorläufig trennte und einzeln klöppelte.

In der Sammlung Iklé existieren einige ungewöhnliche Stücke wie ein Altartuch (vgl. Tafel 34), datierbar um 1600–1625, welches Rosetten in Nadelspitzen aufweist, die mit Flechten in der herkömmlichen geometrischen Art konstruiert wurden. Daneben finden sich auch freie Ranken und Blüten in Nadelspitzen, deren Gerüst aus Teilen von Flechten gebildet ist.[17] Dieses Kunstwerk – anders kann man das Altartuch nicht nennen – ist eine der ausserordentlichsten Spitzen der gesamten Sammlung des Textilmuseums, denn die Schönheit und Feinheit der Motive ist überwältigend. Eine genaue geografische Einordnung kann nicht vorgenommen werden, denn das Objekt lässt sich keinem Typus eindeutig zuordnen. In Ausführung und Gestaltung weist es Merkmale sowohl der englischen, französischen und an einigen Stellen auch der italienischen Spitze auf. Es stellt sich die Frage, ob das Altartuch aus einem Kloster stammt, wo den Nonnen das Handwerk der unterschiedlichen Regionen bekannt und die Fähigkeit zur Umsetzung gegeben war.

In der Gruppe der geometrischen Motive existieren auch ein Kragen mit zwei kleinen Manschetten (vgl. Tafel 13). Bei genauer Betrachtung zeigt sich, dass diese Formen aus einem grösseren Stück ausgeschnitten worden sind. Die Ränder wurden neu gefasst und mit in Nadelspitze ausgeführten Bögen versehen. In der Sammlung des Textilmuseums findet sich auch Meterware, die mit solchen genähten und geklöppelten Abschlüssen versehen ist. Diese Objekte stammen aus dem 19. Jahrhundert, wenn aus alten Spitzen neue Decken, Tischtücher oder eben wie in diesem Fall auch Accessoires gemacht wurden. Dieses Verfahren war zu dieser Zeit durchaus üblich und wurde nicht nur von Sammlern angewandt, sondern auch von Historienmalern, die ihre Modelle unter Verwendung von historischen Kostümen und Accessoires der Epoche gemäss kleideten und so ihrer Genremalerei Glaubwürdigkeit verliehen.[18]

Von Kissen und Goldspitzen

Zwei kleine, aber nicht weniger wichtige Gruppen bilden verzierte Kissen sowie Goldspitzen, wobei letztere in der Sammlung Iklé in nur sehr geringer Zahl vorhanden sind und sich auf drei frühe, zum Teil mit Pailletten (*Tremonlanti*)[19] verzierte Zackenspitzen (vgl. Tafel 15) und zwei Barockspitzen in Leinenschlag und Formenschlagbändchen beschränken. Alle Objekte sind geklöppelt mit Ausnahme einer spanischen Nadelspitzenborte des frühen 17. Jahrhunderts, bekannt auch als *Frisado de Valladolid*. Hier werden Goldfäden mit Schlingstichen durch farbige Seide überfangen (vgl. Tafel 17).

Die Kissen bestehen aus jeweils zwei Kissenblättern, die mit Seitenbändern verziert sind, die Doppeldurchbruch und Ausschneidestickerei, gefüllt mit Nadelspitze, aufweisen (vgl. Tafeln 21–23). Eines ist mit einem geklöppelten Seitenband versehen, das nach einer Vorlage von Christoph Froschauer (1561)[20] gearbeitet sein dürfte. Die Kissen verdeutlichen die stilistische Entwicklung vom 16. bis zum Beginn des 17. Jahrhunderts, wobei eines der Objekte (vgl. Tafel 21) eventuell auch älter sein könnte, denn ein ähnliches Modell ist auf dem Fresko[21] von Ambrogio Lorenzetti aus den Jahren 1338/39 im Palazzo Publico in Siena zu sehen.

Die Auflösung der Geometrie

Obwohl die erste Hälfte des 17. Jahrhunderts von Unruhen und Kriegen in Europa geprägt war, erwies sich die Zeit als fruchtbar für die Ausprägung der Spitzenkunst. Weder zuvor noch je danach entwickelten sich so viele Finessen und Techniken.

Spitzen eroberten die Welt der Mode und verzierten die Kostüme dieser Zeit. Die Textilwirtschaft boomte und Nationen bereicherten sich an der Herstellung und dem Handel mit der kostbaren Ware. Der Markt expandierte auch ausserhalb Europas und es kam zur Gründung der Ost- und Westindischen Kompanien. Die neu importierten Güter, darunter bedruckte und gewebte Stoffe sowie bis dato unbekannte Pflanzen, beeinflussten die ästhetische Entwicklung Europas massgeblich. So zeigten die Künste des 17. Jahrhunderts eine nie dagewesene Blütenpracht, wobei stilistische Unterschiede zwischen nord- und südeuropäischen Ländern festzustellen sind, die sich auch in der Spitzenkunst widerspiegeln. Während man in Italien, vor allem auch in Venedig, perfekt und harmonisch gezeichnete Motive mit fliessenden Ranken und naturgetreuen Blüten mit vielen Durchbrüchen favorisierte, verbarg man in Flandern ähnliche, jedoch weit stärker stilisierte Blüten in einer weissen, dichten, opaken, fast schon „unleserlichen" Gestaltung des Motivs. Die Sammlung Iklé, die in diesem Bereich gut bestückt ist, verdeutlicht die unterschiedlichen Interpretationen eindrücklich.

Gegen Ende des 16. und Anfang des 17. Jahrhunderts zeigte die italienische Spitze erst Zacken, später Festons und dann vermehrt Blüten am Aussenrand. Des Weiteren verzierten fein geschwungene Ranken mit verschiedenartigen Blüten und Blütenständen die Borten (vgl. Tafel 38). Vorbild waren Pflanzen, die man in den heimischen Gärten und der Natur fand. Die floralen Motive waren häufig von der Darstellung kleinster Tiere und Insekten durchsetzt. In den 1630er- und 1640er-Jahren publizierte Bartolomeo Danieli seine Werke *Libro di diversi Disegni* und *Vari Disegni di Merletti*[22], deren Popularität sich auch in der Sammlung Iklé niederschlägt. Die hier versammelten Motive sind meist geklöppelt, ihr Effekt ist stark und voll und sie sind trotz der Stilisierung äusserst naturgetreu wiedergegeben (vgl. Tafel 40). Gegen Mitte des Jahrhunderts lösen Formen „schmiedeeiserner" Gitterranken die Wellenranken ab (vgl. Tafel 49). Oft sind sie axialsymmetrisch angeordnet. Die Blüten werden nun stilisiert und üppiger dargestellt und die ersten Anzeichen der vollen barocken Motivik werden sichtbar (vgl. Tafel 51).

Antwerpen und die Opaken

Zur selben Zeit, Anfang des 17. Jahrhunderts, produzierte man im Norden Europas eine dicht gearbeitete, weisse Spitze, die auch als Opake, Antwerpener oder Flandrische Spitze bezeichnet wird. Eine geografische Einordnung ist hier stets mit Vorsicht vorzunehmen, denn dieser Typus wurde auch an anderen Orten produziert und dann als „Flandrisch" verkauft. Prinzipiell gilt, dass modische, attraktive und einfache Spitzen, egal ob im flandrischen oder im italienischen Stil, im Grunde überall gefertigt werden konnten. Dies belegen sowohl die verschiedenartigen Spitzen des 17. Jahrhunderts, die sich in der Sammlung im Palazzo Rota, Venedig, finden und die aus der Produktion der *Penitenti* stammen[23] sowie auch die Spitzen der Ursulinen aus Gorizien, deren Gründerinnen im 17. Jahrhundert aus Wallonien kamen.[24]

Bei der Gruppe der Opaken Spitzen ist zwischen 1620 und 1660 eine Verdichtung des Textils zu beobachten. Anfangs handelte es sich um einfache, zum Teil stark stilisierte Blüten, die in dichtem Leinenschlag ausgeführt waren. Später wurden die Details dicht aneinander gearbeitet, wobei einfache Blumen und Blätter in Vasen zu sehen sind. Die Flächen zwischen den Motiven sind klein und sie verschwinden zunehmend, bis sie um 1650 zum Grund werden (vgl. Tafeln 59, 62).

Gegen 1660 verschwinden dann die Festons an den Aussenrändern, sie werden erst zu weichen Bogenabschlüssen und schlussendlich zu Geraden. Die Blumen, welche man in den Antwerpener Spitzen finden kann, unterscheiden sich von denen der italienischen Spitze, denn es handelt sich hier nicht um einheimische Gewächse. Zu erkennen sind runde, vielblättrige Blüten, darunter Pfingstrosen und andere Spezies, die ursprünglich aus dem Nahen und Fernen Osten kommen (vgl. Tafel 65). Von den guten Handelsbeziehungen der Niederlande profitierten auch die Nachbarländer und so erlag bald ganz Europa der Faszination für exotische Pflanzenmotive, die Eingang in sämtliche kunsthandwerkliche Disziplinen, unter anderem auch in den Stoffdruck, fanden. Auch in der Spitzensammlung Iklés manifestiert sich der Stilwechsel, die Hinwendung zum Exotischen, die den Übergang zum Hochbarock kennzeichnet.

Der Hochbarock

Barocke Spitze verbindet man in erster Linie mit der *Point de Venise* und der Mailänder Spitze, den beiden wichtigsten Arten in der zweiten Hälfte des 17. Jahrhunderts. *Point de Venise* ist eine äusserst prunkvolle Spitze, die ein ausgeprägtes Relief zeigt (vgl. Tafel 68). Sie wird im Allgemeinen in Italien verortet. Es ist jedoch bekannt, dass dieser Typus seit 1665 auch in Frankreich, in der Region Orne, produziert worden ist, womit man dem zunehmenden Import aus Venedig entgegenzutreten suchte. Auch die in Frankreich genähte Nadelspitze weist grosse Ähnlichkeit auf und so sind die einzelnen Arten nicht immer leicht zu unterscheiden.[25]

Die Sammlung Iklé umfasst eine beeindruckende Anzahl herausragender Beispiele der *Point de Venise*, die zur näheren Betrachtung und zum Vergleich einladen. Von besonderem Interesse sind die floralen Motive, also die Blüten und Ranken, die formal unterschiedlich interpretiert wurden – mal rund gedrungen, mal länglich elegant. Auch in der Ausführung zeigen sich vielfältige Spielarten (s. Tafeln 68–71 im Vergleich zu Tafel 80).

Ein ähnlicher Befund lässt sich auch für die geklöppelten Bänderspitzen erheben, die unter dem Namen Milaneser oder Mailänder Spitze[26] bekannt sind (vgl. Tafeln 77, 79). Die auf Tafel 79 abgebildete breite Borte, die als Deckenumrandung diente, mutet kraftvoll, gar überwuchernd an. Sie ist von grosser Schönheit und lässt eine naturalistische Auffassung in dem fast perfekten Entwurf und der feinen Ausführung erkennen.

In einem zeitgenössischen Werk, der 1660 verfassten Schrift „La Révolte des Passements"[27] ist von *Point de Venise, Point de Flandre* und vielen anderen Spitzen die Rede, wohingegen eine *Point de Milan* unerwähnt bleibt. Es muss vorerst offenbleiben, ob diese Art der Spitze damals noch gar nicht existierte oder nur nicht bekannt war. Eventuell wurde sie auch unter dem Namen *Point d'Espagne* geführt, da Mailand bis 1700 unter spanischer Herrschaft stand. Eine andere These besagt, dass die Technik der geklöppelten Bänderspitze erst mit dem dritten Viertel des 17. Jahrhunderts ihren Höhepunkt – als Imitation der *Point-de-Venise*-Nadelspitze – erreicht.

16 Oft auch Lappen genannt.

17 Anm. der Autorin: Es handelt sich um das bisher einzige Beispiel für eine solche Verwendung von Flechten-Teilen. Normalerweise werden für derartige Motive Trassierfäden als Vorlage angelegt.

18 Vgl. Zander-Seidel 2015, S. 21–36.

19 Schoenholzer Nichols, Tomasini 2012, S. 23.

20 Froschauer 1561.

21 Ambrogio Lorenzetti, *Allegoria ed Effetti del Buon e del Cattivo governo*, 1338/39, Palazzo Pubblico, Siena.

22 Danieli 1630, 1634; Danieli 1639, 1641.

23 Davanzo Poli 2001, S. 66–69.

24 Schoenholzer Nichols, Sgubin 2011, S. 33.

25 Vgl. Karbacher 2012 (a). Die Publikation erschien zur Tagung *Gros Point de Venise, The most important lace of the 17th century*, die am 20./21.5.2011 im Textilmuseum St. Gallen abgehalten wurde. Hier offenbarte sich der grosse Forschungsbedarf, der in Sachen *Point de Venise* nach wie vor existiert.

26 Der Name Mailänder Spitzen verweist nicht auf die Herkunft. Es handelt sich vielmehr um einen allgemein gebräuchlichen Namen, mit dem alle barocken Bänderspitzen, auch die aus der Lombardei oder aus Flandern, bezeichnet wurden.

27 „La Révolte des Passements" wurde in *Recueil de pièces en prose les plus agréables de ce Temps* von Charles de Sercy in Paris 1661 veröffentlicht, der Autor ist unbekannt. Es handelt sich um eine Antwort auf das königliche Edikt von November 1660, welches jegliche Luxusgüter für gewisse soziale Klassen verbot.

Für die Lombardei und Flandern lassen sich Unterschiede in der Herstellungsweise konstatieren, wobei auch hier gilt, dass diese Charakteristika nur bedingt für eine örtliche Zuschreibung herangezogen werden können. Prinzipiell lässt sich jedoch festhalten, dass alle Arten geklöppelter Bänder meist in Leinenschlag oder durchbrochenem Leinenschlag ausgeführt sind und Mäander und pflanzliche Elemente zeigen, die immer wieder mit Heftstichen, Stegen und später auch verschiedenen Gründen zu einem Textil verbunden worden sind.

In der Sammlung Iklé finden sich unter anderem Rabats, Manschetten, Krägen, Handschuhe und Umhänge aus der Zeit vor und nach 1700[28]. Die gegen Ende des 17. Jahrhunderts kleiner werdenden Rankenmotive sowie eine Zunahme der Stege deuteten neue Stilrichtungen an. Der französisch dominierte Stil setzte sich endgültig gegenüber dem italienischen Stil durch, der die Mode lange beherrscht hatte.

Das „Chaos" des barocken Stils mit seinen wild wuchernden Ranken wird abgelöst von einer Ordnung vertikaler Achsen, zwischen denen kleine Motive gestreut sind. Im Vergleich zu grossen Ornamenten sind diese Spitzen technisch einfacher auszuführen, was einfachen Spitzenentwürfen entgegenkam. Darüber hinaus erlaubt das kleingemusterte Dessin einen neuen, fast schon spielerischen Umgang mit der Spitze: Sie wird gekräuselt, in Fältchen gelegt oder in mehreren Lagen übereinander getragen. Die *Fontange* (vgl. Tafel 100) sowie die Krawatten (vgl. Tafeln 75, 76, 103) verdeutlichen die Wirkung grosser Ornamente im Vergleich zu kleinen Mustern.[29] Anfangs bevorzugt die Mode den flachen *Rabat*-Kragen (vgl. Tafeln 88, 89). Später kommen vermehrt geknotete Schals auf, deren Enden mit Spitzen verziert sind. Anfang des 18. Jahrhunderts trägt man „falsche" Krawatten, deren Stoffteile einfach in den Kragen geschoben werden.

Iklé sammelte alle Arten von barocker Spitzen, so auch eher seltene *Punto-Venezia*-Klöppelspitzen (vgl. Tafel 98), die eine perfekte Imitation der Nadelspitze darstellen. Des Weiteren finden sich „chaotisch" anmutende flandrische Muster aus feinsten, sich fortlaufend kreuzenden Bändchen in seiner Kollektion sowie eine farbige *Guipure*-Klöppelspitze (vgl. Tafel 99). Dieser Typus ist ursprünglich der Posamentrie-Kunst zuzurechnen, kommt aber ab Ende des 17., Anfang des 18. Jahrhunderts auch als Schmuck im Theater oder bei Kostümfesten zum Einsatz.

Erwähnenswert ist eine Albenborte (vgl. Tafel 91), datiert um 1700, in deren Rankenwerk sich kleine weibliche und männliche Figuren verbergen, deren modische Kleidung an die theatralischen Hoffeste von Louis XIV. erinnert. Gleichzeitig sind sämtliche Figuren mit einem Attribut der Passion Jesu versehen, sodass sich eine Diskrepanz zwischen der Darstellung biblischer Themen und der modischen Welt aufzutun scheint.

Aussergewöhnlich ist auch ein sogenanntes Antependium (vgl. Tafel 108) vom Anfang des 18. Jahrhunderts, das eine märchenhafte Landschaft zeigt. Zwischen wilden Ranken mit geschwungenen Blättern fliegen Vögel, plätschern Brunnen und lustwandeln modisch gekleidete Figuren. In dieser Fantasielandschaft verweisen zwei Szenen auf die Gründung eines Zisterzienserklosters. Die bildhafte Darstellung lädt zum Betrachten ein und obwohl die Herstellungstechnik das Werk eindeutig als Spitze klassifiziert, erinnert es an einen gewirkten Wandbehang.

Point de France

Die vier *Point-de-France*-Borten, die hier vorgestellt werden, dokumentieren zusammen die Entwicklung dieser Art von Nadelspitze in den Jahren von zirka 1695 bis 1730, also während der Zeit von Louis XIV. und Louis XV. Die erste Borte (vgl. Tafel 109) zeigt klein gemusterte Ranken zwischen feinen Achsen aus übereinander angeordneten Brunnenmotiven und Vasen. Bei der zweiten Borte (vgl. Tafel 110) werden die Achsen von Pagoden, Sonnen und Konsolen gebildet. Diese Stücke sind in einem Stil gehalten, der typisch für Jean Bérain, ein Hofkünstler des Sonnenkönigs, ist.

Anhand der beiden anderen Spitzenborten (vgl. Tafeln 111, 112) lässt sich erkennen, dass die Motive grösser und flächendeckender werden. Die dritte Borte (vgl. Tafel 111) zeigt Achsen aus Vasen und Palmetten, Muscheln und Federwedeln, schräg angelegte, typisch bizarre Formen füllen die Zwischenräume. Das vierte Exemplar (vgl. Tafel 112) erinnert an die sogenannten Spitzengewebe aus derselben Periode. Die Achsen ziehen sich nun über die ganze Breite und die seitlichen bizarren Motive wachsen aus den Achsen heraus.

Barben, Haubenböden, Engageantes und Borten

Im Vergleich zu anderen Epochen hat Iklé das 18. Jahrhundert vernachlässigt und so beschränkt sich seine Sammlung hier auf wenige, teilweise leider aufgrund ihres Gebrauchs recht stark beschädigte Spitzen. Um der Bedeutung dieser Epoche gerecht zu werden und einen vollständigen historischen und stilistischen Abriss zu geben, werden hier vorrangig Barben, Haubenböden, *Engageantes* und Borten, aus der Sammlung Jacoby[30] berücksichtigt.

Im 17. Jahrhundert sind viele technische Probleme, die mit der Fertigung von Nadel- und Klöppelspitzen einhergehen, gelöst worden und so ist es im 18. Jahrhundert möglich, nahezu jedes Motiv, jede Pflanze, jedes Detail naturgetreu darzustellen. Unter den Spitzen dieser Zeit finden sich die *Point de France, Point d'Alençon* und *Point d'Argentan, Point d'Angleterre,* Brüsseler Nadelspitzen, Mechelner Spitze sowie Valenciennes- und Binche-Spitzen. Kleine Motive im Steggrund kennzeichnen den Wechsel vom 17. zum 18. Jahrhundert (vgl. Tafel 113). In der ersten Dekade des 18. Jahrhunderts tauchen bizarre Muster auf, gefolgt von vollen, eng aneinandergereihten Blättern, Kapseln und Blumenmotiven (1720–1730), die den Geweben mit sogenannten Spitzenmustern ähneln (vgl. Tafel 121). Für die Jahre von 1730 bis 1745 sind sowohl naturalistische wie auch am Stil des Rokokos orientierte Beispiele zu finden, die Bäume, Pagoden, hängende Gärten, Springbrunnen, Vögel und architektonische Elemente zeigen (vgl. Tafeln 126, 135). Diese gegenständlichen Motive lösen sich zwischen 1750 und 1770 zunehmend auf und mutieren zu Wellenbändern und Blütengirlanden (vgl. Tafel 143). Gegen Ende des 18. Jahrhunderts verlieren sich kleine Blüten und Pflanzen, die aus Rocailles – muschelförmigen Ornamenten – wachsen, im regelmässig gearbeiteten Grund (vgl. Tafel 152).

Im Vergleich zu den Spitzen des 17. Jahrhunderts sind die Arbeiten des 18. Jahrhunderts weich, transparent und leicht. Diese neuartige Anmutung stellte gesteigerte Anforderungen an Fertigungstechnik und -material: Nie wieder wird die Feinheit des Fadens erreicht, wie er im 18. Jahrhundert in Flandern und Umgebung gesponnen wird. Ein feiner Faden ergibt naturgemäss eine feine Spitze. Um die notwendige Dichte und die damit einhergehende Widerstandsfähigkeit zu erzielen, müssen sehr viele Einzelfäden pro Zentimeter verarbeitet werden.[31] Das heisst, bei einer 5 bis 6 cm breiten Borte in der Klöppelspitze mit fortlaufenden Fäden sind ungefähr 200 Klöppel nebeneinander im Einsatz.

Bei der Teilspitze werden kleine Motive einzeln produziert und dann mit einer krummen Nadel aneinandergeheftet. Insbesondere bei sehr feiner Spitze erfordert diese Technik viel Geduld und grosses fachliches Können. Generell gilt, dass nur hochspezialisierte Fachkräfte mit dem feinen Faden arbeiten können; aus ihrer (Meister-)Hand stammen die edelsten Exemplare, deren bildliche Darstellungen ganze Geschichten erzählen. Diese Spitzen sind begehrt, auch wenn sich die Schönheit dieser wenig opulenten Textilien erst bei naher Betrachtung erschliesst.

Einen Hinweis auf die enorme Bedeutung, die Spitzen im 18. Jahrhundert zukommen kann, gibt das bereits am 18. Juli 1753 verfasste Testament[32] der 1772 in Brüssel verstorbenen Contessa Palffi. In dem Schriftstück werden folgende Besitztümer aufgeführt: dreissig *Engageantes*, zwanzig Spitzen-Palatines, viele Barben aus Brüsseler Spitze sowie *Garnitures* bestehend aus *Engageantes*, Hauben, Barben, *Mantelets* und spitzenverzierte Taschentücher. Auch *Coupons* aus *Dentelles Ordinaires* sowie Binche-Spitze, Valenciennes-Spitze und Nadelspitzen aus Alençon werden genannt. Den materiellen Wert von Spitze beziffert eine Aufstellung der Mitgift der Teresa Poli[33], die 1780 heiratet. Hausrat, Schmuck und Kleider werden mit 790 Fiorini veranschlagt, eine Spitzengarnitur aus Flandern wird auf 150 Fiorini, also einem Fünftel des Gesamtwerts, geschätzt.

Kostproben des 19. Jahrhunderts

Objekte aus dem 19. Jahrhundert lässt die Sammlung Iklé – wie andere Kollektionen aus dieser Zeit – fast vollständig vermissen, was nicht erstaunt, wenn man die kurze Spanne zwischen der Produktion und dem möglichen Erwerb berücksichtigt. Und trotzdem sind die wenigen vorliegenden Stücke in Hinblick auf die möglichen Präferenzen von Leopold Iklé aussagekräftig. Als Textilproduzent hat er offensichtlich ein Faible für unterschiedliche Muster ein und derselben Technik, die die Variationsbreite zeigen. Zeitgenössische und modische Stücke mögen ihm als Vorlage für die Umsetzung auf der Schifflistickmaschine oder als Aetzstickerei gedient haben.

Unter den Spitzenobjekten aus dem 19. Jahrhundert findet sich ein grosser, sehr schöner Besatz, respektive ein Motiv für Vorhang oder Decke (vgl. Tafel 155). Es handelt sich hierbei um eine französische Nadelspitze aus dem Second Empire zu Herrschaftszeiten Napoleons III von 1852 bis 1871, die stilistisch dem Neorokoko zuzuordnen ist, und Muscheln, Friese, Blumengebinde und Girlanden zeigt. Des Weiteren existieren zwei runde Krägen, die um 1850 datieren und aus englischer und irischer Produktion stammen (vgl. Tafeln 153, 154). Eine geklöppelte Honiton-Spitze und eine Irische Häkelspitze sowie fünf Musterrapporte von *Point-de-Gaze*-Nadelspitzen (vgl. Tafeln 156–160); all diese könnte die St. Galler Produktion der Aetzstickerei beeinflusst haben.

Die Sammlung Iklé, ergänzt um ausgewählte Objekte aus der Sammlung von John Jacoby, repräsentiert fast fünfhundert Jahre Geschichte der Spitze. An der Fertigung dieser exquisiten Textilien, der Distribution und ihrer Anwendung sind viele beteiligt: Auftraggeber, Entwerfer, Produzenten, Händler und nicht zuletzt der Käufer. Und auch heute setzt sich der Weg der fragilen Objekte fort: Sie werden gehandelt, gesammelt, inventarisiert und konserviert. Ab und zu werden sie im Rahmen einer Ausstellung präsentiert. Und somit hat jede Generation aufs Neue die Möglichkeit, diese feinen Textilien aus ihrem eigenen Blickwinkel und vor dem Hintergrund der jeweiligen Zeit zu betrachten, zu beforschen und zu interpretieren.

28 Es war dem Textilmuseum ein Anliegen, jeweils einige Objekte zu jeder Epoche so zu montieren, dass ihre Verwendung in der Mode ersichtlich wird. Weitere Beispiele für die Tragformen von Spitzen liefern historische Porträts, wie sie sich im Internet recherchieren lassen.

29 Porträts aus der Zeit von 1680 bis 1685 lassen darauf schliessen, dass Louis XIV. noch ein *Rabat* trug, während eine Krawatte den Hals seines jungen Sohnes, des Dauphins, schmückte.

30 Jacoby hatte im Jahr 1923 viele Spitzen aus dem Iklé-Bestand gekauft, vgl. auch Wanner-JeanRichard in der vorliegenden Publikation, S. 10–22, hier S. 11.

31 Ein sehr feiner Faden, im Fall der Spitzen meist einfädig in S-Drehung, kann 0,01 mm messen. Wenn diese in Leinenschlag verarbeitet werden, zählt man bis zu 36 Fäden pro Zentimeter. In diesem Fall können in einer 6 Zentimeter breiten Spitze über 200 Klöppel eingesetzt werden. Vgl. hierzu: Schoenholzer Nichols, Sgubin 2011, S. 68, Tab. 4.

32 Archivio di Stato di Gorizia, Fondo Coronini, serie Atti e documenti b. 63, f. 135. Inventario compilato tra il 17 al 21 marzo del 1772, nella Maison Mortuaire a Bruxelles, della Contessa Douairiere, nata de Palfi, originaria di Gorizia.

33 Archivio di Stato di Gorizia, Archivio notarile, Notai di Gorizia, b. 75, f. 525. Inventario dottale Theresa Poli 1780.

Historische Spitzen
– Fotografien

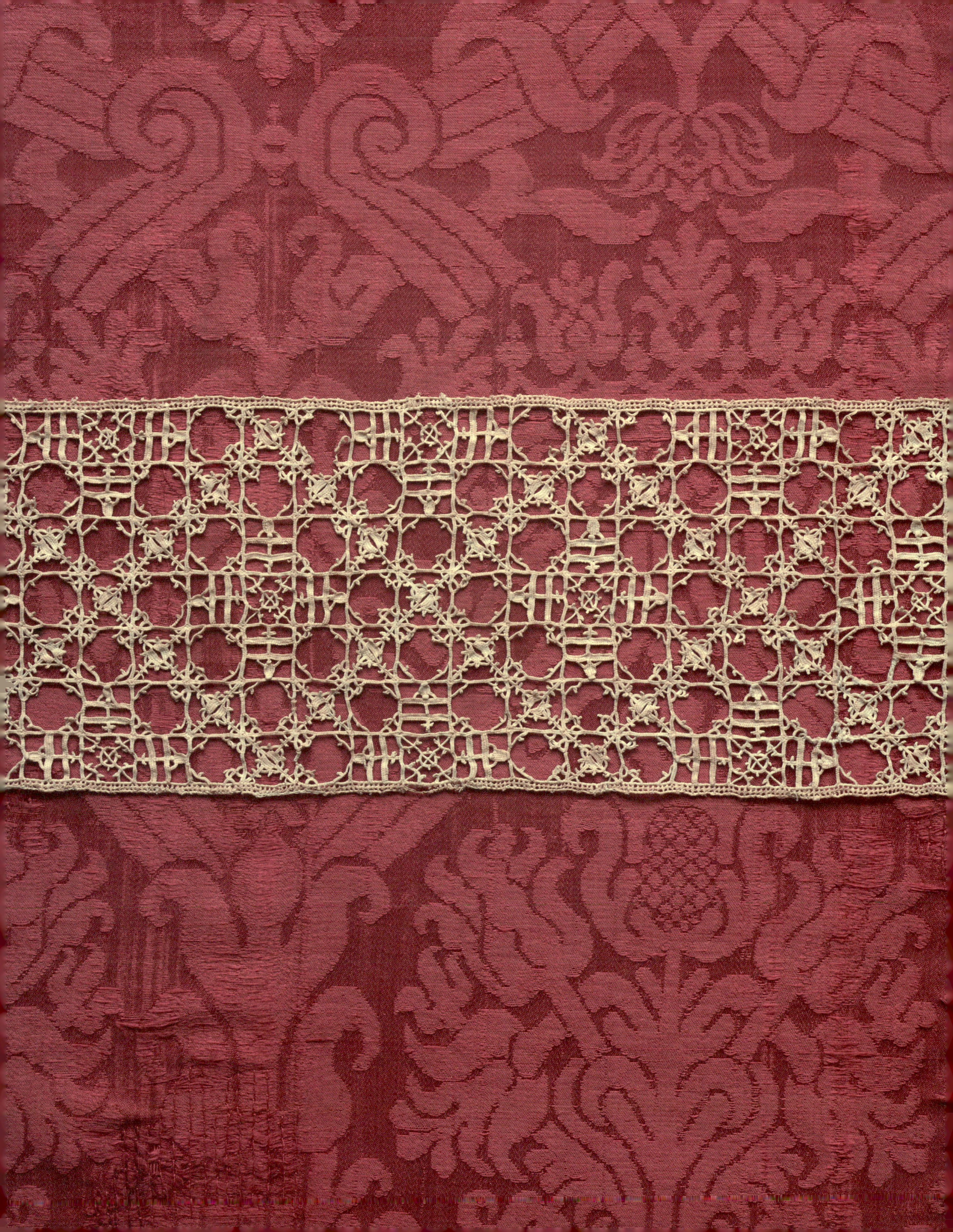

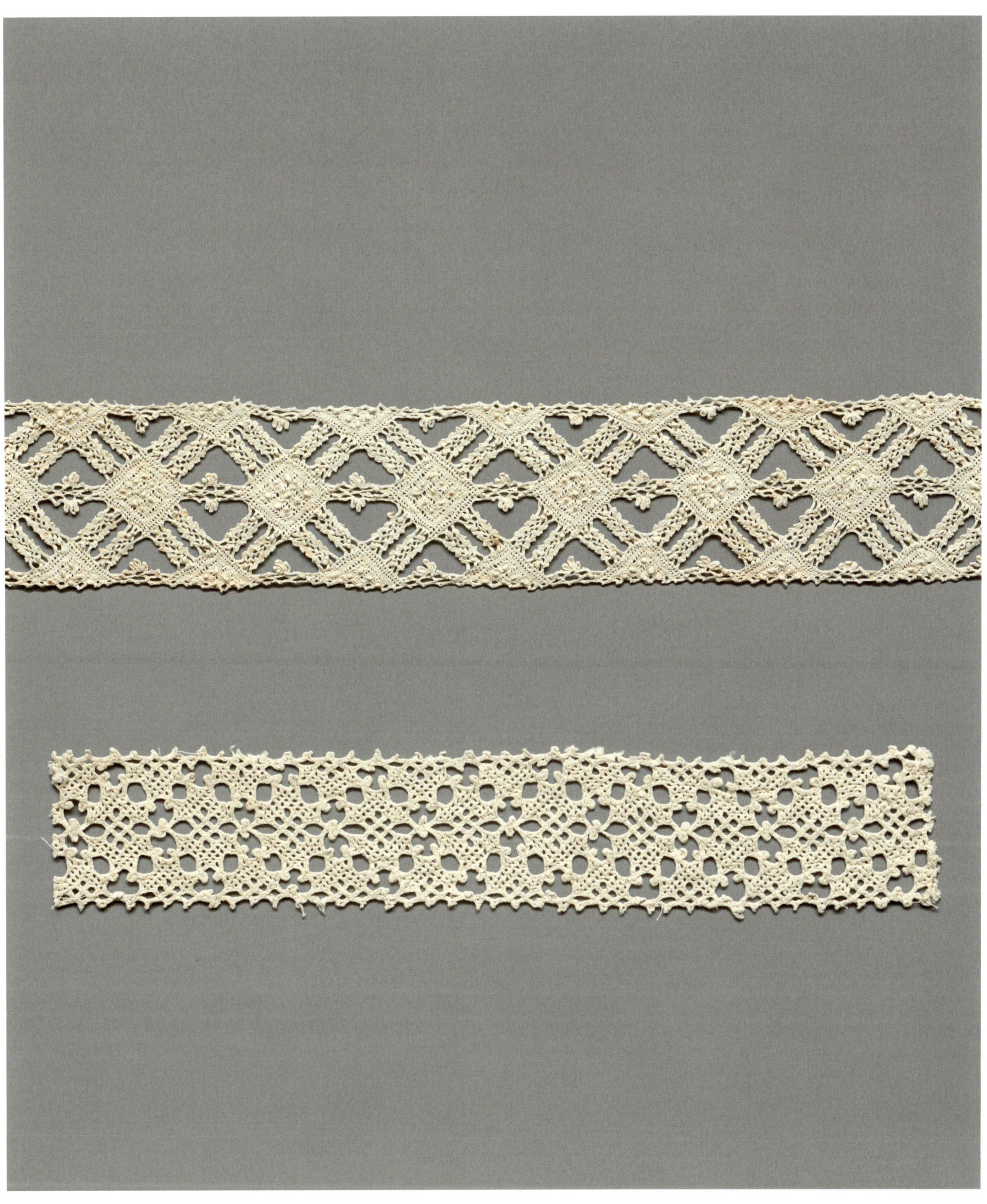

1 Einsatz (Detail) / Italien, 1580–1620 / 12×67 cm / auf Seidengewebe, Italien, zweite Hälfte 16. Jahrhundert

2 Einsatz (Detail) / Italien, zweite Hälfte 16. Jahrhundert / 7×130 cm
3 Einsatz / Italien, 16. Jahrhundert / 4,5×26 cm

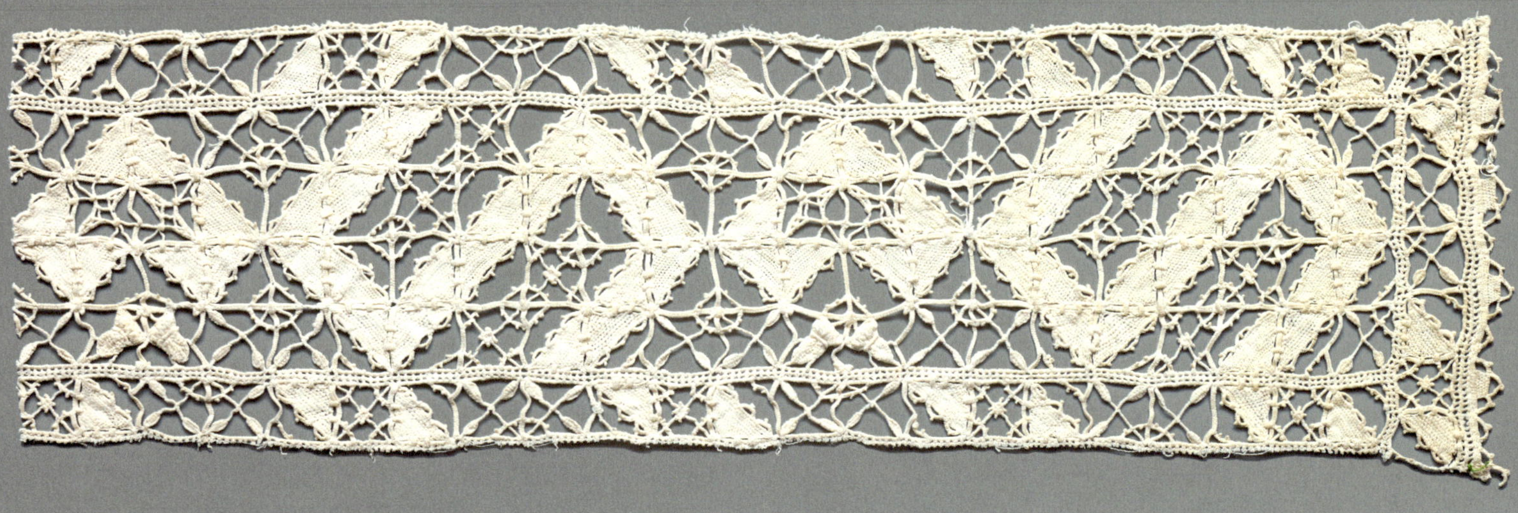

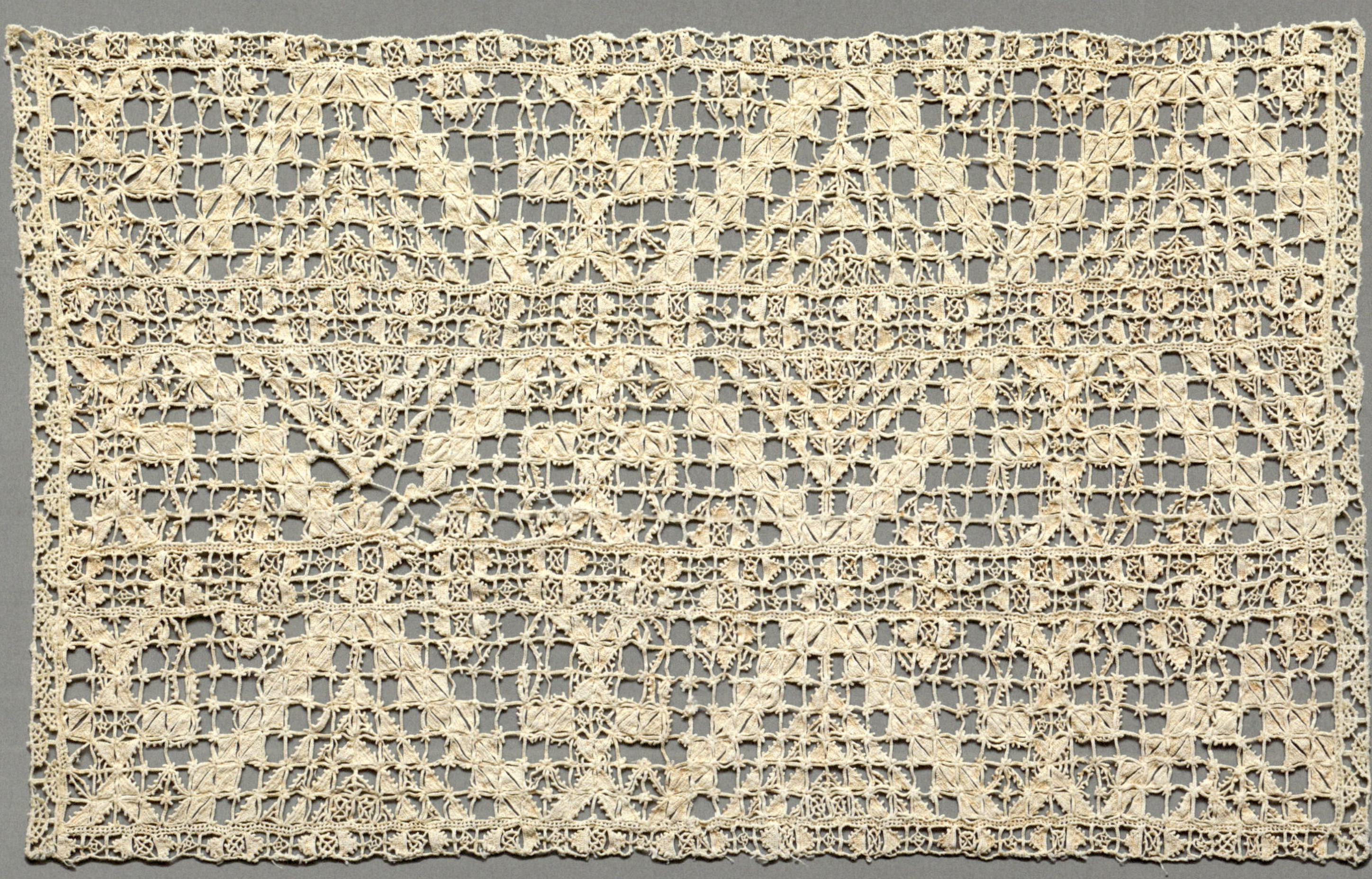

4 Einsatz / Italien, zweite Hälfte 16. Jahrhundert / 11 × 36 cm

5 Decke oder Kissenblatt / Italien, zweite Hälfte 16. Jahrhundert / 27,5 × 47 cm

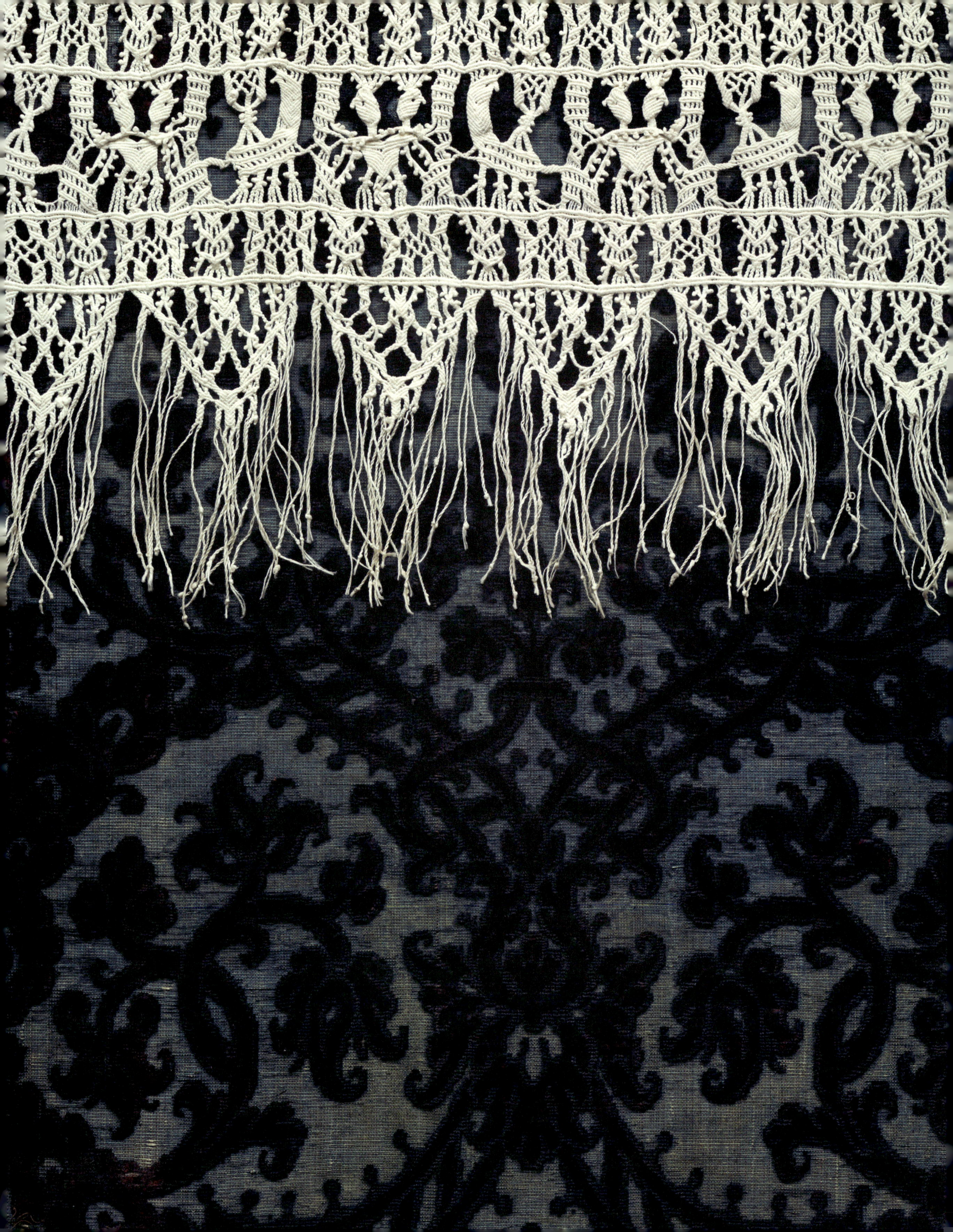

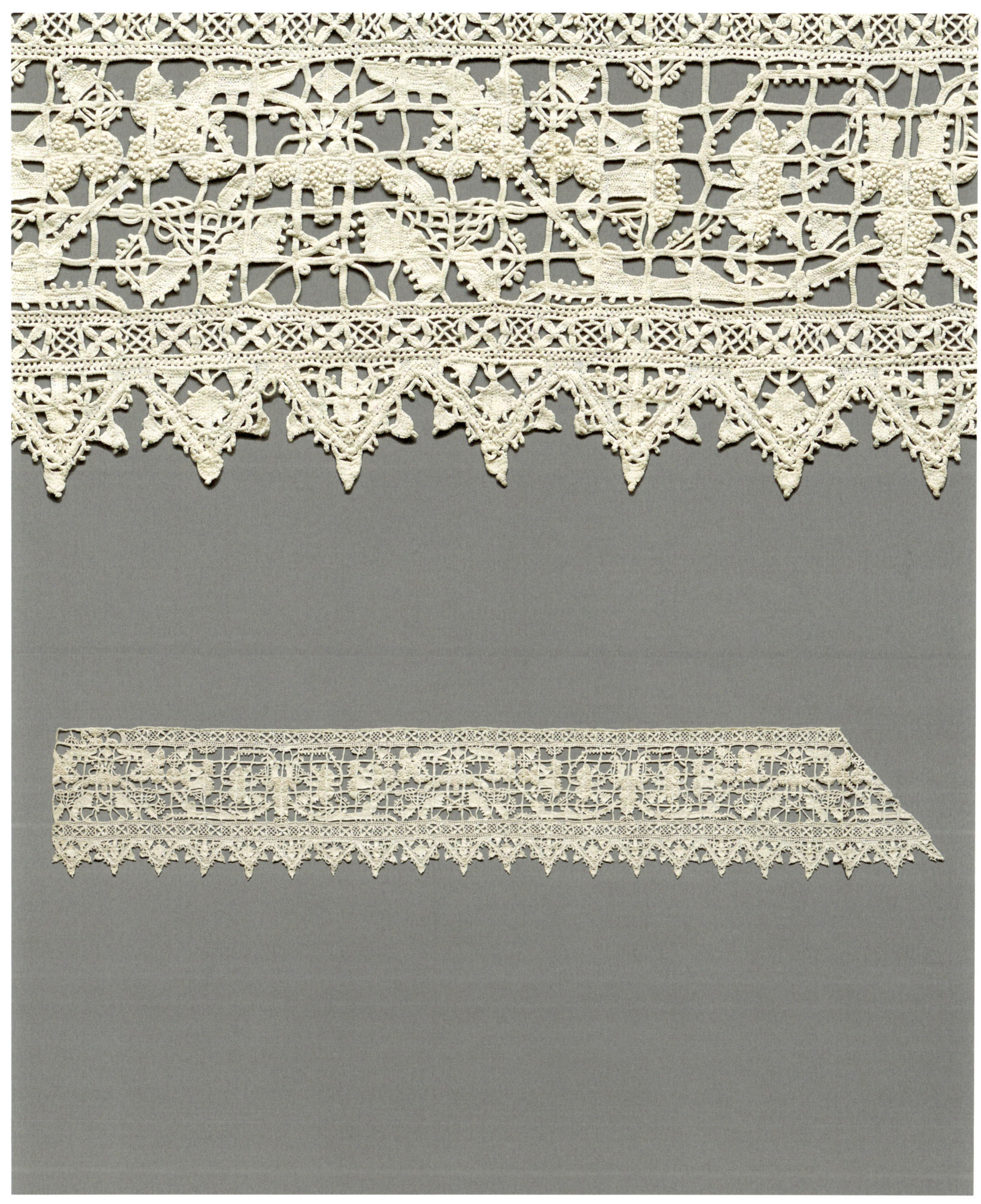

6 Borte (Detail) / Italien oder Spanien, 1580–1610 / 15 × 74,5 cm / auf Seidengewebe, Italien, zweite Hälfte 16. Jahrhundert

7 Borte (mit Detail) / Italien, erste Hälfte 16. Jahrhundert / 13 × 70 cm

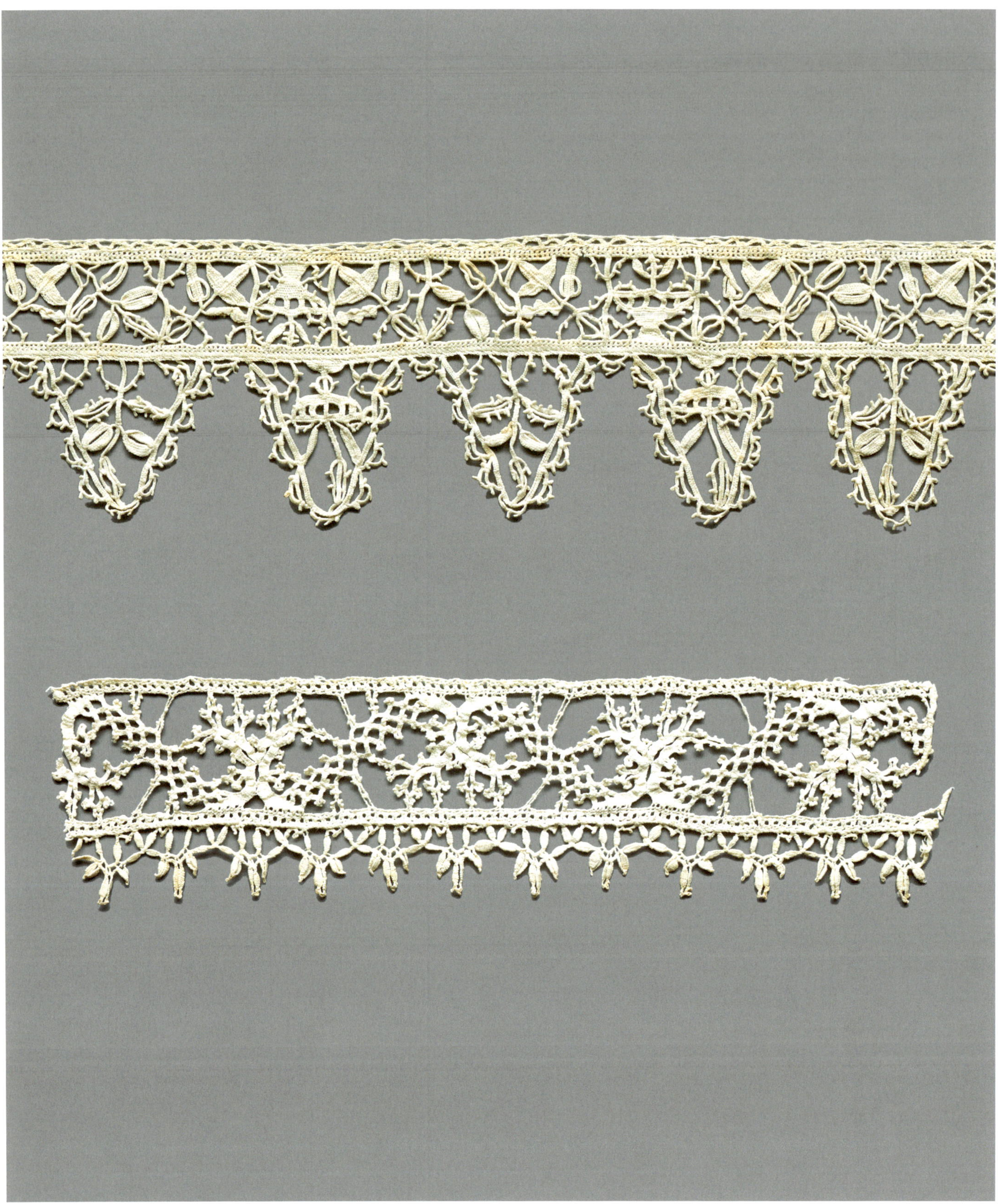

8 Borte (Detail) / Italien, um 1600 / 6 × 206 cm
9 Borte / Italien, zweite Hälfte 16. Jahrhundert / 6,5 × 28 cm

10 Haube / Italien, zweite Hälfte 16. Jahrhundert / 98 × 19 cm

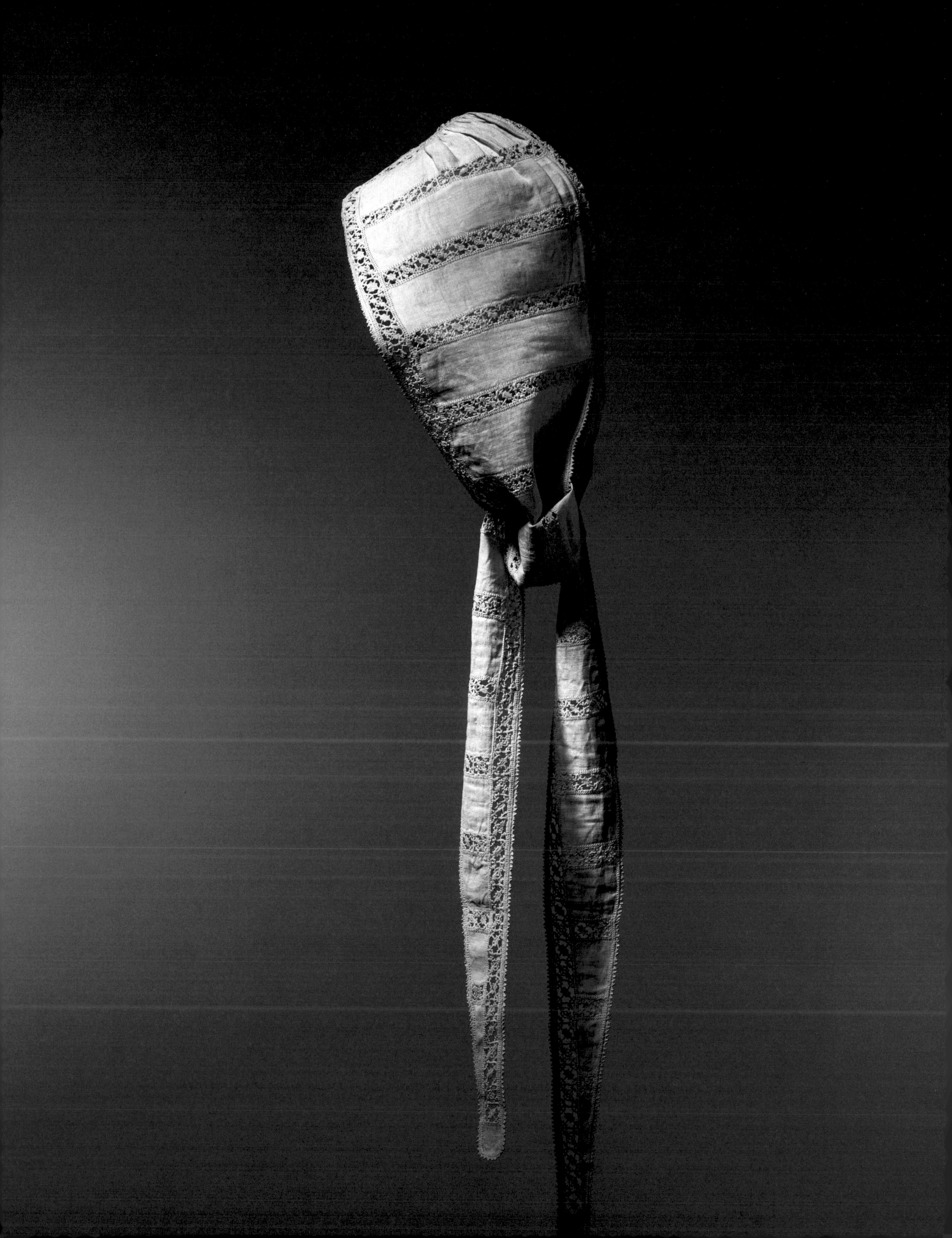

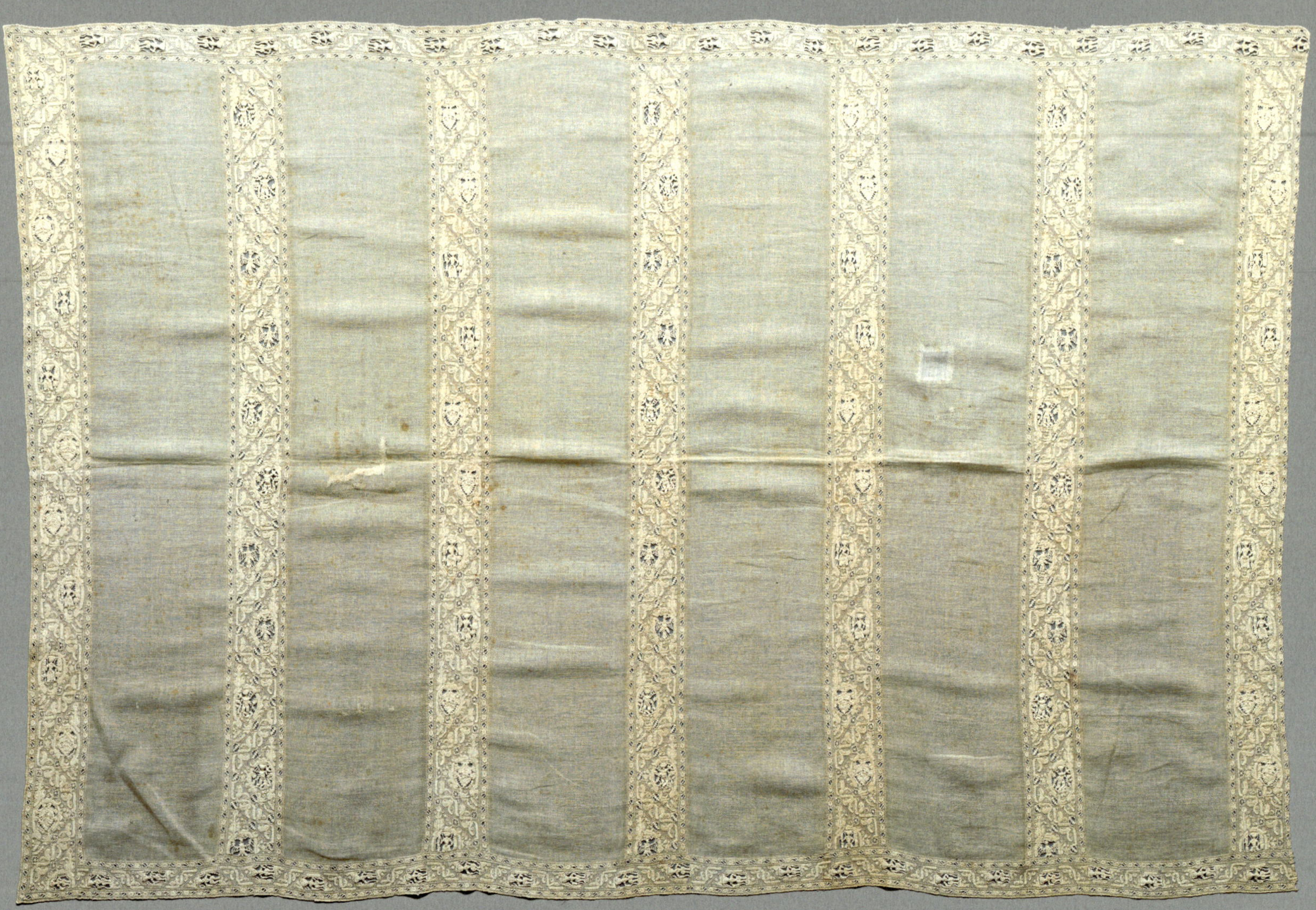

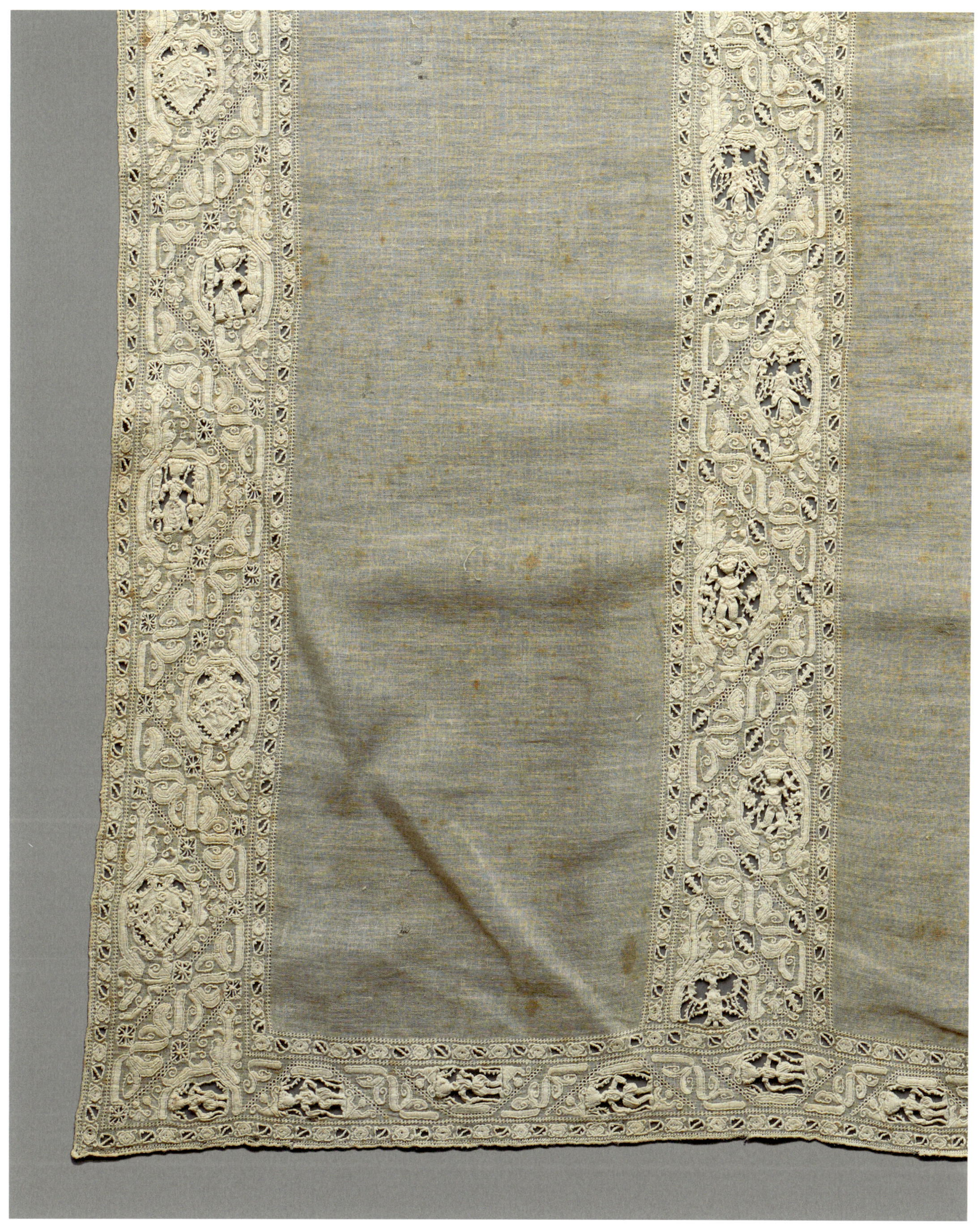

11 Decke (mit Detail) / Ostindien und Südeuropa, 1580–1620 / 93,5 × 146,5 cm

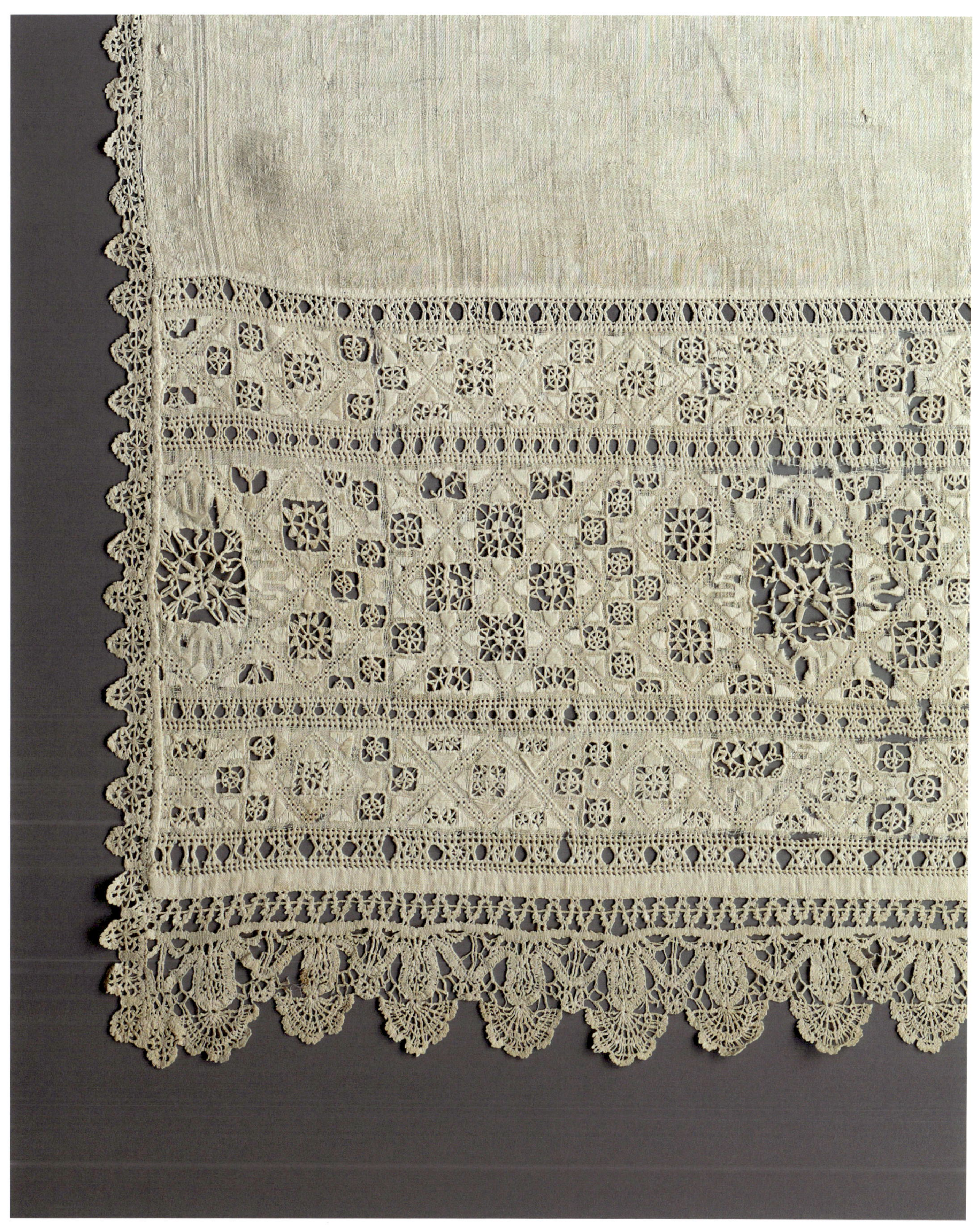

12 Handtuch (mit Detail) / Westeuropa, 1580–1620 / 73,5 × 157 cm

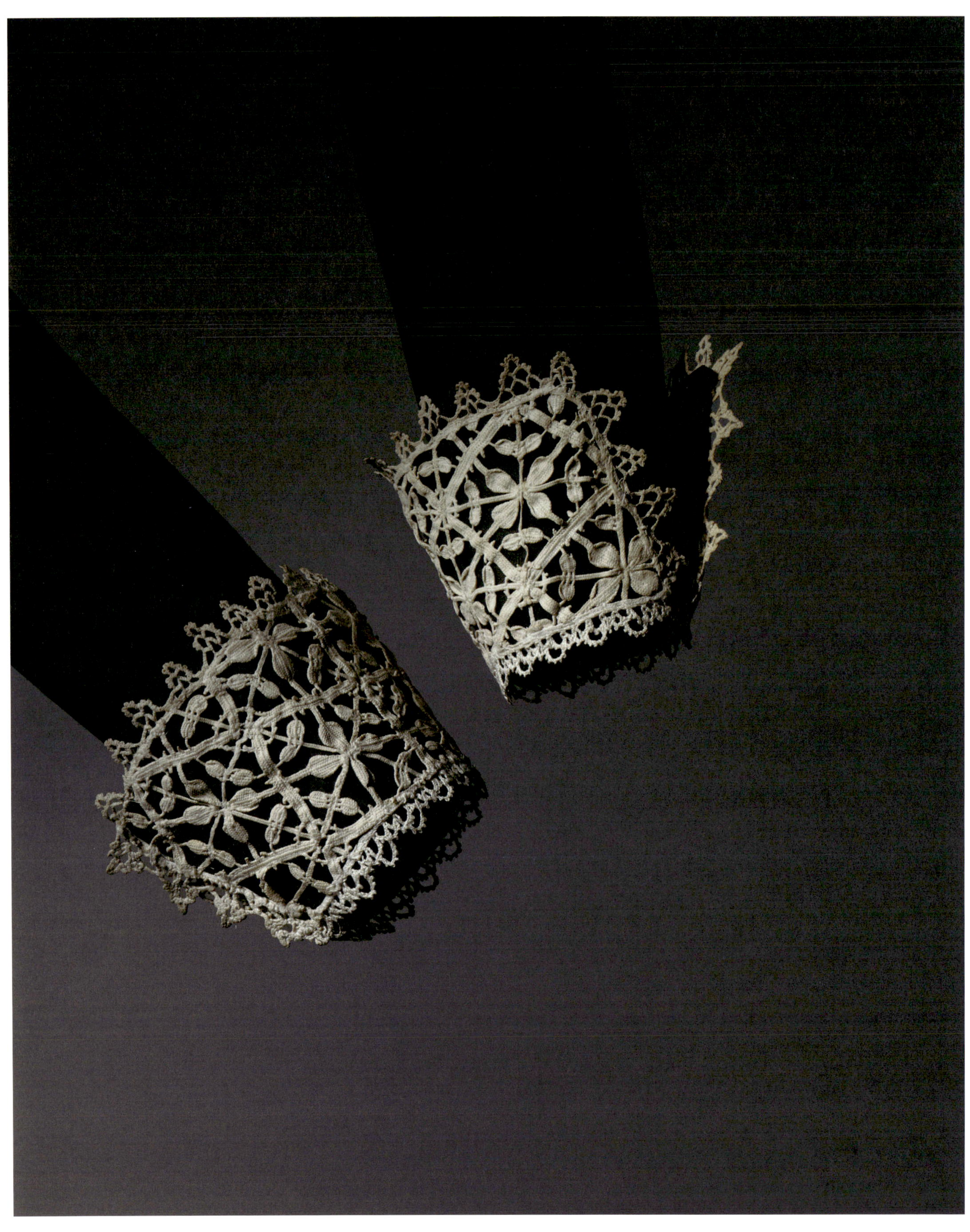

13 Kragen und Manschetten / Italien, um 1600, Ende 19. Jahrhundert umgearbeitet / Kragen: 9,5 × 82 cm; Manschetten: je 8,5 × 27 cm

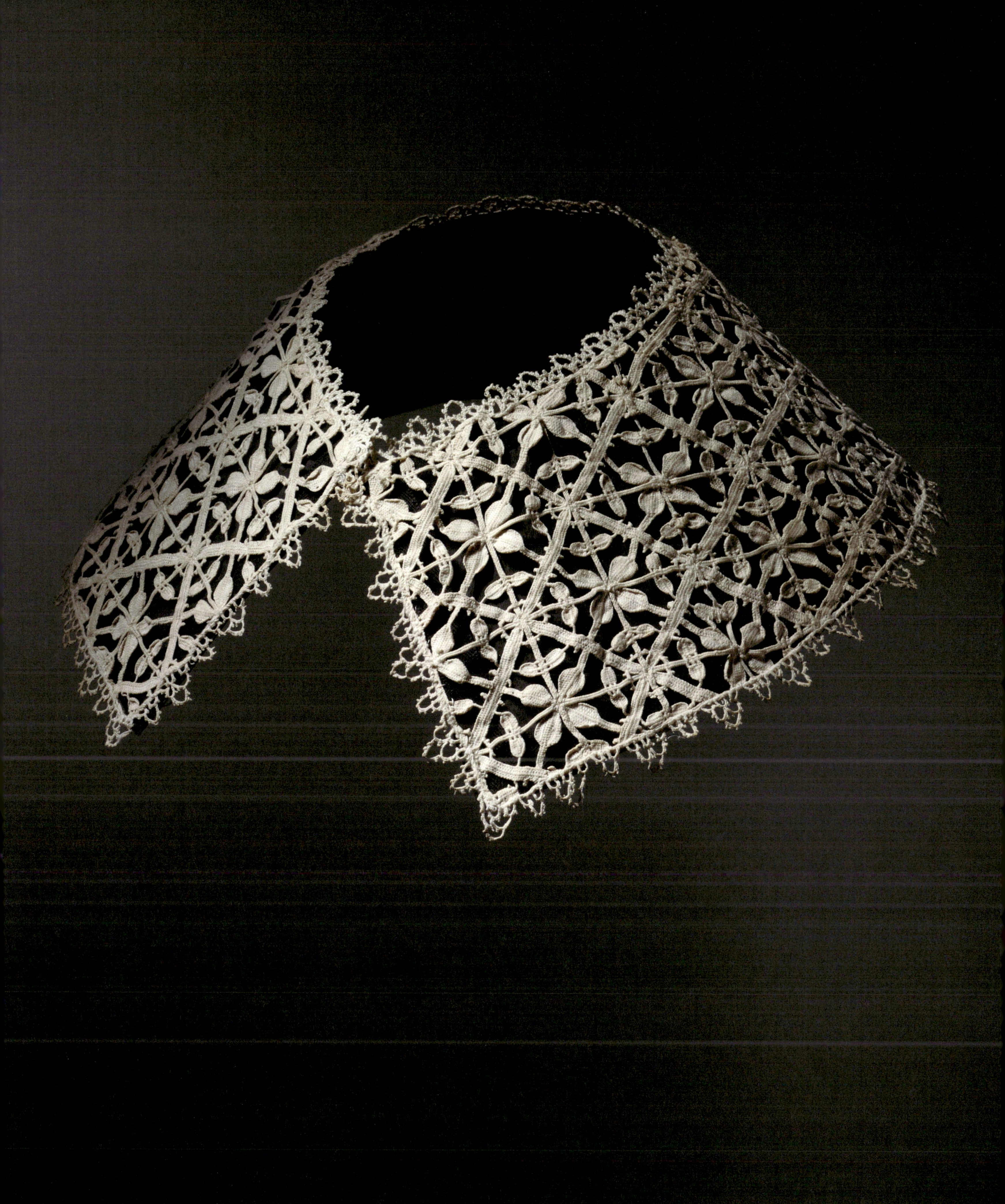

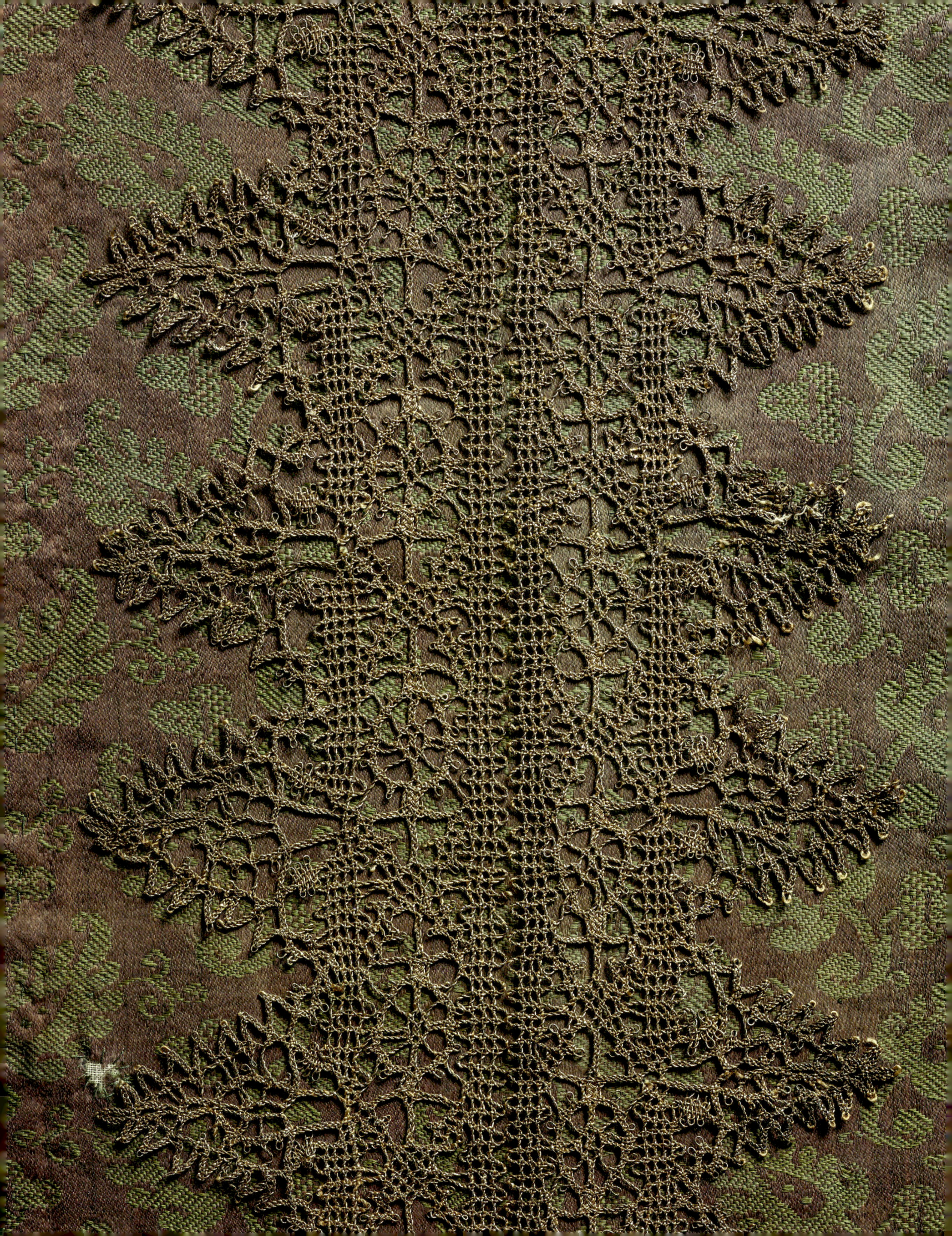

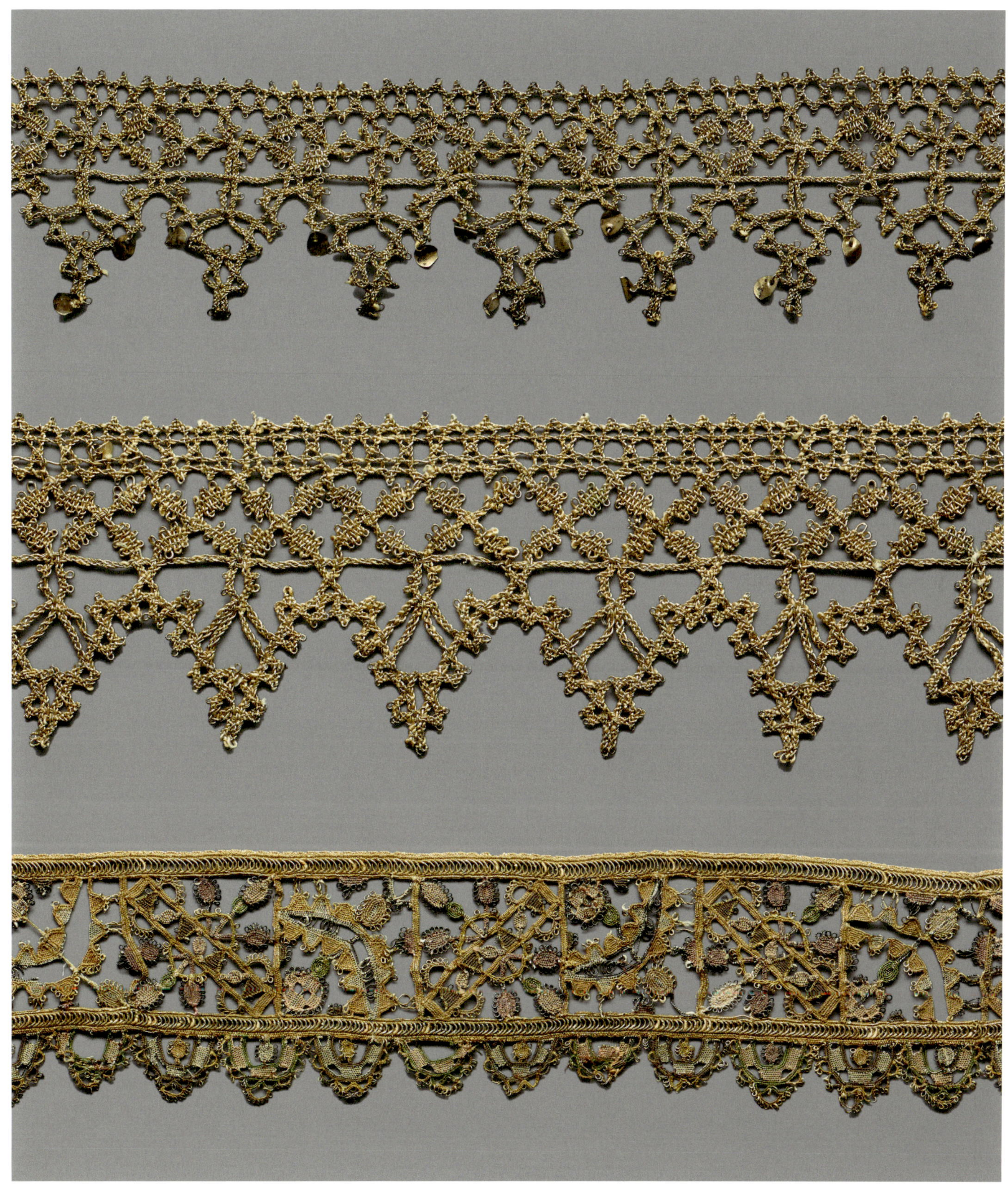

14 Besatz oder Borte (Detail) / Süd- oder Westeuropa, 1580–1620 / 8,5×95,5 cm / auf Seidengewebe, Italien, erstes Viertel 17. Jahrhundert

15 Besatz oder Borte (Detail) / Mailand oder Nordeuropa, 1580–1620 / 6×482 cm
16 Besatz (Detail) / Süd- oder Westeuropa, zweite Hälfte 16. Jahrhundert / 8×89 cm
17 Besatz (Detail) / Spanien, 1590–1620 / 8,5×74 cm

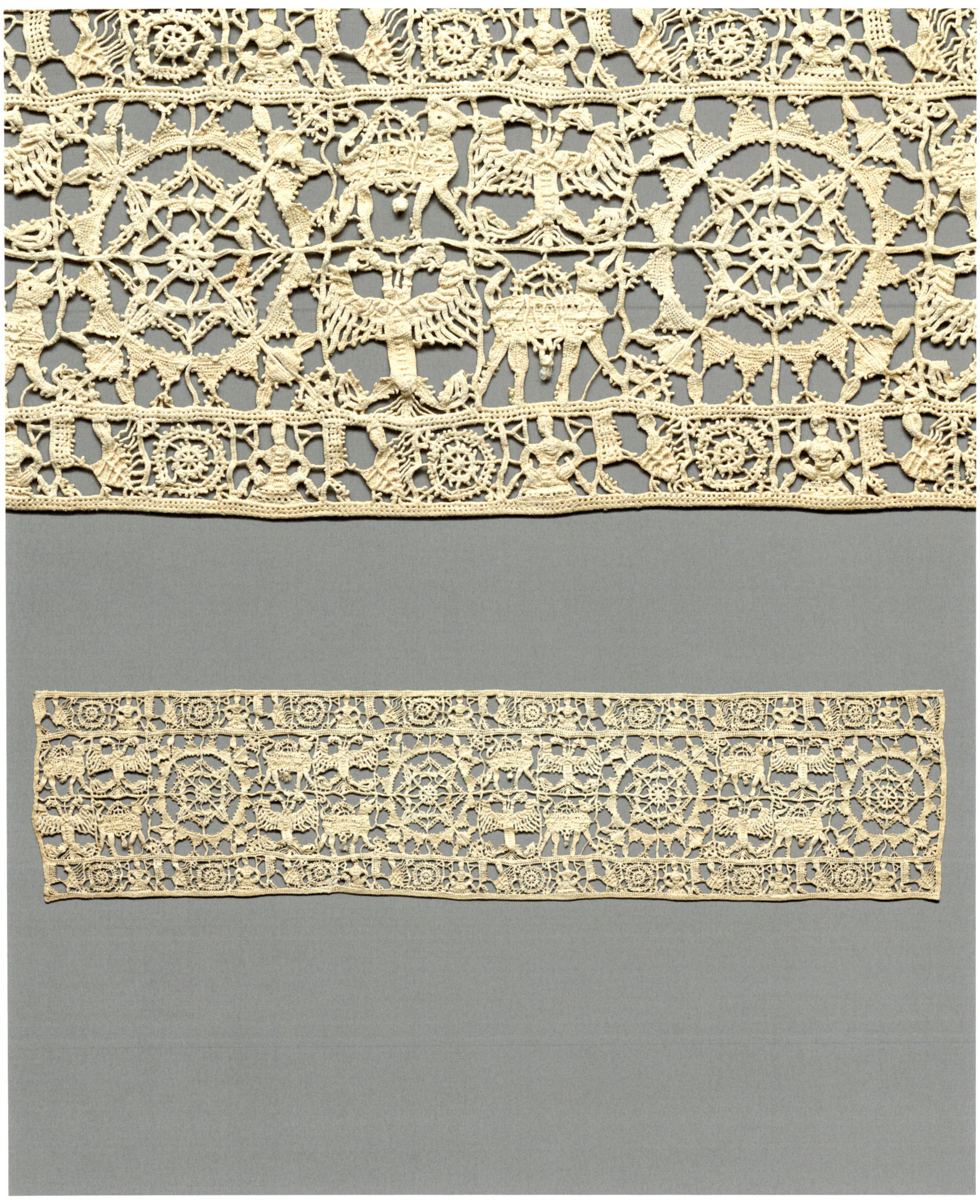

18 Einsatz (mit Detail) / Italien, um 1600 / 16,5×76 cm

19 Decke / Italien, Griechenland oder Zypern, erstes Viertel 17. Jahrhundert, im 19. Jahrhundert zusammengenäht / 40×55 cm

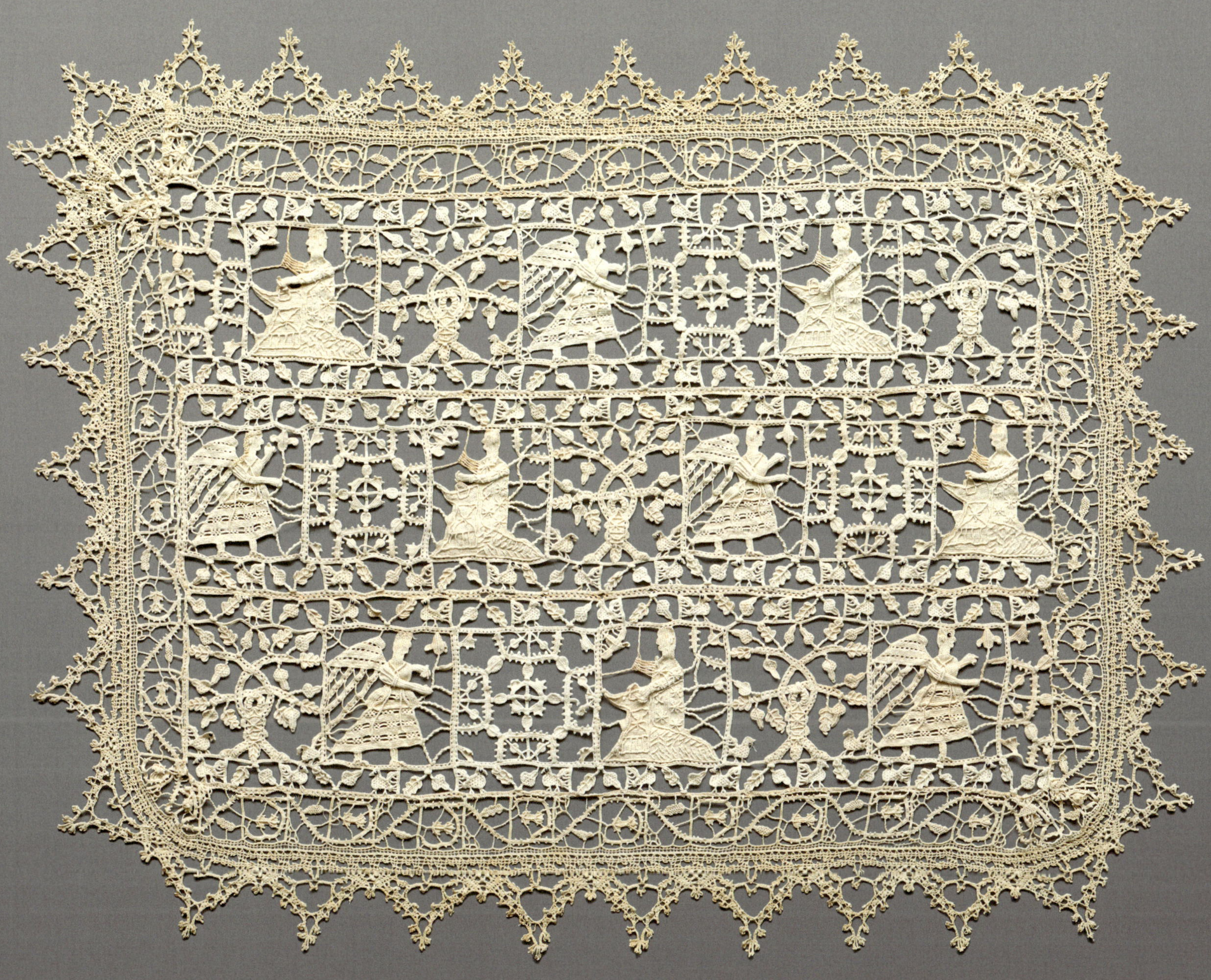

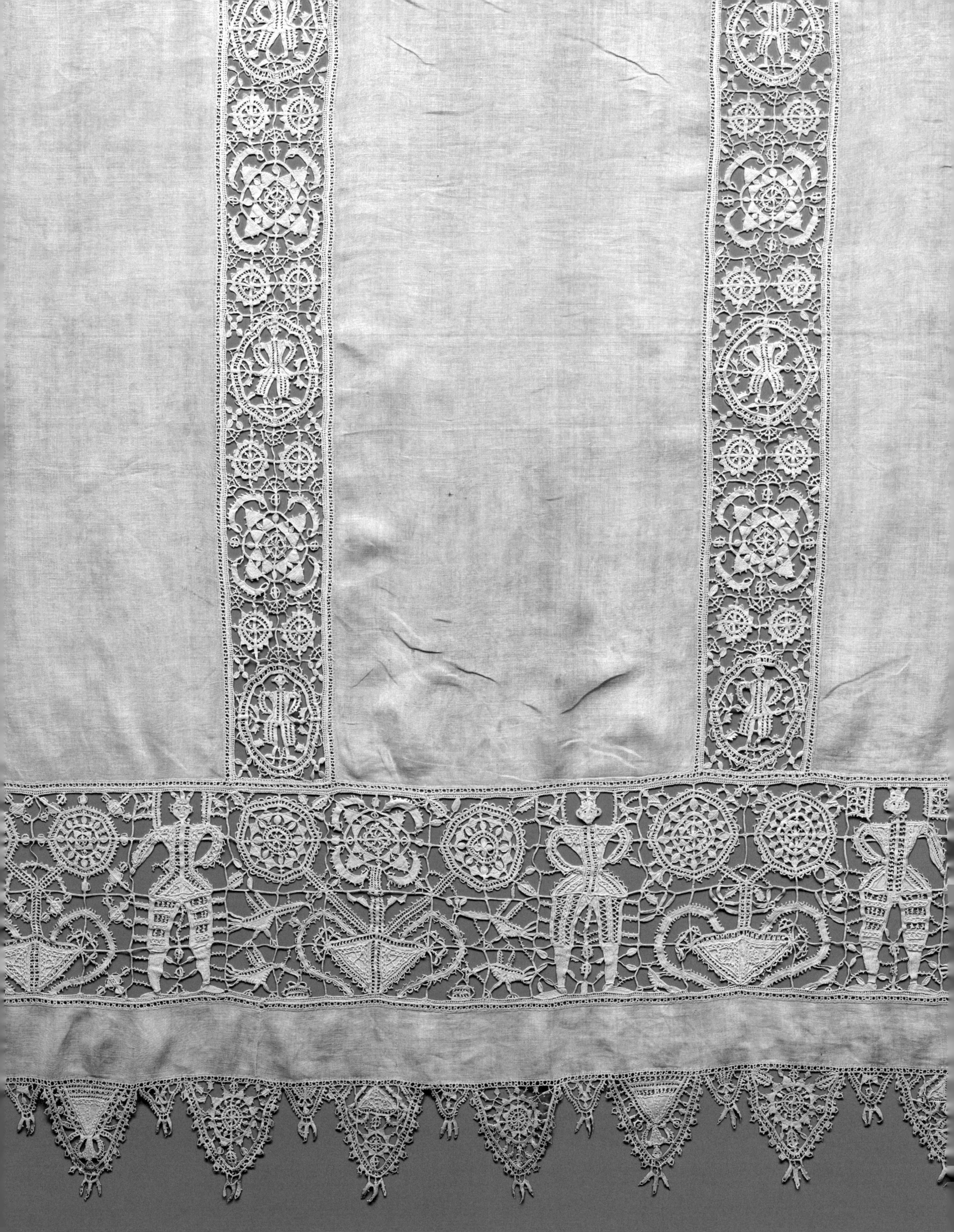

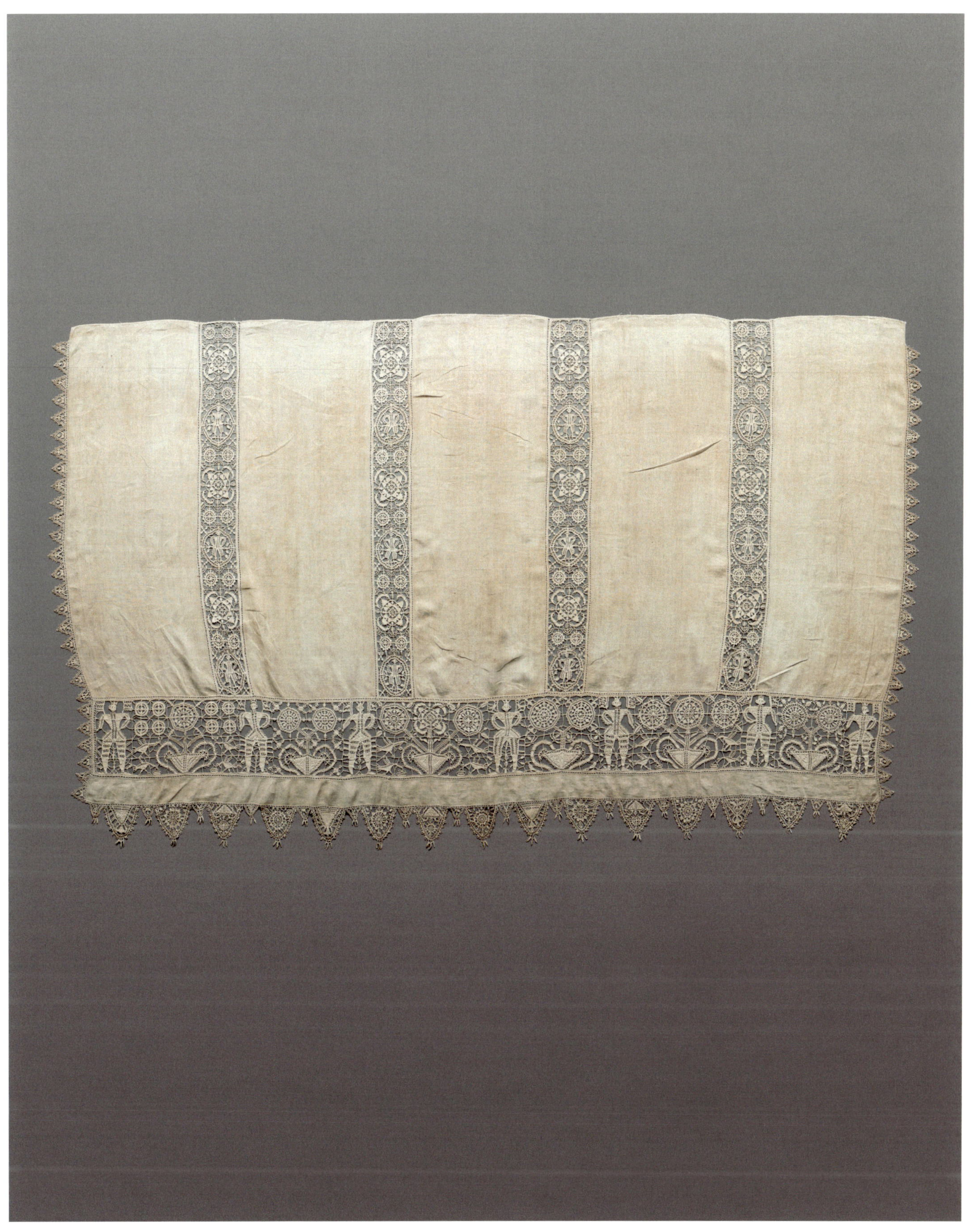

20 Decke (mit Detail) / Spanien oder Portugal, 1580–1620 / 106 × 180 cm

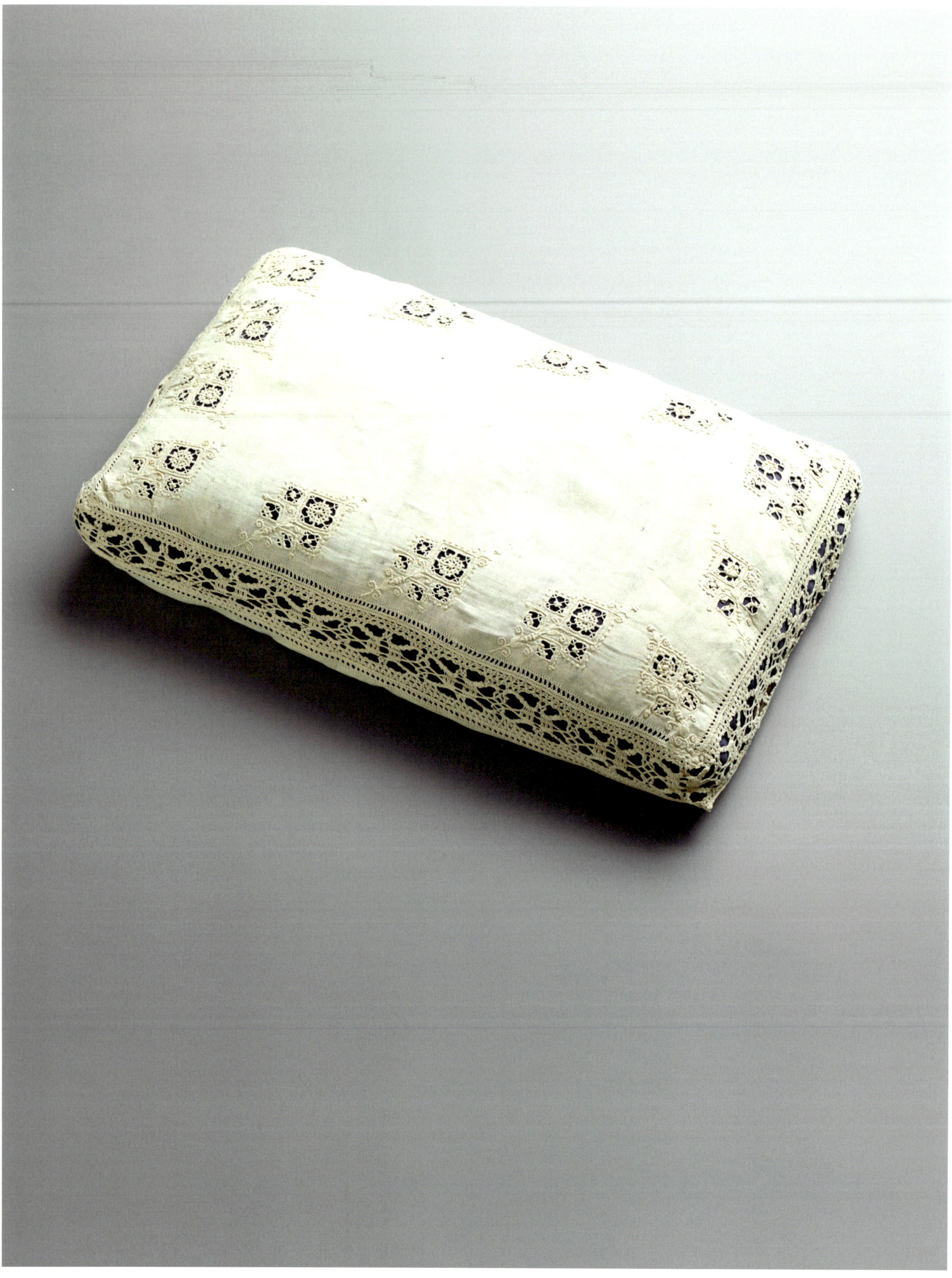

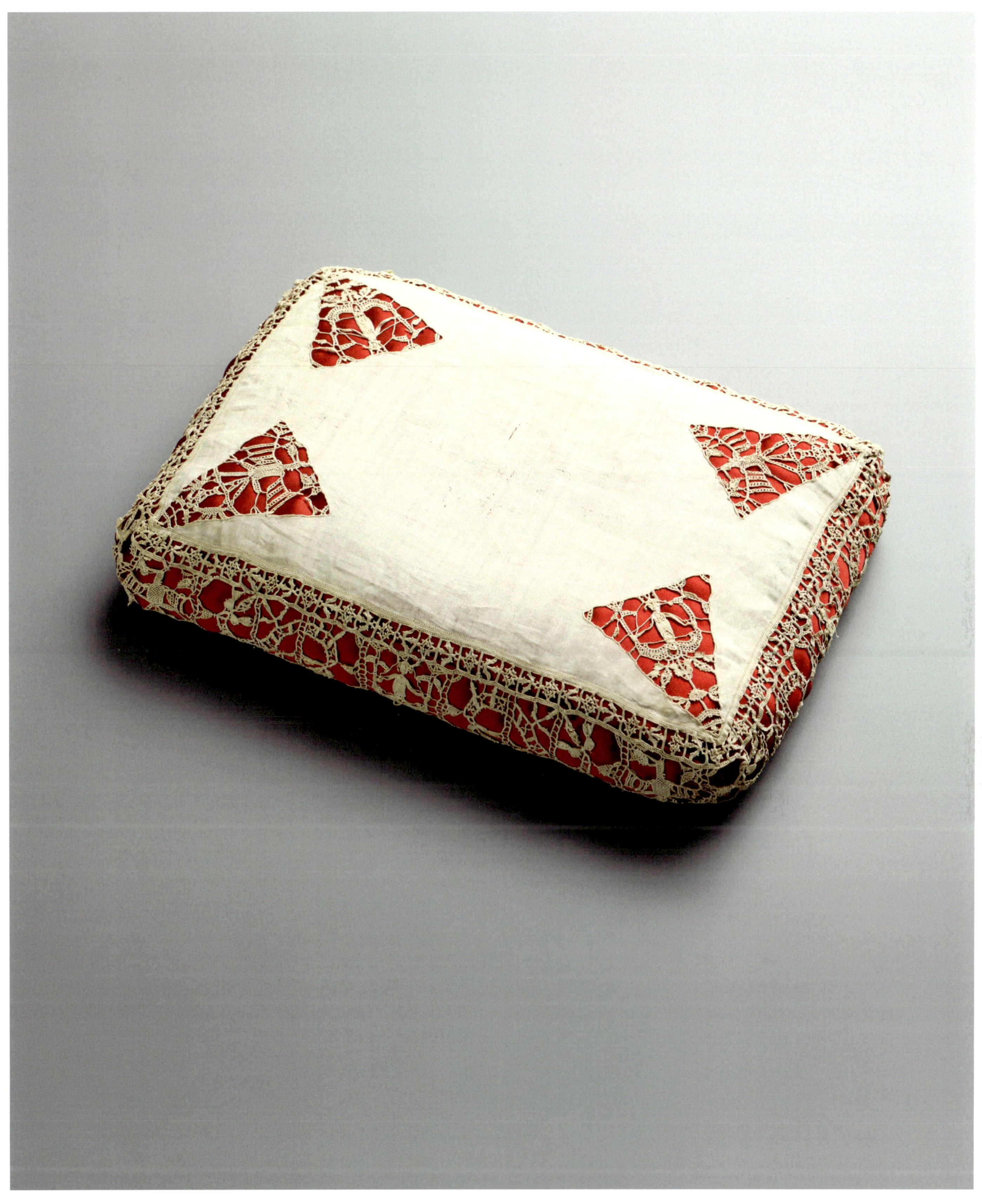

21 Kissenbezug / Italien, zweite Hälfte 16. Jahrhundert / 53×34,5 cm

22 Kissenbezug / Italien, 1550–1620 / 47×34 cm

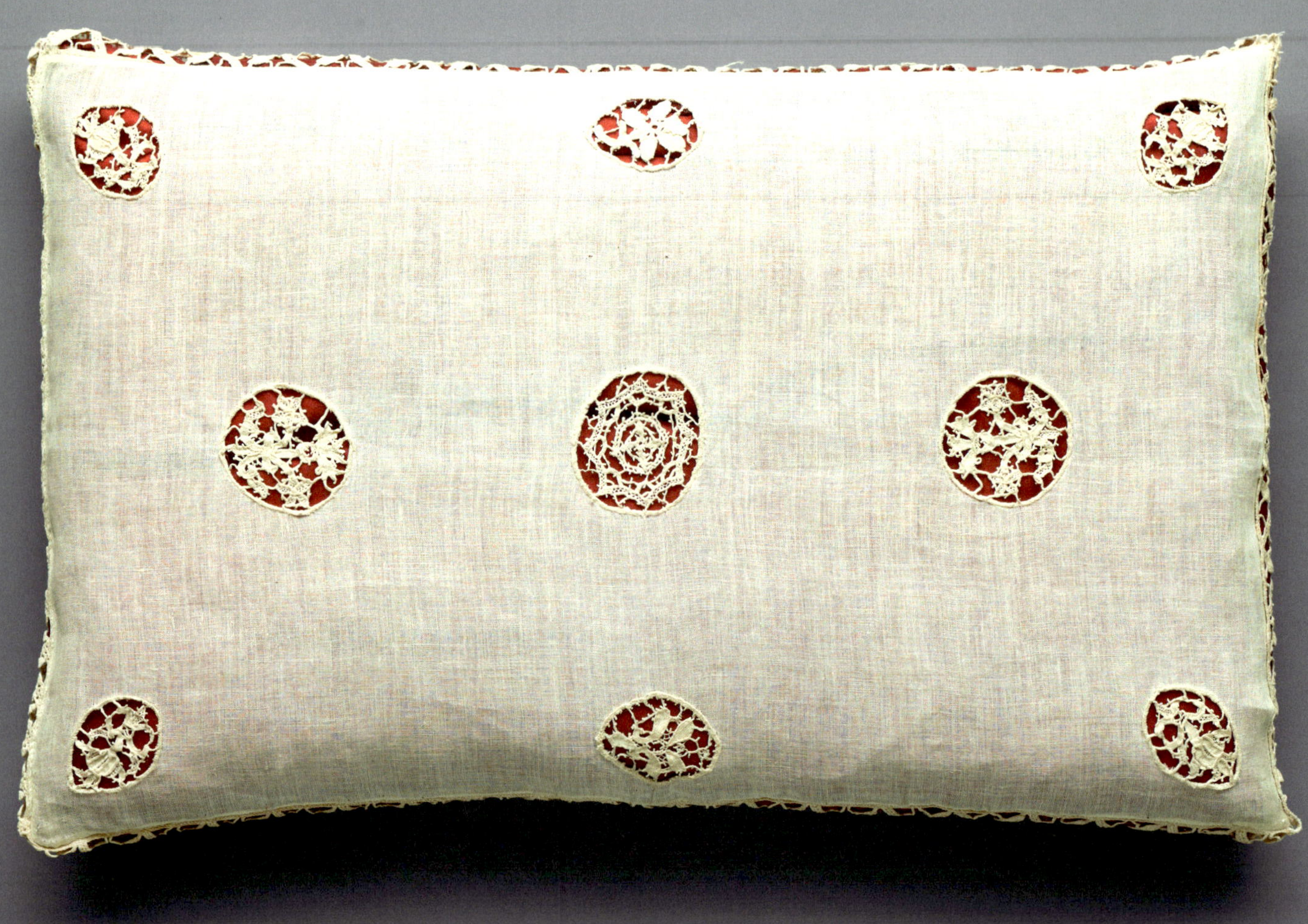

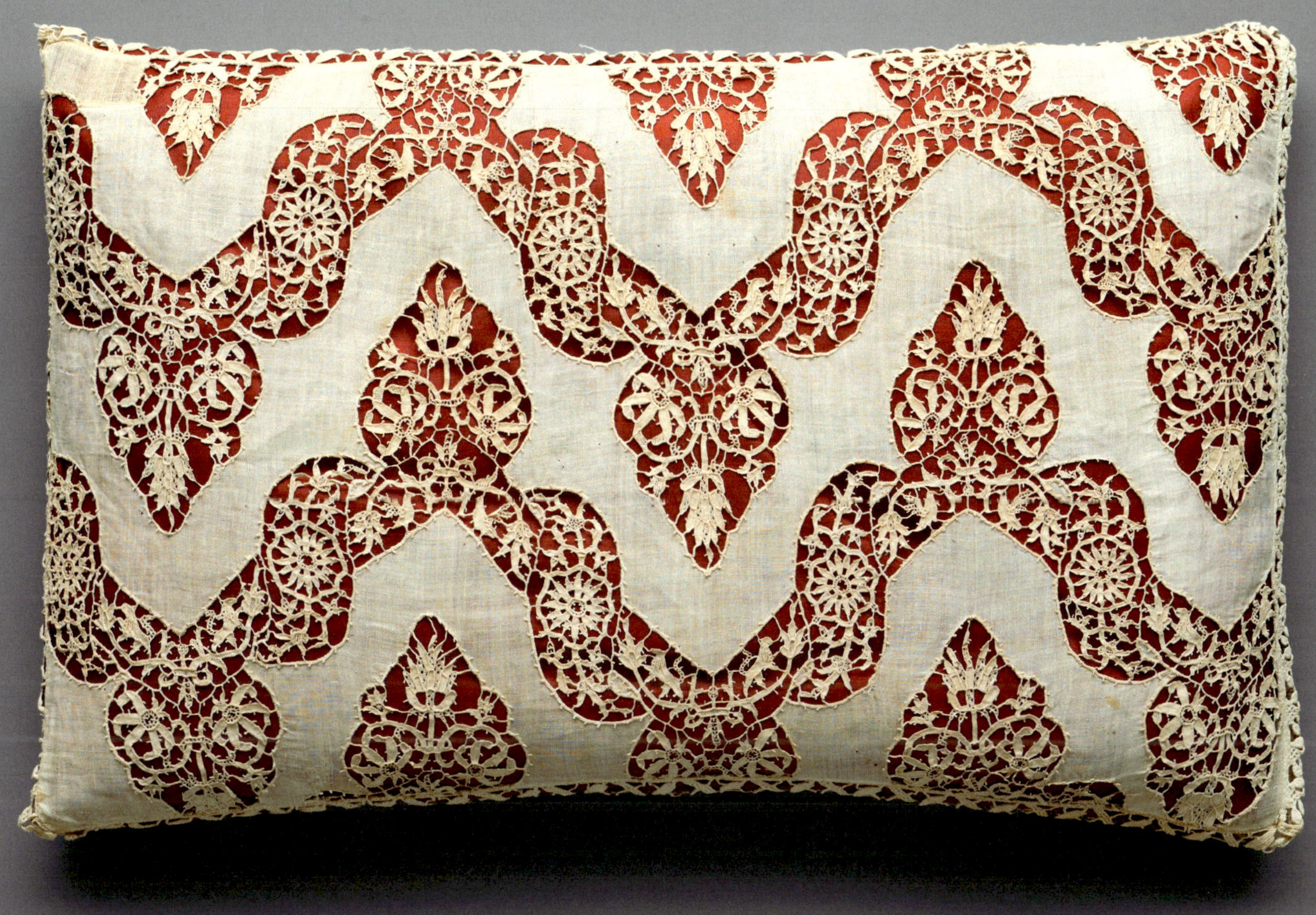

23 Kissenbezug (Vorder- und Rückseite) / Venetien, um 1620, später modifiziert / 47×29 cm

24 Borte (Detail) / Nordeuropa, 1580–1620 / 12,5×77 cm

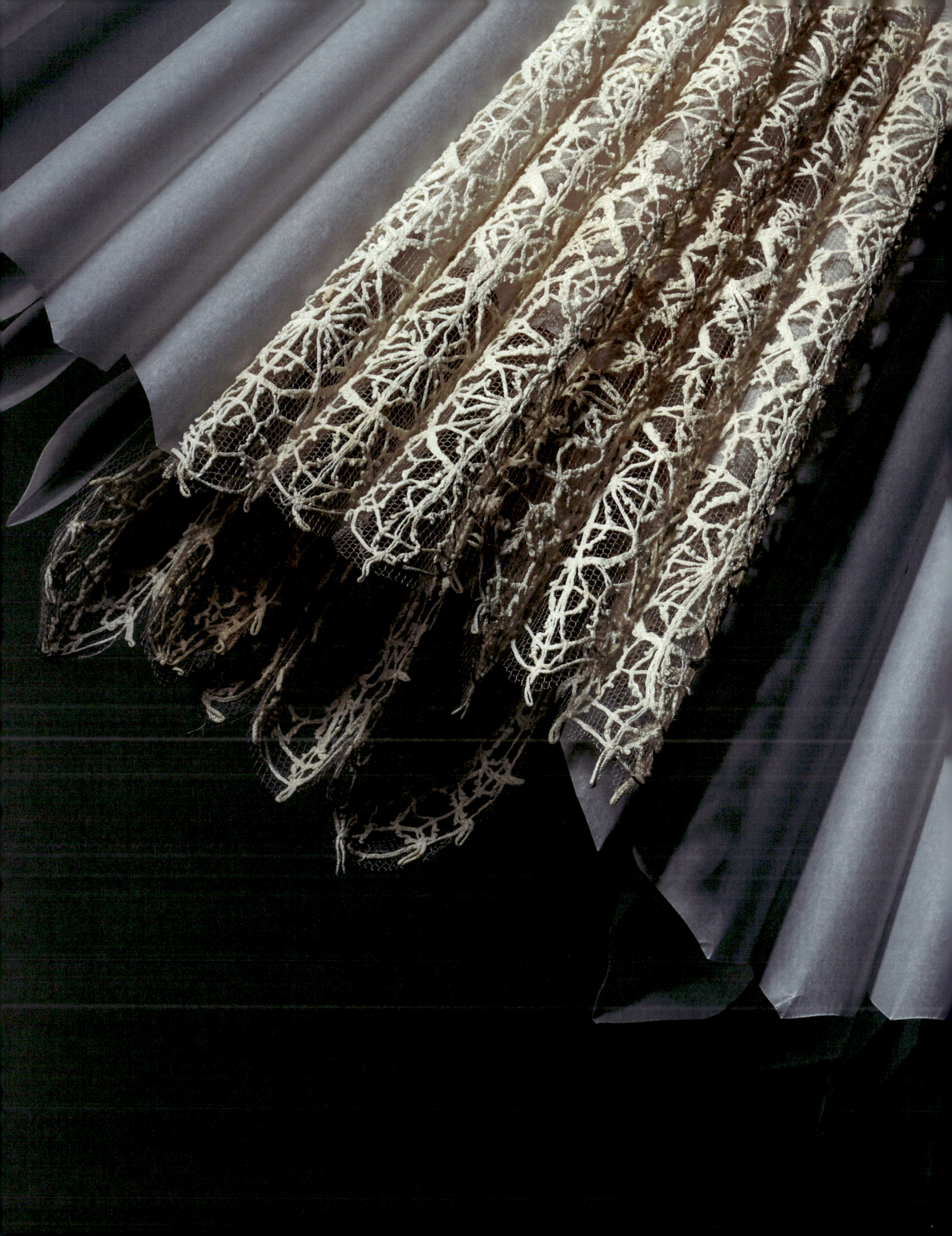

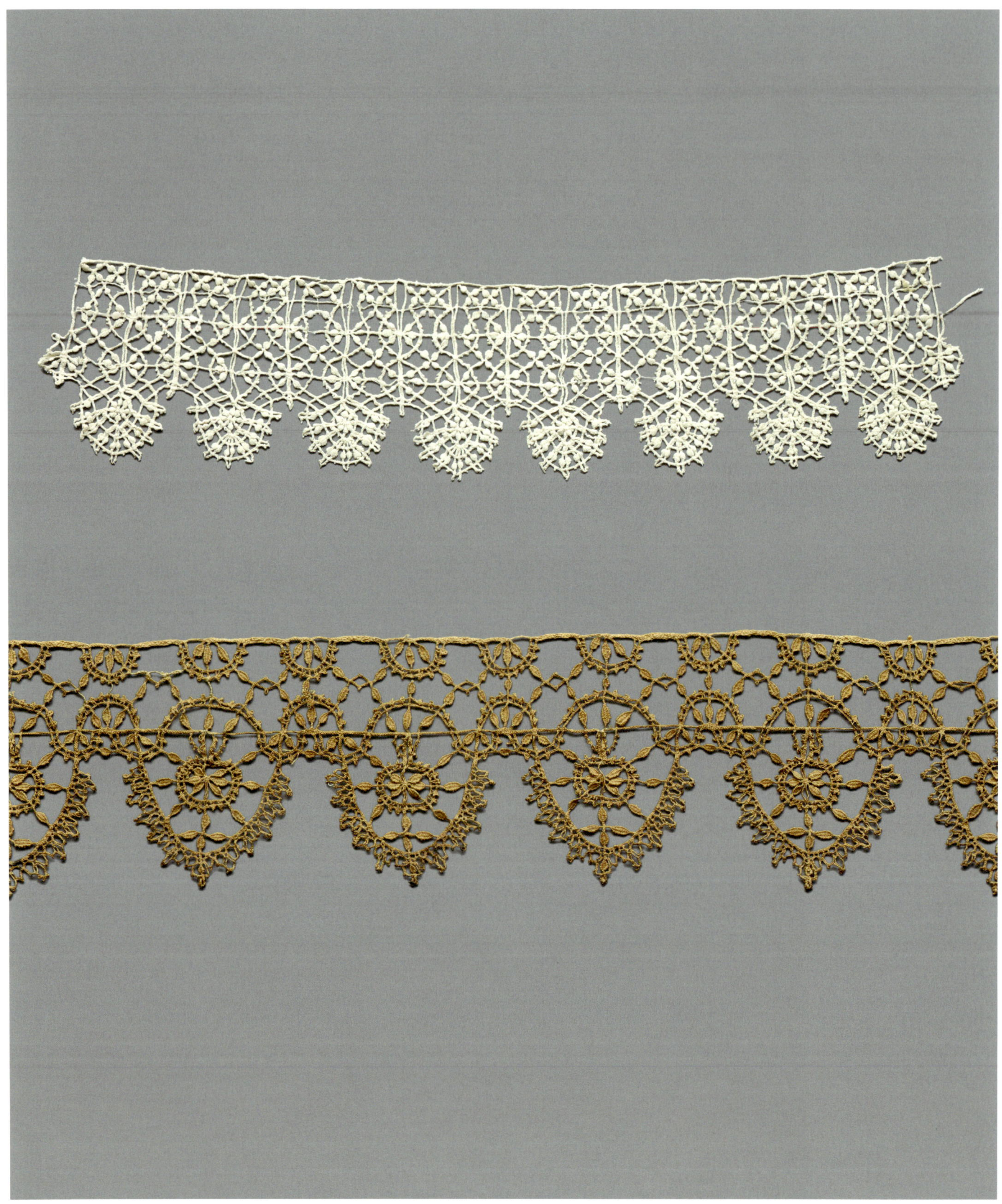

25 Borte / Genua, um 1700 / 8,5 × 41,5 cm
26 Borte (Detail) / Genua, um 1600 / 9 × 181 cm

27 Borte und Einsätze (Detail) / Westeuropa, teilweise Italien, erste Hälfte 17. Jahrhundert, im 19. Jahrhundert umgearbeitet / 24,5 × 115,5 cm

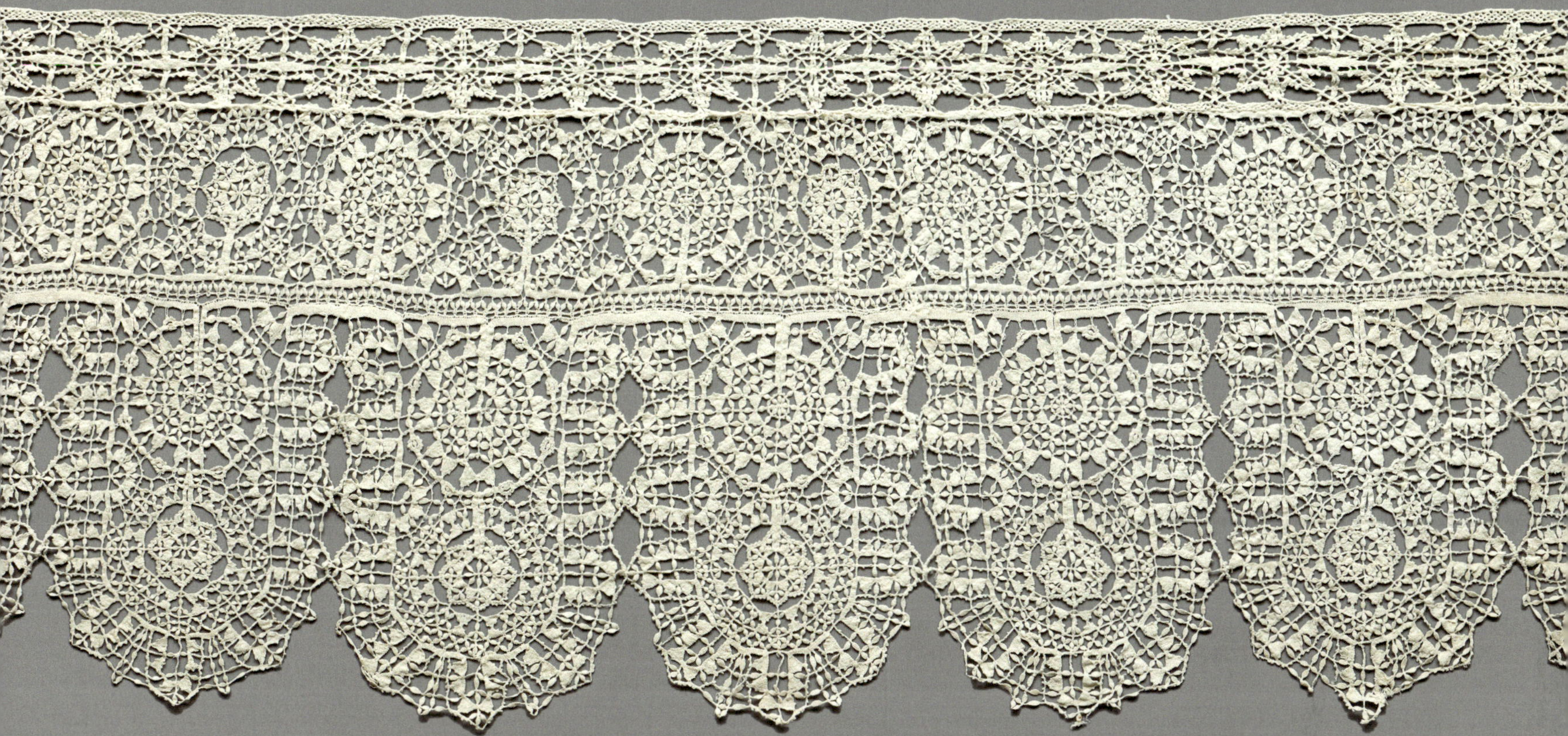

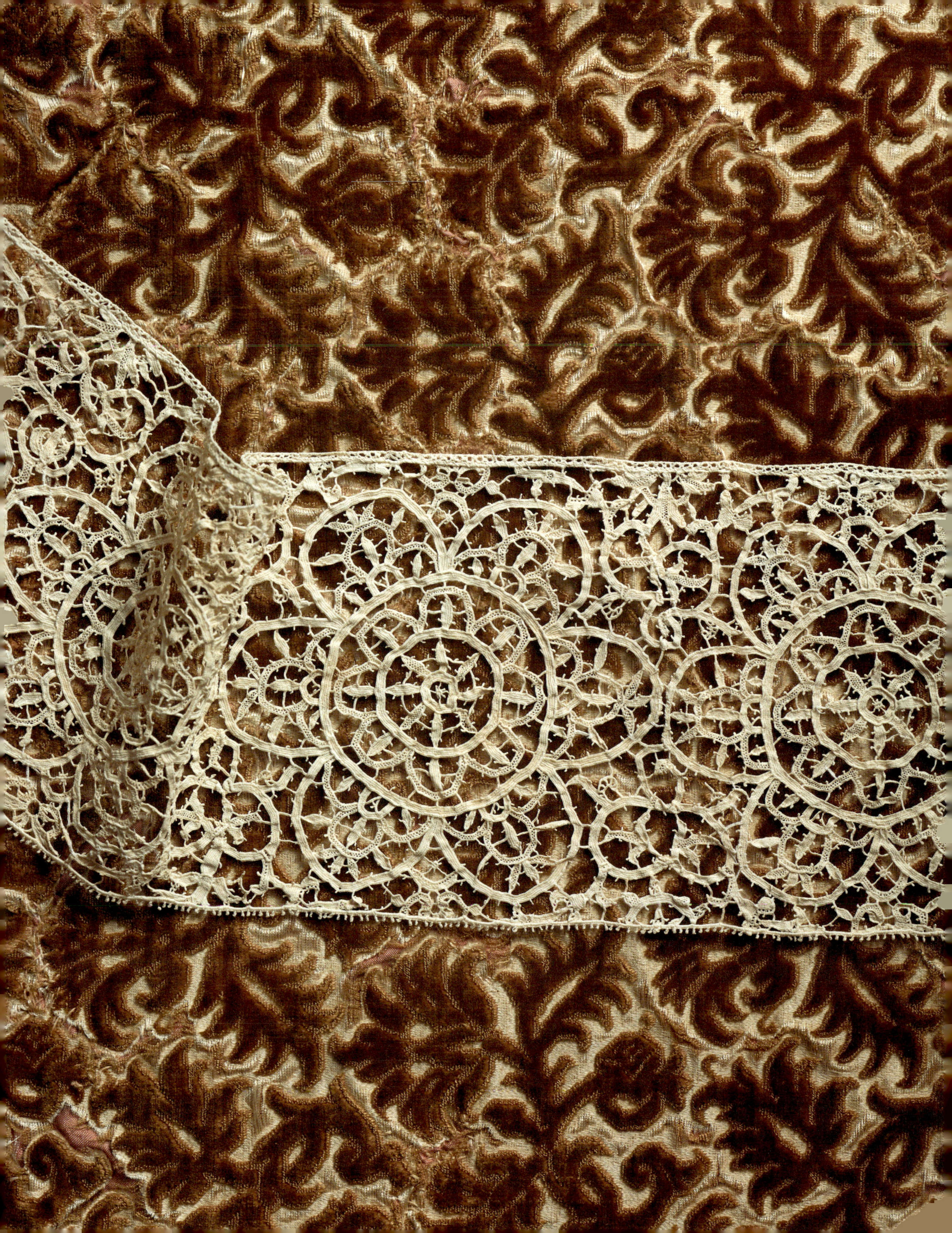

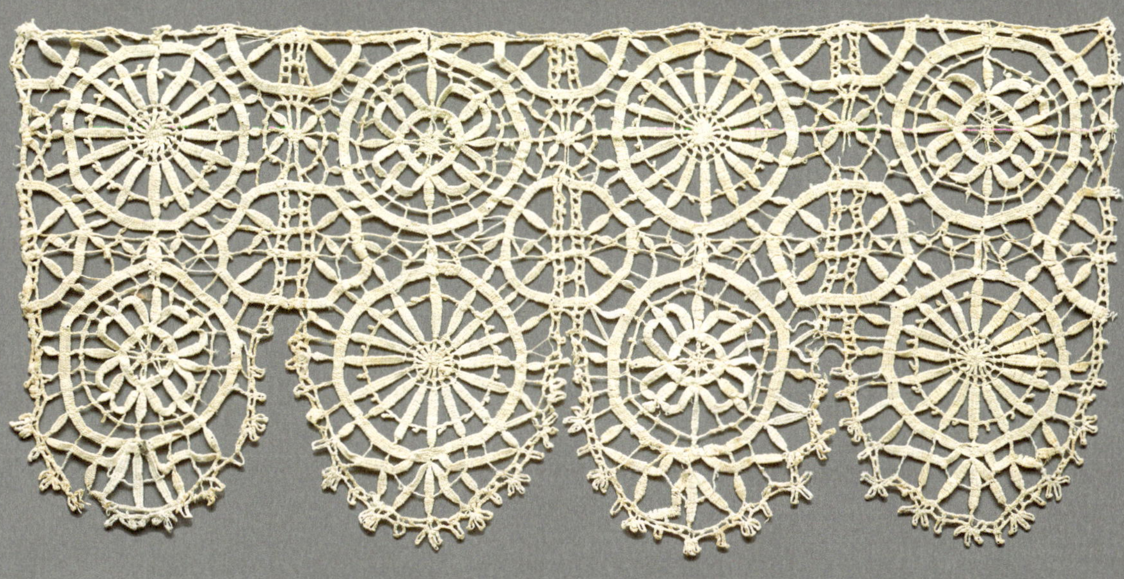

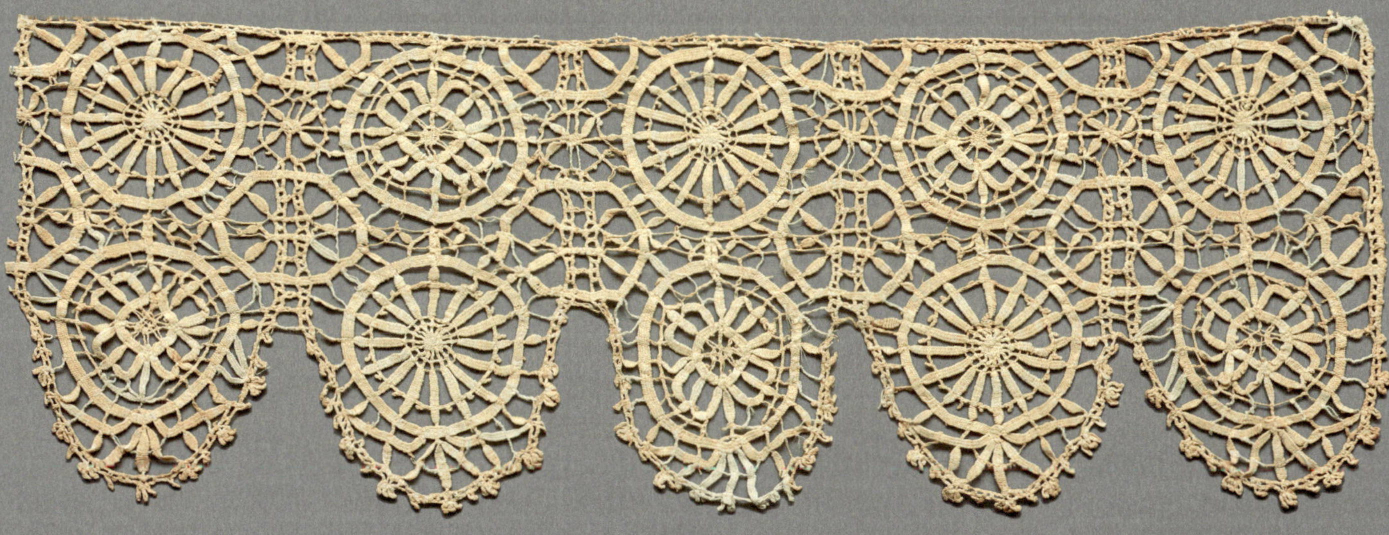

28 Borte (Detail) / Venedig, erstes Drittel 17. Jahrhundert / 11,5×61 cm / auf Seidengewebe, Italien, erstes Drittel 17. Jahrhundert.

29 Borte (zwei Fragmente) / Ligurien, erstes Viertel 17. Jahrhundert / 13,5×31 cm und 13,5×41 cm

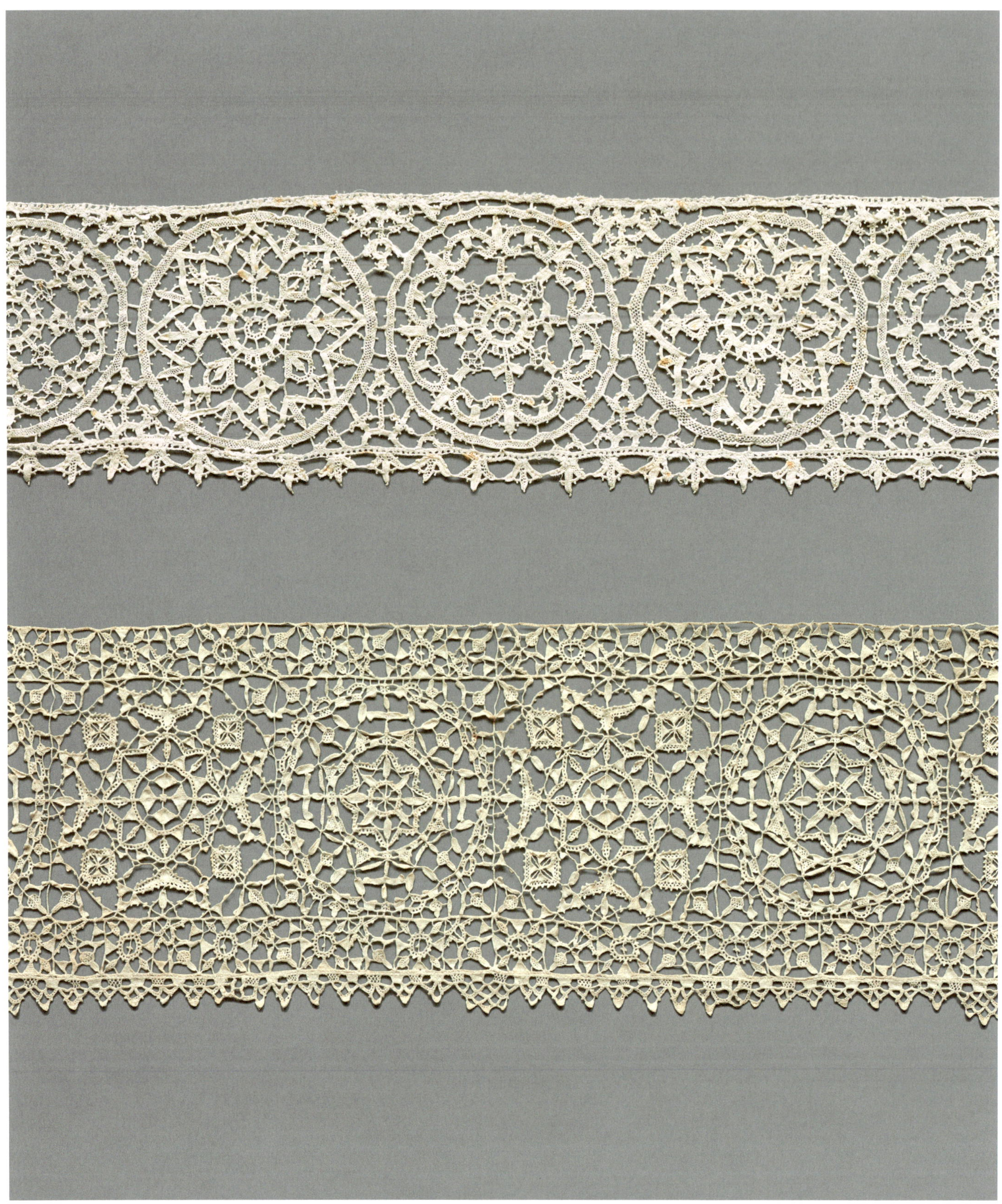

30 Borte (Detail) / Westeuropa, vermutlich England, um 1620 / ca. 8×62 cm
31 Borte (Detail) / Westeuropa, vermutlich England, 1590–1620 / 14×194 cm

32 Decke (mit Details) / Venedig, 1580–1640 / 79×79 cm

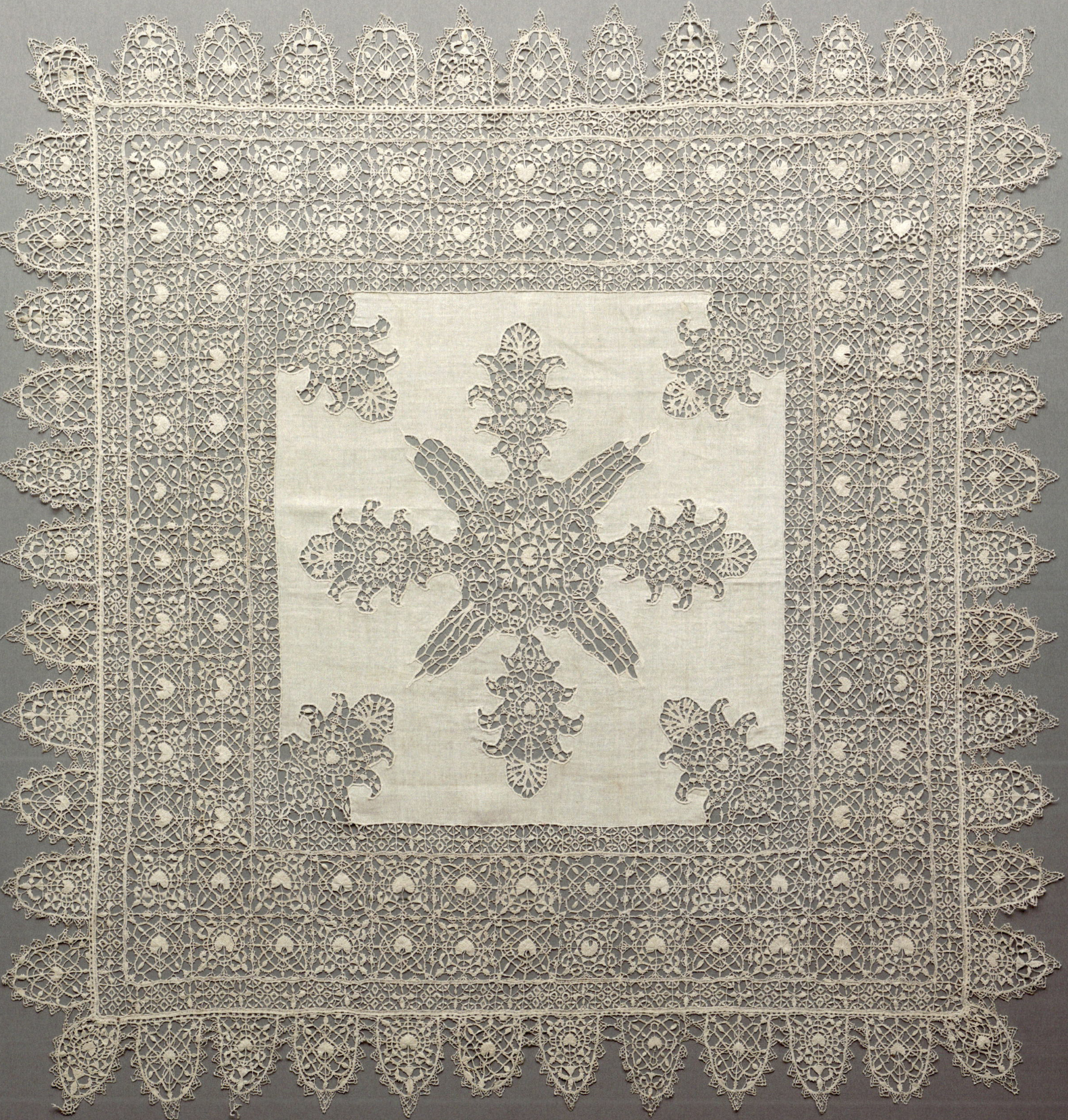

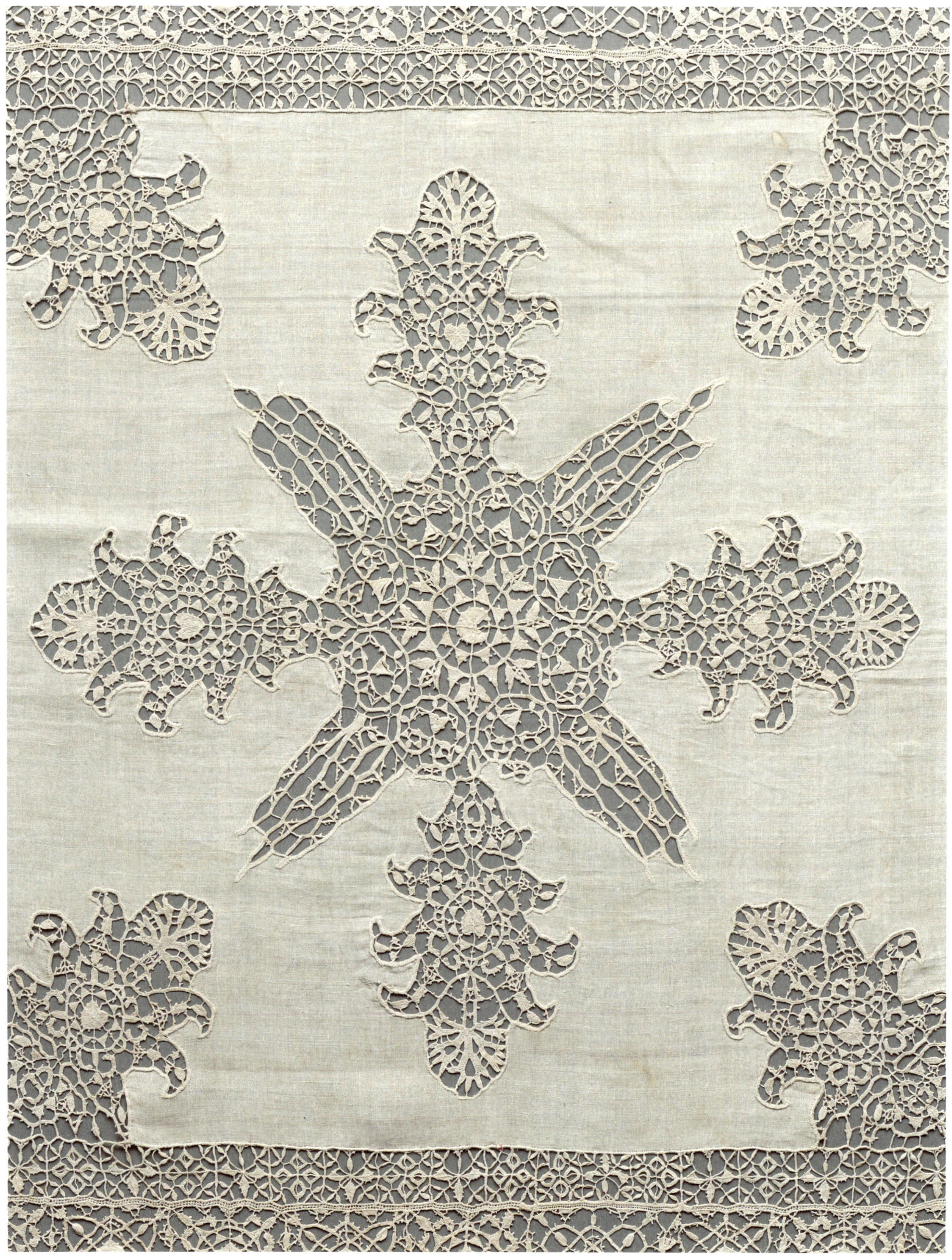

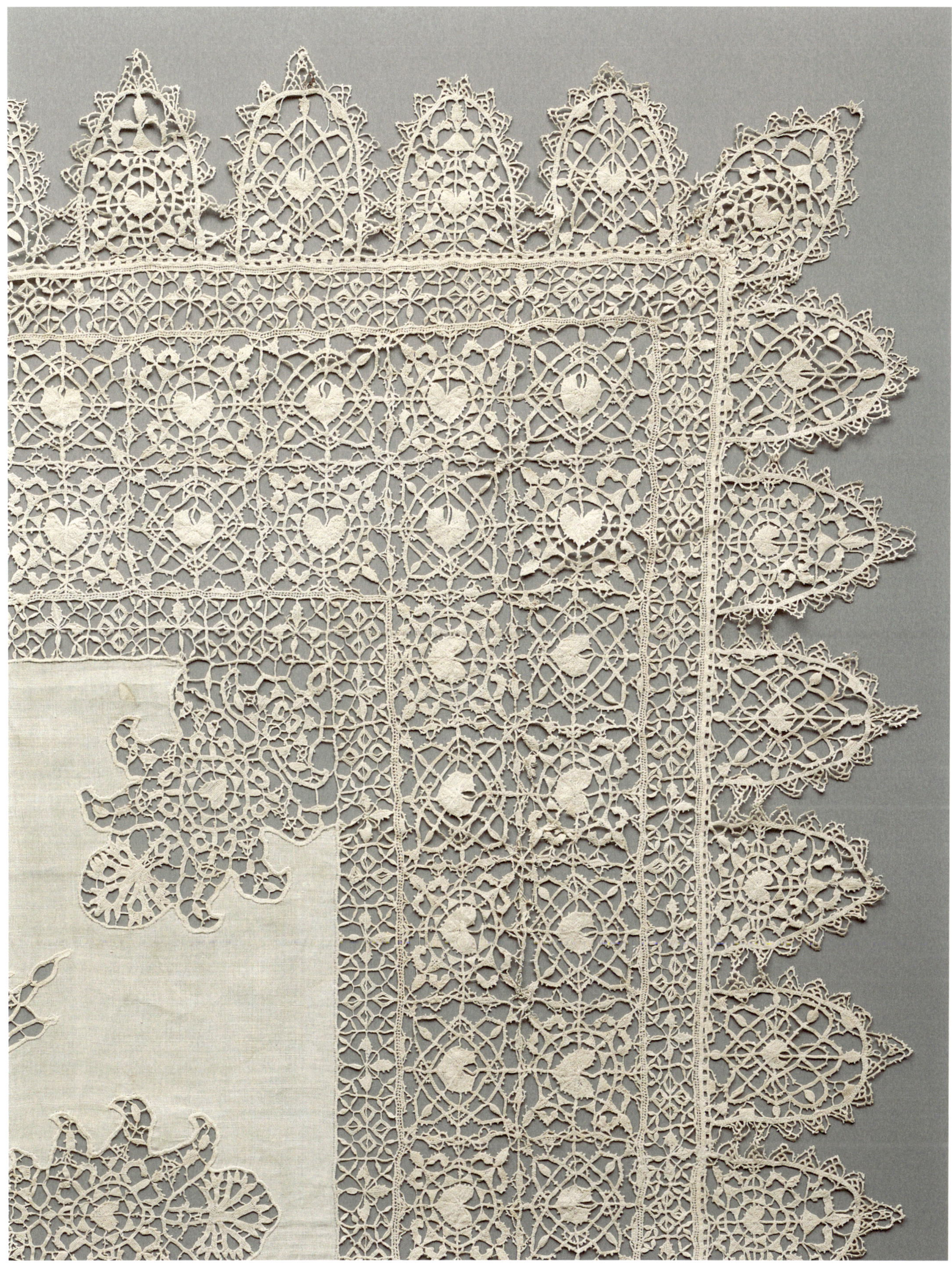

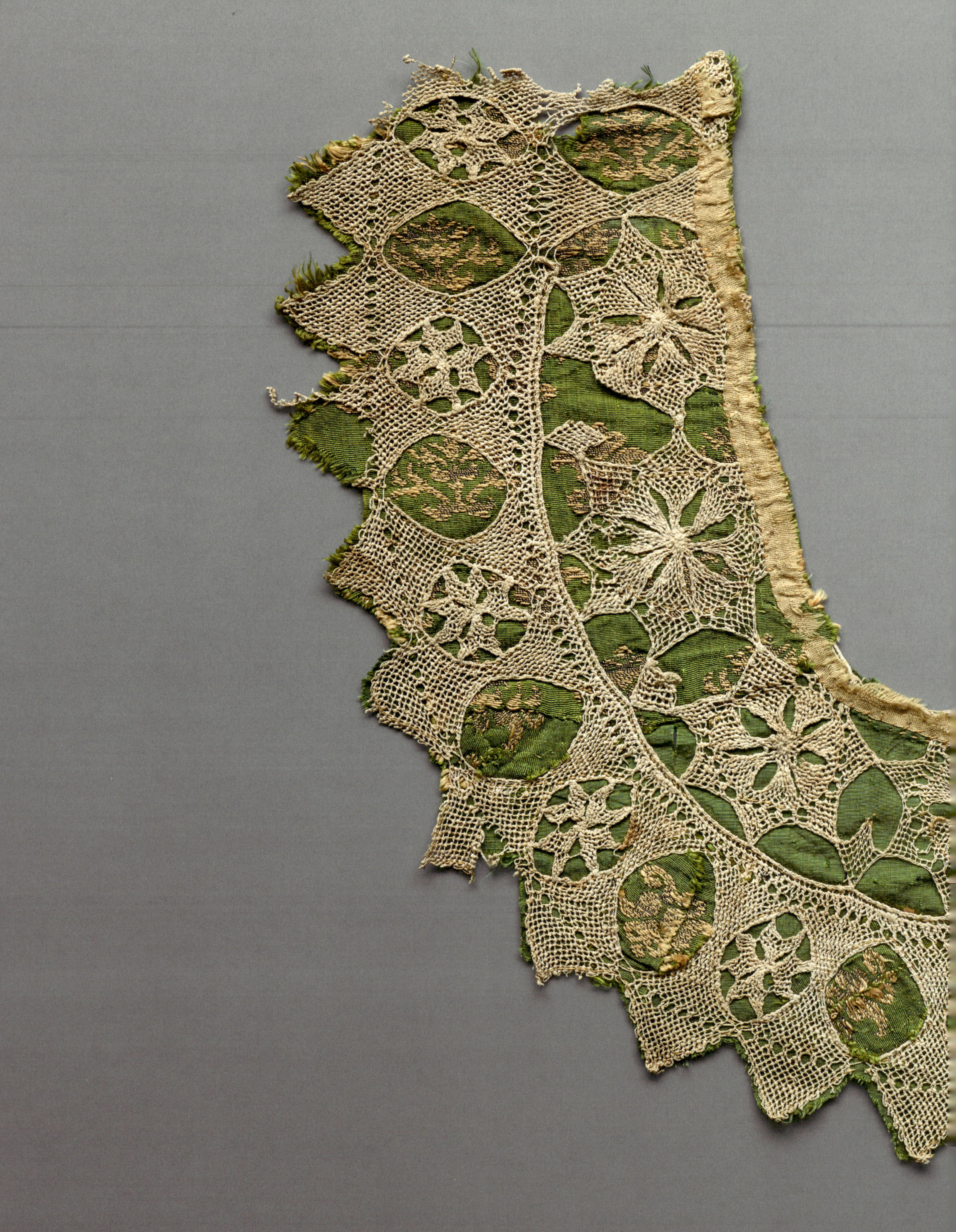

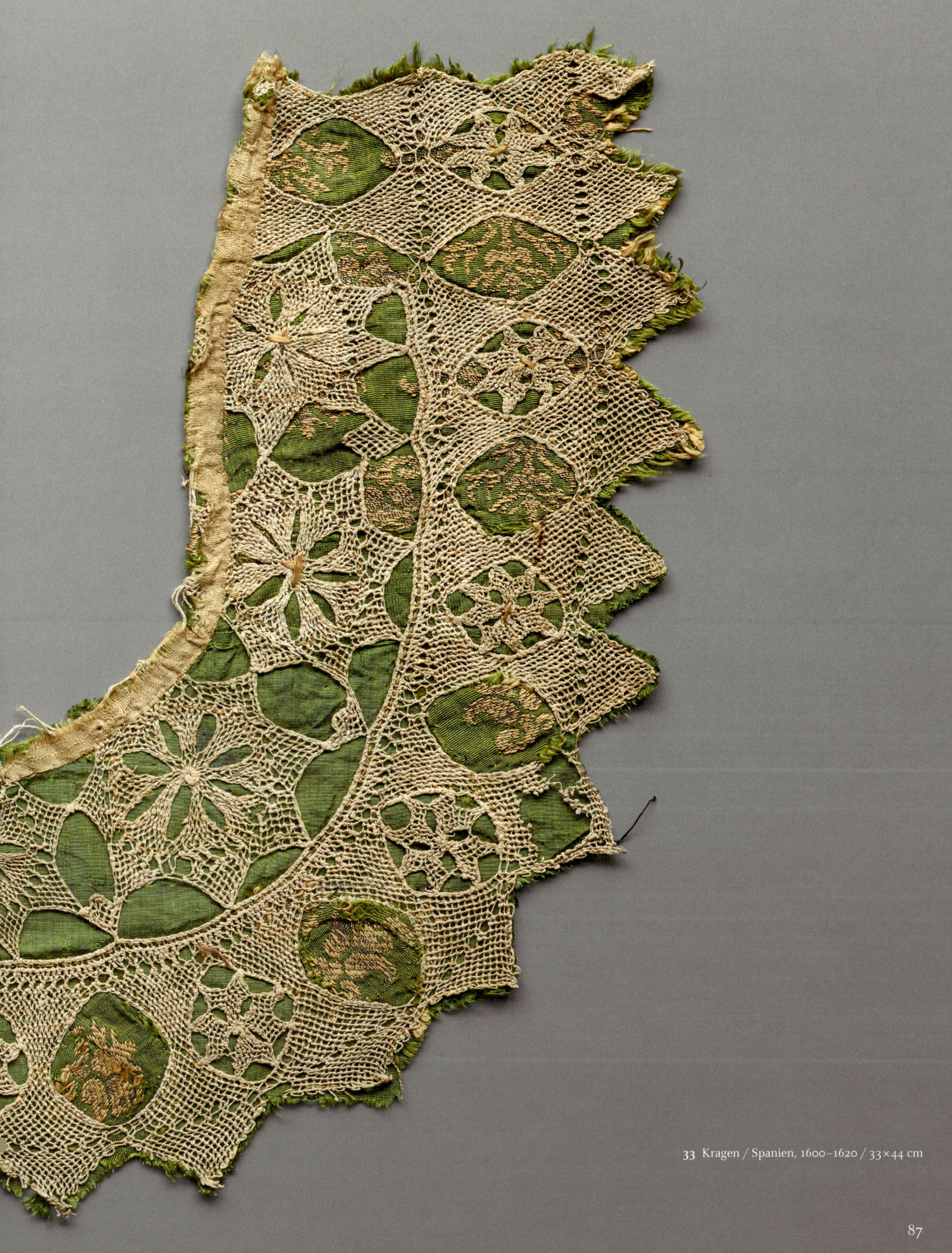

33 Kragen / Spanien, 1600–1620 / 33×44 cm

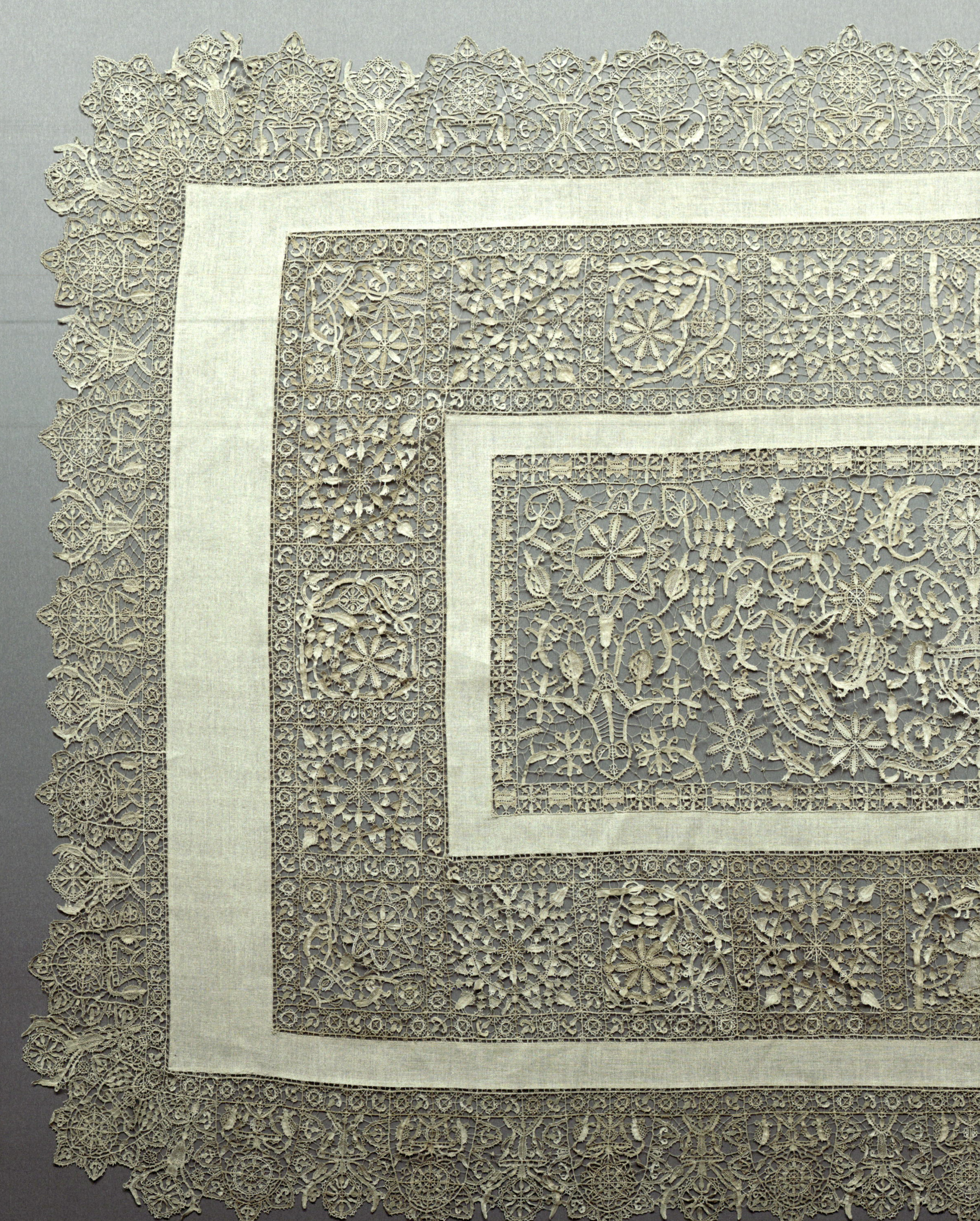

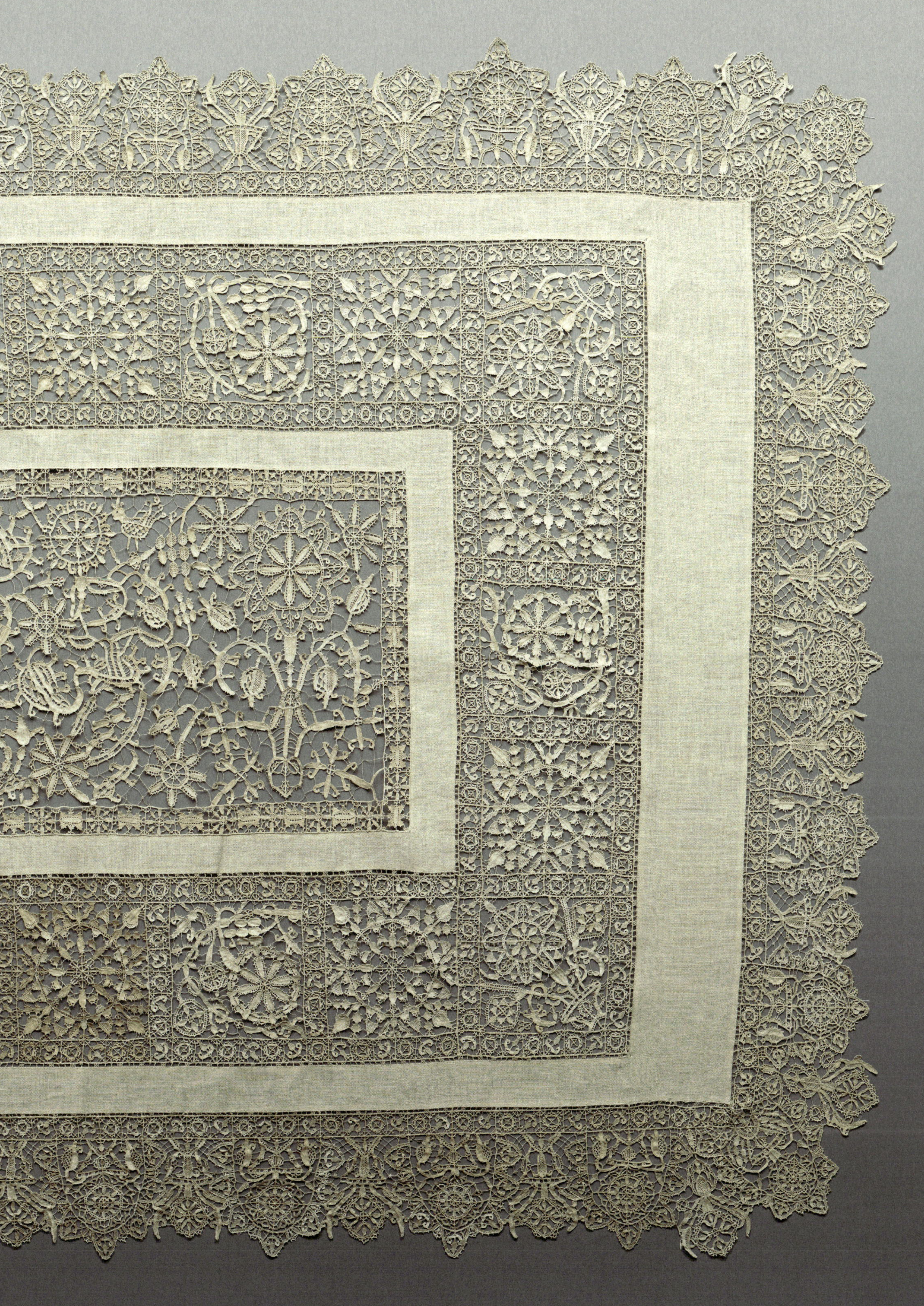

34 Altartuch (mit Details) / vermutlich England, erstes Viertel 17. Jahrhundert / 108 × 175 cm

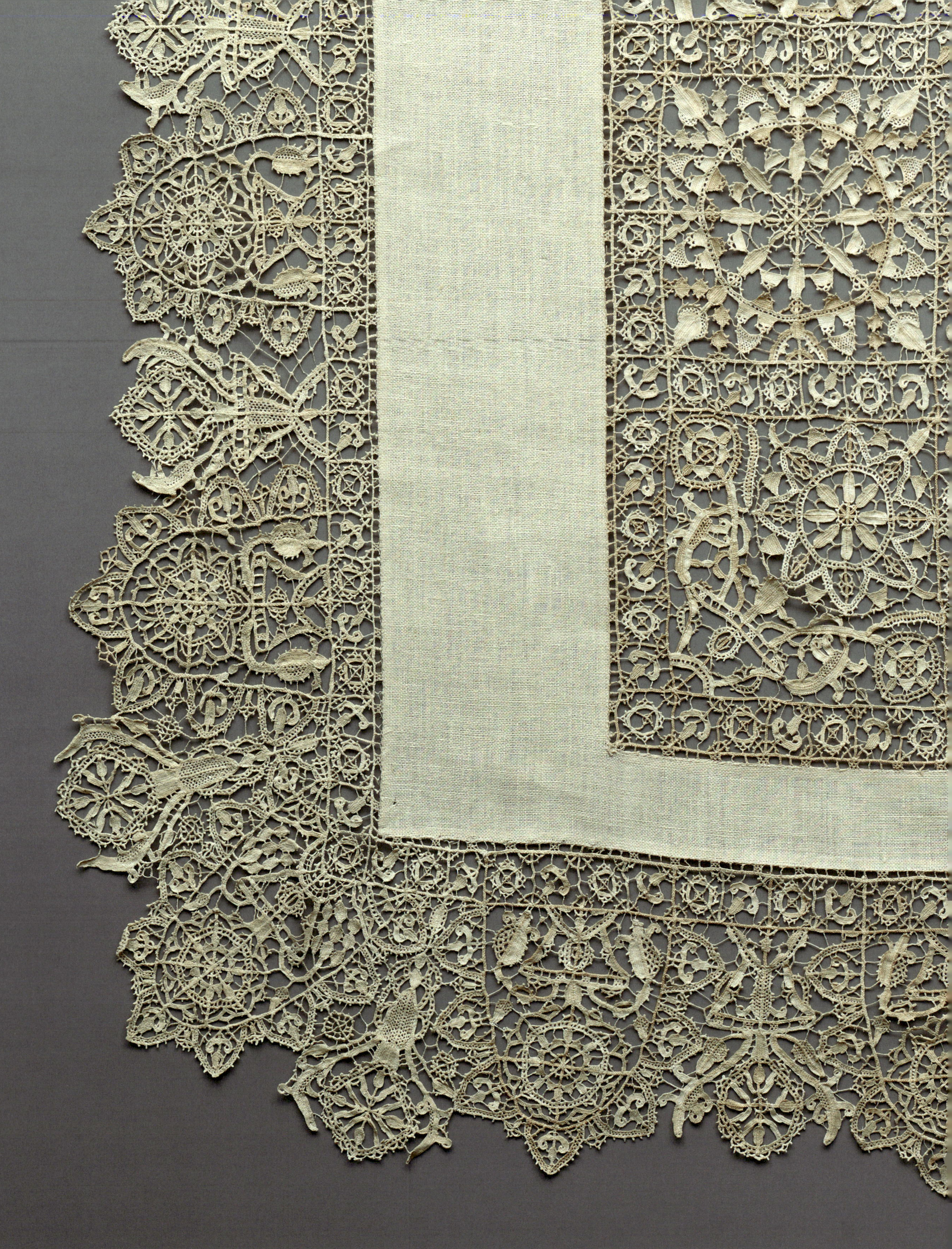

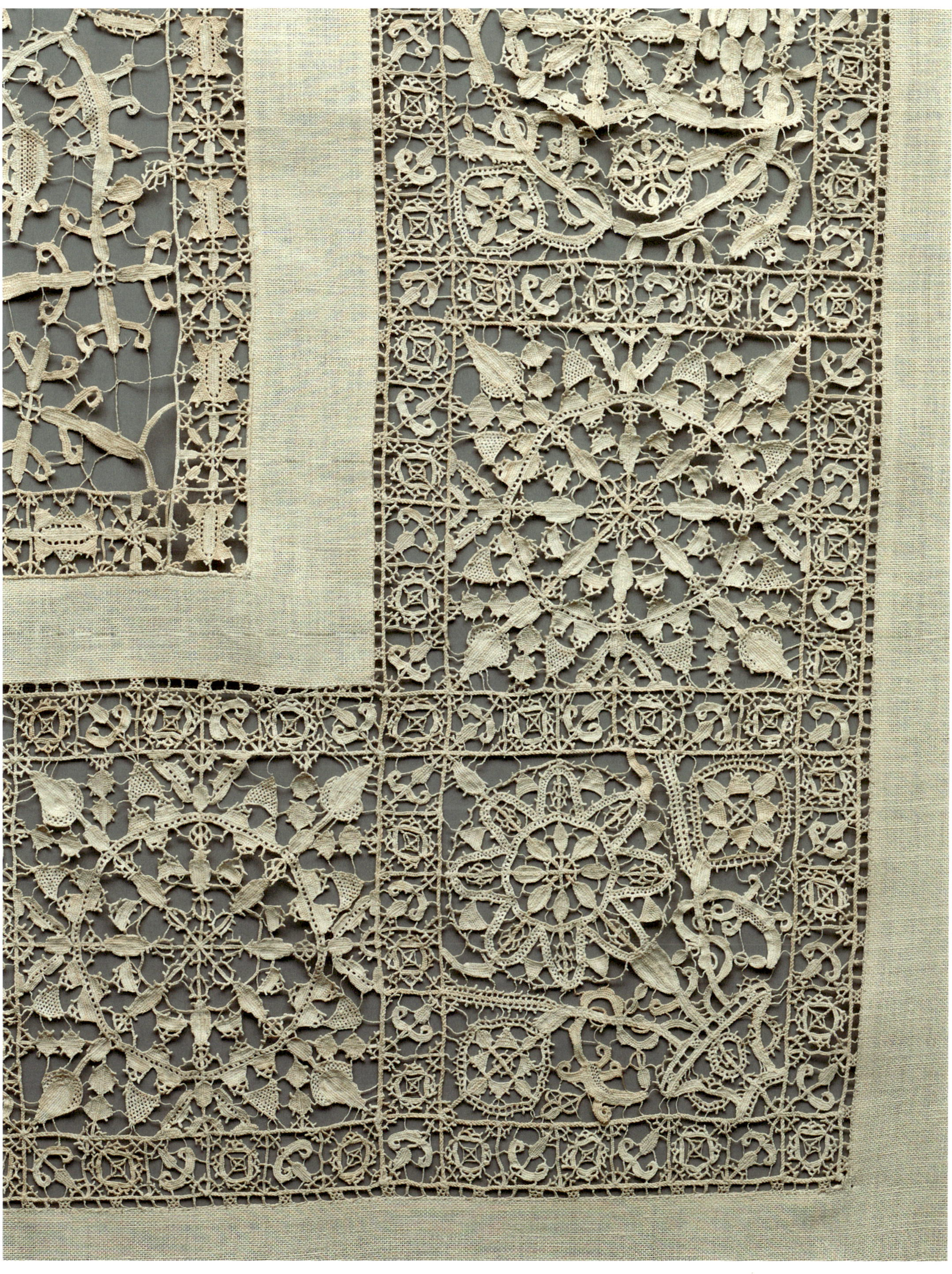

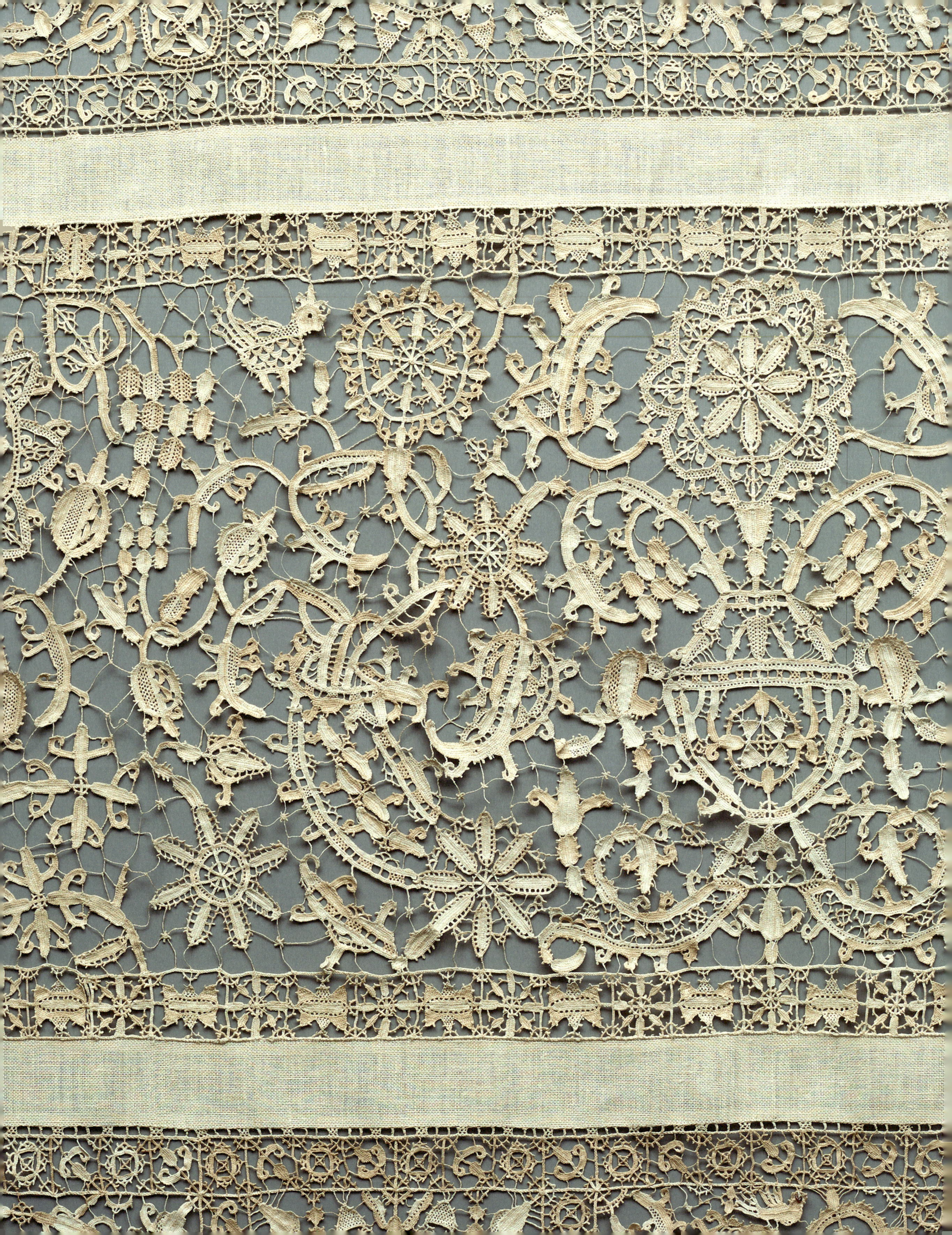

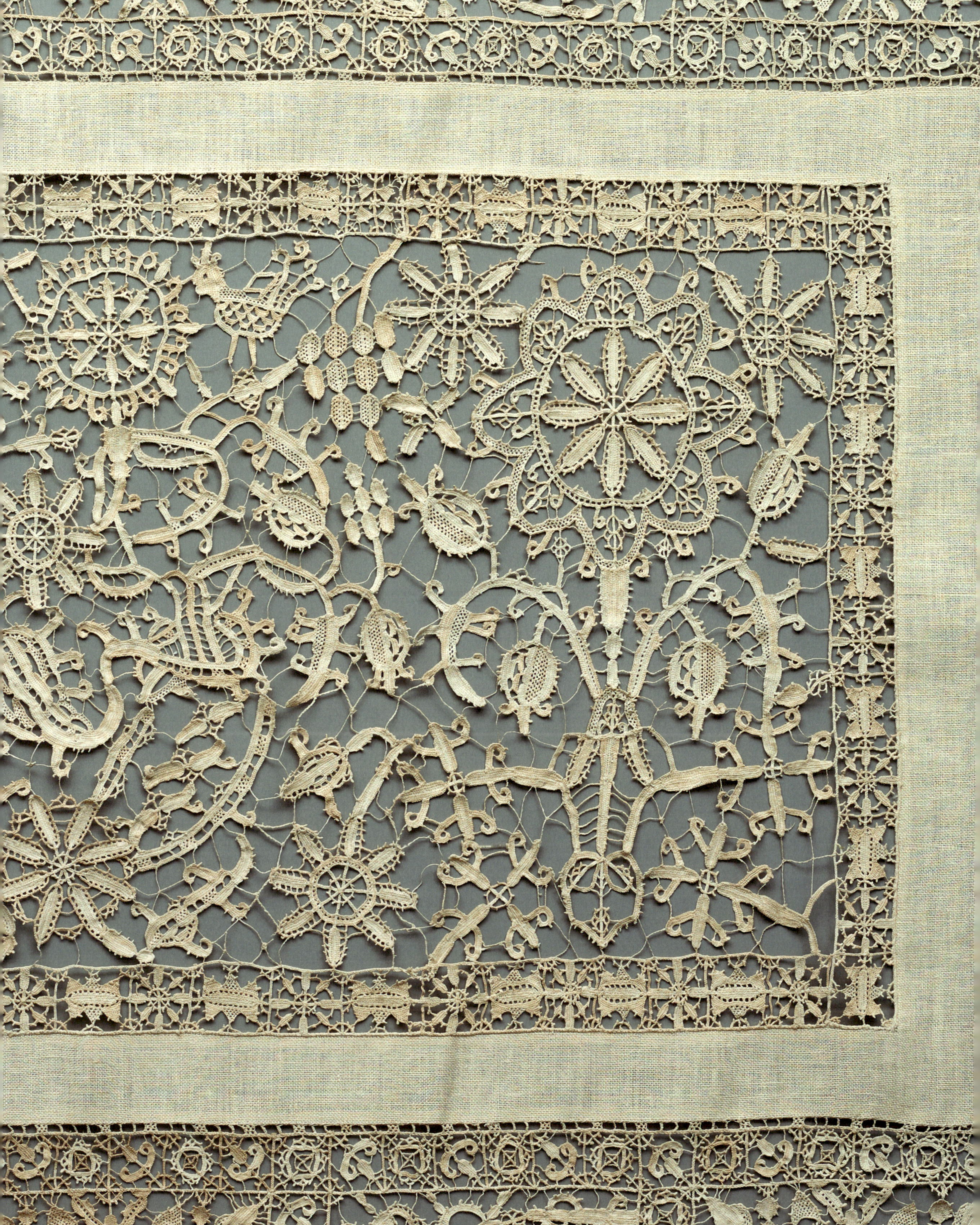

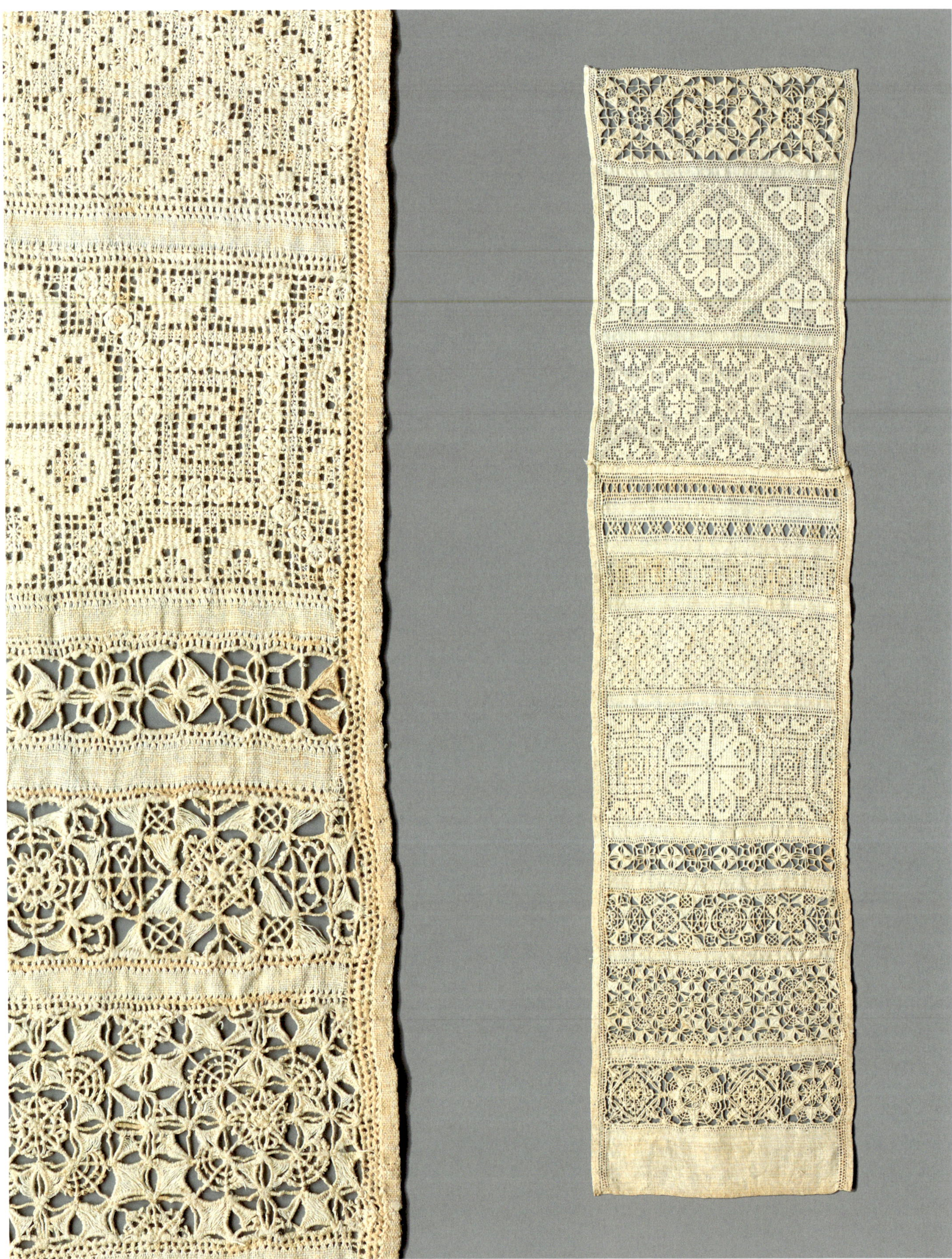

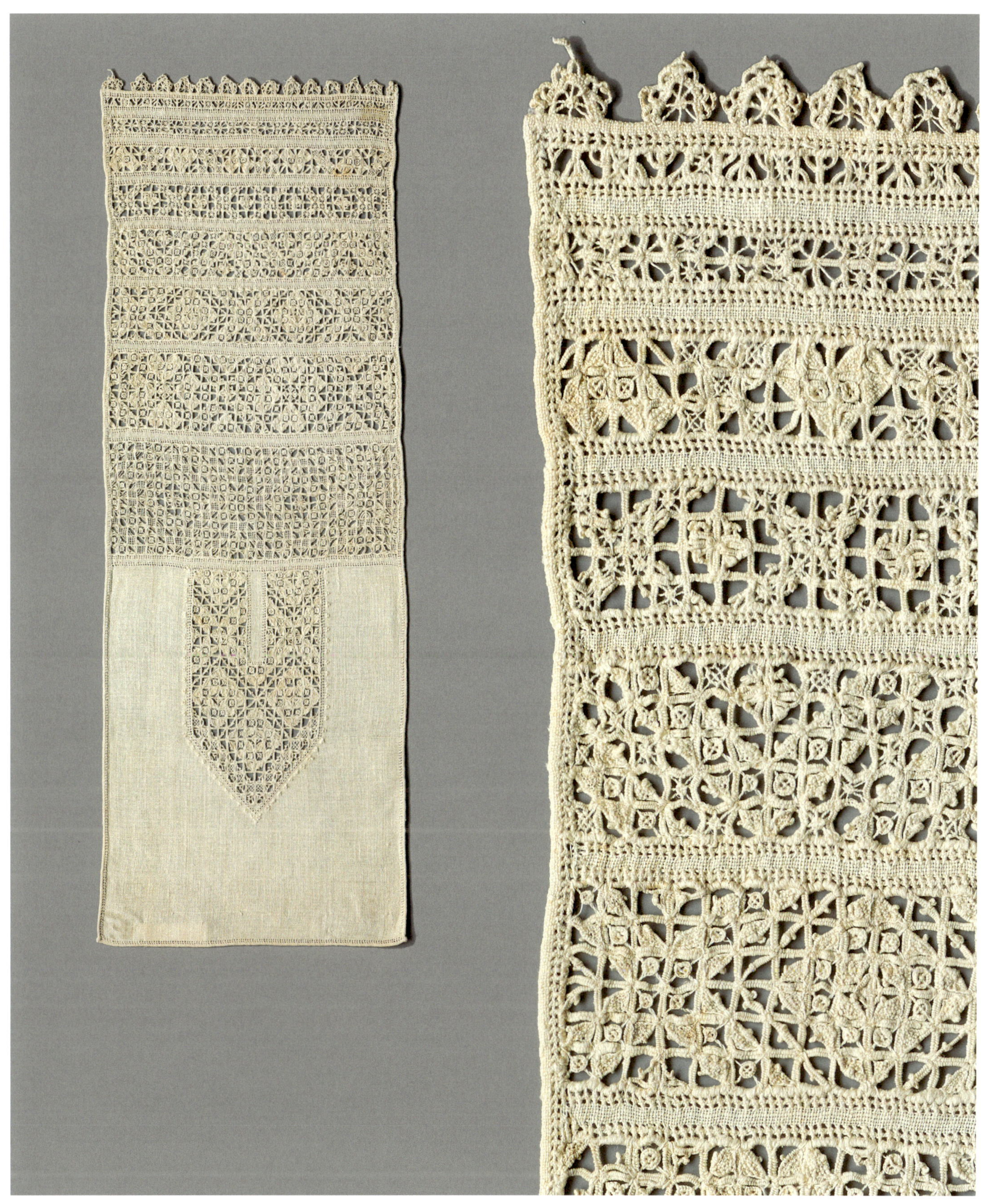

35 Mustertuch (mit Detail) / Westeuropa, erstes Drittel 17. Jahrhundert / 69 × 16 cm

36 Mustertuch (mit Detail) / Italien, 1630–1670 / 44 × 16 cm

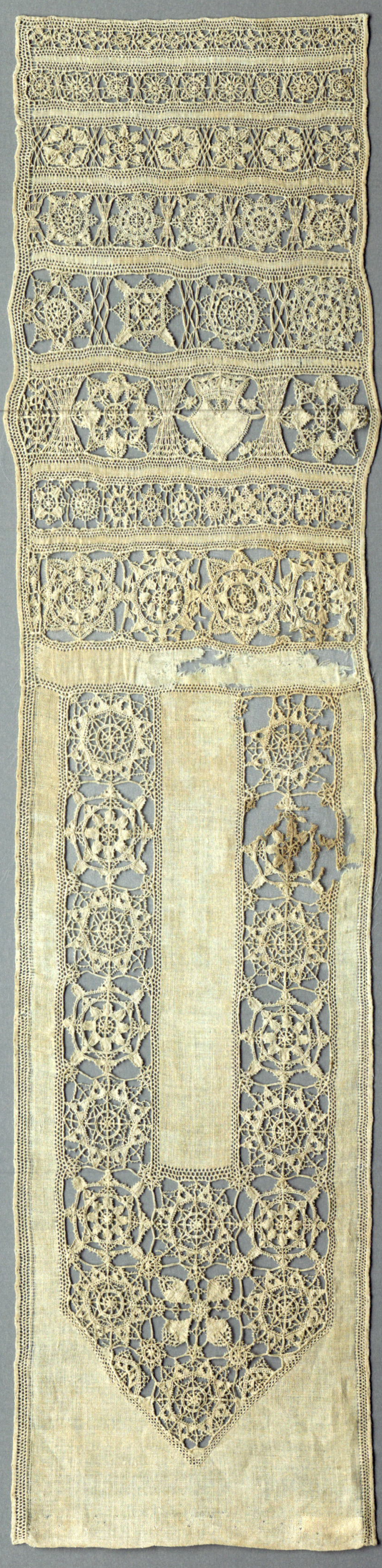

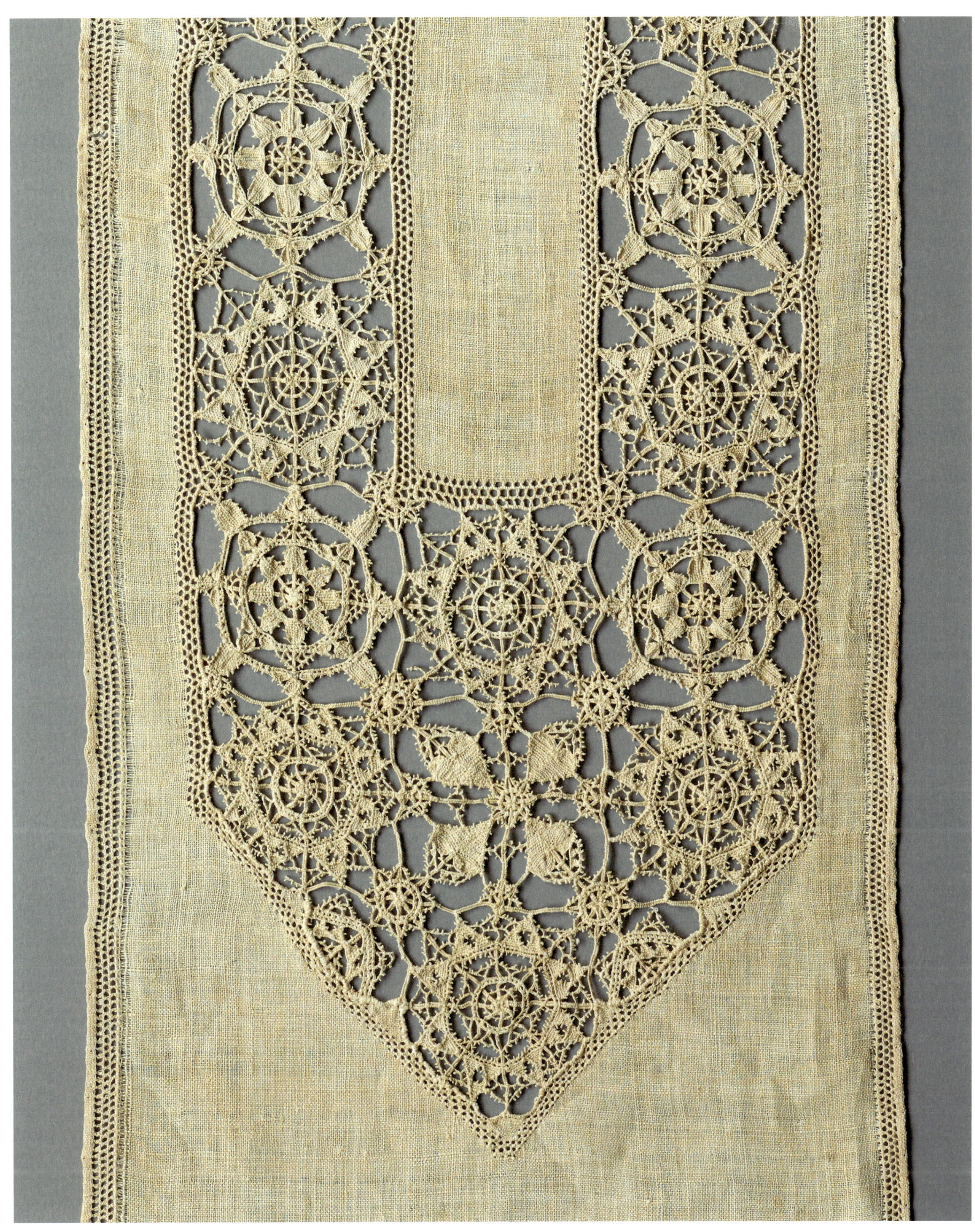

37 Mustertuch (mit Detail) / vermutlich Deutschland, 1630–1670 / 83 × 20,5 cm

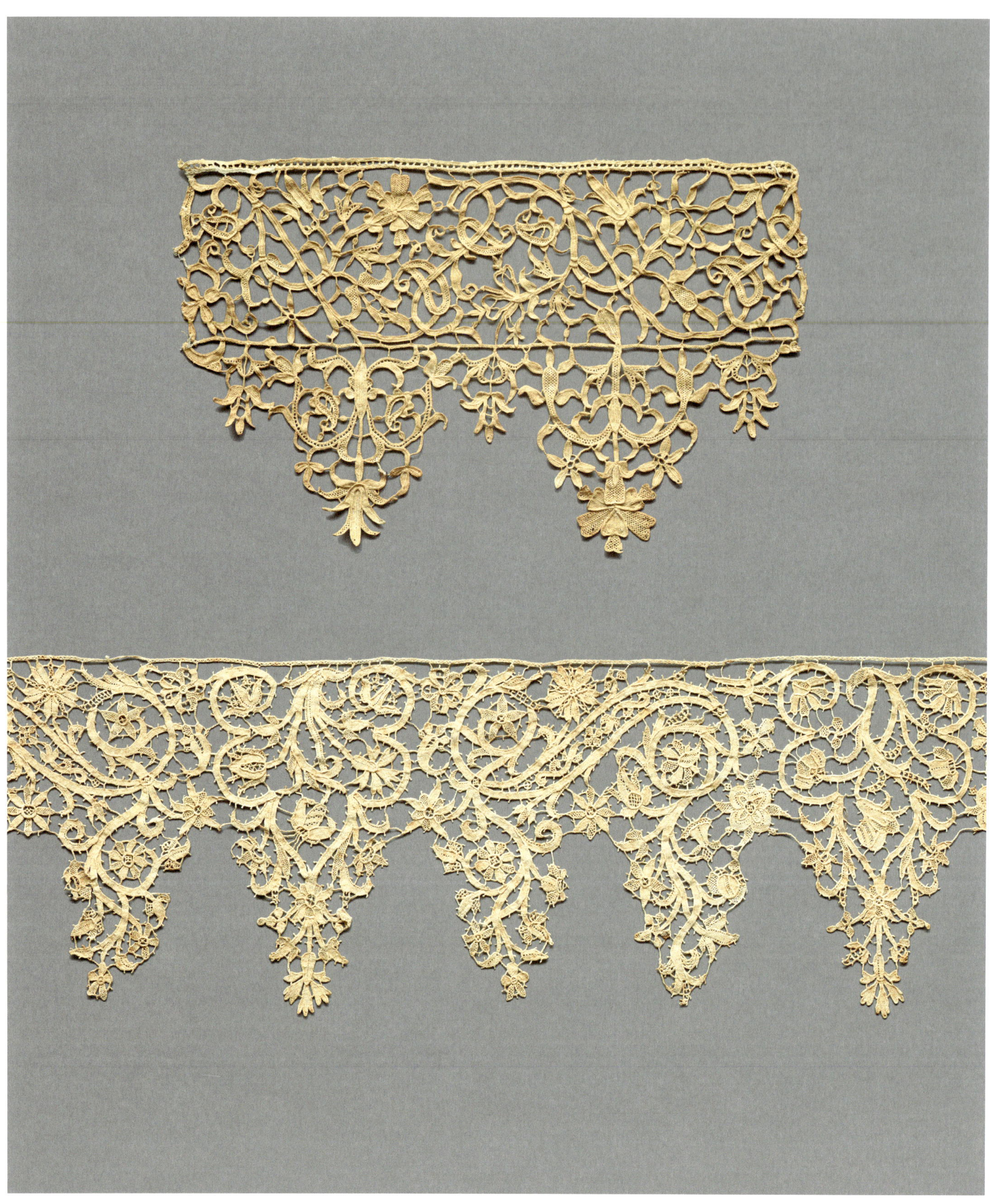

38 Borte (Fragment) / Venedig, 1620–1640 / 14,5×23,5 cm
39 Borte (Detail) / Venedig, 1620–1650 / 16,5×61 cm

40 Borte (Detail) / Venedig, 1630–1640 / 12×61 cm / auf Seidenmischgewebe, 1730–1750

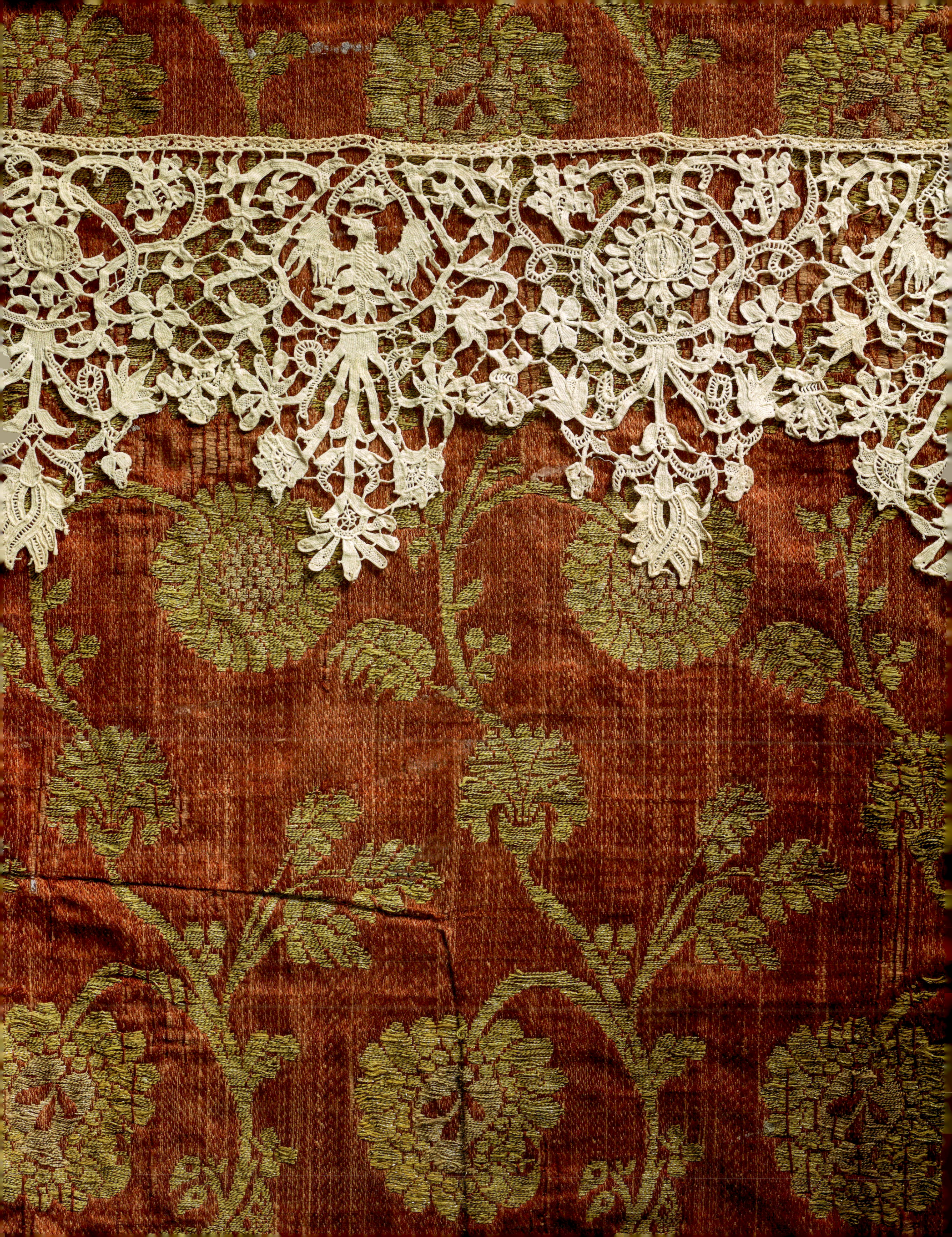

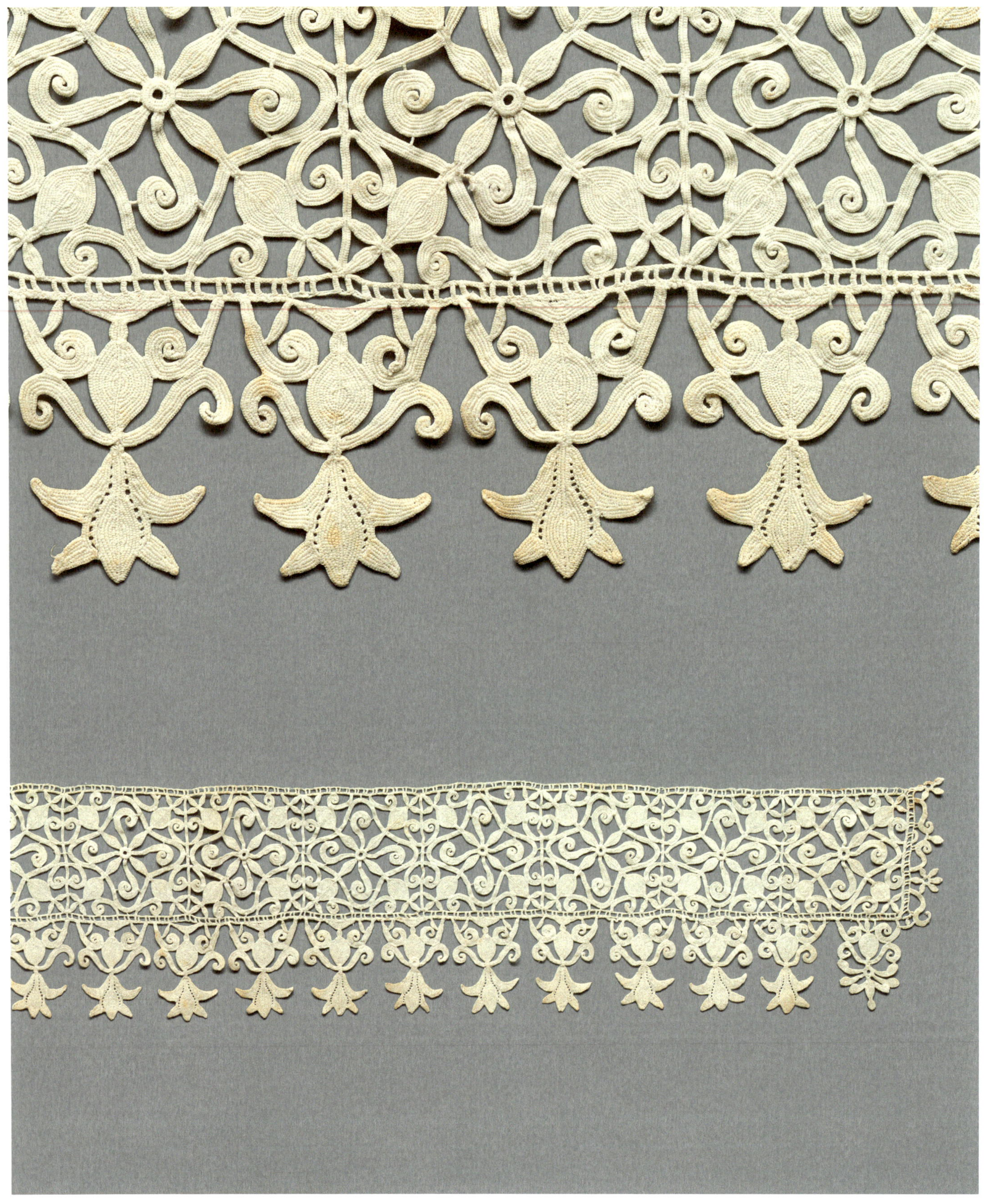

41 Borte (Details) / vermutlich Venedig, 1620–1640 / 17 × 113 cm

42 Borte (Details) / Italien, zweites Viertel 17. Jahrhundert / 14,5 × 103 cm

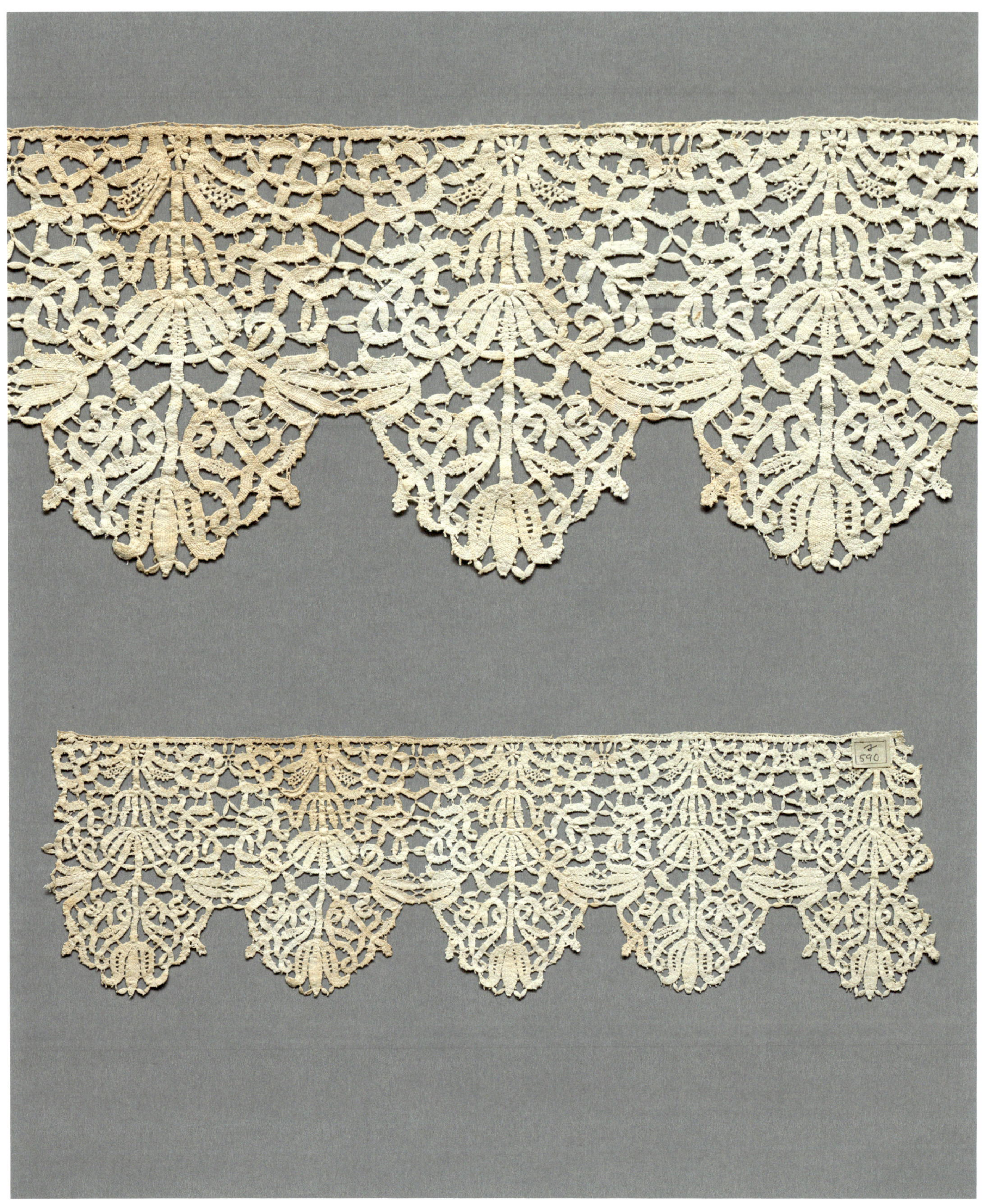

43 Borte (mit Detail) / Italien, zweites Viertel 17. Jahrhundert / 14,5×50 cm

44 Borte (Detail) / Italien, 1620–1640 / 12,5×91 cm / auf Seidengewebe, Italien, zweites Viertel 17. Jahrhundert

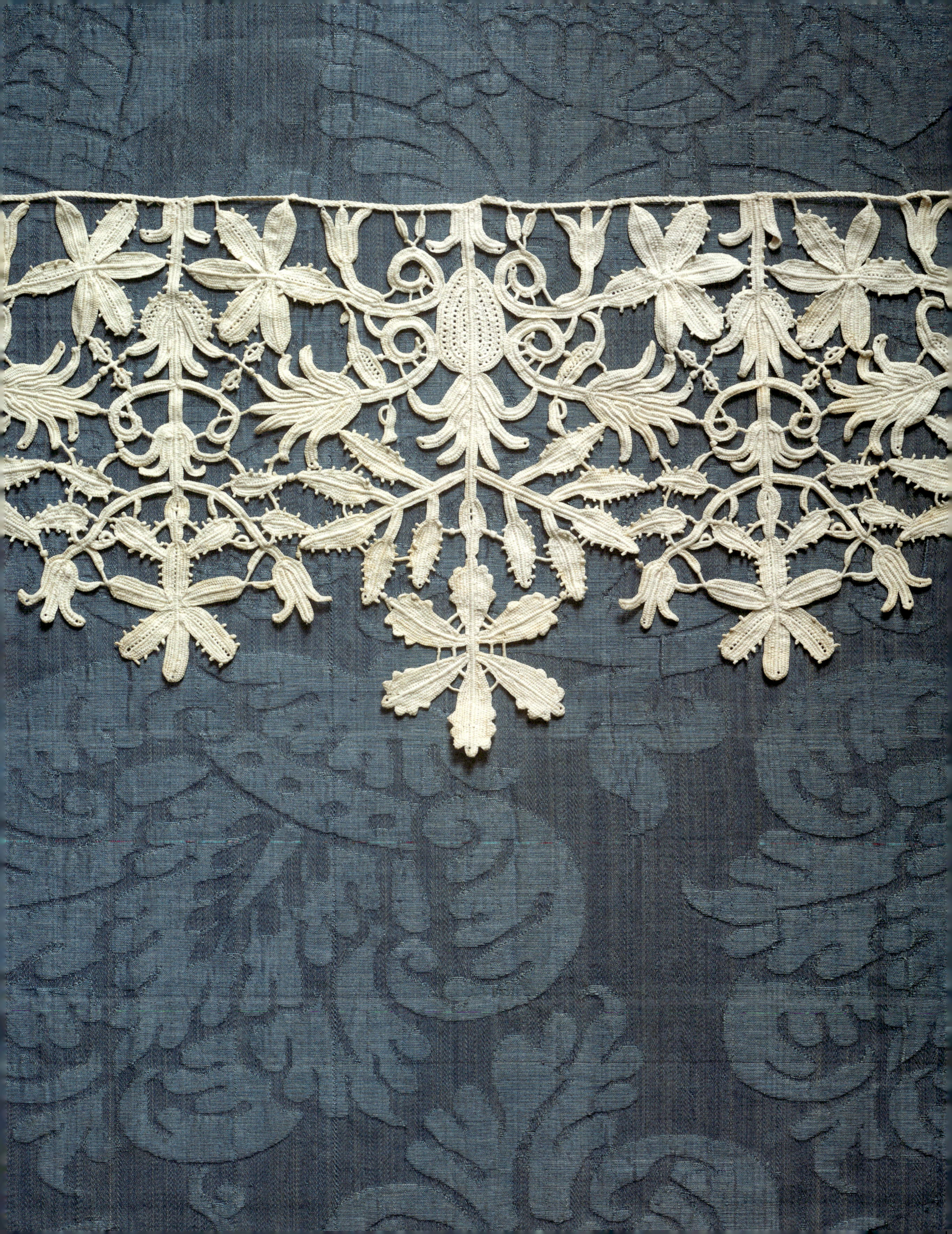

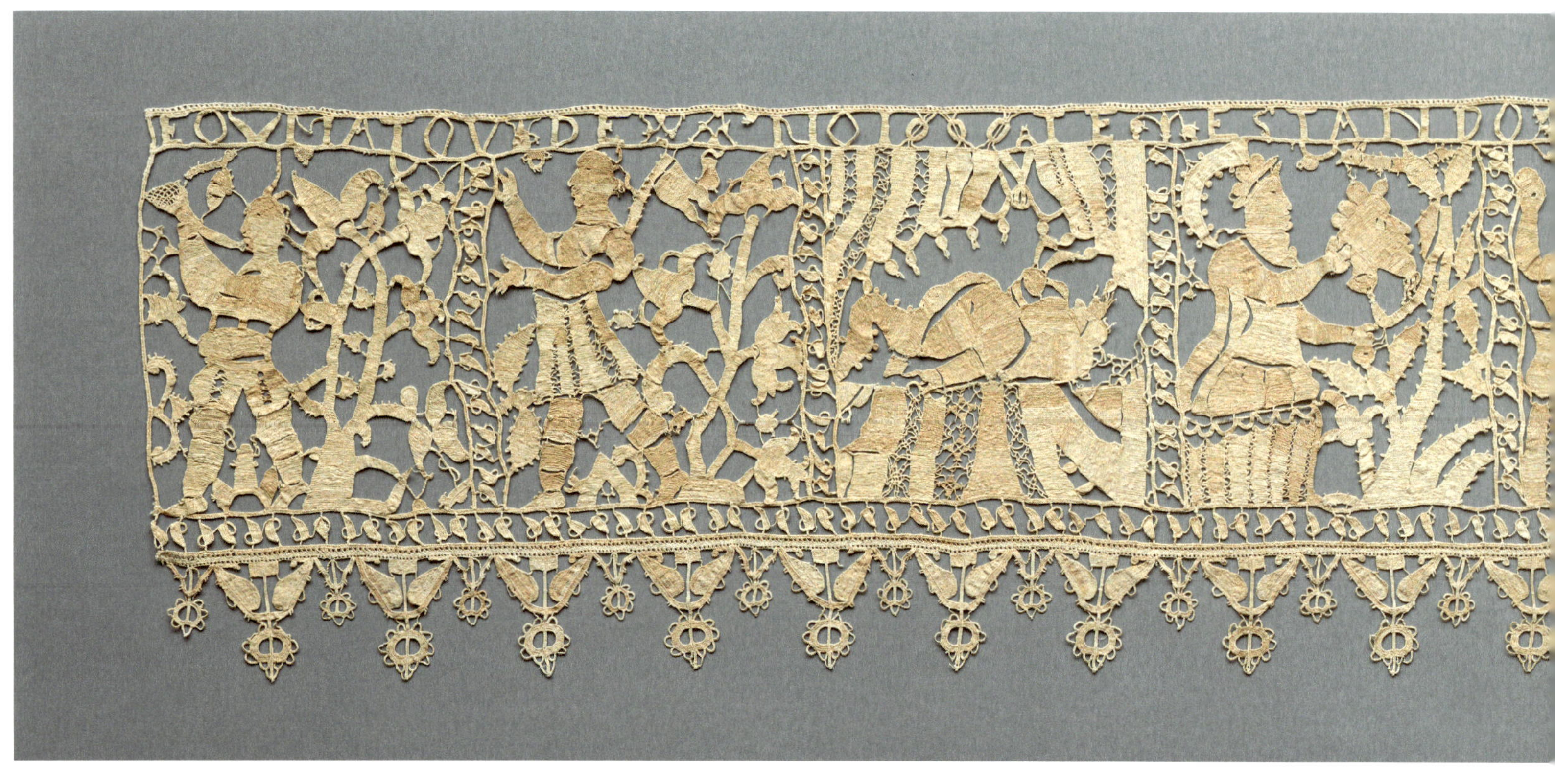

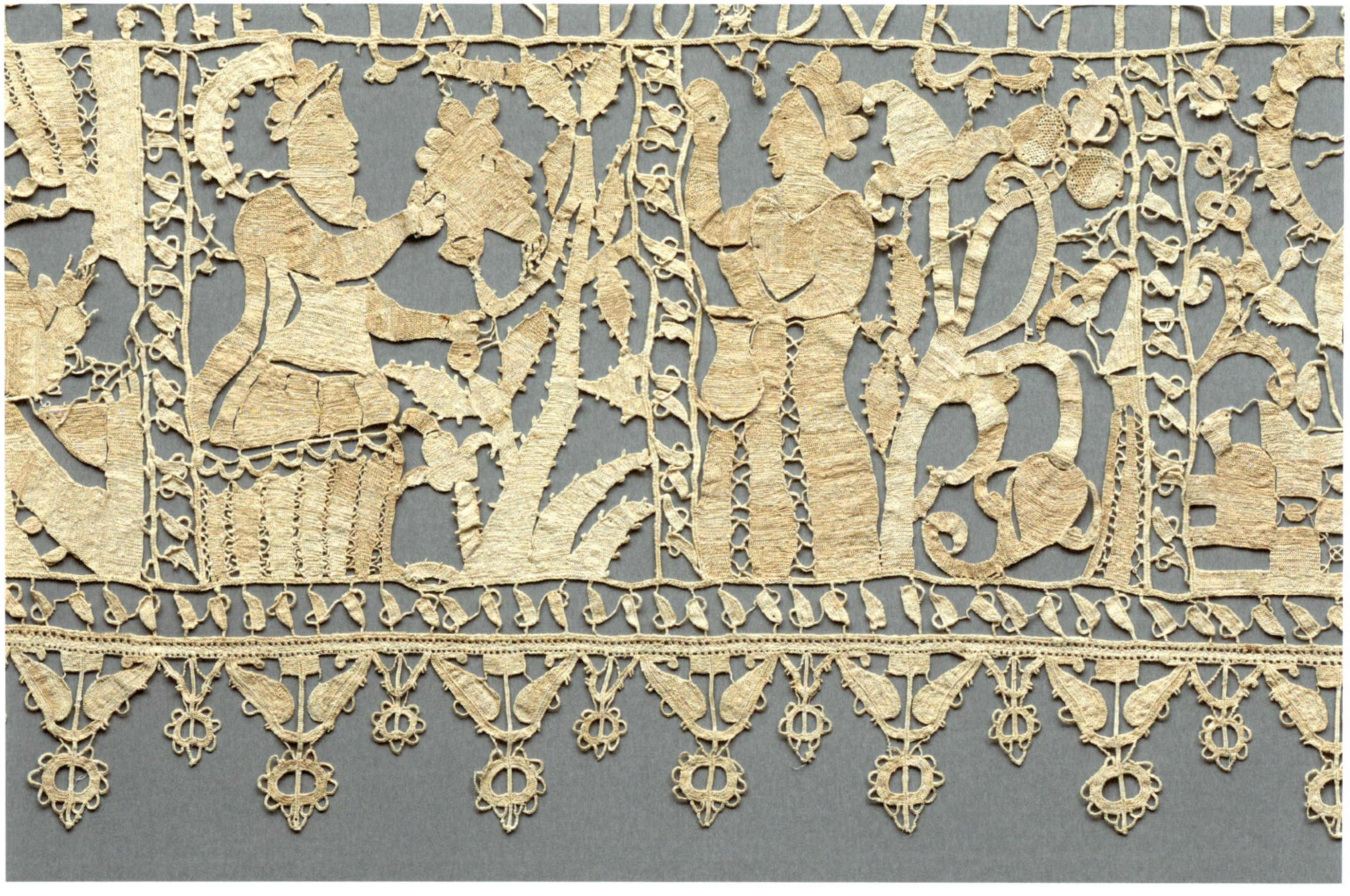

45 Borte (mit Details) / Portugal, erstes Viertel 17. Jahrhundert / 19×99 cm

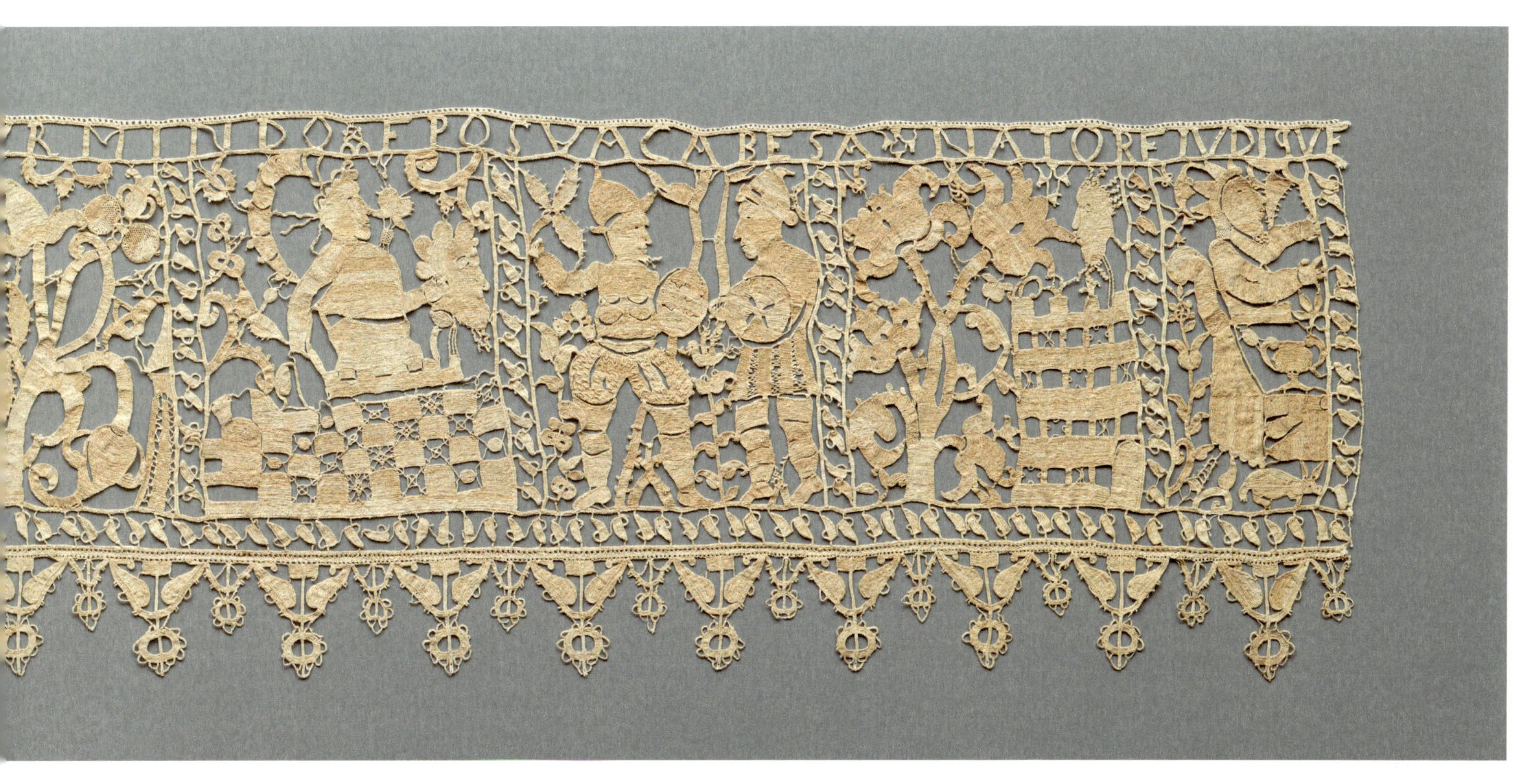

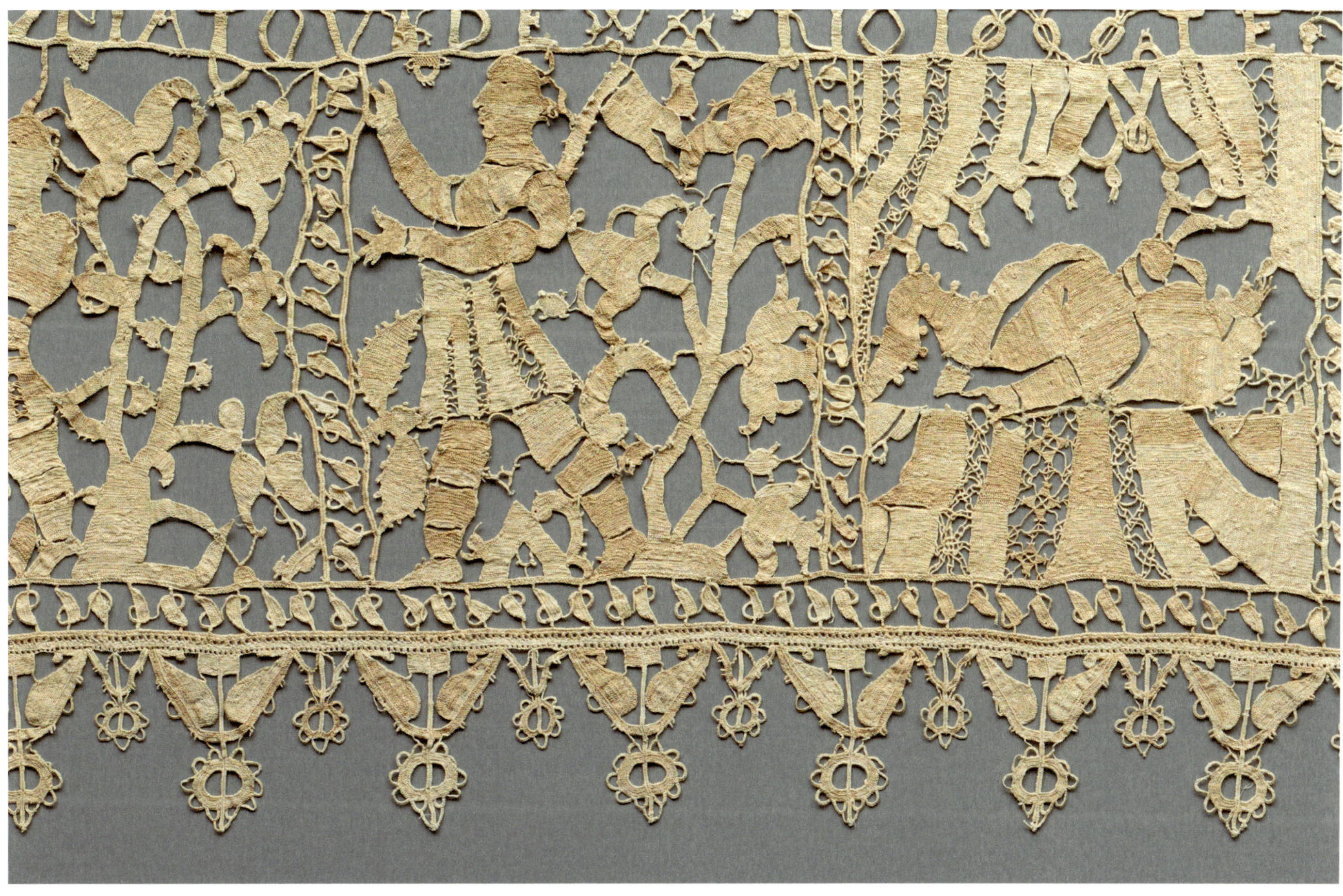

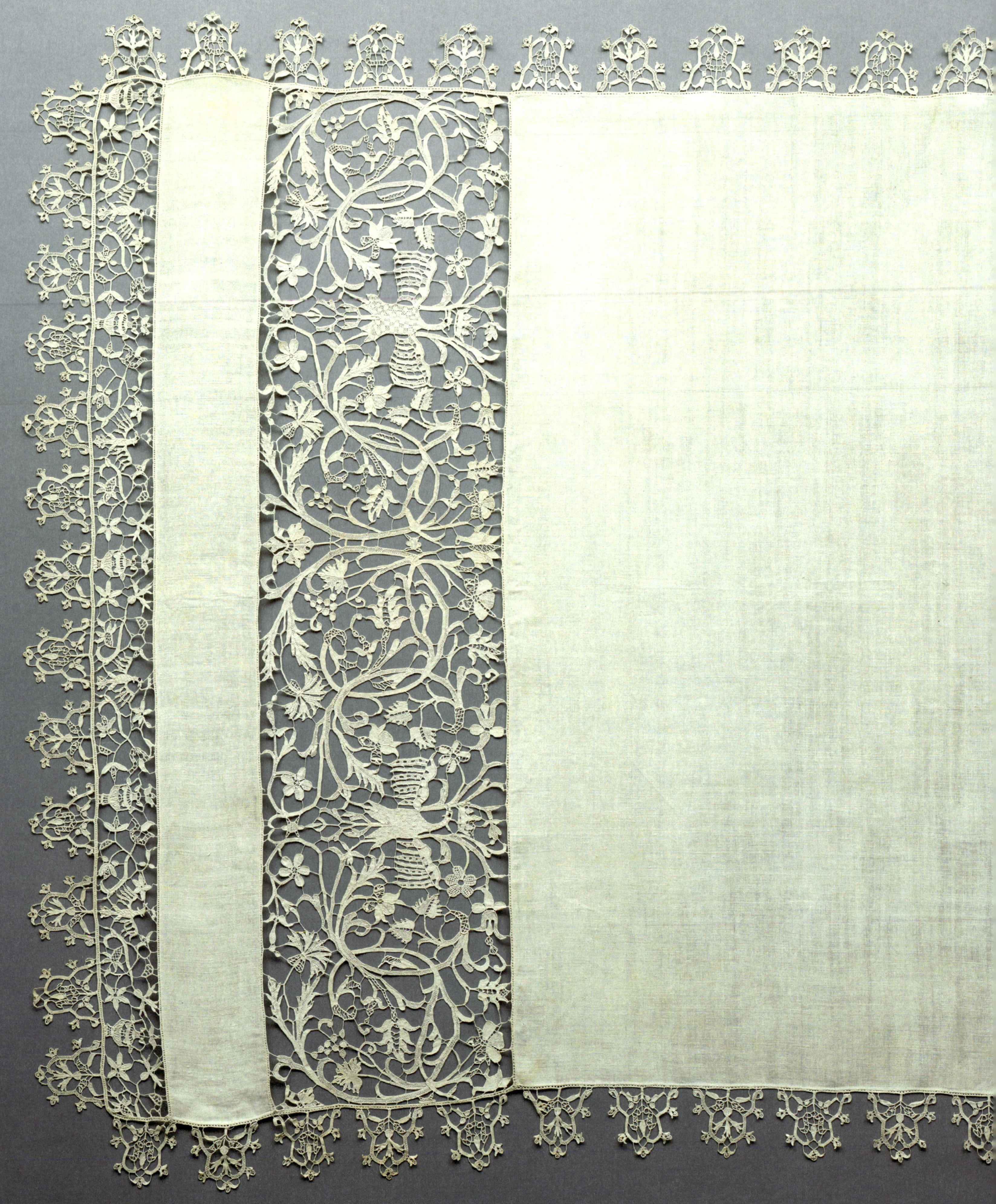

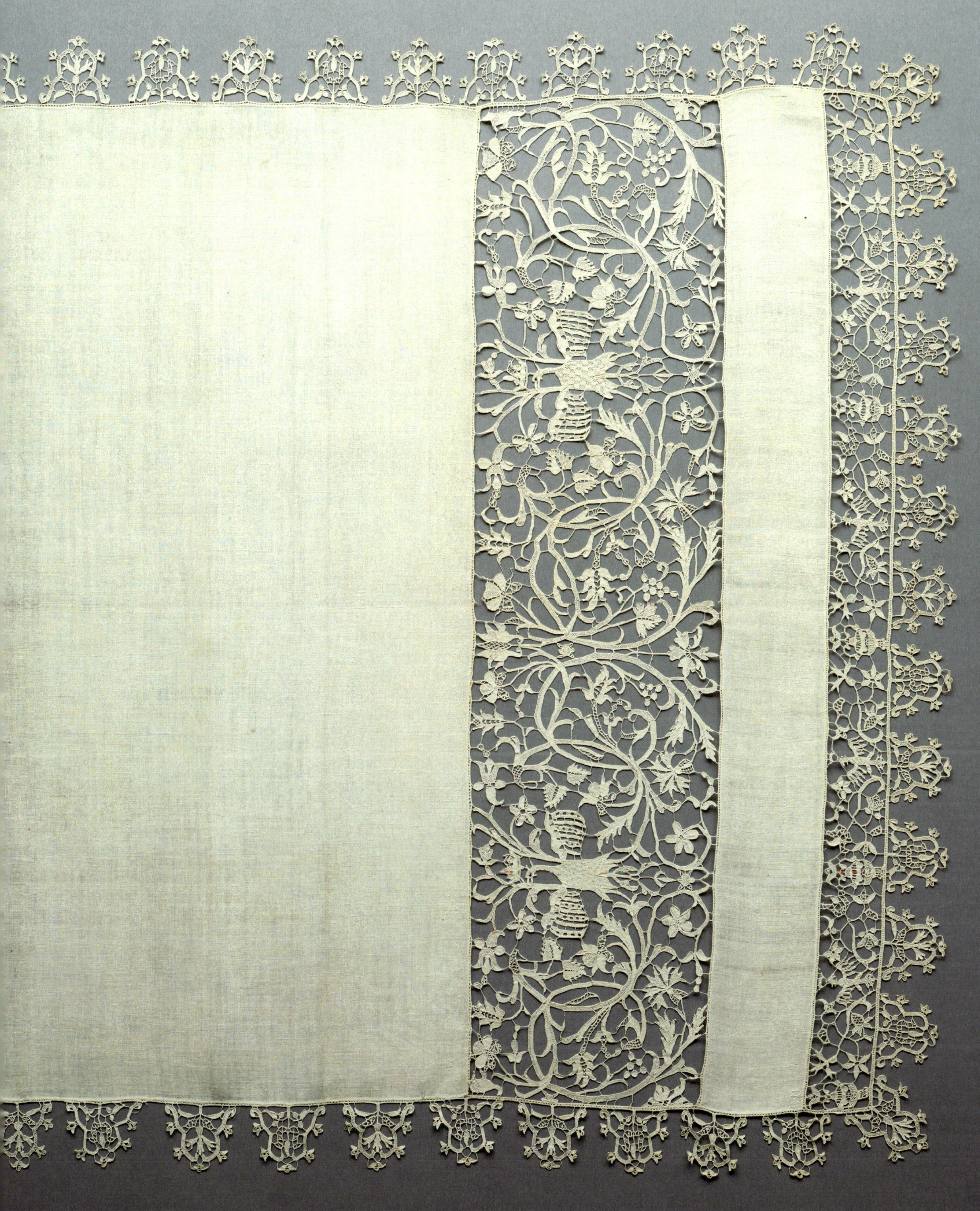

46 Decke (mit Details) / Venetien, 1600–1620 / 100×173 cm

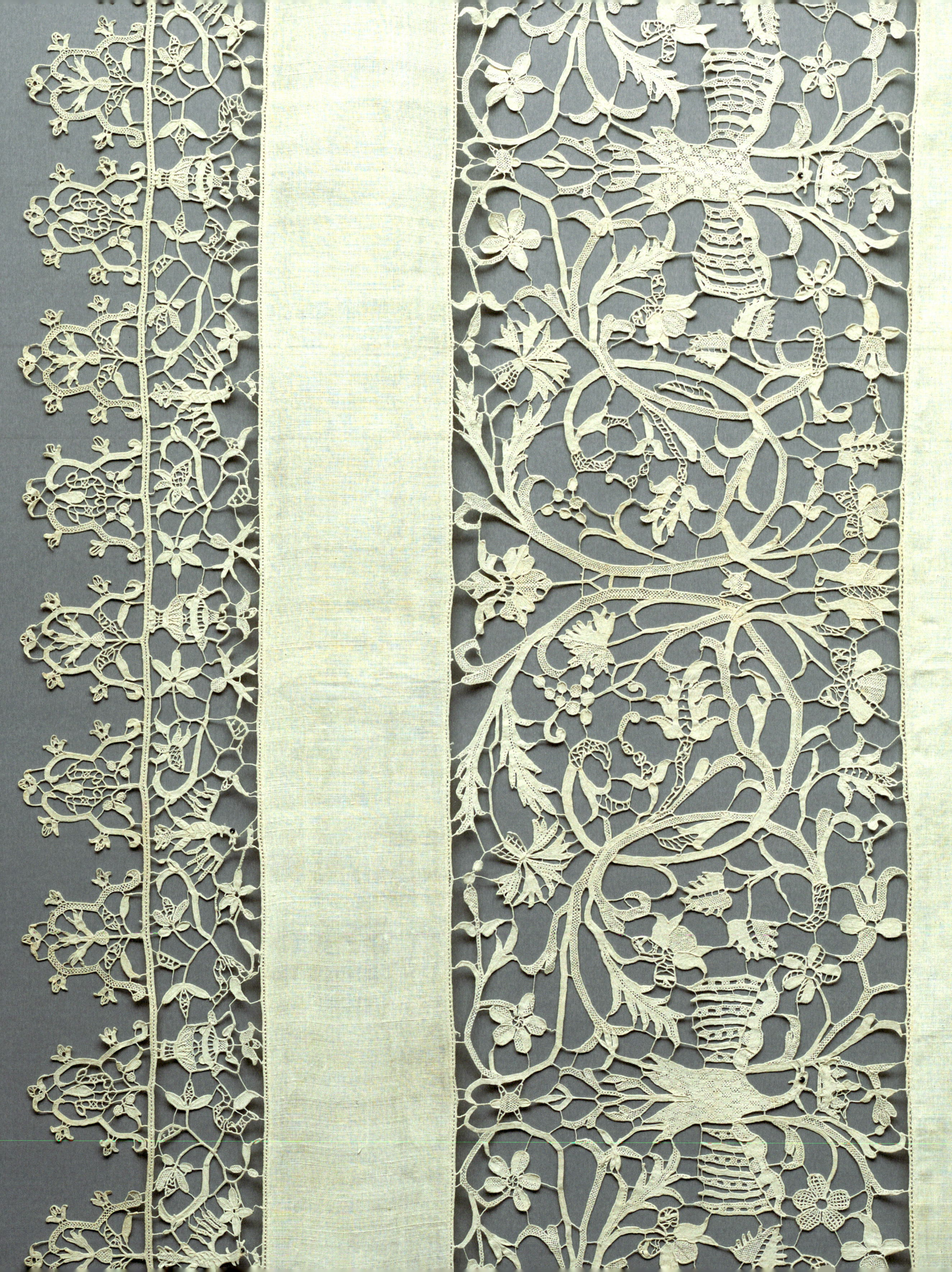

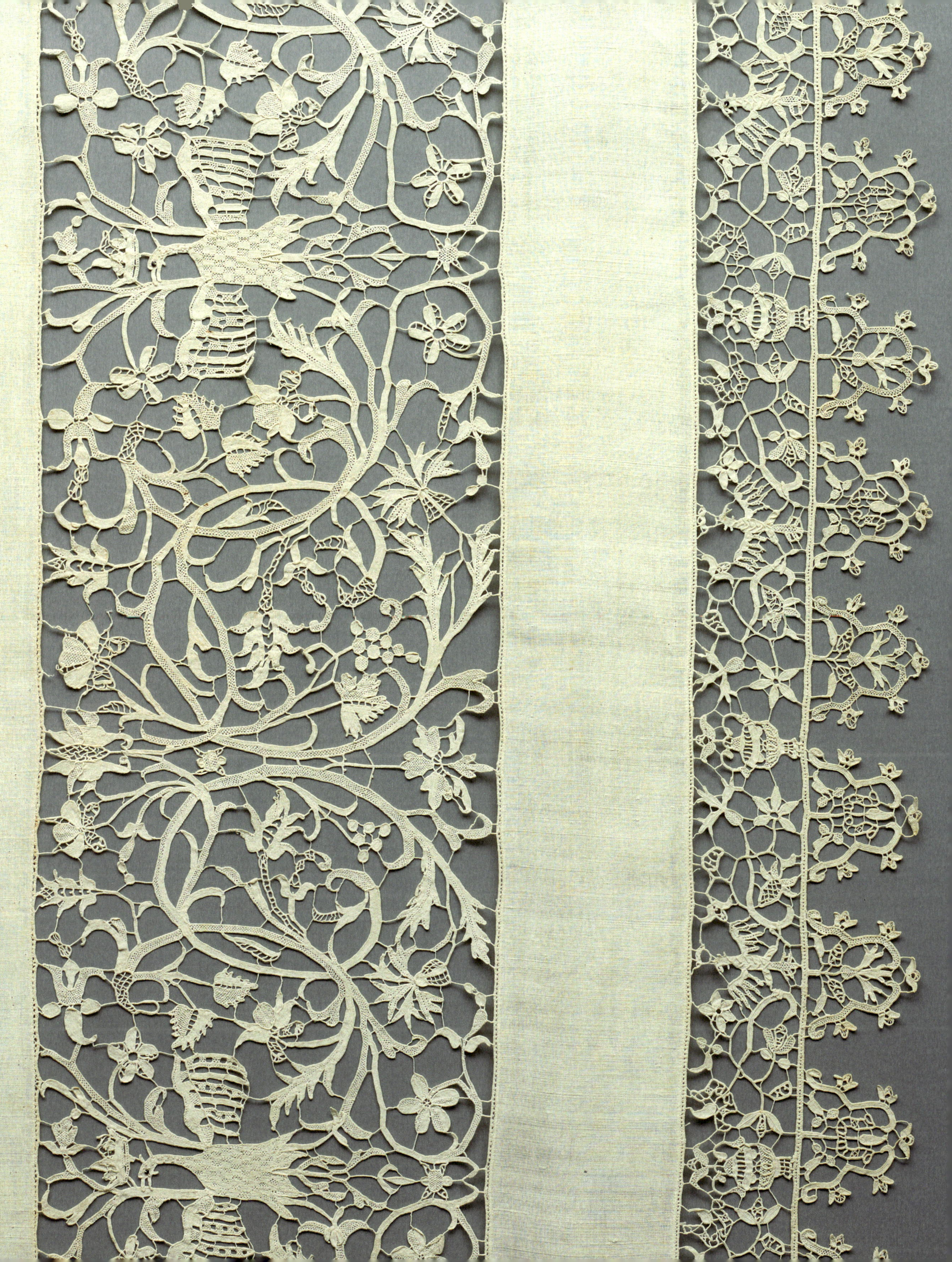

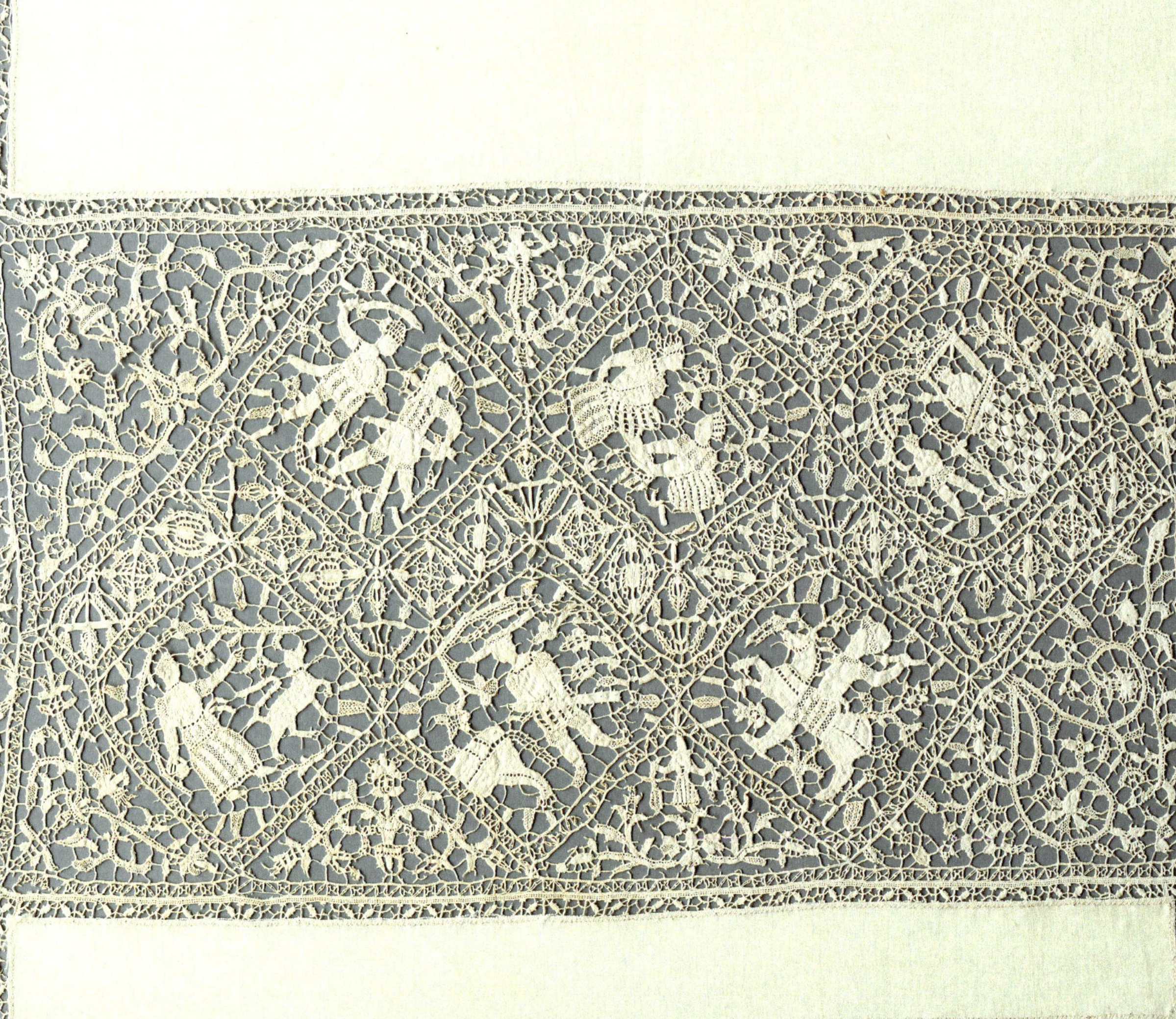

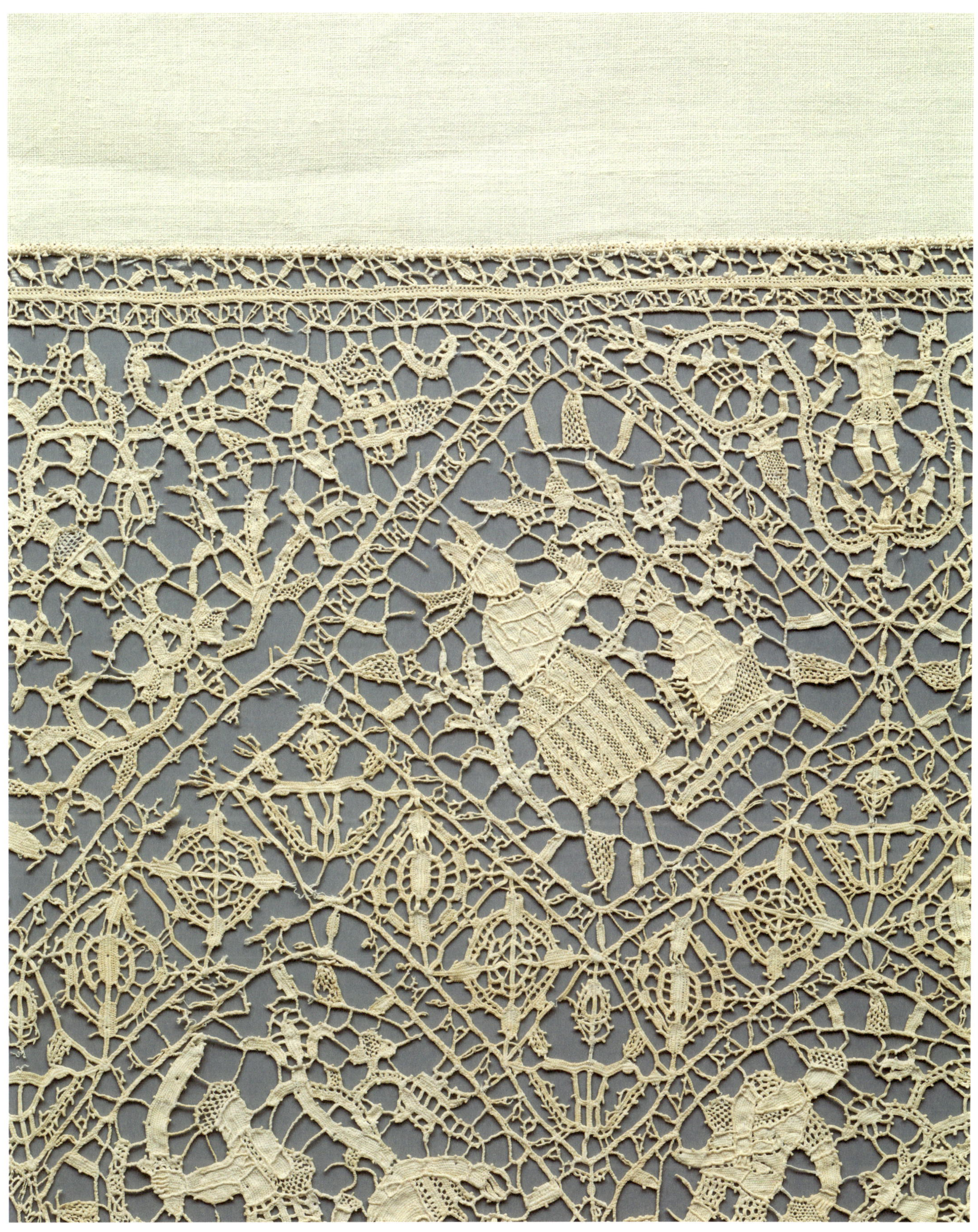

47 Decke (mit Details) / Italien, 1610–1640 / 70 × 196 cm

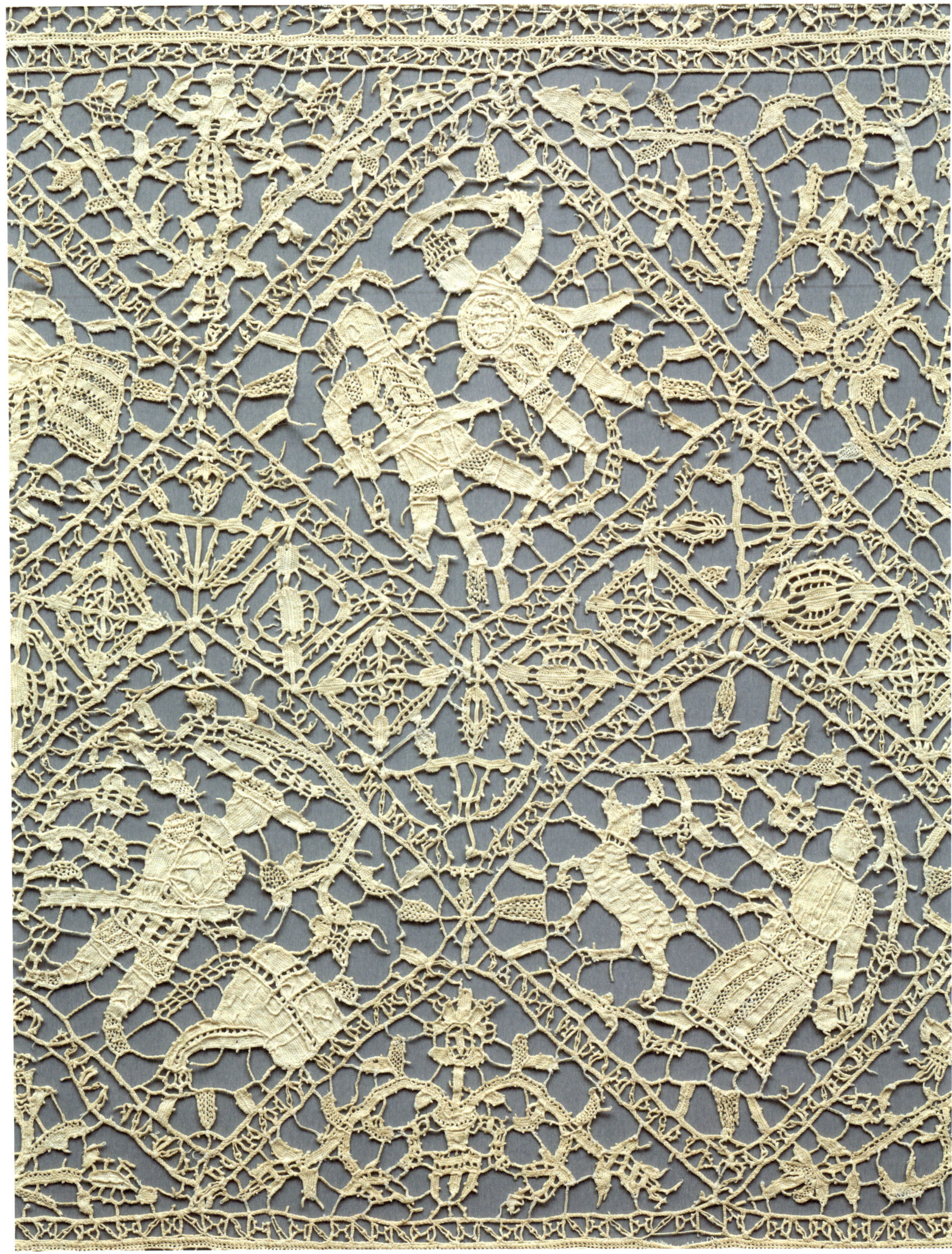

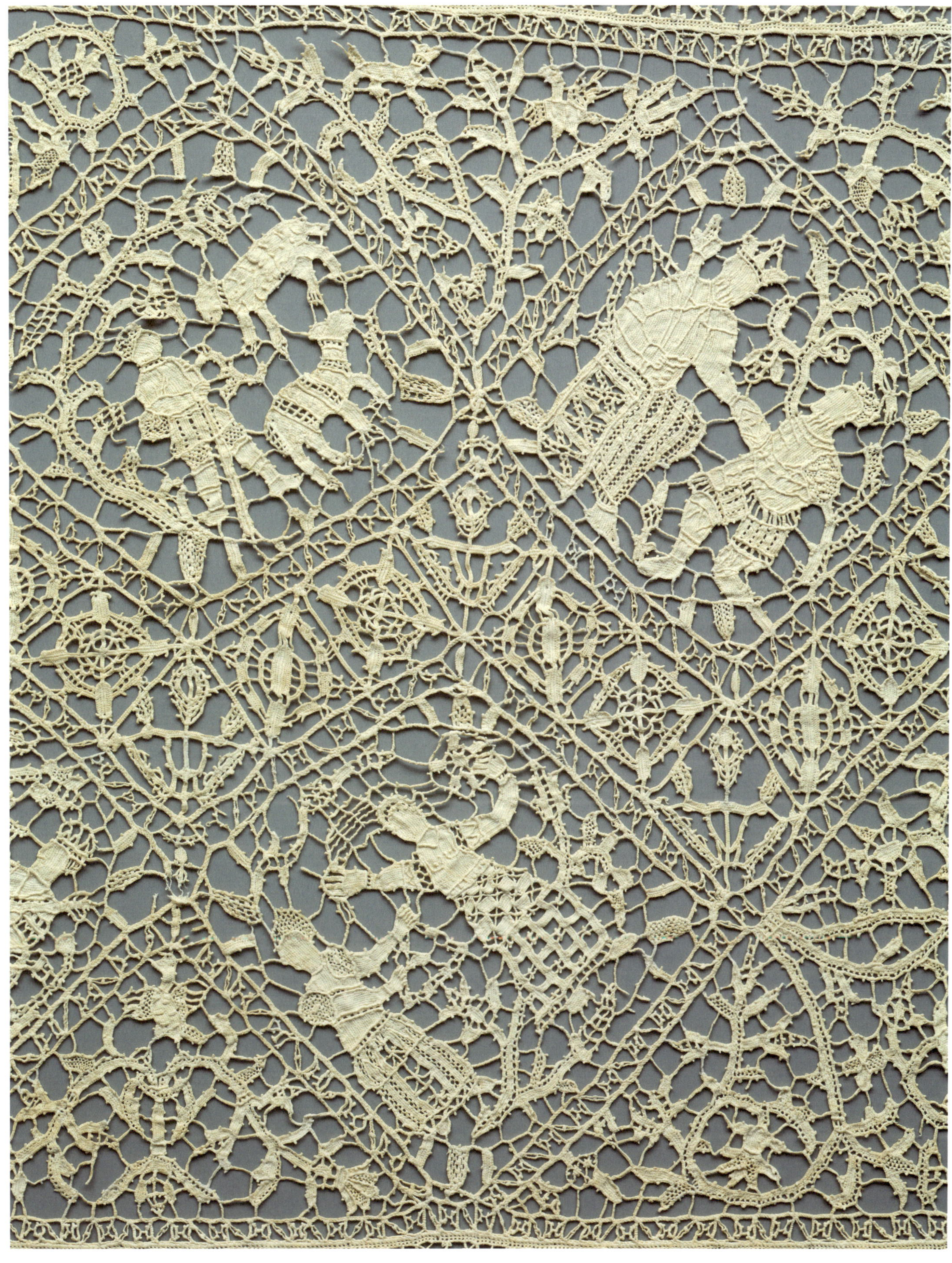

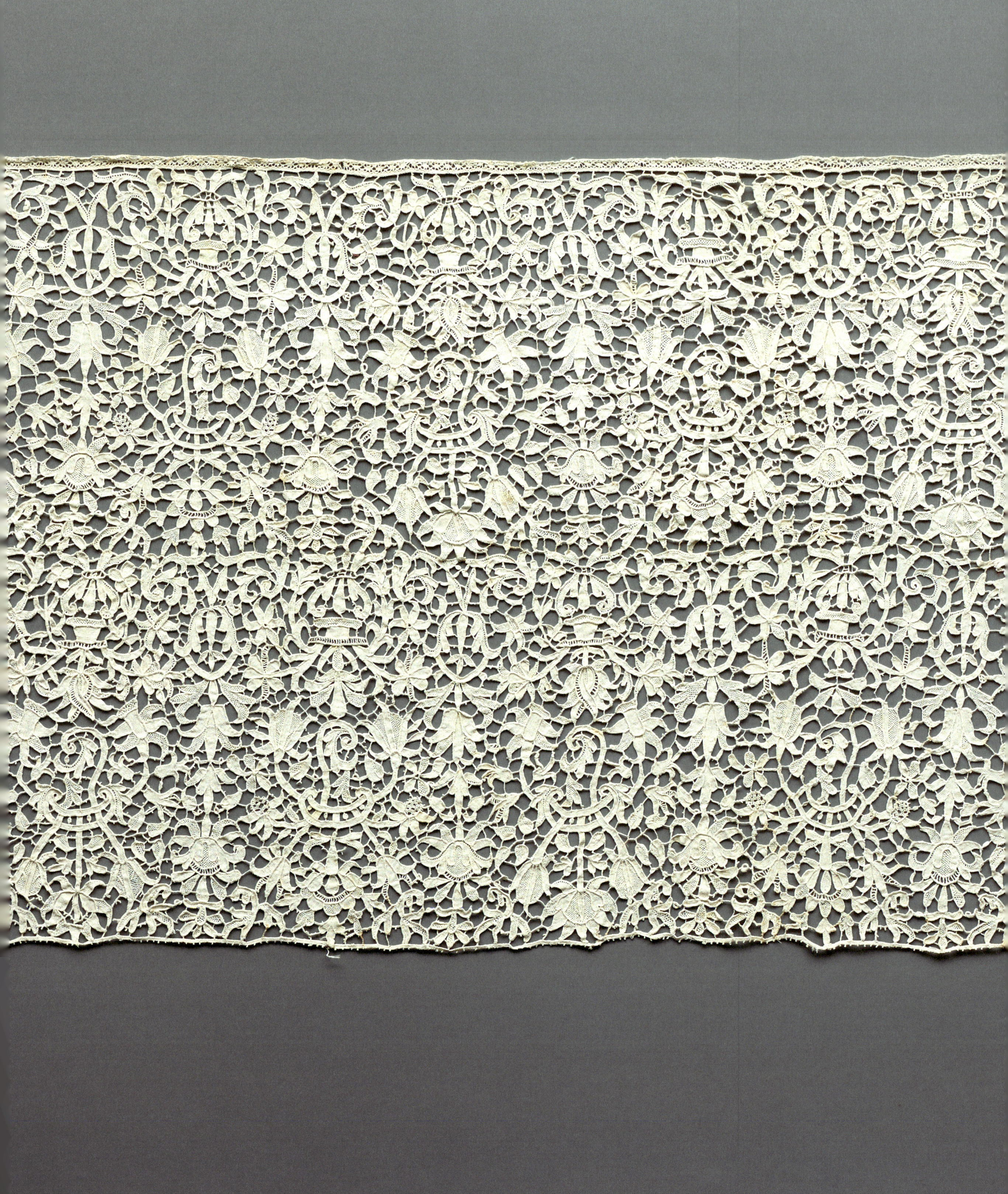

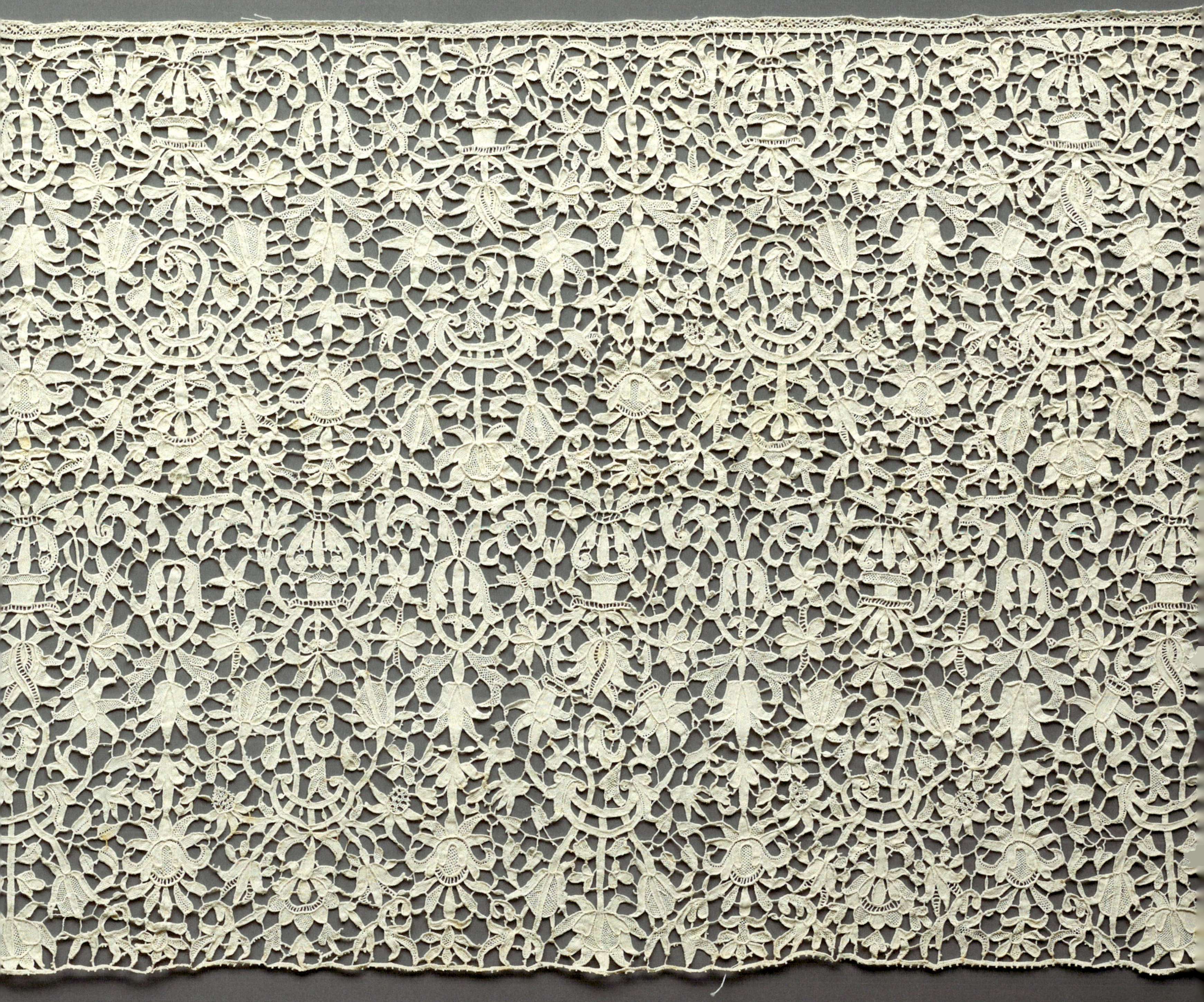

48 Borte (Detail) / Venedig, 1630–1650, im 19. Jahrhundert umgearbeitet / 32 × 126 cm

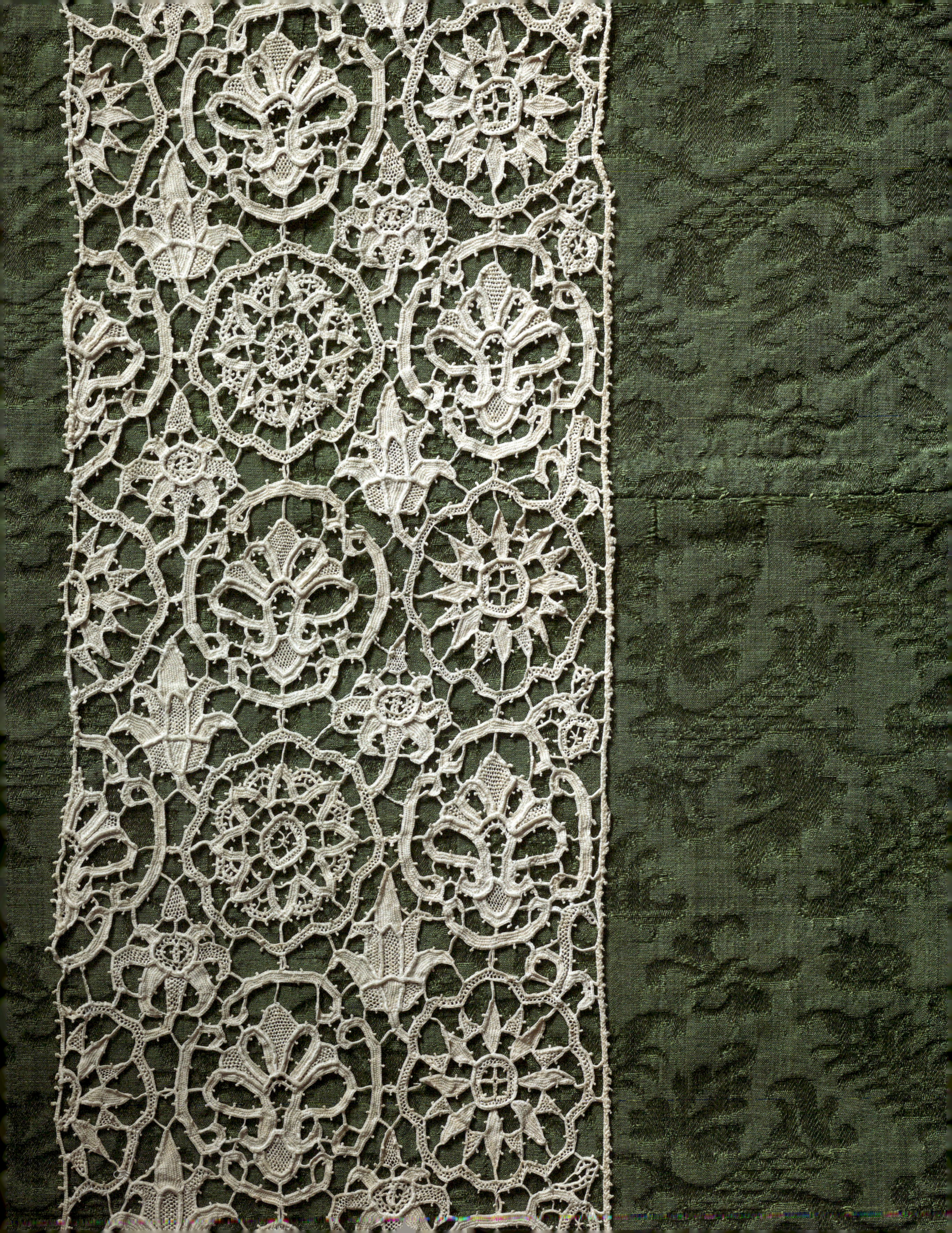

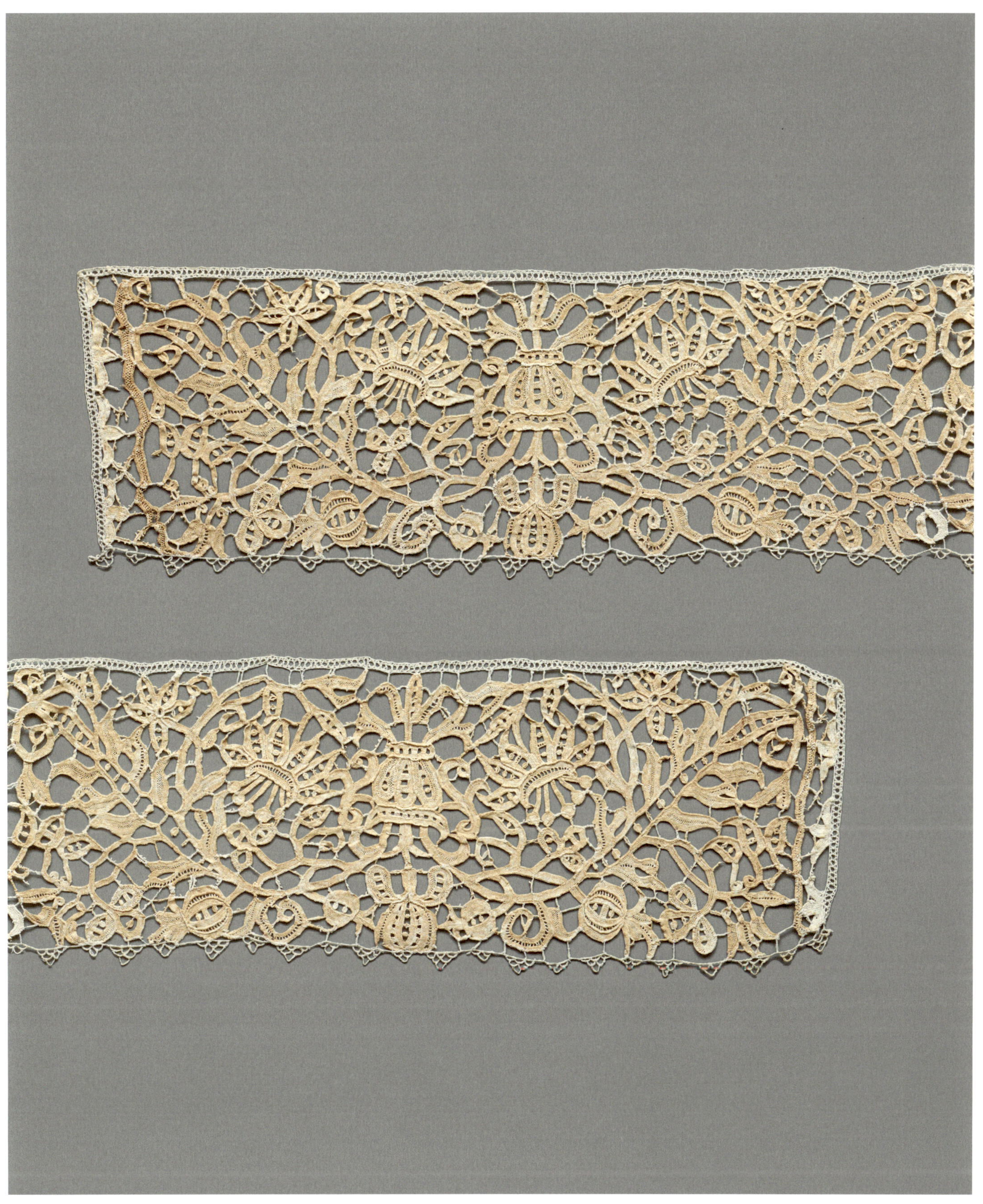

49 Borte (Detail) / Venedig, zweites Viertel 17. Jahrhundert / 11,5 × 59,5 cm / auf Seidengewebe, Italien, erstes Drittel 17. Jahrhundert

50 Borte (Details) / Italien, 1620–1640 / 11,5 × 66 cm

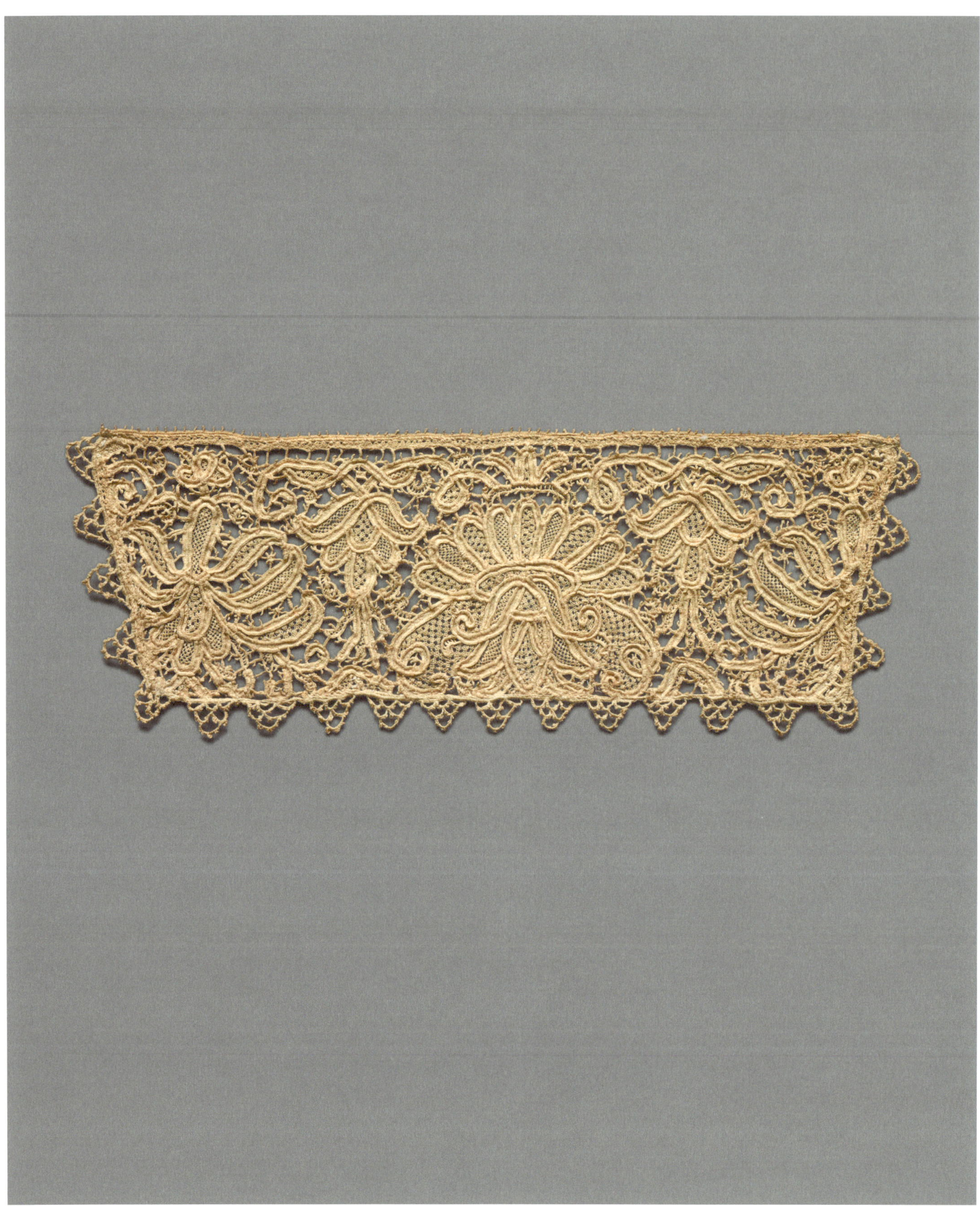

51 Manschette / Venedig, um 1640, Ende 19. Jahrhundert zu Manschette montiert / 8×23 cm

52 Manschette / Venedig, um 1650, im 19. Jahrhundert umgearbeitet / 14,5×25 cm

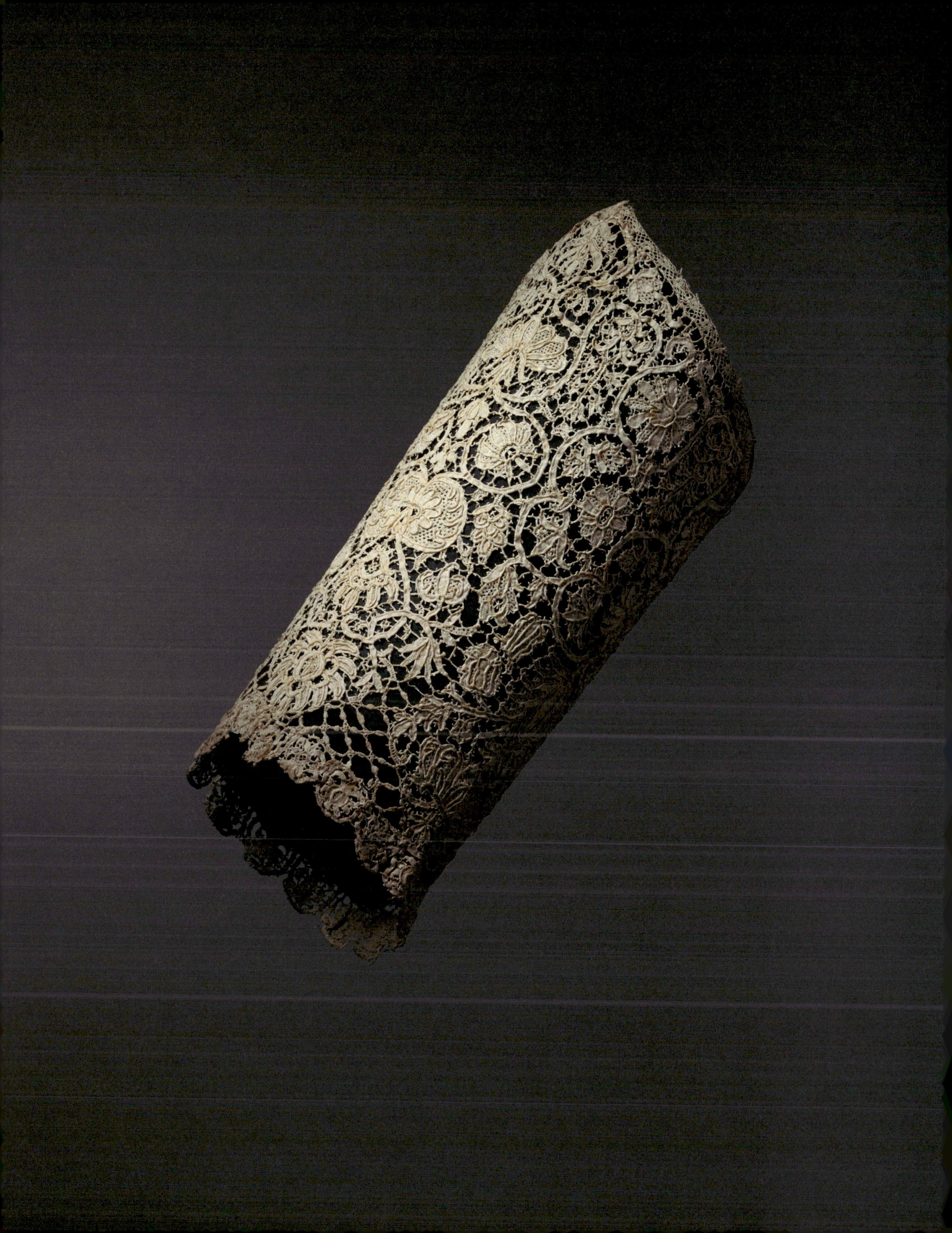

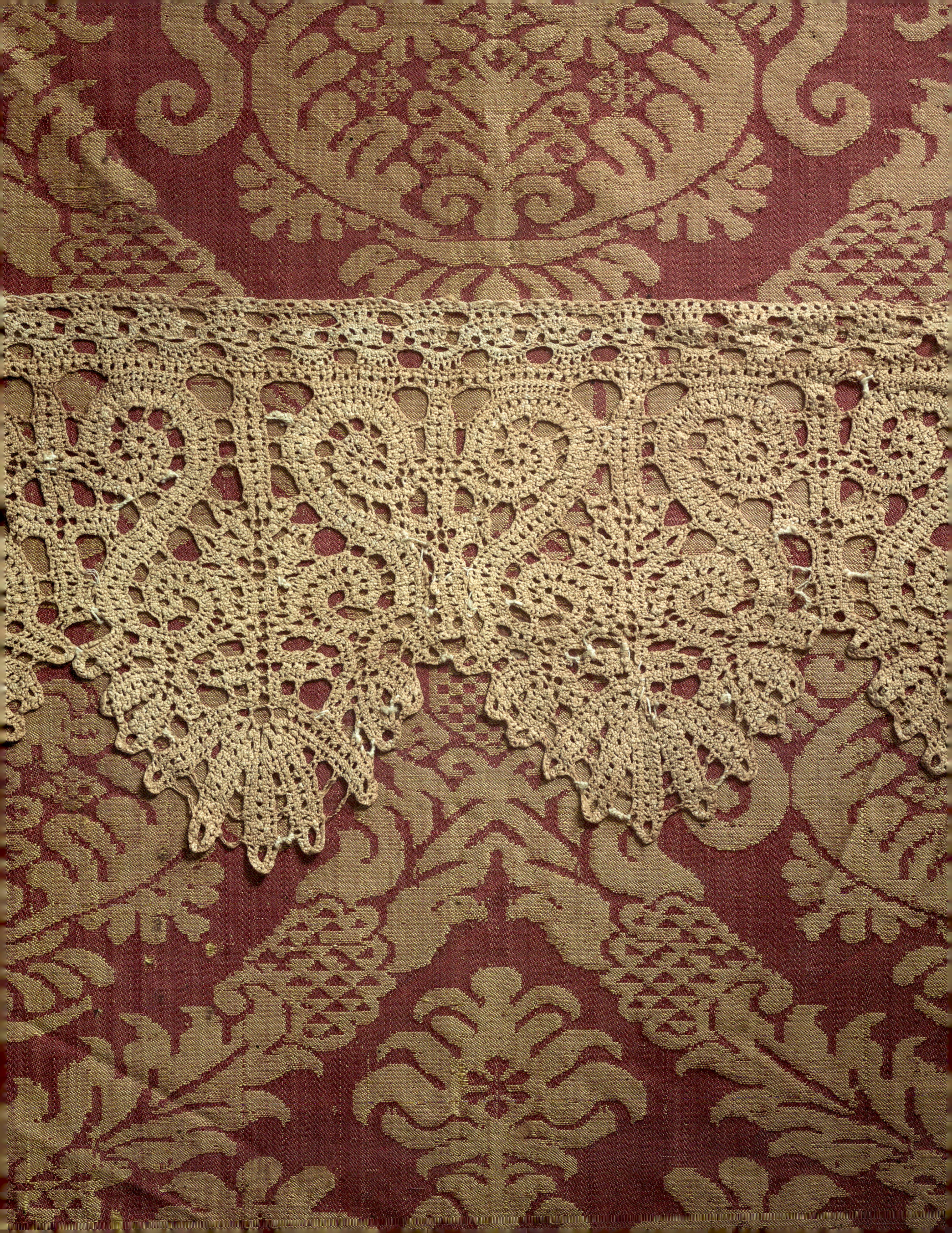

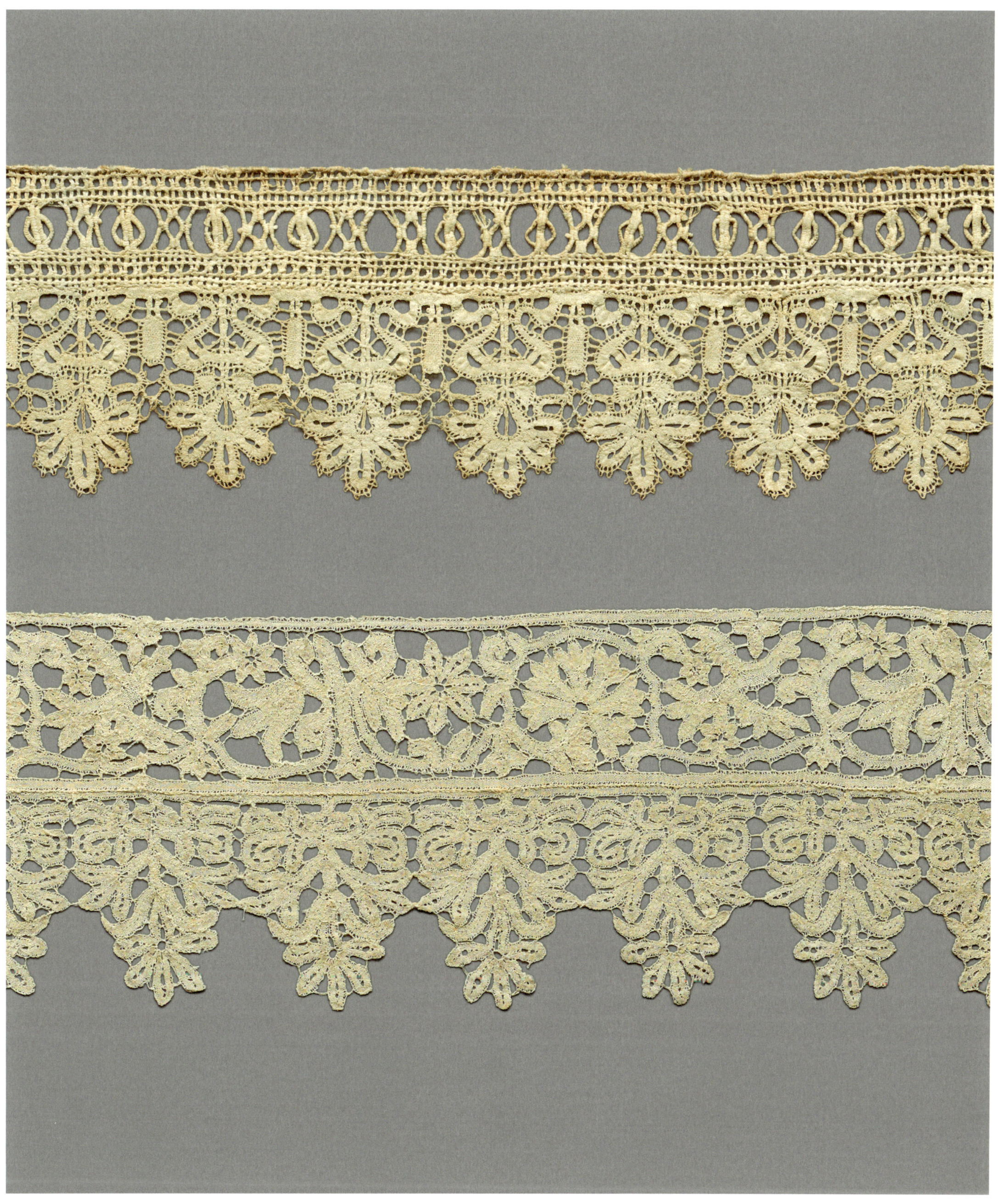

53 Borte (Detail) / Lombardei, zweites Viertel 17. Jahrhundert / 13×44 cm / auf Seidengewebe, Italien, 16. Jahrhundert

54 Einsatz und Borte (Detail) / Westeuropa, zweites Viertel 17. Jahrhundert / 9,5×40 cm
55 Borte (Detail) / Italien, zweites Viertel 17. Jahrhundert / 15,5×119 cm

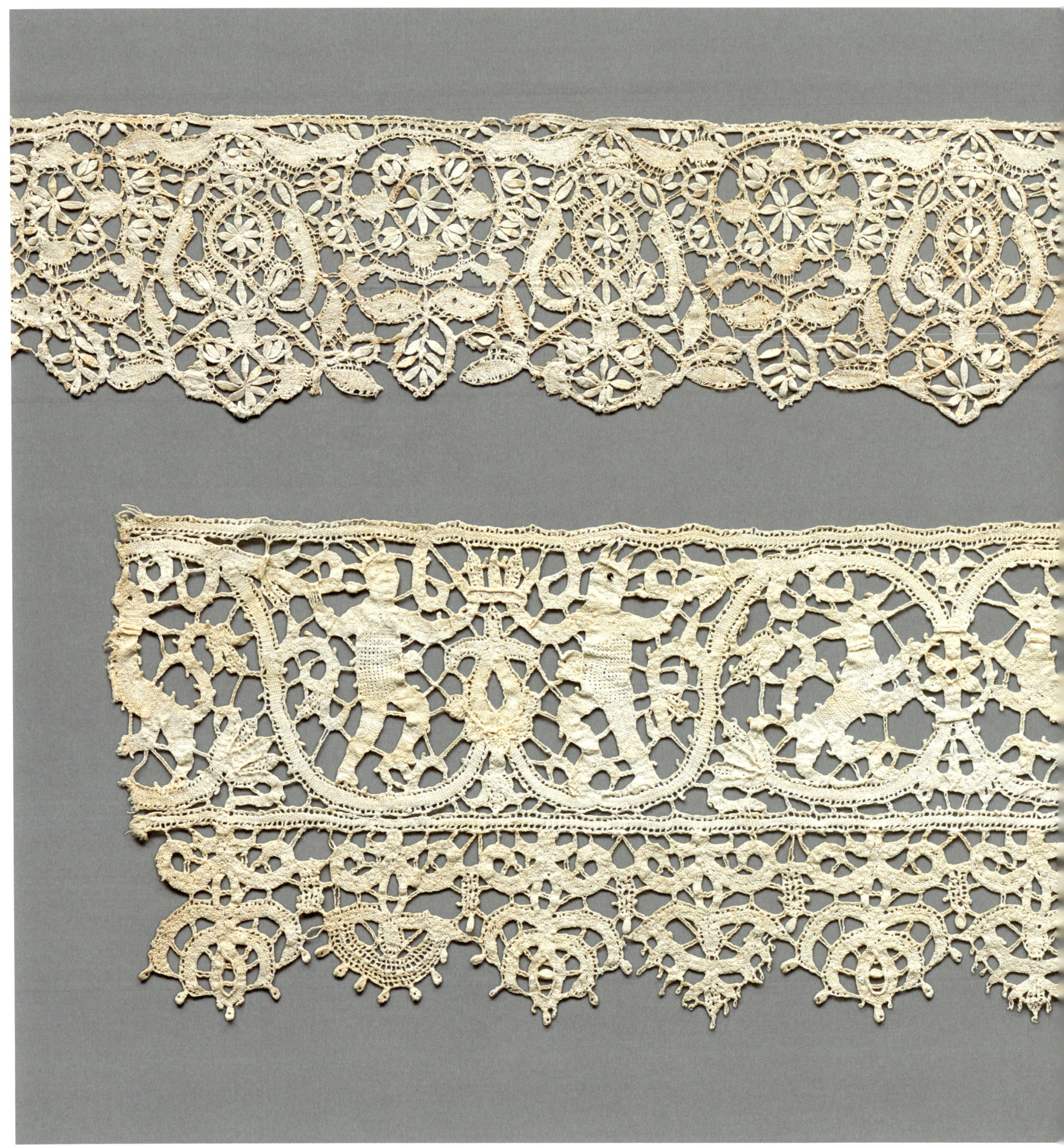

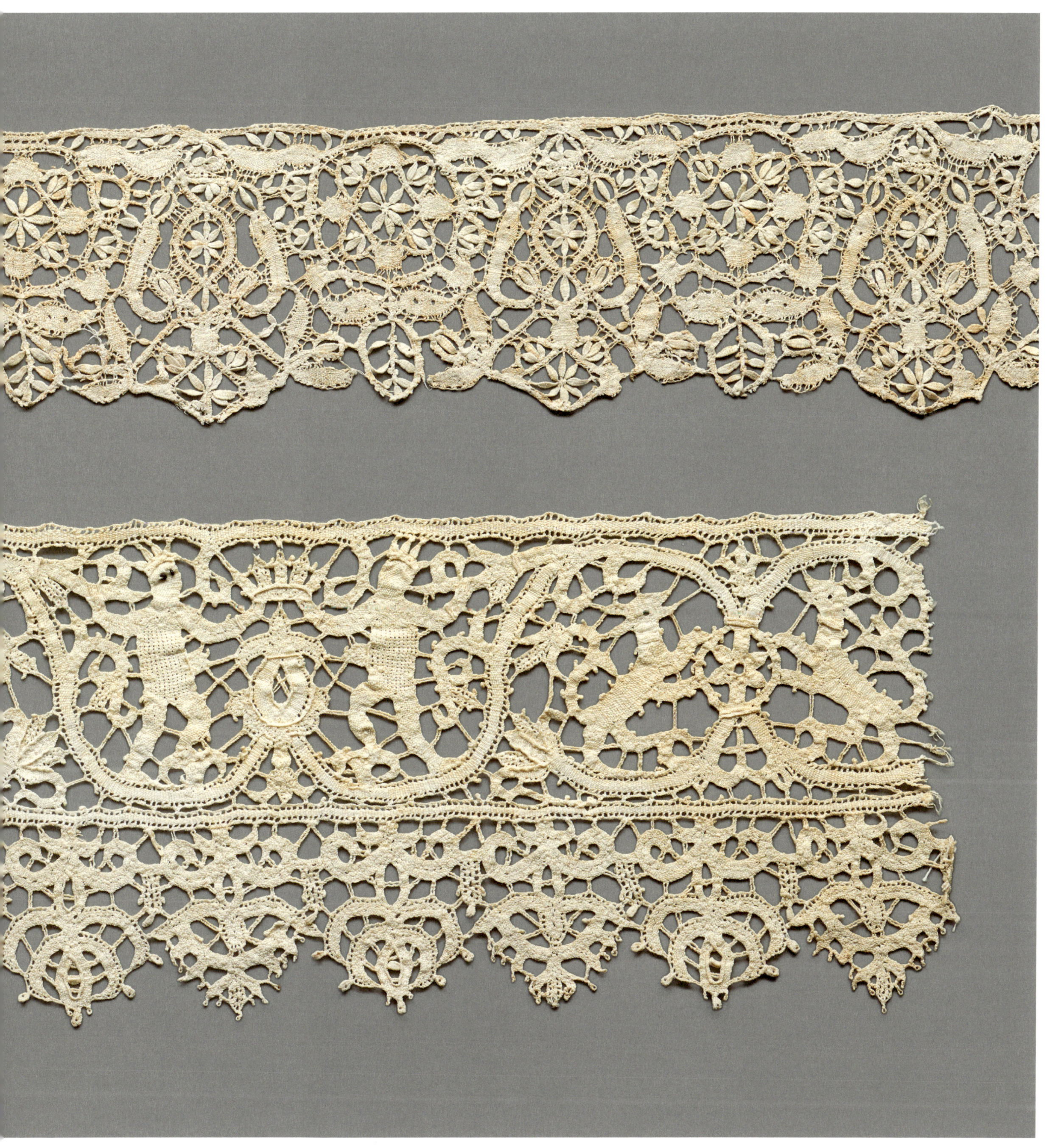

56 Borte (Detail) / Nordeuropa, zweites Viertel 17. Jahrhundert / 8,5 × 70 cm
57 Borte / Italien, vermutlich Venetien, 1600–1620 / 12,5 × 50 cm

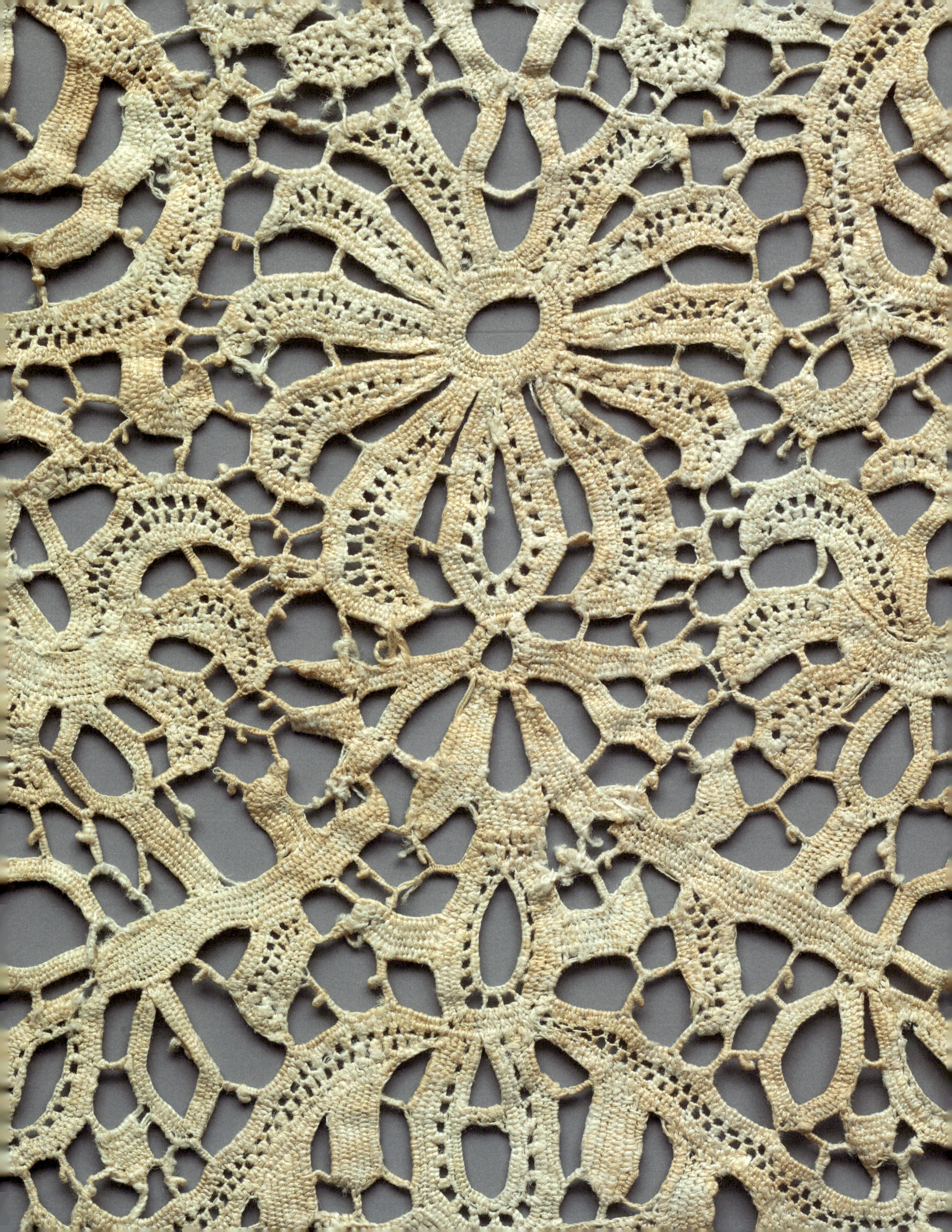

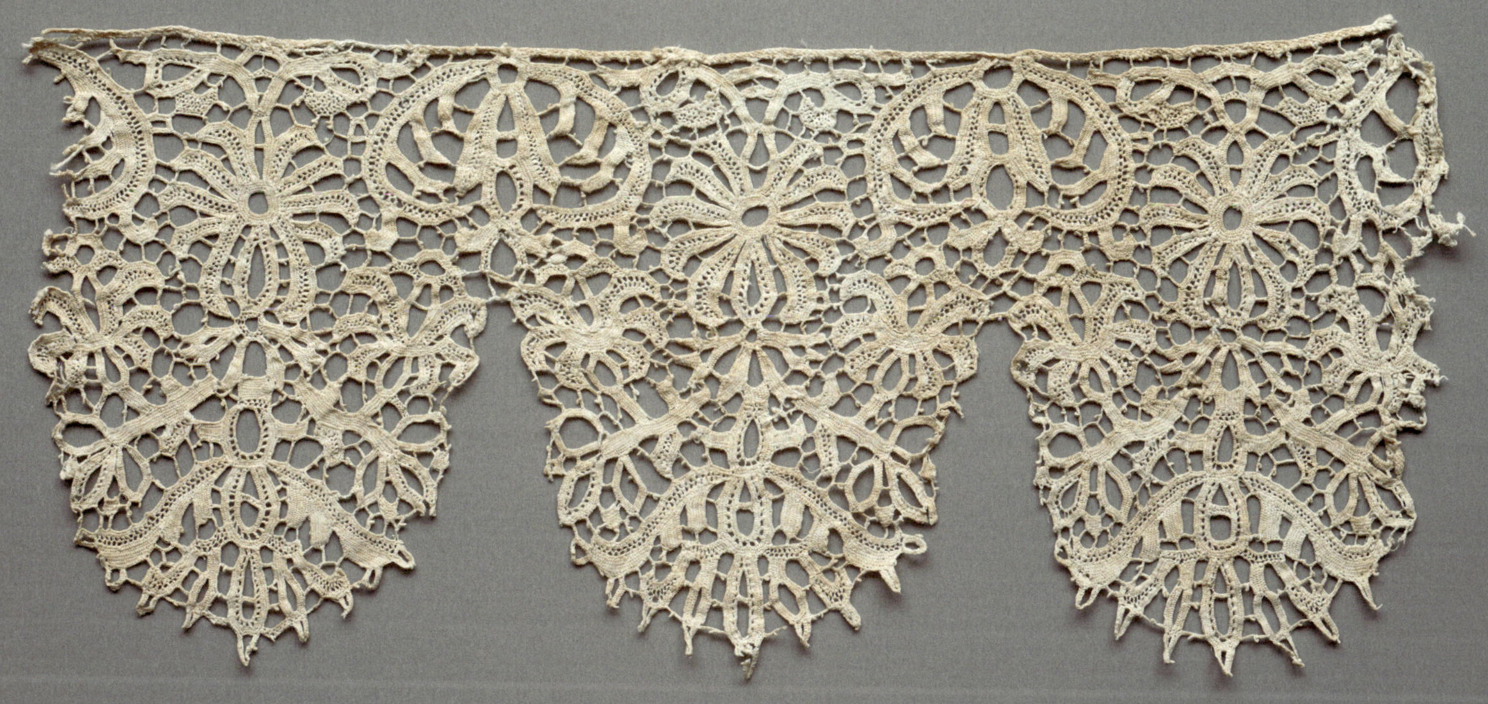

58 Borte (mit Detail) / Frankreich oder England, um 1630 / 11×26,5 cm

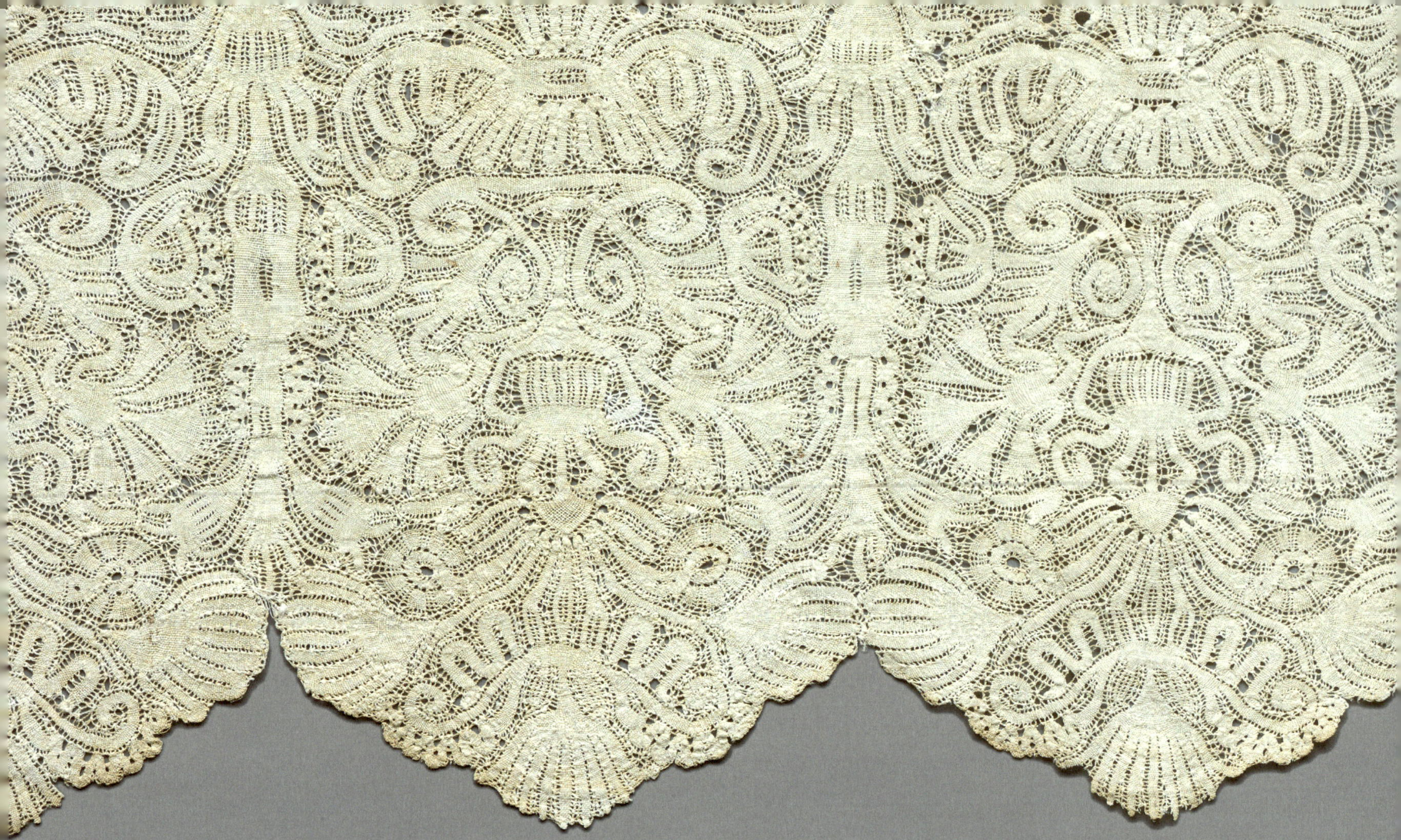

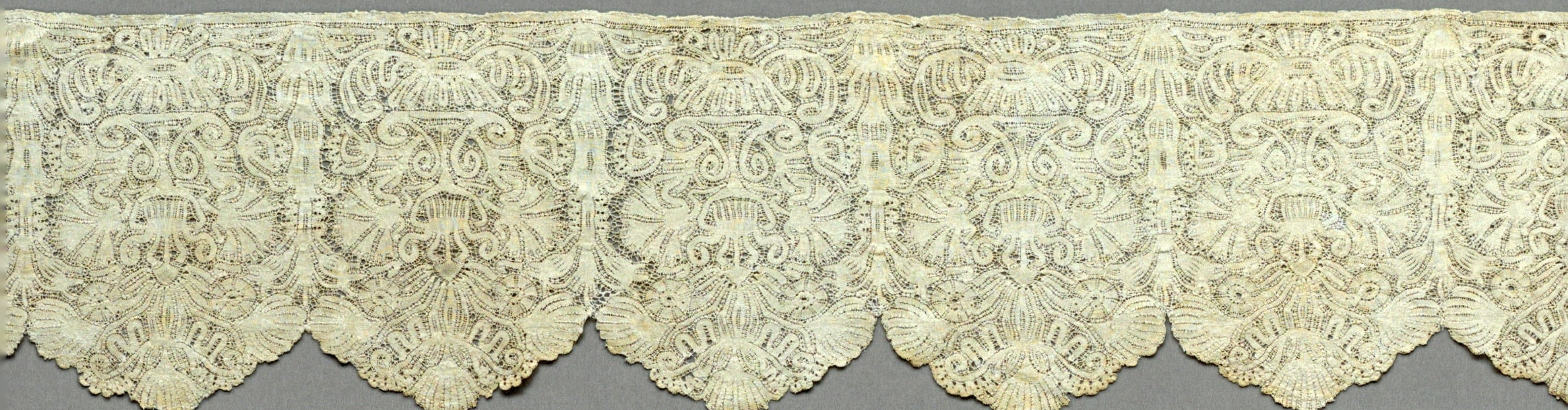

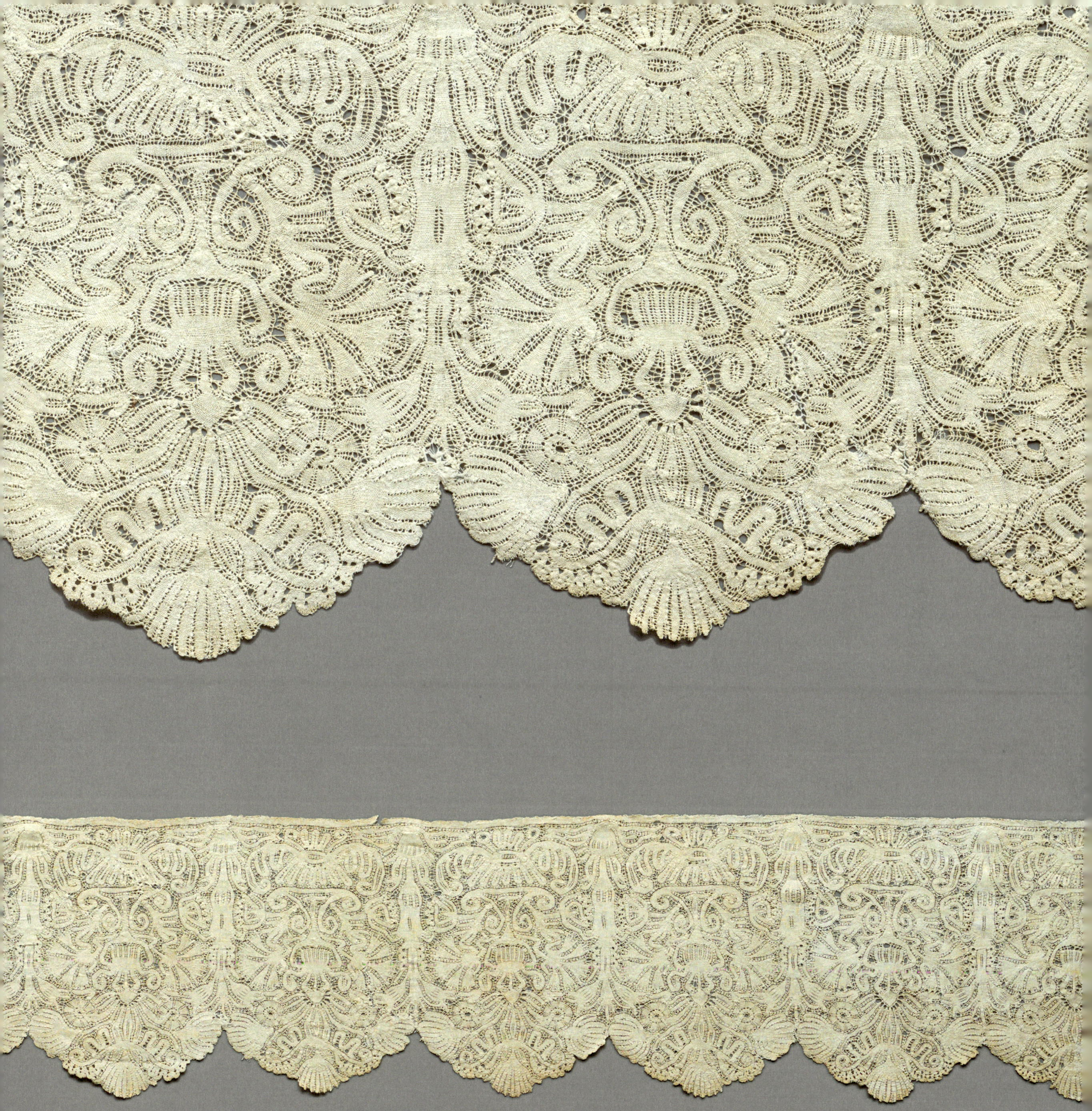

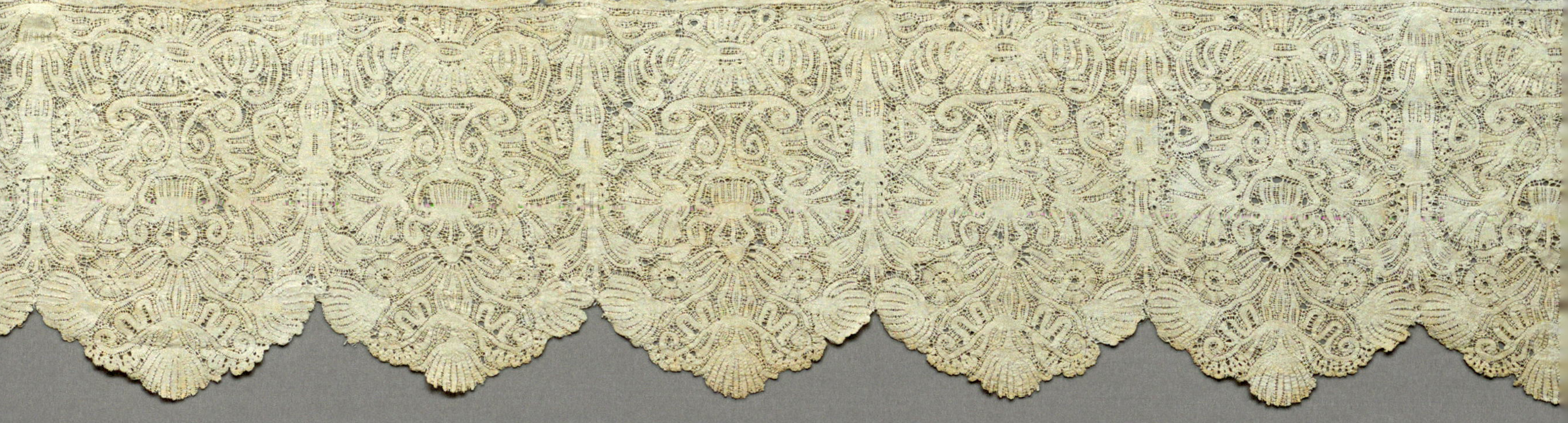

59 Borte (Details) / Flandern oder England, um 1640 / 13,5 × 121 cm

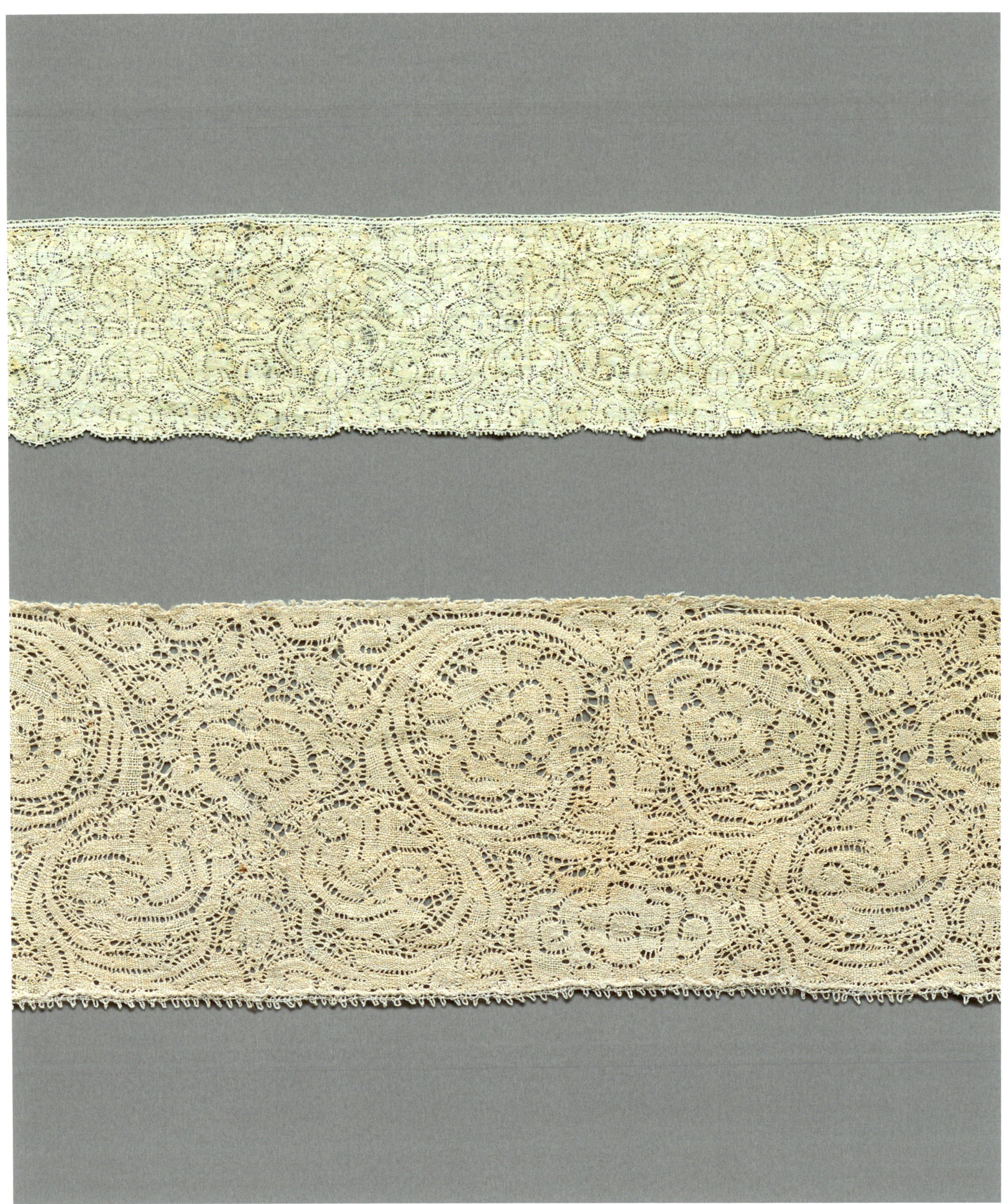

60 Borte (Detail) / Antwerpen, zweites Drittel 17. Jahrhundert / 7 × 109 cm
61 Borte (Detail) / Antwerpen, 1640–1660 / 7 × 68 cm

62 Borte (Details) / Antwerpen, um 1650 / 10 × 273 cm / auf Seidengewebe, Italien, 1640–1660

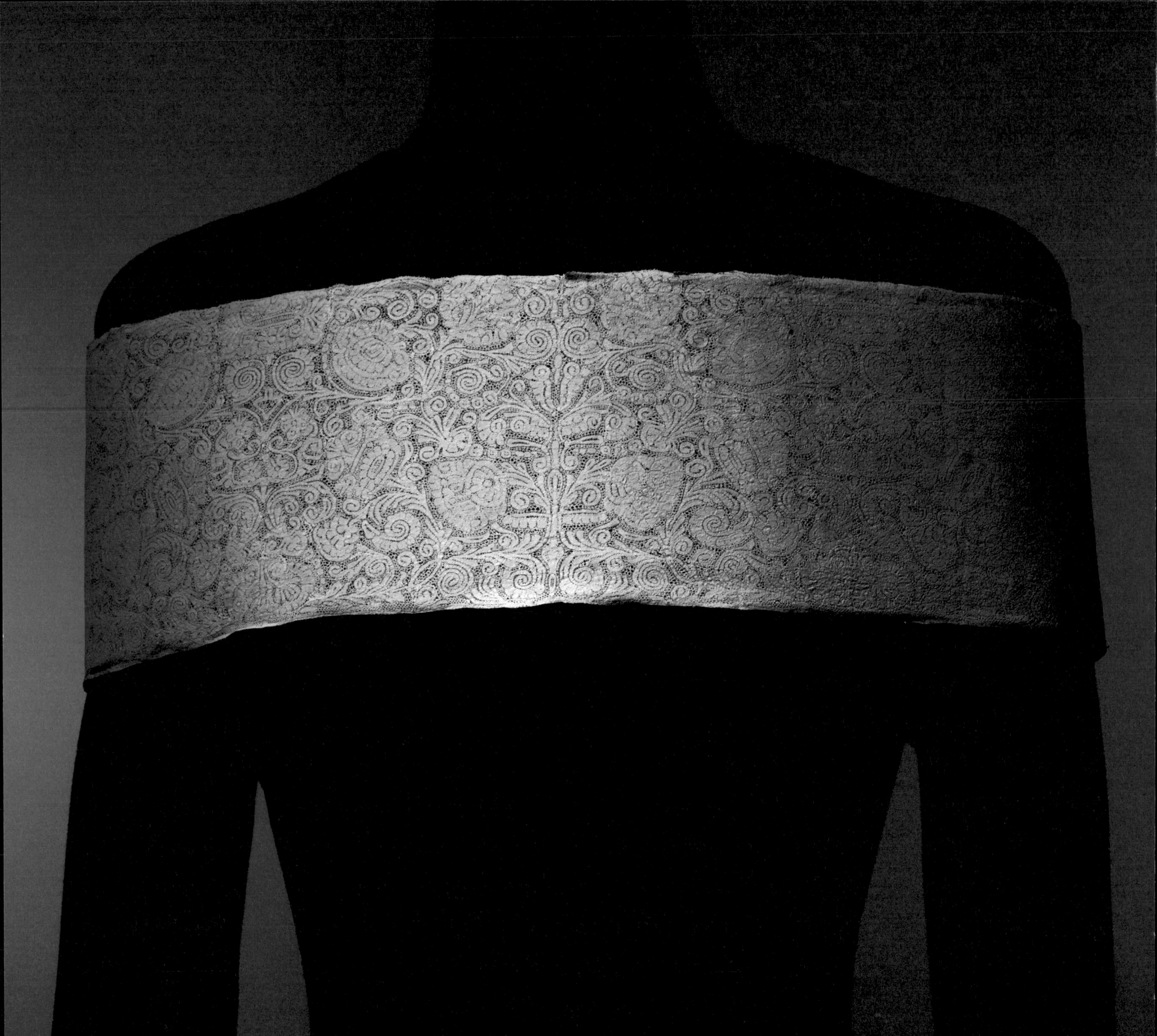

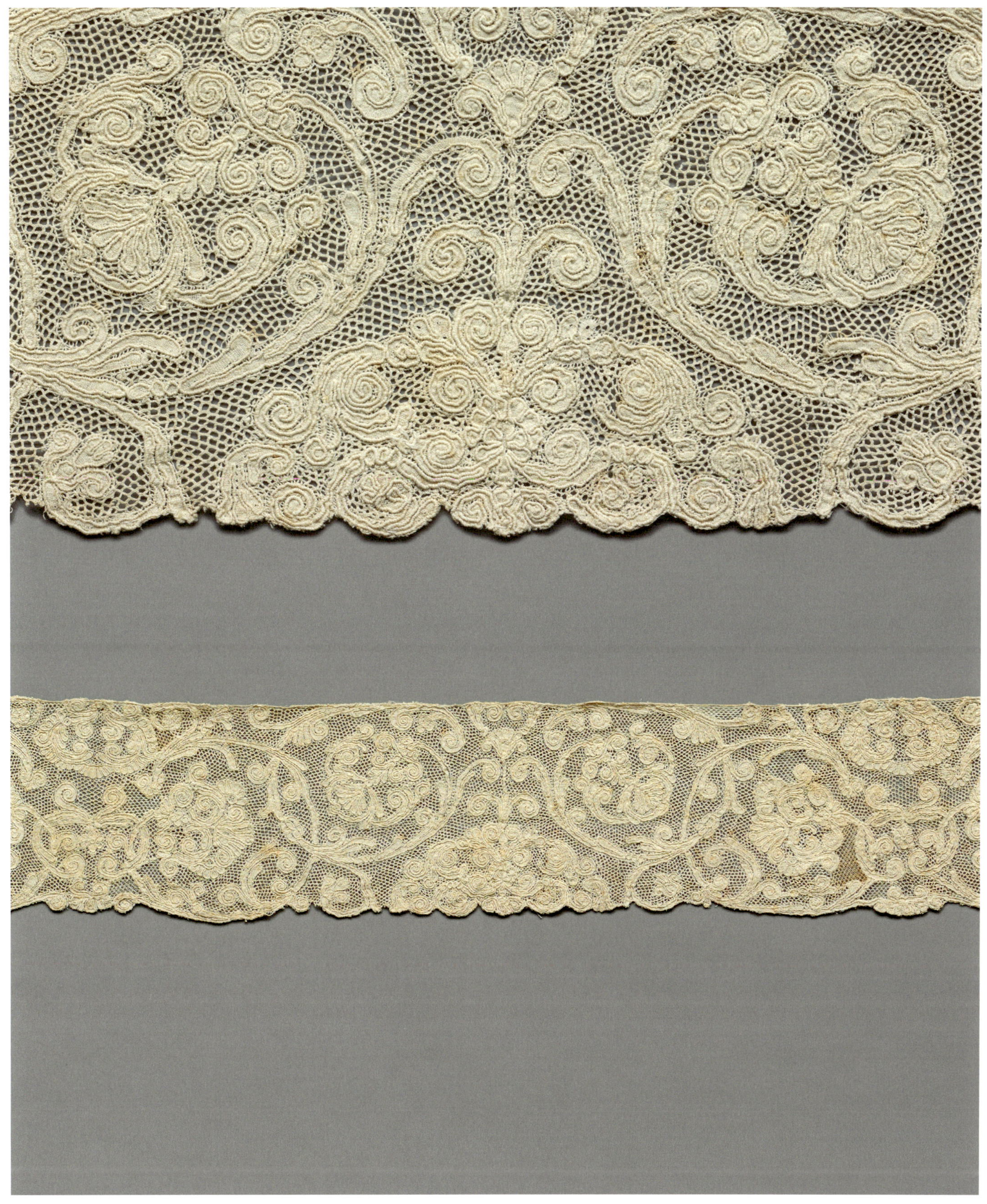

63 Brustband / Flandern, vermutlich Antwerpen, um 1660 / 14×95 cm

64 Borte (Details) / Flandern, um 1670 / 10×110 cm

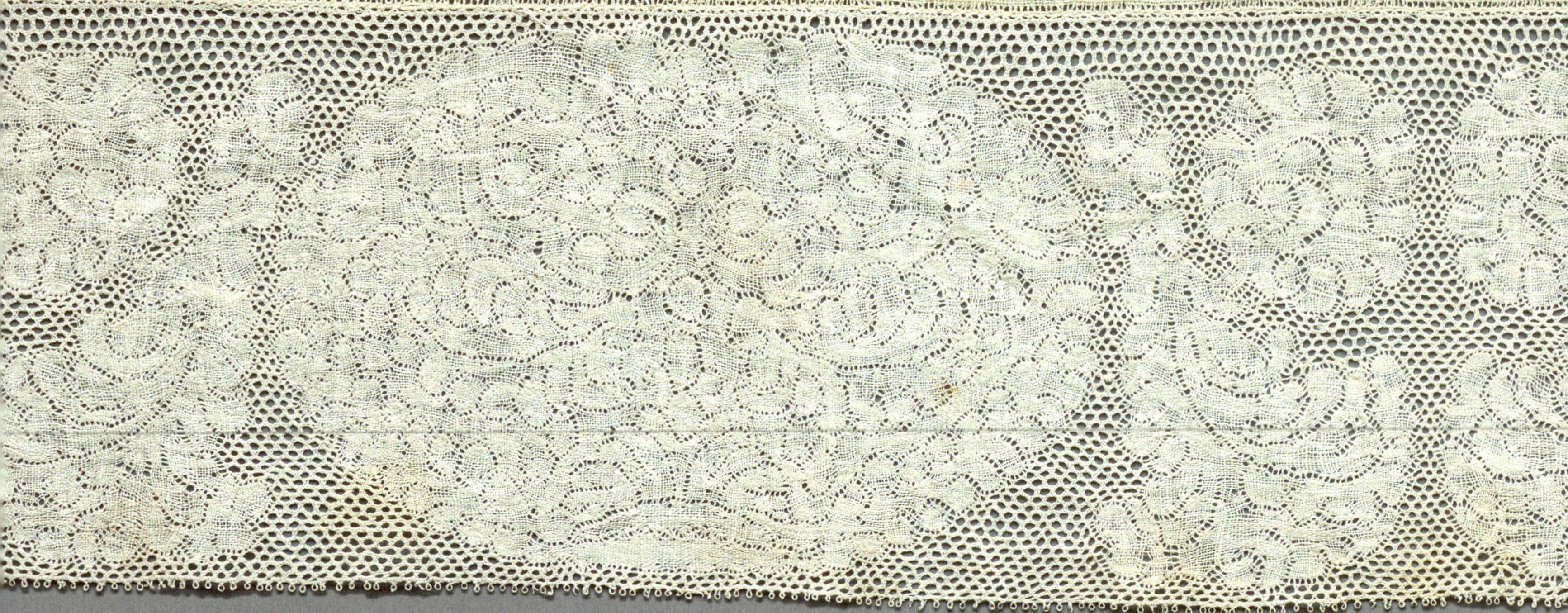

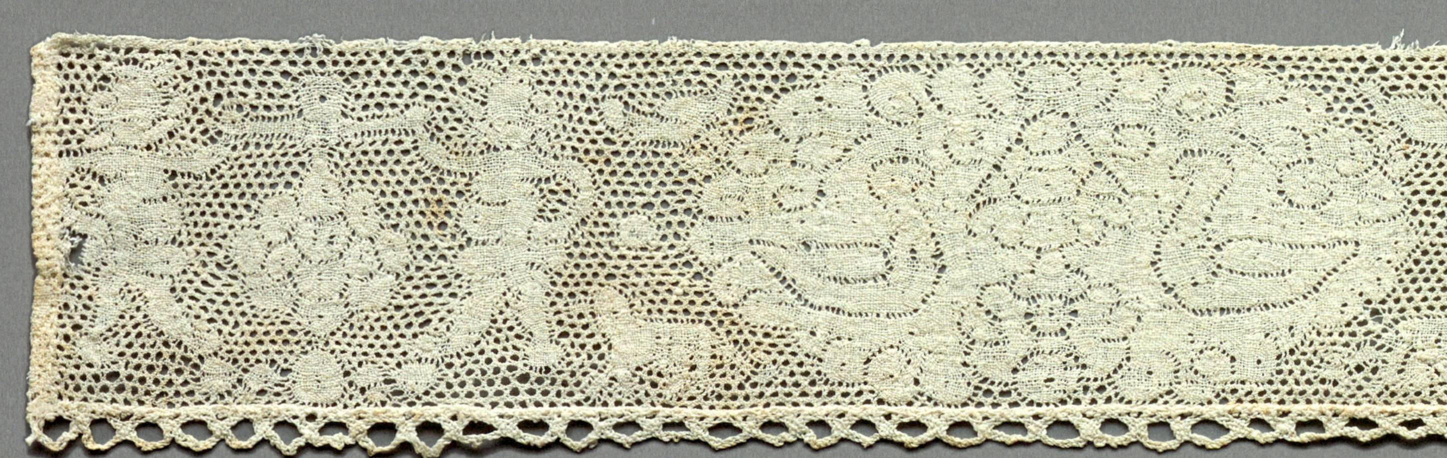

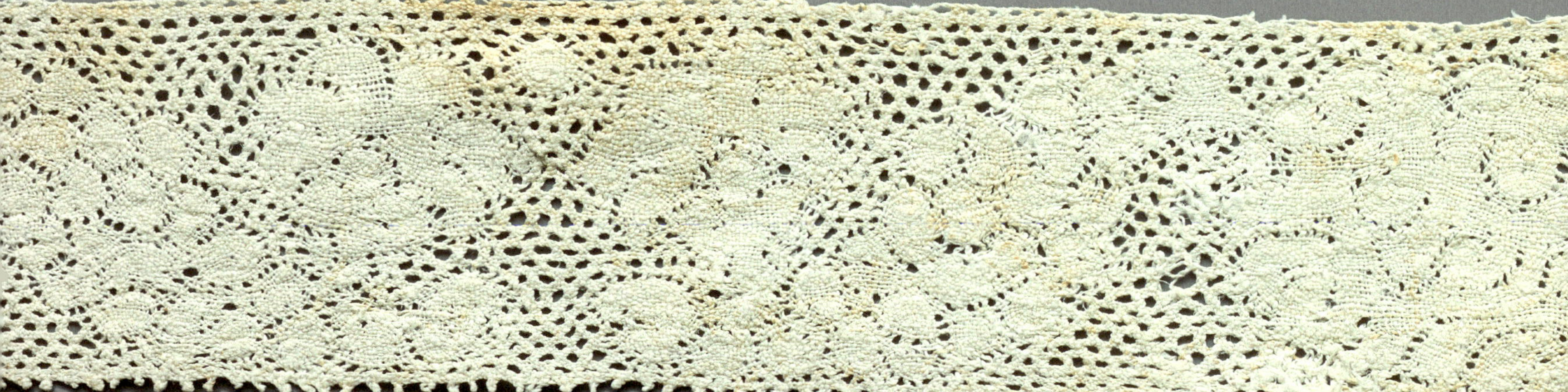

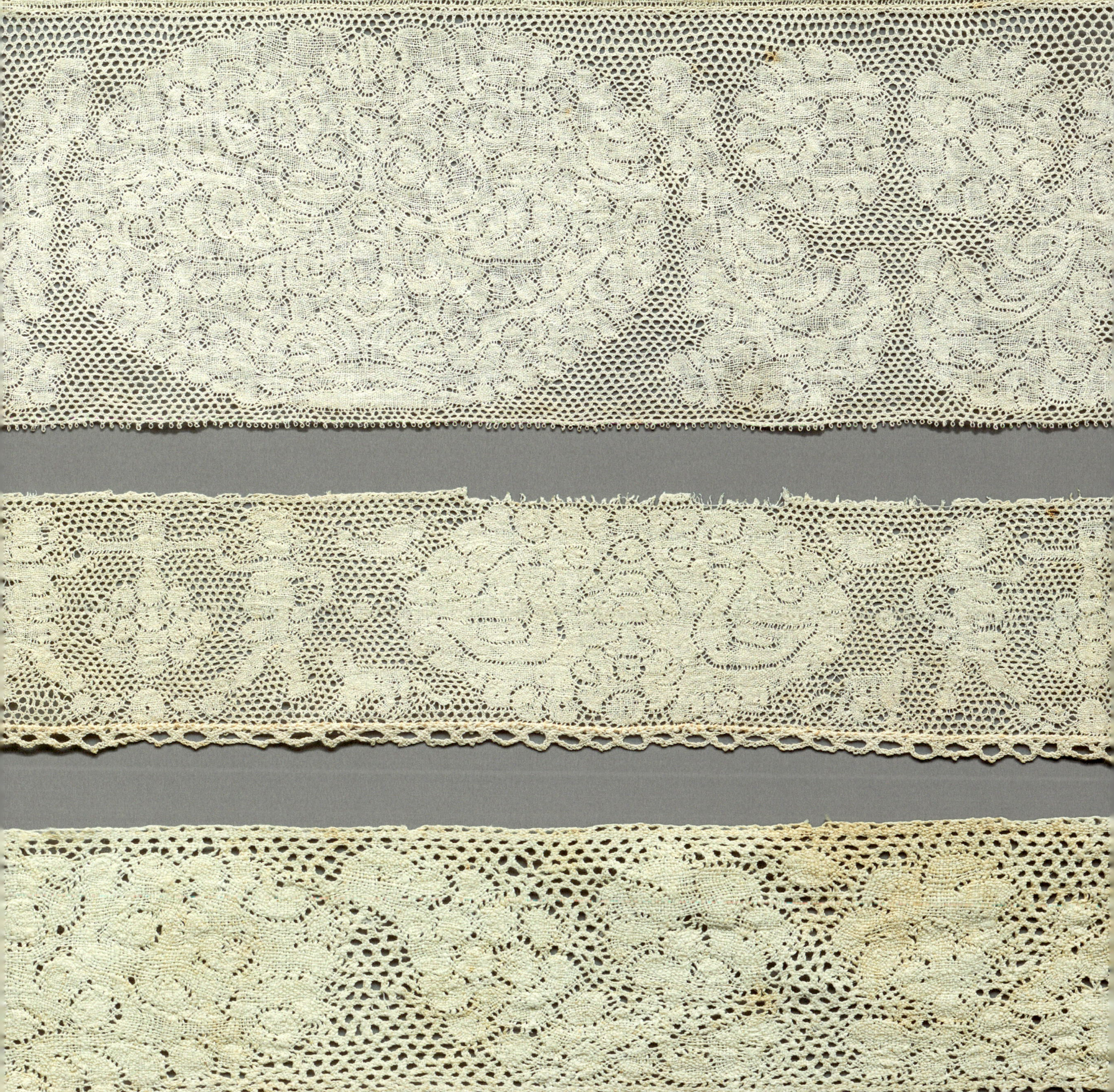

65 Borte (Detail) / Antwerpen, drittes Viertel 17. Jahrhundert / 9,5×580 cm
66 Borte (Detail) / Antwerpen, um 1640 / 4,5×48 cm
67 Borte (Detail) / Flandern, 1645–1665 / 4×232 cm

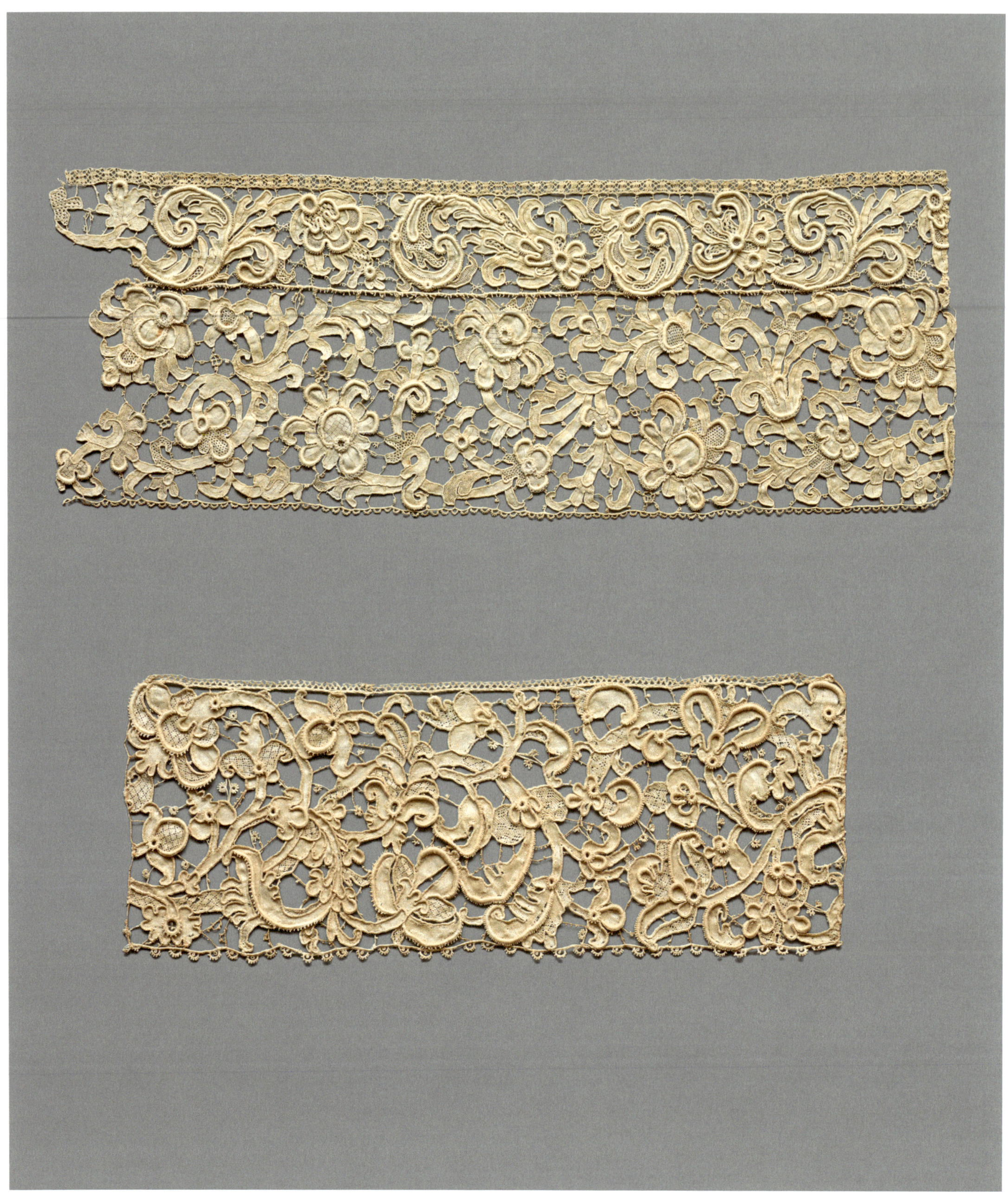

68 Borte / Italien, viertes Viertel 17. Jahrhundert / 17 × 46 cm
69 Borte / Venedig oder Frankreich, um 1690 / 11,5 × 31 cm

70 Borte / Orne (Frankreich) oder Venedig, 1680–1700 / 10,5 × 41 cm
71 Borte / Orne (Frankreich) oder Venedig, drittes Viertel 17. Jahrhundert / 13,5 × 37,5 cm

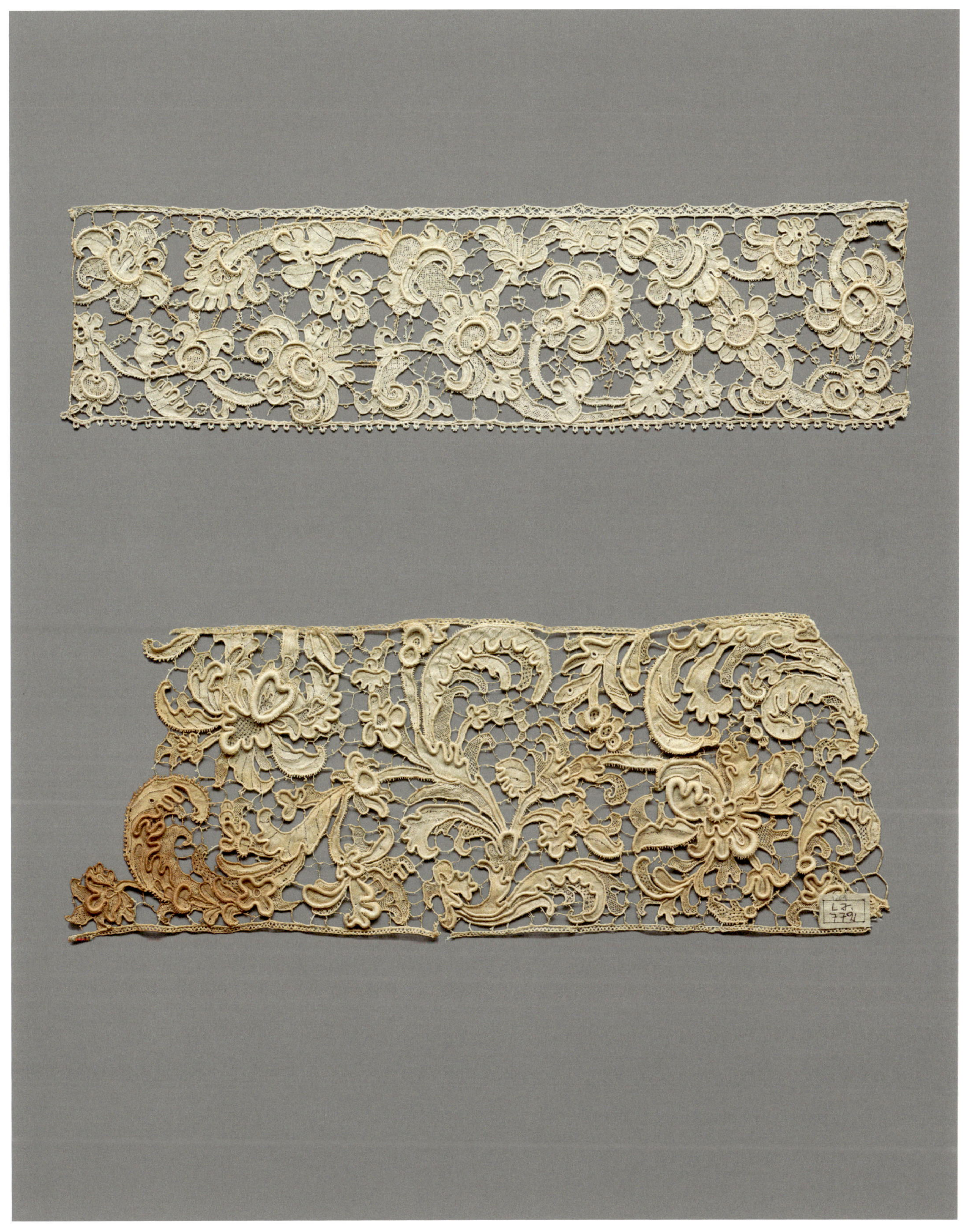

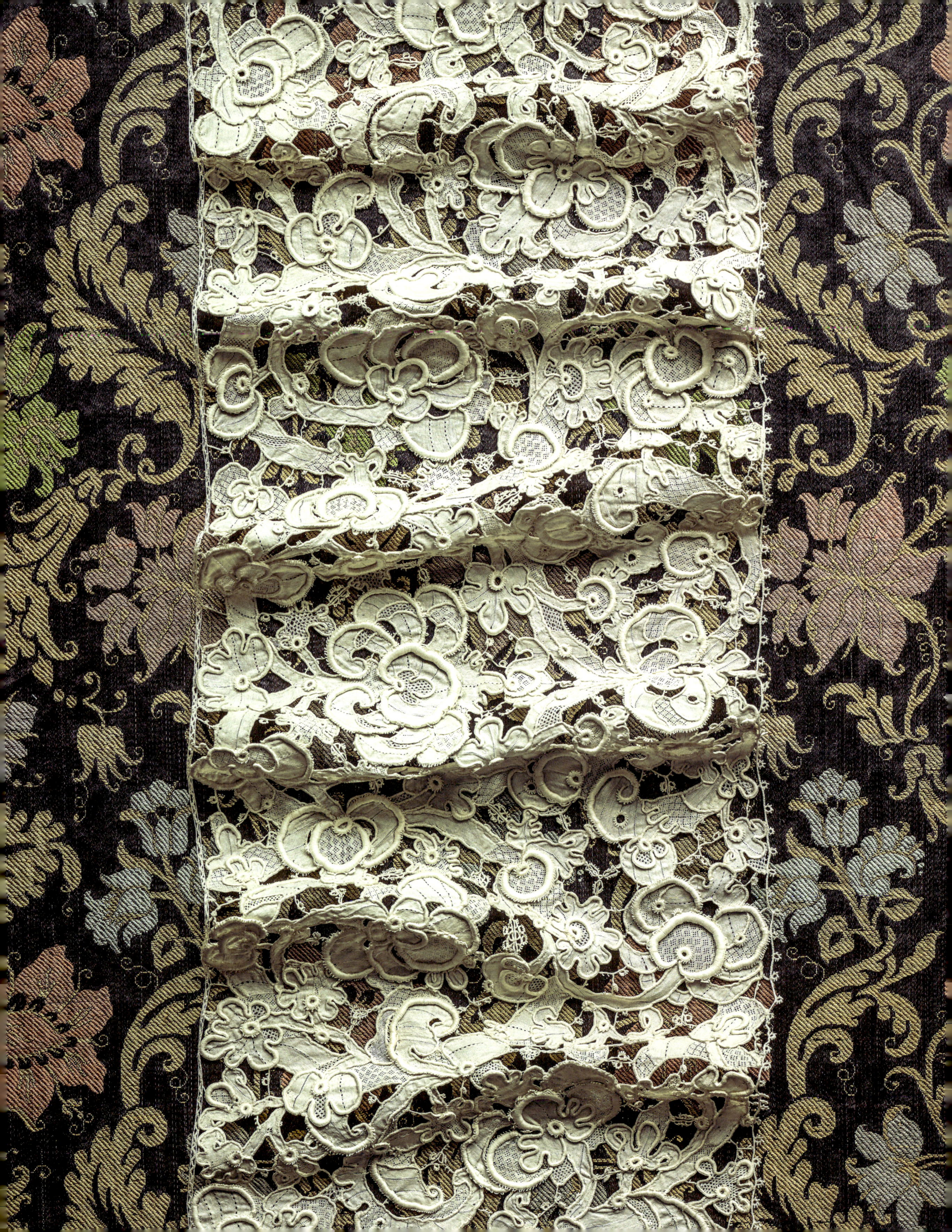

72 Borte (Detail) / Orne (Frankreich) oder Venedig, 1680–1700 / 22×77 cm / auf Seidengewebe, Genua, drittes Viertel 17. Jahrhundert

73 Borte (mit Detail) / vermutlich Venedig, 1680–1700 / 23×89 cm

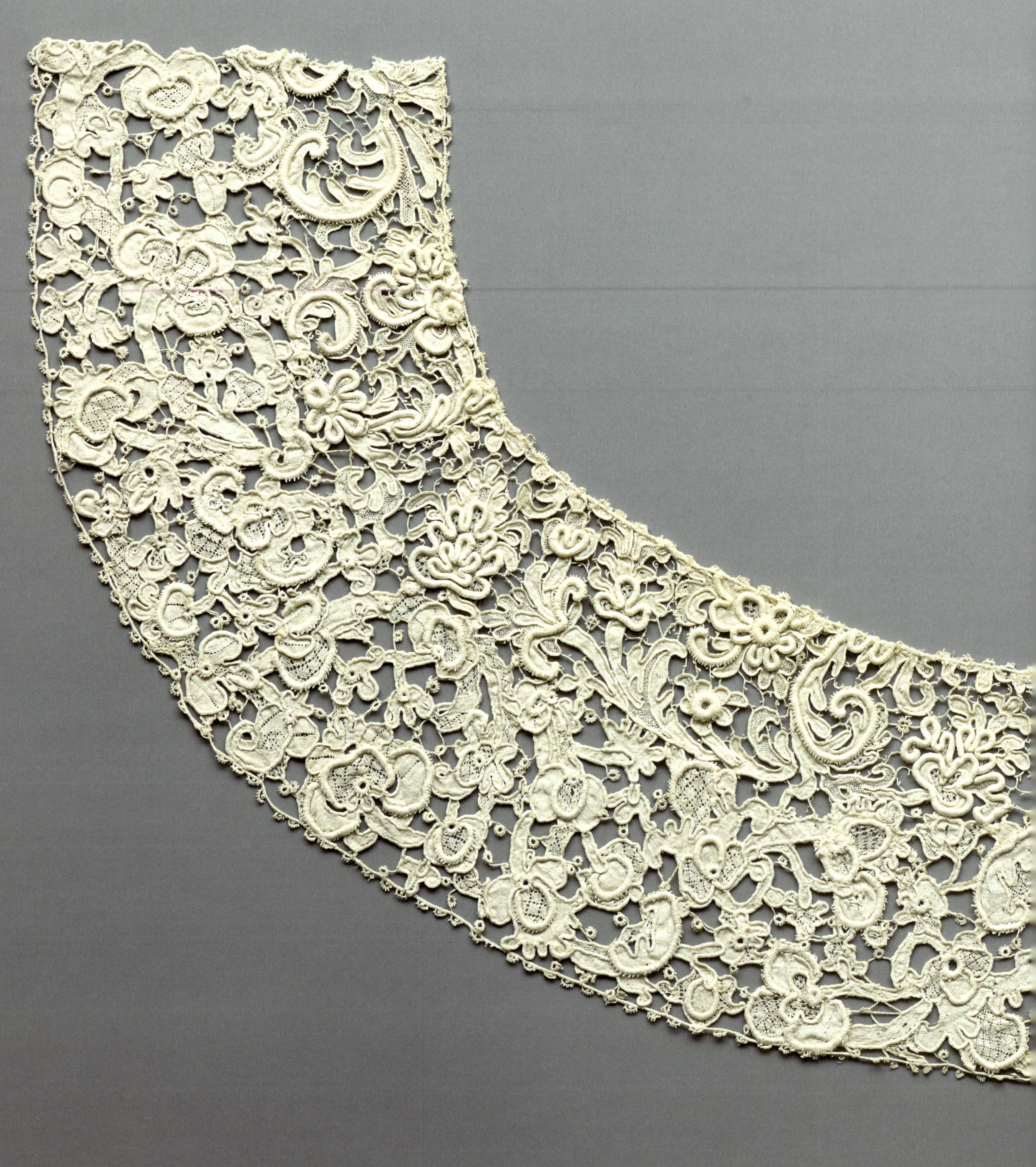

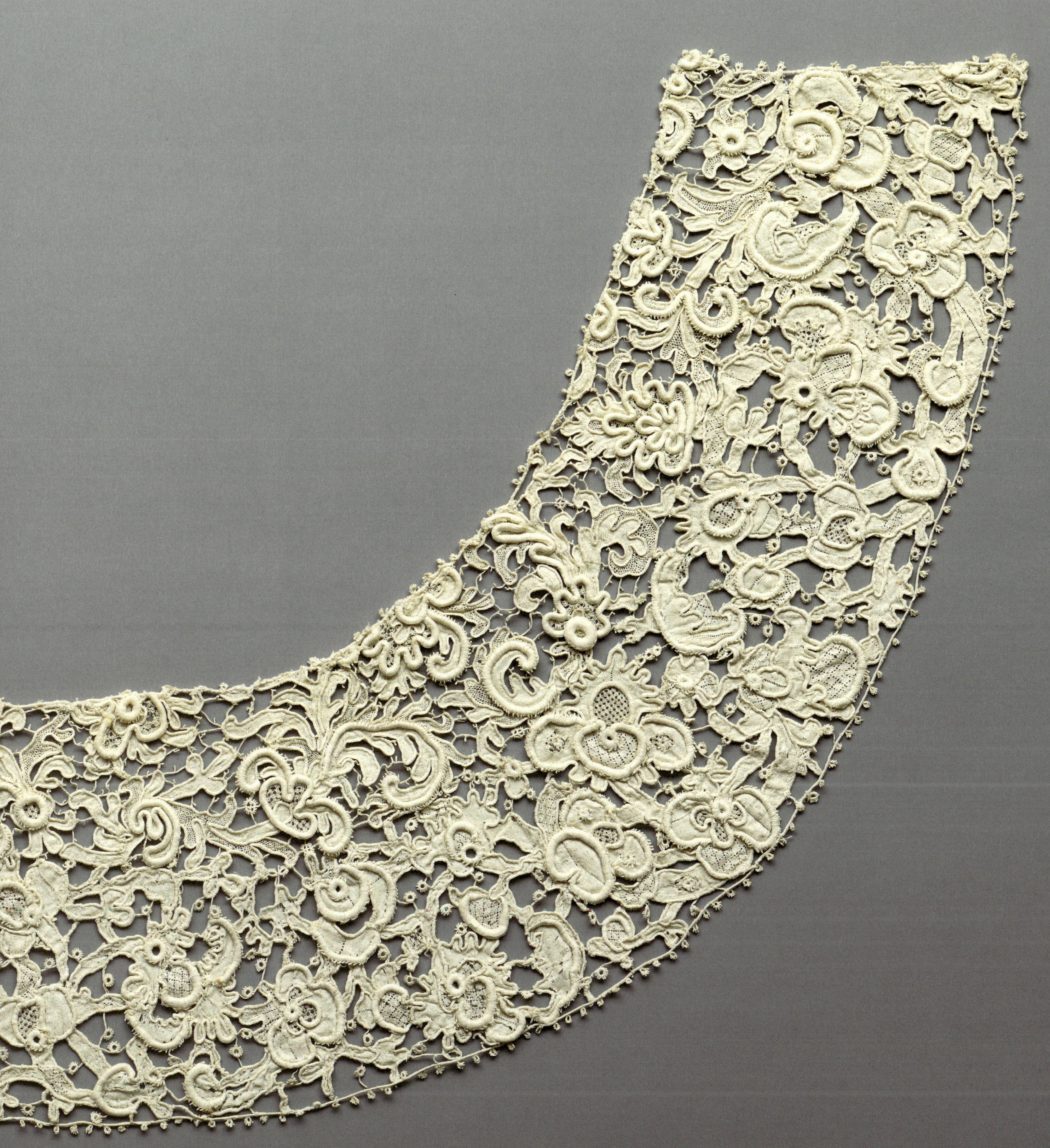

74 Kragen / Orne (Frankreich) oder Venedig, um 1680, Ende 19. Jahrhundert / Anfang 20. Jahrhundert nachbearbeitet / 60×60 cm

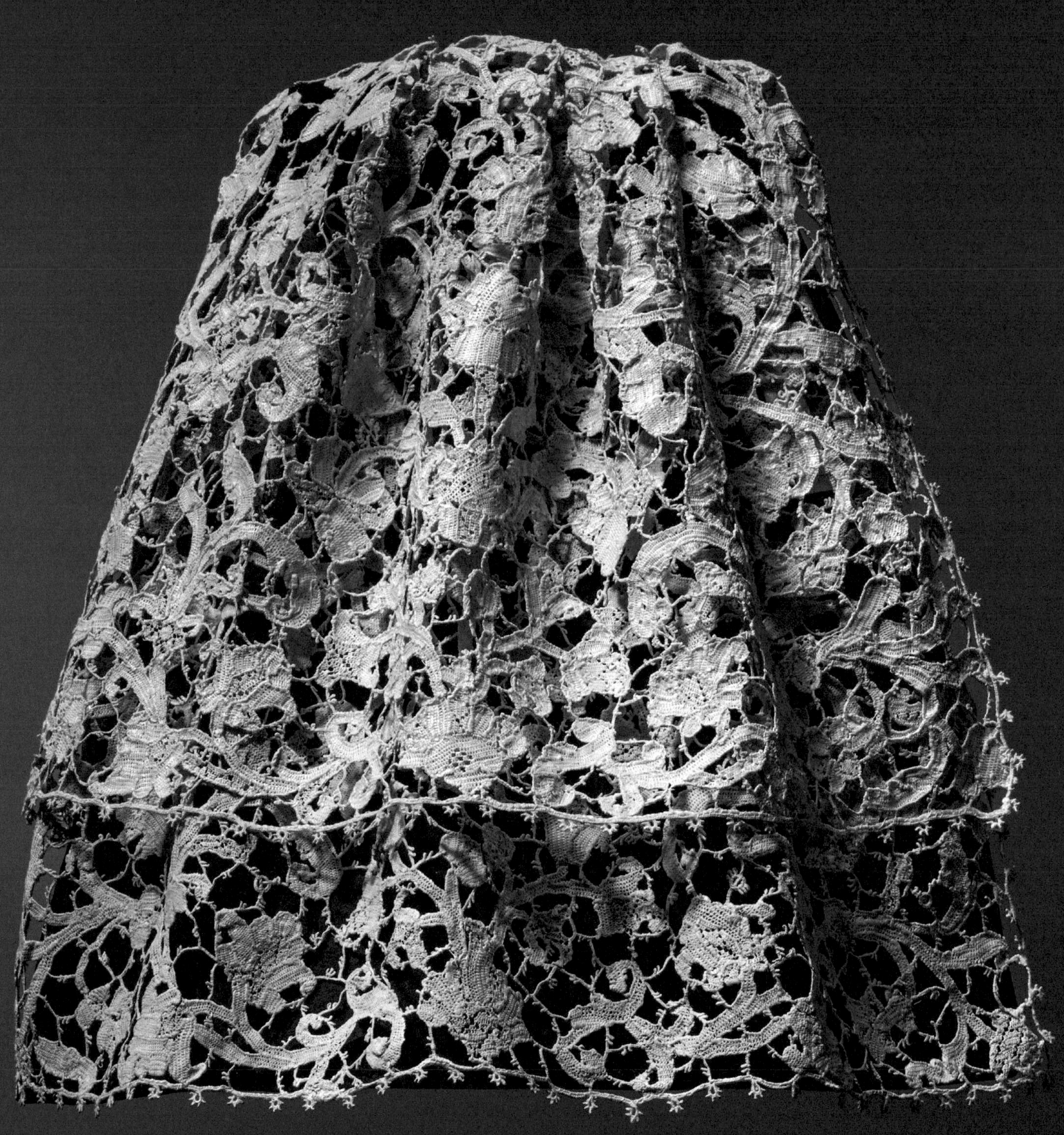

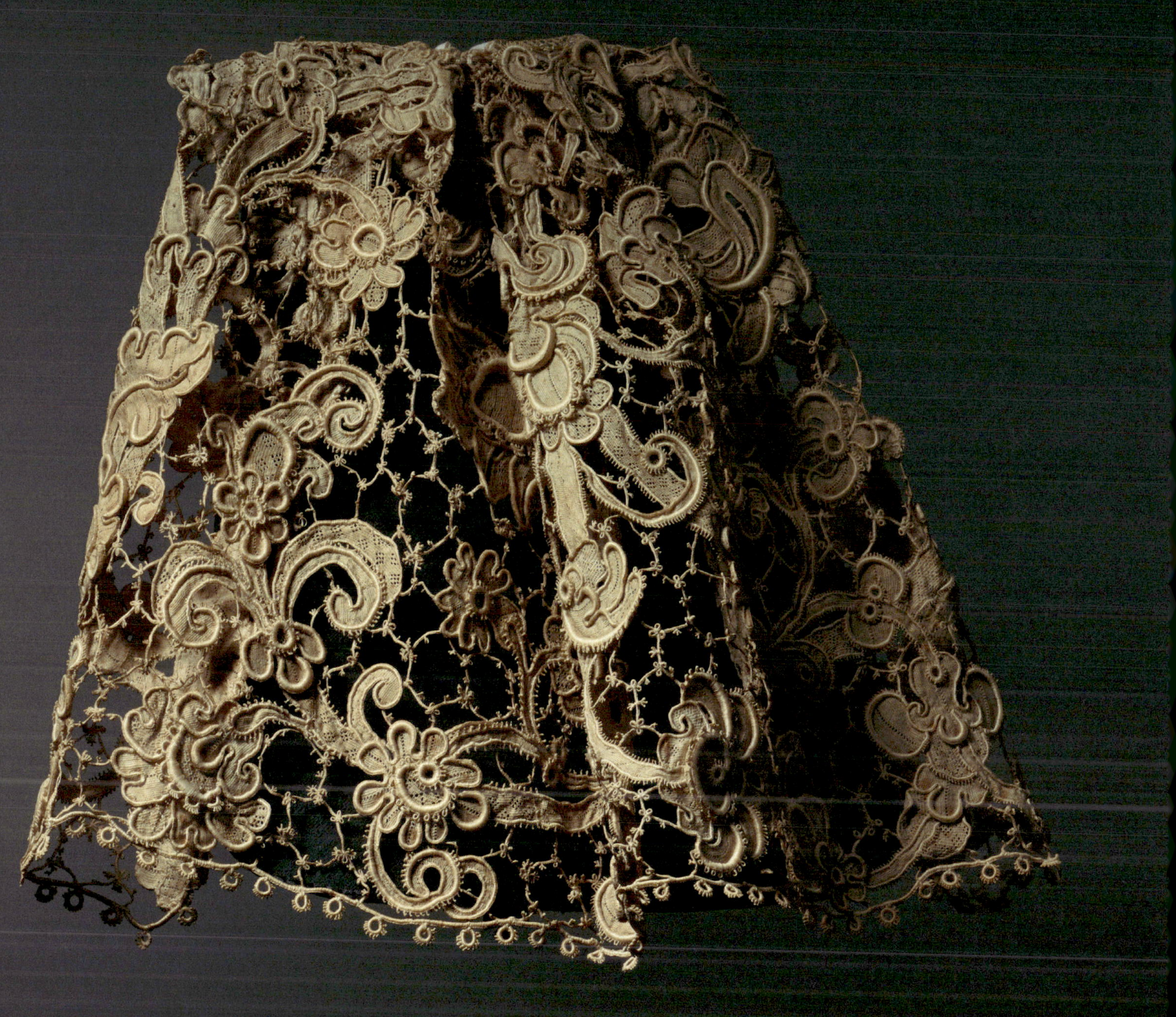

75 Manschetten oder Krawattenenden / Venedig, um 1690, Ende 19. Jahrhundert neu montiert / je 19×29 cm

76 Krawattenende / Frankreich oder Venedig, um 1690 / 19×40 cm

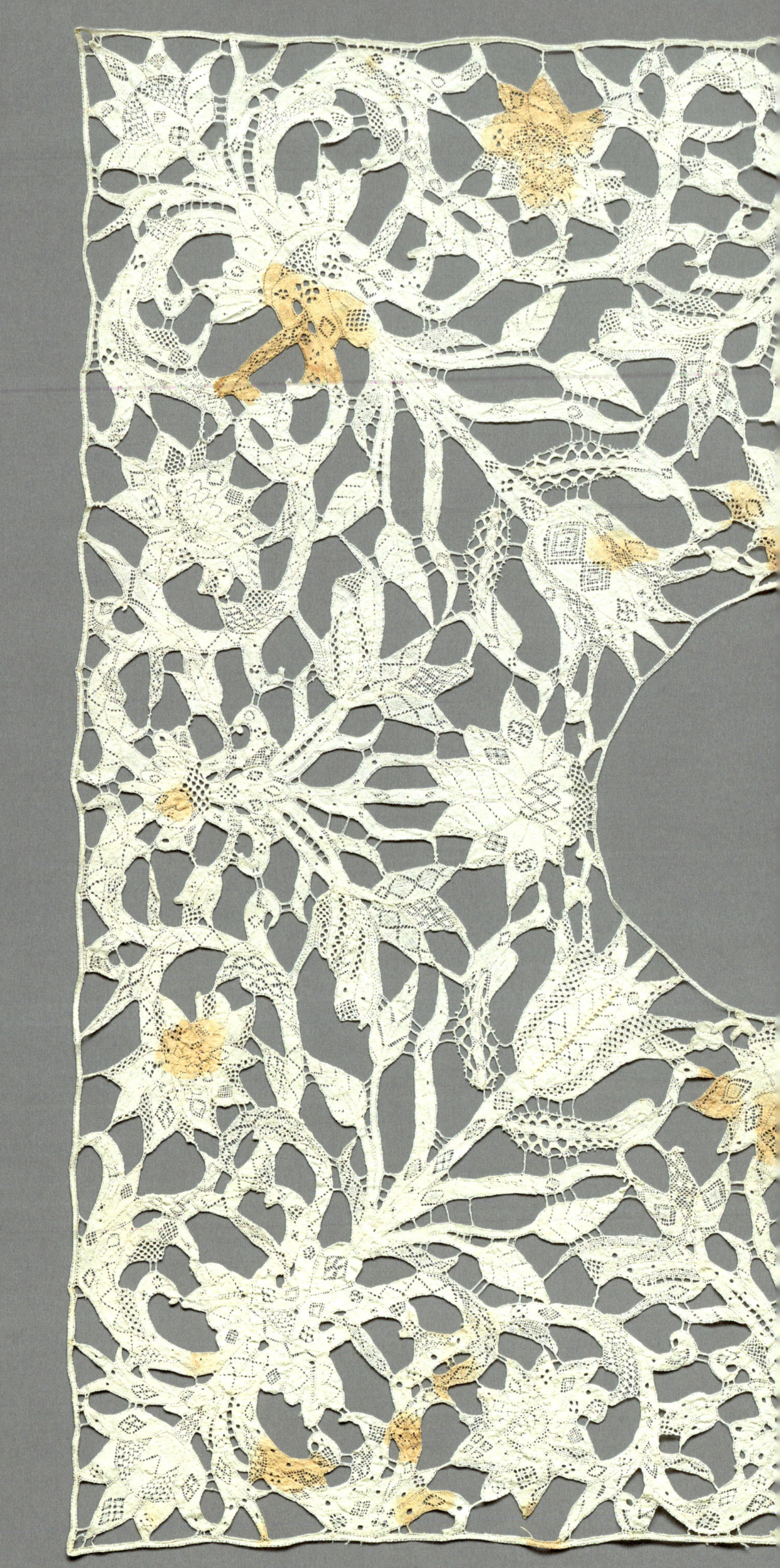

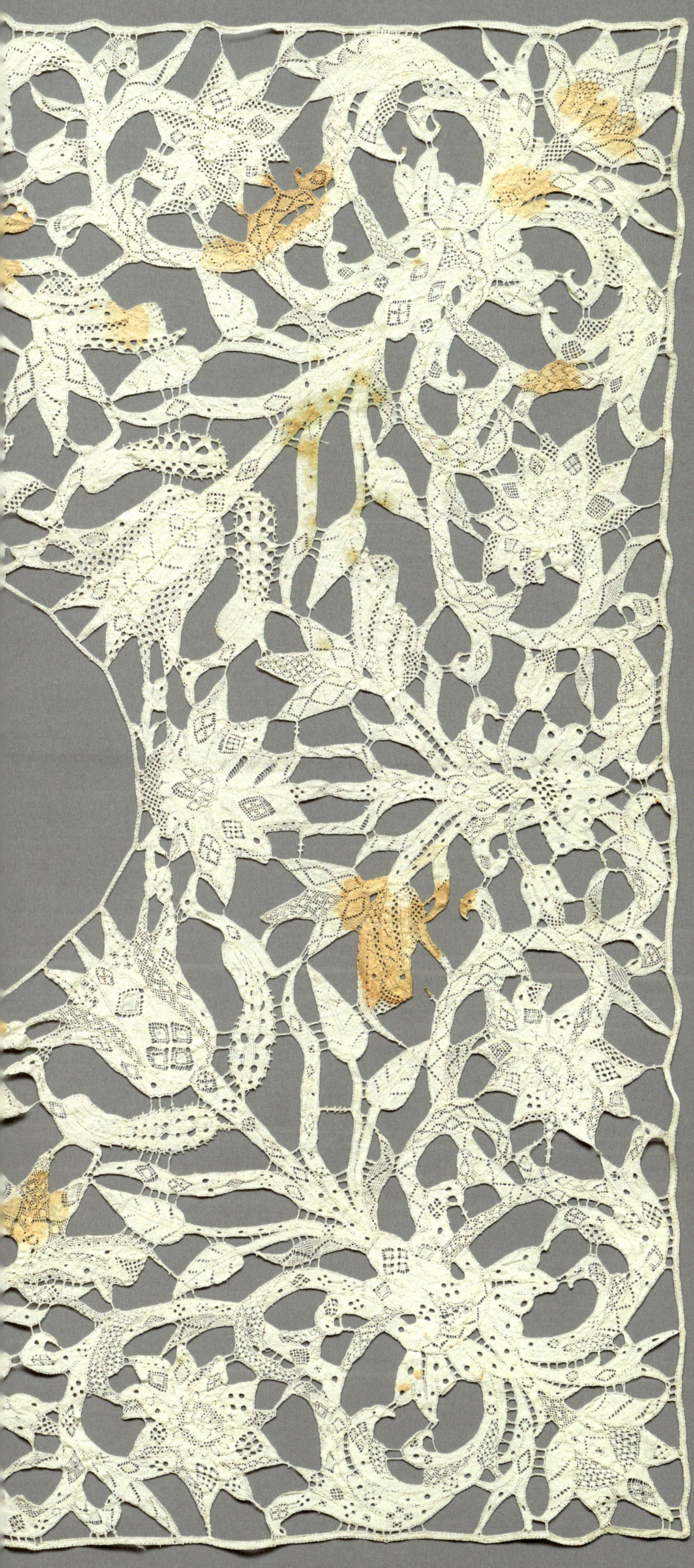

77 Kelchdecke / Flandern oder Lombardei, um 1710 / 60×60 cm

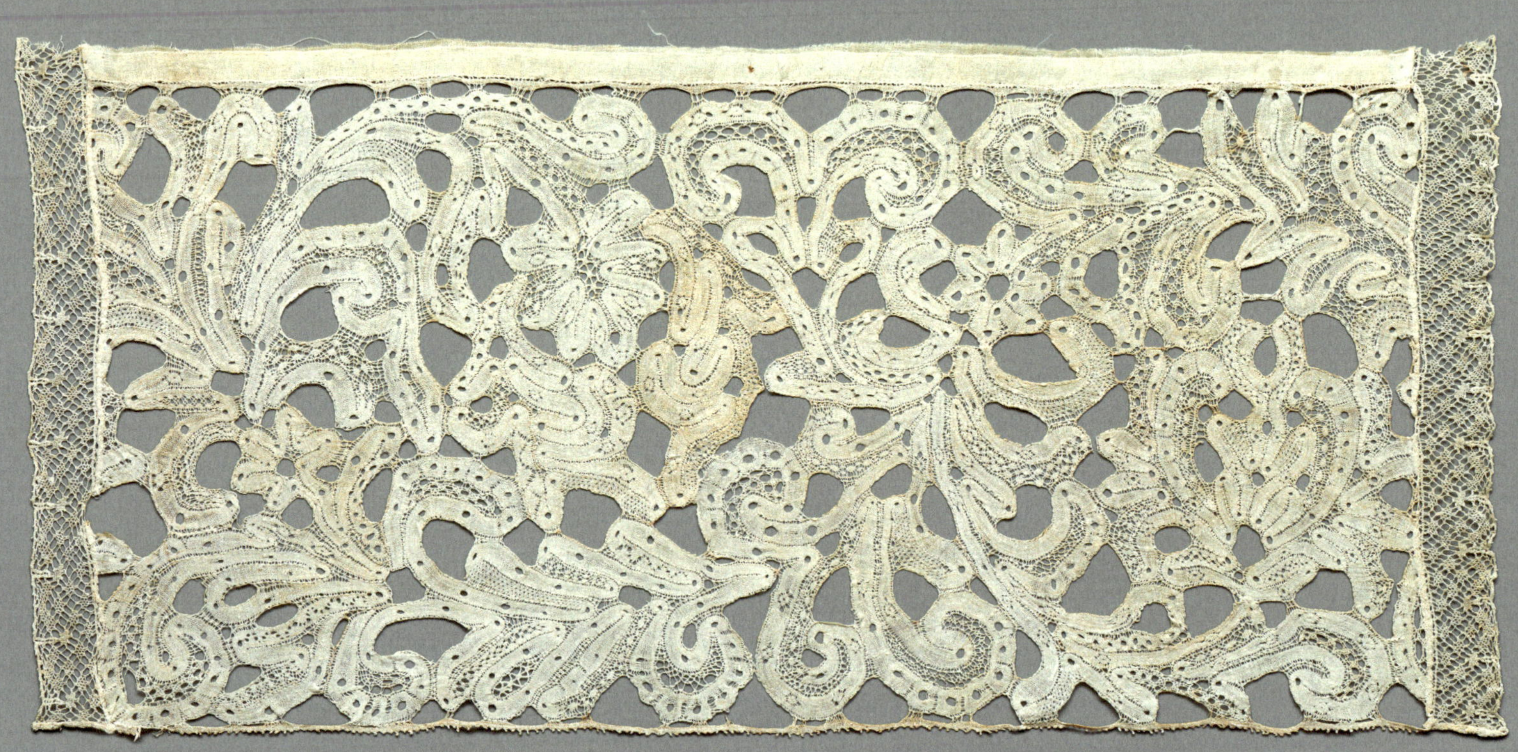

78 Borte / Flandern oder Lombardei, viertes Viertel 17. Jahrhundert / 24 × 53 cm

79 Borte (Detail) / Lombardei, drittes Viertel 17. Jahrhundert / 37 × 87 cm / auf Seidengewebe, Italien, viertes Viertel 17. Jahrhundert

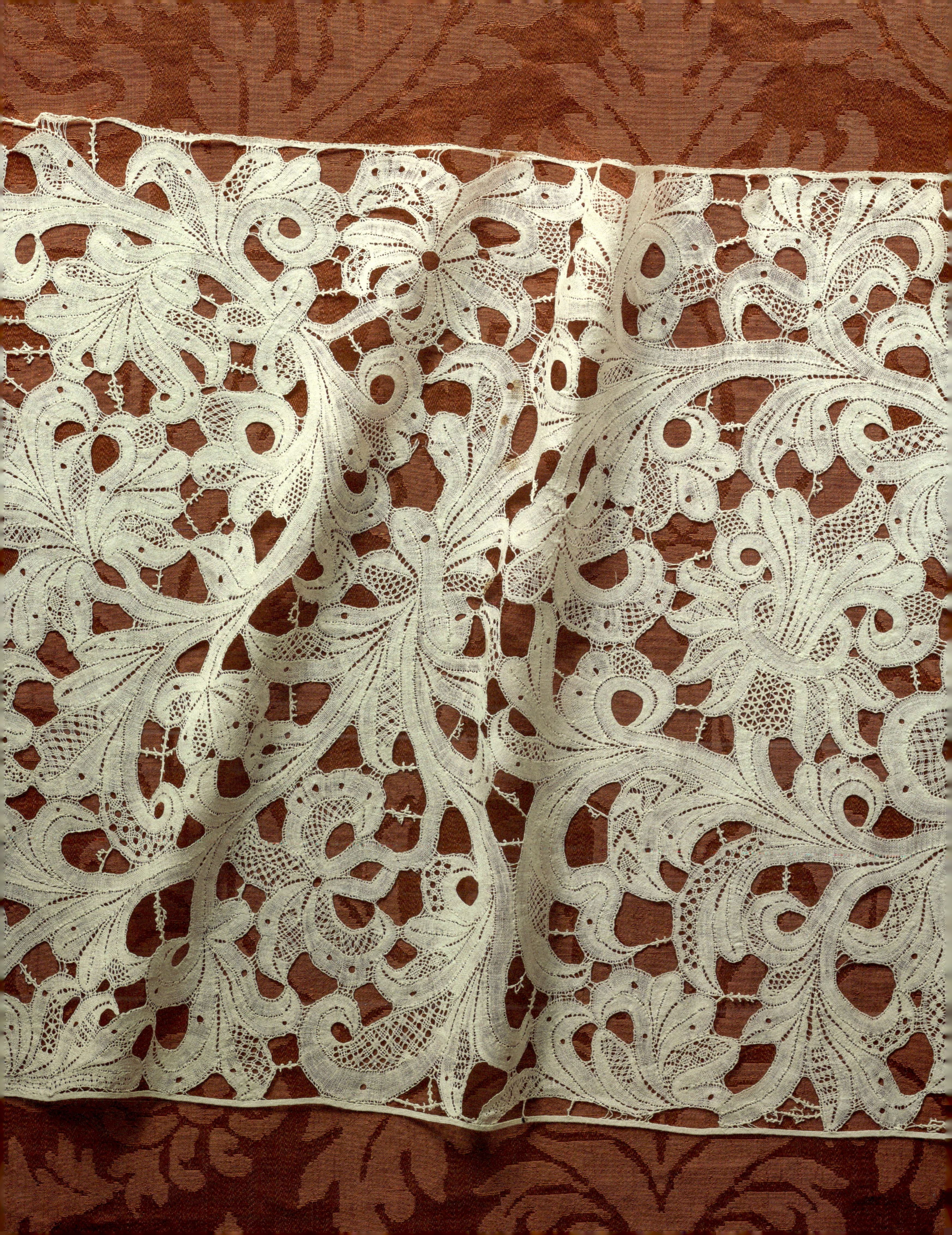

80 Borte / Venedig oder Frankreich, viertes Viertel 17. bis erstes Viertel 18. Jahrhundert, im 19. Jahrhundert ergänzt / 24,5 × 68 cm

81 Kragen / Italien, viertes Viertel 17. Jahrhundert, Umarbeitung im 19. Jahrhundert / 52 × 20,5 cm

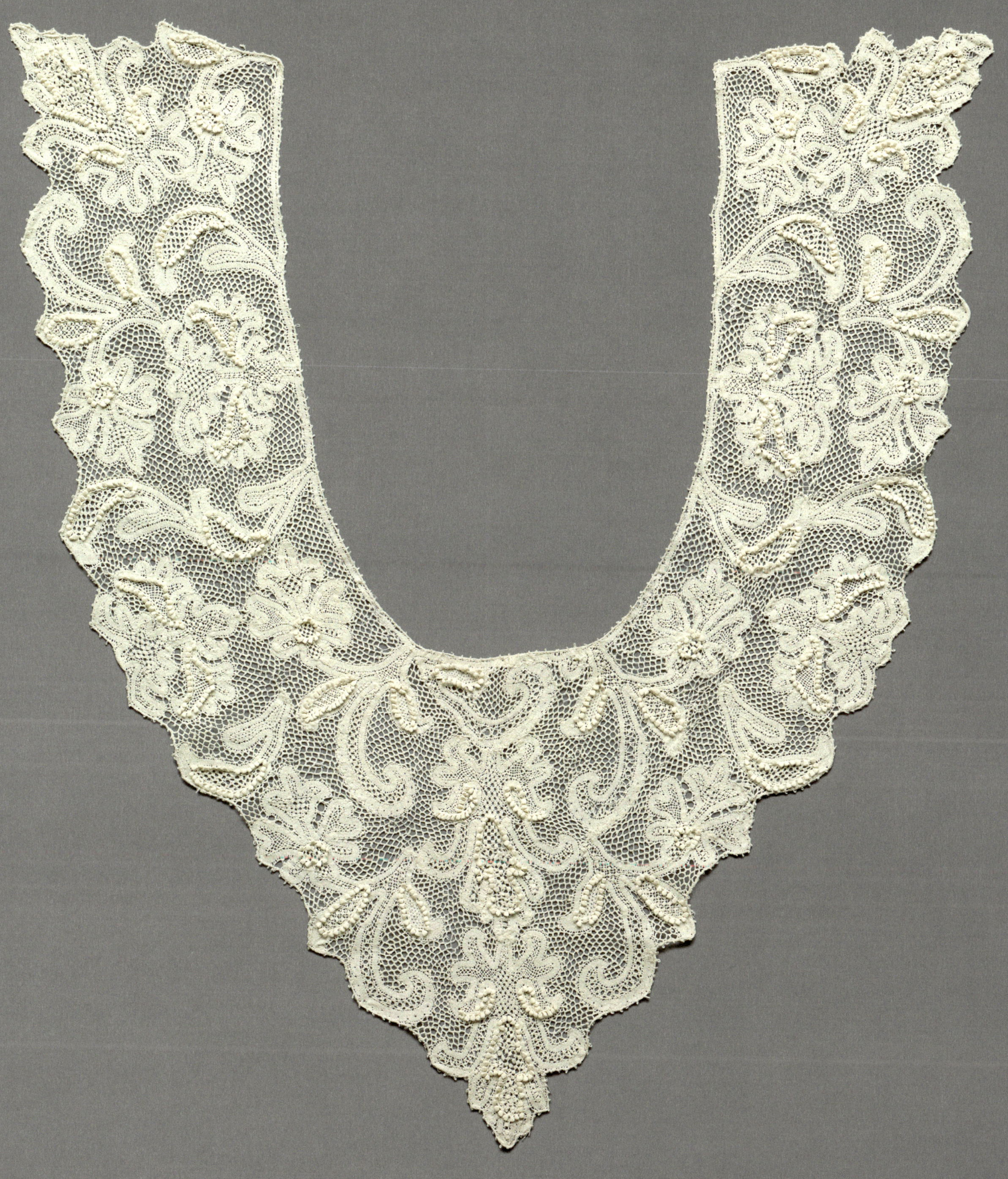

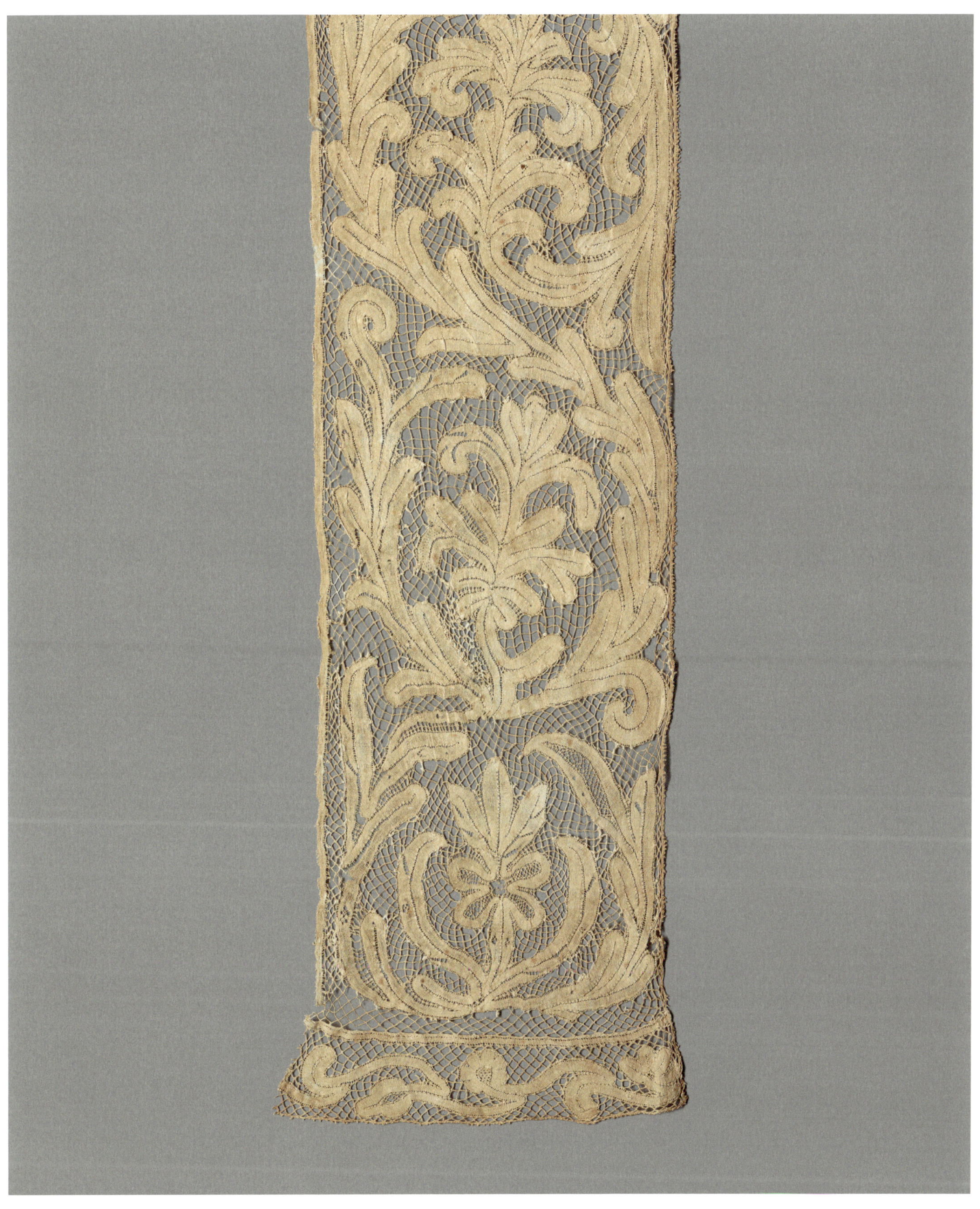

82 Borte (Detail) / Italien, vermutlich Lombardei, viertes Viertel 17. Jahrhundert / 17×137 cm

83 Borte (Detail) / Lombardei, 1680–1720 / 19×278 cm

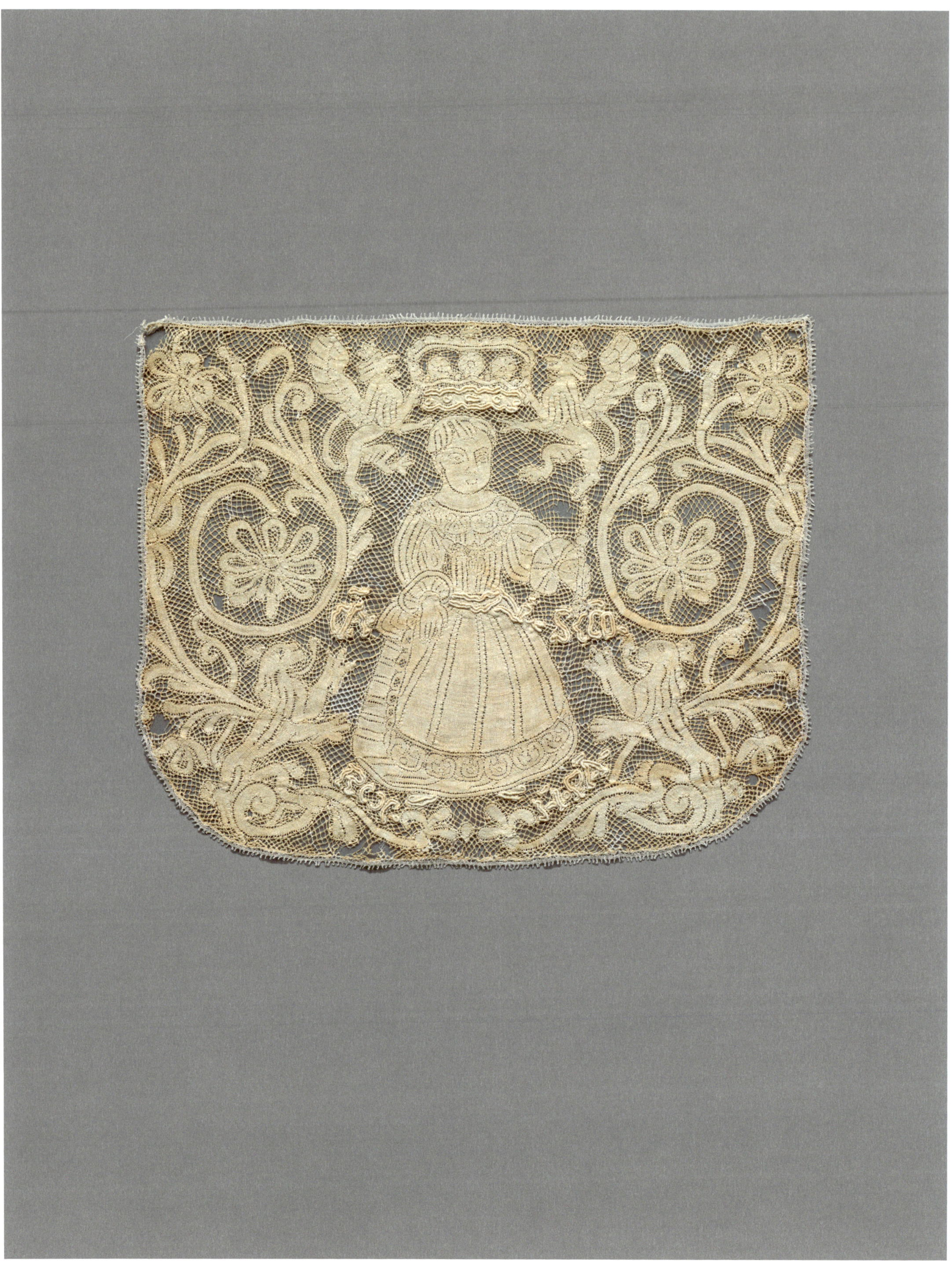

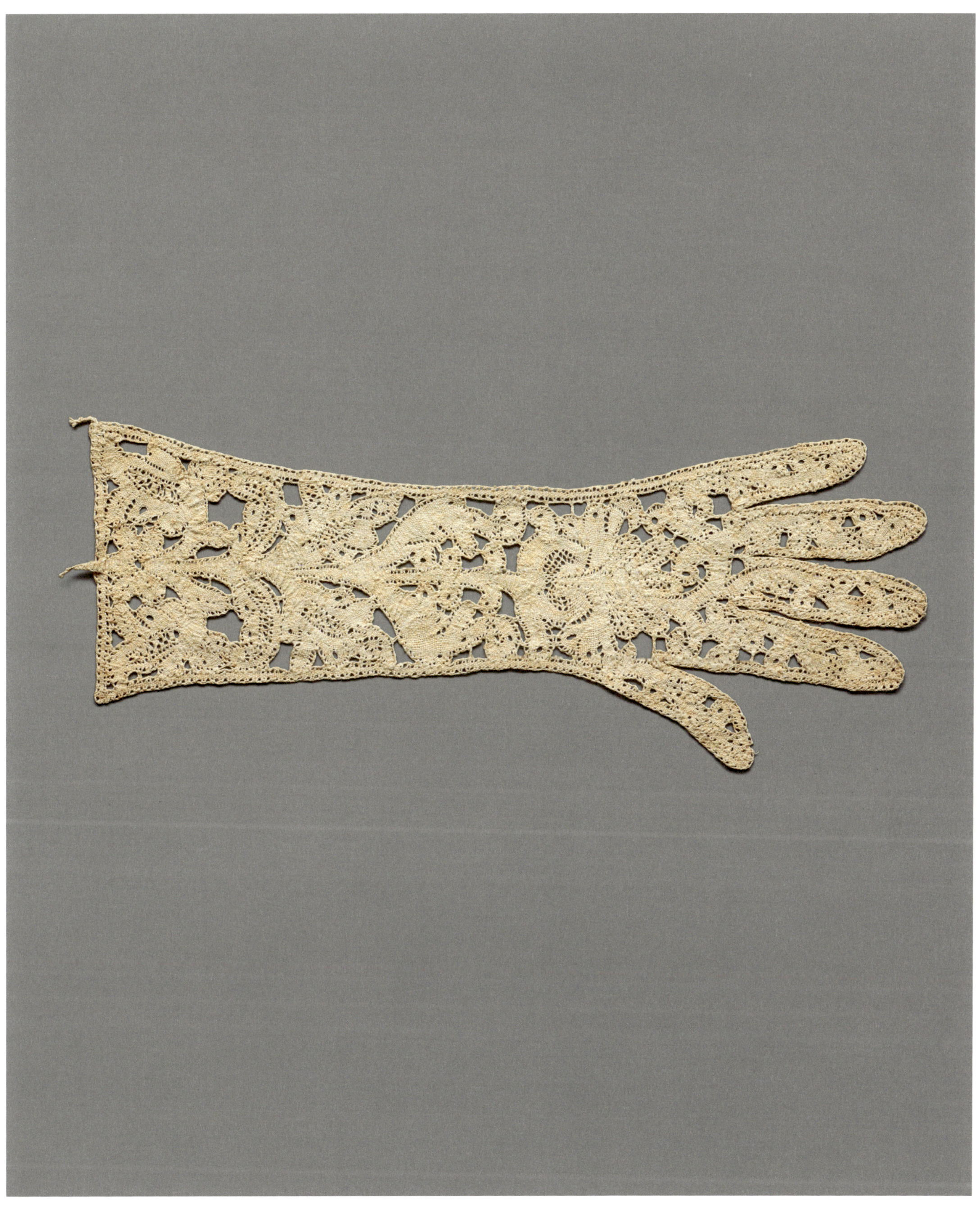

84 Borte / Flandern, vermutlich Antwerpen, 1665 / 18,5 × 23,5 cm

85 Handschuh (Oberteil) / vermutlich Lombardei, zweite Hälfte 17. Jahrhundert / 36,5 × 11,7 cm

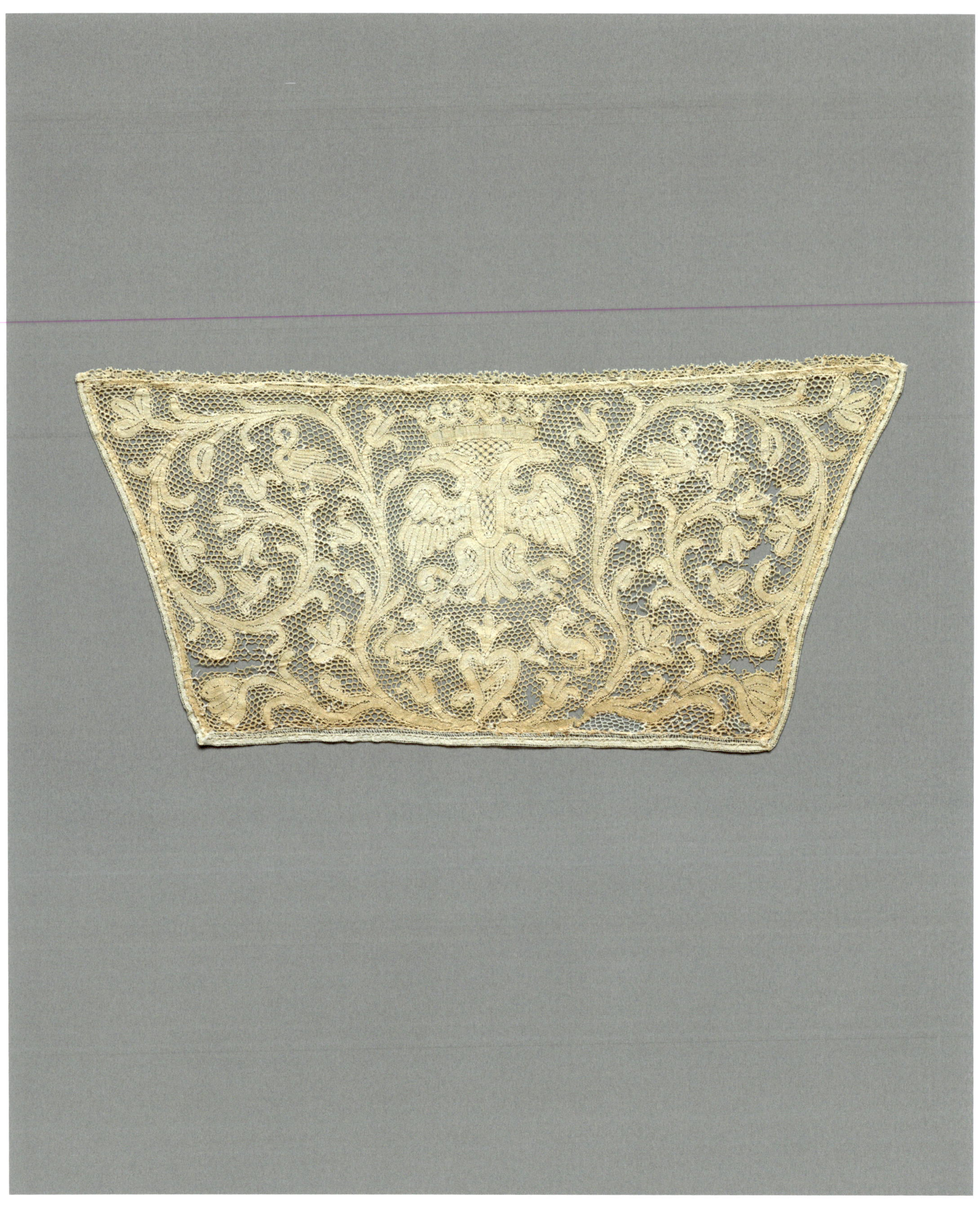

86 Manipel-Ende oder Manschette / Lombardei, um 1700 / 16×37 cm

87 Manschette / Lombardei, um 1700 / 24×48 cm

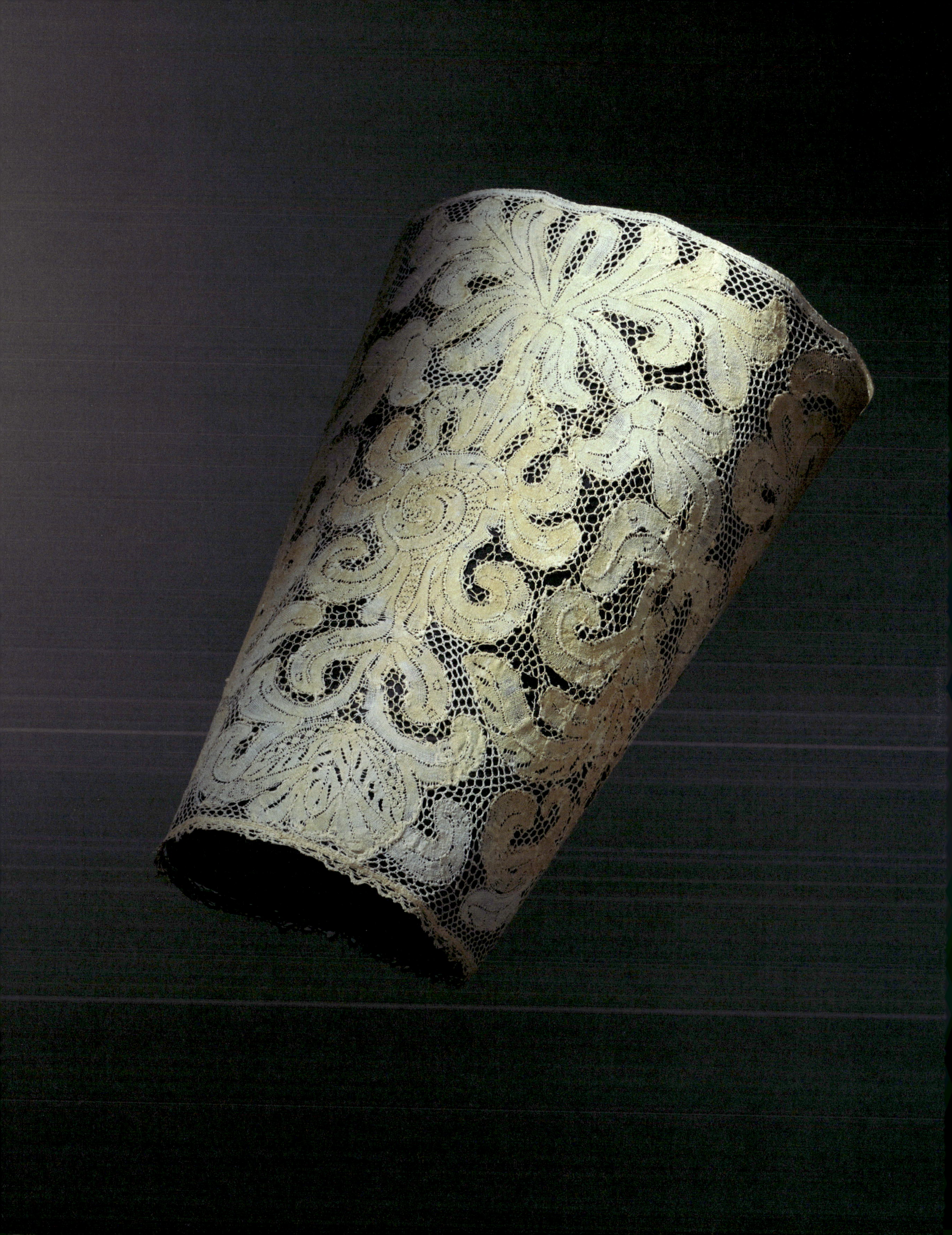

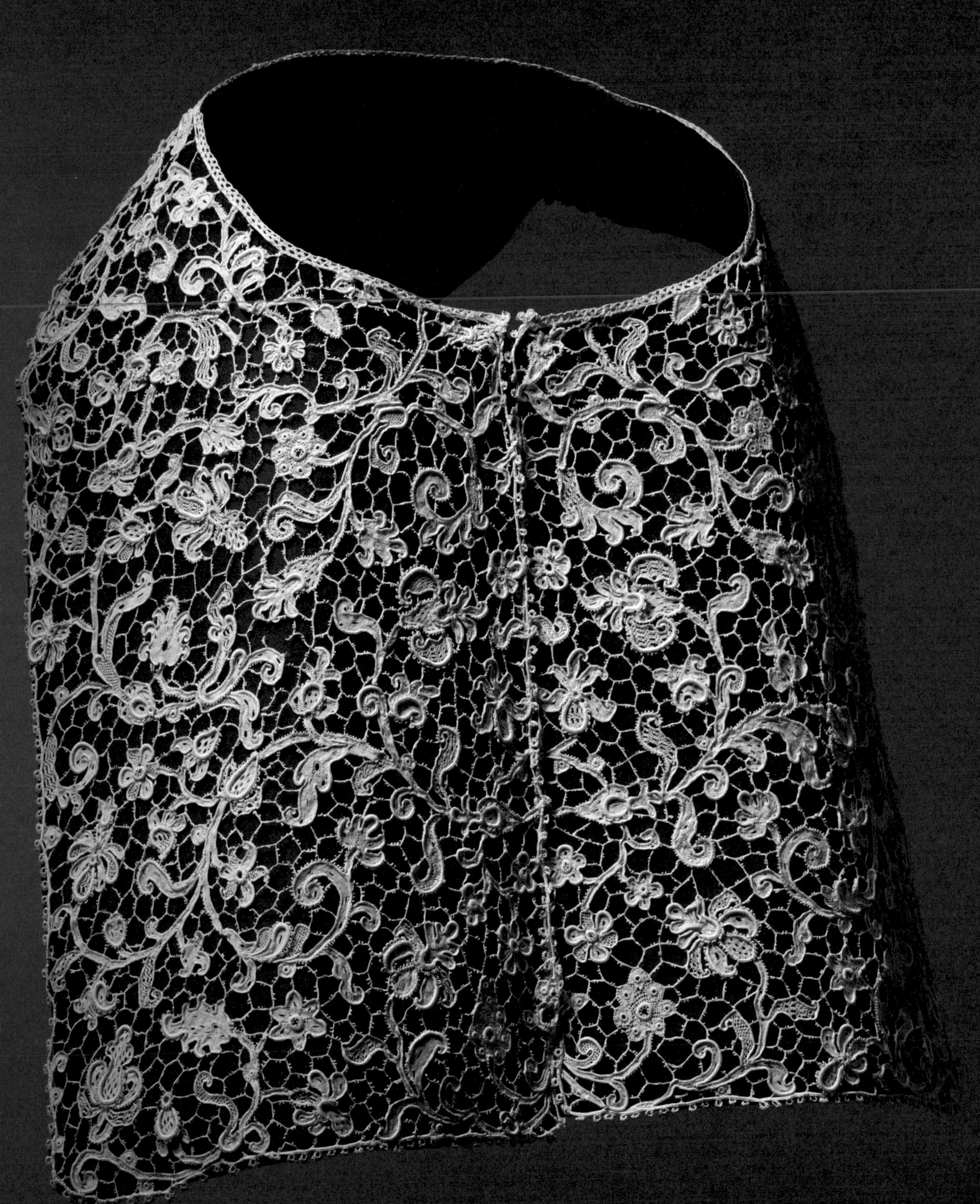

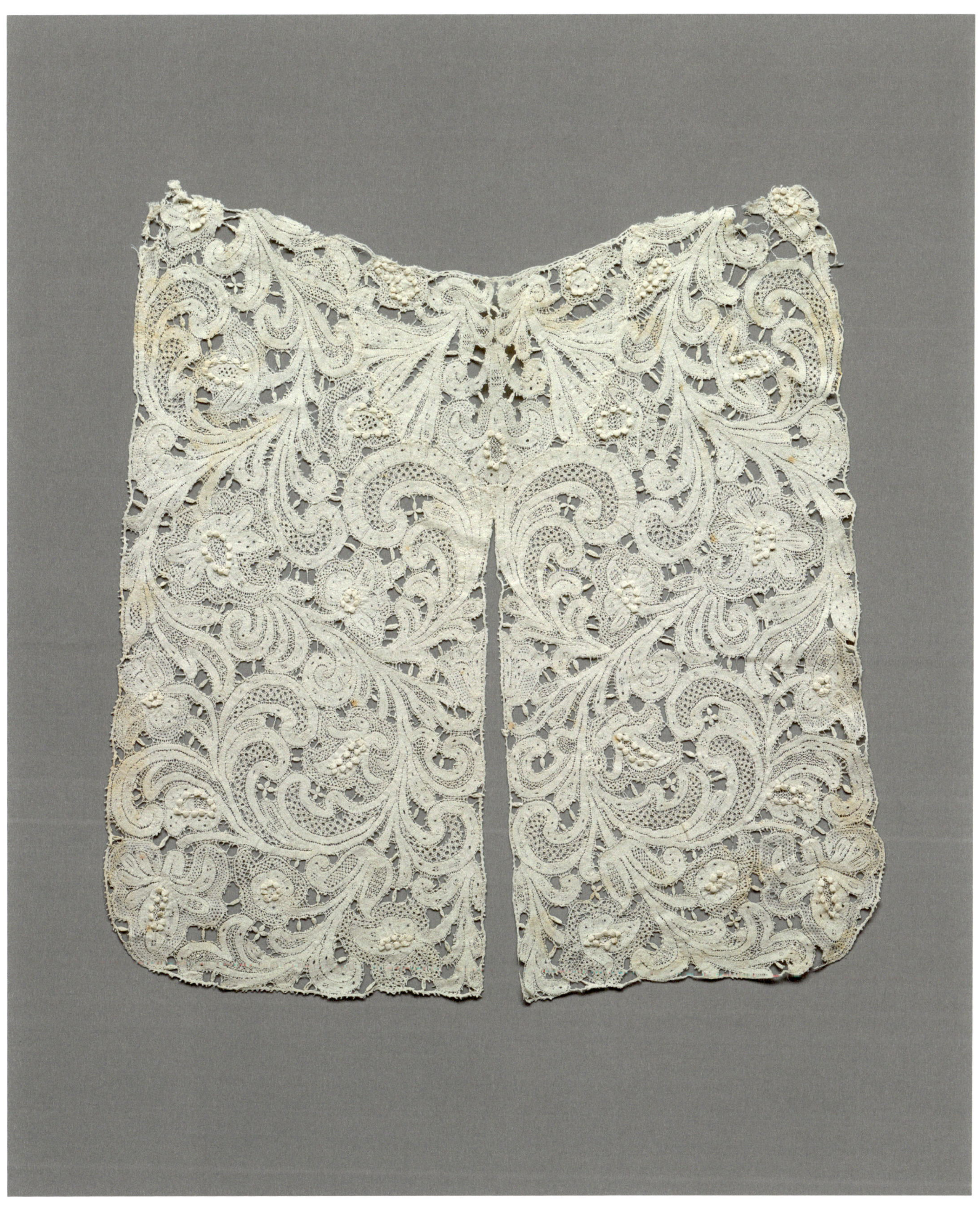

88 Rabat / Venedig oder Orne (Frankreich), um 1690 / 16,5×73 cm

89 Rabat oder Krawatte / Flandern, viertes Viertel 17. Jahrhundert / 28×28,5 cm

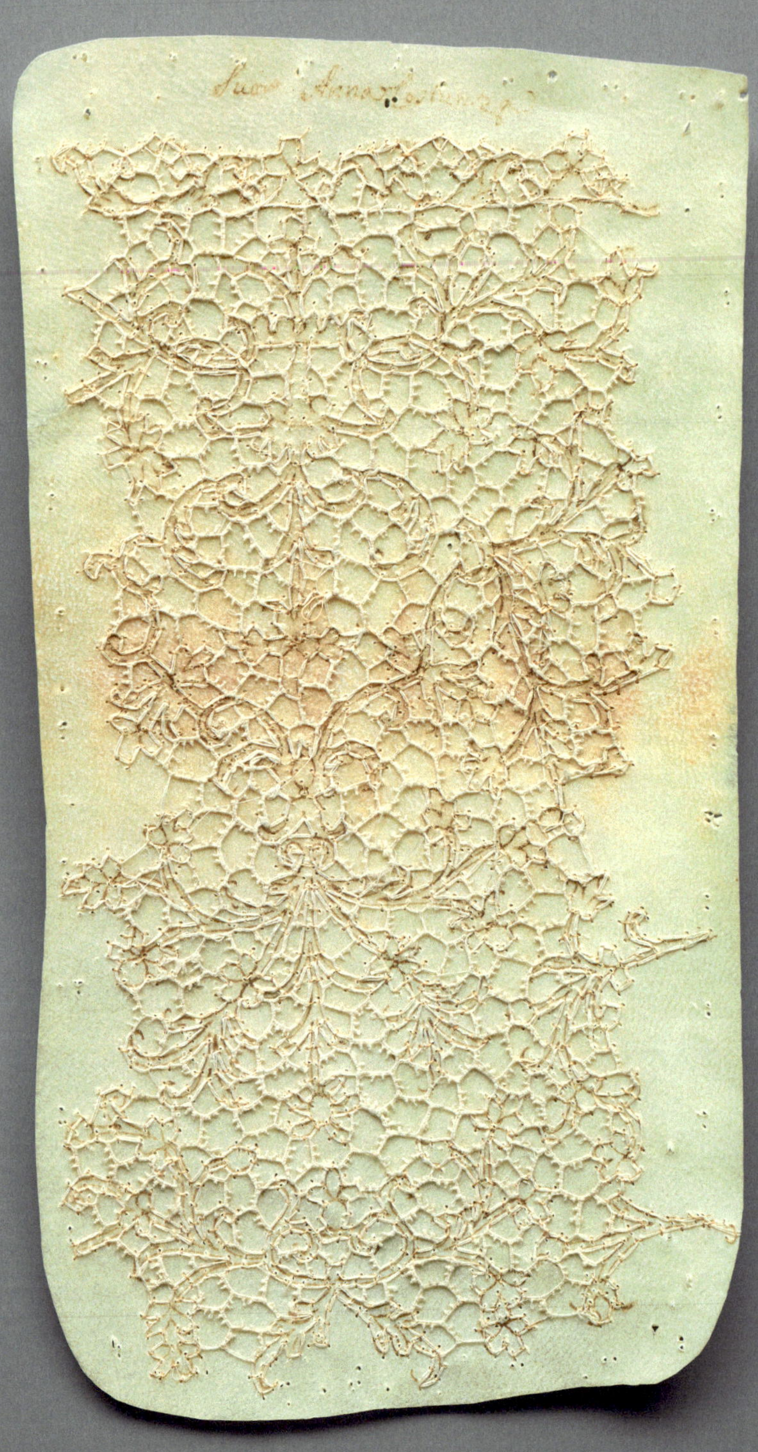

90 Borte auf Pergament (mit Detail) / Italien, zweite Hälfte 17. Jahrhundert / 10 × 19,5 cm

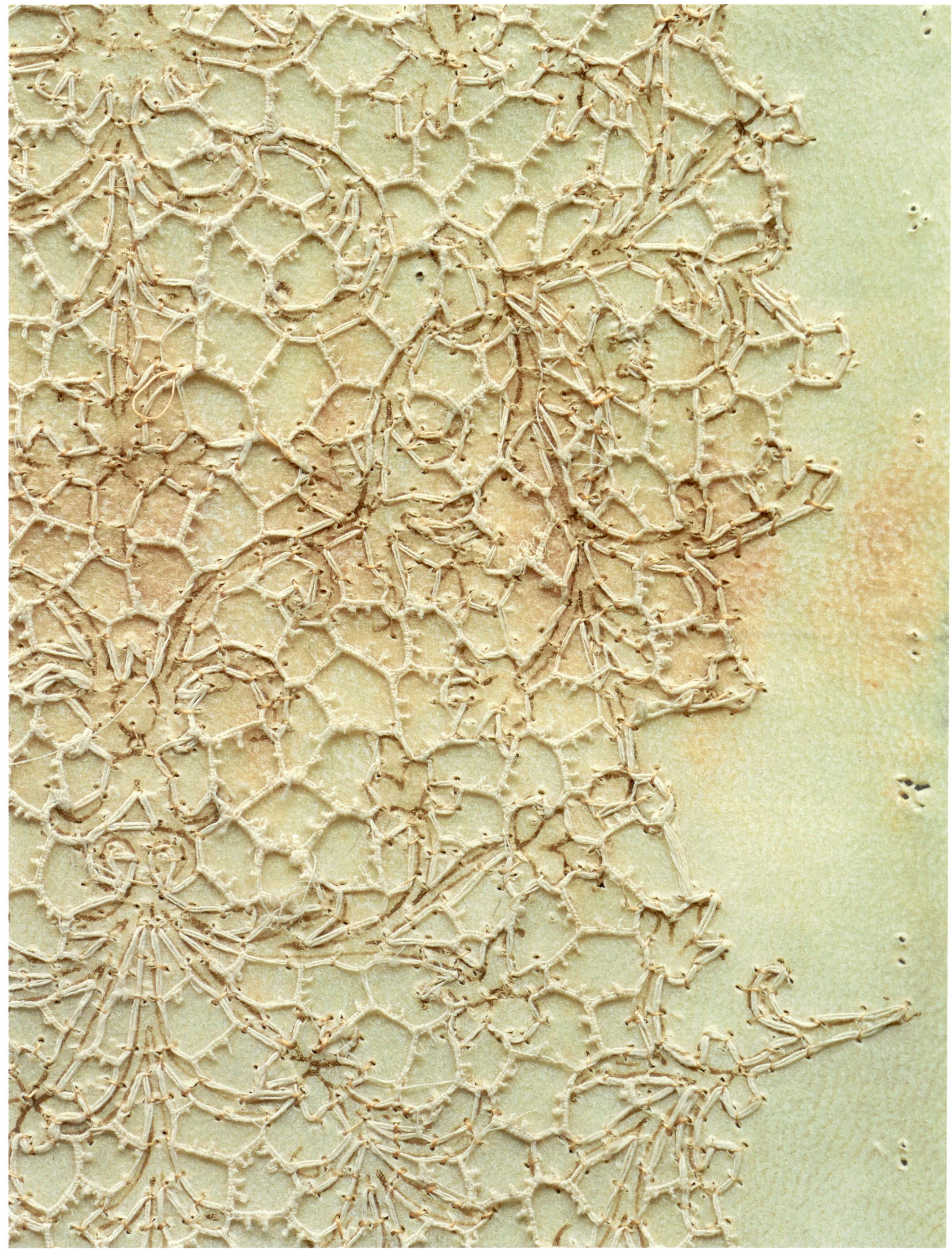

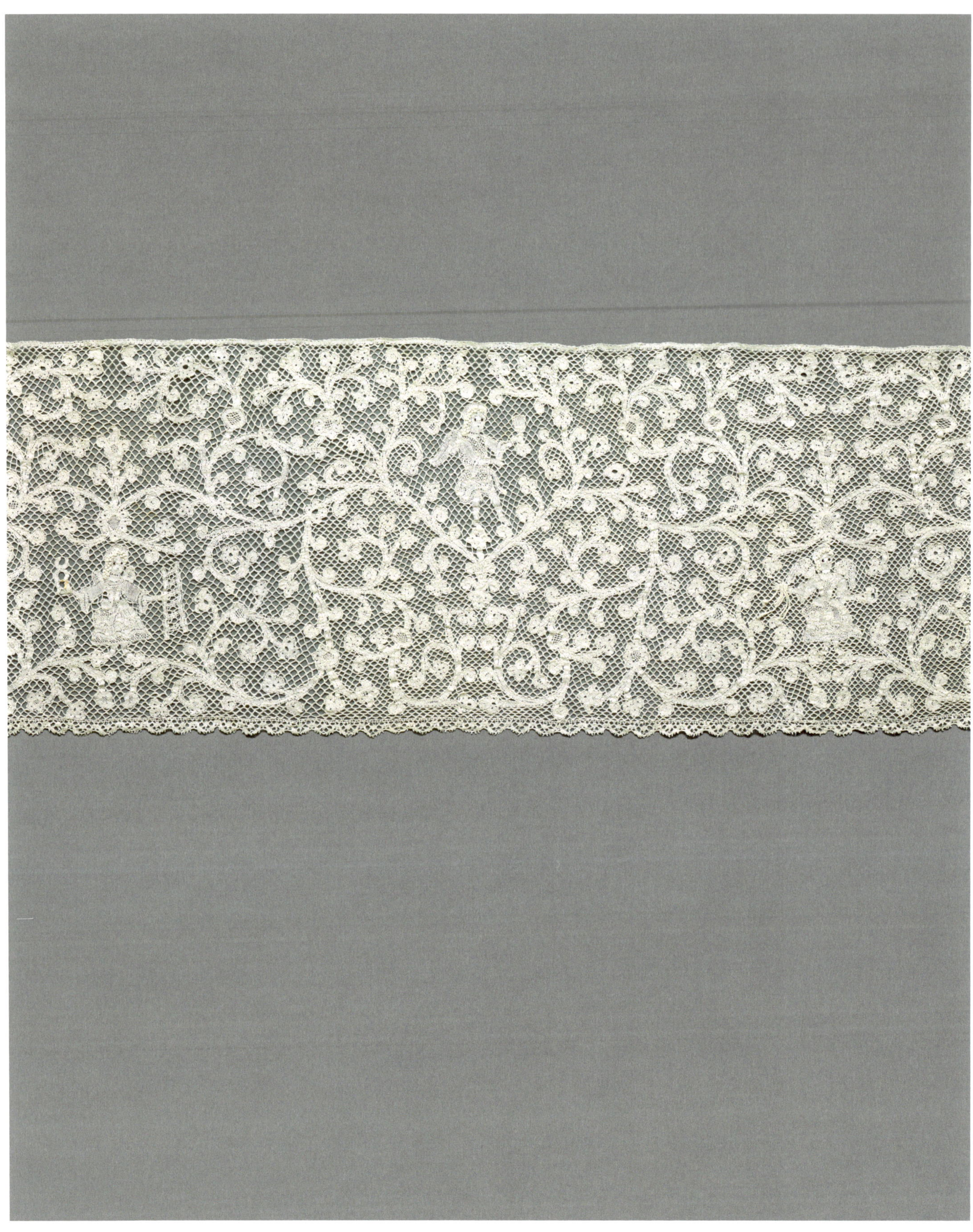

91 Borte für Rochett (Details) / Lombardei, Ende 17. Jahrhundert / 21 × 320 cm

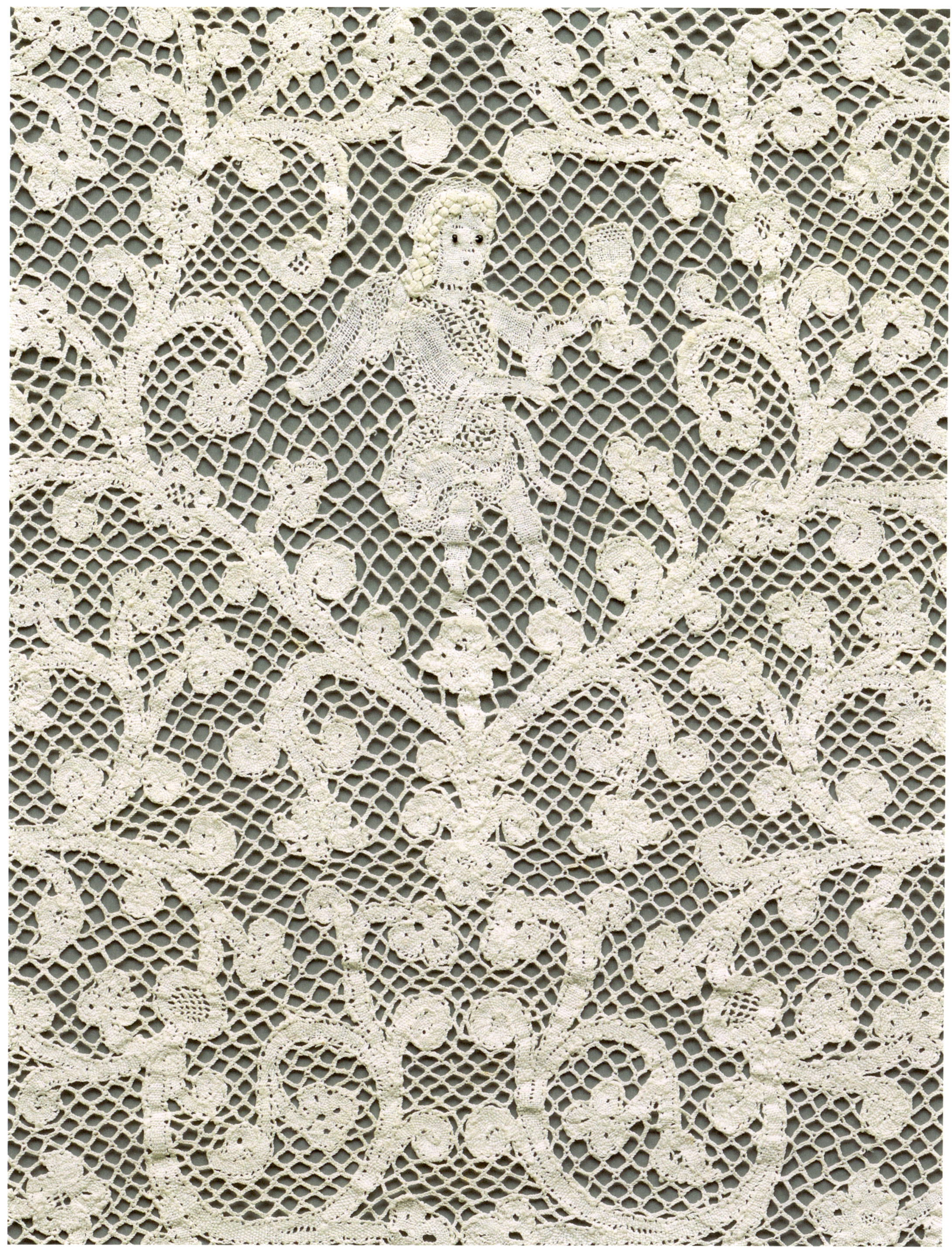

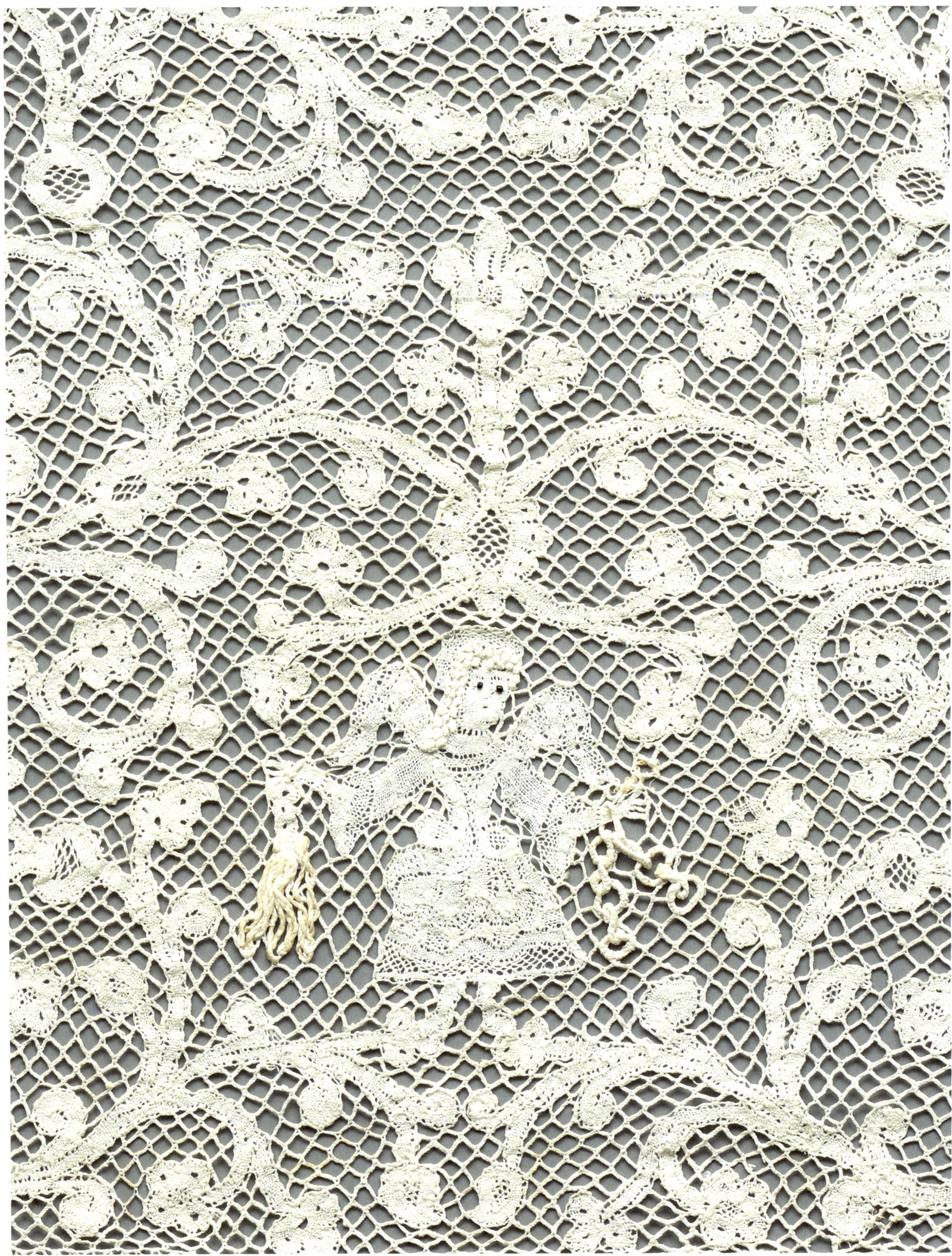

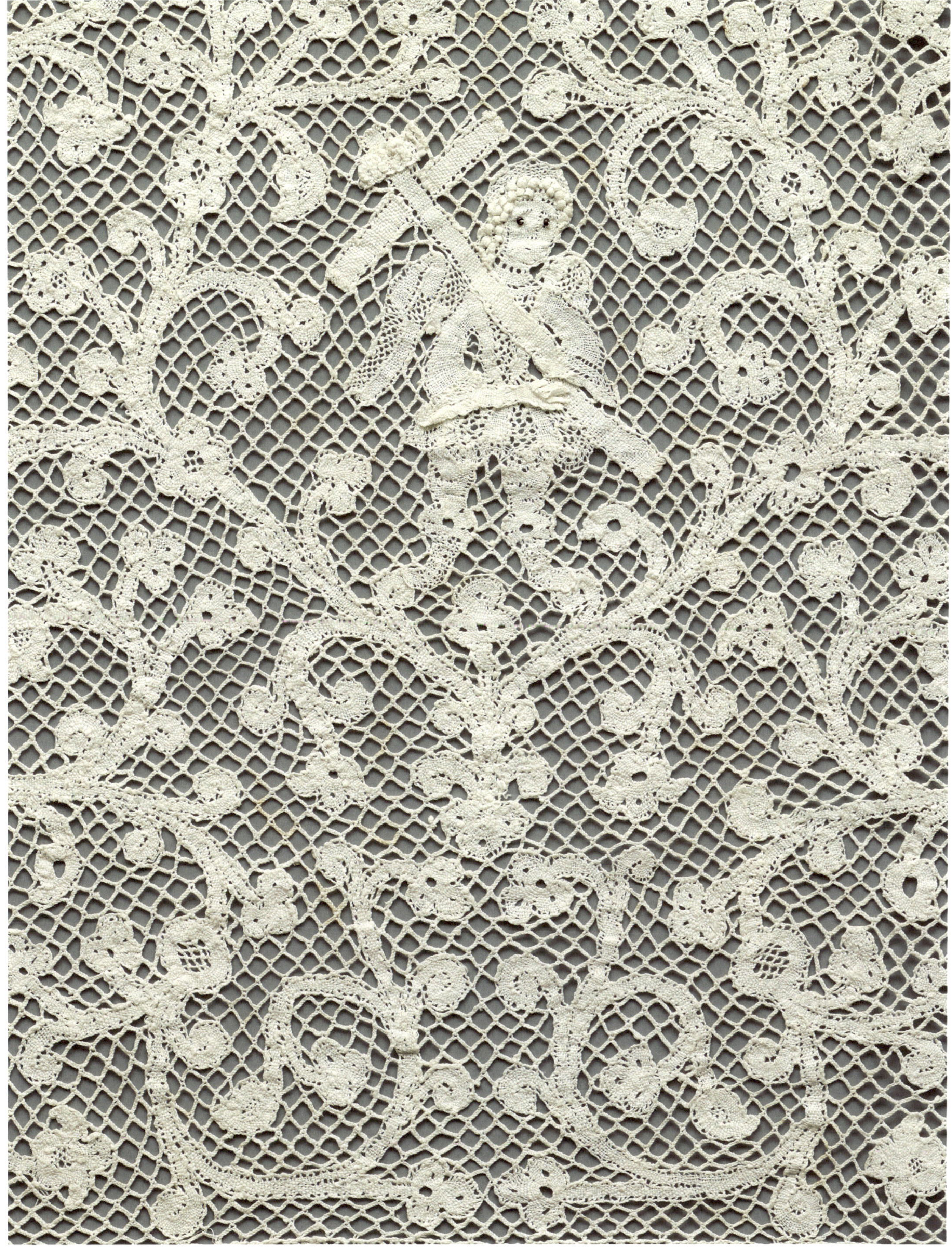

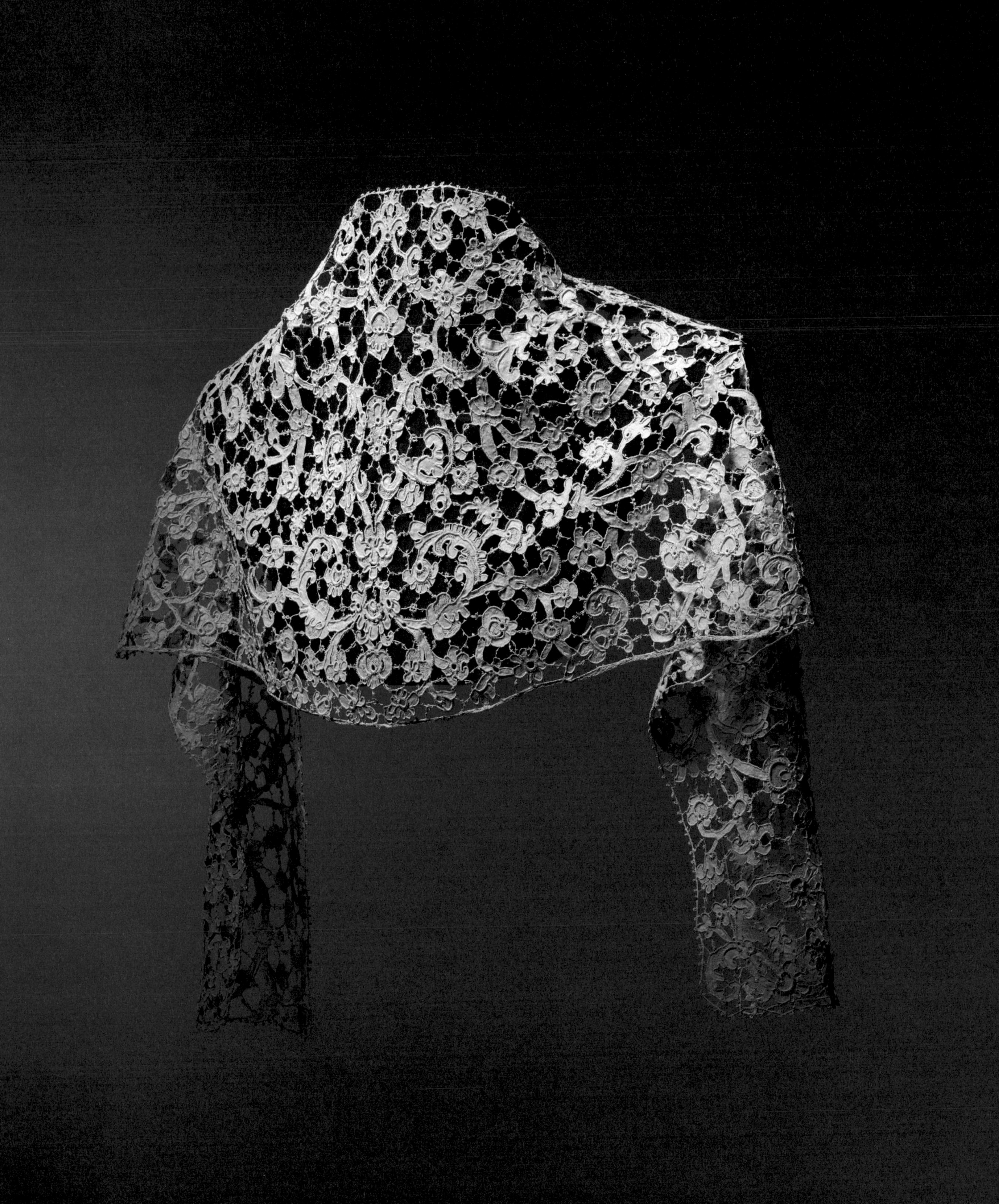

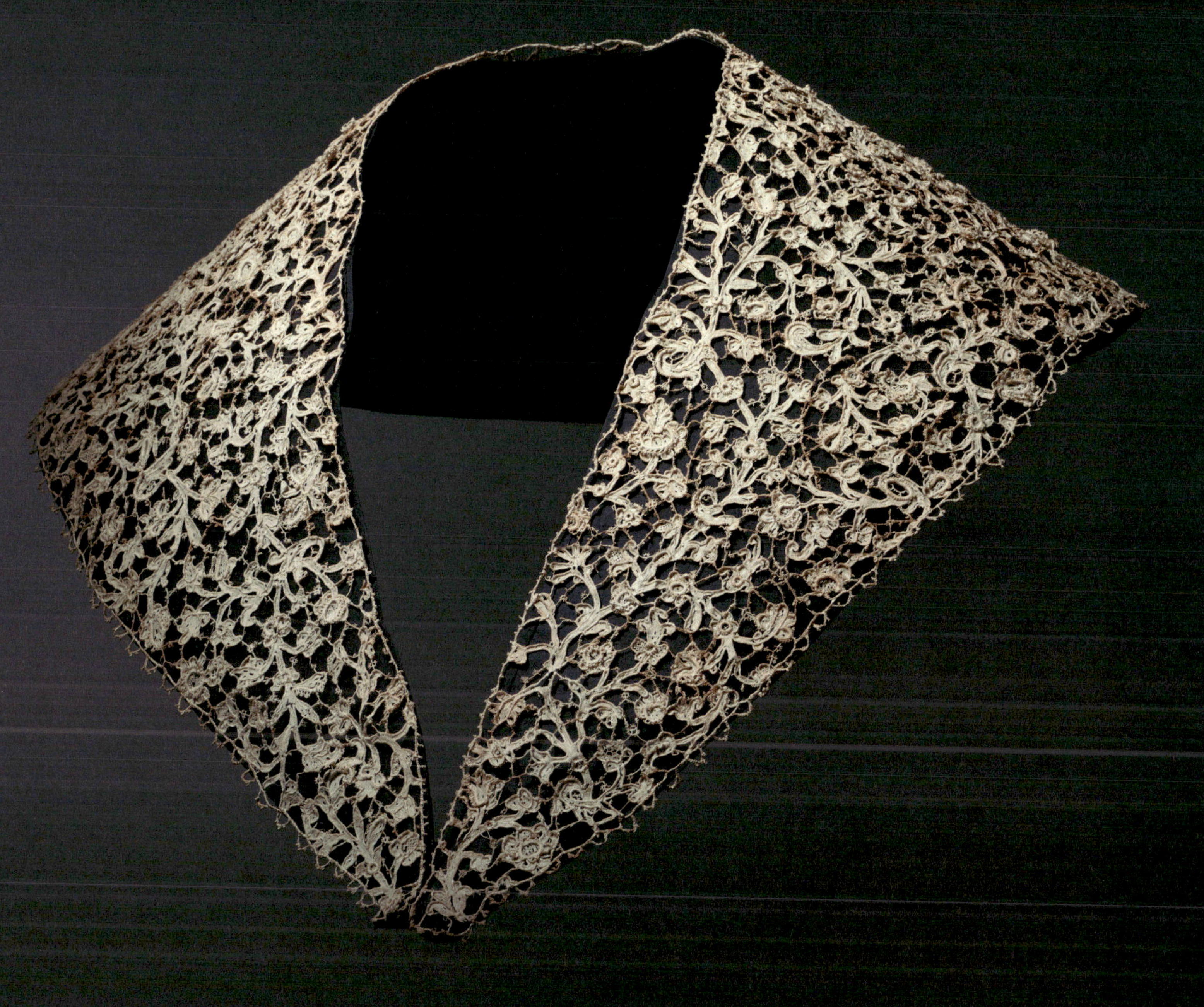

92 Schultertuch oder Fontange / Italien, um 1700 / 35×140 cm

93 Kragen / Venedig, um 1700, Ende 19. Jahrhundert zusammengesetzt / 16×100 cm

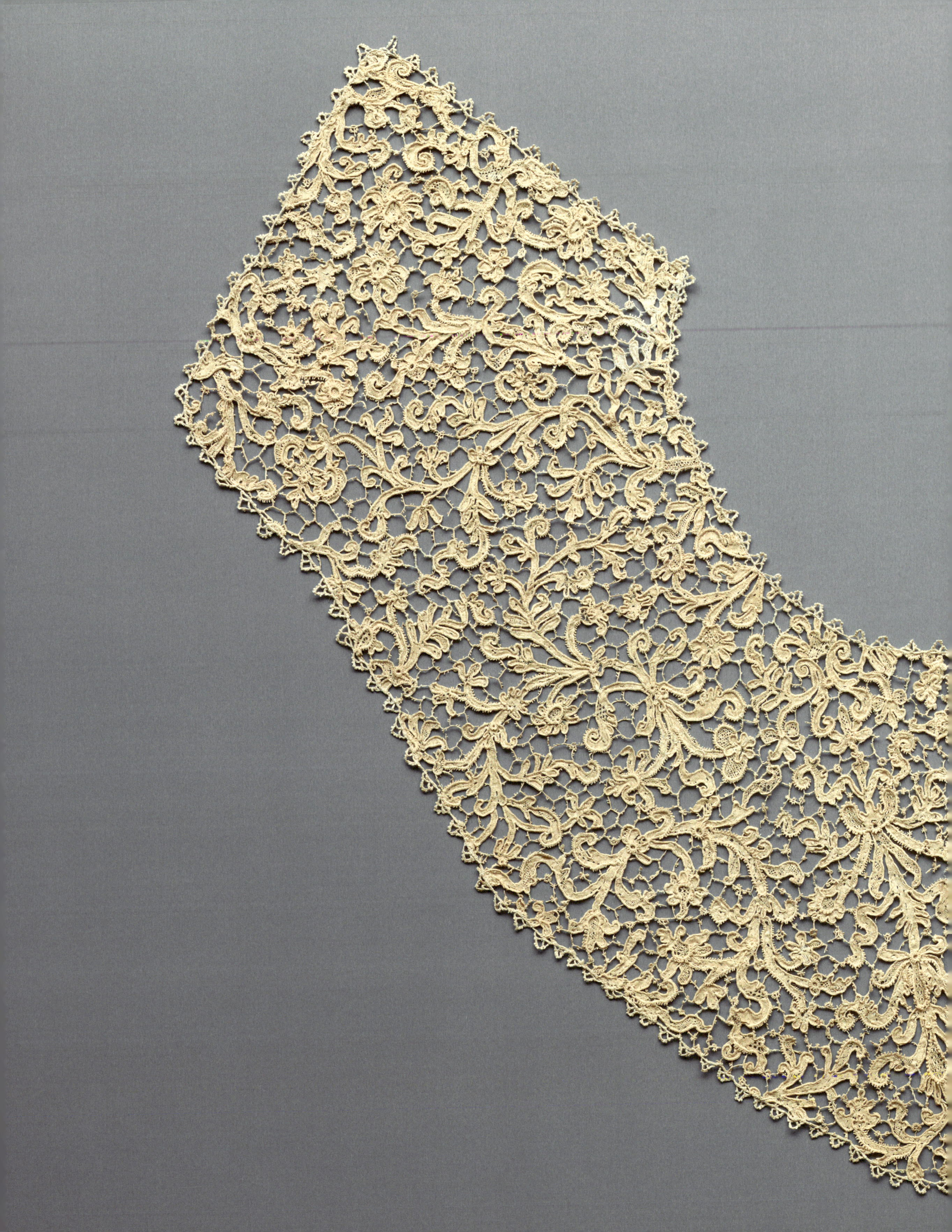

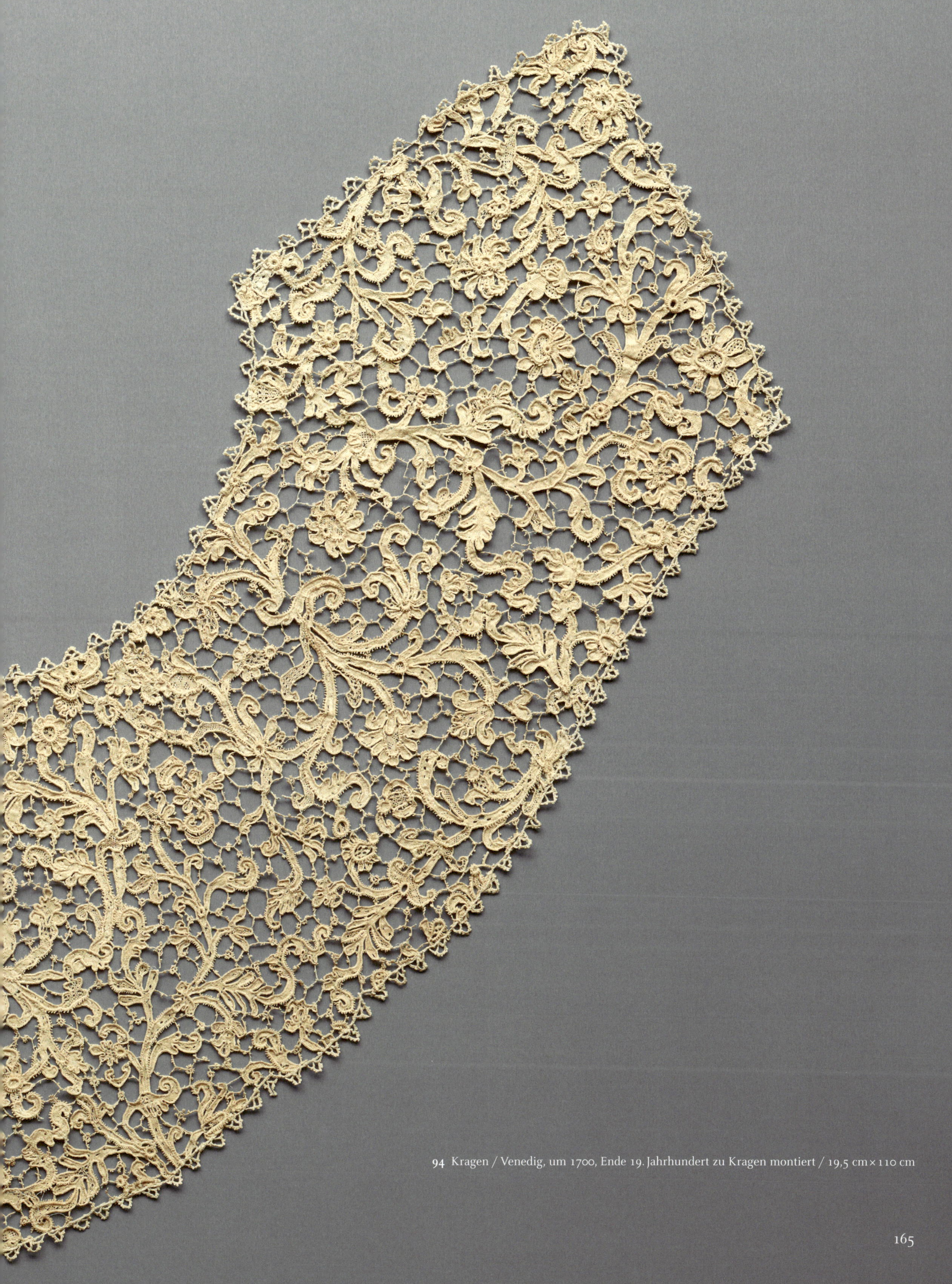

94 Kragen / Venedig, um 1700, Ende 19. Jahrhundert zu Kragen montiert / 19,5 cm × 110 cm

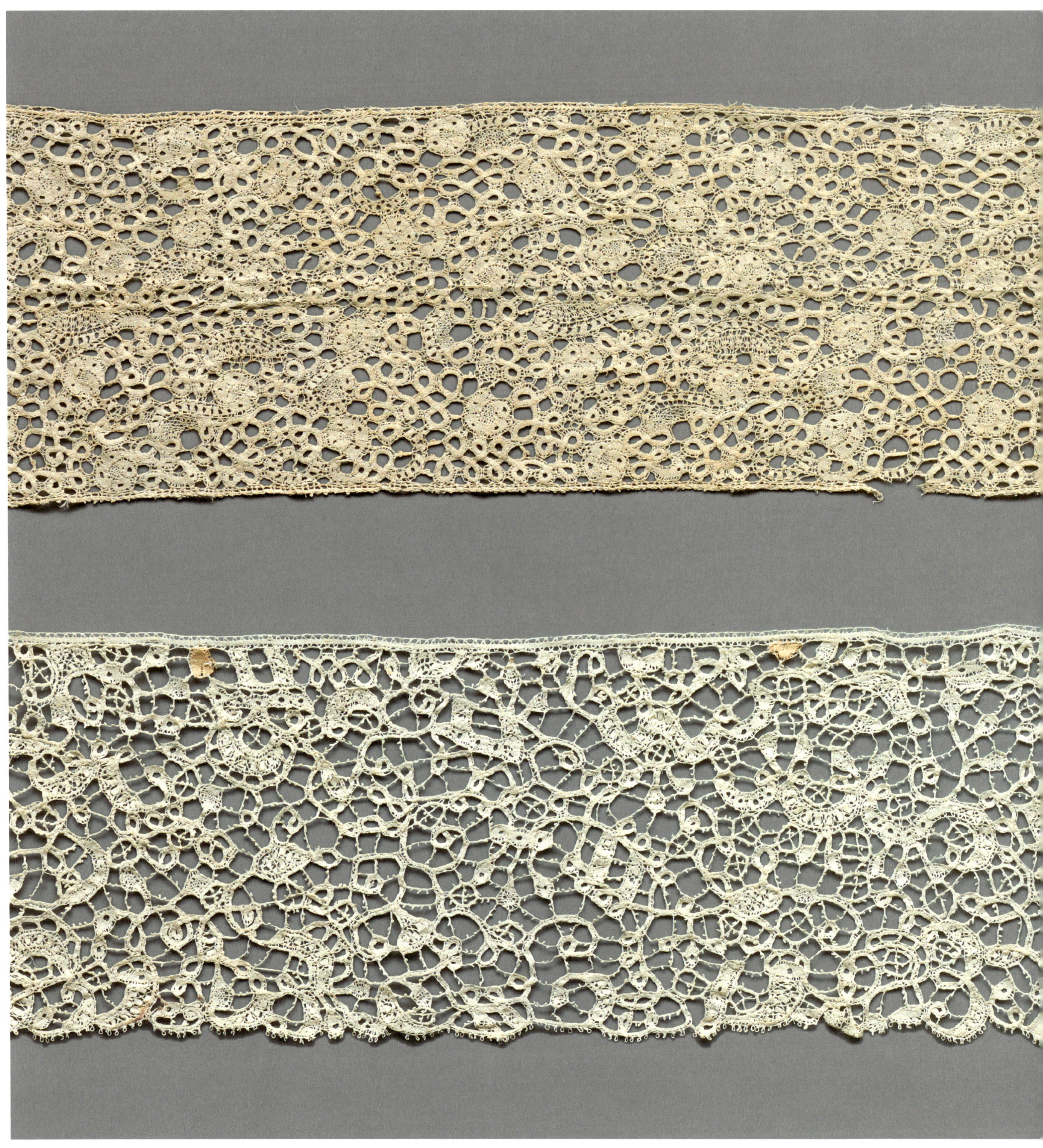

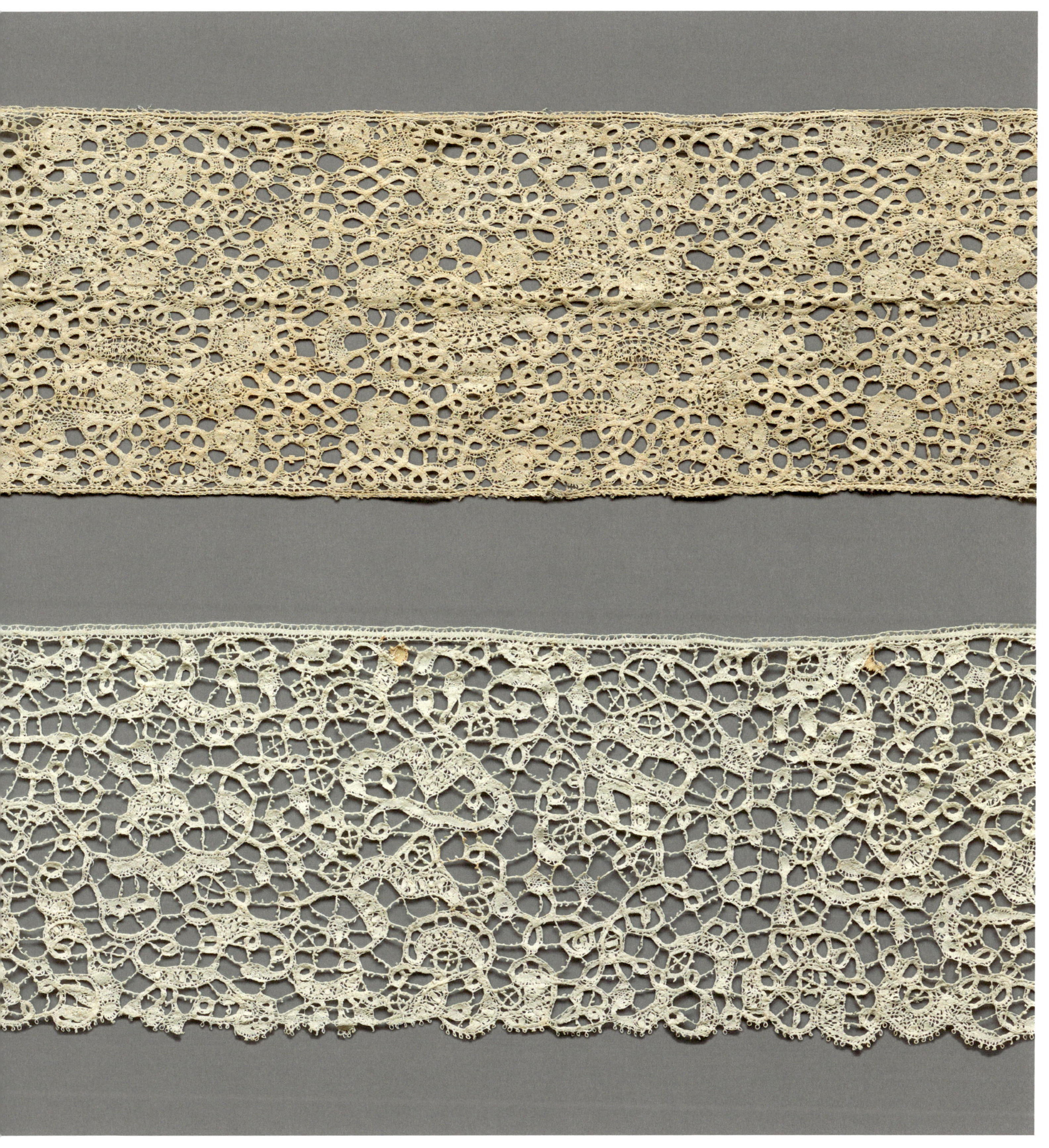

95 Borte (Detail) / Westeuropa, 1690–1725 / 10×69 cm
96 Borte (Detail) / Brüssel, um 1700 / 8×275 cm

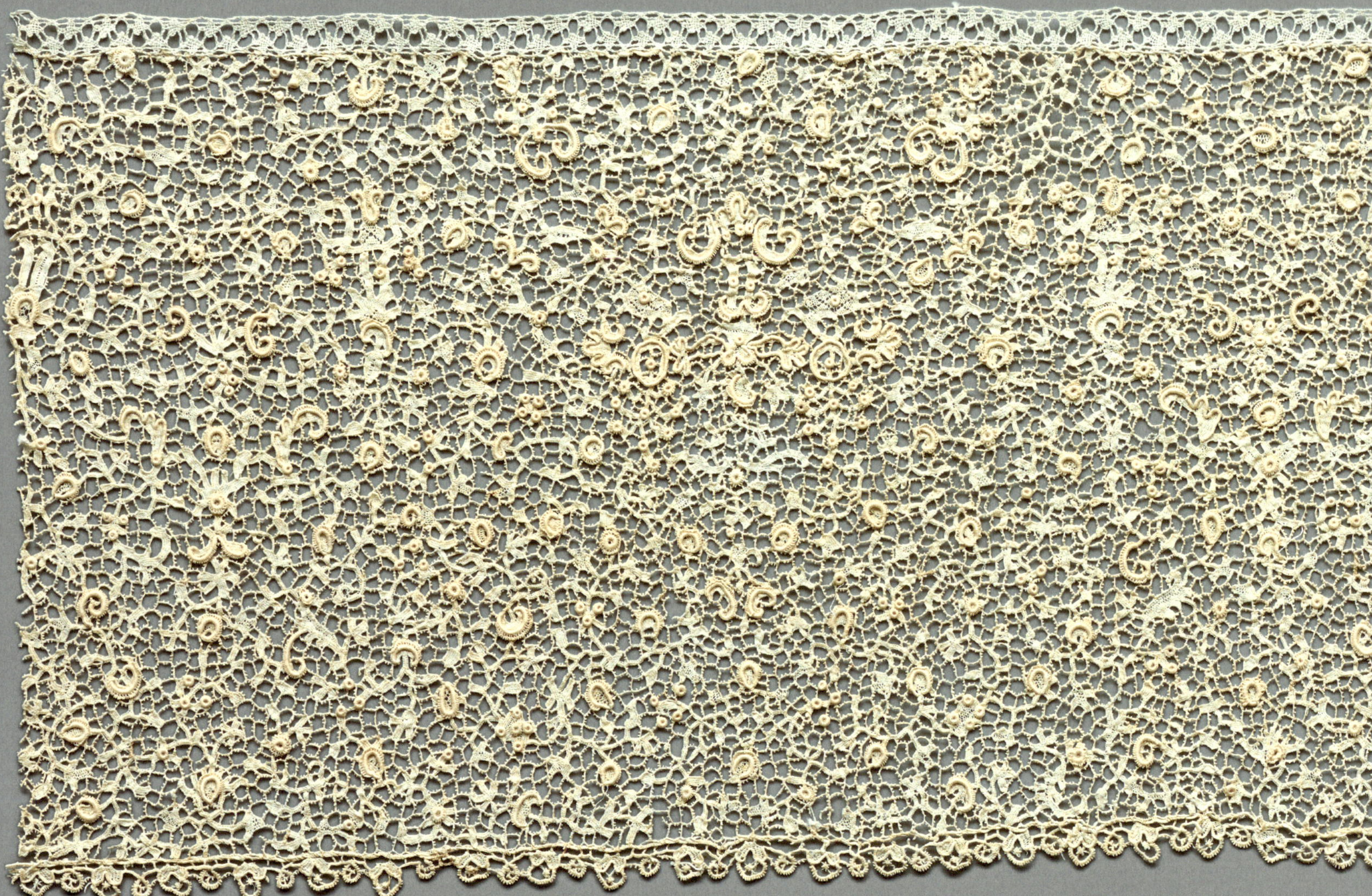

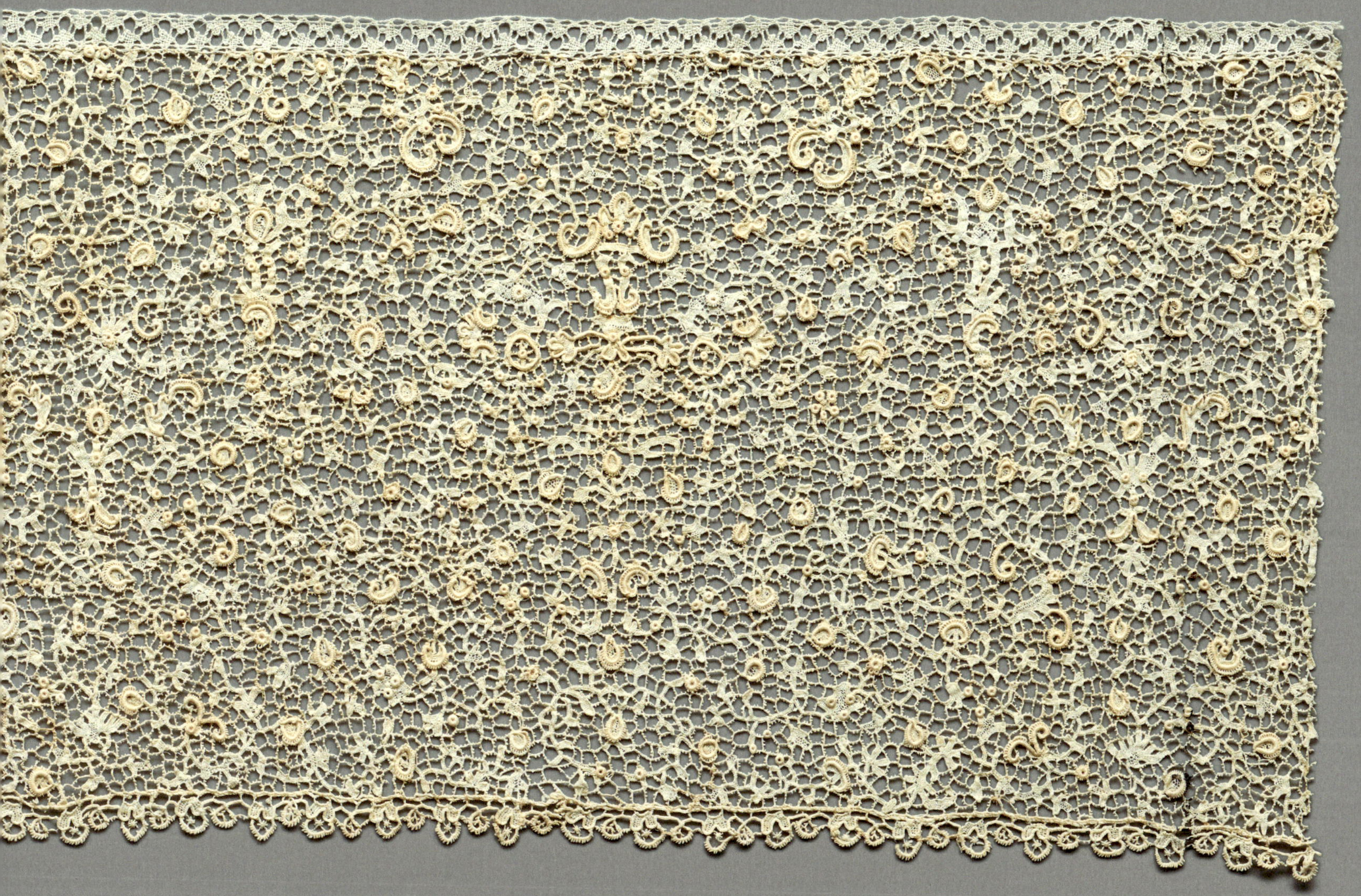

97 Borte / Orne (Frankreich), 1690–1710 / 19 × 36,5 cm

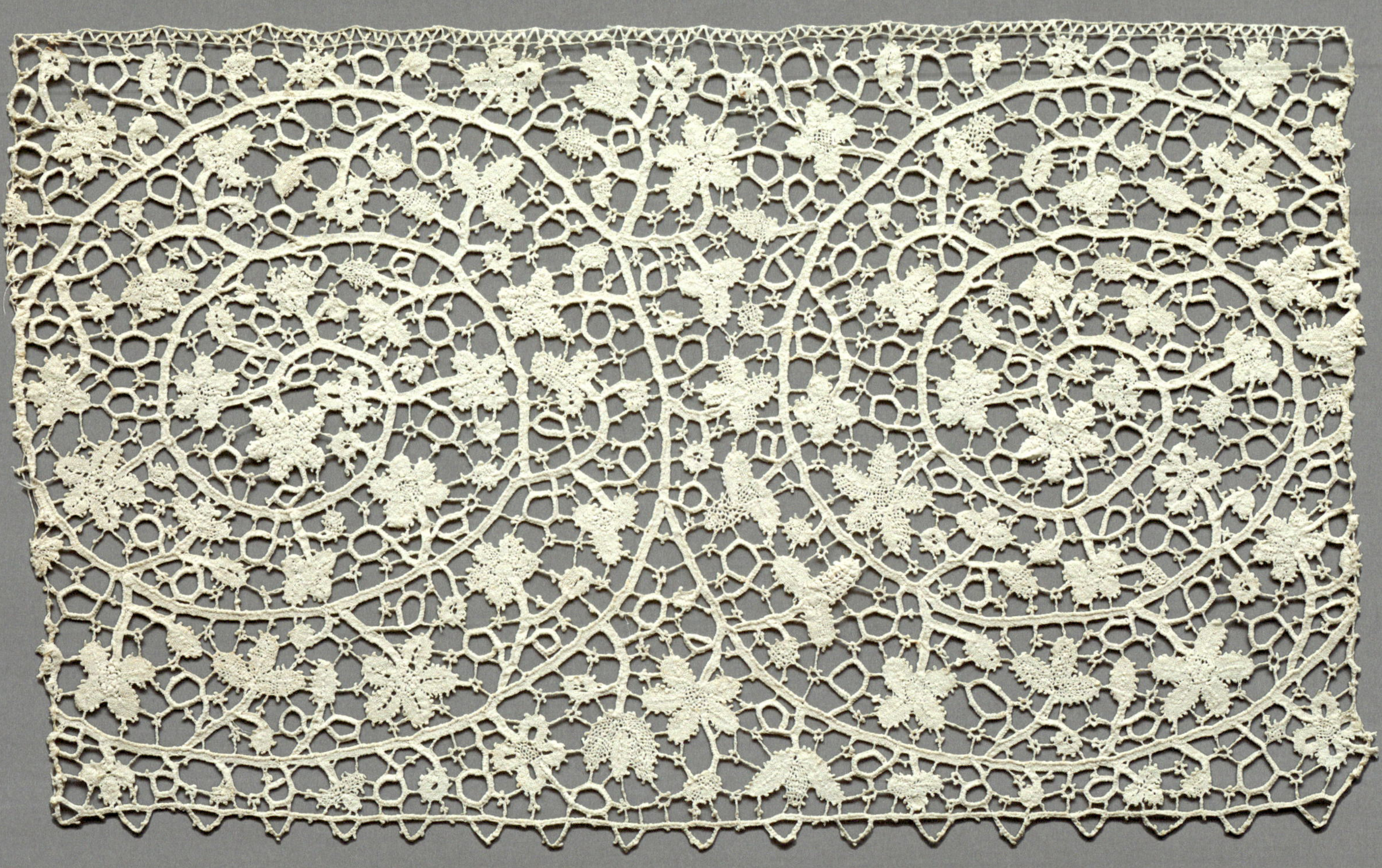

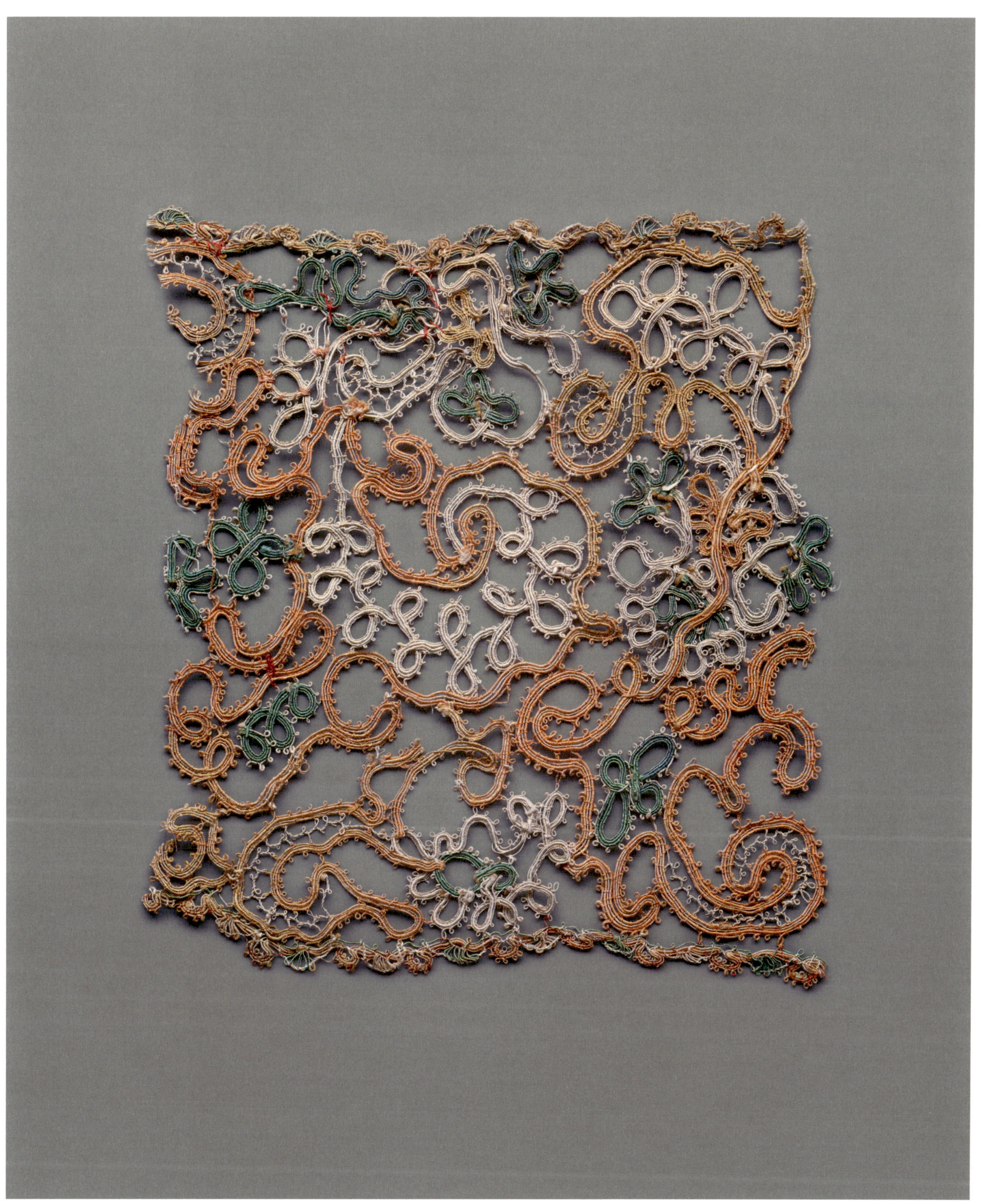

98 Borte / Venetien, um 1700 / 19×33 cm

99 Besatz oder Borte / Frankreich, um 1700 / 27×24 cm

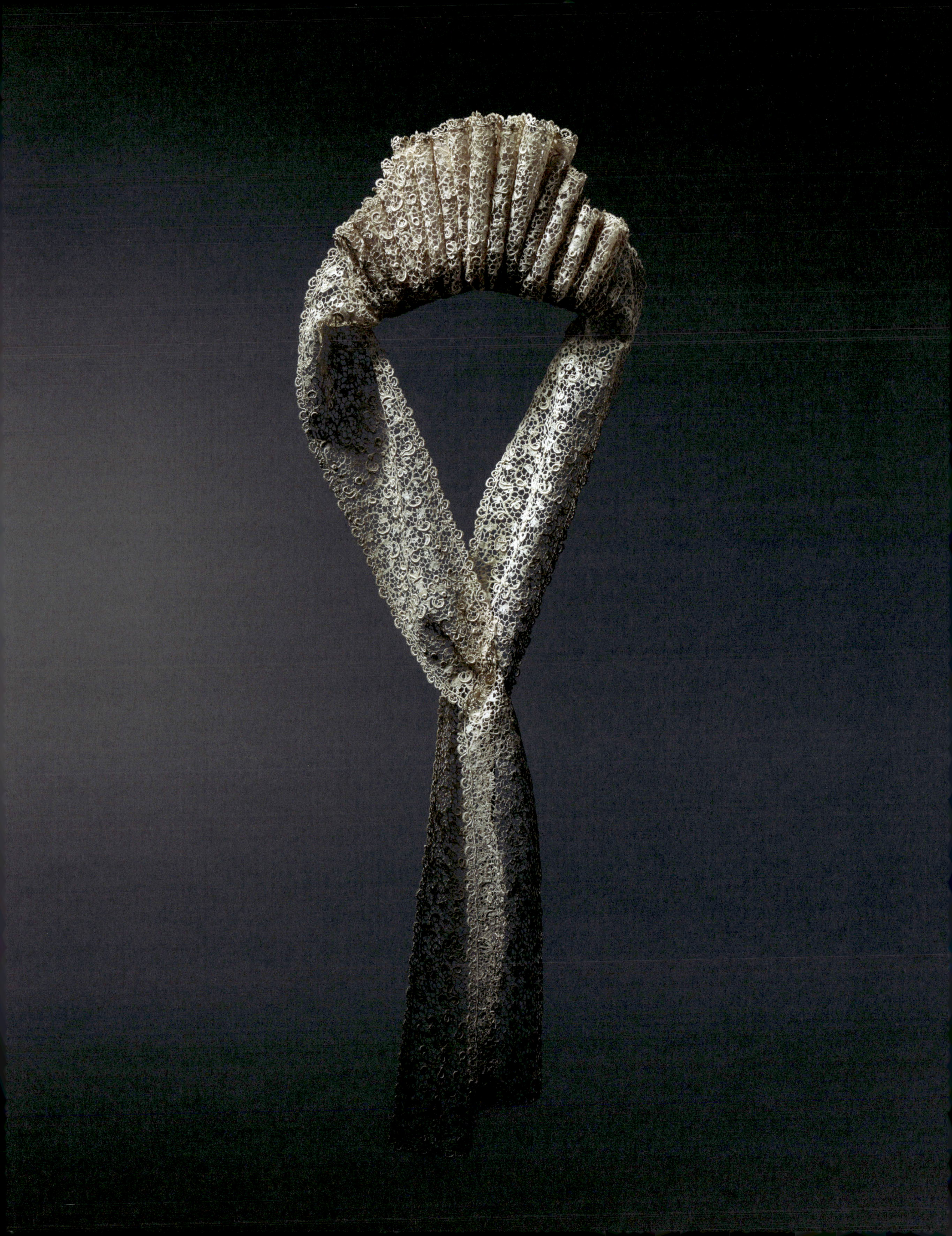

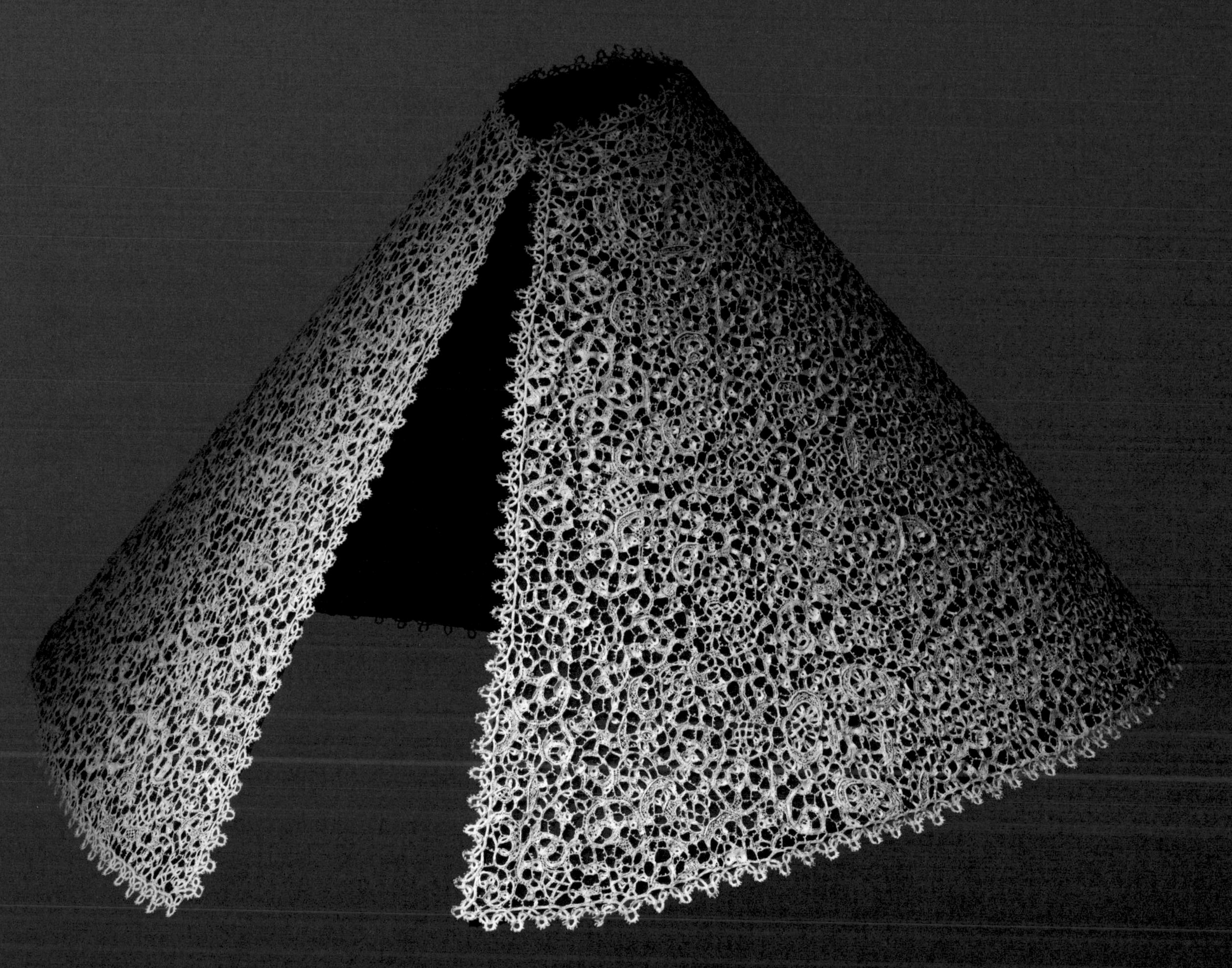

100 Fontange mit Barben / Orne (Frankreich), um 1695 / 127,5 × 11,8 cm

101 Kragen / Italien, 1690–1715, im 19. Jahrhundert neu montiert / 36 × 124 cm

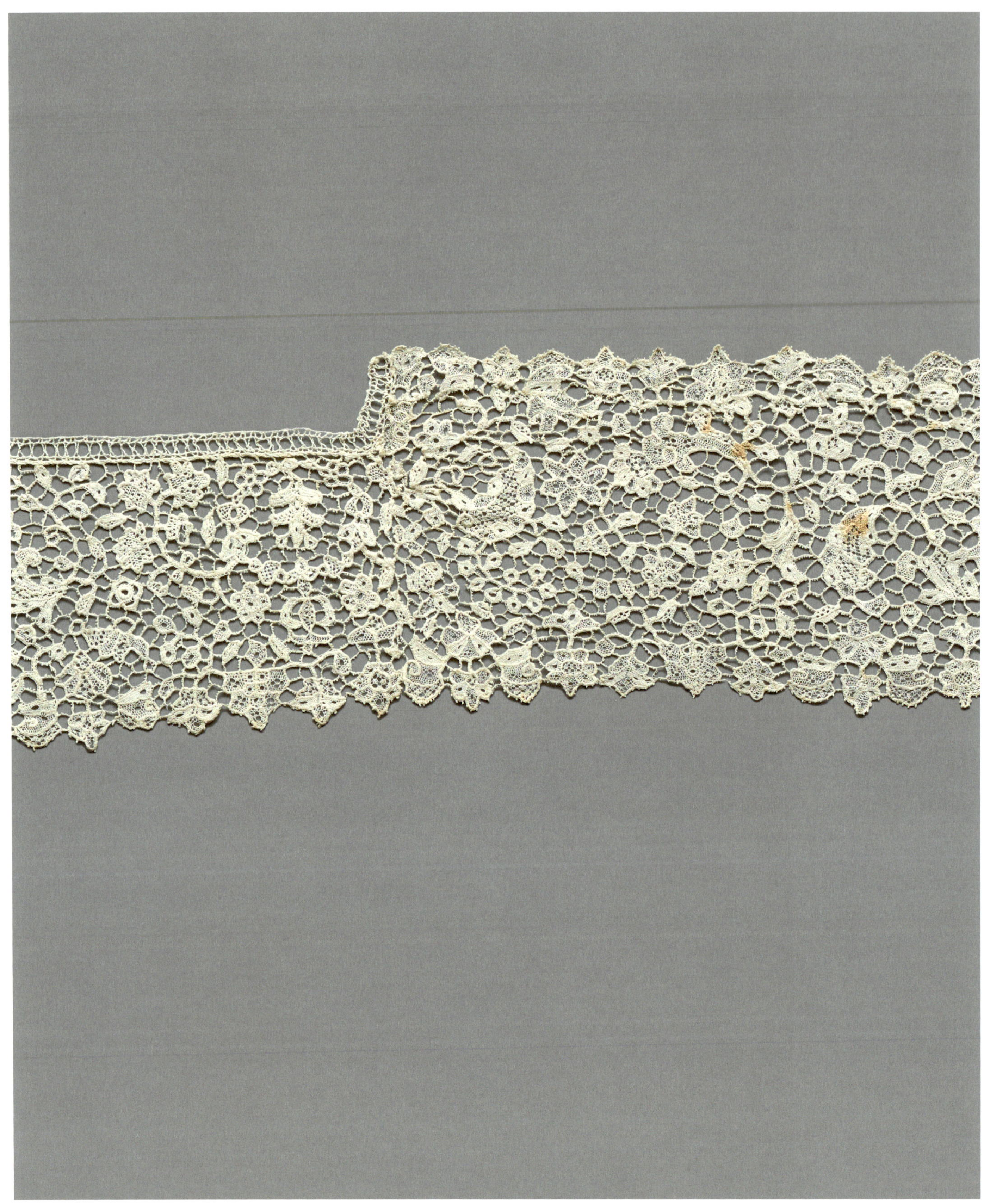

102 Fontange mit Barben (Detail) / Orne (Frankreich), um 1700 / 214×12,7 cm

103 Krawatte / Venedig oder Frankreich, um 1700 / 23,5×47,5 cm

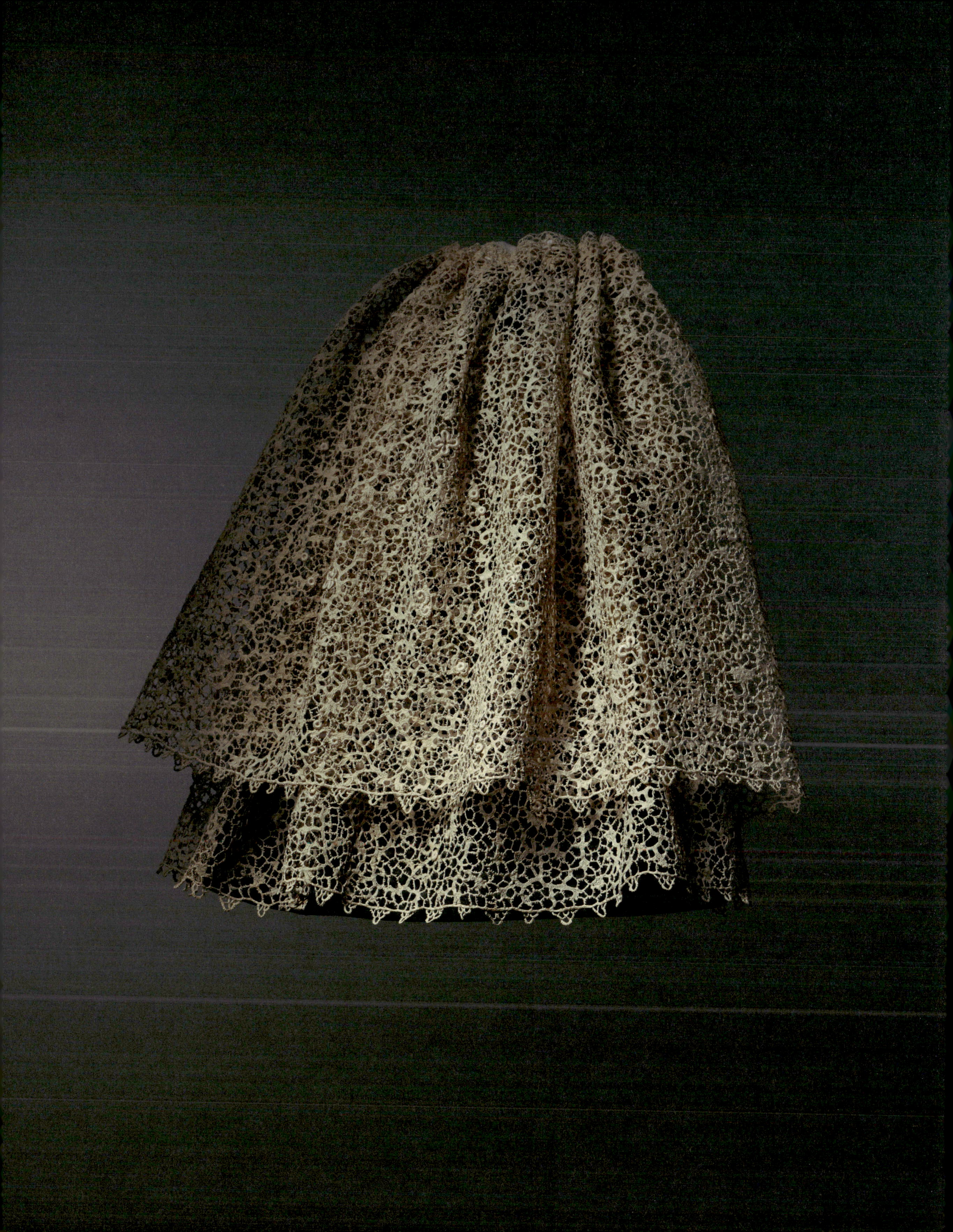

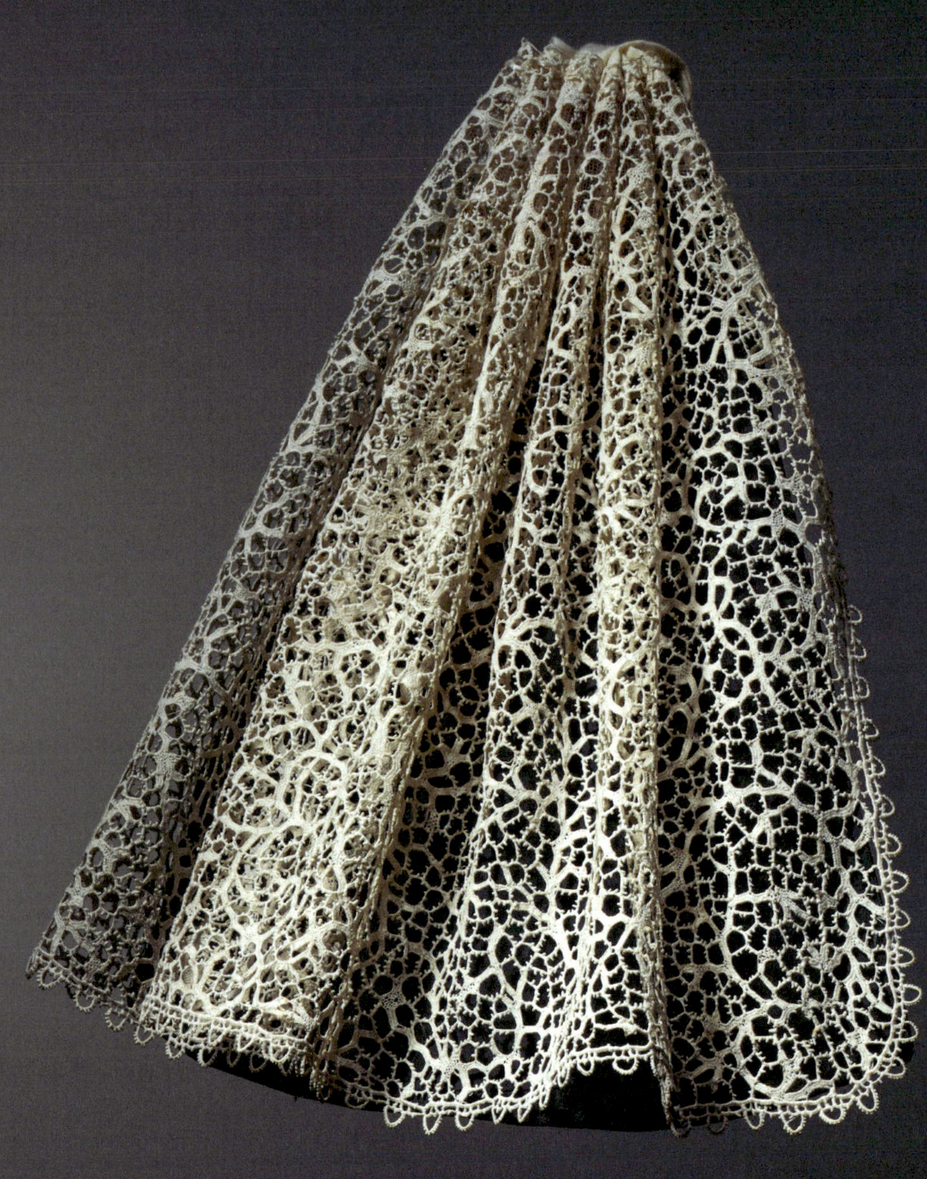

104 Krawattenende / Venedig, um 1700 / 21,5×41,5 cm

105 Krawattenende / Frankreich oder Venedig, um 1700 / 24,5×48 cm

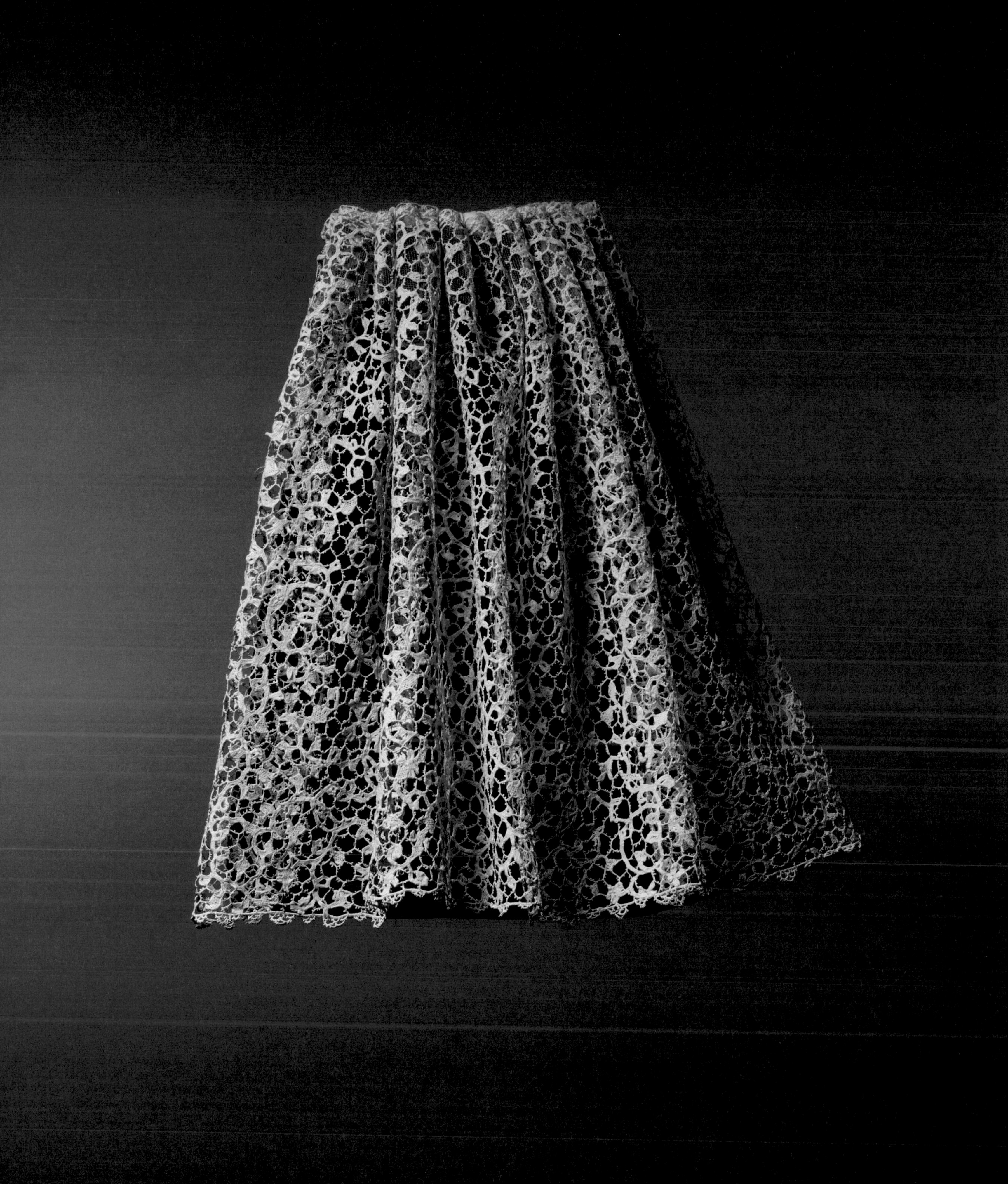

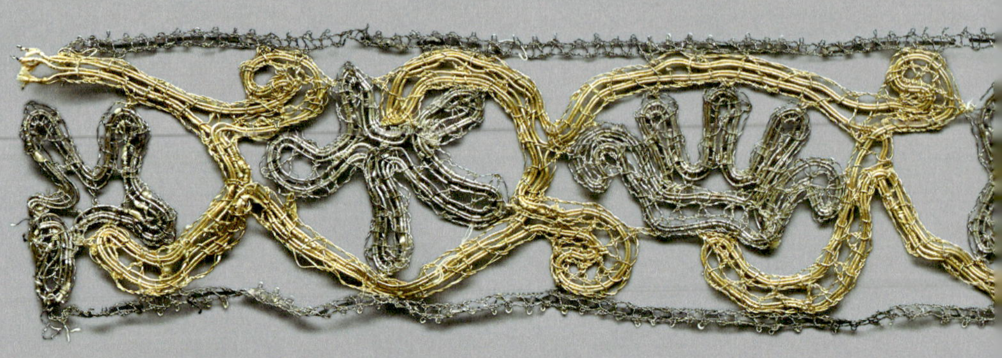

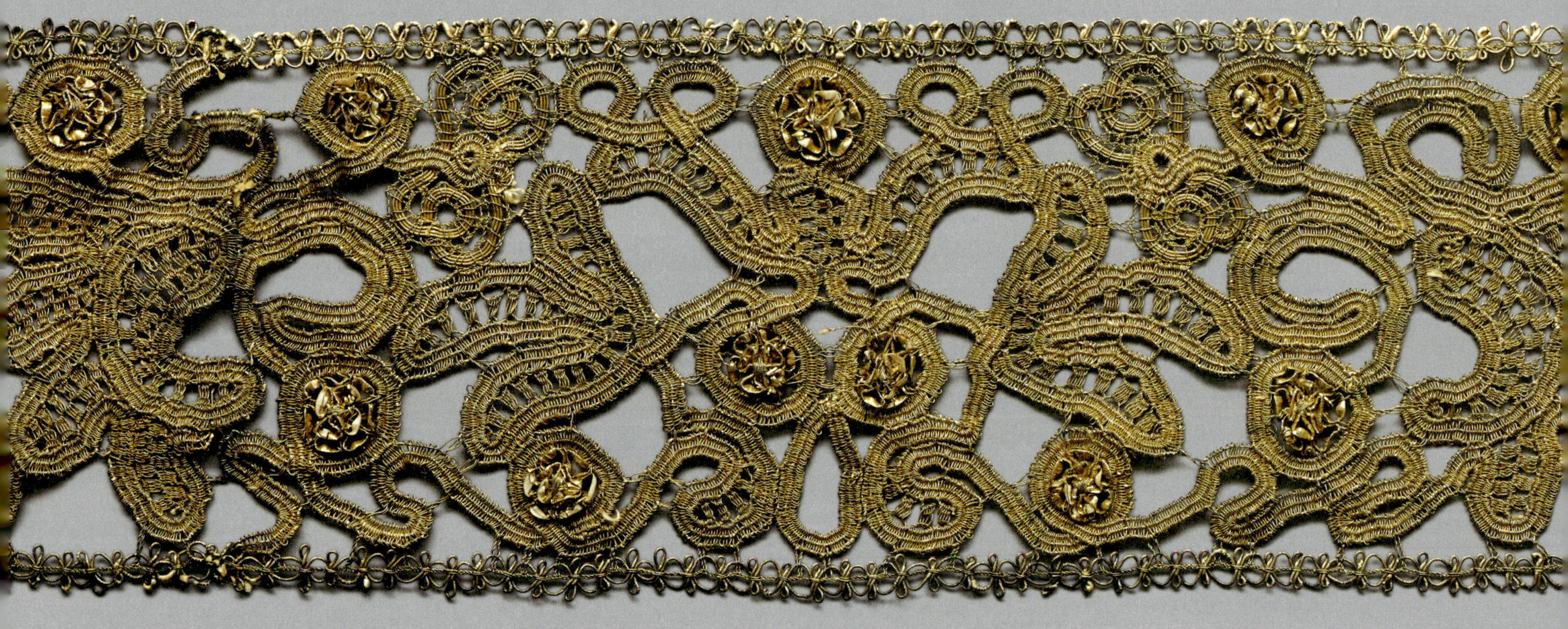

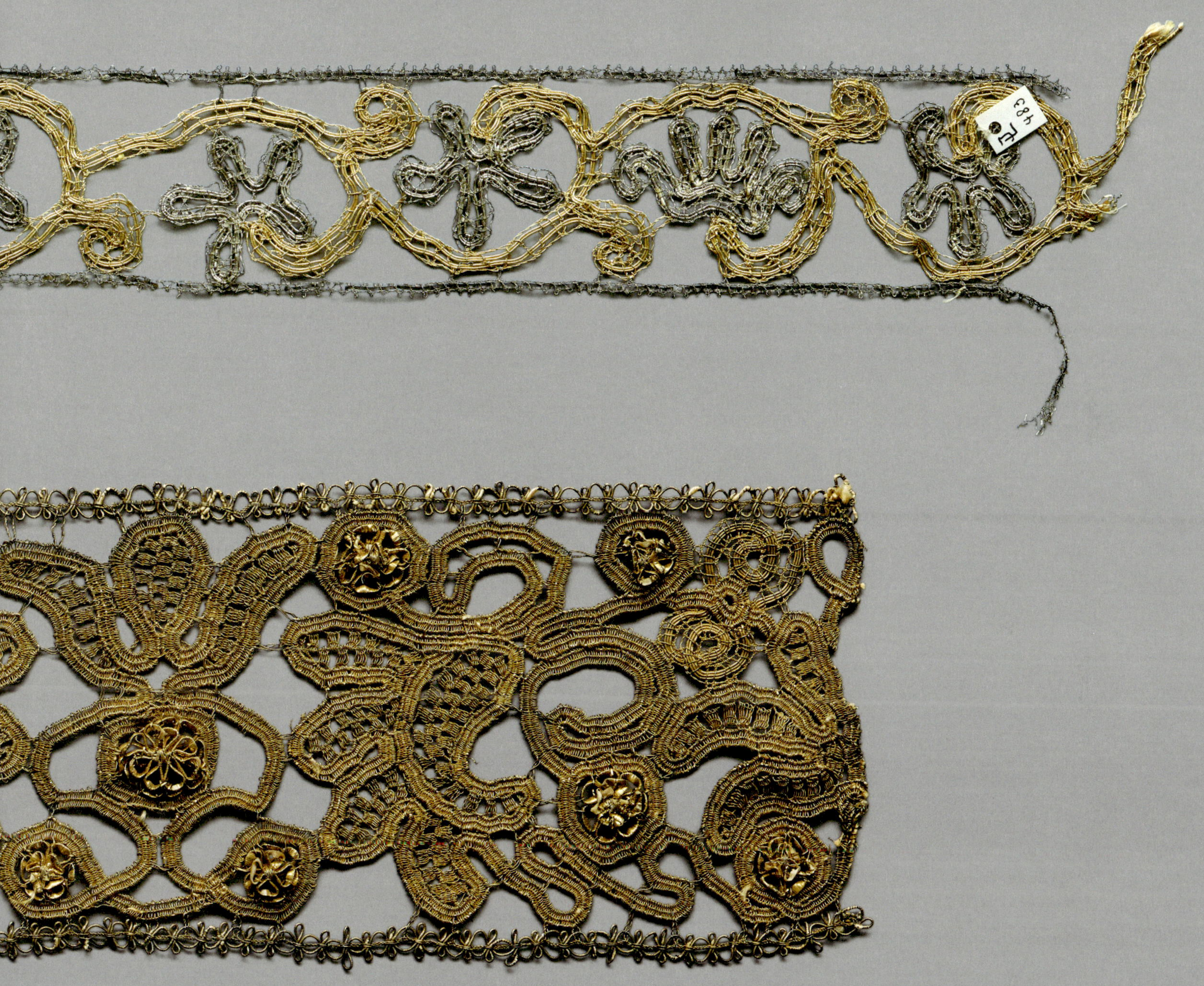

106 Besatz / Süd- oder Westeuropa, viertes Viertel 17. Jahrhundert / 6,5 × 60 cm

107 Besatz (Detail) / Süd- oder Westeuropa, viertes Viertel 17. bis Mitte 18. Jahrhundert / 12 × 56 cm

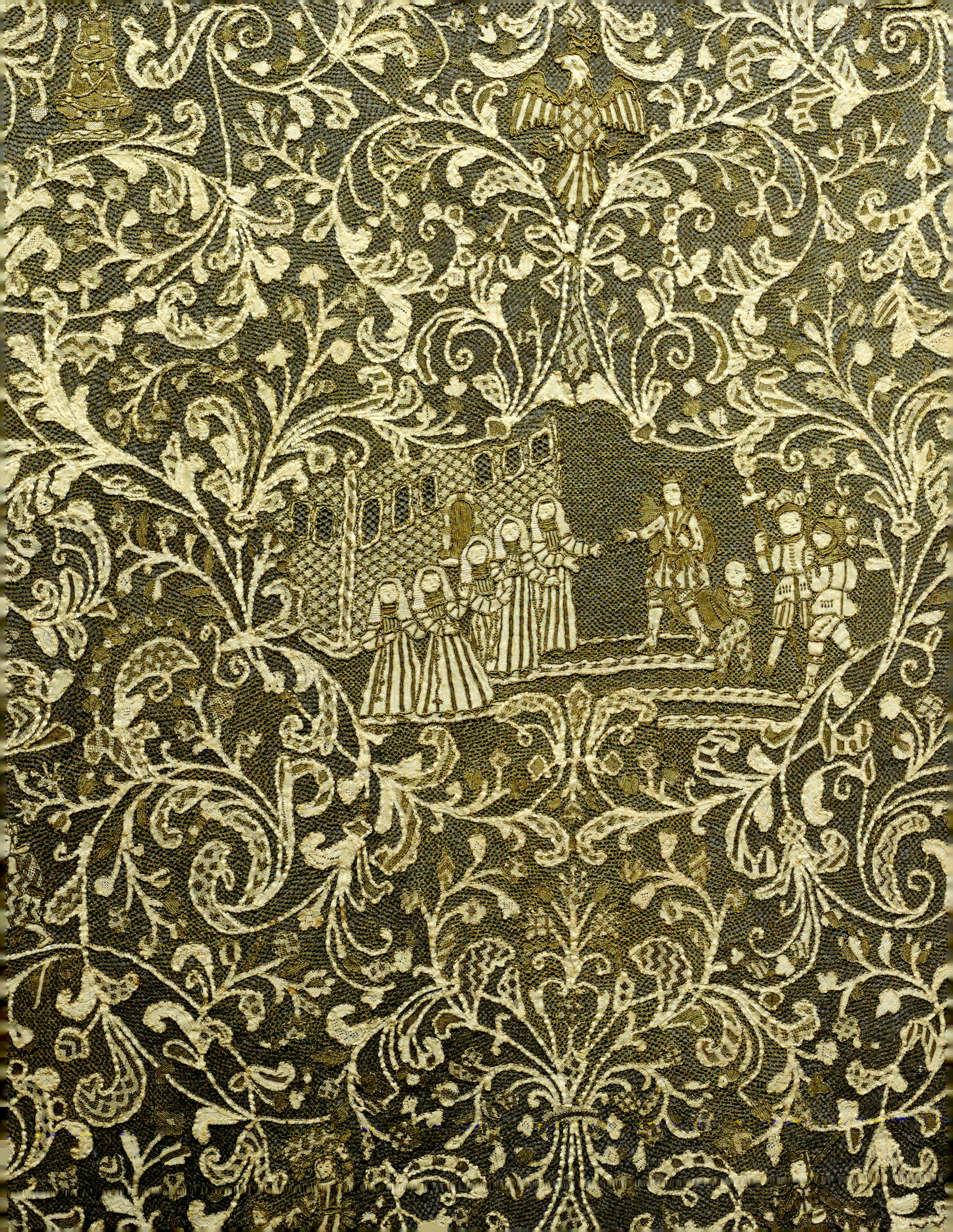

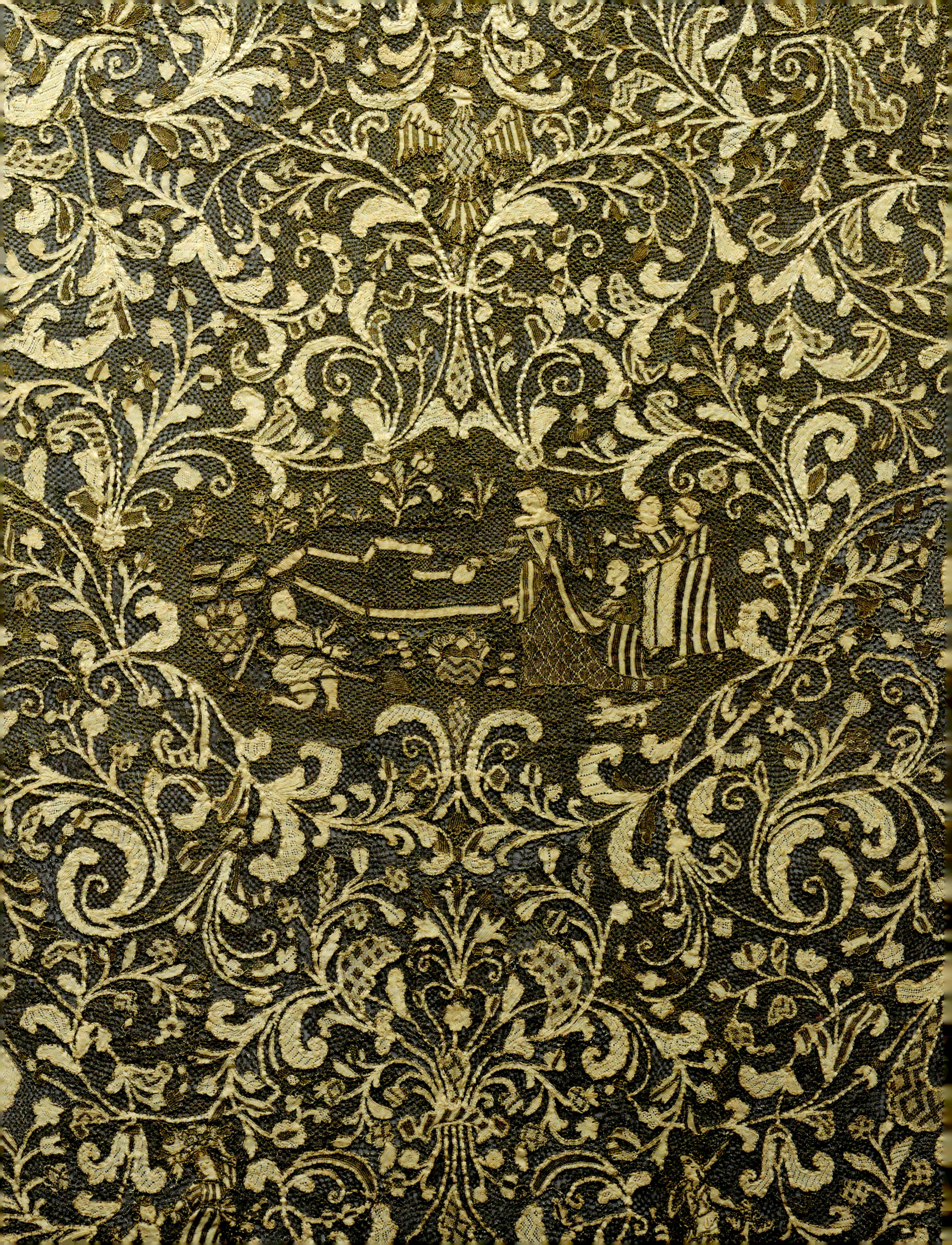

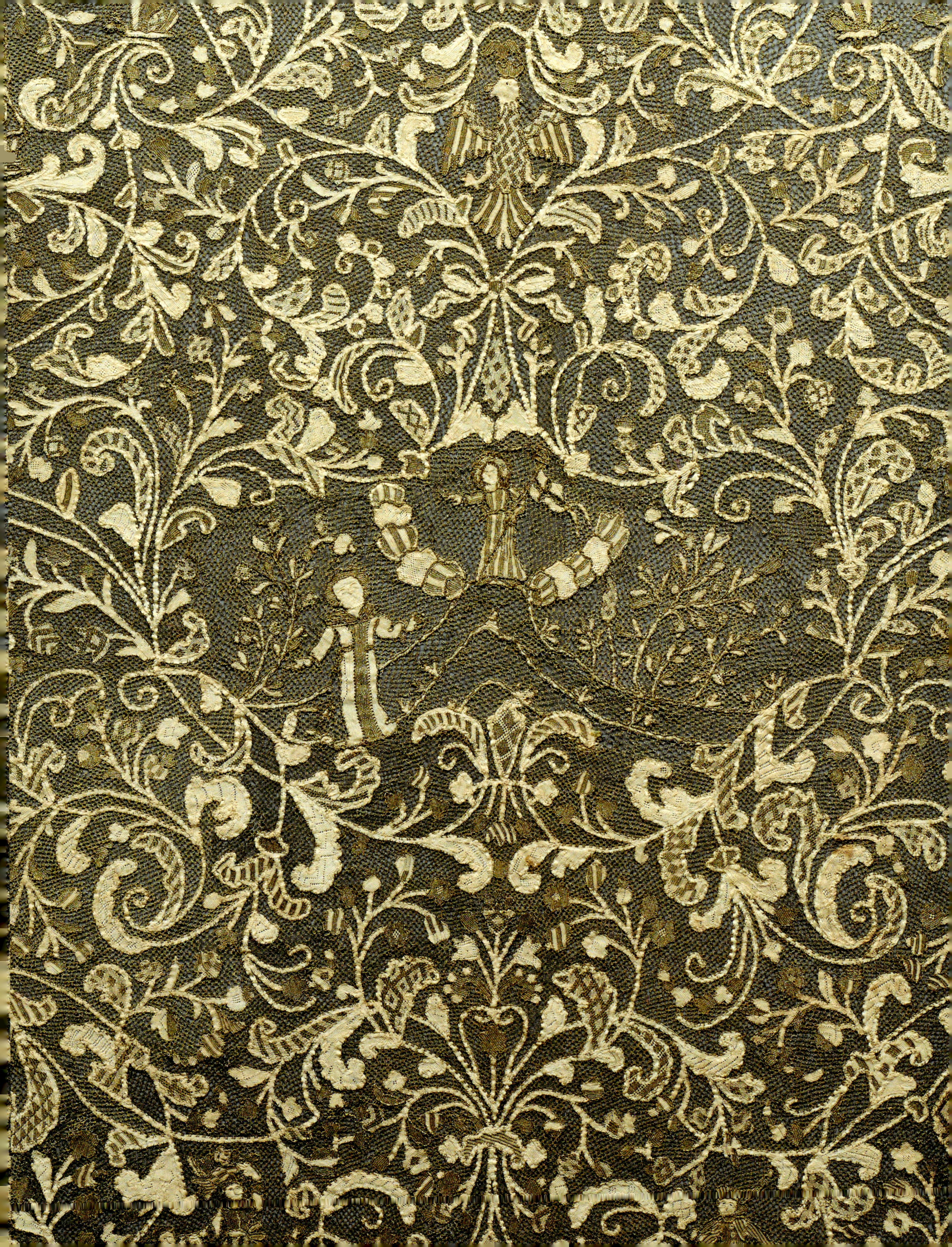

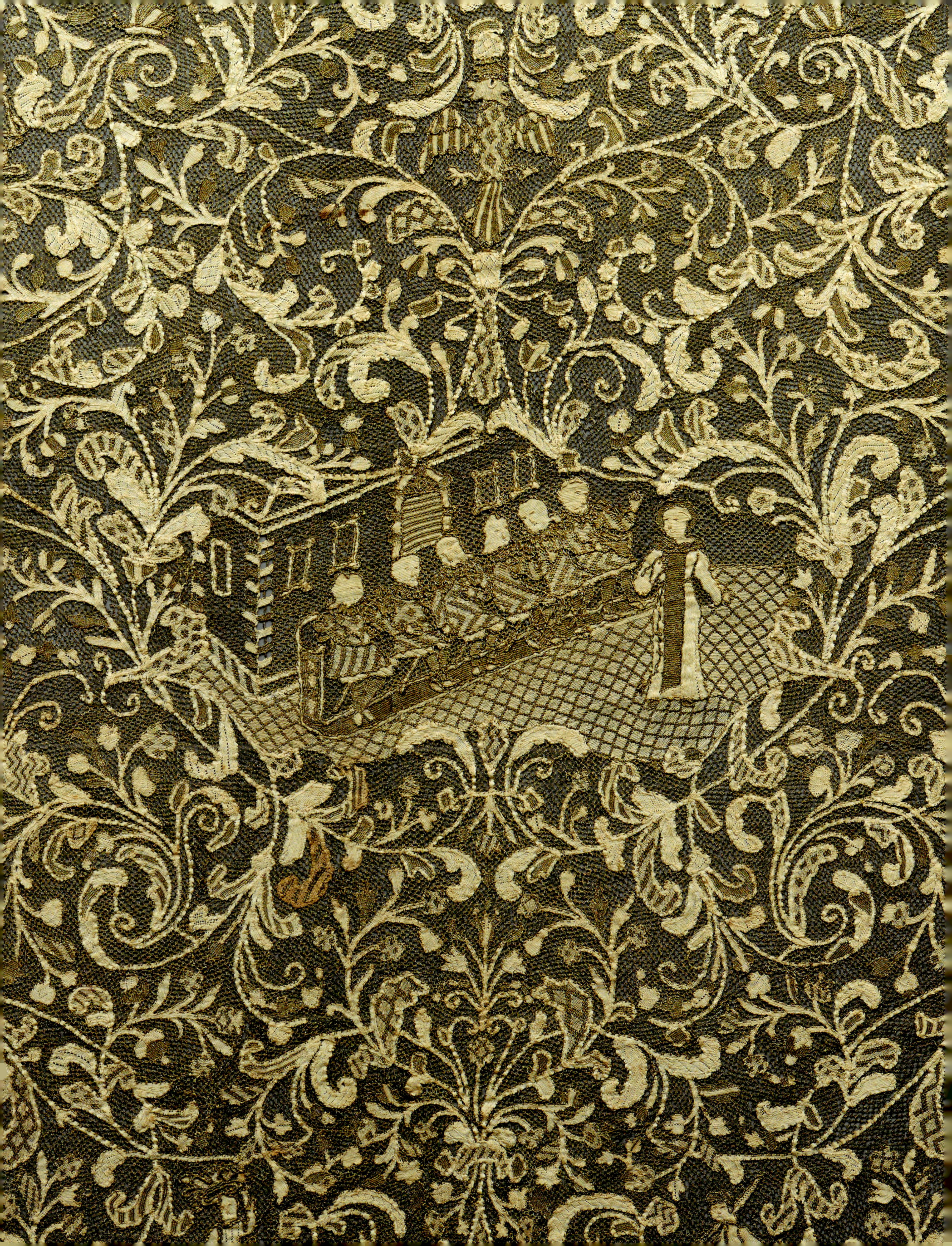

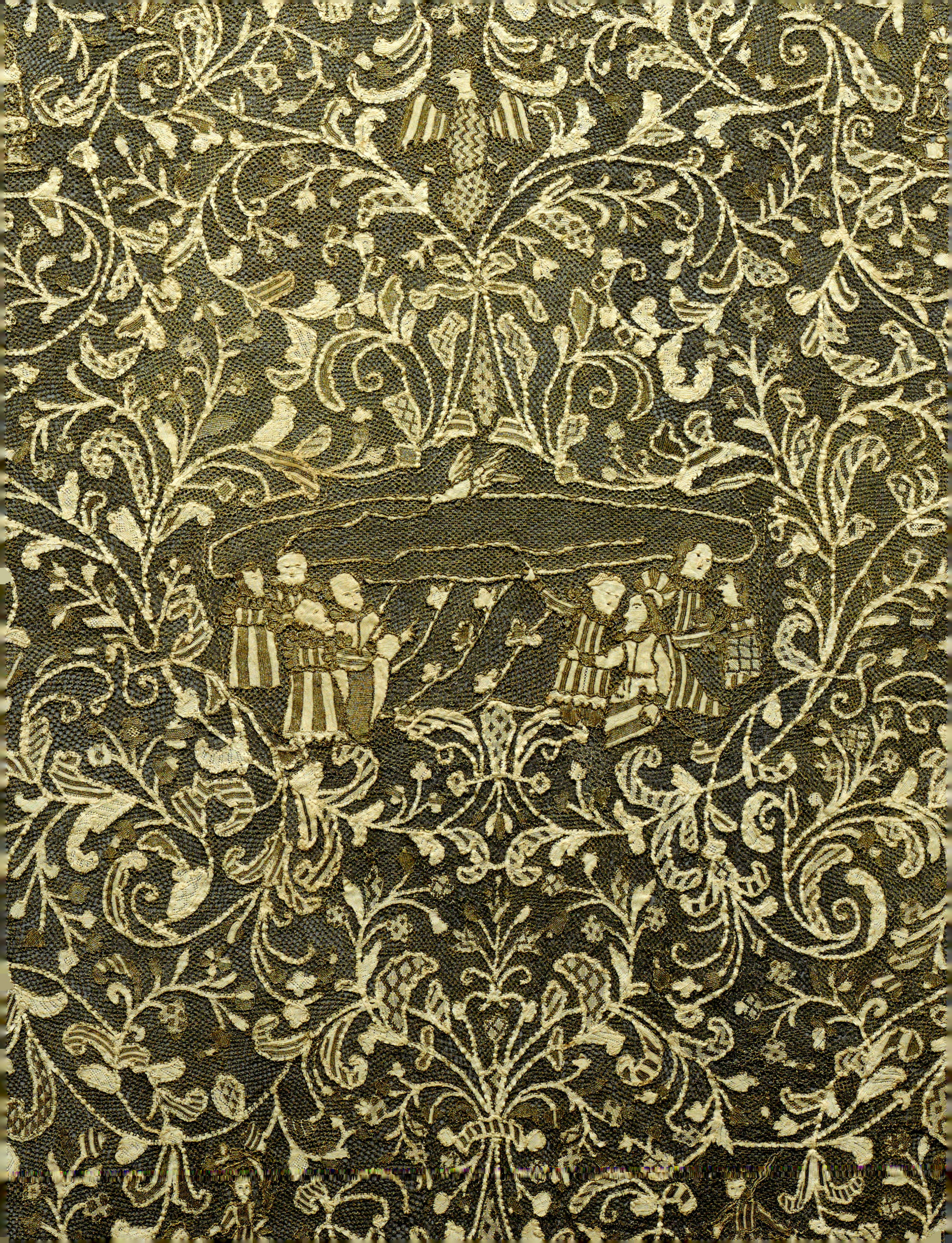

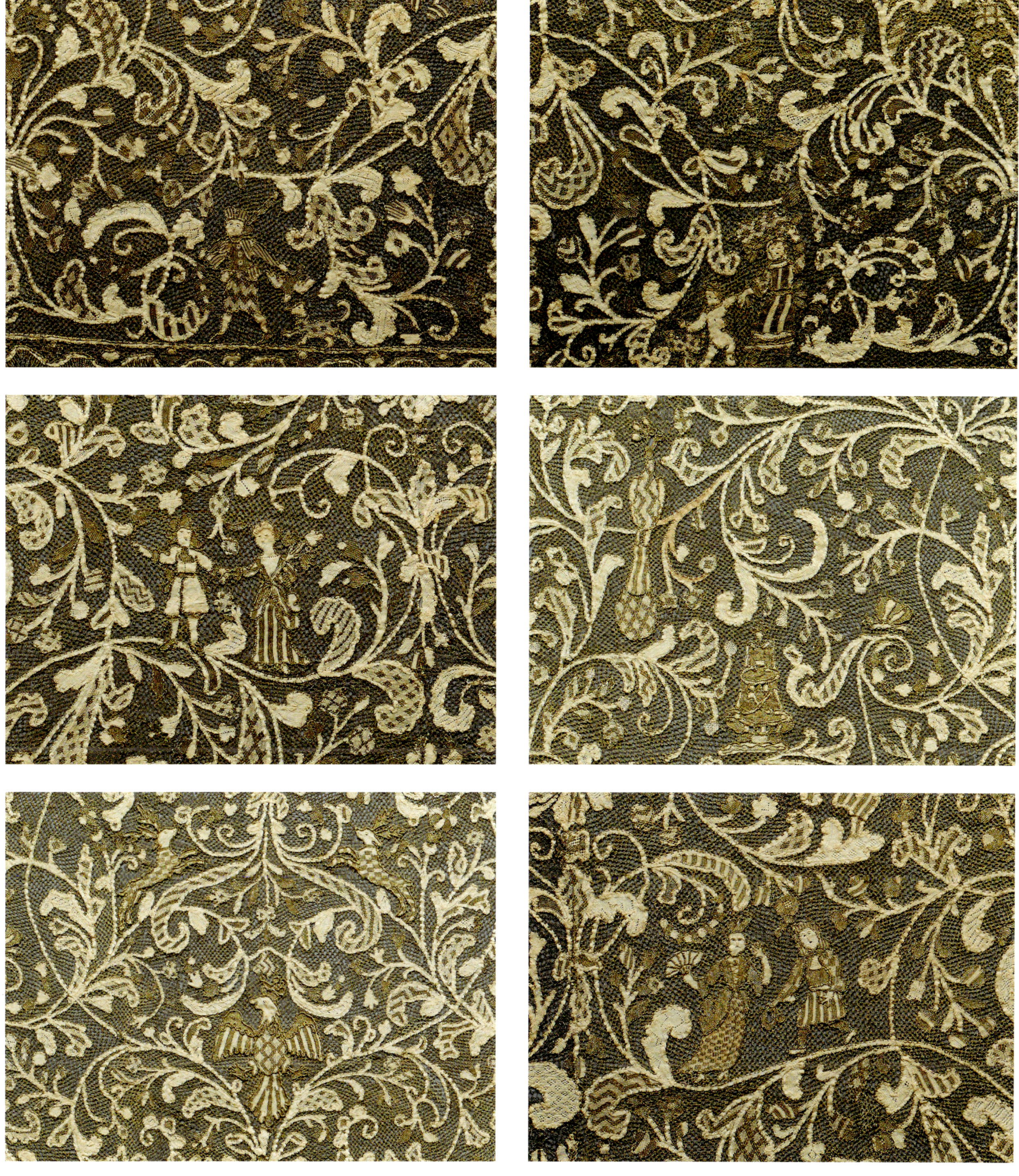

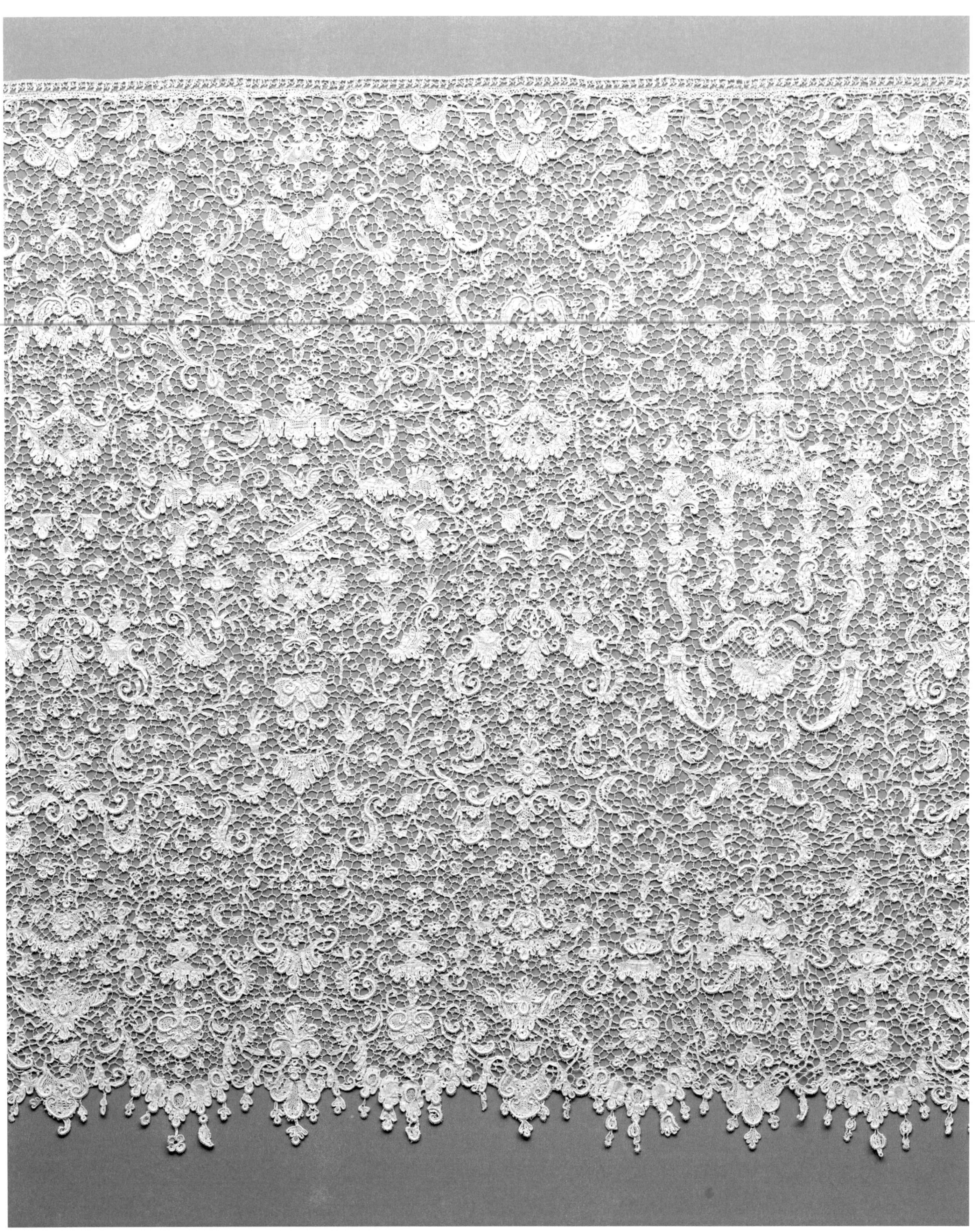

109 Borte (Details) / Orne (Frankreich), um 1700, im 19. Jahrhundert ergänzt / 65 × 326 cm

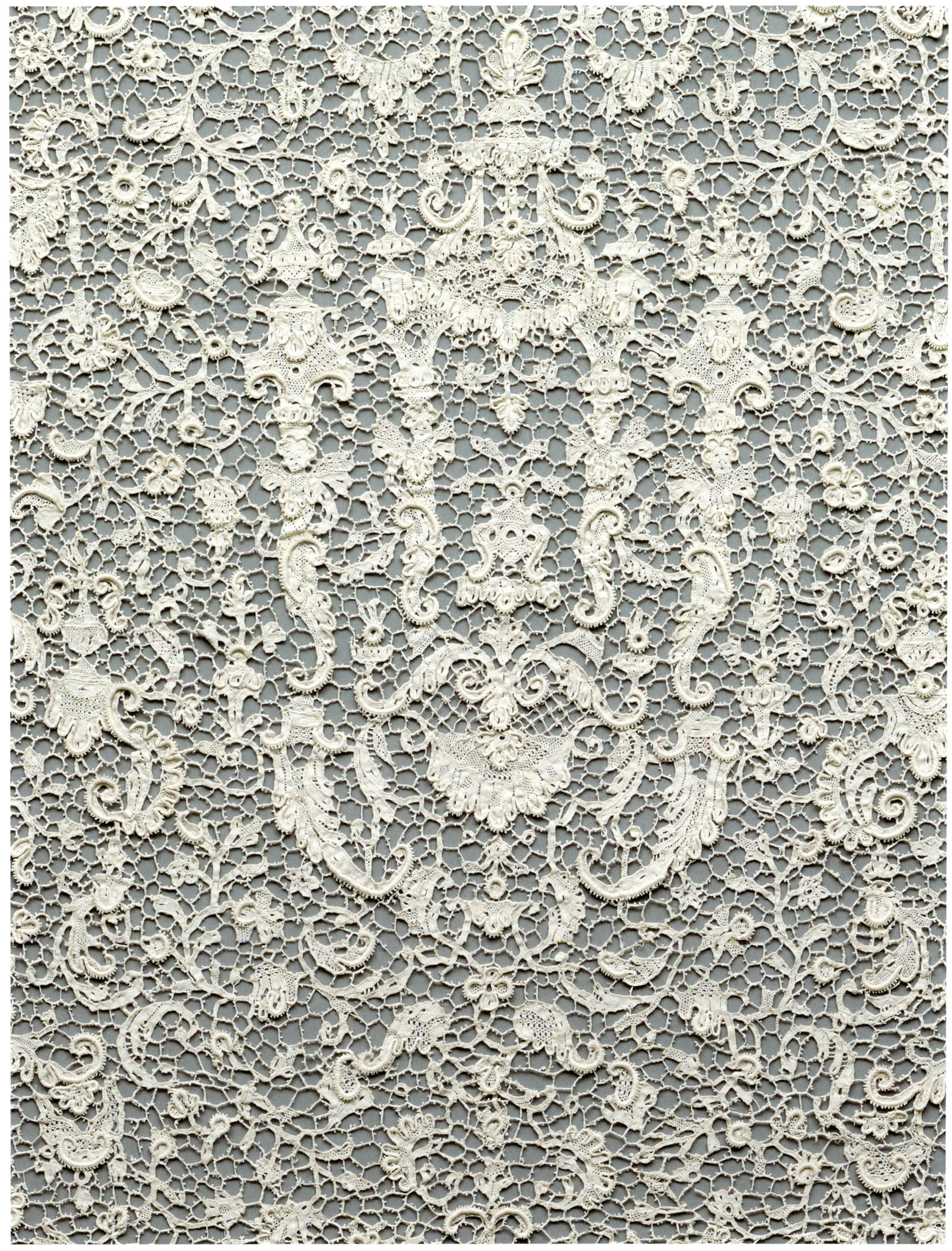

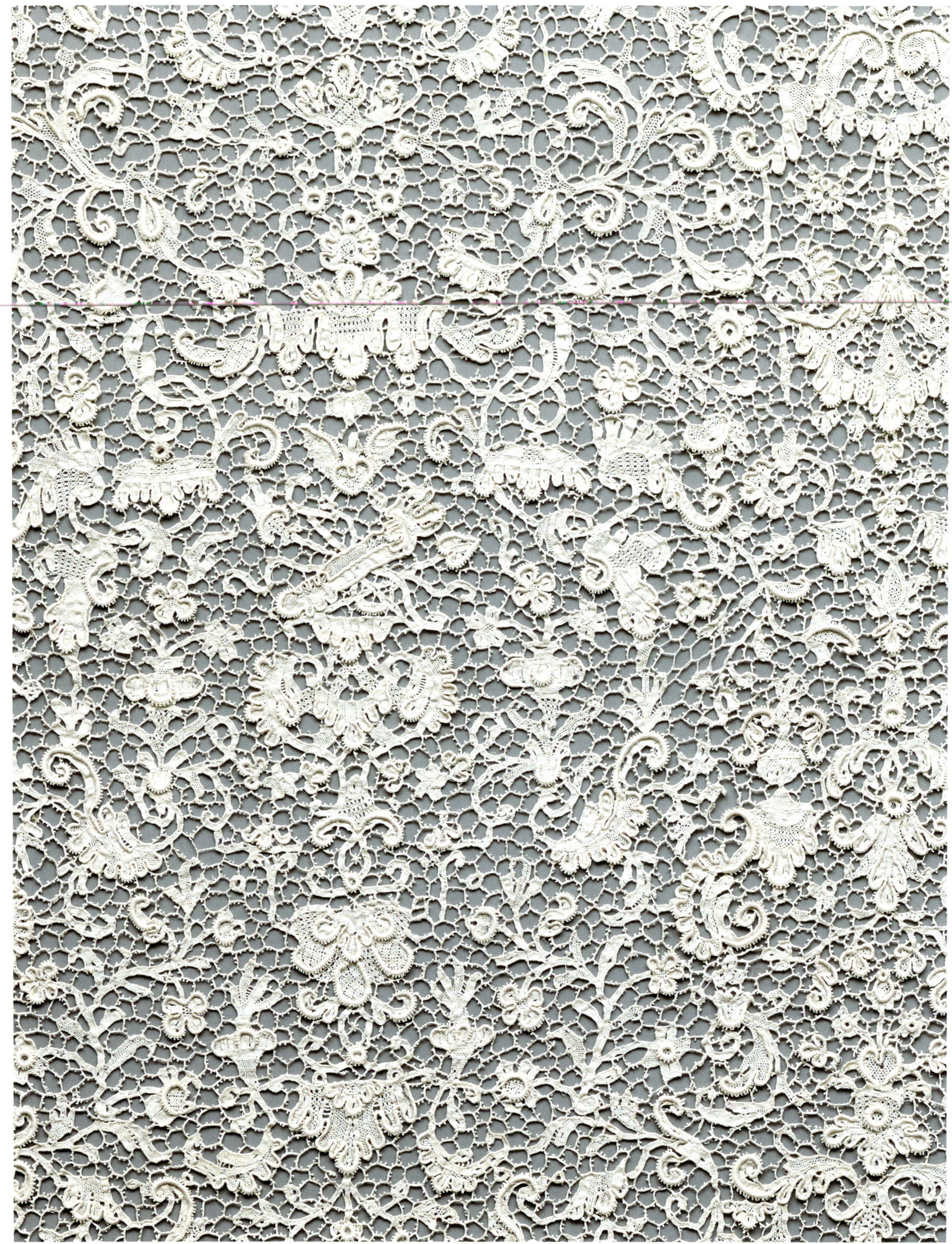

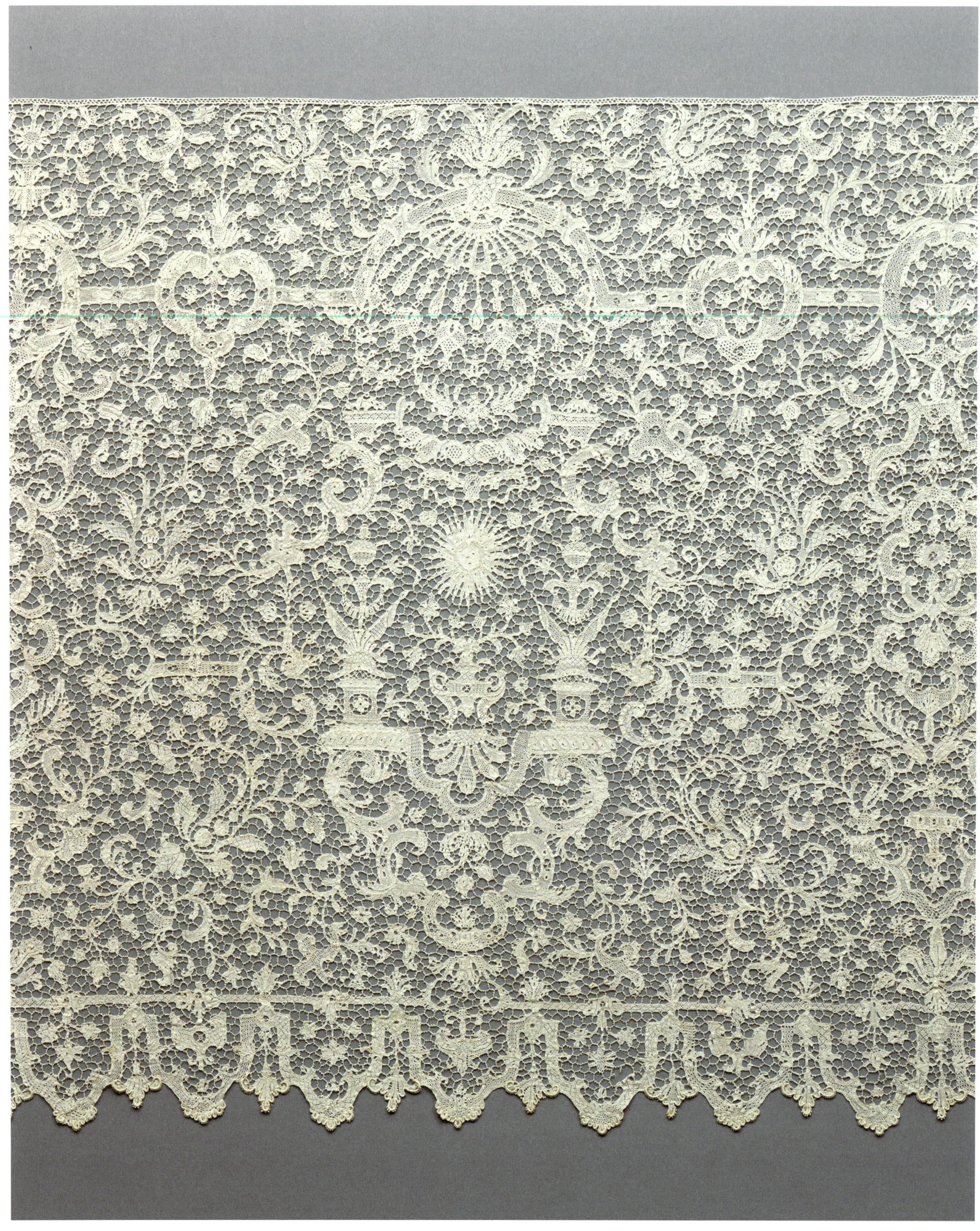

110 Borte (Details) / Frankreich, 1695–1710 / 60×362 cm

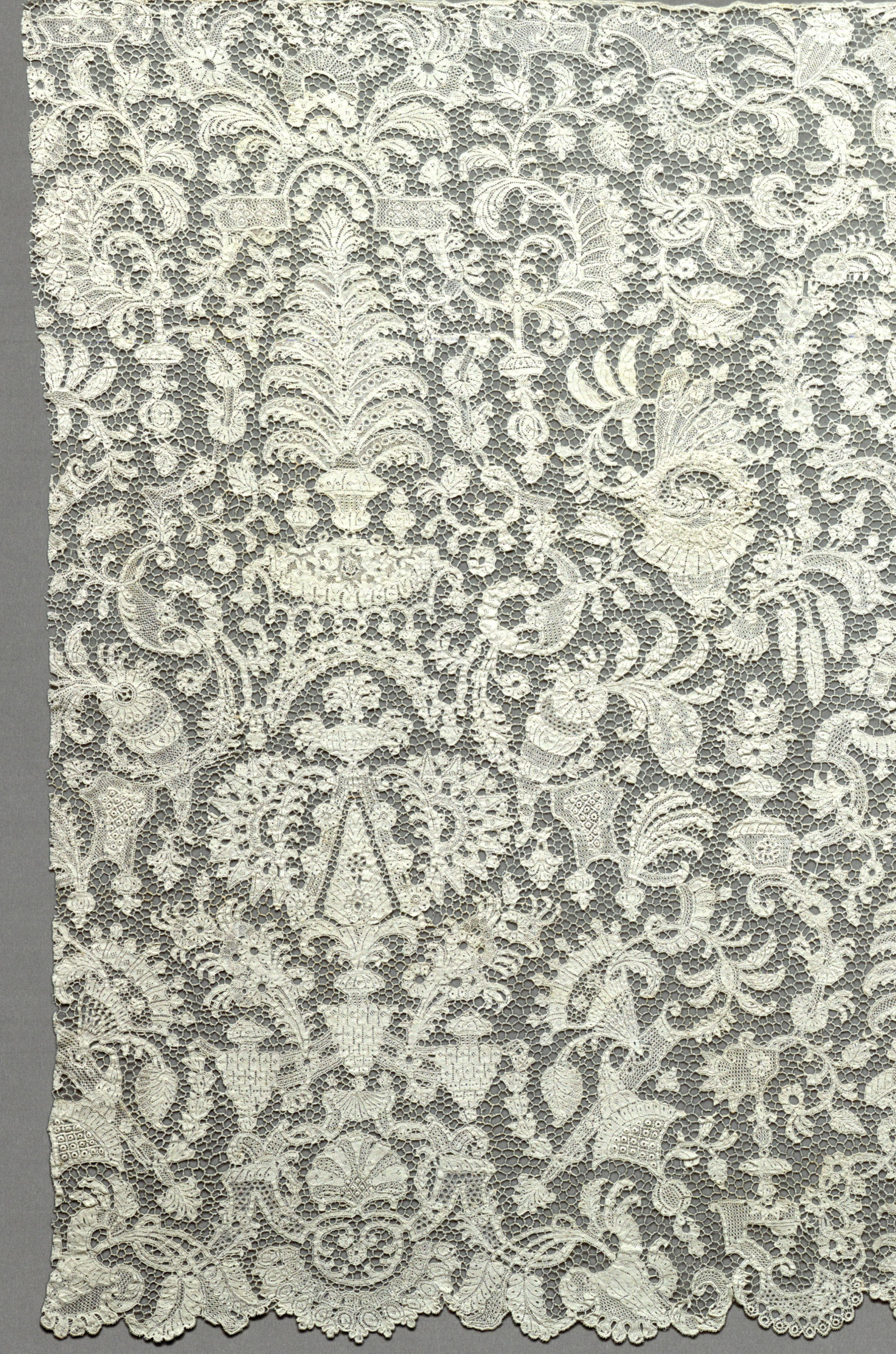

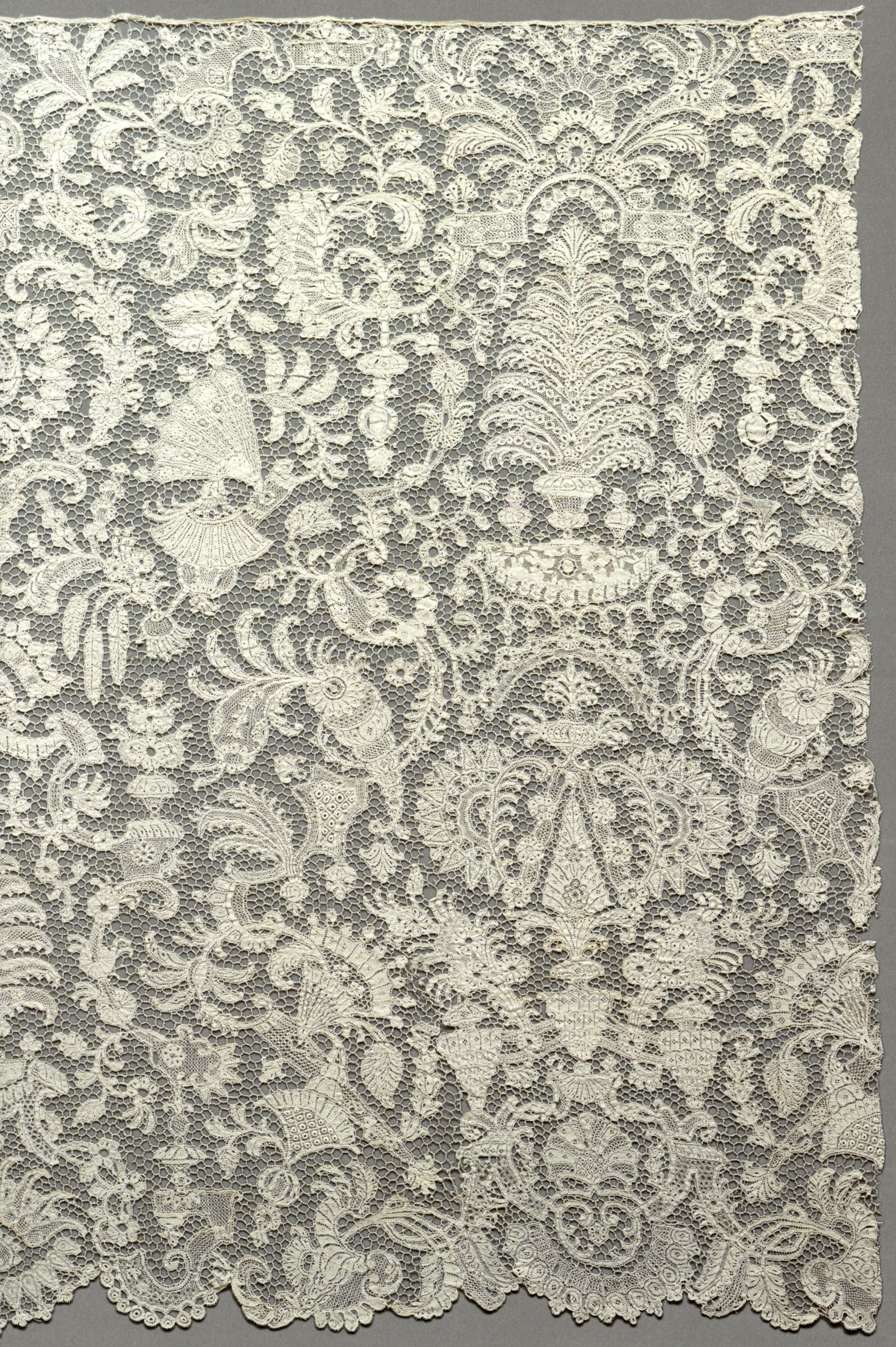

111 Borte (mit Details) / Orne (Frankreich), um 1710 / 58,5×81,5 cm

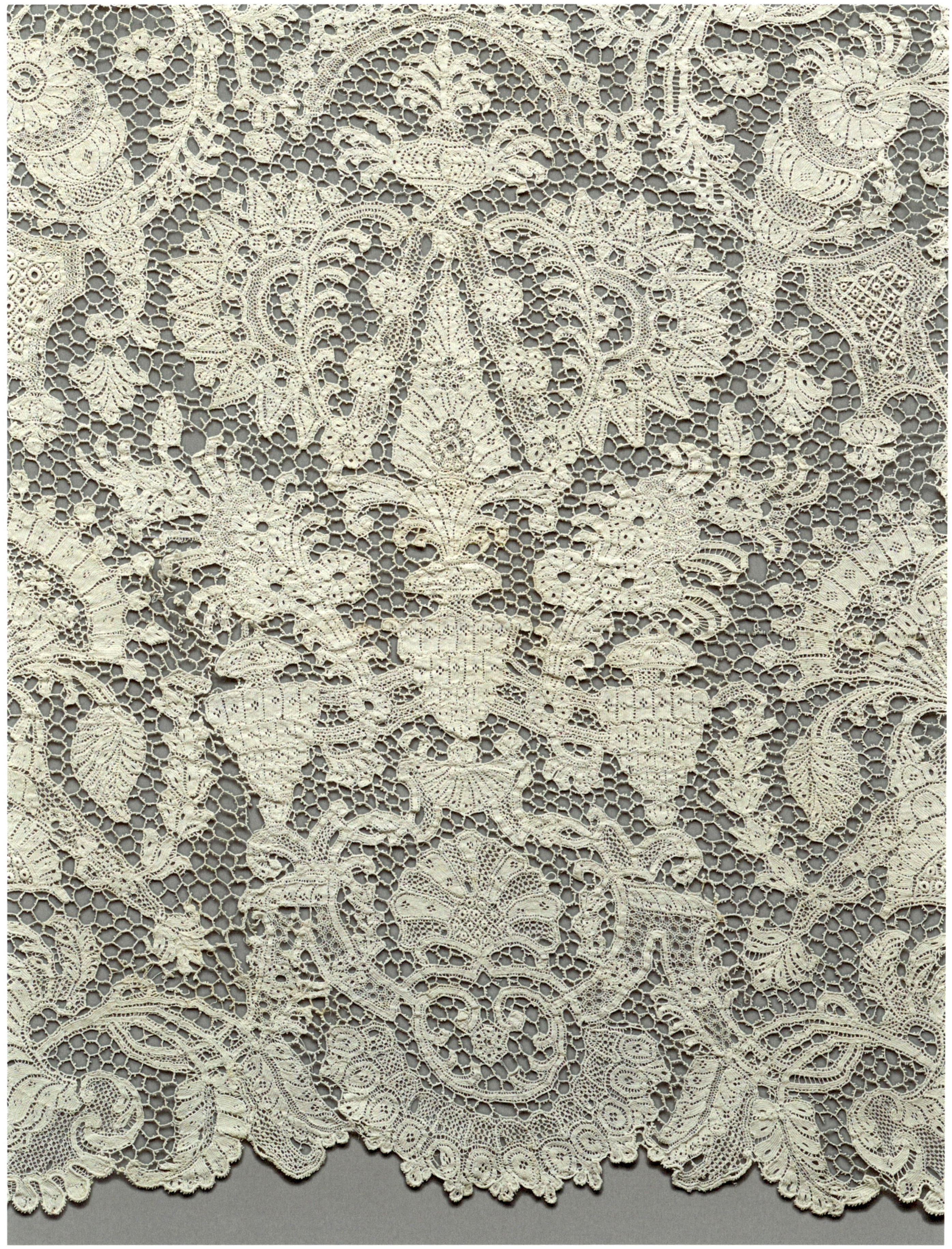

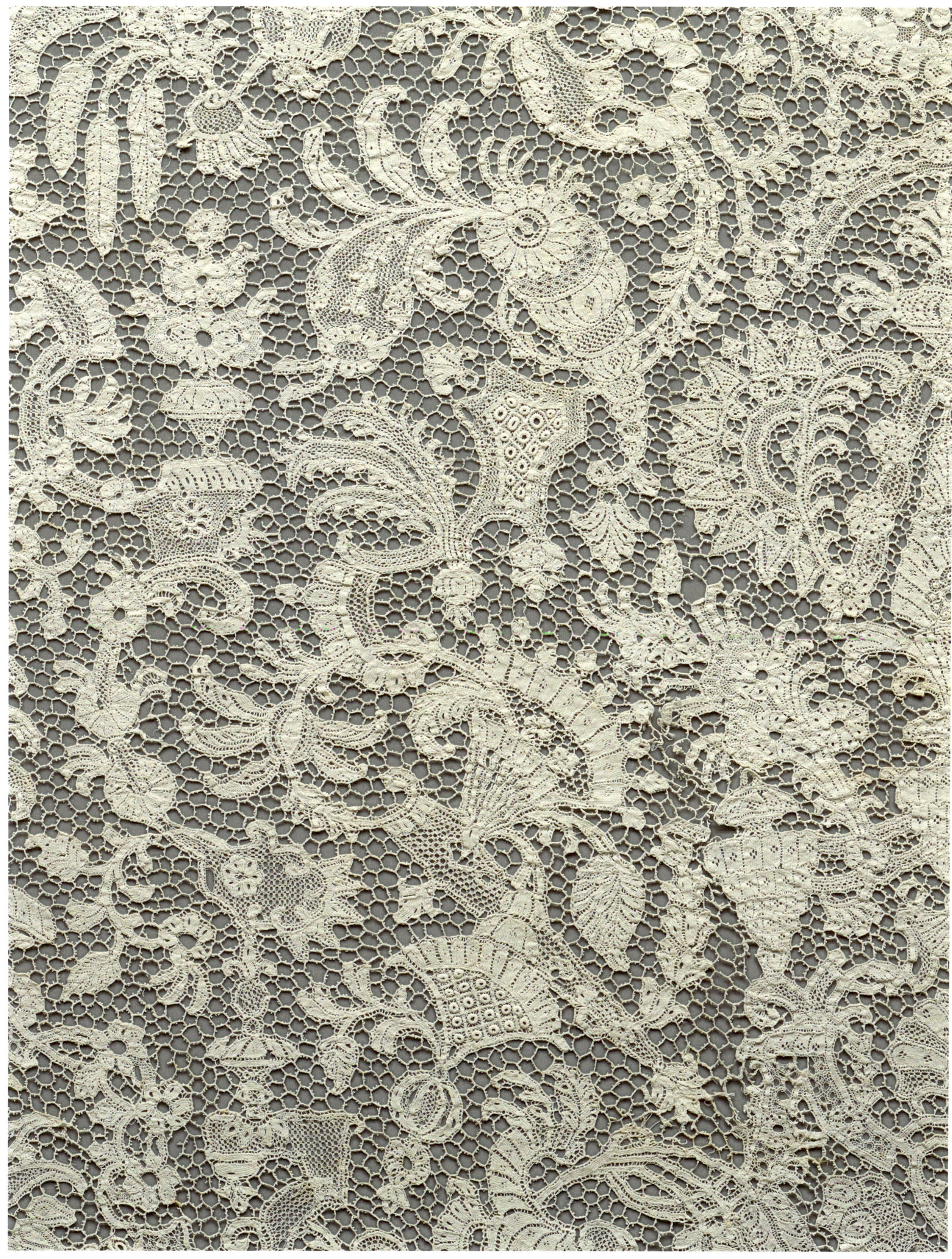

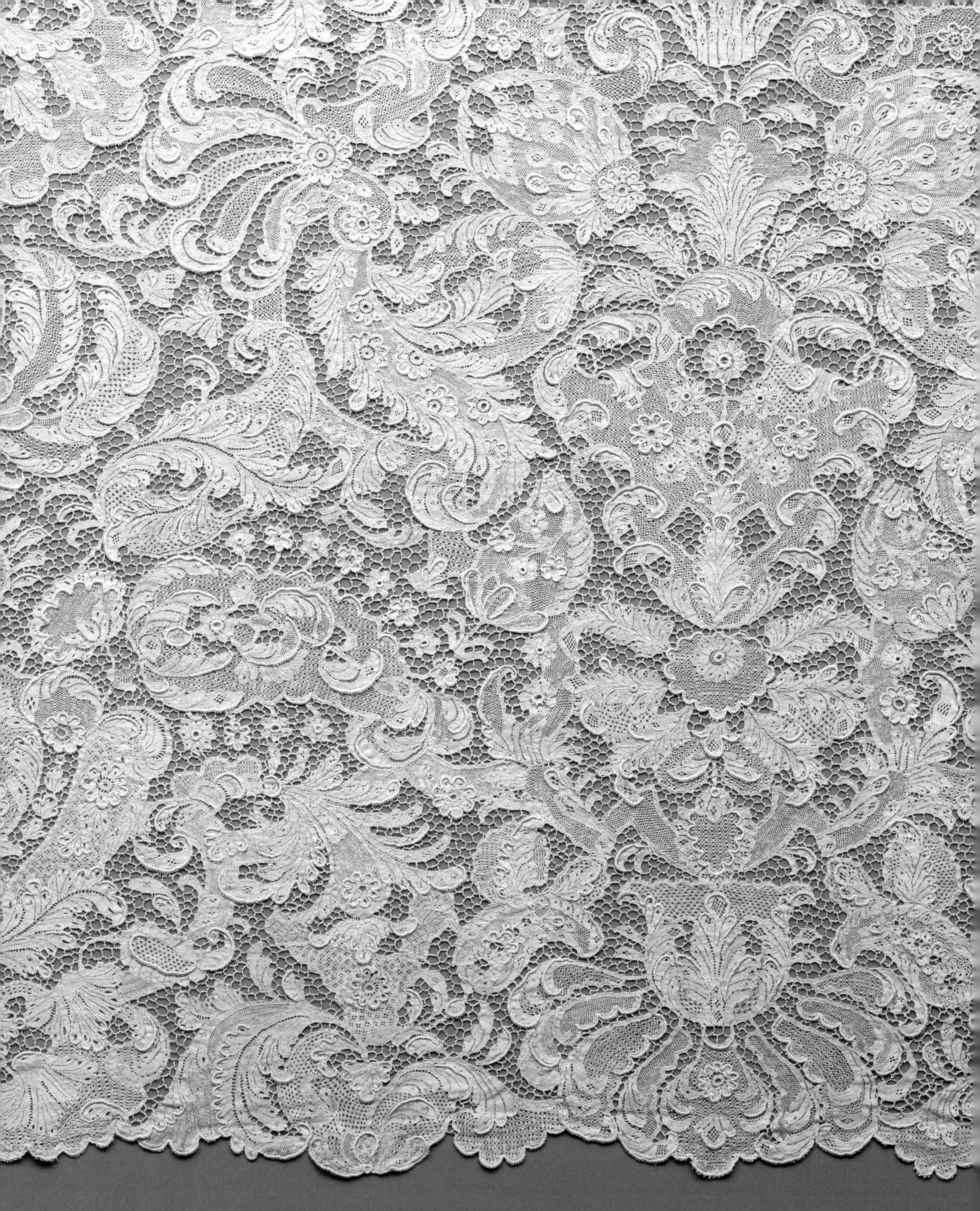

112 Borte (Details) / Orne (Frankreich), erstes Viertel 18. Jahrhundert / 64×670 cm

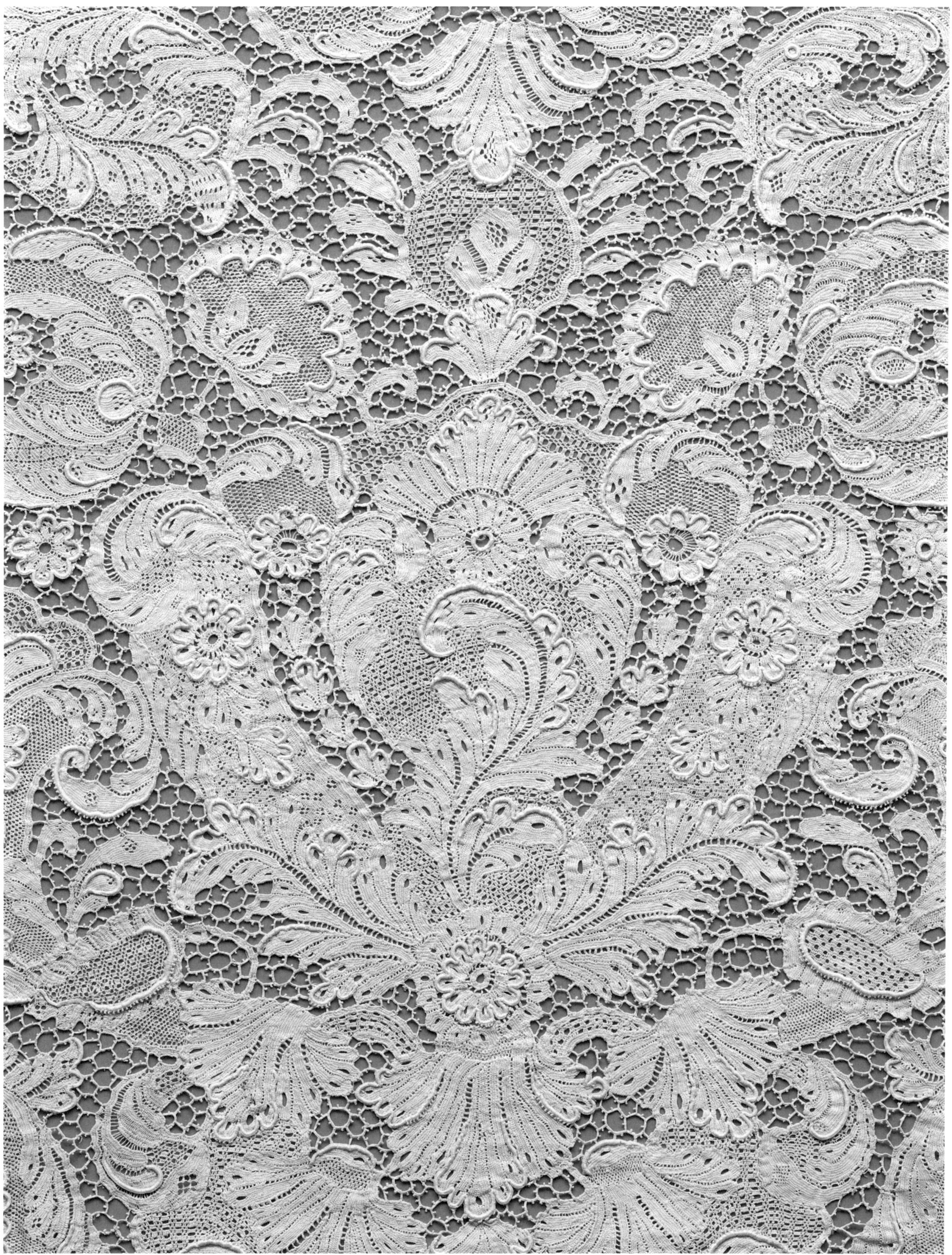

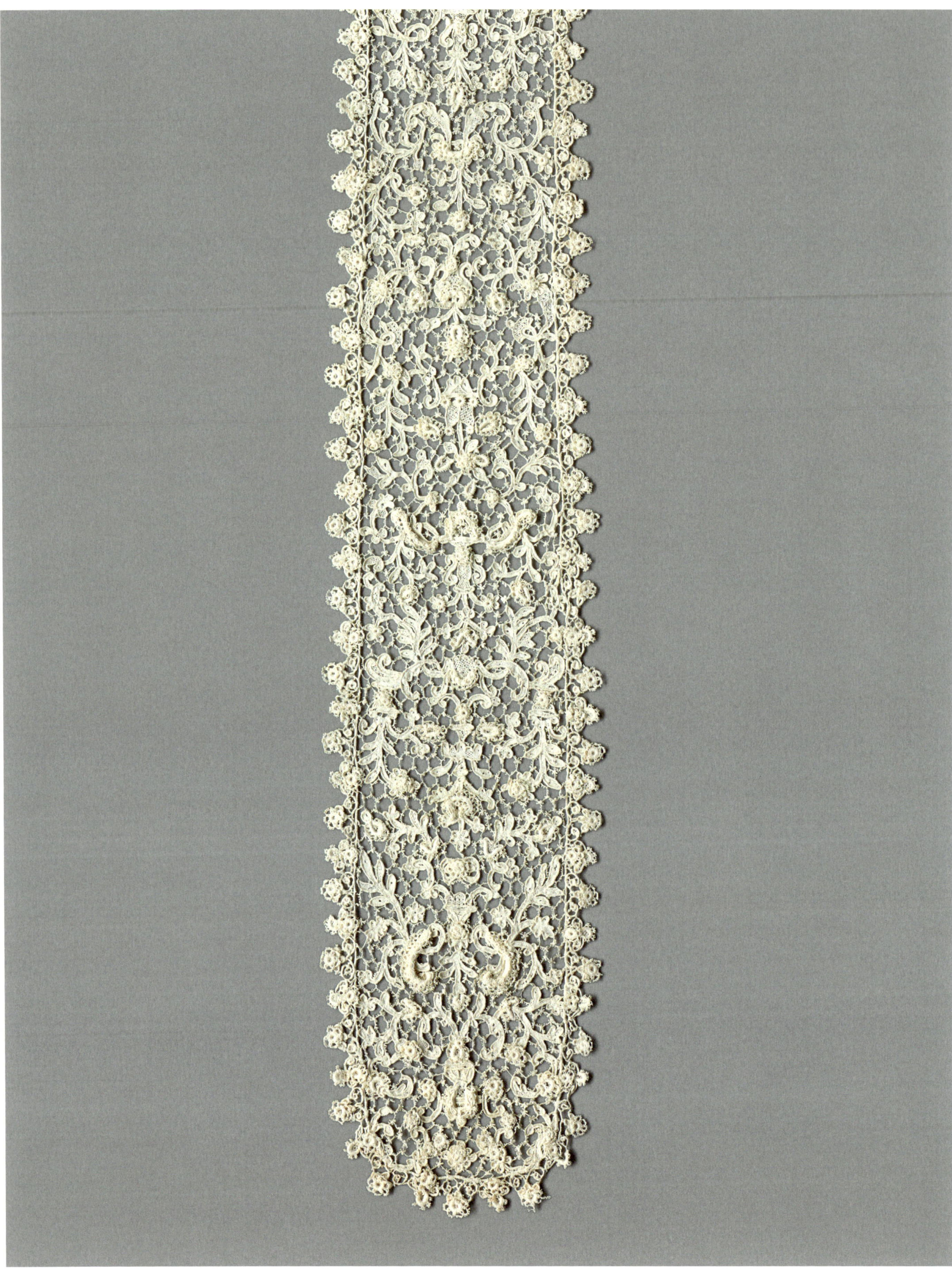

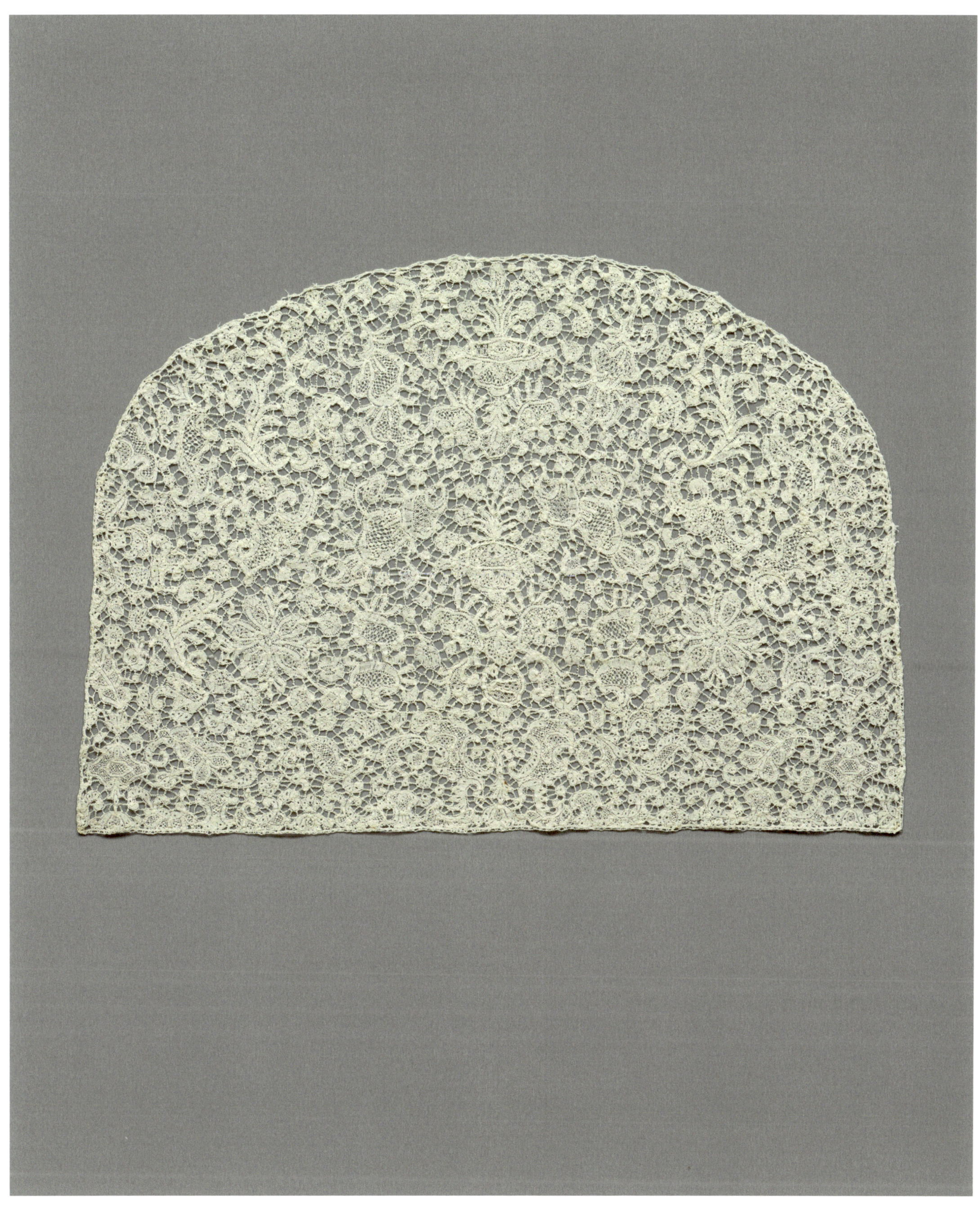

113 Barbe (Detail) / Venedig oder Orne (Frankreich), um 1700 / 121×9 cm

114 Haubenboden / Brüssel, um 1700 / 19,5×29 cm

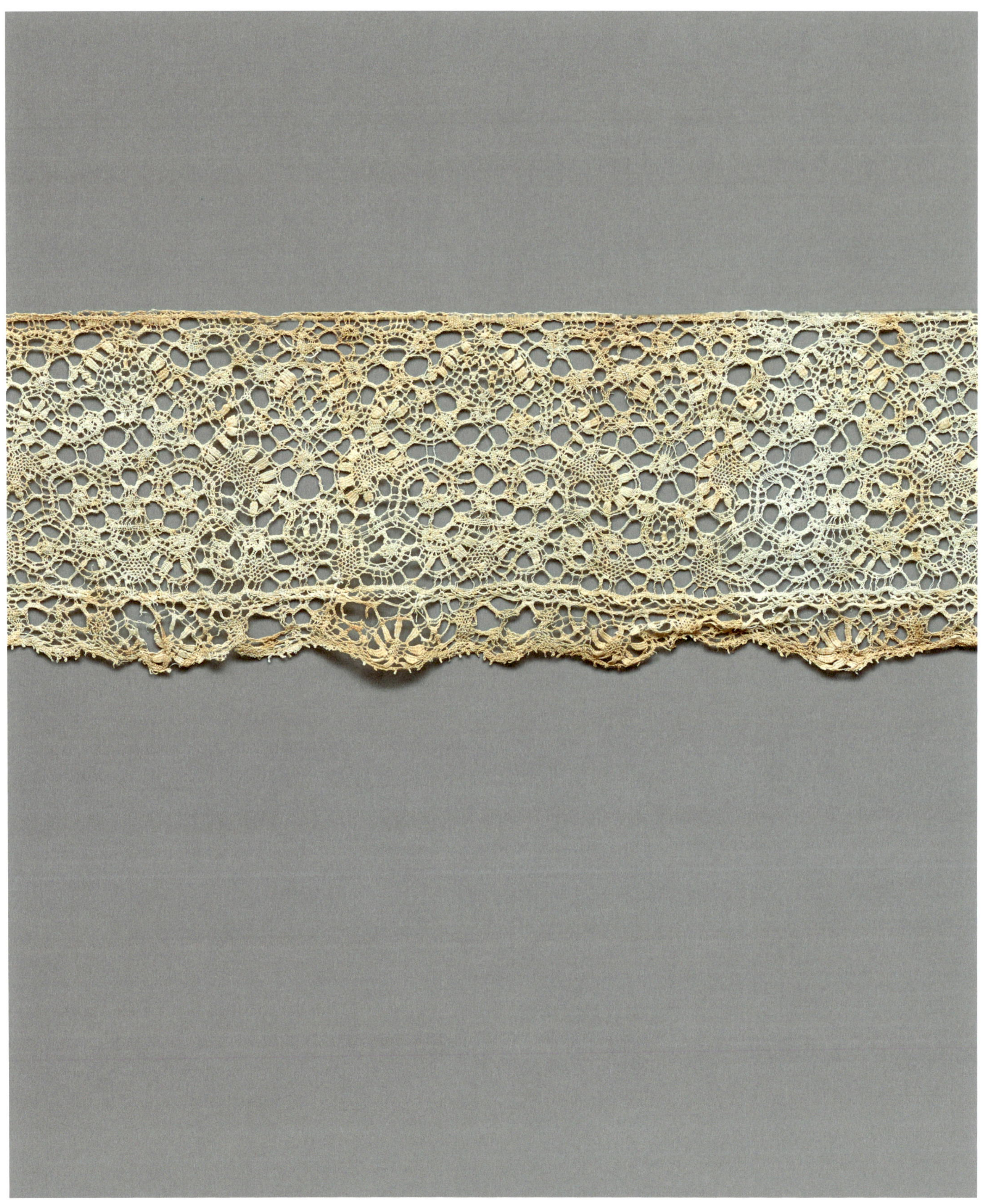

115 Borte (Detail) / Binche, um 1700 / 5,5 × 137 cm

116 Barben / Alençon oder Argentan, um 1720 / je 57 × 10 cm

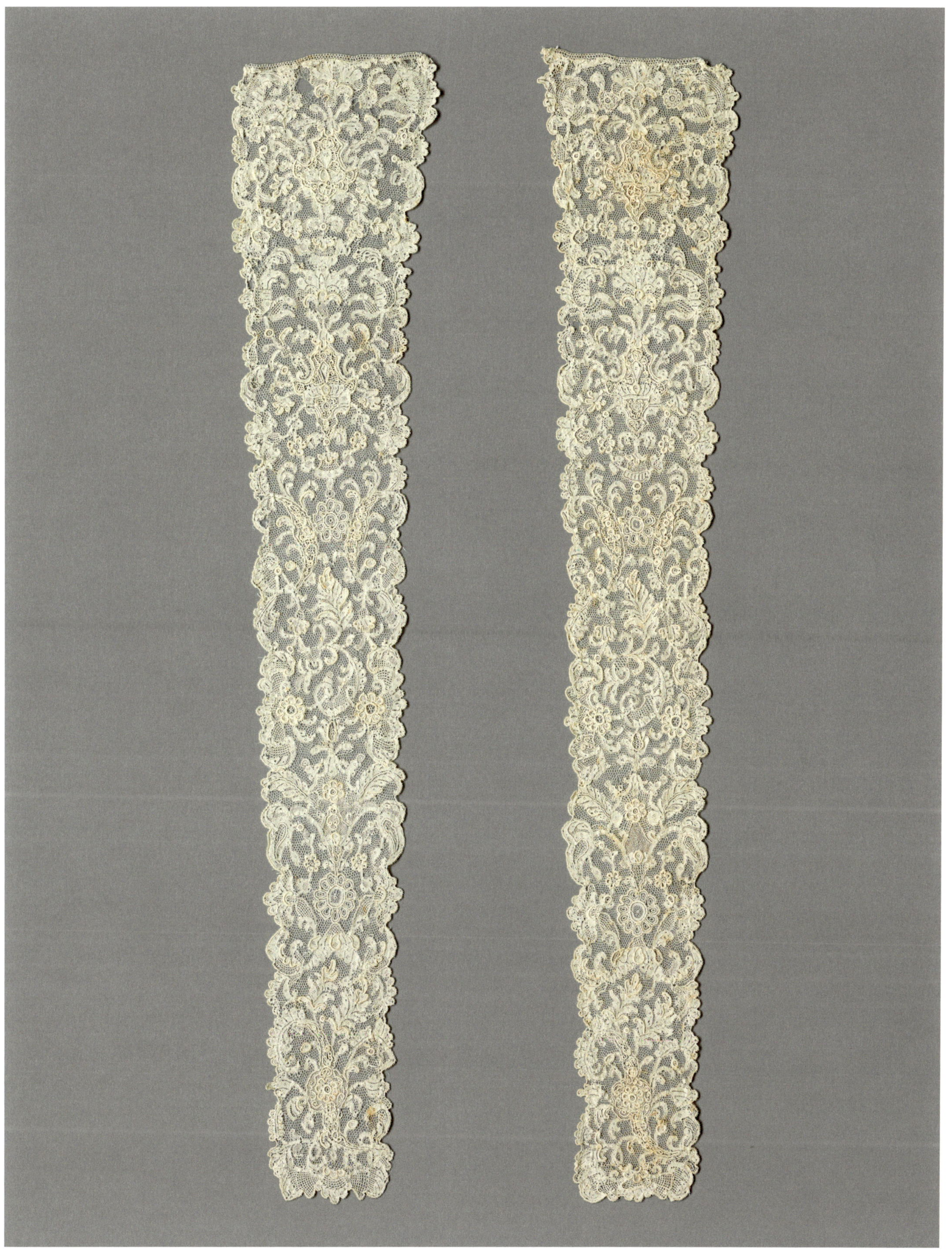

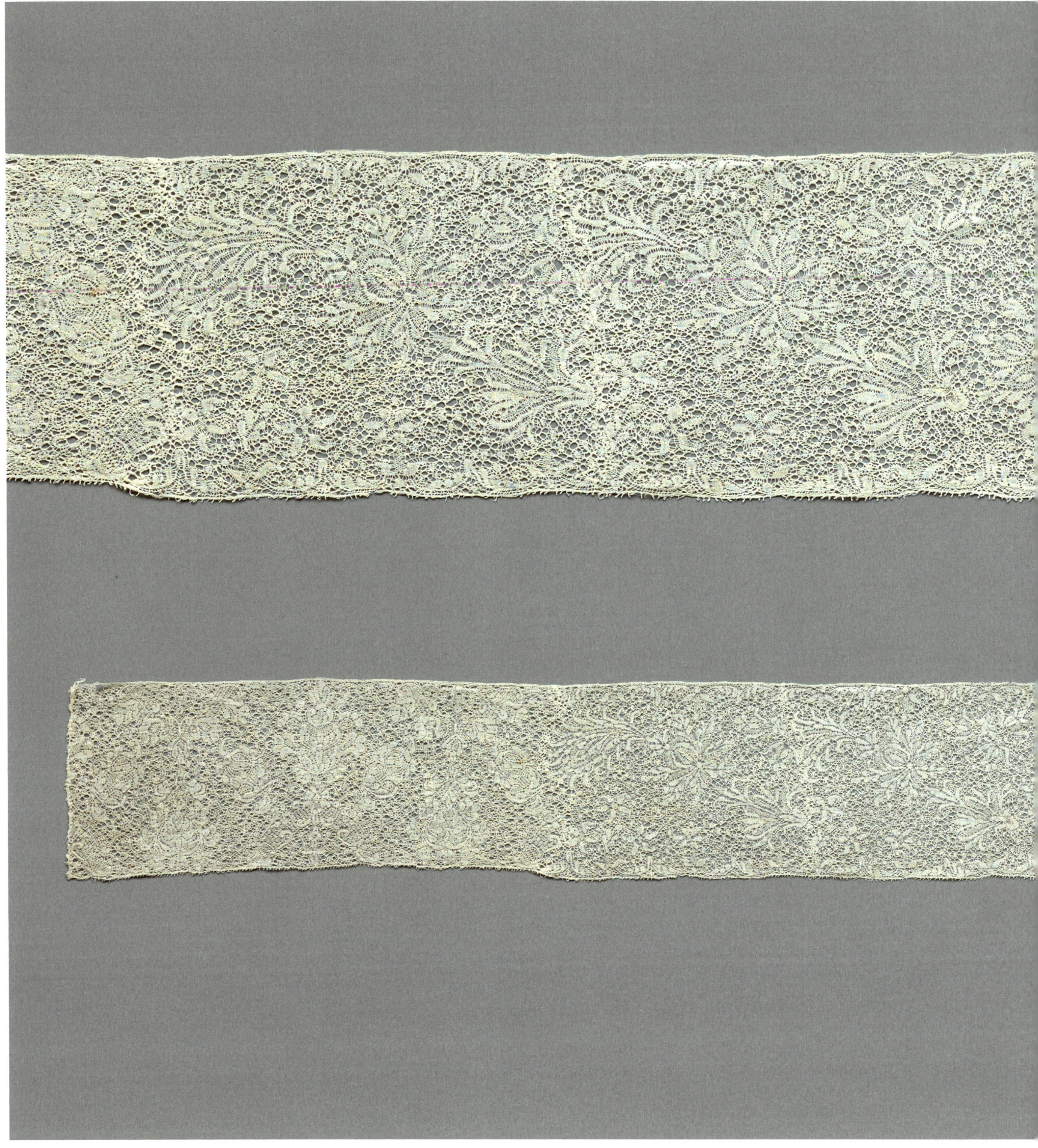

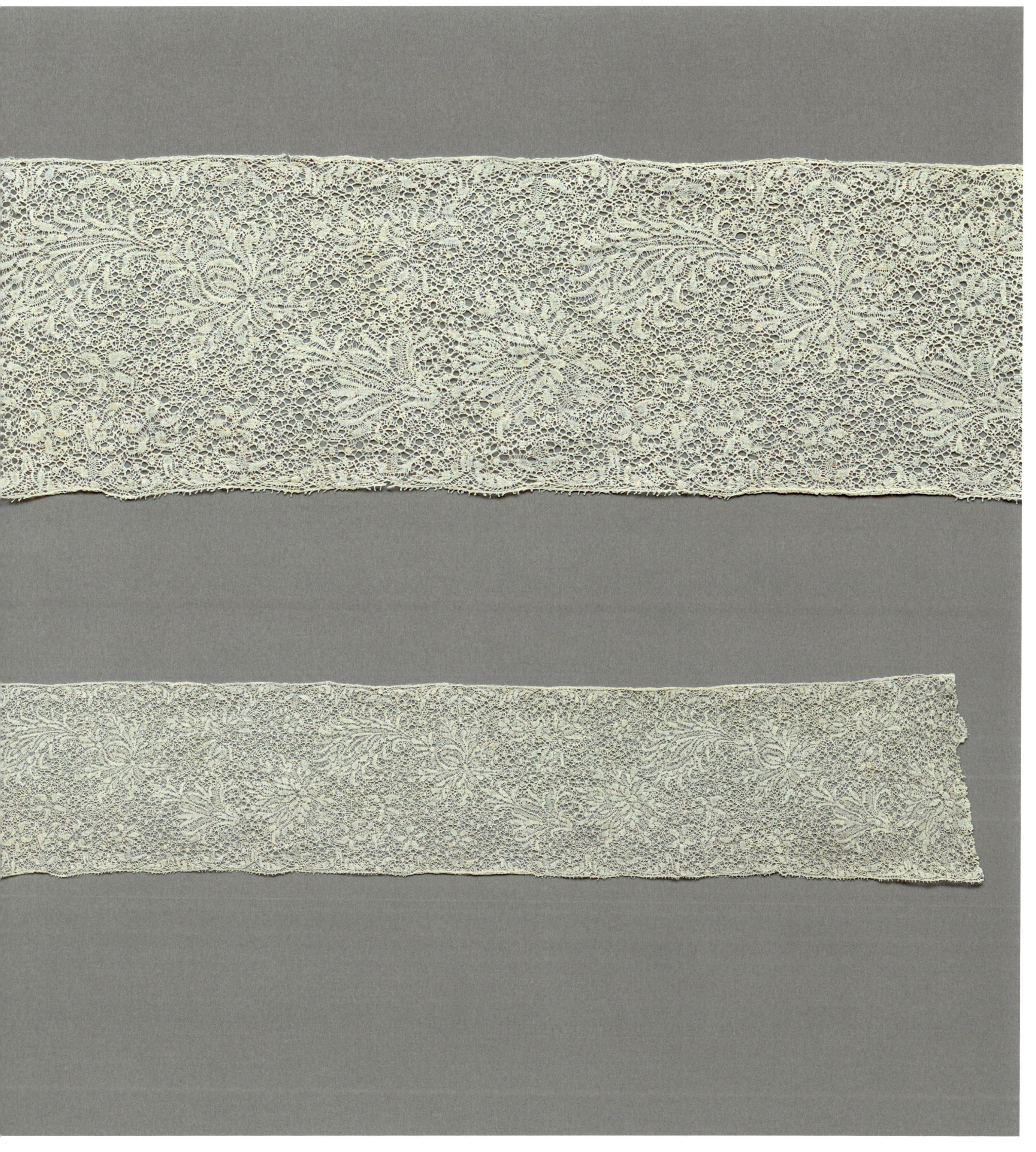

117 Borte (mit Detail) / Valenciennes oder Binche, 1720–1740 / 7×74 cm

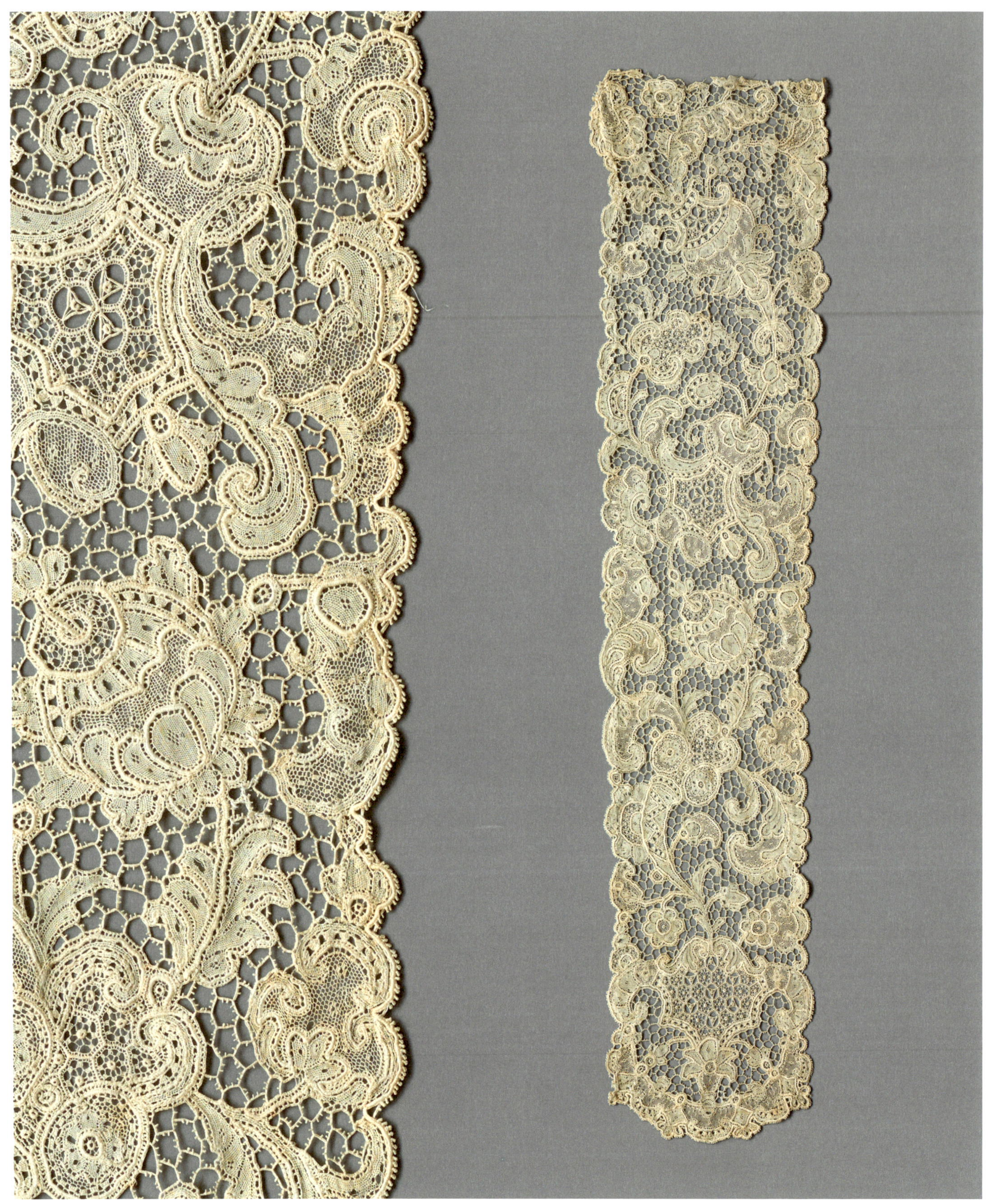

118 Barbe (mit Detail) / Brüssel, Alençon oder Argentan, um 1720 / 37×7,5 cm

119 Barbe (zusammengenäht) (Details) / Brüssel oder Alençon, um 1710 / 114×8,5 cm

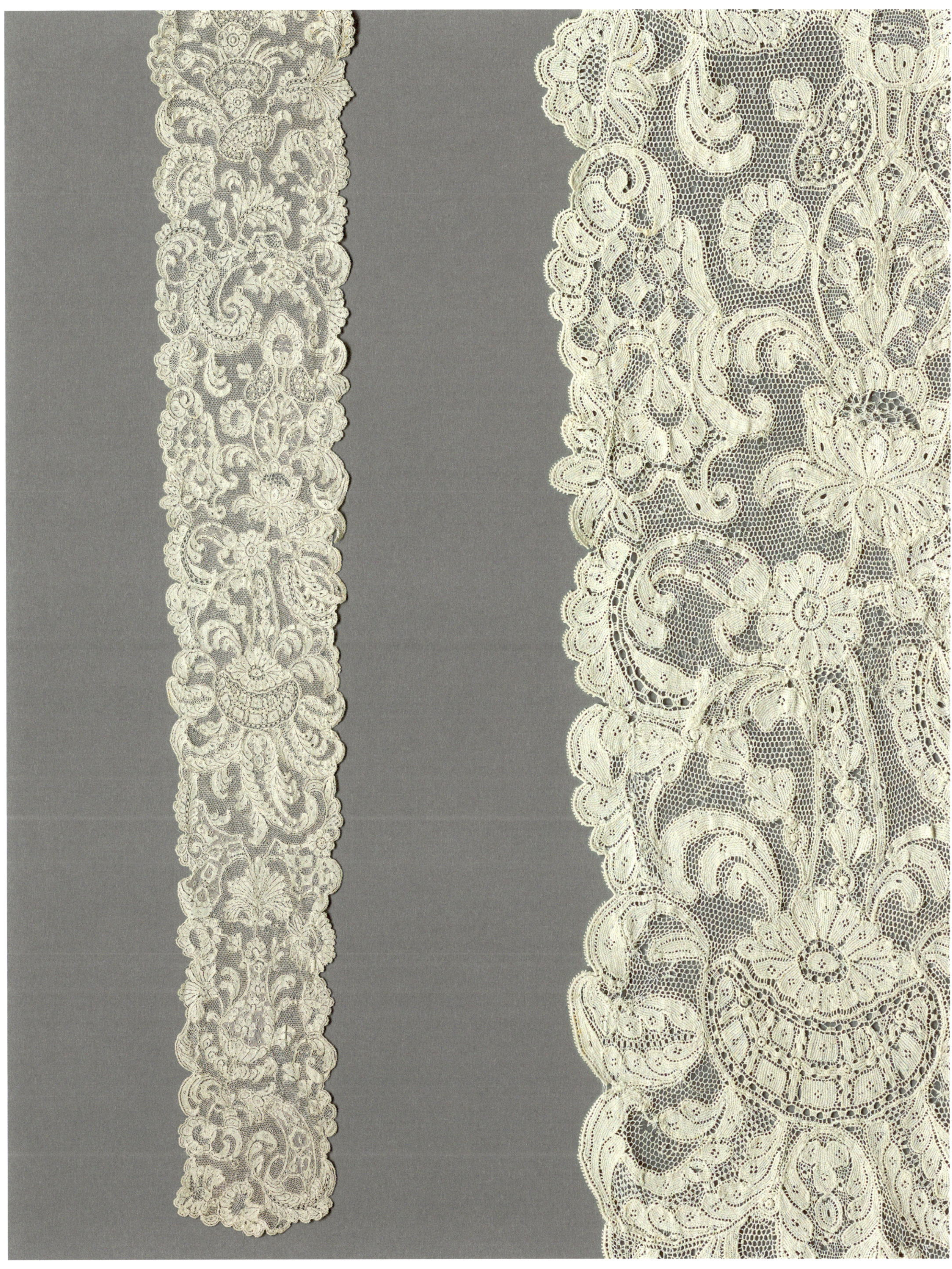

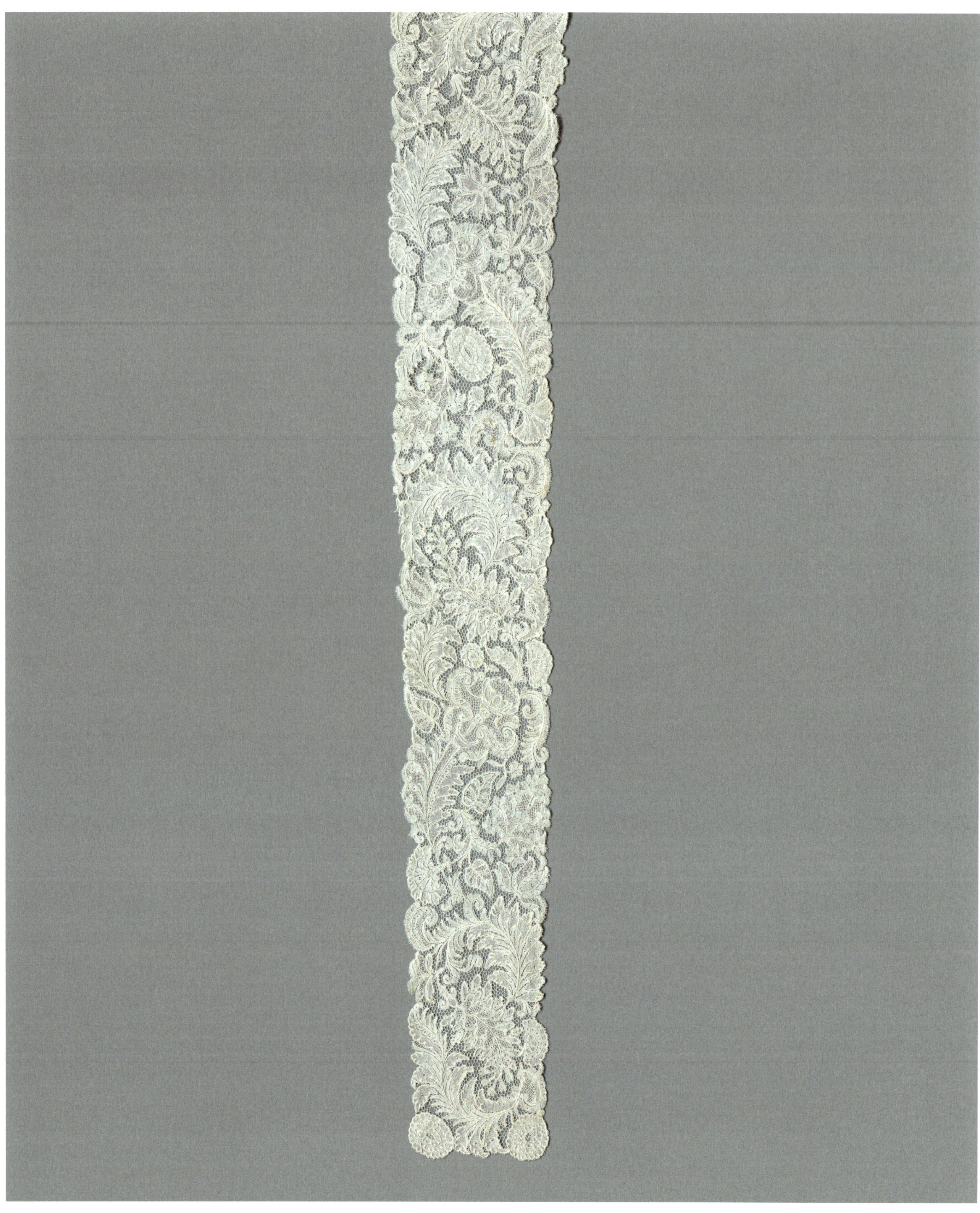

120 Barbe / Brüssel, um 1720 / 128,5×9,5 cm

121 Barben (Details) / Brüssel, um 1720 / je 67,5×11,5 cm / auf Seidengewebe, Frankreich, 1720–1730

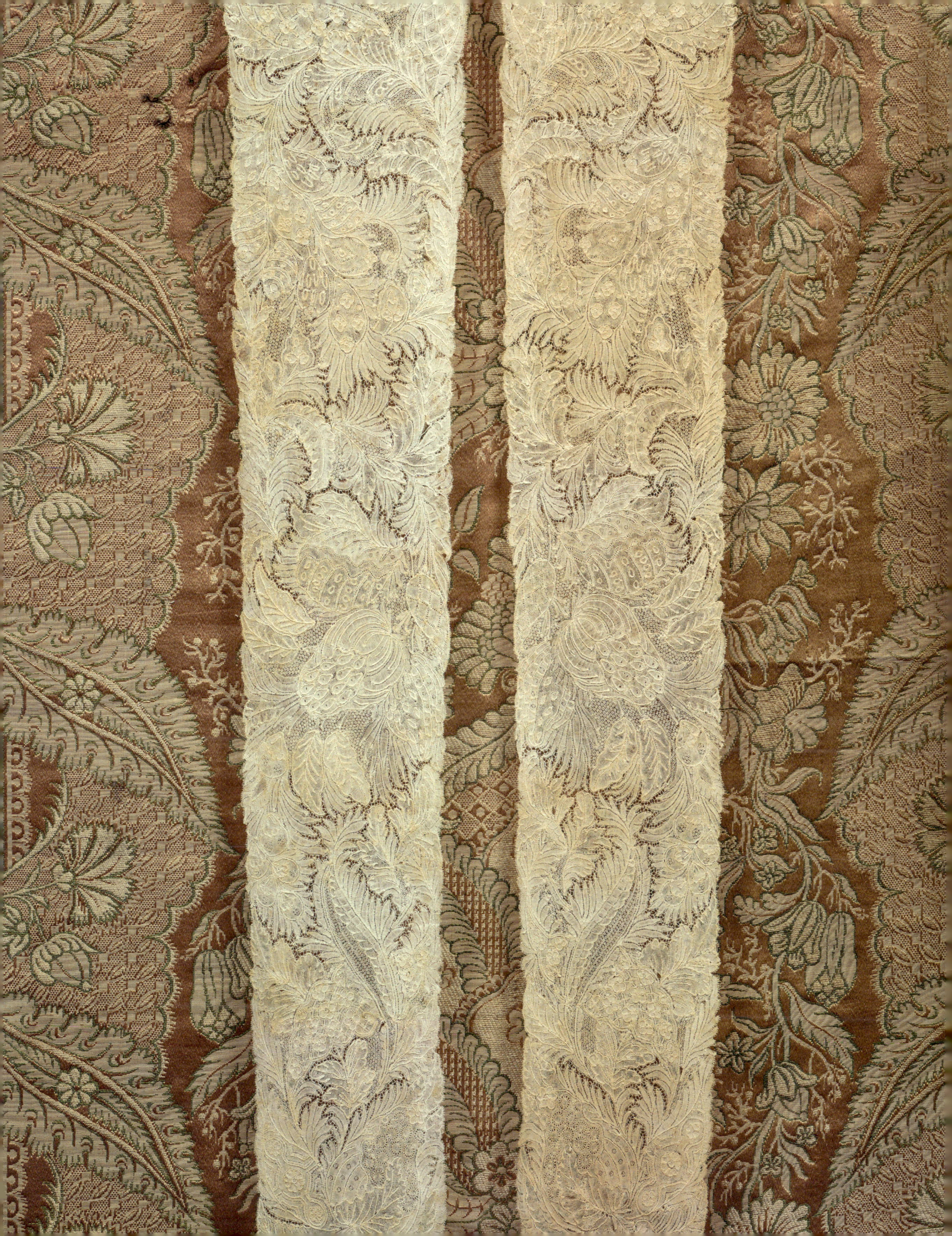

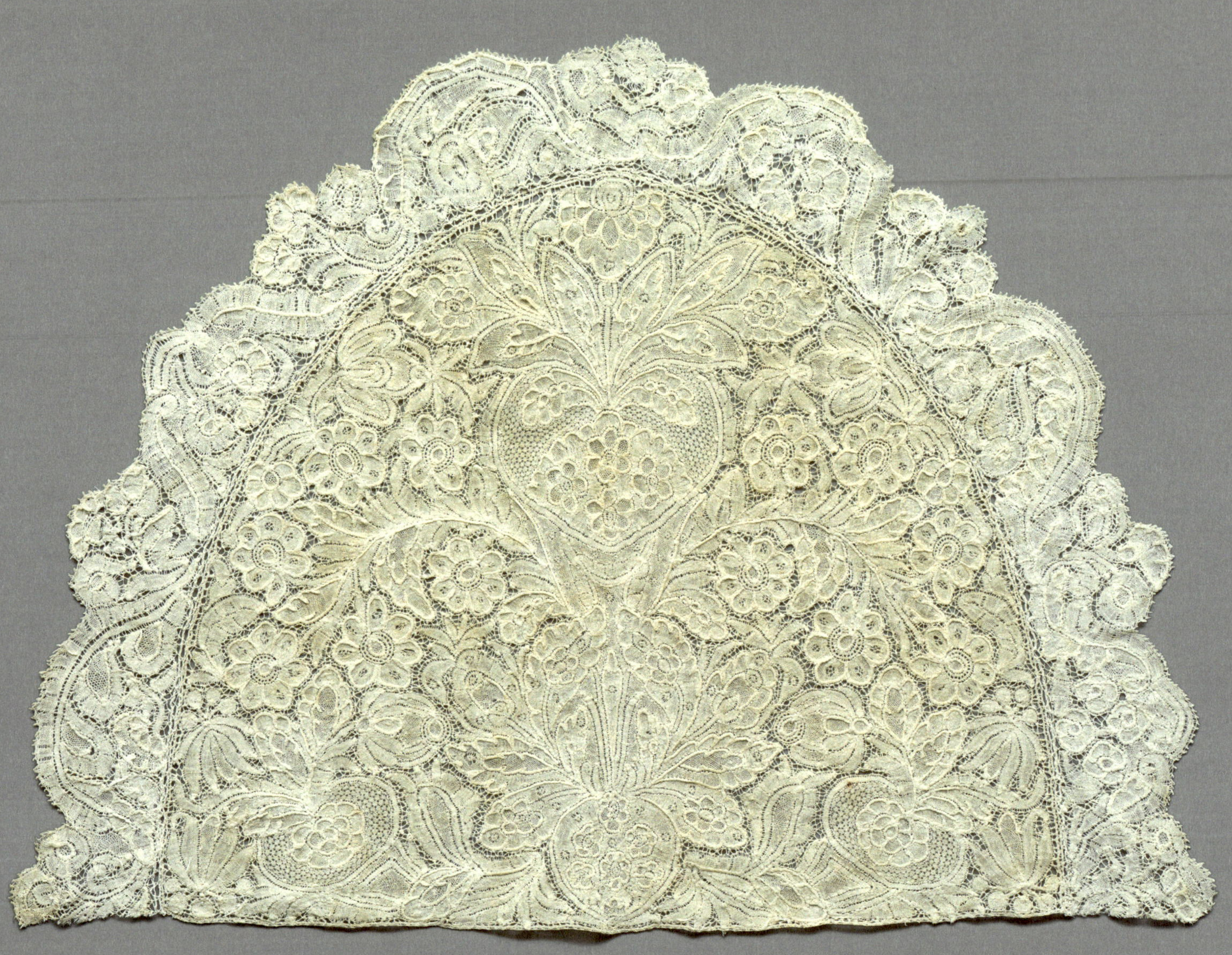

122 Haubenboden / Brüssel, um 1720 / 29×21 cm

123 Engageante (Detail) / Alençon oder Argentan, um 1730 / 10×74 cm / auf Seidengewebe, Frankreich, 1700–1720

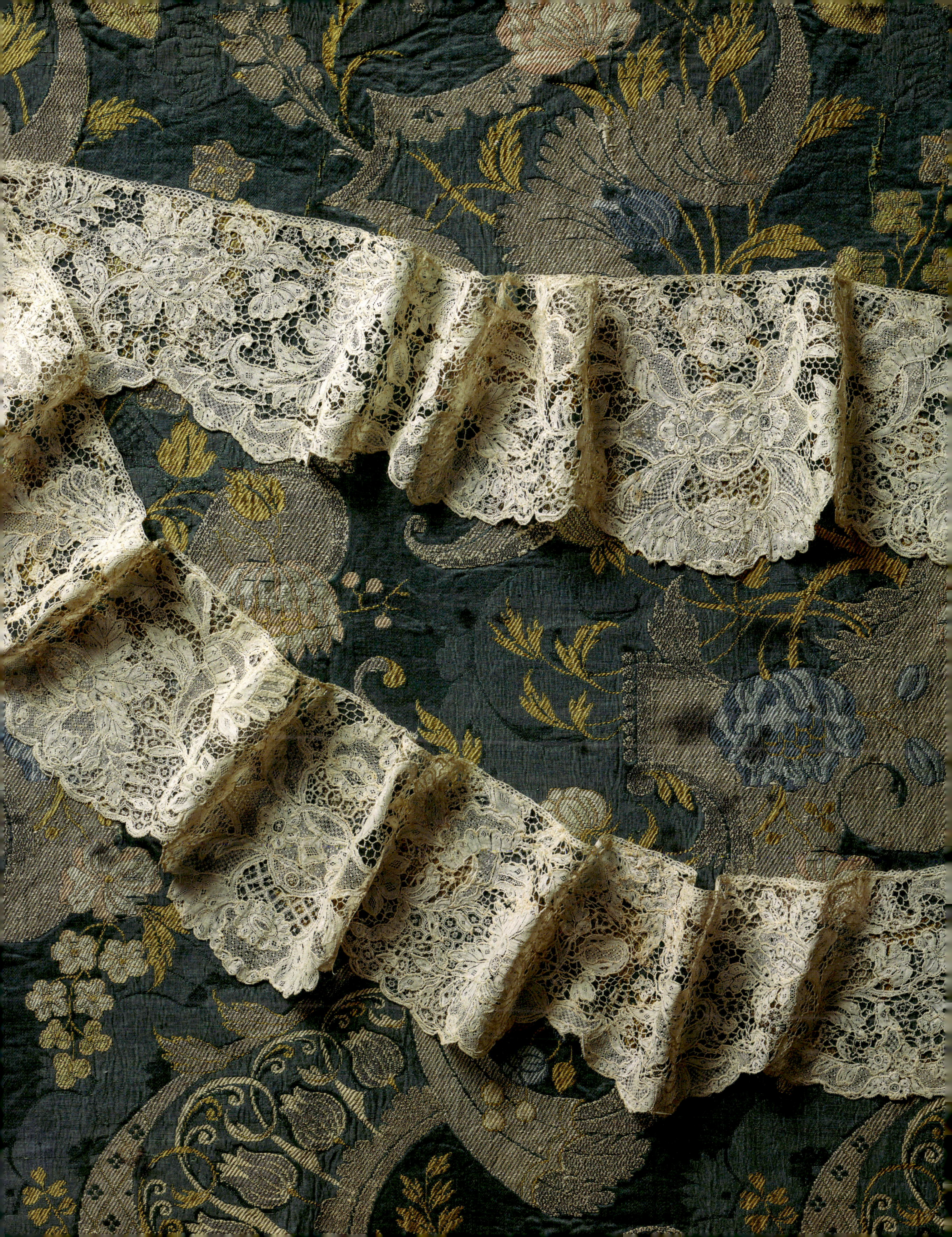

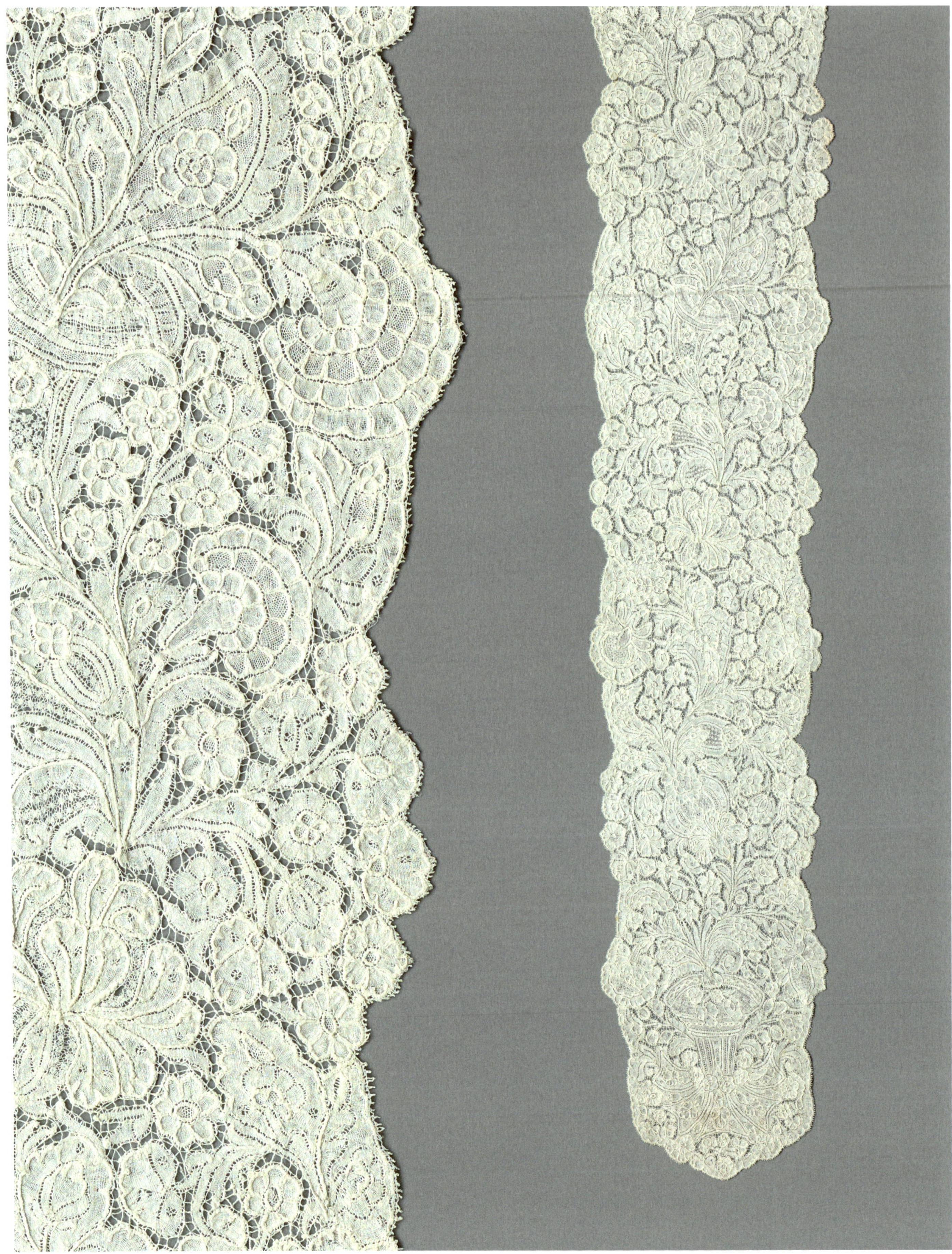

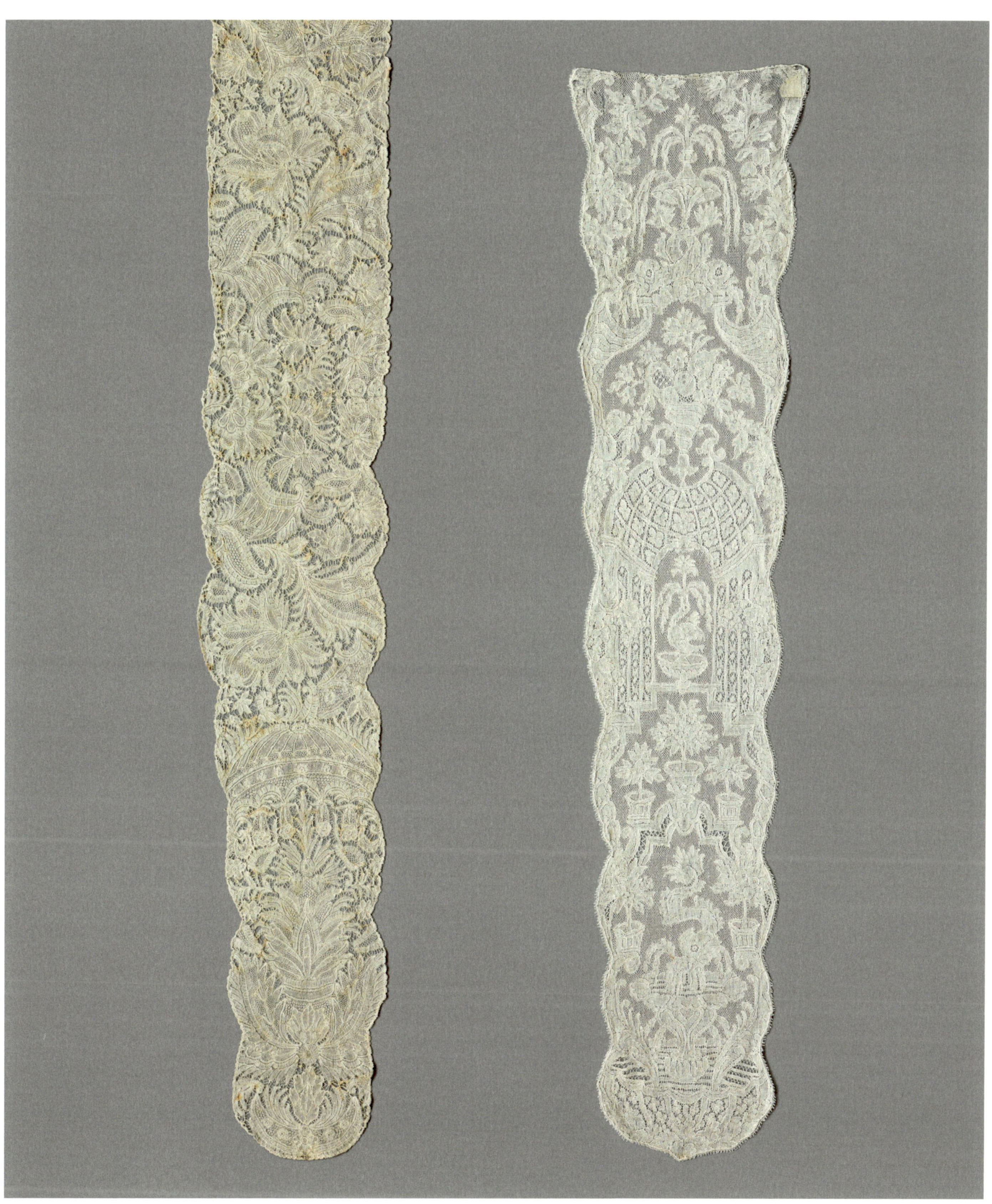

124 Barbe (mit Detail) / Brüssel, um 1720, im 19. Jahrhundert verändert / 124×12,5 cm

125 Barbe / Brüssel, um 1720–1730, in der zweiten Hälfte des 19. Jahrhundert verändert / 90×15 cm
126 Barbe / Mechelen, um 1730 / 51,5×11,5 cm

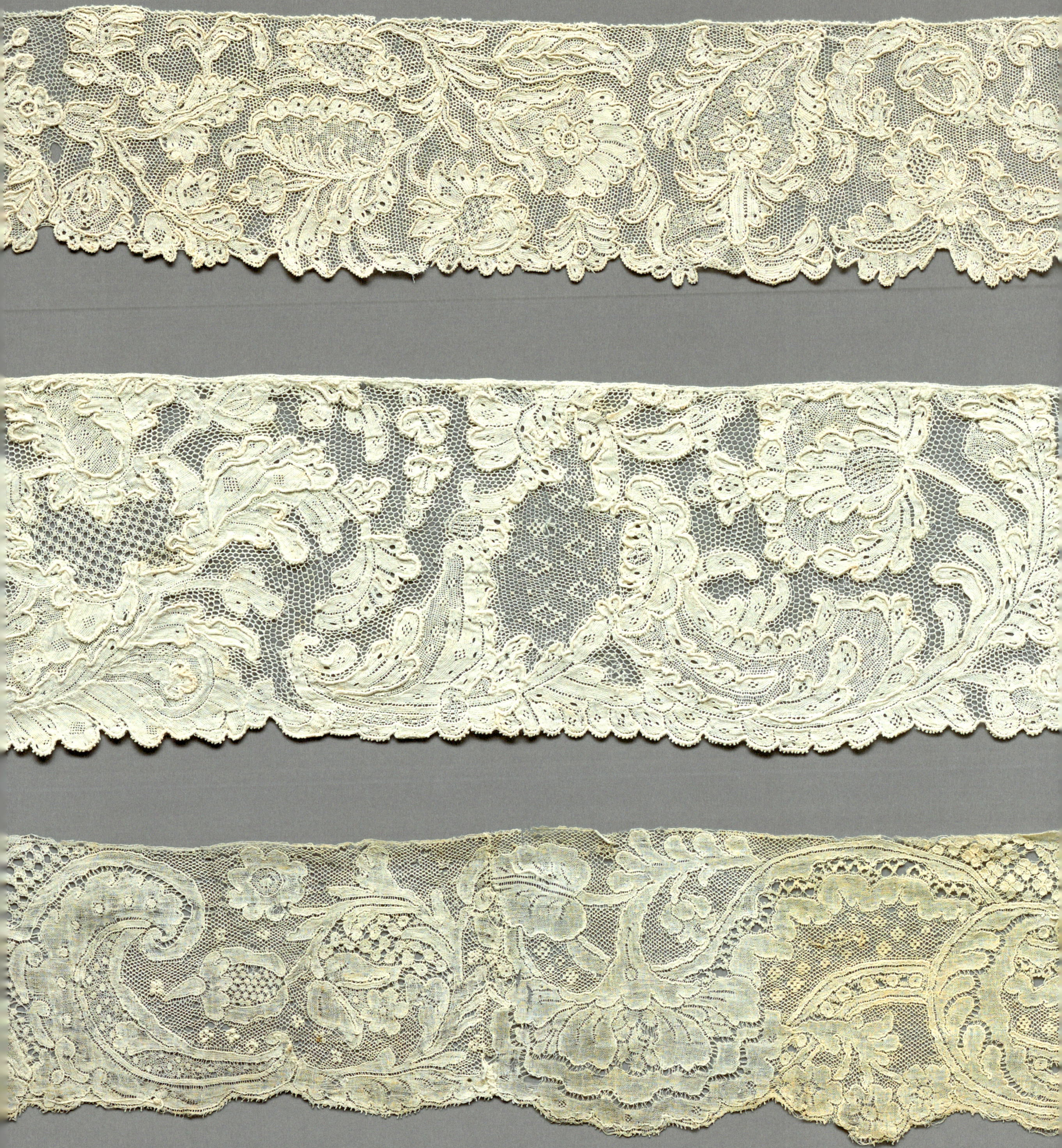

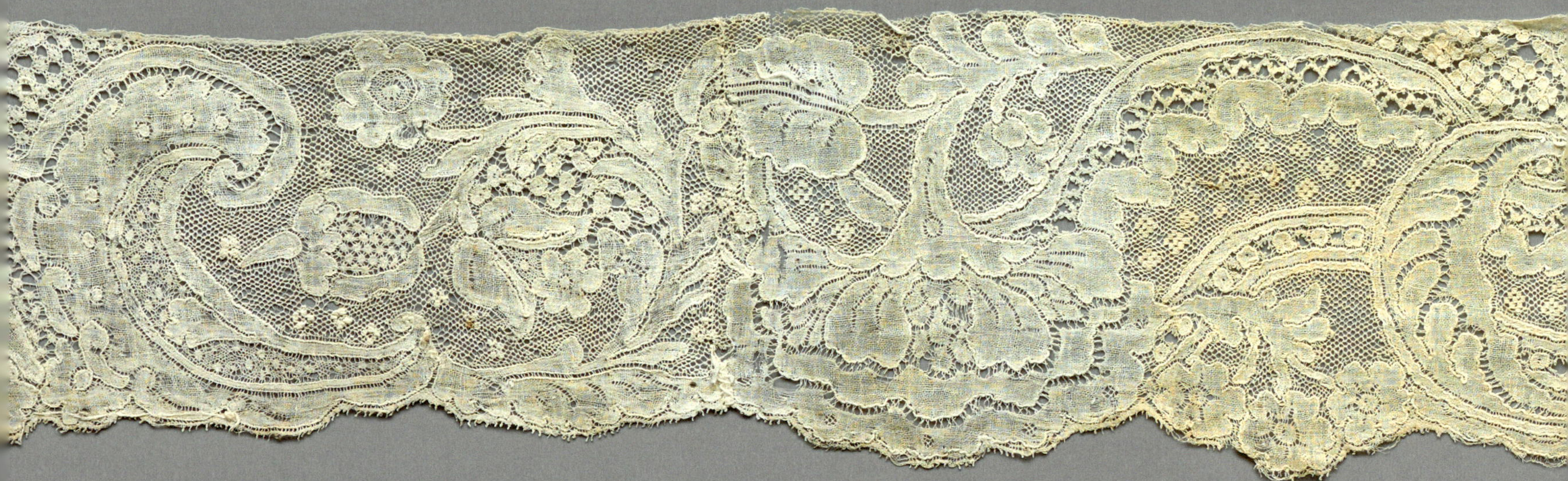

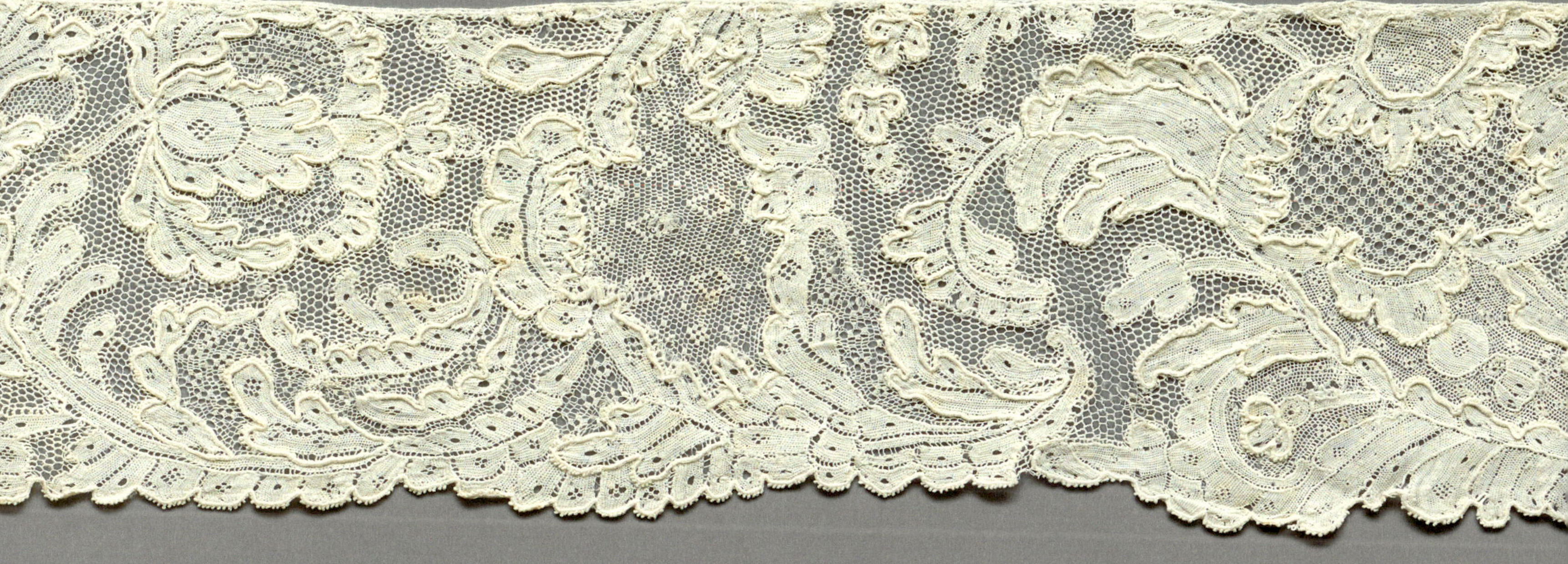

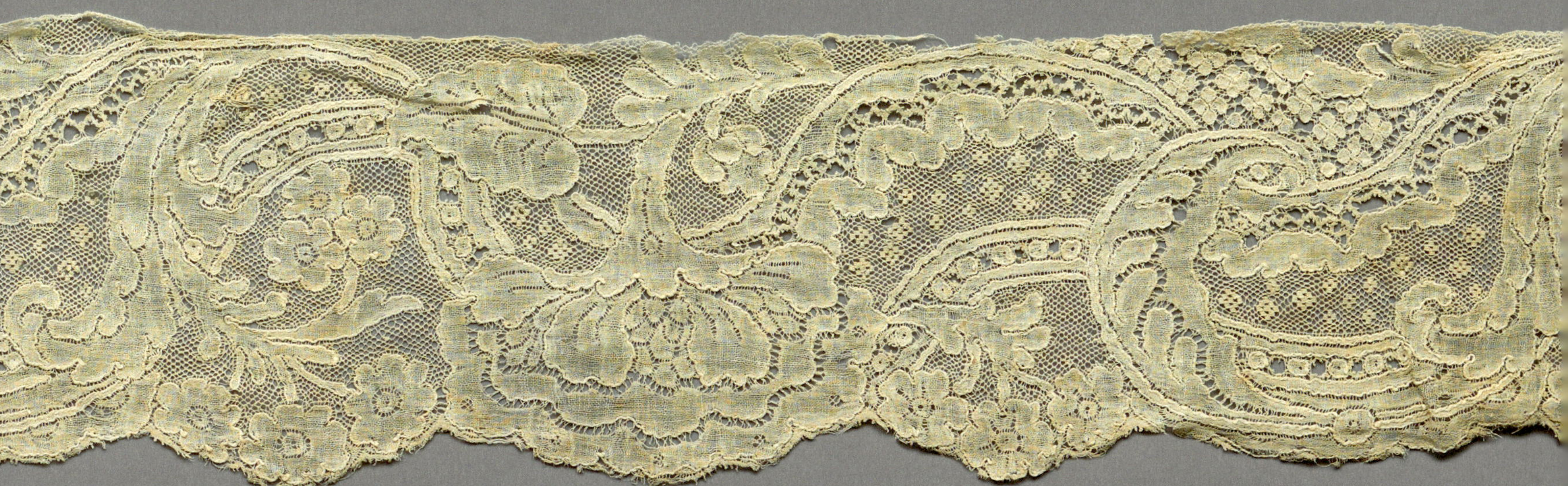

127 Borte (Detail) / Alençon oder Argentan, um 1730 / 6,3×71,5 cm
128 Borte (Detail) / Alençon oder Argentan, um 1730 / 8×62 cm
129 Borte (Detail) / Mechelen, um 1730 / 6,5×66 cm

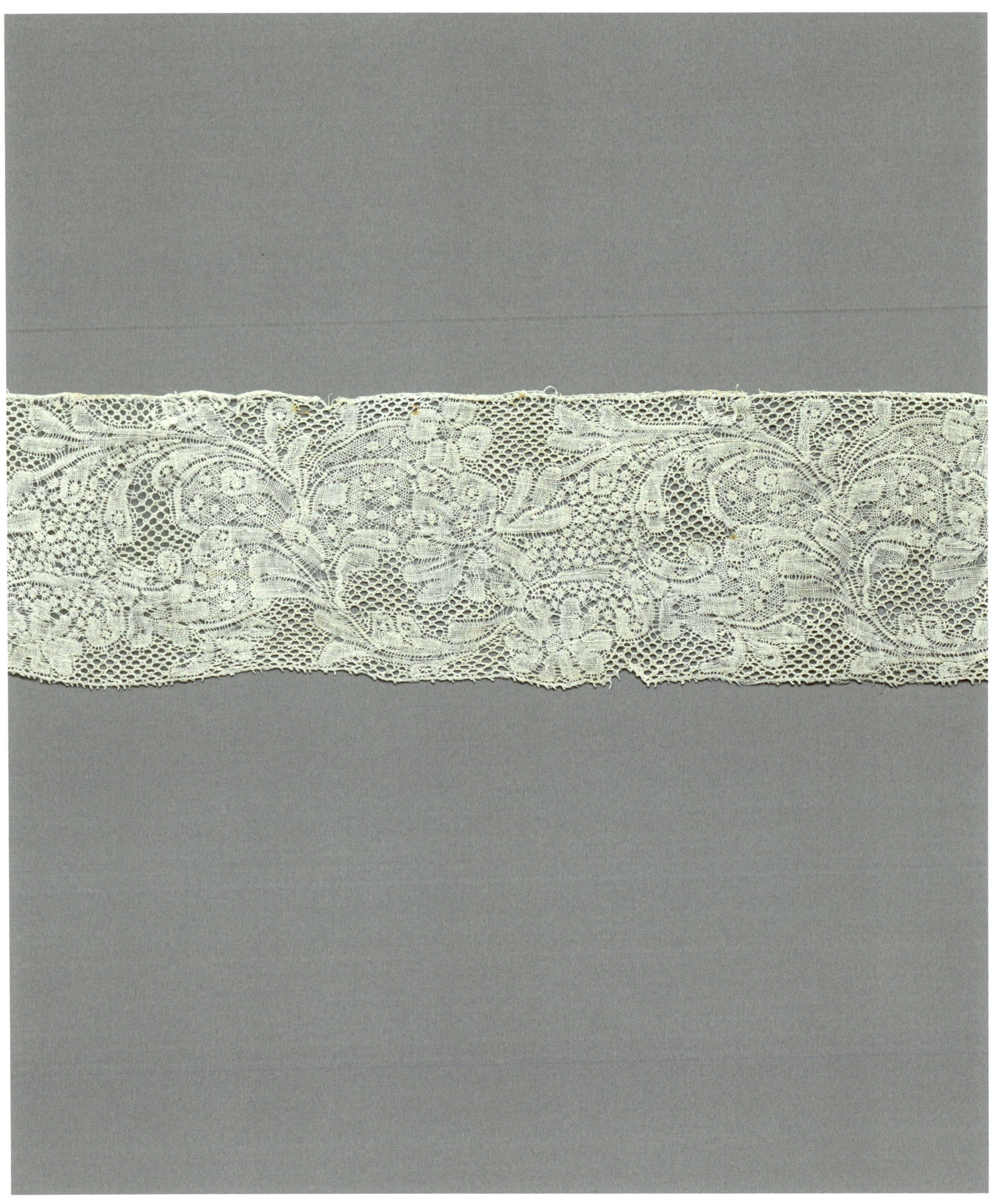

130 Borte (Detail) / Valenciennes oder Flandern, um 1740 / 7×52 cm

131 Barbe / Mechelen, um 1740 / 52×8,9 cm
132 Barbe / Brüssel, um 1740, repariert im frühen 19. Jahrhundert / 60×10 cm

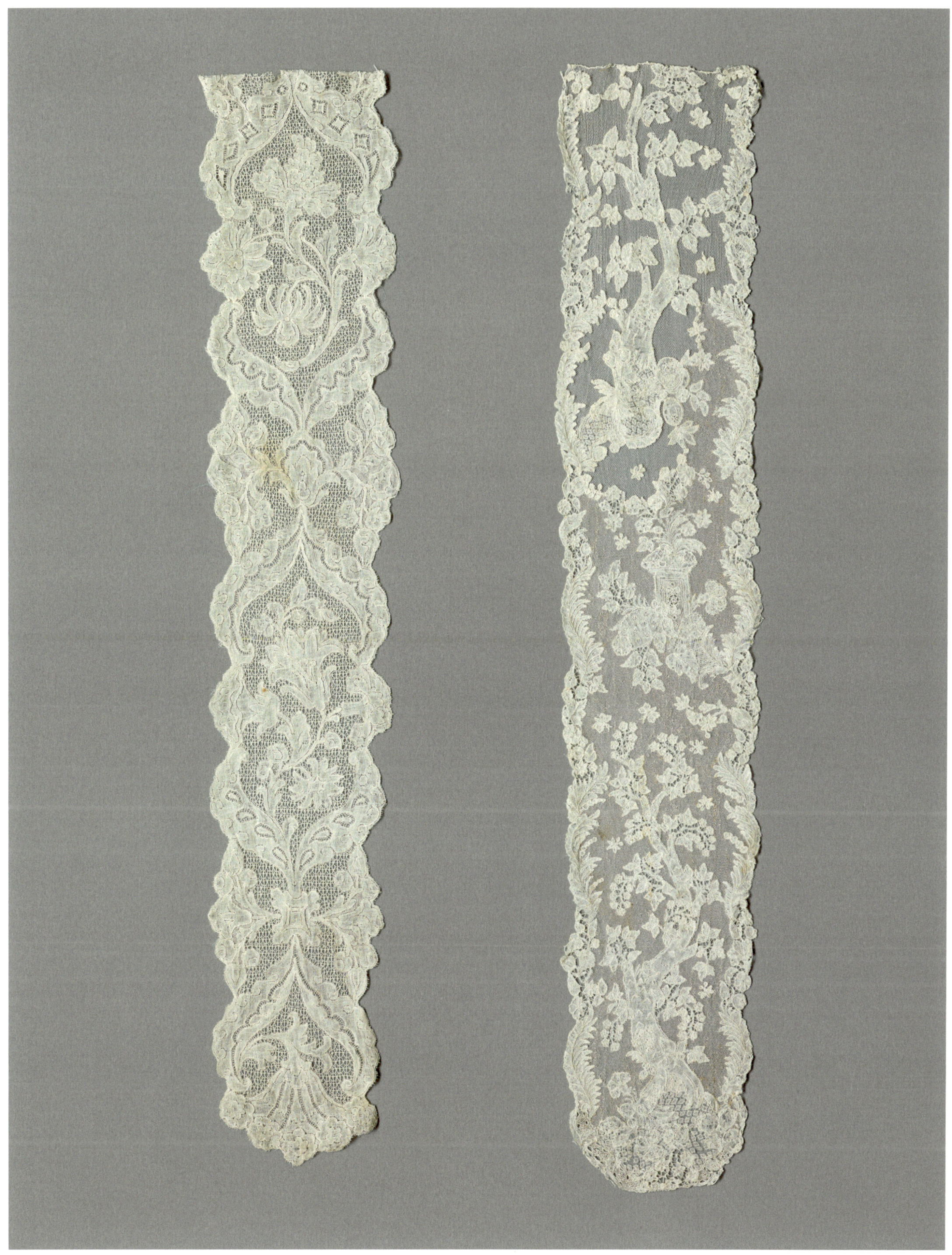

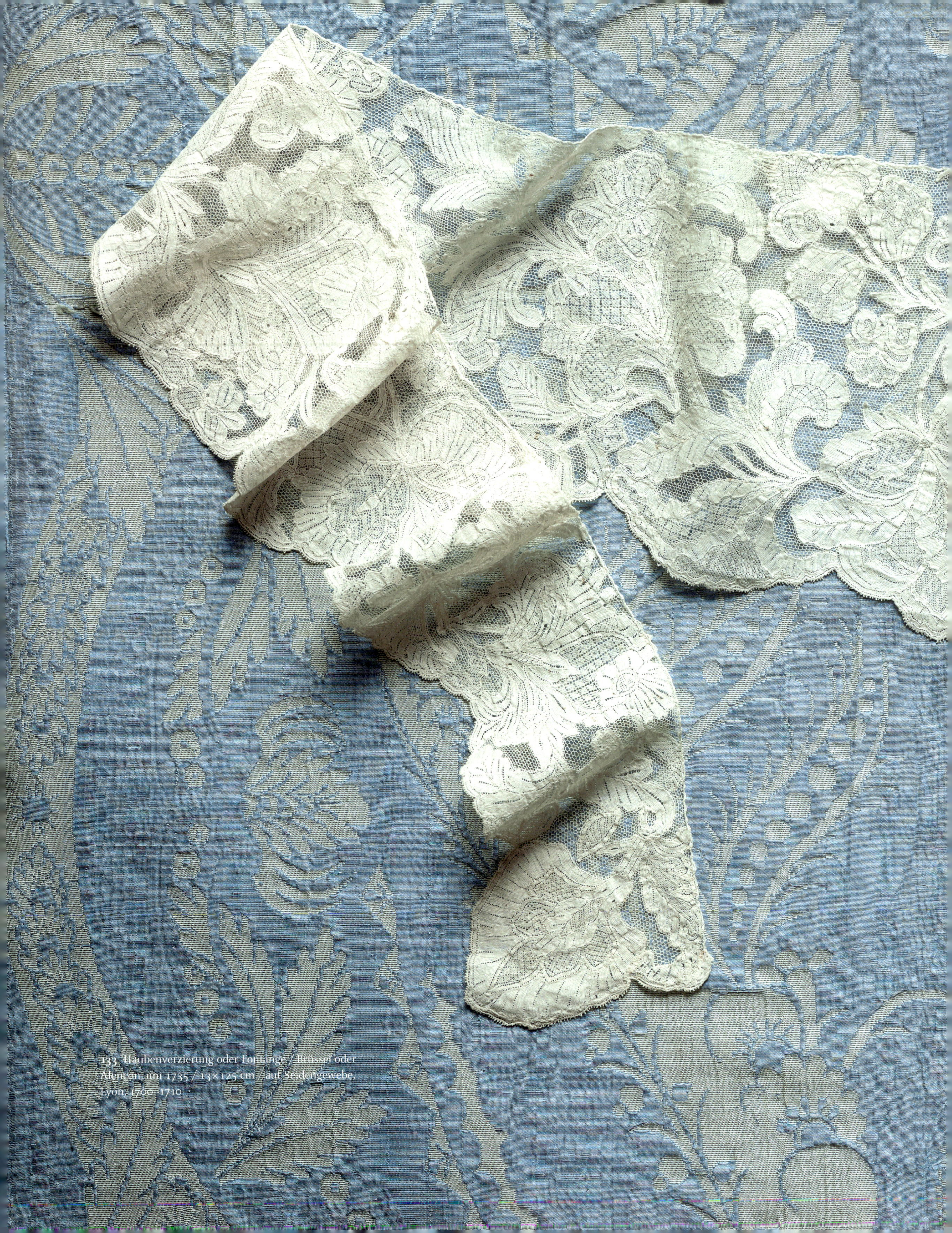

133 Haubenverzierung oder Fontange / Brüssel oder Alençon, um 1735 / 13×125 cm / auf Seidengewebe, Lyon, 1700–1710

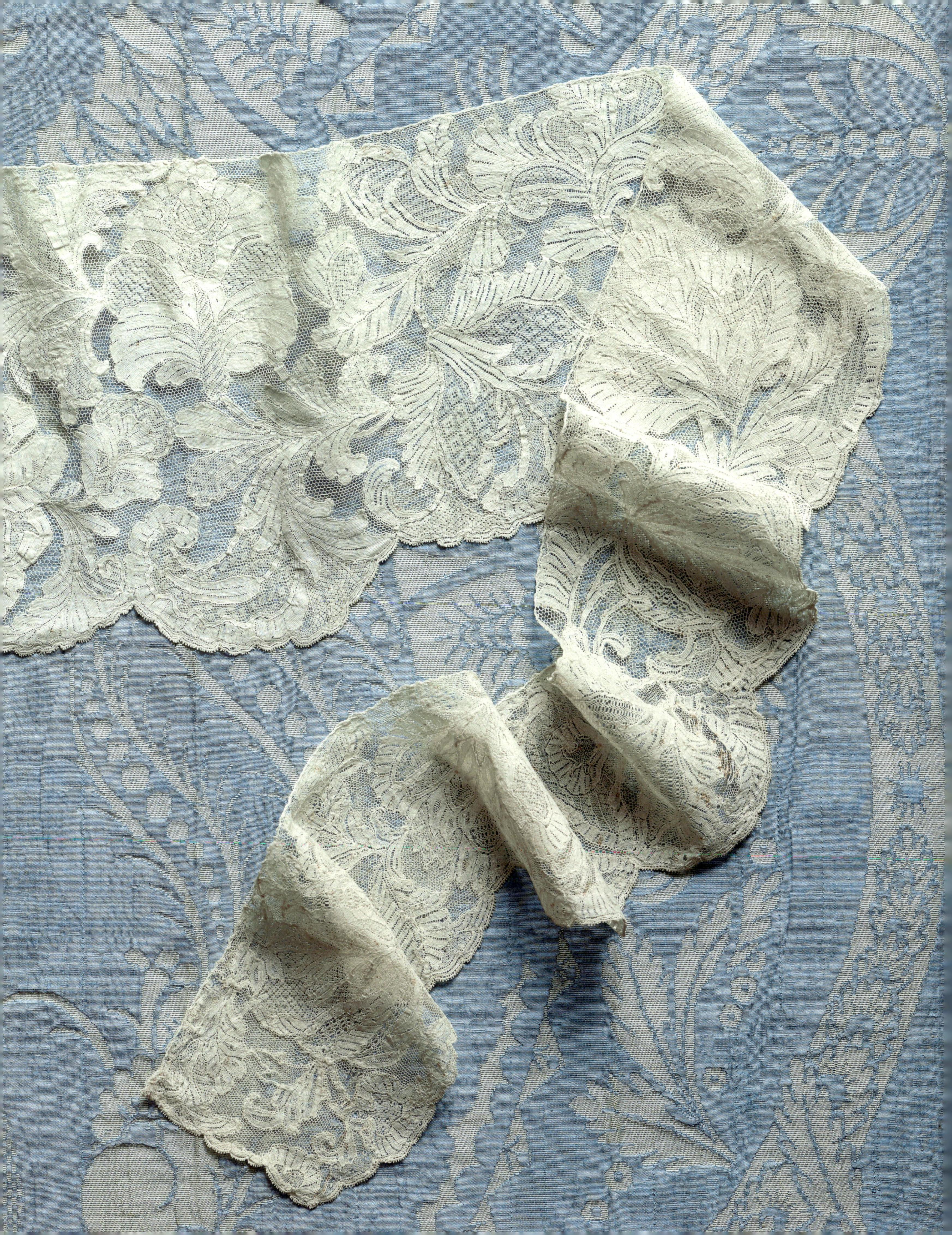

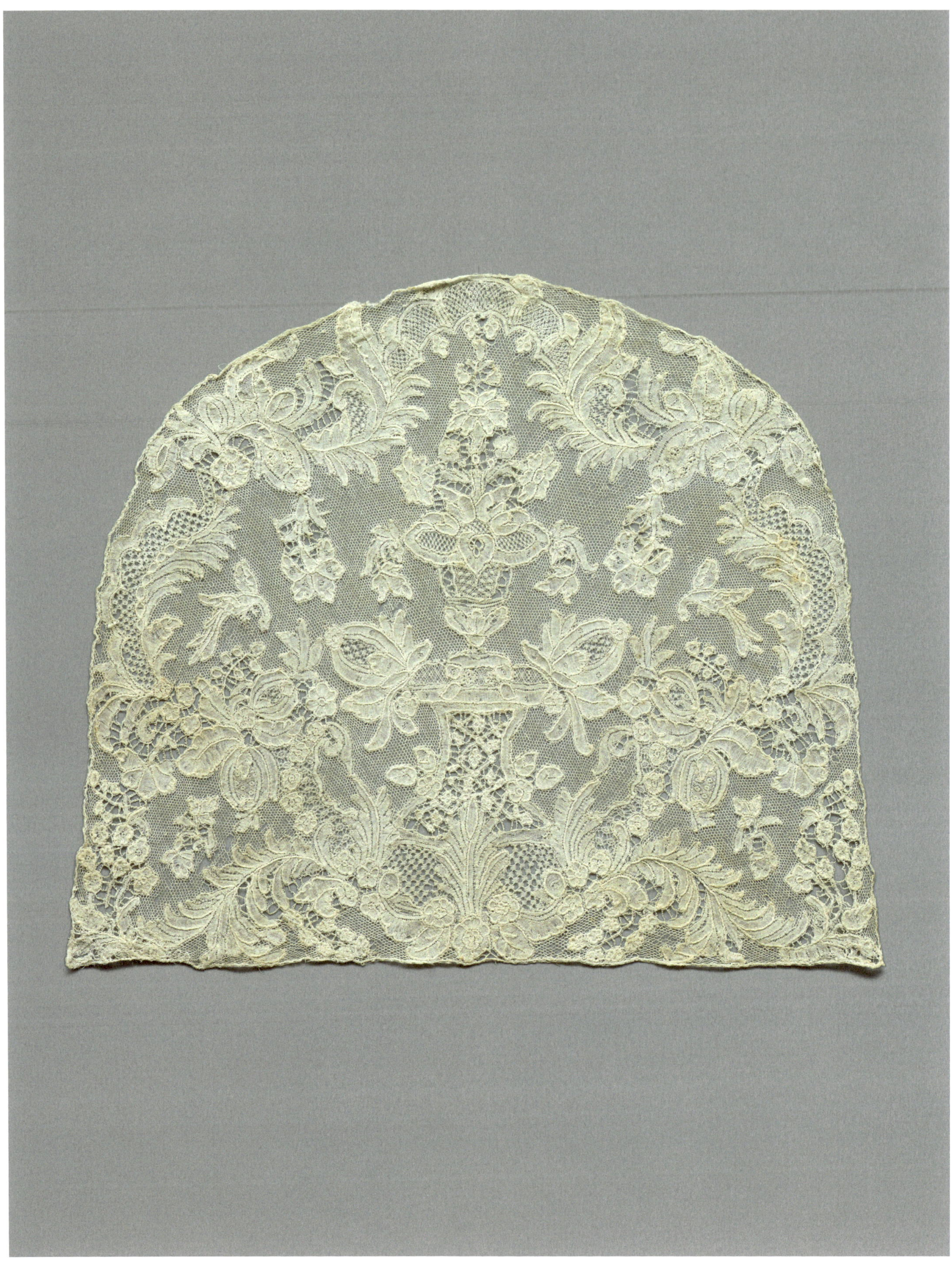

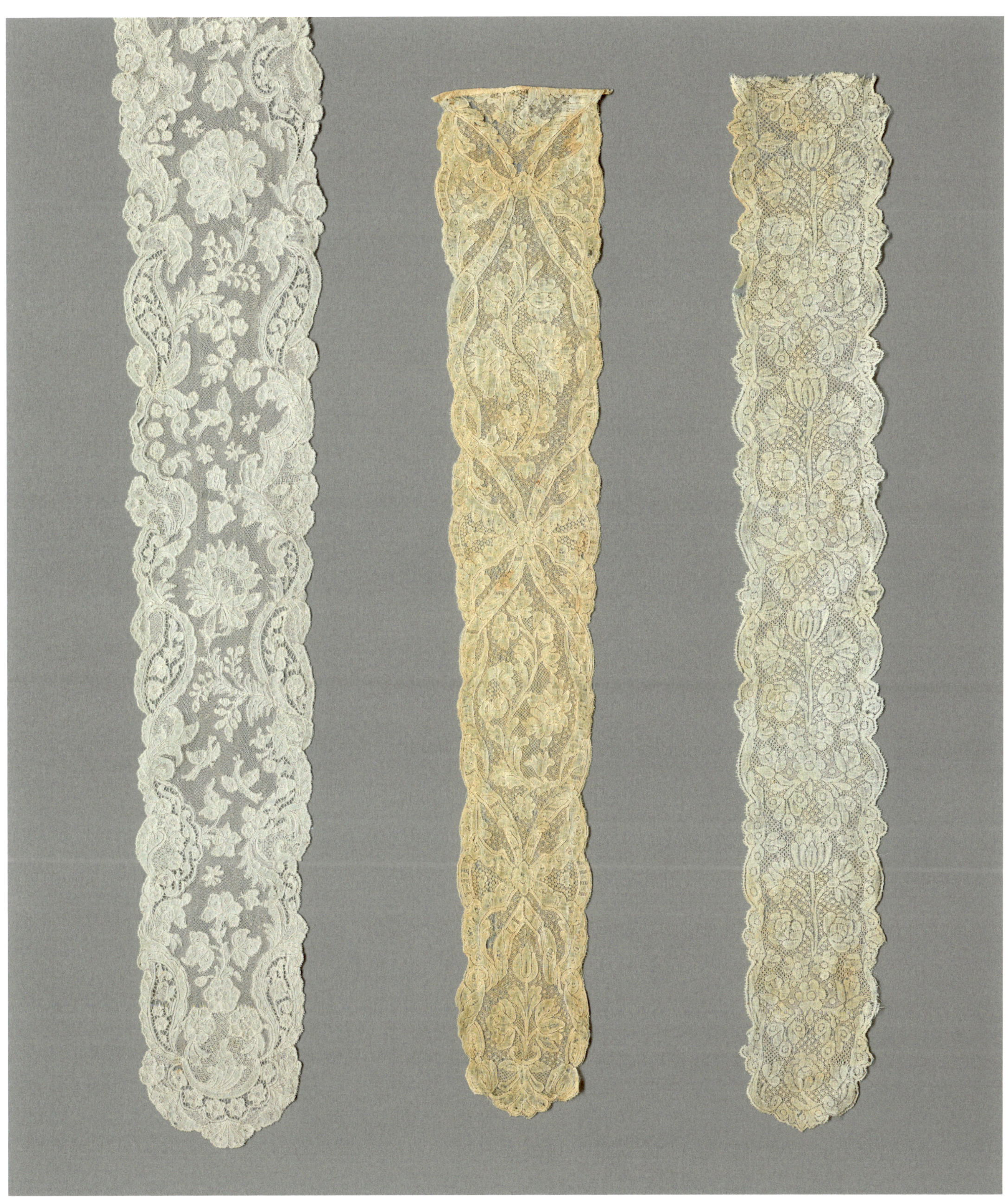

134 Haubenboden / Brüssel, um 1750 / 22×19 cm

135 Barbe (Detail) / Brüssel, um 1750, Ende 19. Jahrhundert neu kombiniert / 120×12 cm
136 Barbe / Mechelen, um 1750 / 52×8,5 cm
137 Barbe / Valenciennes oder Flandern, um 1740 / 54×8,5 cm

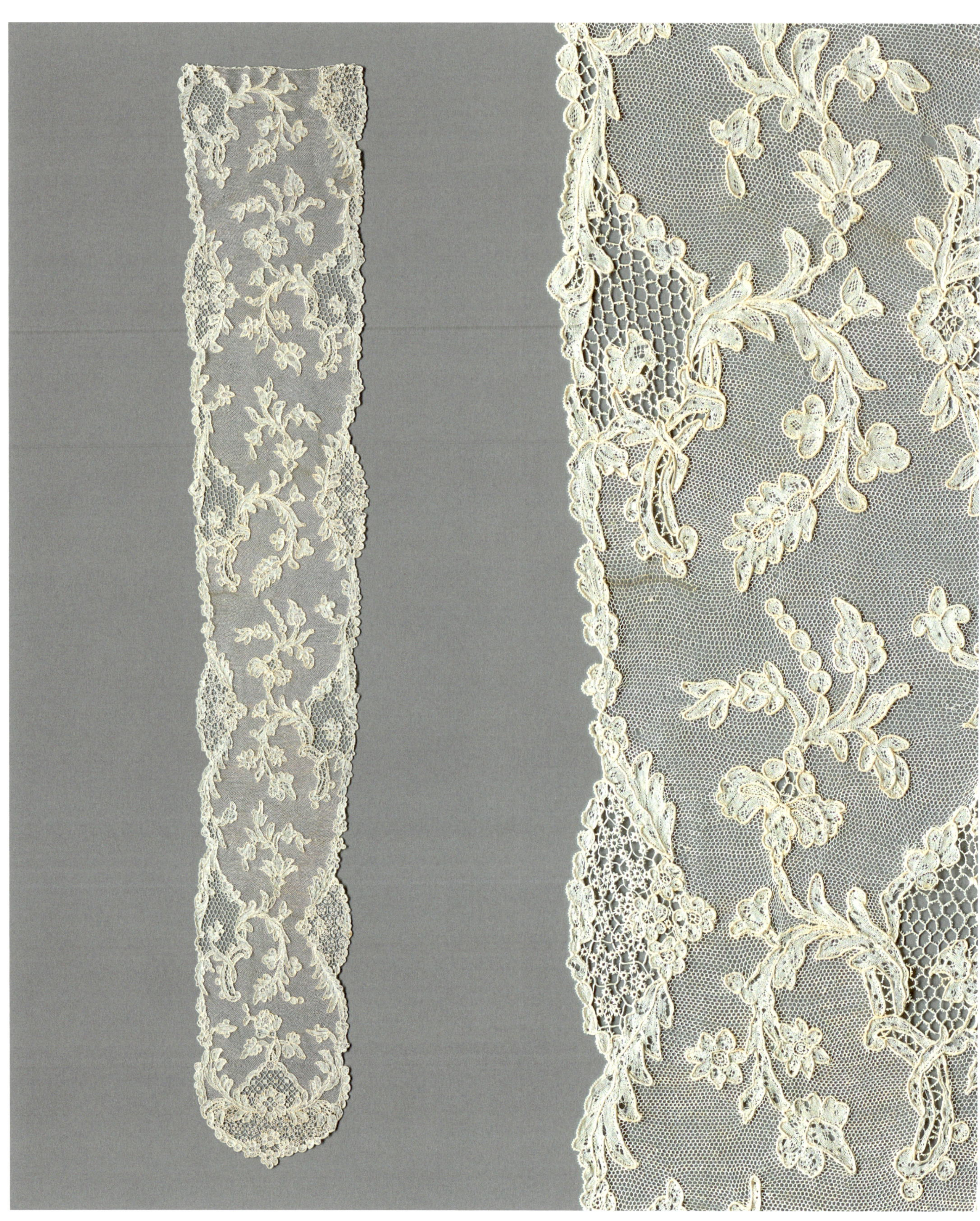

138 Barbe (mit Detail) / Alençon oder Argentan, um 1760 / 67 × 11,5 cm

139 Barbe (Detail) / Brüssel, um 1750 / 60,5 × 11,5 cm / auf Seidengewebe, Frankreich oder Italien, 1740–1750

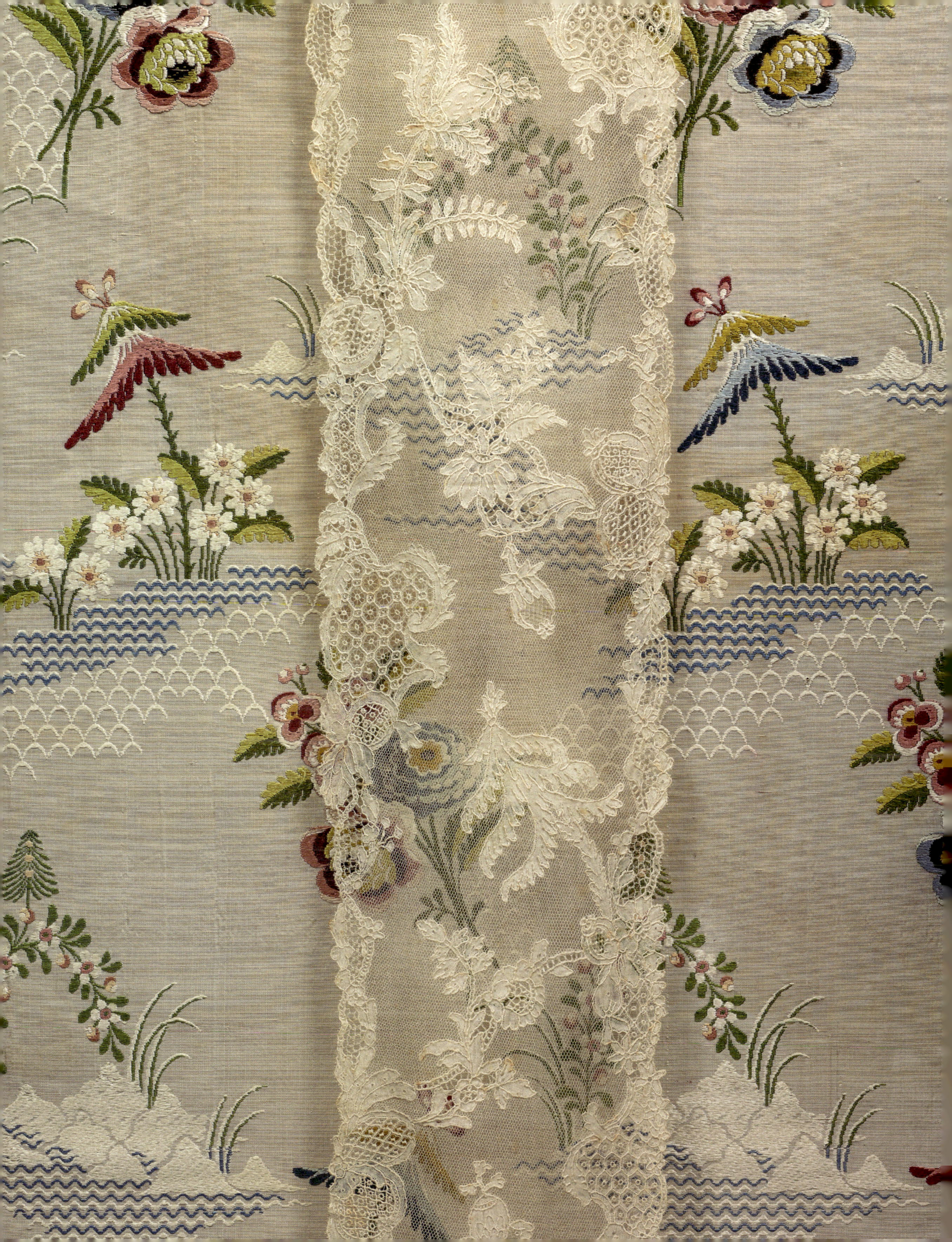

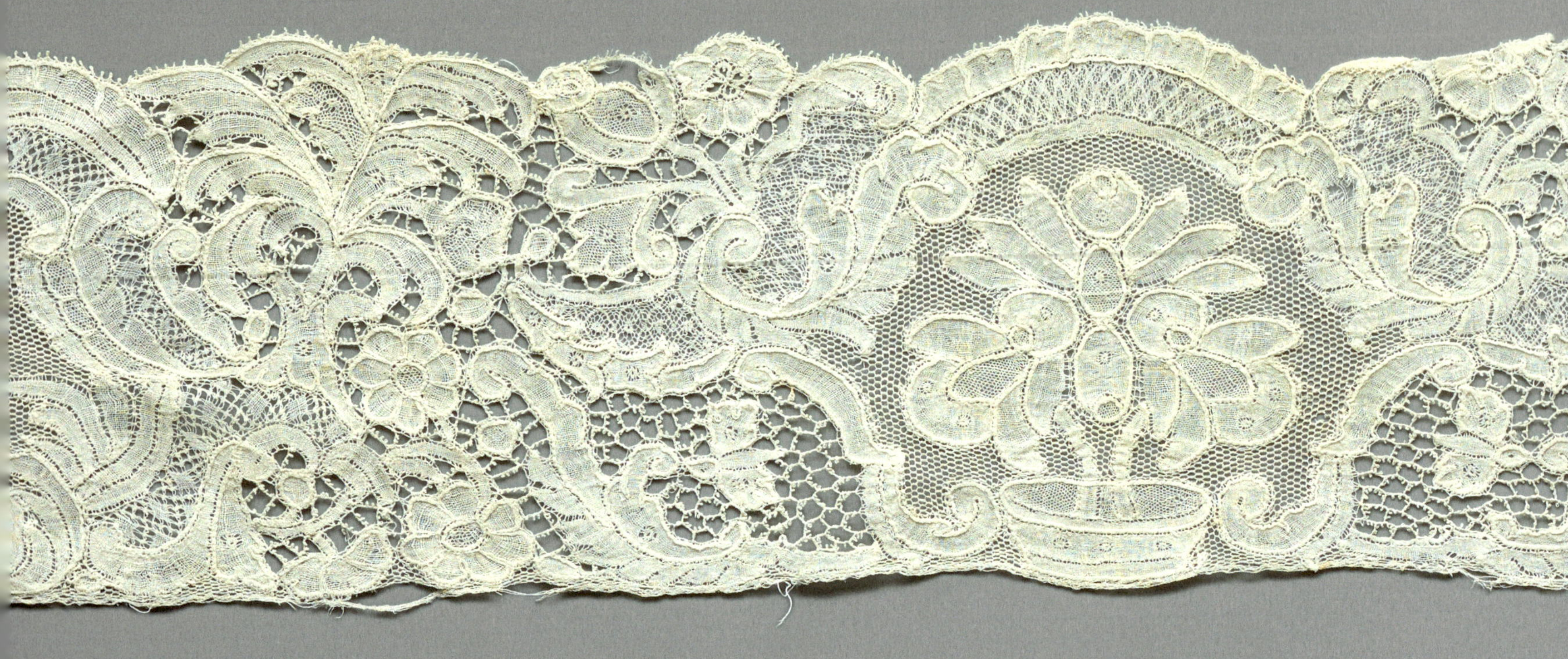

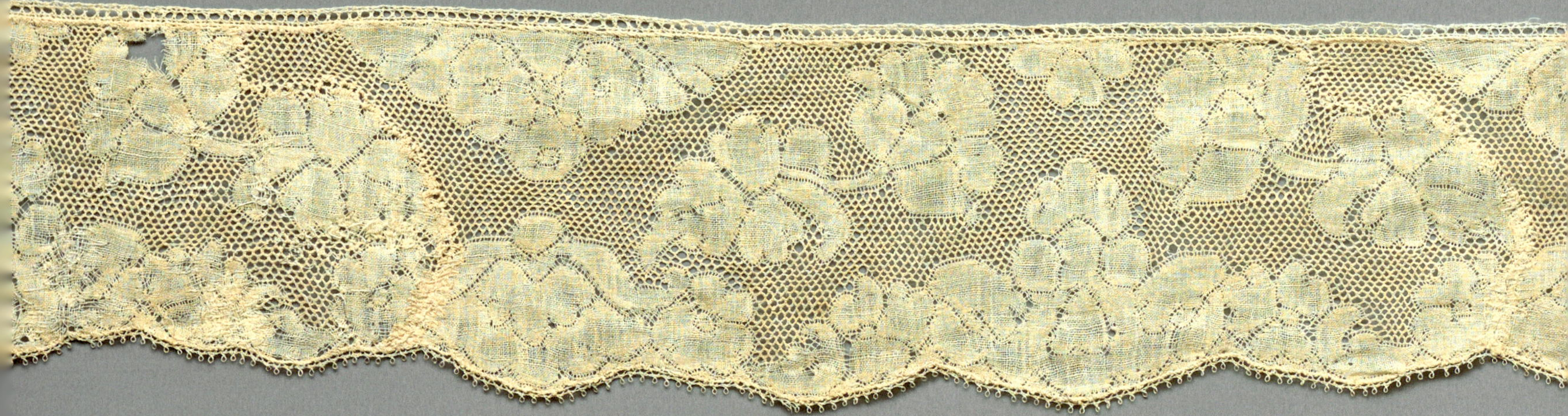

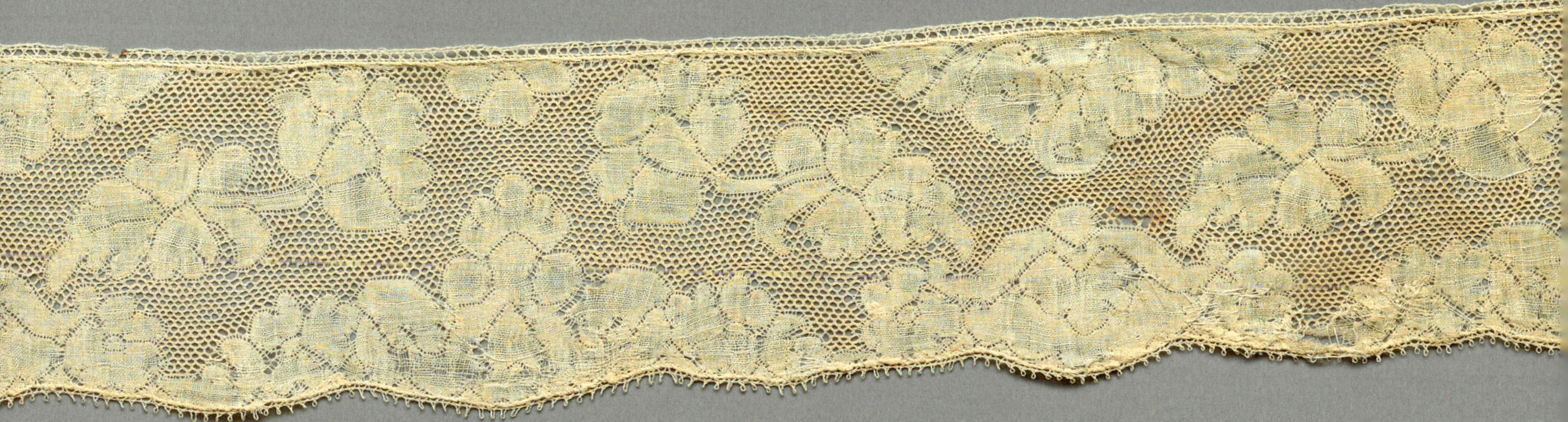

140 Borte (Detail) / Brüssel oder Brabant, um 1740, im 19. Jahrhundert verändert / 7×104 cm
141 Borte (Detail) / Valenciennes, um 1750 / 5×63 cm

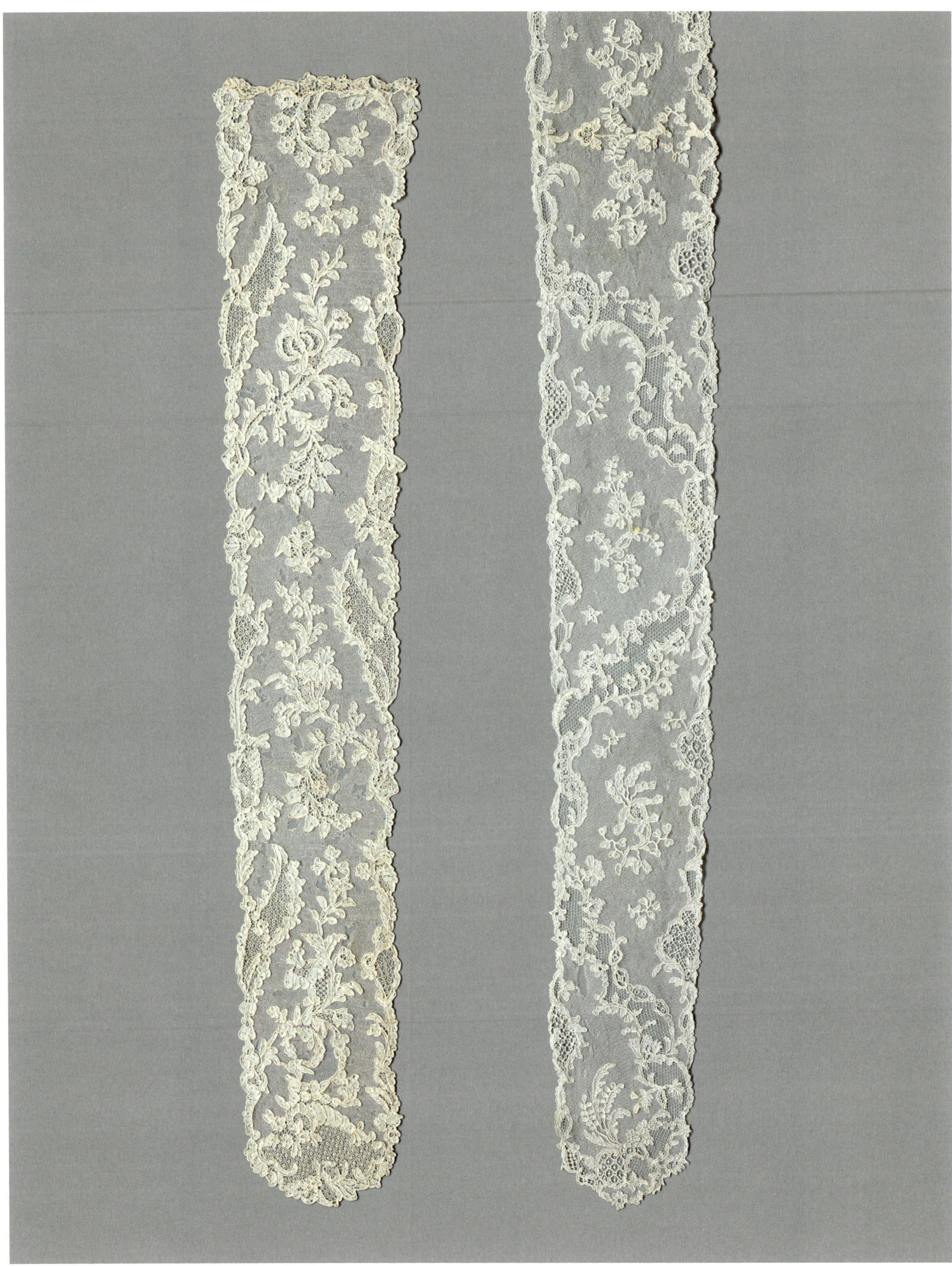

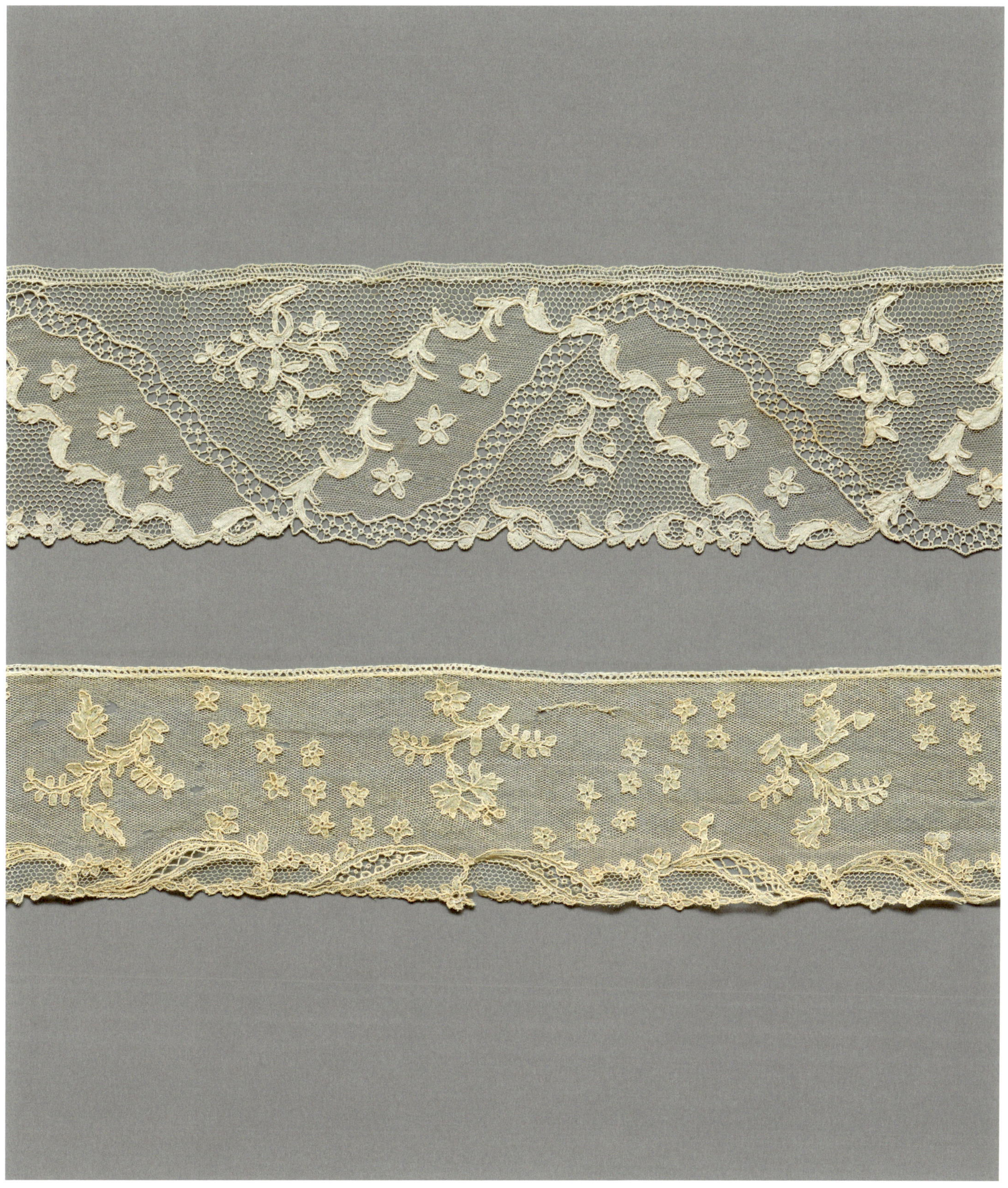

142 Barbe / Alençon, um 1750 / 61,5 × 11 cm
143 Barbe (Detail) / Brüssel, um 1770 / 108 × 9 cm

144 Borte (Detail) / Argentan oder Alençon, um 1760 / 9 × 164 cm
145 Borte (Detail) / Brüssel, viertes Viertel 18. Jahrhundert / 7 × 81 cm

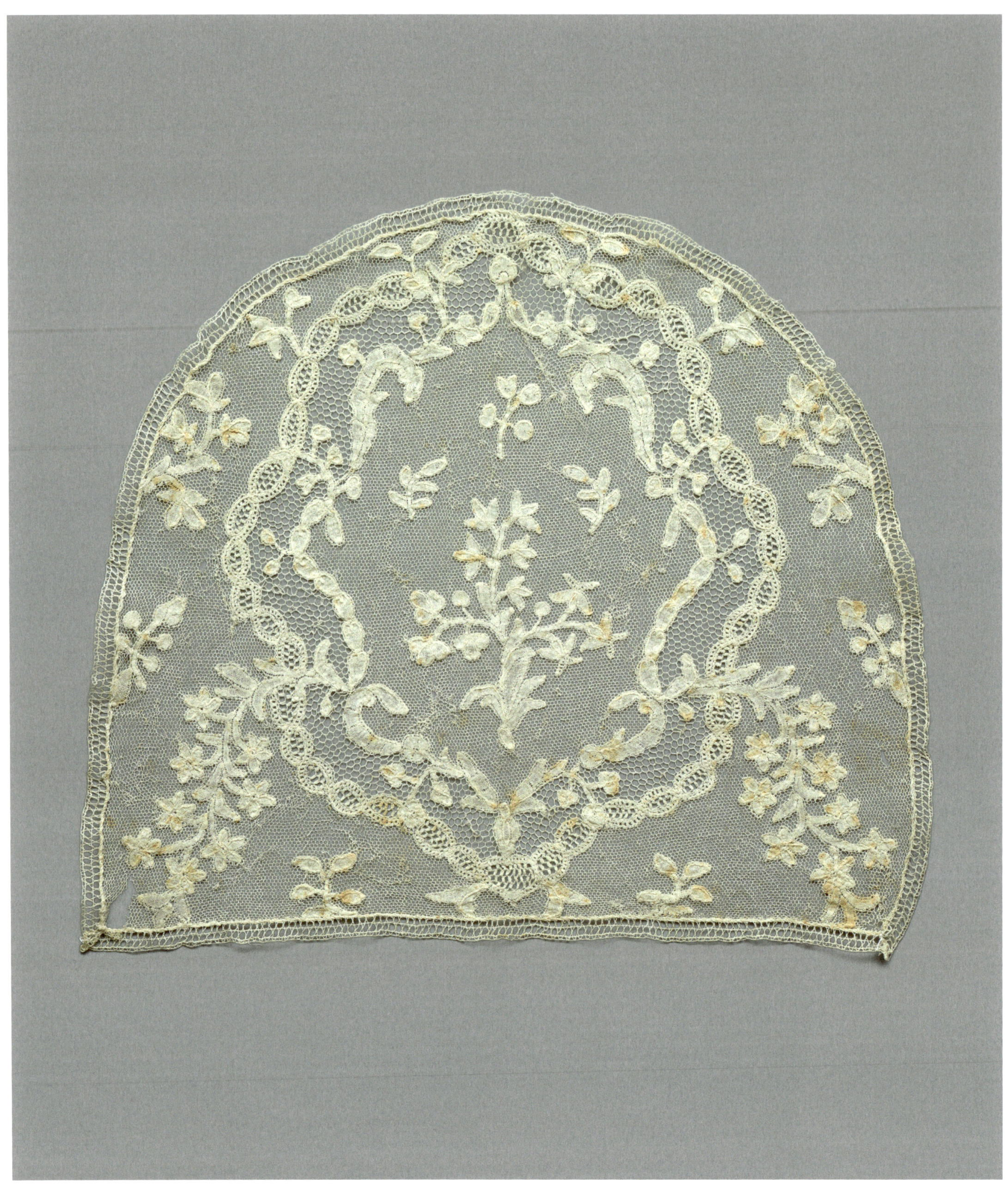

146 Haubenboden / Brüssel, um 1760 / 22 × 25,5 cm

147 Barbe / Brüssel, um 1770 / 57,5 × 8 cm
148 Barbe / Valenciennes, um 1760 / 45,5 × 8,5 cm
149 Barbe (Detail) / Valenciennes, um 1775 / 111 × 8,5 cm

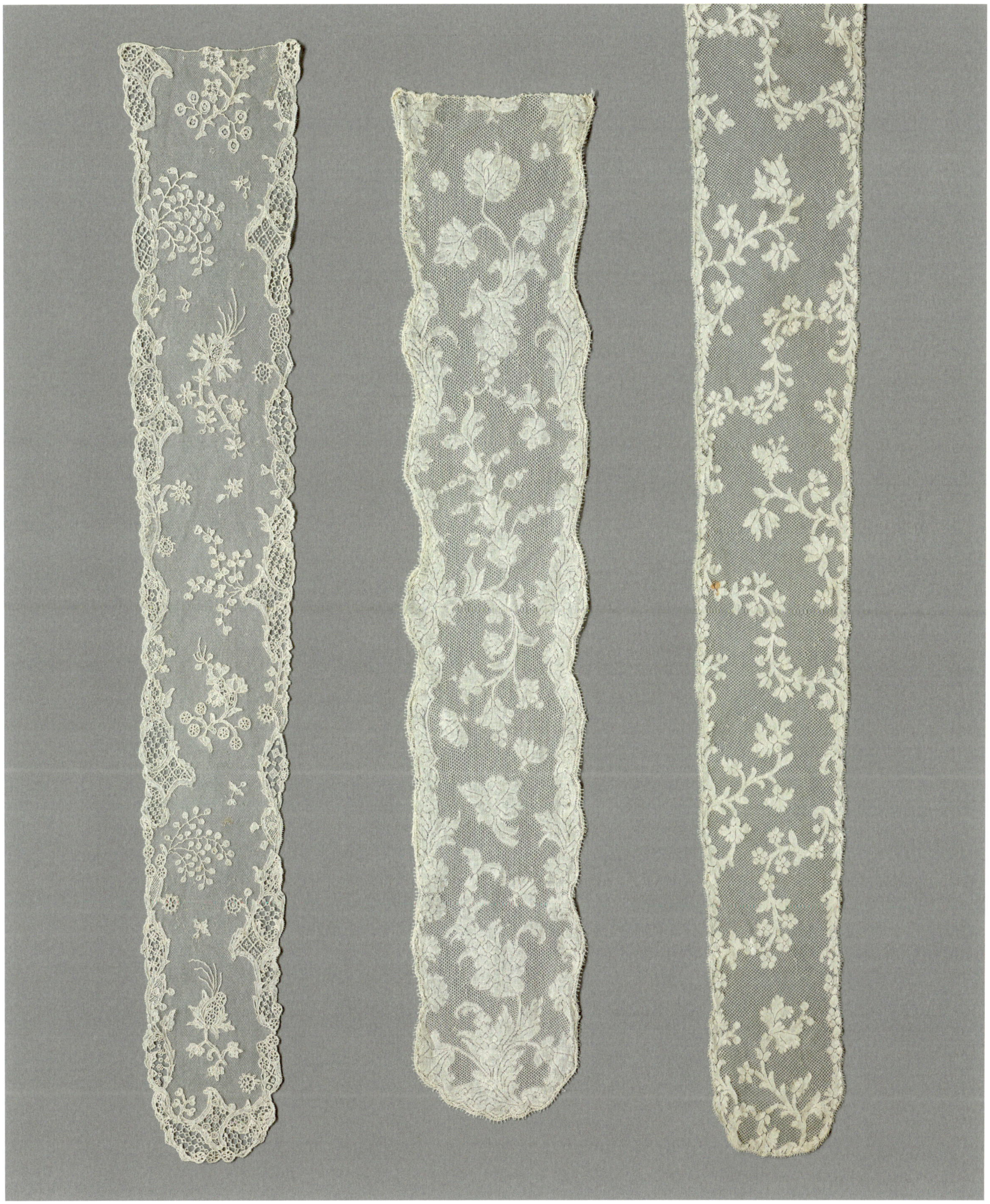

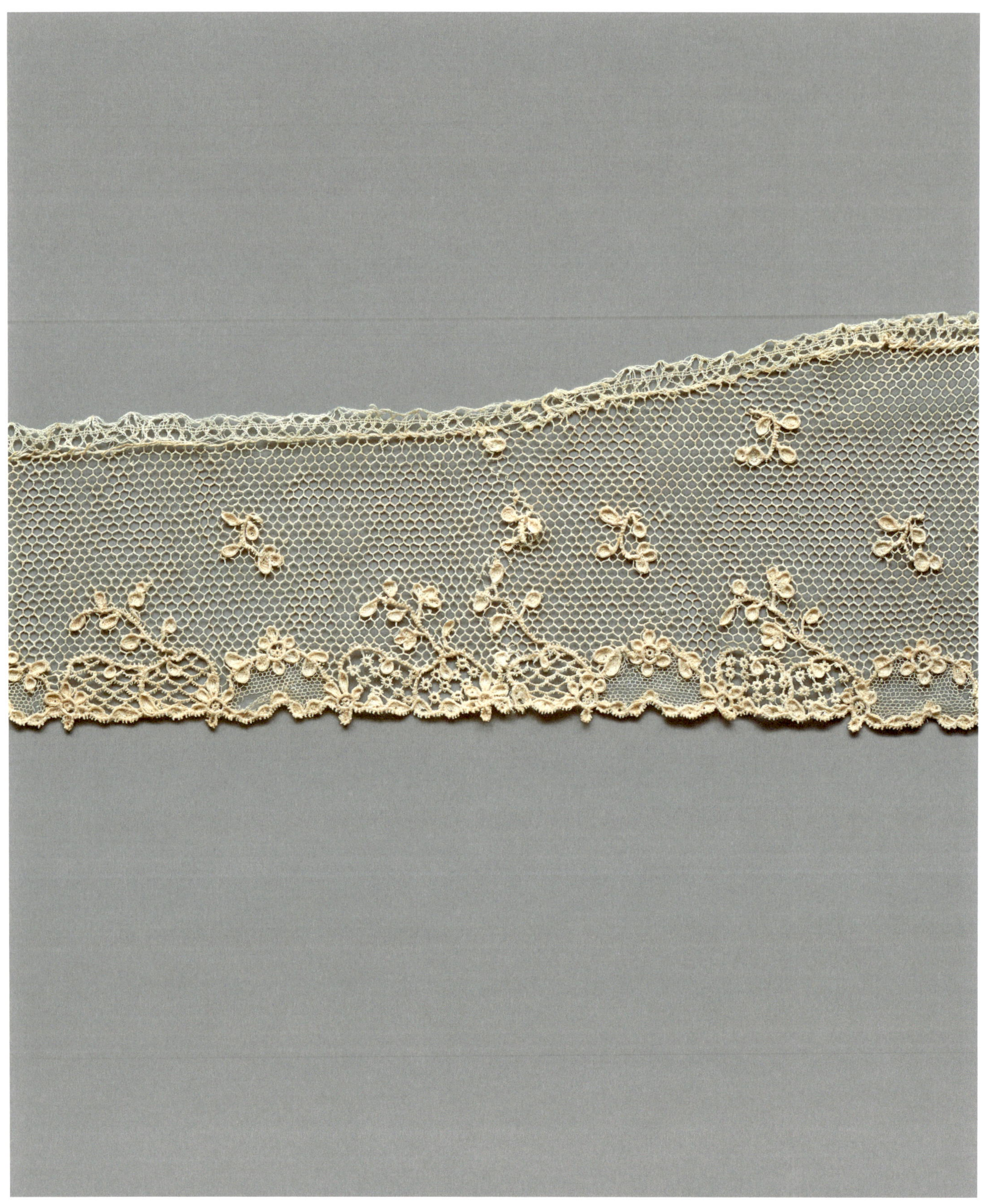

150 Engageante oder Ärmelbesatz (Detail) / Alençon, um 1800 / 7 × 98 cm

151 Barbe (Detail) / Mechelen, um 1785 / 79,5 × 8,5 cm / Seidengewebe, Frankreich, 1770–1780

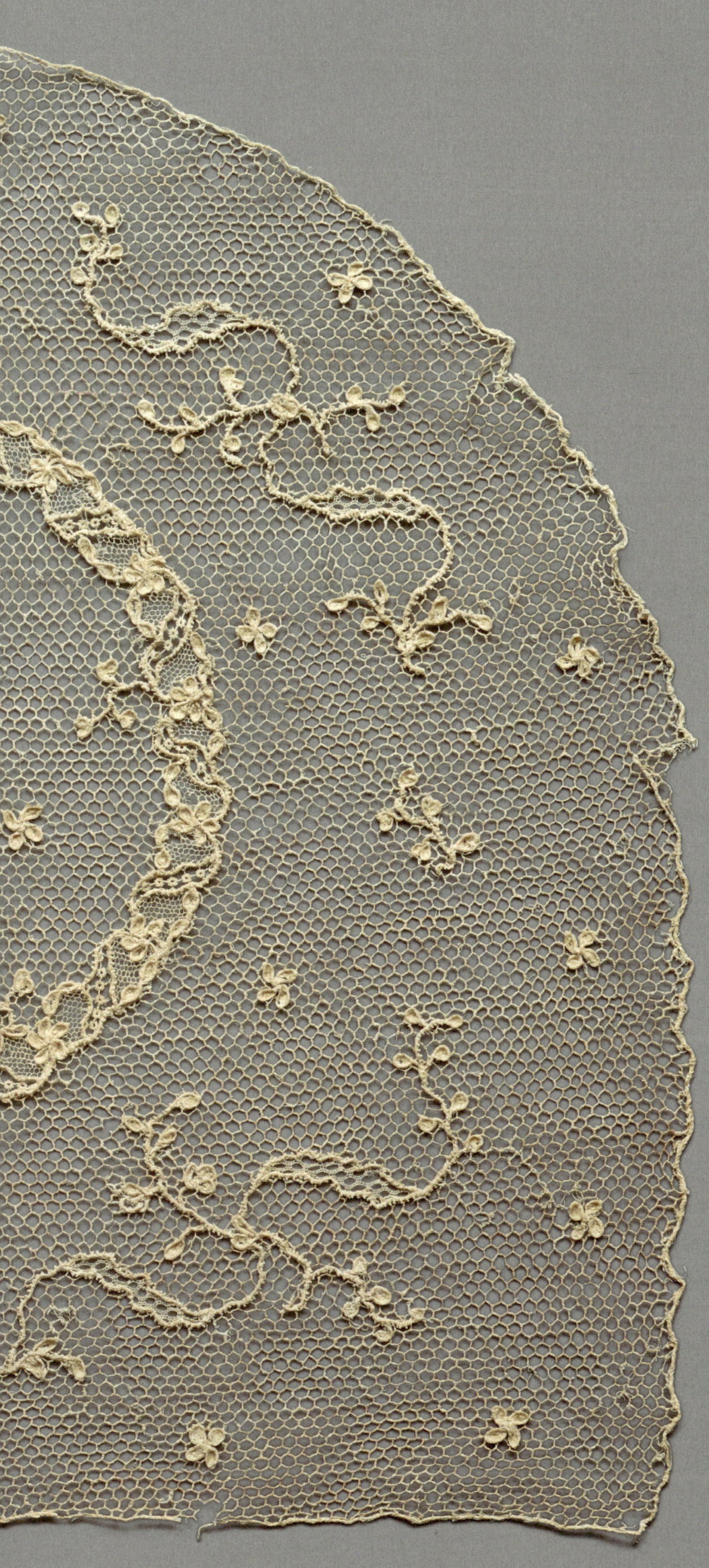

152 Haubenboden / Argentan oder Alençon, 1790–1800 / 22×26 cm

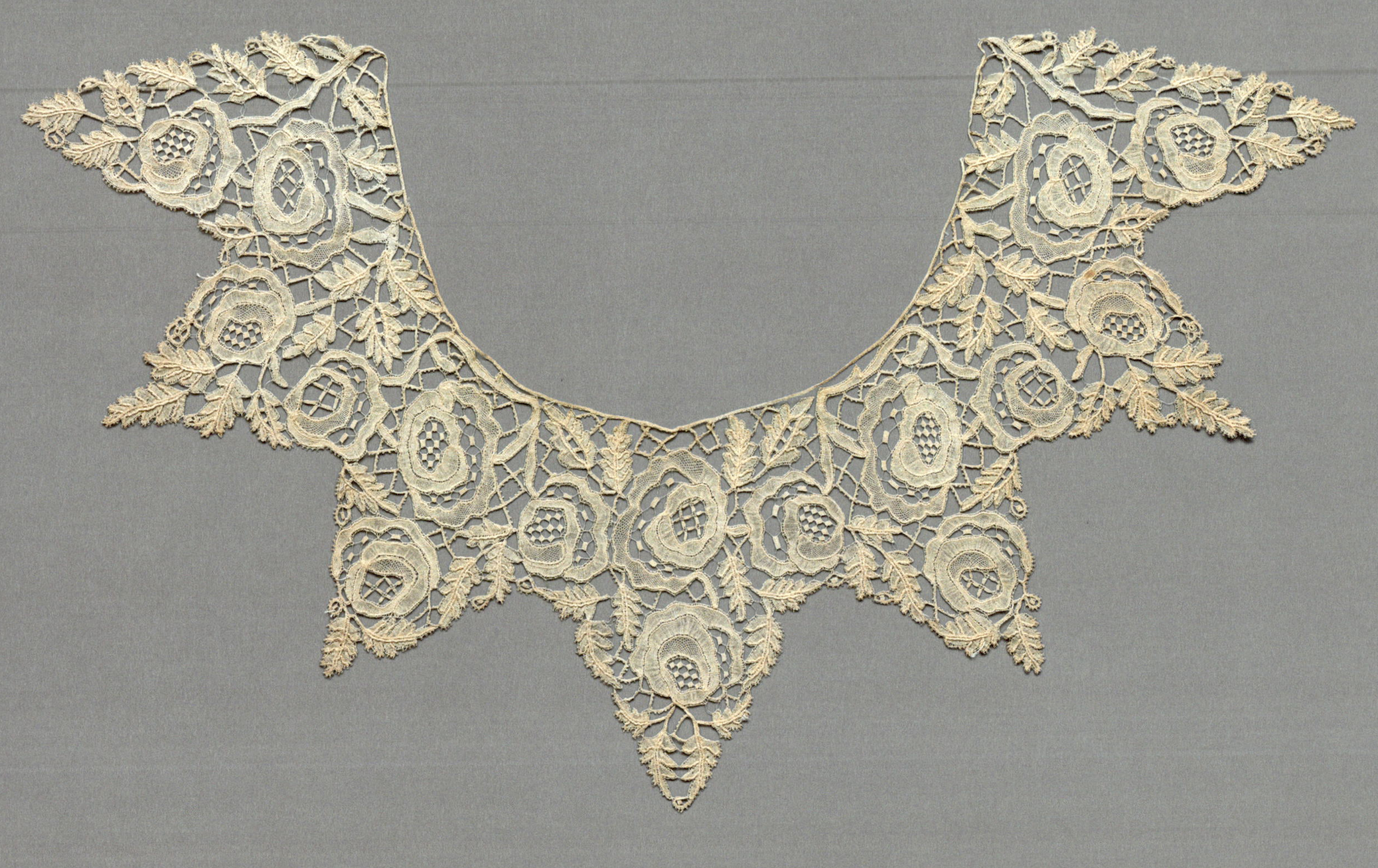

153 Kragen / Honiton (England), zweites Drittel 19. Jahrhundert / 40,5 × 11,5 cm

154 Kragen / Irland, um 1860 / 8 × 35 cm

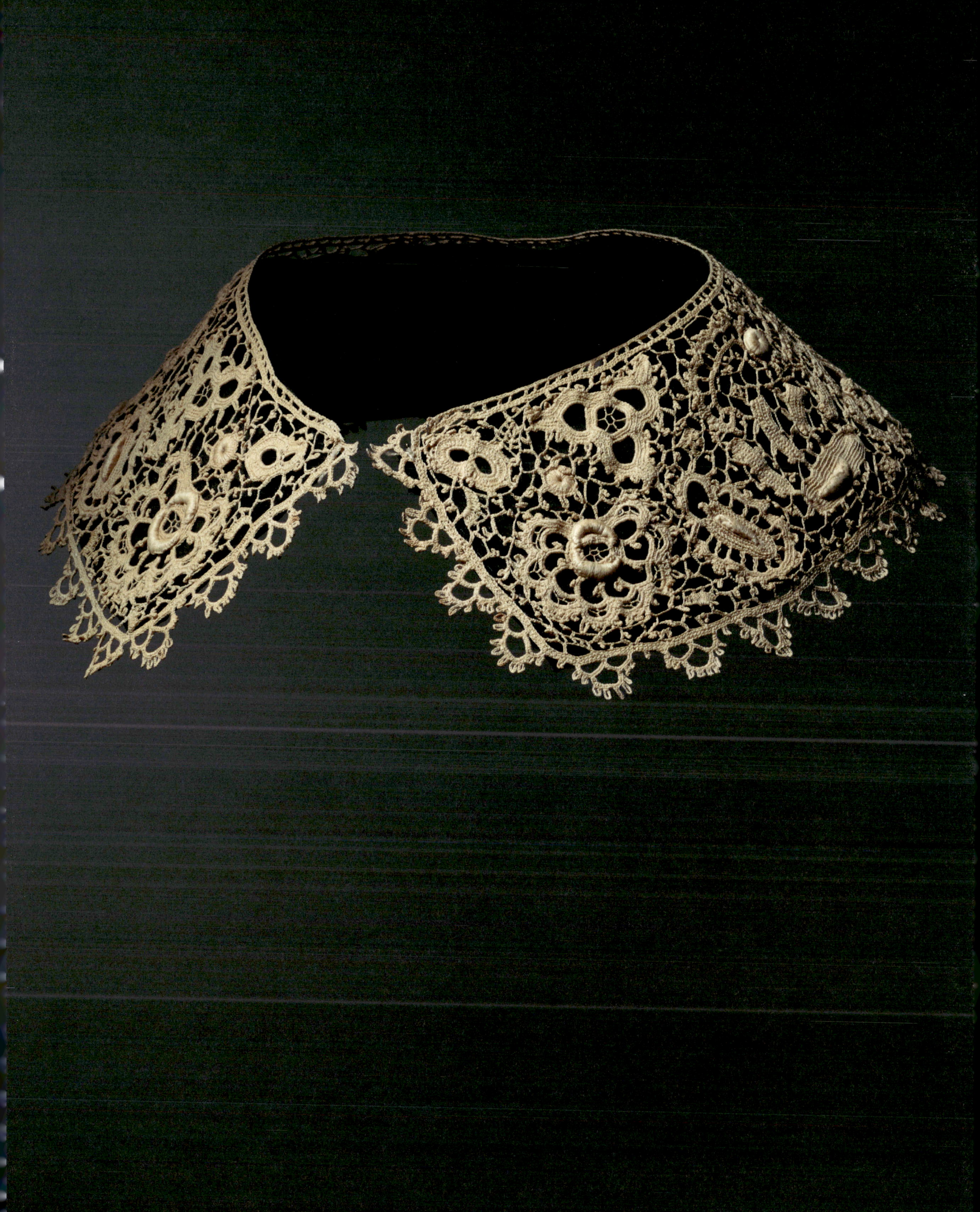

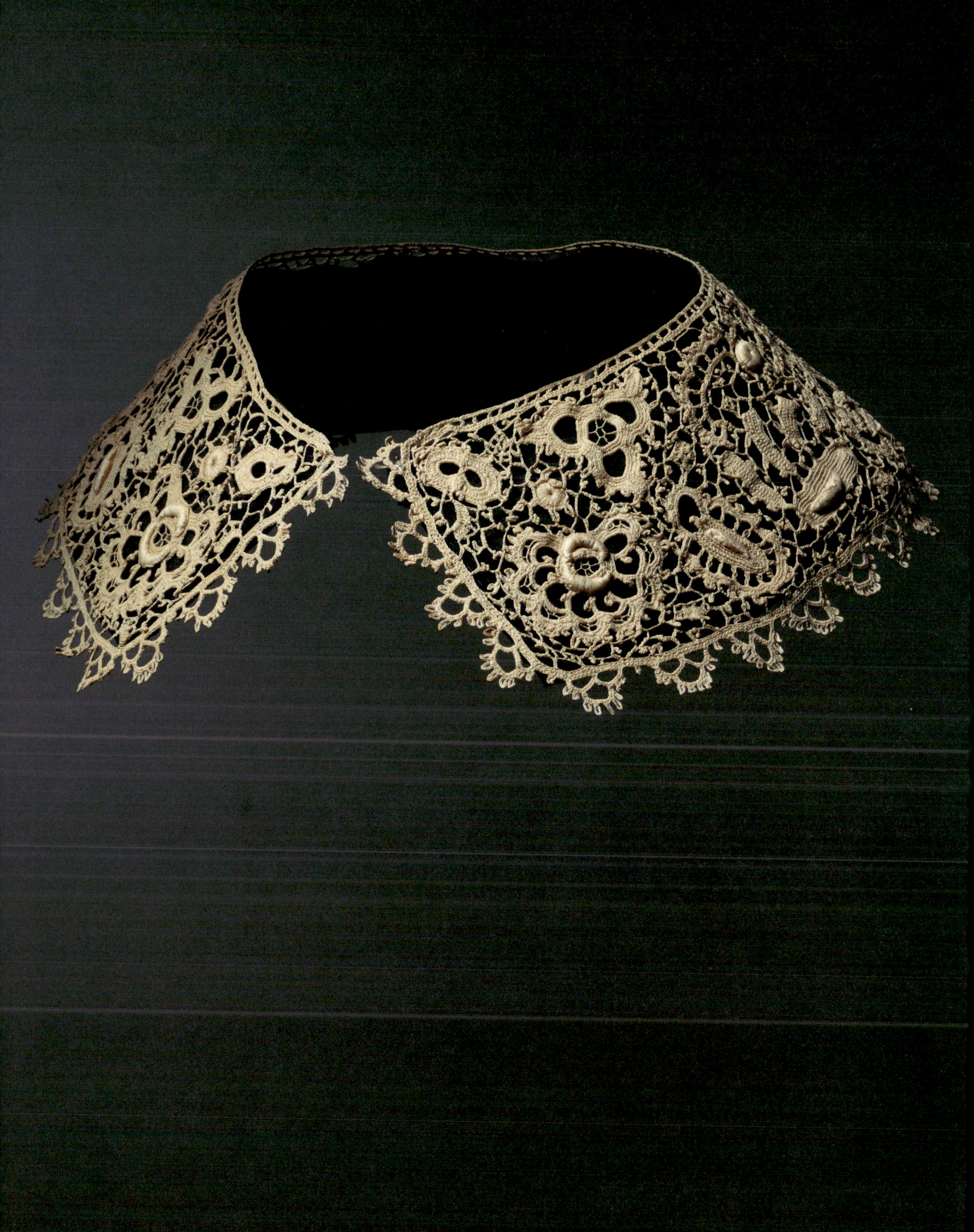

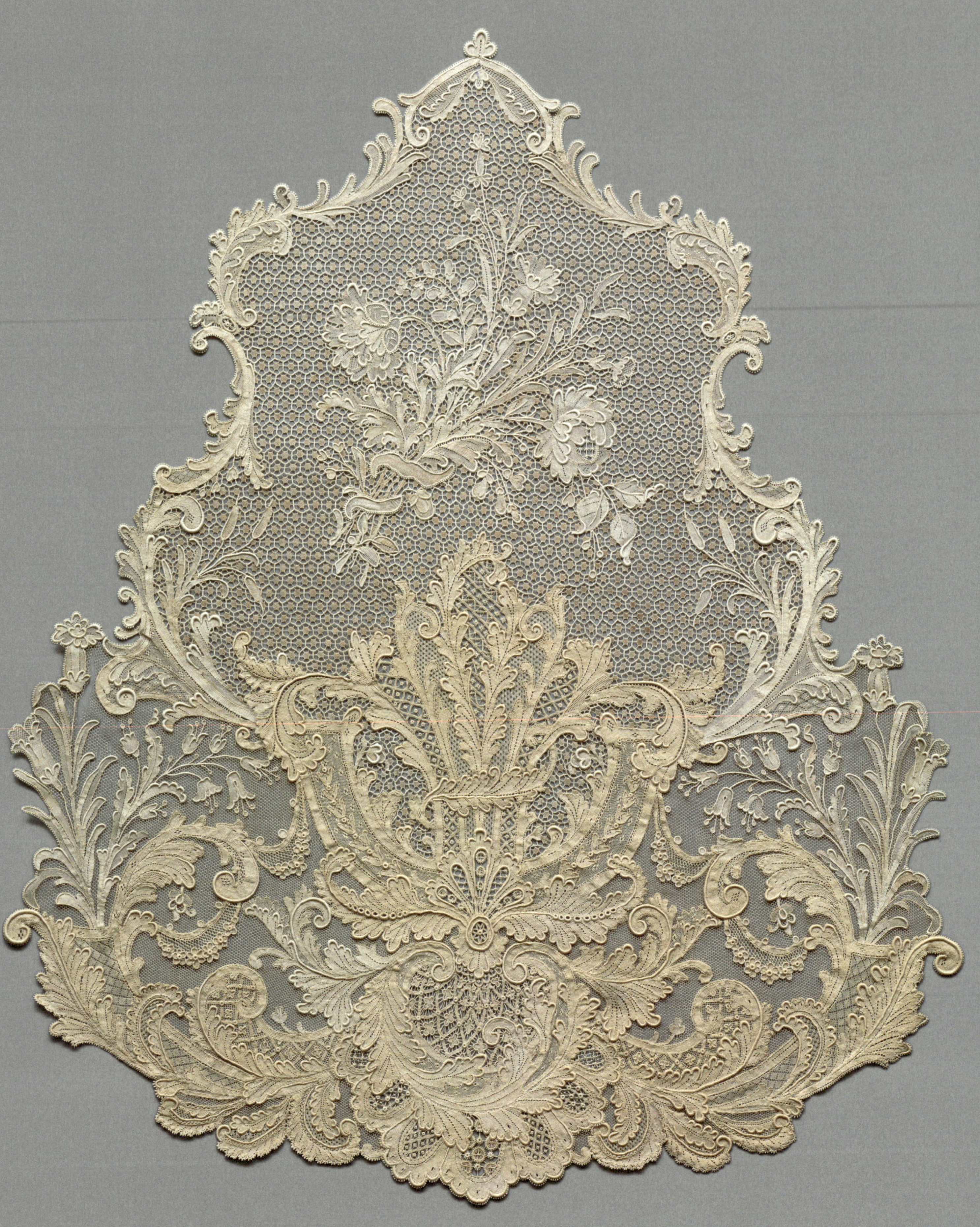

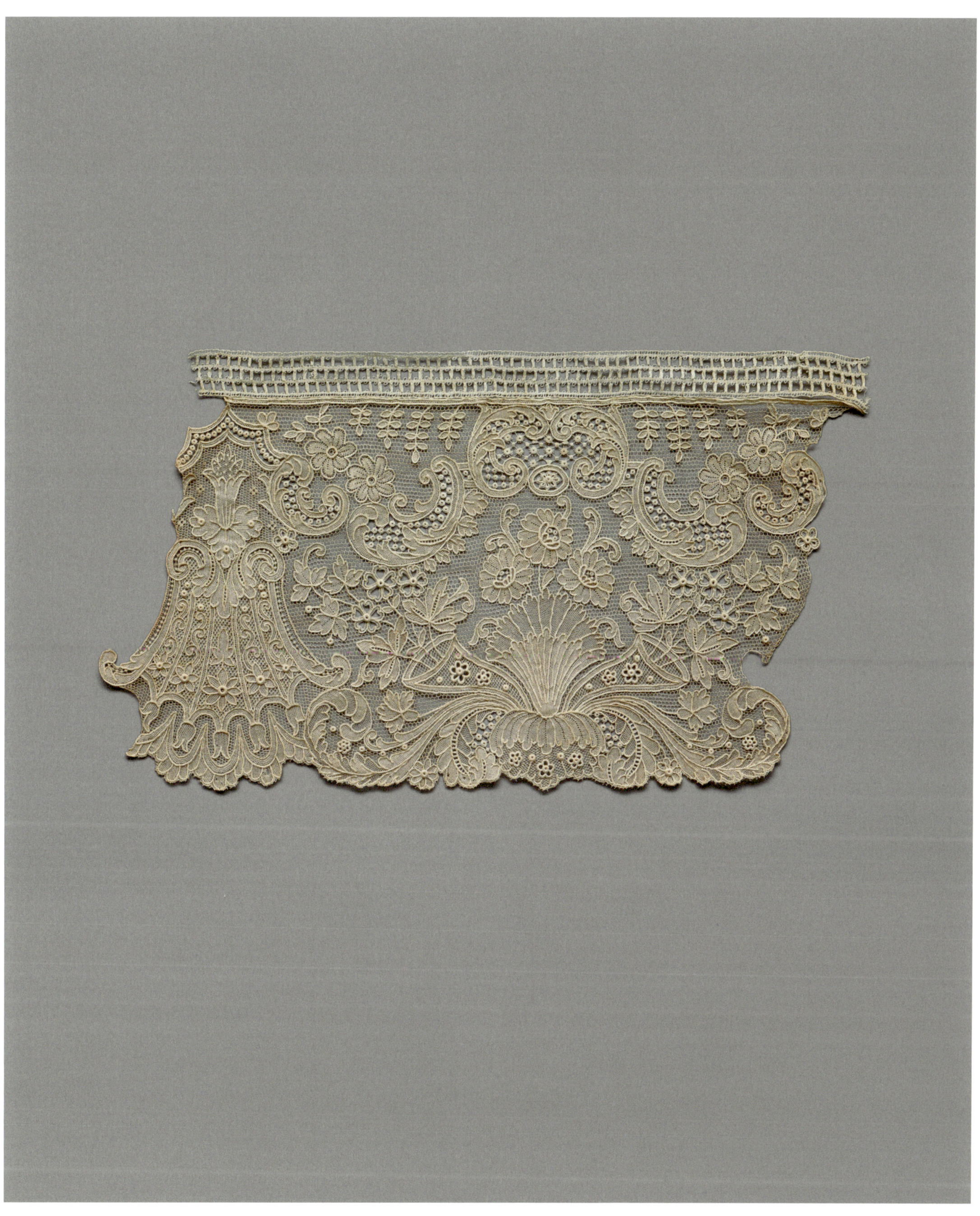

155 Medaillonmotiv / Alençon oder Argentan, drittes Viertel 19. Jahrhundert / 48×40 cm

156 Borte (Muster) / Alençon, um 1880 / 11×17 cm

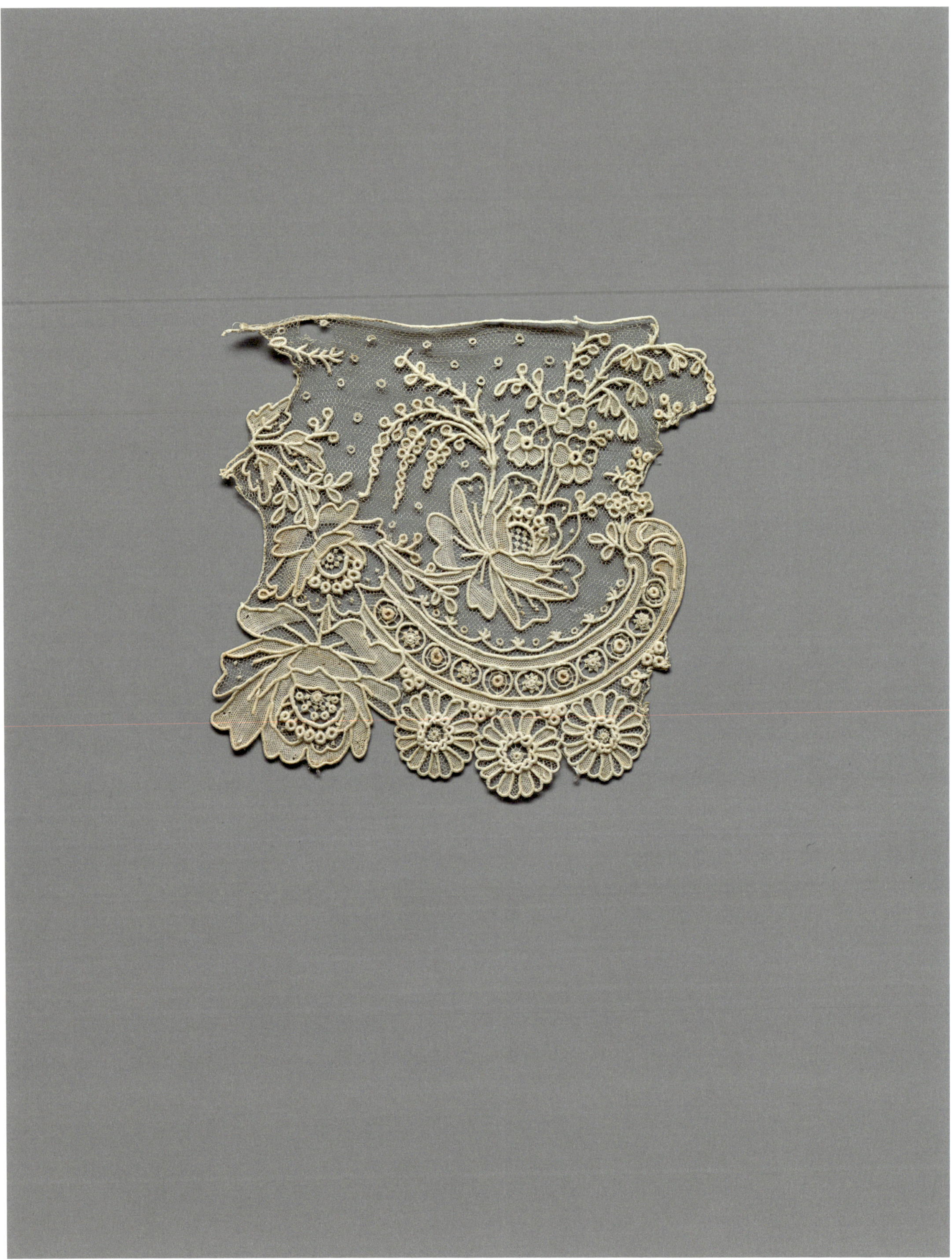

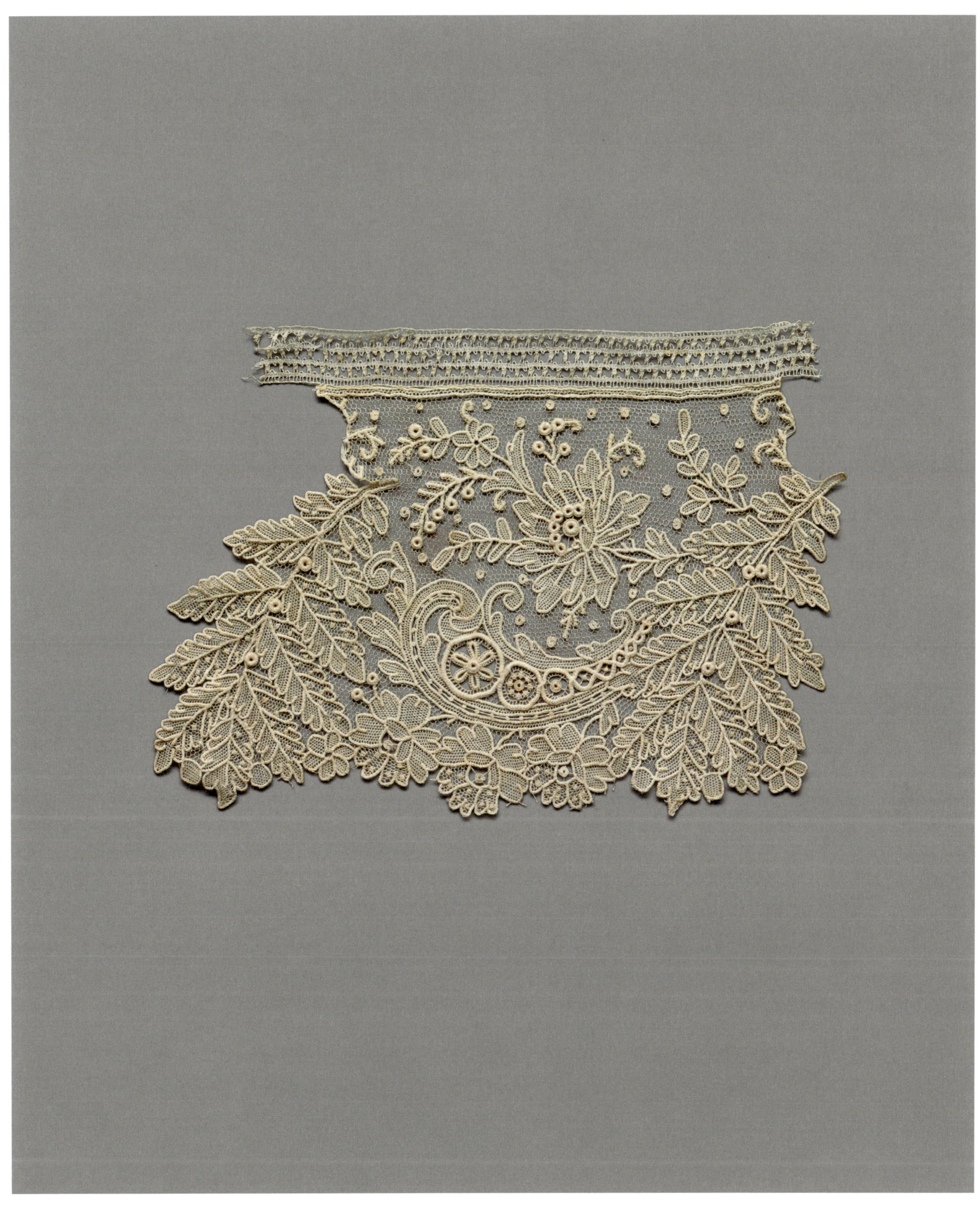

157 Borte (Muster) / Brüssel, um 1890 / 10×9 cm

158 Borte (Muster) / Brüssel, um 1890 / 10×15 cm

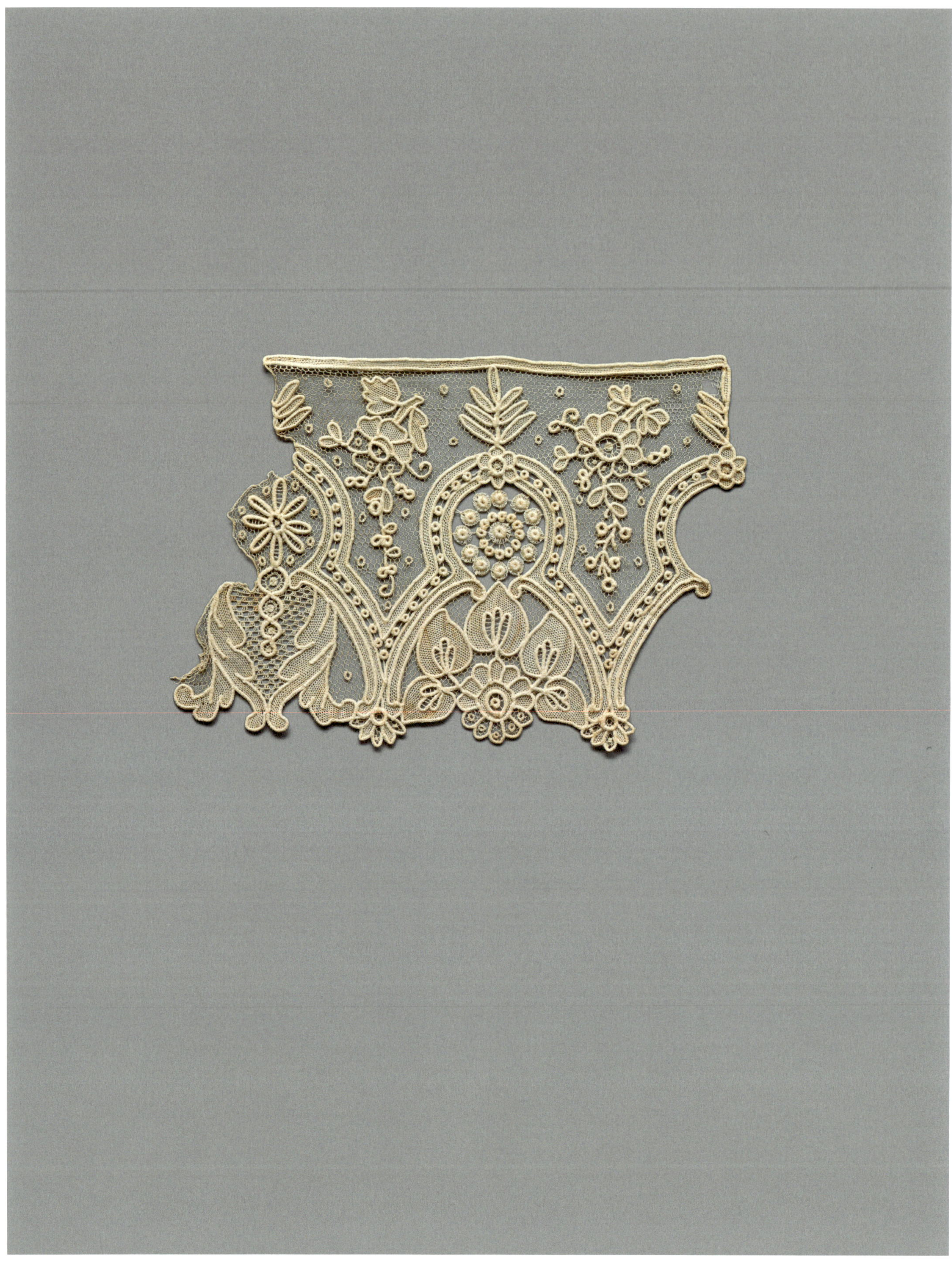

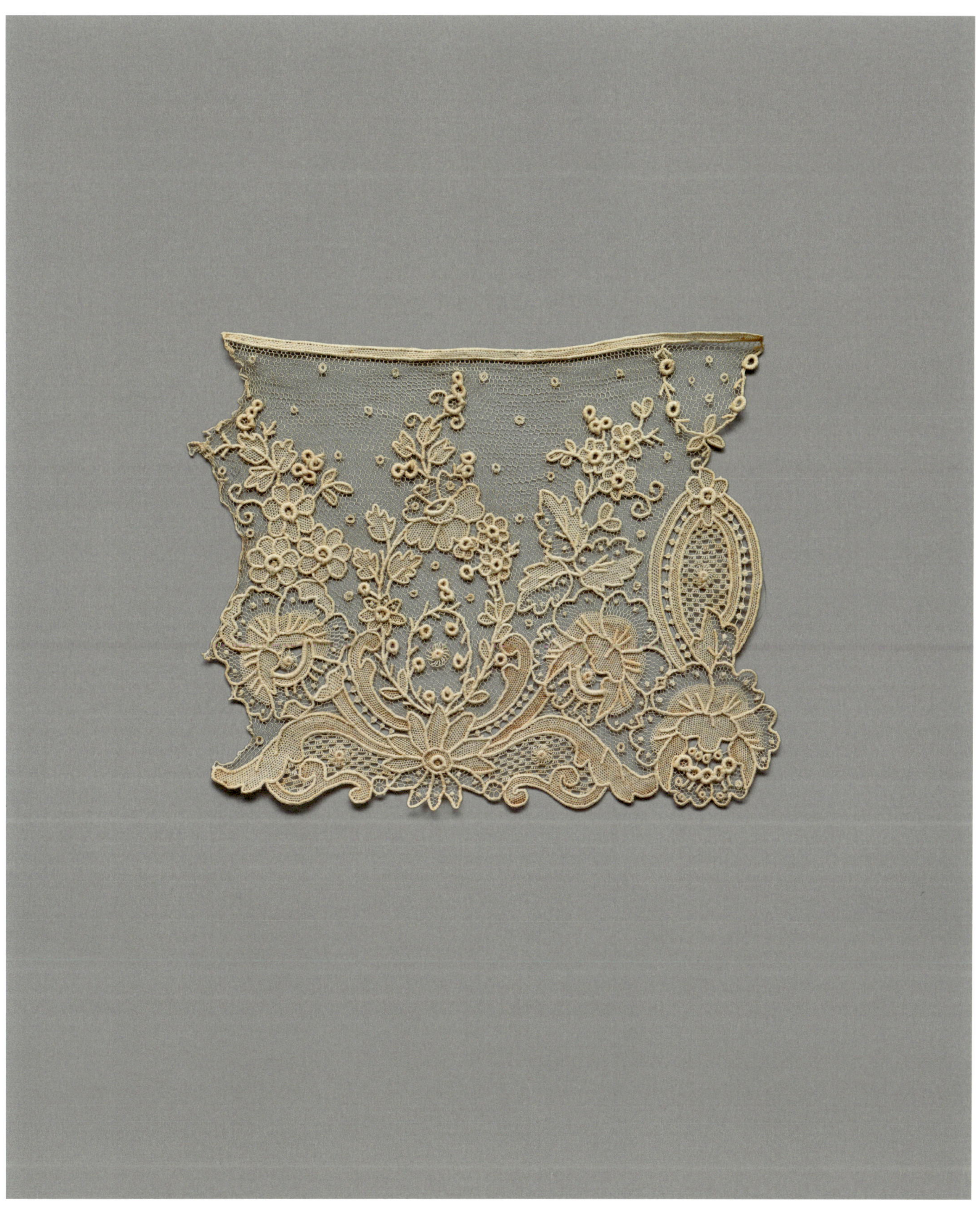

159 Borte (Muster) / Österreich, um 1890 / 8 × 11 cm

160 Borte (Muster) / Belgien oder Wien, um 1900 / 9,5 × 11,5 cm

Katalog

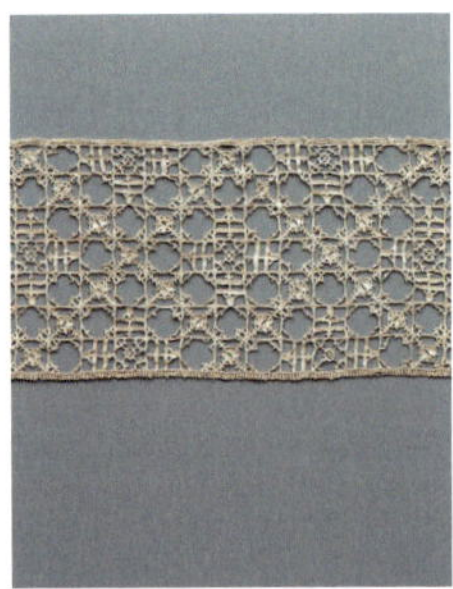

1 Einsatz

Italien, 1580–1620
Leinen, ecru bis bräunlich
Leinengewebe mit Stickerei in Kästchenstich, Doppeldurchbruch mit Nadelspitzeneinsatz in Schlingstich, Stopfstich, Wickelstich, Knötchen-Pikot; Garn: 2-fädig, S-Drehung
12 × 67 cm; Rapport: 10,5 cm
Inv.-Nr.: 00358
Schenkung von Leopold Iklé, 1904

Reticella mit Quadratraster, Rautenmuster und Verzierungen aus kleinen Blüten, als Doppeldurchbruch mit Nadelspitzeneinsatz. Solche Motive gab es bereits seit Mitte des 16. Jahrhunderts, allerdings waren sie anfänglich nicht so stark durchbrochen wie dieses sehr fein und regelmässig gearbeitete Exemplar.

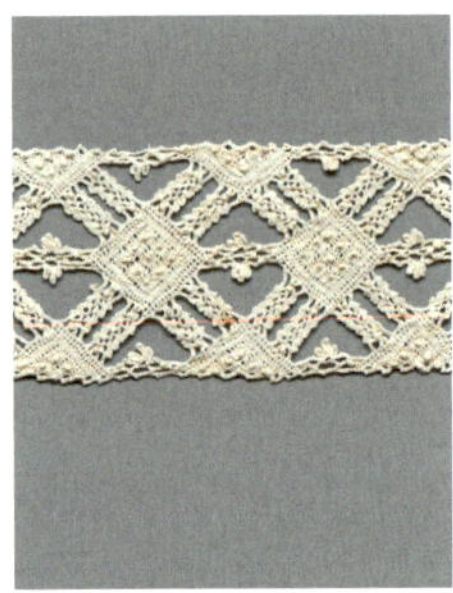

2 Einsatz

Italien, zweite Hälfte 16. Jahrhundert
Leinen, ecru
Klöppelspitze in Flechten, gekreuzter Leinenschlag mit Durchbruch, Leinenschlag, erhabener Formenschlag; Garn: 2-fädig, S-Drehung
7 × 130 cm; Rapport: 5,5 cm
Inv.-Nr.: 00668
Schenkung von Leopold Iklé, 1904

Einsatz mit aneinandergereihten Rhomben und verbindenden Stegen in fortlaufender Klöppelspitze, wahrscheinlich für die Verwendung an Heimtextilien. Als Vorlage dienten die Beispiele im Modelbuch von Christoff Froschauer (1561). Auf einem von Agnolo Bronzino um 1560 gemalten Porträt (National Gallery of Art, Washington) trägt Eleonora von Toledo am Ausschnitt ähnlich gemusterte, aber aus Goldfaden gefertigte Spitzen.

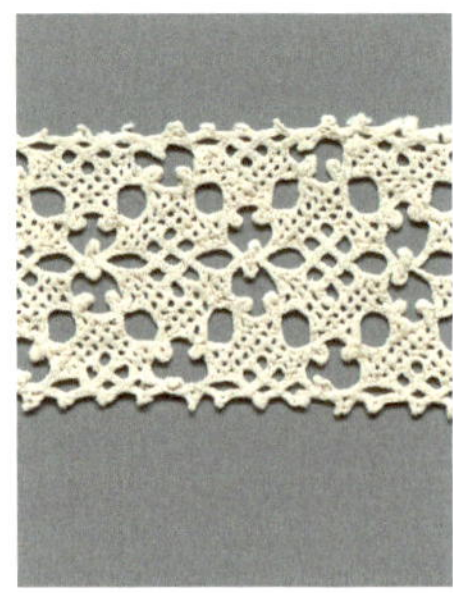

3 Einsatz

Italien, 16. Jahrhundert
Leinen, ecru
Klöppelspitze in Flechtschlag und Löcherschlag; Garn: 2-fädig, S-Drehung
4,5 × 26 cm; Rapport: 2,5 cm
Inv.-Nr.: 00969
Ankauf aus der Sammlung John Jacoby, 1954; John Jacoby erwarb den Einsatz wahrscheinlich bei der Iklé-Auktion 1923.

Einsatz mit Rautenmuster und Verbindungsstegen in fortlaufender Klöppelspitze. Das Stück ist mit Beispielen im Modelbuch von Christoff Froschauer (1561) vergleichbar. Einfache Spitzen wie diese zierten sowohl persönliche Wäsche als auch Haushaltsleinen.

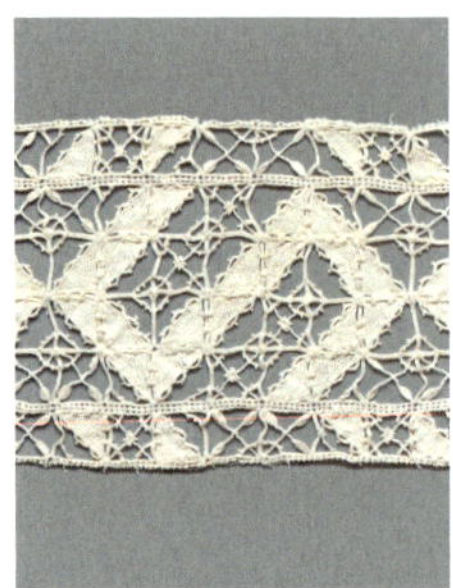

4 Einsatz

Italien, zweite Hälfte 16. Jahrhundert
Leinen, hell-ecru
Leinengewebe mit Stickerei in Kästchenstich, Hohlsaum, Doppeldurchbruch mit Nadelspitzeneinsatz in Schlingstich, Stopfstich, Wickelstich, Nadelspitze in Schlingstich, Wickelstich, Knötchen-Pikot; Garn: 2-fädig, S-Drehung
11 × 36 cm; Rapport: 15,5 cm
Inv.-Nr.: 47515
Schenkung von Fritz Iklé-Huber, 1996; das Objekt stammt ursprünglich aus der Sammlung von Leopold Iklé.

Reticella-Einsatz in Doppeldurchbruch mit Nadelspitze. Das Muster besteht aus S-förmigen und herzförmigen Motiven, die sich abwechseln und zwischen zwei schmalen Streifen mit geometrischen Formen liegen. Ähnliche Muster sind im Modelbuch von Giovanni Ostaus (1557) abgebildet.

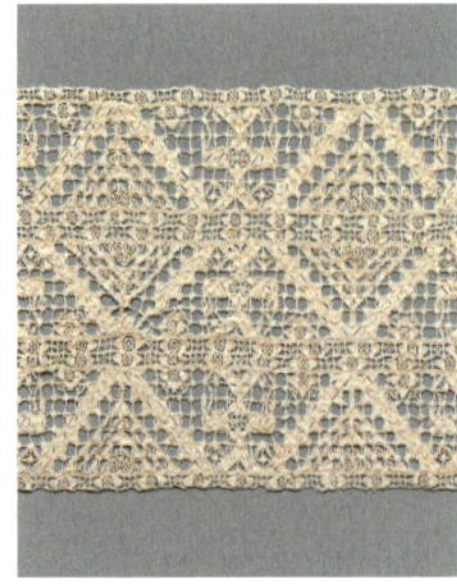

5 Decke oder Kissenblatt

Italien, zweite Hälfte 16. Jahrhundert
Leinen, ecru
Leinengewebe mit Stickerei in Kästchenstich, Doppeldurchbruch mit Nadelspitzeneinsatz in Wickelstich, Stopfstich, Schlingstich, Schlingstich-Pikot; Garn: 2-fädig, S-Drehung
27,5 × 47 cm
Inv.-Nr.: 00667
Ankauf aus der Sammlung John Jacoby, 1954

Decke oder Kissenblatt in *Reticella* mit Doppeldurchbruch und Nadelspitzeneinsatz, deren schöne Motive mit jenen der Modelbücher von Giovanni Ostaus (1557) oder Matio Pagano (1546) übereinstimmen: Dreieckmotive in drei Reihen mit geometrischen Mustern, die in einem Stück gestickt wurden, was ungewöhnlich ist. Seitlich ist die *Reticella* unterbrochen und mit einem Einsatz versehen.

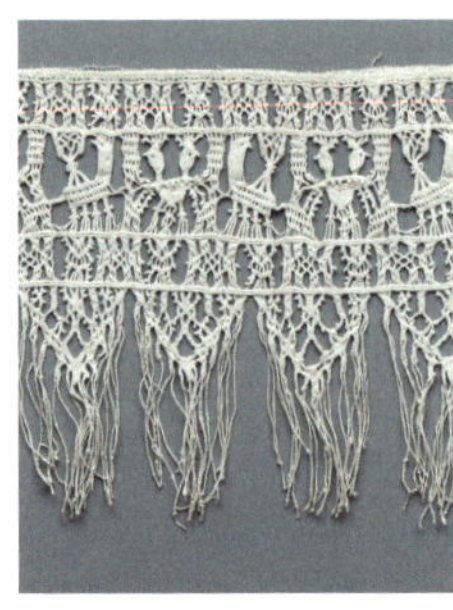

6 Borte

Italien oder Spanien, 1580–1610
Leinen, hell-ecru
Makramee mit Rippenknoten, Doppelknoten, erhabenen Doppelknoten, Verflechtung, einfache Knoten, Fransen, Garn: 2-fädig, S-Drehung
15 × 74,5 cm; Rapport: 6,3 cm
Inv.-Nr.: 00515
Ankauf aus der Sammlung John Jacoby, 1954. John Jacoby kaufte die Borte bei der Iklé-Auktion 1923.

Makramee-Spitzen entsprachen, genau wie Durchbrucharbeiten, Klöppel- und Nadelspitzen, dem damaligen Modegeschmack und ihre Technik wurde ebenfalls stetig weiterentwickelt. Die Borte ist beidseitig abgeschnitten. Am Fussende ist noch der Saum eines Leinenstoffs erhalten, an dessen Rand die Fäden dieser Spitze befestigt waren. Die Musterung richtet sich horizontal aus und zeigt unterschiedliche Vögel. Der Name „Makramee“ hat arabische Wurzeln, die Technik kam wahrscheinlich durch die Kreuzzüge nach Spanien und Italien. Dort wurde vor allem im 16. und 17. Jahrhundert mit Leinen geknüpft.

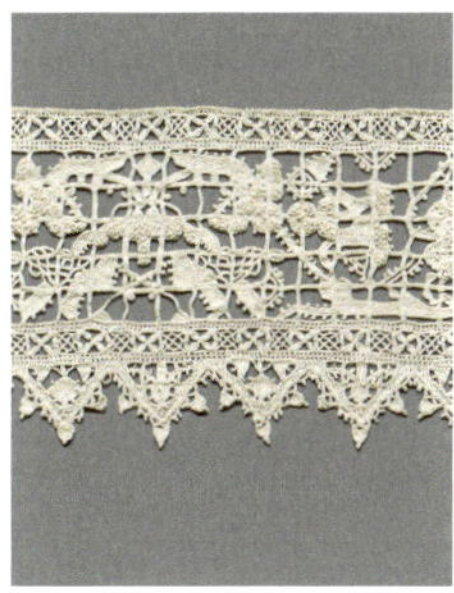

7 Borte

Italien, erste Hälfte 16. Jahrhundert
Leinen, weisslich
Leinengewebe mit Stickerei in Kästchenstich, Doppeldurchbruch mit Nadelspitzeneinsätzen in Schlingstich, Stopfstich, Wickelstich, erhabener Knotenstich, Ringelknötchen; Garn: 2-fädig, S-Drehung
13 × 70 cm; Rapport: 30,5 cm
Inv.-Nr.: 00256
Ankauf aus der Sammlung John Jacoby, 1954; John Jacoby erwarb die Borte bei der Iklé-Aktion 1923.

Borte in Doppeldurchbruch mit Nadelspitze nach der Vorlage von Giovanni Andrea Vavassore (1530). Es handelt sich um ein einzigartiges, sehr frühes Exemplar, das Nadelspitze mit einfachen Ranken zeigt. Die meisten italienischen Modelbücher der Zeit präsentieren Rauten und Zackenmotive. Der Dekor besteht aus Rankenwerk mit grotesken Elementen und Blumen. Der Aussenrand ist durch Zacken in Doppeldurchbruch gekennzeichnet.

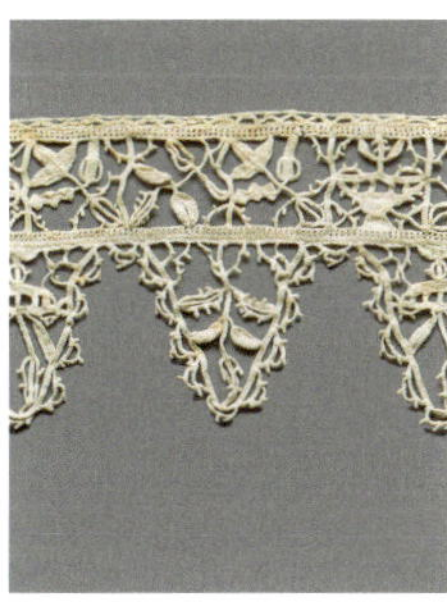

8 Borte

Italien, um 1600
Leinen, ecru
Leinengewebe mit Stickerei in Kästchenstich, Doppeldurchbruch mit Nadelspitzeneinsatz in Schlingstich, Stopfstich, Wickelstich, Ringelknötchen-Pikot; Nadelspitze auf Flechte aufgebaut in Schlingstich, Wickelstich, Ringelknötchen-Pikot; Garn: 2-fädig, S-Drehung
6 × 206 cm
Inv.-Nr.: 00249
Ankauf aus der Sammlung John Jacoby, 1954; John Jacoby erwarb die Borte wahrscheinlich bei der Iklé-Auktion 1923.

Borte in *Punto-Fogliami*-Nadelspitze mit feinem, alternierendem Vasen- und Blumendekor, wie man ihn ähnlich bei Elisabetta Catanea Parasole (1600) und Cesare Vecellio (1601) findet. Die Kombination von Doppeldurchbruch und Nadelspitze ist typisch für modische Artikel sowie für Hauswäsche aus dieser Zeit.

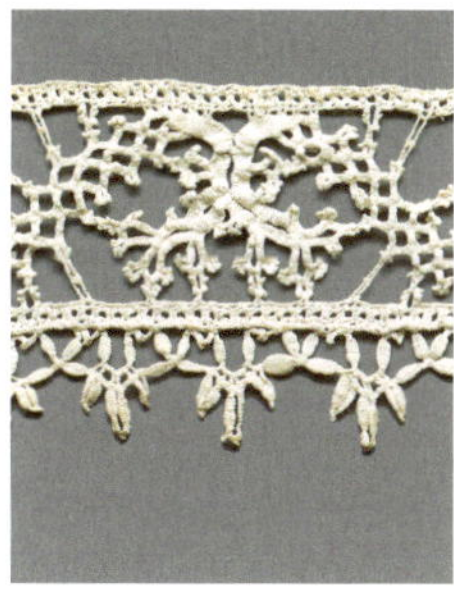

9 Borte

Italien, zweite Hälfte 16. Jahrhundert
Leinen, weisslich
Klöppelspitze in Leinenschlag und Formenschlag; Garn: 2-fädig, S-Drehung
6,5 × 28 cm; Rapport: 12 cm
Inv.-Nr.: 00658
Schenkung von Leopold Iklé, 1904

Die fortlaufende Klöppelspitze besteht aus zwei getrennt gearbeiteten Teilen, die mit Heftstichen zusammengenäht wurden, wobei der obere Einsatz fester gearbeitet ist als die angenähte zarte Borte. Wellenförmiges Motiv im Einsatz, Borte mit kleinen gezackten Blumen. Diese typischen Muster findet man sowohl in *Le Pompe* (1557) der Gebrüder Sessa als auch bei Elisabetta Catanea Parasole (1597).

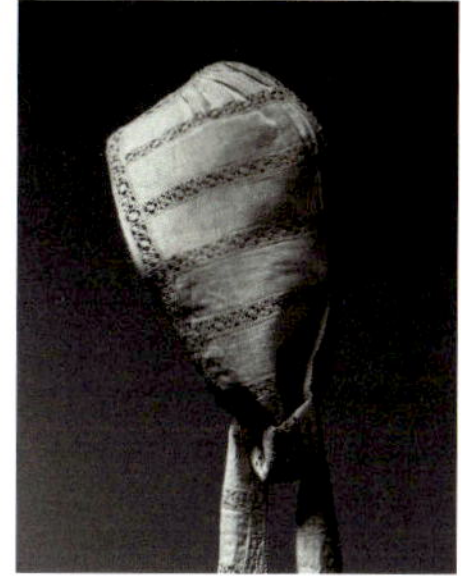

10 Haube

Italien, zweite Hälfte 16. Jahrhundert
Leinen, ecru
Leinengewebe mit Stickerei in Kästchenstich, Doppeldurchbruch mit Schlingstich, Stopfstich, Wickelstich, Pikot, Knotenstich als Punto avorio; Garn: 2-fädig, S-Drehung
98 × 19 cm
Inv.-Nr.: 00813
Ankauf aus der Sammlung John Jacoby, 1954

Die Haube besteht aus zwei Teilen, die oben schliessen. Die Seitenteile laufen seitlich spitz aus. Zarte Nadelspitzeneinsatze mit geometrischen Mustern sind an den Rändern und in regelmässigen Abständen quer in den Stoff eingenäht. Solche Hauben wurden vor allem im ländlichen Milieu getragen, wobei die Verlängerungen entweder vorn verschlungen waren, nach hinten auf den Rücken fielen oder, wie einige Gemälde dokumentieren, seitlich hochgesteckt wurden.

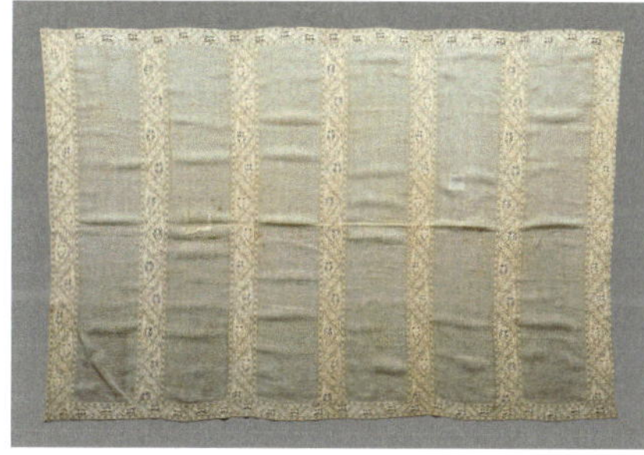

11 Decke

Ostindien und Südeuropa, 1580–1620
Baumwolle; Leinen, ecru
Baumwollgewebe in Leinwandbindung mit Doppeldurchbruchstickerei in Plattstich, umwickeltem Hinterstich, Kästchenstich, doppelt gestochener Zackenstich, kordonierte Löcher, Nadelspitzeneinsätze in Schlingstich, Knotenstich, umwickelte Stege; Garn: 2-fädig, S-Drehung
93,5 × 146,5 cm
Inv.-Nr.: 01020
Schenkung von Leopold Iklé, 1905

Das feine Baumwollgewebe stammt aus Indien, die Stickerei in Doppeldurchbruch und Nadelspitze wurde in Europa gefertigt. Die Decke weist sieben Bänder und eine Aussenborte im geometrisch-ornamentalen Stil auf, die mit Zacken, Medaillons, Figuren, Adlern und Wappen geschmückt sind.

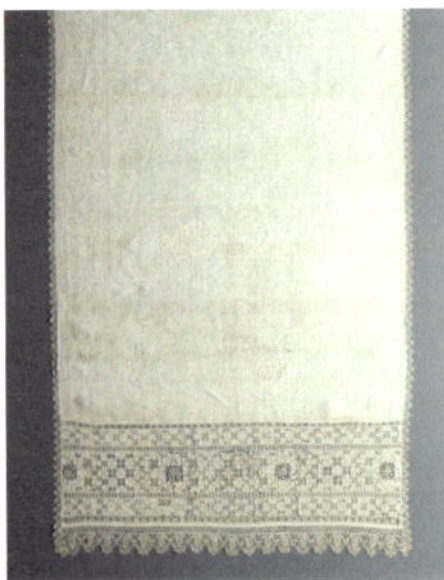

12 Handtuch

Westeuropa, 1580–1620
Leinen, weisslich
Damastgewebe und Gewebe in Leinwandbindung mit Doppeldurchbruchstickerei in Plattstich, Wickelstich, Kästchenstich, doppelt gestochener Zackenstich, Schlingstich, Nadelspitzeneinsätze in Schlingstich, Stopfstich, gedrehte Fäden, Klöppelspitze in Leinenschlag, auch durchbrochen, Flechten; Garn: 2-fädig, S-Drehung
73,5 × 157 cm
Inv.-Nr.: 01023
Schenkung von Leopold Iklé, 1905

Damasthandtuch mit Jagdszene, das unten mit einer breiten Doppeldurchbruch- und fortlaufenden Klöppelspitzenborte abgeschlossen ist. Diese weist geometrische Motive in drei übereinanderliegenden Registern auf. Die Klöppelspitzenborte zeigt seitlich kleine Bögen, unten etwas grössere Festons.

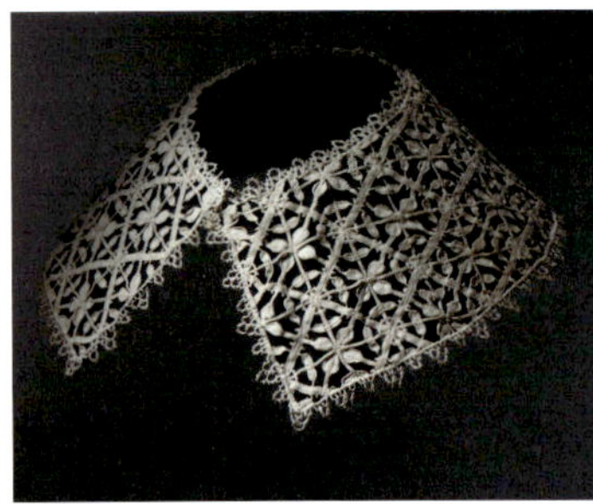

13 Kragen und Manschetten

Italien, um 1600, Ende 19. Jahrhundert umgearbeitet
Leinen, dunkel-ecru; Baumwolle
Nadelspitze auf Flechte aufgebaut, in Schlingstich, Stopfstich, Knötchen-Pikot, Häkelspitze, maschinelle Spitze; Garn: 2-fädig, S-Drehung
Kragen: 9,5 × 82 cm; Manschetten: je 8,5 × 27 cm
Inv.-Nr.: 00402.a-c
Schenkung Leopold Iklé, 1904

Kragen und Manschetten mit Rautenraster, vierblättrigen Blüten und Rosetten in Nadelspitze. Es war ehemals ein grösseres Objekt, das Ende des 19. Jahrhunderts zu einem Kragen und zu Manschetten ummontiert wurde. Maschinelle Flechten und gehäkelte kleine Bögen bilden die Aussenkanten.

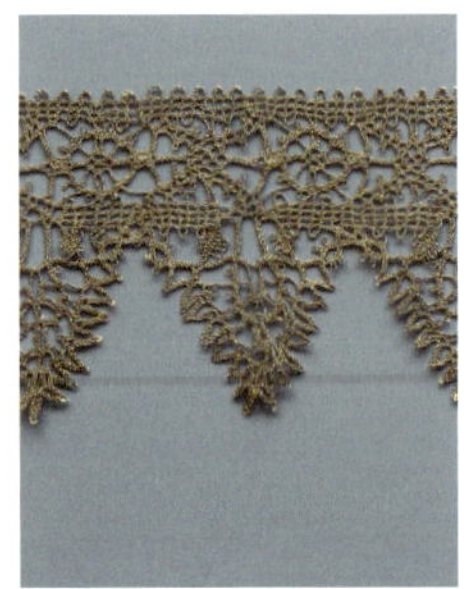

14 Besatz oder Borte

Süd- oder Westeuropa, 1580–1620
Goldlahn um Seidenseele
Klöppelspitze in Flechtschlag, durchbrochenem Leinenschlag, Formenschlag, Pikot; Goldlahn: Z-Drehung
8,5 × 95,5 cm; Rapport: 5,5 cm
Inv.-Nr.: 00133
Schenkung von Leopold Iklé, 1904

Borte mit Rosetten und Zacken in fortlaufender Klöppelspitze. Solche relativ einfachen Spitzen existieren sowohl als Leinen wie auch als Metallspitzen, allerdings gibt es einige technische Unterschiede, wie zum Beispiel die Pikots, die hier einfädig sind. Als Borte trifft man Goldspitze auch als Schärpenenden von Offizieren in der niederländischen Malerei an, etwa bei *De Magere Compagnie* von Frans Hals und Pieter Codde von 1637 (Rijksmuseum Amsterdam).

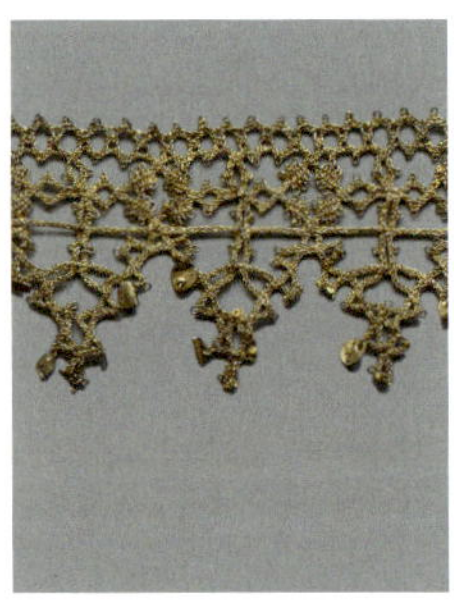

15 Besatz oder Borte (zwei Fragmente)

Mailand oder Westeuropa, 1580–1620
Goldlahn um Seidenseele, Gold-Pailletten
Klöppelspitze in Flechtschlag, Formenschlag mit Pailletten; Goldlahn: Z-Drehung
6 × 482 cm und 6 × 39 cm; Rapport: 4 cm
Inv.-Nr.: 00096.1-2
Schenkung von Leopold Iklé, 1904

Gezackte Borte in fortlaufender Klöppelspitze mit geometrischer Struktur. Es gab zahlreiche Produktionsstätten für Goldspitzen. Neben Mailand, Venedig und Genua in Italien waren dies Le Puy und Aurillac in Frankreich. Zudem gab es Produktionen in Flandern und Spanien. Möglicherweise stammt diese Spitze mit Pailletten aus Mailand, wo sowohl Goldgespinste als auch Pailletten produziert wurden. Meistens wurden Spitzen dieser Art auf Kleider aufgenäht und sowohl im sakralen als auch profanen Bereich getragen. Man kann auf zeitgenössischen italienischen Frauenporträts oft solche gezackten Goldspitzen mit Pailletten, versteckt unter den grossen Mühlsteinkragen oder an den Manschetten, sehen. Die geometrischen Motive wurden als teure Metallspitzen über eine längere Zeitspanne geklöppelt als die Leinenspitzen, deren Motive sich der Mode rascher anpassten.

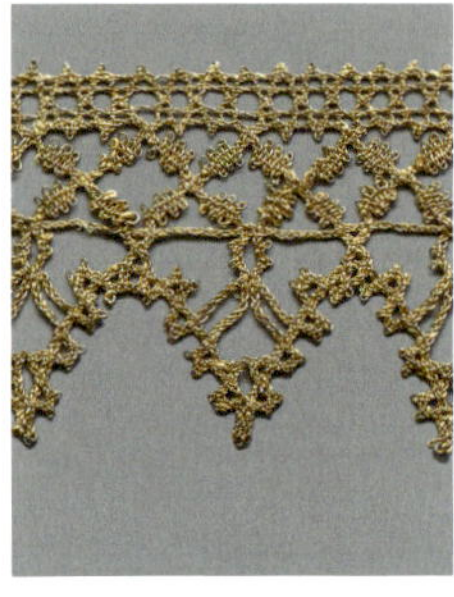

16 Besatz (zwei Fragmente)

Süd- oder Westeuropa, zweite Hälfte 16. Jahrhundert
Goldlahn um Seidenseele
Klöppelspitze in Flechtschlag, Leinenschlag, Löcherschlag; Goldlahn: S-Drehung
je 8 × 89 cm; Rapport: 4,8 cm
Inv.-Nr.: 00215.1-2
Schenkung von Leopold Iklé, 1904

Besatz mit feinem Dekor aus kleinen Kreuzblüten und Zacken in fortlaufender Klöppelspitze. Die Technik der filigranen fortlaufenden Klöppelspitze eignet sich gut für Metallspitzen. Allerdings wurde die Technik für dieses Material adaptiert, so wird das Pikot hier mit einem Faden gemacht. Aufgrund ihres Gewichts wurden Metallspitzen eher auf Kleider aufgenäht und hingen nur selten frei.

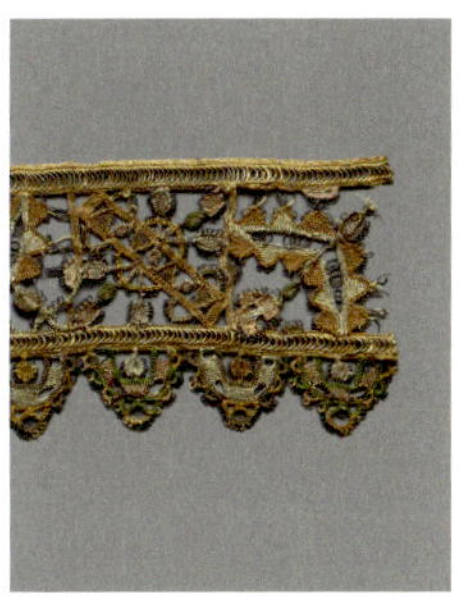

17 Besatz

Spanien, 1590–1620
Seide, beige, gelb, altrosa, hellgrün, gold, und grau; Goldlahn um Seidenseele
Nadelspitze in Schlingstich über Goldlahn mit Pikot; Seide: 2-fädig, Z-Drehung; Goldlahn: S-Drehung
8,5 × 74 cm; Rapport: 20,5 cm
Inv.-Nr.: 00206
Schenkung von Leopold Iklé, 1904

Frisado-de-Valladolid-Besatz in Nadelspitze über Metalllahn ist eine typisch spanische Technik. Der Goldfaden wird dabei, ähnlich wie in der Lasurstickerei, von der Seide überfangen und ist so nur diskret sichtbar. Der Dekor ist ähnlich wie bei der *Reticella*-Spitze in Quadrate eingeteilt und mit schräg eingelegten vegetabilen und geometrischen Mustern gefüllt, eingerahmt von Spiralen in Metallfaden. Den unteren Rand zieren kleine Bögen.

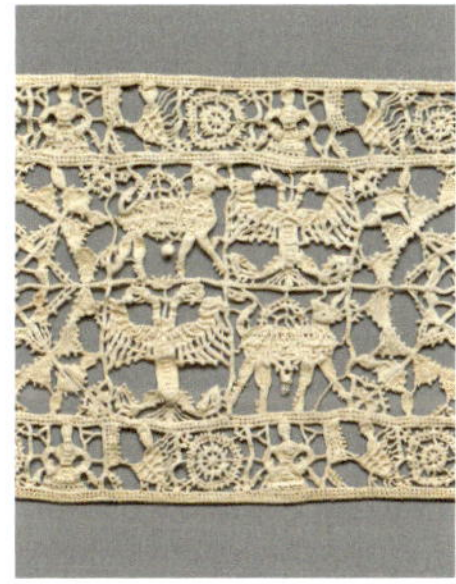

18 Einsatz

Italien, um 1600
Leinen, dunkel-ecru
Leinengewebe mit Stickerei in Kästchenstich, Doppeldurchbruch mit Nadelspitzeneinsatz in Schlingstich, erhabener Wickelstich, Stopfstich, erhabener Schlingstich; Garn: 2-fädig, S-Drehung
16,5 × 76 cm
Inv.-Nr.: 00895
Schenkung von Leopold Iklé, 1905

Der *Reticella*-Einsatz in Doppeldurchbruch mit Nadelspitze ist so dicht umstickt, dass vom stützenden Stoff kaum etwas übrig ist. Es handelt sich um eine eher gröbere, aber detailliert ausgeführte Arbeit. Der breite mittlere Teil zeigt in vier Quadraten jeweils versetzt zwei gesattelte Pferde oder Kamele und doppelköpfige Adler, unterbrochen von einer Rosette. In den rahmenden Borten sind abwechselnd Vögel, Adler und weibliche Figuren dargestellt. Vergleichbare Motive findet man in Cesare Vecellio (1601) und anderen Modelbüchern der Zeit.

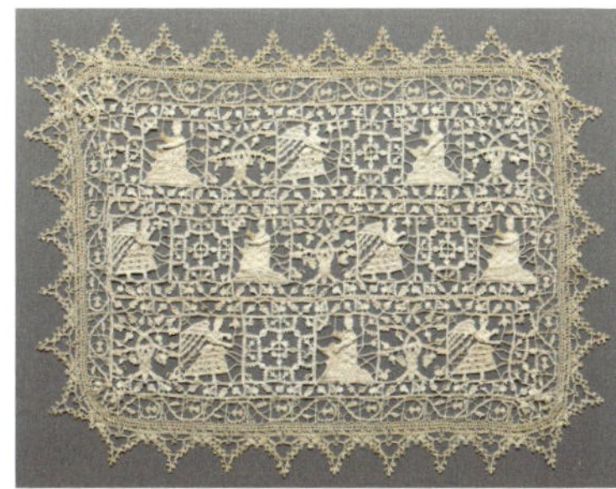

19 Decke

Italien, Griechenland oder Zypern, erstes Viertel 17. Jahrhundert, im 19. Jahrhundert zusammengenäht
Leinen, hell- und dunkel-ecru; Glasperlen; Baumwolle
Nadelspitze auf Flechten mit Schlingstich, erhabenem Wickelstich, Knotenstich, Stopfstich-Pikot; Leinengewebe mit Stickerei in Kästchenstich, Doppeldurchbruch mit Nadelspitzeneinsätzen in Schlingstich, Stopfstich, Wickelstich; Klöppelspitze in durchbrochenem Leinenschlag, Flechten, Löcherschlag; Garn: 2-fädig, S-Drehung
40 × 55 cm
Inv.-Nr.: 00659
Schenkung von Leopold Iklé, 1904

Die Decke zeigt die Verkündigung Mariä und besteht aus drei zusammengenähten Einsatzborten in *Punto-in-Aria*-Nadelspitze. Die aneinandergereihten Quadrate sind abwechselnd mit Darstellungen von Maria im sternbedeckten Mantel, dem Engel, geometrischen Mustern und einem Fass mit Ästen und Blättern ausgefüllt. Der Aussenrand besteht aus filigranen Zacken in Klöppelspitze aus fortlaufenden Fäden, angenäht an einen Doppeldurchbrucheinsatz mit Nadelspitze. Hauptfeld und Aussenrand waren ursprünglich eigenständig und wurden erst im 19. Jahrhundert mit Baumwollfaden zu einem Stück zusammengenäht.

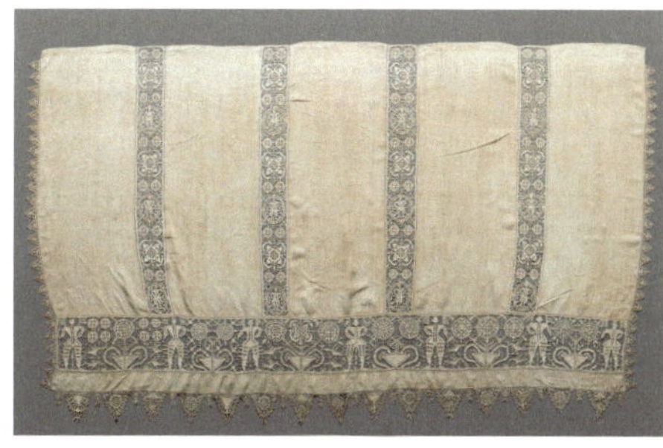

20 Decke

Spanien oder Portugal, 1580–1620
Leinen, ecru
Gewebe in Leinwandbindung mit Doppeldurchbruch mit Kästchenstich, Nadelspitzeneinsätzen und Nadelspitze auf Flechten in Spannstich, Schlingstich, Knotenstich und erhabenen gewickelten Spannstichen, Pikot; Garn: 2-fädig, S-Drehung
106 × 180 cm
Inv.-Nr.: 01075
Schenkung von Leopold Iklé, 1905

Decke mit Dekor in Doppeldurchbruch und Nadelspitze mit vier Längsstreifen, die je mit Rosetten und Figuren geschmückt sind und einem breiten Querband mit in zeitgenössischer Mode gekleideten Figuren, Tieren, Meerjungfrauen und aus Vasen wachsenden pflanzlichen Motiven. Eine Festonborte mit Vasen, weiblichen Figuren und Rosetten ist unten angefügt.

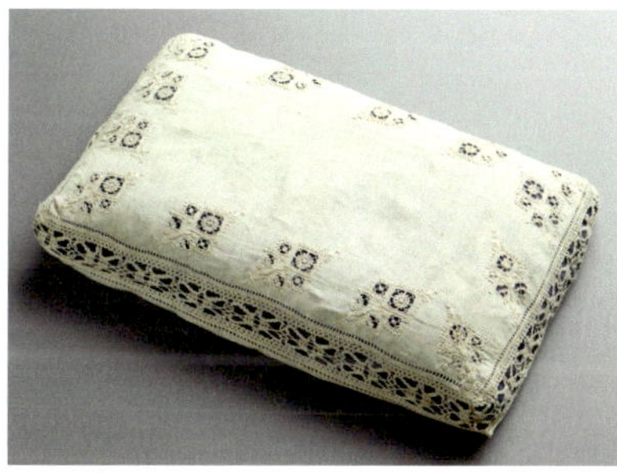

21 Kissenbezug

Italien, zweite Hälfte 16. Jahrhundert
Leinen, ecru
Leinengewebe in Leinwandbindung; Stickerei in Kästchenstich, Hohlsaum, Plattstich, Knotenstich, Schlingstich, umwickelter Hinterstich, Doppeldurchbruch mit Nadelspitzeneinsätzen in Schlingstich, Wickelstich; Klöppelspitze in Flechtschlag, Leinenschlag, durchbrochenem Leinenschlag, Schlaufenflechte; Garn: 2-fädig, S-Drehung
53 × 34,5 cm
Inv.-Nr.: 01063
Ankauf aus der Sammlung John Jacoby, 1954

Kissen mit Dekorelementen in Stickerei, Durchbruchstickerei, Nadelspitzeneinsätzen und fortlaufender Klöppelspitze. Die seitliche Litze, durch die man Bänder zog, diente zur Schliessung des Kissens. Eine seitliche Klöppelspitze mit geometrischen Motiven, welche vielleicht aus dem Modelbuch der Gebrüder Sessa *Le Pompe* (1562) stammen, umgibt das Kissenblatt, das von umlaufenden Blumen geschmückt wird.

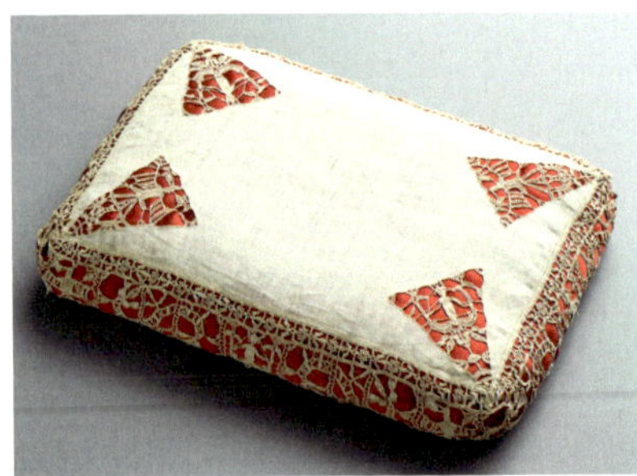

22 Kissenbezug

Italien, 1550–1620
Leinen, ecru
Leinengewebe in Leinwandbindung, Stickerei in Kästchenstich, Doppeldurchbruch und ausgeschittene Felder mit Nadelspitzeneinsätzen und Nadelspitze in Schlingstich, Knotenstich, gewickelte Stege, Pikot; Garn: 2-fädig; S-Drehung
47 × 34 cm
Inv.-Nr.: 01059
Ankauf aus der Sammlung John Jacoby, 1954

Kissen mit Dekorelementen in Doppeldurchbruch mit Nadelspitzeneinsätzen und Nadelspitze. Die Kissenblätter umgibt eine Spitzenborte mit geometrischen und vegetabilen Formen, Meerjungfrauen und Adlern. Auf Vorder- und Rückseite des Kissenbezuges sind in die Ecken Dreiecke eingearbeitet, die wiederum mit Adlern und Meerjungfrauen verziert sind. Ähnliche Motive findet man bei Giovanni Ostaus (1561) und später bei Cesare Vecellio (1617).

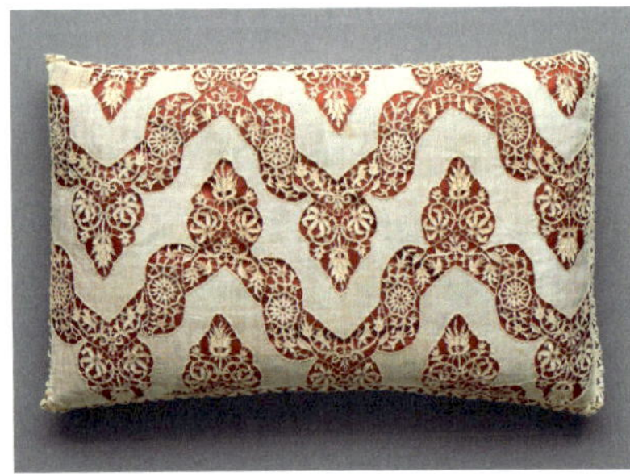

23 Kissenbezug

Venetien, um 1620, später modifiziert
Leinen, ecru
Leinengewebe in Leinwandbindung; Ausschneidstickerei in Schlingstich, Nadelspitzeneinsätze in Schlingstich, Knotenstich, Pikot, Nadelspitze auf Flechten mit Schlingstich, Knotenstich, Stege in Schlingstich; Klöppelspitze in Flechten und Formenschlag; Garn: 2-fädig, S-Drehung
47 × 29 cm
Inv.-Nr.: 01066
Schenkung von Leopold Iklé, 1905

Fein gearbeitetes Kissen, als Zweitverwendung eines grösseren Teils, in Ausschneidestickerei mit Klöppel- und Nadelspitze. Auf der Vorderseite sind Zackenmuster mit floralen Ornamenten eingearbeitet. Die Rückseite ist aus weniger feinem Leinen und weist eingepasste Nadelspitzeneinsätze von minderer Qualität mit Rosettenmotiven auf.

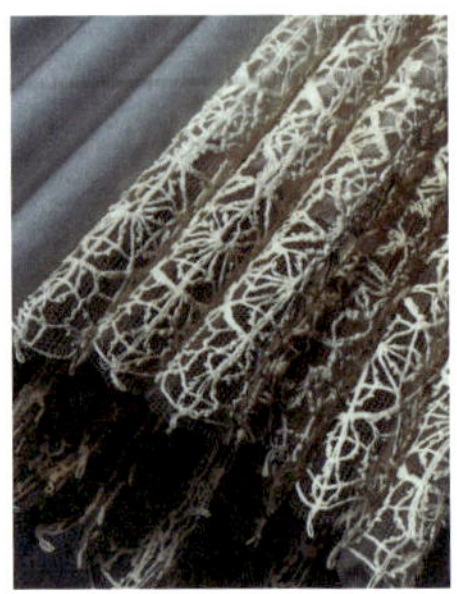

24 Borte

Nordeuropa, 1580–1620
Leinen, weisslich
Klöppelspitze in Flechten, Leinenschlag, durchbrochener Leinenschlag, Heftstich; Garn: 2-fädig, S-Drehung
12,5 × 77 cm; Rapport: 6,2 cm
Inv.-Nr.: 00679
Schenkung von Leopold Iklé, 1904

Fortlaufende Klöppelspitzenborte mit wenigen Heftstichen, die in einem Stück gearbeitet wurde. Die Borte zeigt unterschiedliche Rosettenformen sowohl im oberen, gerade durchlaufenden als auch im unteren, festonierten Teil. Aufgrund der Feinheit des Fadens ist eine Produktion in Nordeuropa wahrscheinlich. Eine so feine Spitze hätte als Dekor eines Mühlsteinkragens verwendet werden können. Dafür wären je nach Kragen bis zu 20 Meter Spitze notwendig gewesen.

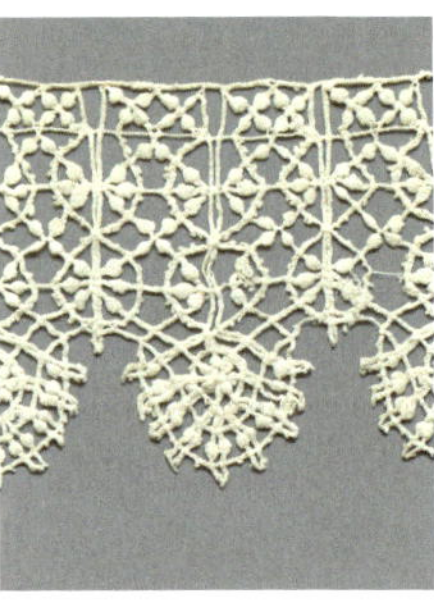

25 Borte

Genua, um 1600
Leinen, hell-ecru
Klöppelspitze in Flechtschlag, gedrehte Fäden und Formenschlag, Garn: 2-fädig, S-Drehung
8,5 × 41,5 cm; Rapport: 5 cm
Inv.-Nr.: 00998
Ankauf aus der Sammlung John Jacoby, 1954; ursprünglich Sammlung Leopold Iklé

Borte in fortlaufender Klöppelspitze mit aneinandergereihten Rosetten auf Gitterraster, die die für die Zeit charakteristische Festonform bilden.

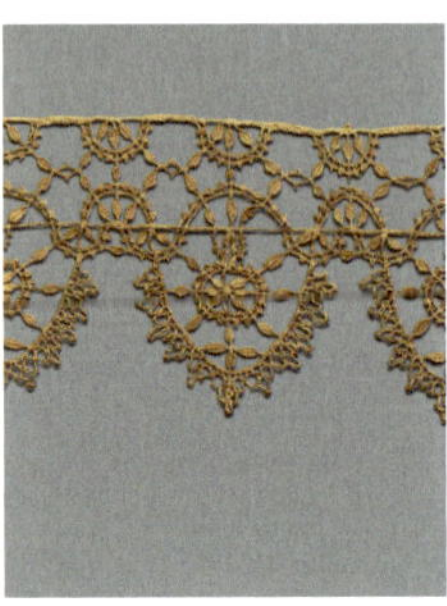

26 Borte

Genua, um 1600
Aloefaser, bräunlich
Klöppelspitze in Flechtschlag und Formenschlag mit Pikot; Garn: 2-fädig, S-Drehung
9 × 181 cm; Rapport: 7,5 cm
Inv.-Nr.: 00280
Schenkung von Leopold Iklé, 1904

Festonborte in fortlaufender Klöppelspitze mit Rosetten und kleinen, umrandenden Bögen. Darüber ein Band mit geometrischen Mustern. Der Dekor ist vergleichbar mit jenen Motiven, die Elisabetta Catanea Parasole (1610) publizierte. Ungewöhnlich ist die Aloefaser, die im Mittelmeergebiet zwar verbreitet war, aber in der Spitzenproduktion nur selten eingesetzt wurde. Bräunliche Spitzen finden sich auch auf Porträts: Frans Pourbus der Jüngere malte Margherita Gonzaga, Prinzessin von Mantua, um 1600–1605 (Metropolitan Museum of Art, New York) mit einem bräunlichen Mühlsteinkragen. Dabei könnte es sich um gefärbte Seide oder eine andere Bastfaser handeln, die von Natur aus bräunlich ist. Auch auf einigen englischen Porträts derselben Zeit findet man statt weisser auch gelbliche oder leicht bräunliche Spitzenkrägen und -manschetten.

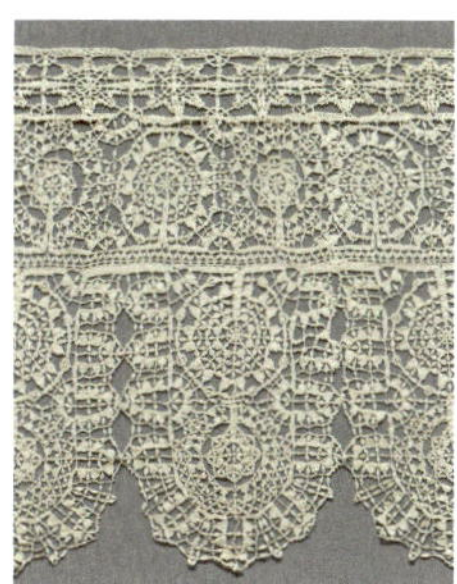

27 Borte und Einsätze

Westeuropa, teilweise Italien, erste Hälfte 17. Jahrhundert, im 19. Jahrhundert umgearbeitet
Leinen, hell-ecru; Baumwolle
Klöppelspitze in Leinenschlag, Formenschlag, Flechtschlag, Löcherschlag in Fuss mit angenähtem Einsatz; Garn: 2-fädig, S-Drehung
24,5 × 115,5 cm; Rapport: 10,8 cm
Inv.-Nr.: 00539
Ankauf aus der Sammlung John Jacoby, 1954

Breite, sehr feine, fortlaufende Klöppelspitze bestehend aus langen Festons mit zwei übereinanderliegenden Rosetten und umrandet von kleineren Festons. Der Einsatz am Fuss ist älter und wahrscheinlich italienisch. Er wurde Ende des 19. Jahrhunderts mit Baumwollfaden angenäht. Der mittlere Einsatz wurde zuerst geklöppelt, dann wurde die Borte mit Heftstichen am Einsatz befestigt. Es ist denkbar, dass diese Borte für Tisch- oder Bettwäsche benutzt wurde, da sie für einen Kragen zu breit ist.

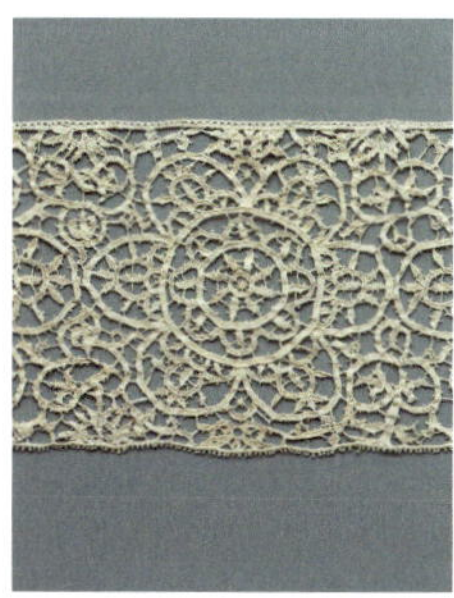

28 Borte

Venedig, erstes Drittel 17. Jahrhundert
Leinen, hell-ecru
Nadelspitze in Schlingstich, Relief in Schlingstich, Knotenstich, Stege in Schlingstich mit Schlingstich-Pikot, Fuss geklöppelt; Garn: 2-fädig, S-Drehung
11,5 × 61 cm; Rapport: 11 cm
Inv.-Nr.: 00678
Schenkung von Leopold Iklé, 1904

Ausgezeichnet gearbeitete *Punto-in-Aria*-Nadelspitze, welche am oberen und unteren Teil beschnitten ist. Auch die einzelnen Rosetten scheinen im Zuge einer Reparatur mit feinem Leinenfaden zusammengenäht worden zu sein. Die Borte besteht aus aneinandergereihten Rosetten mit Bändcheneffekt. Die verschiedenen Schlingsticharten und das Relief verleihen der Spitze Leichtigkeit.

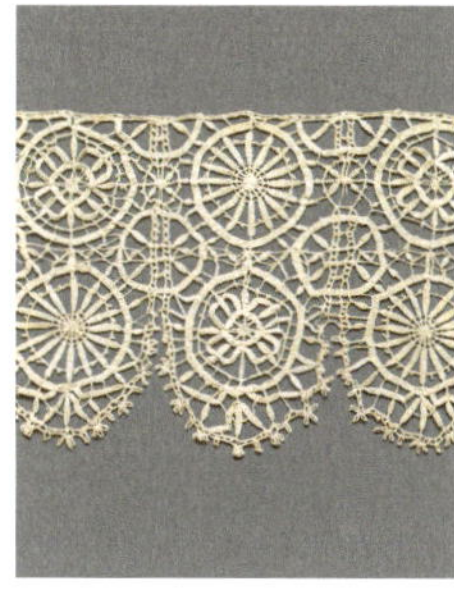

29 Borte (zwei Fragmente)

Ligurien, erstes Viertel 17. Jahrhundert
Leinen, ecru
Klöppelspitze in Formenschlagband, gedrehte Fadenpaare, Spinnen und Flechtschlag; Garn: 2-fädig, S-Drehung
13,5 × 31 cm und 13,5 × 41 cm; Rapport: 8 cm
Inv.-Nr.: 00228.1-2
Schenkung von Leopold Iklé, 1904

Borte mit Festons vom Typ fortlaufender Genueser Klöppelspitze mit zwei grossen, übereinandergestellten Rosetten, dazwischen kleinere Rosetten. Der Aussenrand ist mit kleinen Blättern umgeben. Formenschlag als Band wurde vor allem in Italien geklöppelt. Diese Art Spitze wurde als äussere Zier flacher Krägen und Mühlsteinkrägen benutzt.

30 Borte (zwei Fragmente)

Westeuropa, vermutlich England, um 1620
Leinen, hell-ecru
Nadelspitze auf Flechten aufgebaut in Schlingstich, Knotenstich, Wickelstich, Knötchen-Pikot; Garn: 2-fädig, S-Drehung
je ca. 8 × 62 cm; Rapport: 13,5 cm
Inv.-Nr.: 00372.1-2
Ankauf aus der Sammlung John Jacoby, 1954; John Jacoby erwarb die Borte bei der Iklé-Auktion 1923.

Borte in Nadelspitze mit zwei verschiedenen, aneinandergereihten Rosetten, eingerahmt von feinem Zackenmuster. Die zierlichen Motive deuten auf Westeuropa als Herstellungsort hin. Obwohl es sich um Rosettenmotive handelt, haben sich diese vom starren *Reticella*-Muster entfernt und zierlicher weiterentwickelt.

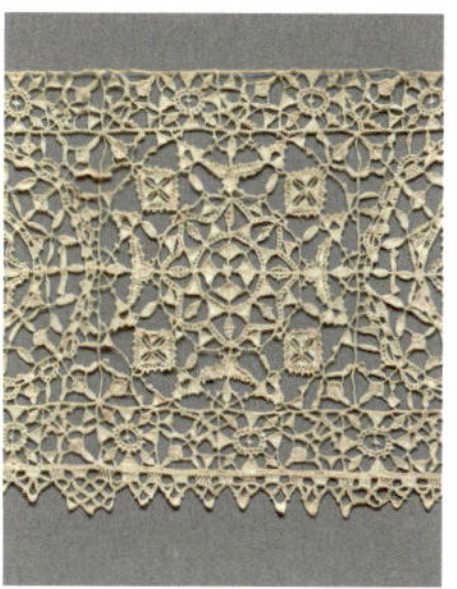

31 Borte

Westeuropa, vermutlich England, 1590–1620
Leinen, bräunlich
Nadelspitze auf Flechten aufgebaut mit Schlingstich, Wickelstich, Stopfstich, Knötchenstich, Knötchen-Pikot, Garn: 2-fädig, S-Drehung
14 × 194 cm; Rapport: 17,5 cm
Inv.-Nr.: 00045
Schenkung von Leopold Iklé, 1904

Borte in *Reticella*-Nadelspitze im Stil des Modelbuchs von Johann Sibmacher (1597) und anderen der Zeit. Zwischen zwei schmalen Borten mit kleinem Quadratraster alternieren zwei unterschiedlich verzierte Rosettenformen. Eine Aussenseite weist einen Abschluss mit kleinen Bögen auf. Man sieht solche Motive oft in Porträts des frühen 17. Jahrhunderts auf flachen, erhöhten Kragen. Dort ist jedoch selten ein Randabschluss zu finden.

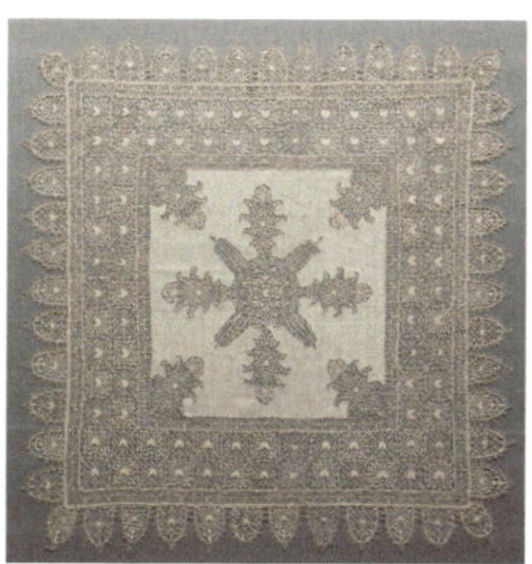

32 Decke

Venedig, 1580–1640
Leinen, ecru
Leinengewebe in Leinwandbindung mit Doppeldurchbruch und ausgeschnittenen Formen mit Nadelspitze und Nadelspitzeneinsatz in Schlingstich, Knotenstich, gedrehtem Schlingstich, Stege mit Schlingstich, Pikot und Wickelstich; Garn: 2-fädig, S-Drehung
79 × 79 cm

Inv.-Nr.: 00156
Ankauf aus der Sammlung John Jacoby, 1954, ursprünglich Sammlung Leopold Iklé
Minutiös geplante und ausgeführe *Reticella*-Durchbruchstickerei mit Nadelspitze.
Die feine und regelmässige Ausführung erinnert stark an eine Nadelspitze auf dem Hemd von St. François de Sales, 1605 (Musée de la Visitation, Moulins).
Von einer zentralen Rosette ausgehend entwickelt sich ein sternförmiger Ausschnitt, der in dem feinen Leinenstoff eingearbeitet ist und der vorwiegend durch Blumenmotive akzentuiert ist. Ein breiter Rahmen mit zwei Registern von Rosetten und einer Festonborte rahmt das aussergewöhnliche Textil.

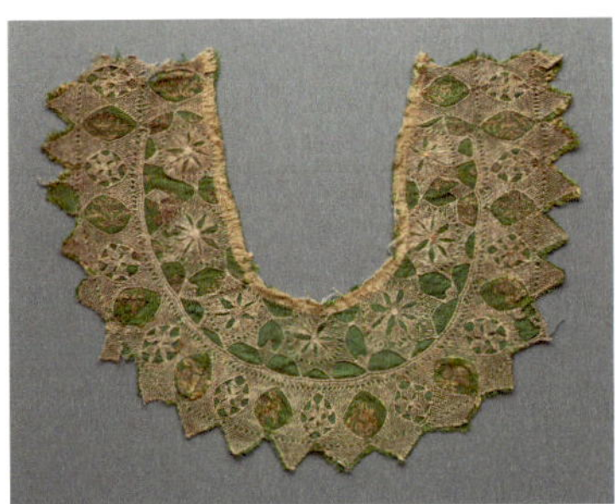

33 Kragen

Spanien, 1600–1620
Seide, grün und ecru; Metallfaden; Leinen, dunkel-ecru
Seidengewebe in Leinwandbindung und Leinwandbindung brochiert; Filetspitze mit teilweise gedrehten Schlaufen, auf gemusterter Seide montiert, Garn: 2-fädig, S-Drehung
33×44 cm
Inv.-Nr.: 01944
Schenkung von Leopold Iklé, 1905
Auf Seide montierter, sehr seltener Spitzenkragen, innen dekoriert mit Sternrosetten, aussen mit Sternen, Löchern und Zacken. Die Technik der *Redes*-, *Redicella*- oder *Malla*-Filetspitze ist charakteristisch für Spanien. Die Gestaltung des Dekors ist vergleichbar mit jenen von zeitgleich entstandenen, heute noch erhaltenen Haarnetzen, die ebenfalls von der Mitte aus gearbeitet wurden. Die Technik hat auch Ähnlichkeiten mit den *Ruedas* oder *Sol*spitzen.

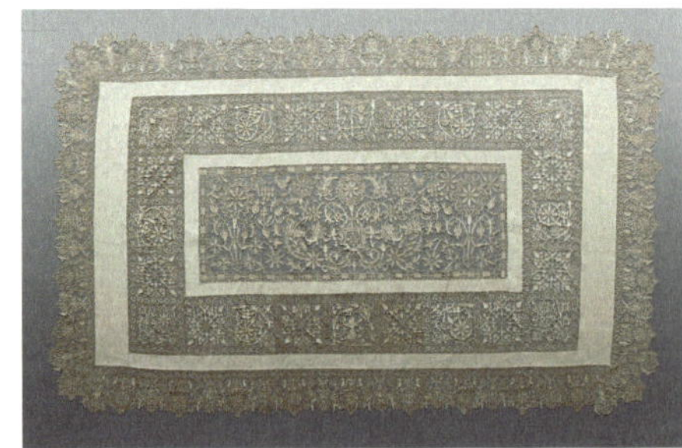

34 Altartuch

vermutlich England, erstes Viertel 17. Jahrhundert
Leinen, ecru; Granatsteine
Gewebe in Leinwandbindung (neue Restaurierung); Nadelspitze auf Flechten aufgebaut in Schlingstich, verstärktem Schlingstich, Stege in Wickelstich mit Pikot; Garn: 2-fädig, S-Drehung
108×175 cm
Inv.-Nr.: 01078
Schenkung von Leopold Iklé, 1905
Einzigartiges Altartuch in einer Art *Punto-Fogliami*-Nadelspitze. Das eingesetzte Leinengewebe ersetzte wahrscheinlich das ursprüngliche Seidengewebe. Drei unterschiedliche Bereiche mit Spitzen: die breite Mittelborte zeigt Blütenranken mit einer Monstranz, die Zwischenborte zeigt viermal die Stigmatisierung des Hl. Franziskus. Der Aussenrand besteht aus Festons mit alternierenden Rosetten und Blüten. Technisch ungewöhnlich ist, dass die Aufbauflechten nicht nur als geometrisches Grundgerüst benutzt wurden, sondern auch bei den stilisierten Blüten. Dabei schnitt man die Flechten in die richtige Grösse und vernähte die Enden. Einige Motive wurden mit leichter grauer, rosa und gelber Farbe bemalt. Ob dies zur Entstehungszeit geschah oder zu einem späteren Zeitpunkt, ist unklar. Aufgrund seiner Einzigartigkeit ist die Herkunft des Stückes schwer zu bestimmen.

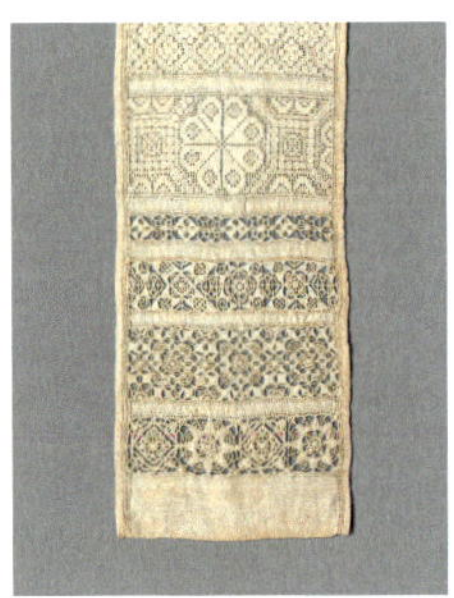

35 Mustertuch

Westeuropa, erstes Drittel 17. Jahrhundert
Leinen, ecru bis gelblich
Leinengewebe in Leinwandbindung; Durchbrucheffektstickerei in verdoppeltem Maschenstich, Kästchenstich, Durchbruchstickerei mit Stopfstich, Wickelstich, Doppeldurchbruch mit Stopfstich und Geflechtstich, Nadelspitzeneinsätze in Stopfstich, Schlingstich, Wickelstich und Ringelknötchen-Pikot; Garn: 2-fädig, S-Drehung
69×16 cm
Inv.-Nr.: 20138
Schenkung von Leopold Iklé, 1908
Mustertuch mit insgesamt neun Streifen aus verschiedenen geometrischen Stickmustern und *Reticella*-Nadelspitze. Letztere stellt unterschiedliche Rosetten dar. Die mit Stopfstich gefüllten Dreiecke kommen schon in den frühen Modelbüchern vor. Sie wurden nebst den späteren Rosetten immer wieder gestickt, wahrscheinlich um Heimtextilien zu verzieren.

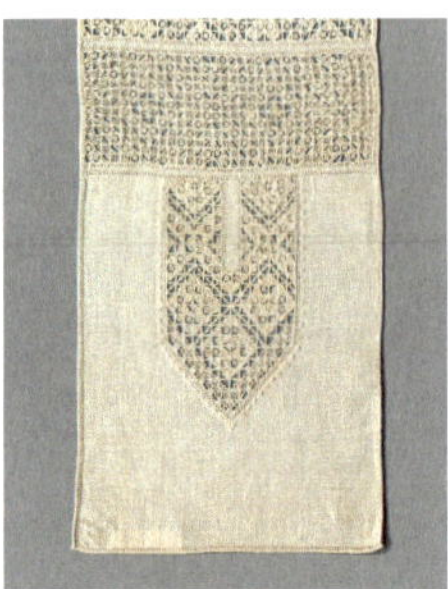

36 Mustertuch

Italien, 1630–1670
Leinen, ecru
Leinengewebe in Leinwandbindung; Stickerei in Kästchenstich und Knötchenstich, Doppeldurchbruch mit Wickelstich, Geflechtstich, Nadelspitzeneinsätze in Wickelstich, Stopfstich, Schlingstich und Wickelstich, Nadelspitze in Schlingstich, Knötchen-Pikot, Spannstich und Stopfstich; Stickgarn: 2-fädig, S-Drehung
44×16 cm
Inv.-Nr.: 20137
Schenkung von Leopold Iklé, 1908
Mustertuch aus zwei zusammengenähten Teilen eines Leinengewebes. Das Tuch ist mit acht Durchbruchstickerei-Streifen mit geometrischen Mustern verziert, die sich stilistisch noch an Vorlagen von Giovanni Ostaus (1561) anlehnen, obwohl diese Arbeit späteren Datums ist. Unten ist ein Hemdeinsatz, ebenfalls mit geometrischen Mustern, eingefügt. Der obere Rand zeigt kleine Nadelspitzenbögen.

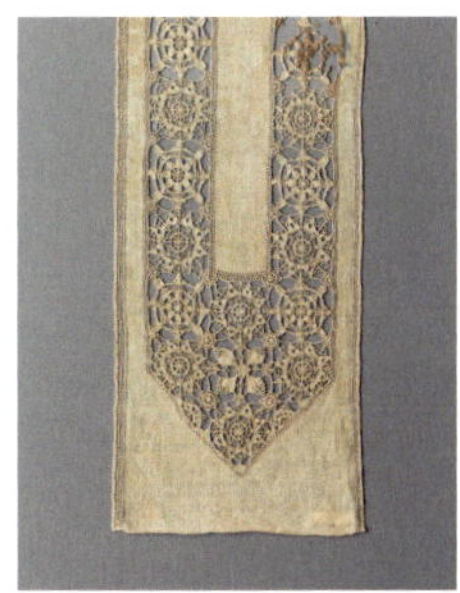

37 Mustertuch

Vermutlich Deutschland, 1630–1670
Leinen, ecru
Leinengewebe in Leinwandbindung; Durchbrucheffektstickerei in verdoppeltem Maschenstich, Wickelstich, Doppeldurchbruch mit Nadelspitzeneinsatz in Schlingstich, gedrehtem Schlingstich, Stopfstich, Wickelstich und Ringelknötchen-Pikot; Stickgarn: 2-fädig, S-Drehung
83×20,5 cm
Inv.-Nr.: 20136
Schenkung von Leopold Iklé, 1908

Mustertuch, verziert mit acht Streifen, die Rosetten und Sternrosetten zeigen. Unten ist als Muster auch der Halsausschnitt für ein Hemd mit Rosettenmuster eingefügt, das nach Vorlagen von Johann Sibmacher (1597) gemacht worden sein könnte. Die verzierten Sammelstellen zwischen den Rosetten kommen ähnlich im Modelbuch von Georg Herman (1625) vor.

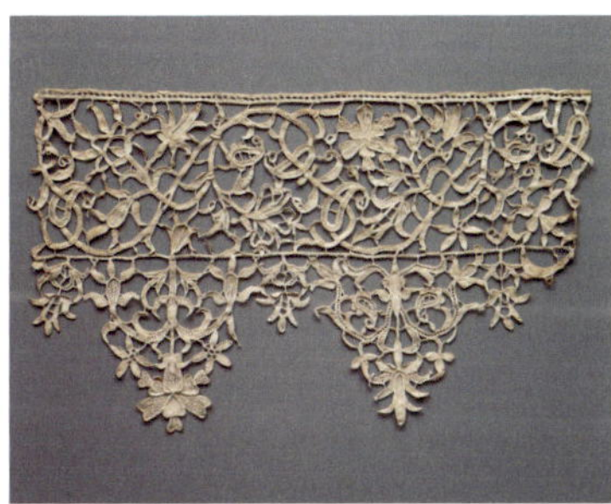

38 Borte (zwei Fragmente)

Venedig, 1620–1640
Leinen, weiss
Nadelspitze auf Flechten aufgebaut in Schlingstich, verstärktem Schlingstich, gedrehtem Schlingstich und mit Durchbrüchen, Relief in Schlingstich, Stege in Wickelstich; Garn: 2-fädig, S-Drehung
Je 14,5×23,5 cm
Inv.-Nr.: 00109.a-b
Schenkung von Leopold Iklé, 1904

Im Textilmuseum St. Gallen existieren zwei Fragmente dieser Borte in *Punto-in-Aria*-Nadelspitze. Sie sind verziert mit Wellenranken und verschiedenen Blüten. Es handelt sich – wie bei ähnlichen italienischen Nadelspitzen aus der Zeit – um Wild- und Gartenblumen. Die Inspiration dafür dürfte aus dem Modelbuch Cesare Vecellios (1601) stammen. Auf dem berühmten Porträt der Maria de Medici, nach 1609 von Frans Pourbus dem Jüngeren gemalt (Musée du Louvre, Paris), ist dargestellt, wie man diese Art von Spitze als offenen Kragen tragen konnte.

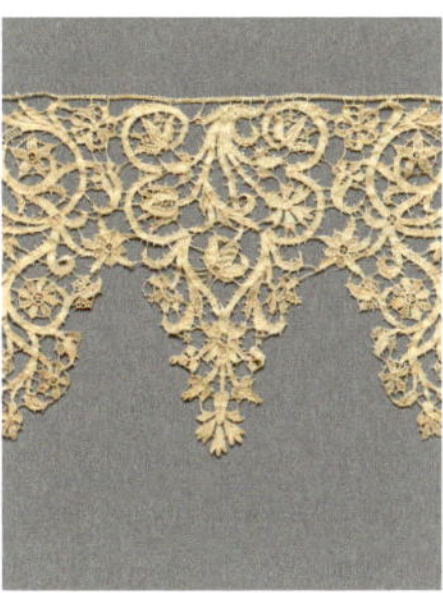

39 Borte

Venedig, 1620–1650
Leinen, leicht bräunlich
Nadelspitze in Schlingstich, Knotenstich, Wickelstich, Durchbrüche, Stege aus Schlingstich und Schlingstich-Pikot, Fuss in Klöppelspitze; Garn: 2-fädig, S-Drehung
16,5×61 cm; Rapport: 54 cm
Inv.-Nr.: 00091
Schenkung von Leopold Iklé, 1902

Die Borte zeigt abwechselnd zwei geschwungene Blüten, die S-förmig miteinander verbunden sind, und eine aus Ranken wachsende Blüte. Wie bei anderen *Punto-in-Aria*-Nadelspitzen sind verschiedene Blütenarten aus der Mittelmeerregion auszumachen, wie Borretsch oder Silene. Die Form der Spitze könnte aus damals geläufigen Modelbüchern von Bartolomeo Danieli (1639) abgeleitet sein. Ähnliche Formen wurden im Jugendstil als Spitzen und Textilmotive wieder aufgegriffen.

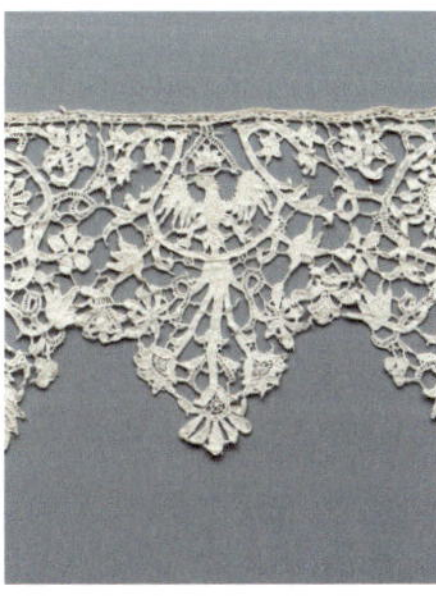

40 Borte

Venedig, 1630–1640
Leinen, hell-ecru
Nadelspitze in Schlingstich, Knotenstich, Durchbrüche, Wickelstich, erhabener Ringelknotenstich, Schlingstich-Pikot, Relief in Schlingstich, Stege in Schlingstich, geklöppelter Fuss; Garn: 2-fädig, S-Drehung
12×61 cm; Rapport: 16,5 cm
Inv.-Nr.: 00961
Schenkung von Leopold Iklé, 1905

Borte mit Dekor aus alternierenden Vasen, verziert mit einem gekrönten Adler und einem Granatapfel mit Blättern, gefüllt mit üppigen Blumen in *Punto-in-Aria*-Nadelspitze. Die Borte ist in einem Stil gearbeitet, der ähnlich auch bei Bartolomeo Danieli (1639) zu finden ist. Die seitlichen Abschlüsse sind spätere Ergänzungen.

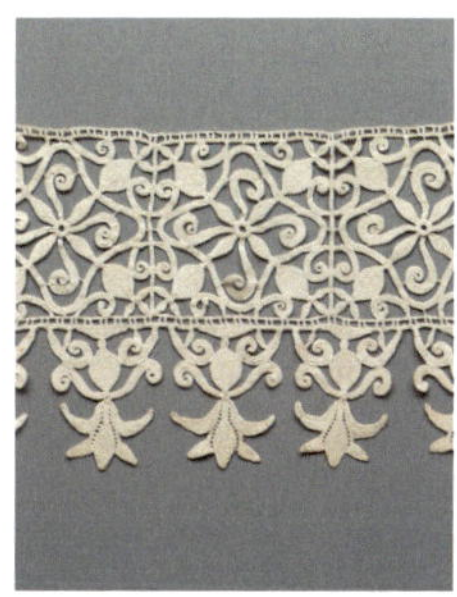

41 Borte

Vermutlich Venedig, 1620–1640
Leinen, hell-ecru
Nadelspitze auf Flechten aufgebaut in Schlingstich; Garn: 2-fädig, S-Drehung
17×113 cm
Inv.-Nr.: 00060
Ankauf aus der Sammlung John Jacoby, 1954; John Jacoby kaufte die Borte bei der Iklé-Auktion 1923.

Die Borte in *Punto-in-Aria*-Nadelspitze ist in ein Quadratraster gegliedert. Darin finden sich vierblättrige Blüten und Knospen. Den unteren Rand zieren aneinandergereihte Blüten. Die Blüten ganz am Rand unterscheiden sich von den übrigen. Diese eher schwere Borte mit seitlichen Abschlüssen dürfte für die Dekoration von Raumtextilien verwendet worden sein. Die Länge der Spitze deutet darauf hin, dass sie einen Abschluss für zwei zusammengenähte Stoffbreiten mit Webkanten bildete, wie sie in Italien üblich waren, und als Tischtuch oder Handtuch verwendet wurde.

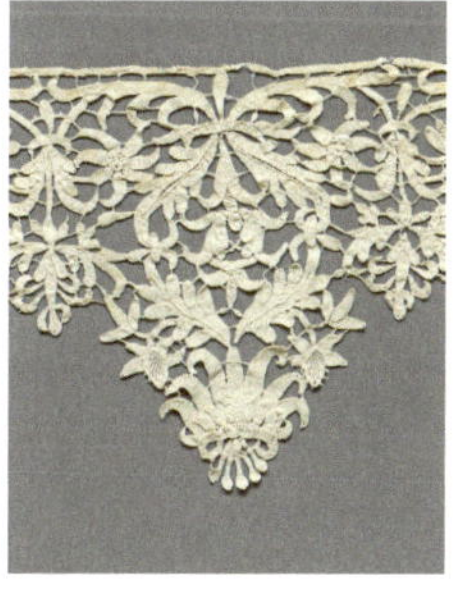

42 Borte

Italien, zweites Viertel 17. Jahrhundert
Leinen, weiss
Klöppelspitze in Formenschlag, Leinenschlag,

Löcherschlag, Heftstiche, kurze gedrehte Stege: Garn: 2-fädig, S-Drehung
14,5 × 103 cm; Rapport: 25 cm
Inv.-Nr.: 00041
Schenkung von Leopold Iklé, 1904

Teile der Spitze wurden mit zu- und abnehmenden Fäden gearbeitet, die zum Teil übereinander liegen und Reliefs bilden. Der Stil der Spitze erinnert an Vorlagen von Bartolomeo Danieli (1641). Die Borte zeigt grosse Blumen, die jeweils von kleineren flankiert sind und die Wellenform dominieren.

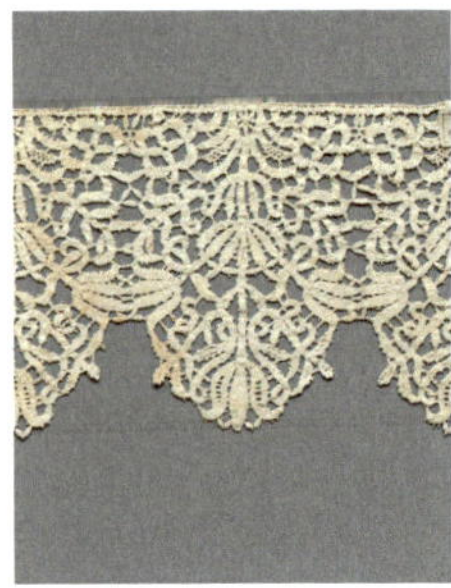

43 Borte

Italien, zweites Viertel 17. Jahrhundert
Leinen, hell-ecru
Klöppelspitze in Formenschlagbändern, Leinenschlag, Formenschlag, Löcherschlag und Heftstich; Garn: 2-fädig, S-Drehung
14,5 × 50 cm; Rapport: 10,3 cm
Inv.-Nr.: 03770
Ankauf aus der Sammlung John Jacoby, 1954; John Jacoby erwarb die Borte bei der Iklé-Auktion 1923.

Breite Borte in fortlaufender und unterbrochener Klöppelspitze mit zu- und abnehmenden Fäden. Stilistisch den Vorlagen von Bartolomeo Danieli (1639) verwandt. Der Dekor besteht aus aneinandergereihten voluminösen Blumen und Blättern, die nach aussen hin Festons bilden.

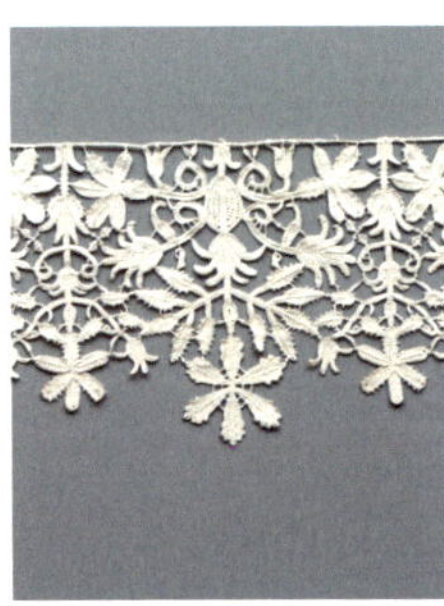

44 Borte

Italien, 1620–1640
Leinen, weisslich
Nadelspitze auf Flechte aufgebaut, in Schlingstich, Knotenstich, Wickelstich, Knoten-Pikot; Garn: 2-fädig, S-Drehung
12,5 × 91 cm; Rapport: 14 cm
Inv.-Nr.: 00601
Schenkung von Leopold Iklé, 1904

Borte in *Punto-in-Aria*-Nadelspitze mit klar umrissenen Wildblumen, wie man sie im mediterranen Umfeld fand und wie sie seinerzeit in botanischen Publikationen abgebildet wurden. Das Modelbuch von Elisabetta Catanea Parasole (1616) zeigt eine vergleichbare Artenvielfalt. Die statische Form der Spitze orientiert sich dennoch eher an Bartolomeo Danielis Vorlagen (1630–1640). Auf der Borte sind abwechselnd unterschiedlich grosse Blumensträusse in Vasen abgebildet.

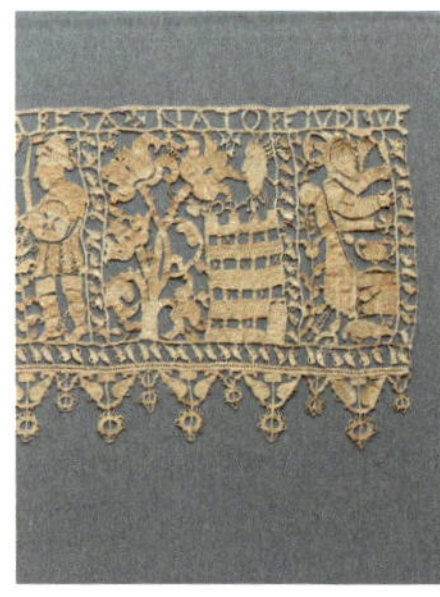

45 Borte (Abschnitt)

Portugal, erstes Viertel 17. Jahrhundert
Leinen, ecru bis bräunlich
Nadelspitze auf Flechten aufgebaut mit Schlingstich, gedrehtem Schlingstich, Wickelstich und Stopfstich ohne Pikot; Garn: 2-fädig, S-Dehung
19 × 99 cm
Inv.-Nr.: 00040
Schenkung von Leopold Iklé, 1904

Einzigartige Borte, auf der die alttestamentarische Geschichte von Judith und Holofernes in neun Szenen dargestellt ist. Die einzelnen Szenen sind in Quadrate eingeteilt. Inschrift auf Portugiesisch: *Foumatou de noite estando durmindo e po sua cabesa natore judi ve* (Er wurde in der Nacht getötet, als er schlief, und sein Haupt auf den Turm gestellt, Judith sieht [...]). Die Szenen zeigen von links nach rechts: Soldaten, den geköpften Holofernes unter einem Baldachin, Judith mit dem Haupt, Judith und ihre Magd, Judith auf dem Turm, wieder Soldaten, den Turm mit dem Haupt des Holofernes und schliesslich eine sitzende Gestalt. Die Szenen sind sehr flächig genäht, mit Figuren und Pflanzen, die aus einem Schattentheater stammen könnten. Pflanzen mit exotischen Blüten wachsen aus dicken, kaktusähnlichen Stämmen. Am unteren Rand befinden sich aufwendig gearbeitete kleine Bögen.

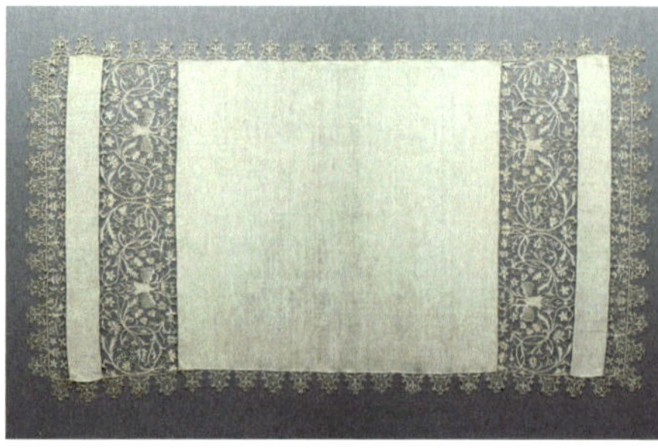

46 Decke

Venetien, 1600–1620
Leinen, ecru; Glas, schwarz
Leinengewebe mit Nadelspitze auf Flechten aufgebaut in Schlingstich, Knotenstich, Stege in Wickelstich, umwickelte Stege, Heftstich; Garn: 2-fädig, S-Drehung
100 × 173 cm
Inv.-Nr.: 01076
Schenkung von Leopold Iklé, 1905

Leinendecke mit zwei breiten Einsätzen und Borte in *Punto-in-Aria*-Nadelspitze, die perfekt ausgeführt wurde. Der Entwurf des Dekors ist komplex und sehr qualitätvoll. In den Einsätzen alternieren zarte Blumen- und Blattranken mit dem heraldischen Motiv des gekrönten Adlers, dessen Krone nachträglich aufgenäht wurde, wodurch ein dreidimensionaler Effekt erzielt wird. Man zählt über 20 unterschiedlich gestaltete Blüten. Die Aussenborte ist ebenfalls floral gestaltet und nach aussen hin gerundet. Sie zeigt den Einfluss von Cesare Vecellio (1617).

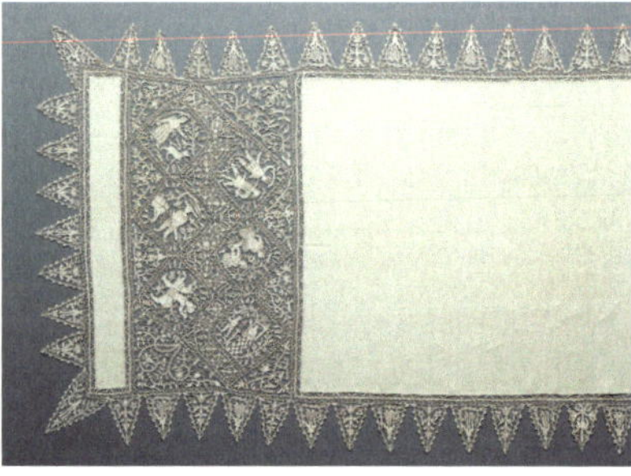

47 Decke

Italien, 1610–1640
Leinen, hell-ecru
Zwei unterschiedliche Leinengewebe in Leinwandbindung (eines wurde später ergänzt), originales Leinengewebe mit Stickerei in Kästchenstich, Doppeldurchbruch mit Nadelspitzeneinsätzen in Schlingstich, Wickelstich, Pikot, Nadelspitze auf Flechten aufgebaut in Schlingstich, verstärktem Schlingstich, Pikot, Wickelstich, gedrehtem Schlingstich, erhabenem Wickelstich; Garn: 2-fädig, S-Drehung
70 × 196 cm
Inv.-Nr.: 01077
Schenkung von Leopold Iklé, 1905

Decke mit Dekor in *Punto-in-Aria*-Nadelspitze in gut gezeichneten Rautenfeldern mit Szenen aus dem Alten Testament, die Figuren sind teilweise zeitgenössisch gekleidet. Dazwischen finden sich Dreiecke mit vegetabilen Formen, Figuren und Tieren. Der Aussenrand weist Zacken auf, die abwechselnd weibliche Figuren und Blumen zeigen. Die Inspiration für die Ranken lieferten Elisabetta Catanea Parasoles Modelbücher (1600–1616).

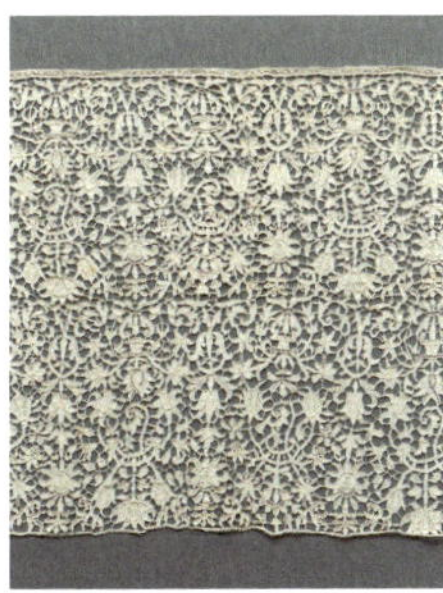

48 Borte

Venedig, 1630–1650, im 19. Jahrhundert umgearbeitet
Leinen, hell-ecru; Baumwolle
Nadelspitze auf Flechten aufgebaut in Schlingstich, Knotenstich, gedrehtem Schlingstich und Wickelstich, Relief in Schlingstich, Stege in Schlingstich mit Ringelknötchen-Pikot, Fuss in Klöppelspitze; Garn: 2-fädig, S-Drehung
32 × 126 cm; Rapport: 21 cm
Inv.-Nr.: 00079
Ankauf aus der Sammlung John Jacoby, 1954

Die Borte war ursprünglich schmal und lang. Sie wurde in jüngerer Zeit in der Länge geteilt und übereinander mit versetztem Motiv wieder zusammengefügt. Das Motiv besteht aus verschiedenen, ineinander wachsenden Wild- und Gartenblüten wie Lilien, Narzissen oder Borretsch. Die Auslegung der Motive mit streng geordneten Ranken, die schmiedeeiserne Arbeiten evozieren, ist typisch für diese Zeit. Später entwickelten sie sich zu wuchernden Rankenvoluten. Der originale Aussenrand wurde bei der Umarbeitung entfernt und auf drei Seiten neu angenäht. Die Änderungen wurden mit Baumwollgarn vorgenommen.

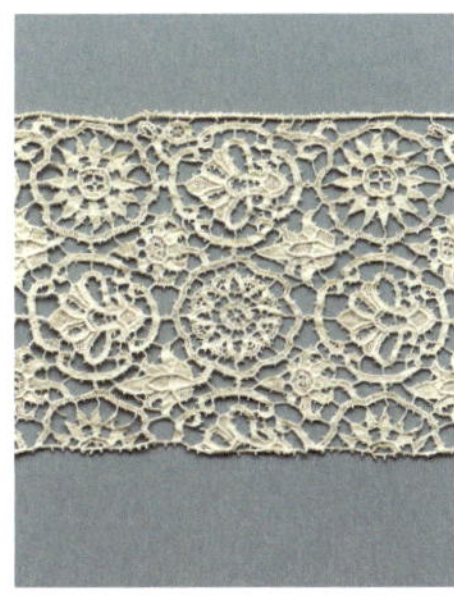

49 Borte

Venedig, zweites Viertel 17. Jahrhundert
Leinen, ecru bis bräunlich
Nadelspitze mit Schlingstich, Knotenstich, Relief in Schlingstich, Stege in Schlingstich mit Schlingstich-Pikot; Flechte als Fuss; Garn: 2-fädig, S-Drehung
11,5 × 59,5 cm; Rapport: 10 cm
Inv.-Nr.: 00681
Schenkung Leopold Iklé, 1904

Borte mit versetzten Blüten, Rosetten und Blütenmedaillons in *Punto-in-Aria*-Nadelspitze. Die Spitze ist auf einer Seite beschnitten, der Fuss ist Original. Es handelt sich hierbei um ein sehr schönes Dokument der Periode zwischen den letzten publizierten Modelbüchern von Elisabetta Catanea Parasole (1616) sowie Bartolomeo Danieli (1639) und den frühen Barockspitzen. Die Gestaltung der Motive weist bereits auf eine neue Stilrichtung hin. Zeitgleich etwa entstanden in Flandern die geklöppelten opaken Spitzen.

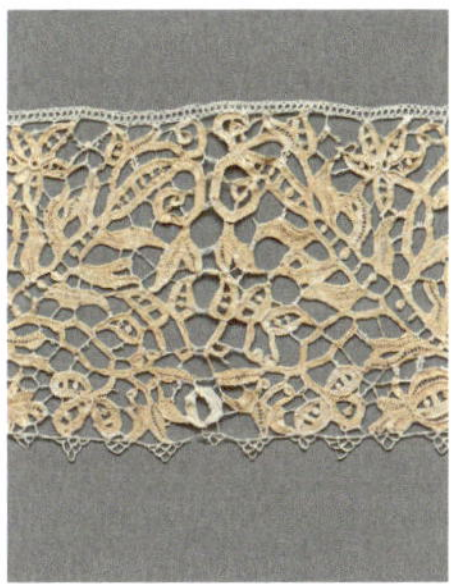

50 Borte

Italien, 1620–1640
Leinen, dunkel-ecru
Nadelspitze in Schlingstich mit Stegen in Schlingstich und mit Schlingstich-Pikot; Garn: 2-fädig, S-Drehung
11,5 × 66 cm; Rapport: 31 cm
Inv.-Nr.: 00657
Schenkung von Leopold Iklé, 1904

Borte mit floralen Vasenmotiven mit ausladenden Ranken, Blättern und Blumen wie Passionsblumen, Narzissen und Akelei, die schon in Modelbüchern von Elisabetta Catanea Parasole (1616) und anderen zu finden sind. Der Naturalismus der dicht gearbeiteten Elemente weist aber bereits auf spätere Entwicklungen hin.

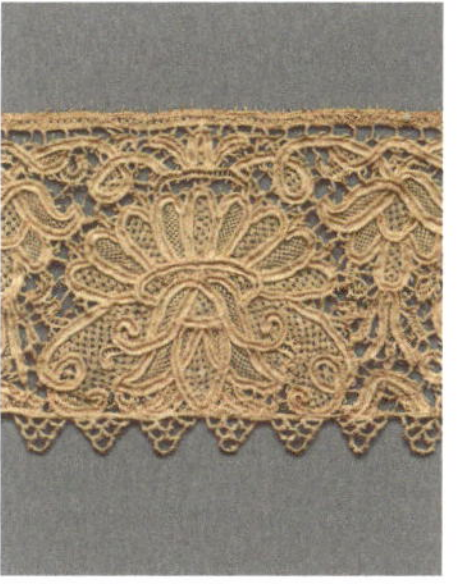

51 Manschetten

Venedig, um 1640, Ende 19. Jahrhundert zu Manschetten montiert
Leinen, ecru bis bräunlich
Litzenspitze mit gewobenem Bändchen, Nadelspitze in Schlingstich, Knotenstich, Durchbrüche in Rautenmuster, Netze, Wabenmuster, Reliefkontur mit Schlingstich, Stege in Schlingstich mit Schlingstich-Pikot; Garn: 2-fädig, S-Drehung
Je 8 × 23 cm
Inv.-Nr.: 00238.1-2
Schenkung von Leopold Iklé, 1904

Manschetten in Litzenspitze und Nadelspitze, das Motiv kann als Vorläufer der *Point de Venise* gelten. Die Spitze wurde erst im 19. Jahrhundert zu Manschetten verarbeitet. Den Mittelpunkt des Dekors bildet eine voluminöse Blüte, die von zwei weiteren flankiert wird. Die äusseren Blüten sind beschnitten. Den Aussenrand kennzeichnen kleine Bögen, der Fuss weist *Pikots* auf, beide sind original.

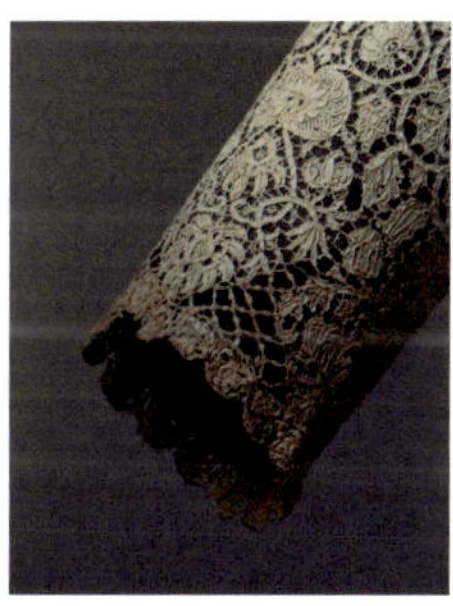

52 Manschette

Venedig, um 1650, im 19. Jahrhundert umgearbeitet
Leinen, ecru bis gelblich
Nadelspitze mit Schlingstich und Knotenstich, Durchbrüche in Wabenmuster, Relief in Schlingstich, Stege in Schlingstich mit Schlingstich-Pikot; Garn: 2-fädig, S-Drehung
14,5 × 25 cm
Inv.-Nr.: 00065
Ankauf aus der Sammlung John Jacoby, 1954

Die Manschette ist eine *Punto-in-Aria*-Nadelspitze. Die Arbeit besteht aus eingerollten, ineinander verschlungenen Ranken und Blüten. Diese Art Spitze bildete oft Garten- und Wildblumen ab, wie Akeleien, Narzissen, Lilien, Orchideen oder Disteln, die auch in Kräuter- und in Modelbüchern zu finden waren. Manschetten wie diese gab es in der Mode Mitte des 17. Jahrhunderts nicht, möglicherweise diente das Stück als Verzierung von Albenärmeln. Die spätere Überarbeitung am Aussenrand deutet auf eine Verwendung als modische Blusenmanschette gegen Ende des 19. Jahrhunderts hin.

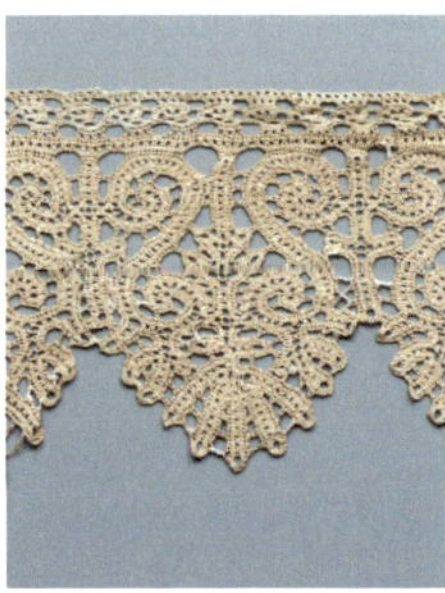

53 Borte

Lombardei, zweites Viertel 17. Jahrhundert
Leinen, ecru bis bräunlich
Klöppelspitze in Leinenschlag mit durchbrochenem Rand, gedrehte Fadenpaare, Heftstich; Garn: 2-fädig, S-Drehung
13 × 44 cm; Rapport: 9,5 cm
Inv.-Nr.: 01004
Schenkung von Leopold Iklé, 1905

Klöppelspitzenborte mit fortlaufenden Bändchen. Schon 1562 publizierten die Brüder Sessa in *Le Pompe* ähnliche Muster mit sich wiederholenden, geschlungenen Bändern, die hier in Festons mit grossen, aneinandergereihten Blumen und eingerollten Voluten ausgeformt sind.

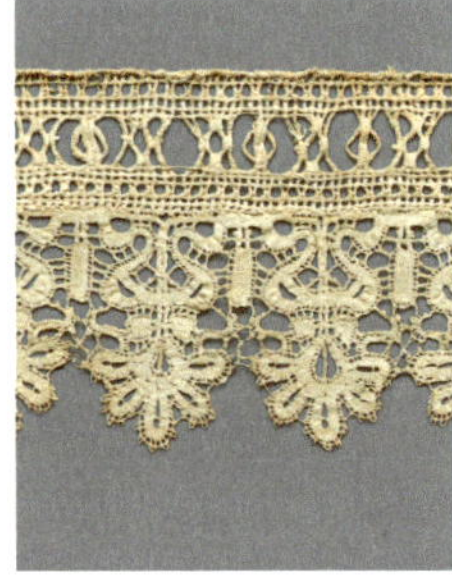

54 Einsatz und Borte

Westeuropa, zweites Viertel 17. Jahrhundert
Leinen, ecru
Drehergewebe mit Stickerei in Stopfstich und Wickelstich, Klöppelspitze in Leinenschlag, auch durchbrochen, Stege mit gedrehten Fadenpaaren und Heftstich; Garn: 2-fädig, S-Drehung (Borte und Stickerei); mehrfädig, Z-Drehung (Drehergewebe)
9,5 × 40 cm; Rapport: 4 cm
Inv.-Nr.: 03771
Schenkung von Leopold Iklé, 1901

Borte aus fortlaufender Klöppelspitze mit zu- und abnehmenden Fäden und Fäden, die von einem Motiv ins andere überlaufen. Diese feste Spitze gilt als Opake Spitze. Das Objekt besteht aus zwei Spitzenteilen, die erst später zusammengenäht wurden: ein Einsatz mit geometrischen Mustern und eine Borte aus aneinandergereihten Blumen in Vasen.

55 Borte

Italien, zweites Viertel 17. Jahrhundert
Seide, ecru bis gelblich
Klöppelspitze in Leinenschlag mit seitlichen Durchbrüchen, gedrehte doppelte Stege Heftstich; Garn: mehrfädig, Z-Drehung, wenig gezwirnt
15,5 × 119 cm; Rapport: 6,5 cm (Borte); Rapport: 25,5 cm (Einsatz)
Inv.-Nr.: 01008
Ankauf aus der Sammlung John Jacoby, 1954; John Jacoby erwarb die Borte bei der Iklé-Auktion 1923.

Seltene, italienische Klöppelspitzenborte aus fortlaufenden Bändchen. Die Stege wurden gleichzeitig mit den Bändern gearbeitet. Das Objekt besteht aus zwei Elementen, der Borte und dem Einsatz. Ihr Stil legt nahe, dass sie unterschiedlich datieren: Der Einsatz scheint etwas älter zu sein als die Borte. Als Dekor sieht man vegetabile Wellenranken und aneinandergereihte Blumen, die Festons bilden. Sie sind nach Motiven gearbeitet, die Elisabetta Catanea Parasole (1616) publizierte.

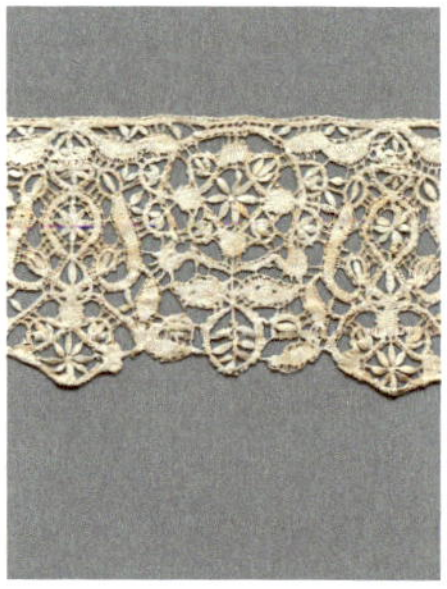

56 Borte

Nordeuropa, zweites Viertel 17. Jahrhundert
Leinen, hell-ecru
Klöppelspitze in Leinenschlag mit durchbrochenem Rand, Formenschlag, gedrehte Fadenpaare, Heftstich; Garn: 2-fädig, S-Drehung
8,5 × 70 cm; Rapport: 11 cm
Inv.-Nr.: 00687
Schenkung von Leopold Iklé, 1904

In Teilen gearbeitete Klöppelspitzenborte mit zu- und abnehmenden Fäden. Im Dekor wechseln sich zwei vegetabile Motive mit Vasen mit Henkeln und Blumen und einer dreiblättrigen Rosette ab. Diese noch sehr klar gezeichnete Spitze mit grossen Durchbrüchen wird kurze Zeit später zur Opaken Spitze entwickeln (vgl. hierzu die Borte mit der Inventarnummer 00676, Tafel 59).

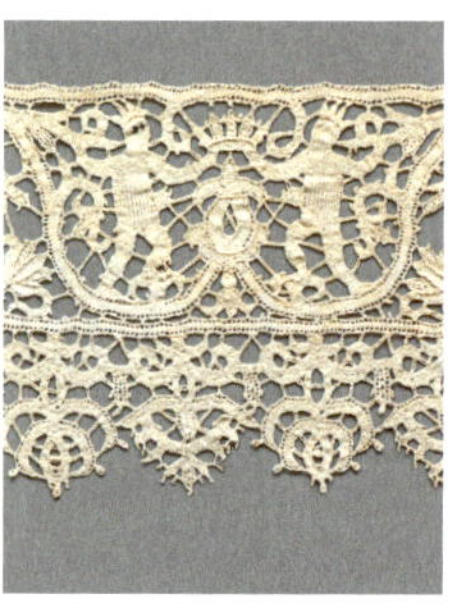

57 Borte

Italien, vermutlich Venetien, 1600–1620
Leinen, bräunlich
Klöppelspitze in Leinenschlag mit Durchbrüchen, Stege mit gedrehten Fadenpaaren, Heftstich; Garn: 2-fädig, S-Drehung
12,5 × 50 cm; Rapport: 22,5 cm
Inv.-Nr.: 01005
Schenkung von Leopold Iklé, 1905

In Teilen und in fortlaufenden Bändchen gearbeitete Klöppelborte nach einem Muster des Modelbuchs von Cesare Vecellio (1617). Der Hauptteil zeigt in Wellenranken eingearbeitete Motive mit Hunden und gekrönten männlichen Figuren, die sich paarweise abwechseln. An der Aussenseite zeigt die Borte differenziert ausgebildete, aneinandergereihte Blumen.

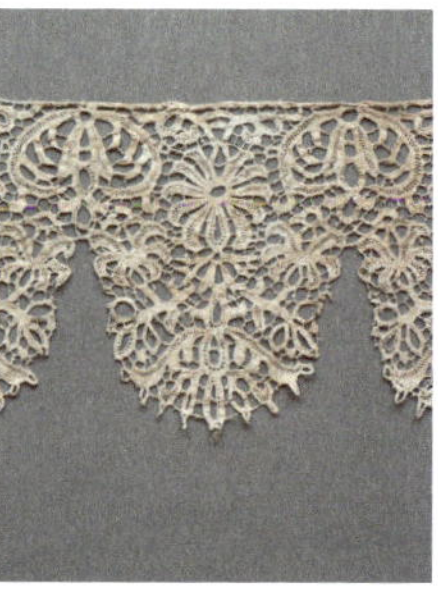

58 Borte

Frankreich oder England, um 1630
Leinen, ecru bis bräunlich
Nadelspitze auf Flechte aufgebaut, in

Schlingstich, gedrehtem Schlingstich, Knotenstich, Stege in Schlingstich mit Schlingstich-Pikot; Garn: 2-fädig, S-Drehung
11 × 26,5 cm; Rapport: 9 cm
Inv.-Nr.: 00112
Schenkung von Leopold Iklé, 1902

Nadelspitzenborte mit detaillierten, stilisierten Blumenmotiven in den einzelnen Festons. Die kurzen Stege zwischen den Motiven vermitteln einen deckenden Effekt, wie dies auch bei den Opaken Spitzen, die in den 1630er- und 1640er-Jahren beliebt waren, der Fall ist. Die Stiche sind sehr eng nebeneinander gearbeitet und ähneln einem gewebten Bändchen.

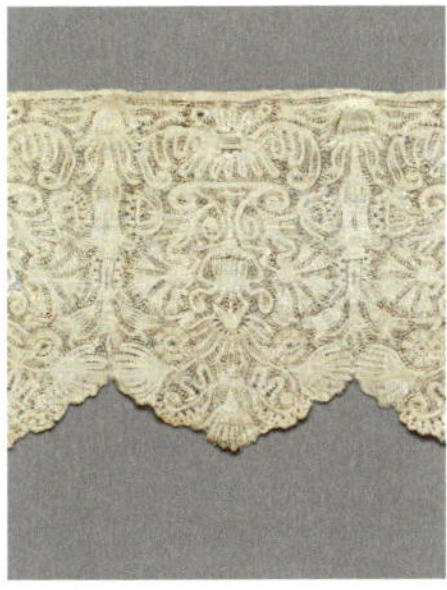

59 Borte

Flandern oder England, um 1640
Leinen, ecru
Klöppelspitze in Leinenschlag, durchbrochener Leinenschlag, Heftstich, Garn: 2-fädig, S-Drehung
13,5 × 121 cm; Rapport: 9,3 cm
Inv.-Nr.: 00676
Ankauf aus der Sammlung John Jacoby, 1954

In Teilen gearbeitete Klöppelspitzenborte mit zu- und abnehmenden Fäden und mit Bögen am Aussenrand. Sie wird zur Gruppe der Opaken Spitzen gerechnet. Dekor in nebeneinandergereihten, üppig gefüllten Blumenvasen auf Sockeln mit Disteln, Nelken, Tulpen und anderen Blumenarten, dazwischen wiederholt sich ein ähnliches Motiv schmal und langgezogen. Dieses abwechselnd breite und schmale Motiv gibt es, seit die Festonspitze Mode wurde, also seit Anfang 17. Jahrhunderts.

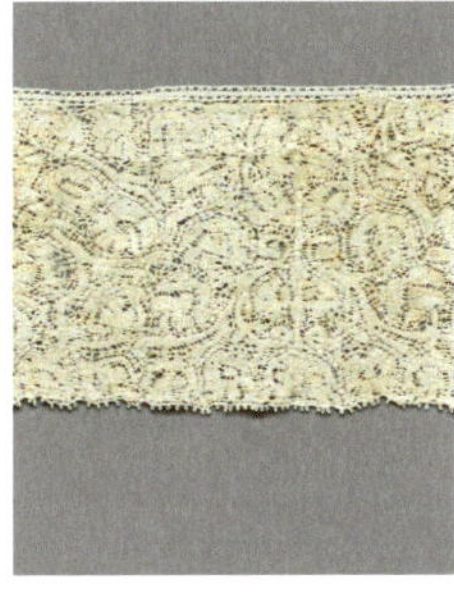

60 Borte

Antwerpen, zweites Drittel 17. Jahrhundert
Leinen, hell-ecru
Klöppelspitze in Leinenschlag mit Durchbrüchen, Heftstich; Garn: 2-fädig, S-Drehung
7 × 109 cm; Rapport: 12,3 cm
Inv.-Nr.: 00694
Ankauf aus der Sammlung John Jacoby, 1954

Teilweise fortlaufende Klöppelspitzenborte mit zu- und abnehmenden Fäden und in Teilen gearbeitet. Dekor aus eng aneinanderliegenden Blumenvasen, Blättern und Ranken. Die Borte besteht aus zwei zusammengenähten Teilen, einer schmalen und einer breiten Borte. Eine ähnliche Spitze ist auf dem Porträt einer Dame zu sehen, das der holländische Maler Nicolaes Maes 1667 (Musée des Beaux-Arts, Arras, Frankreich) anfertigte.

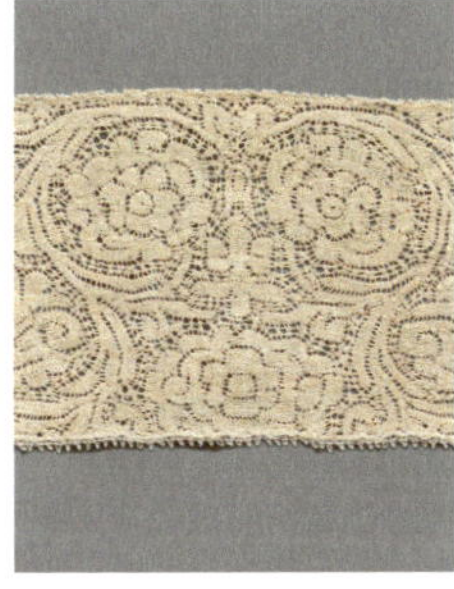

61 Borte (zwei Fragmente)

Antwerpen, 1640–1660
Leinen, hell-ecru
Klöppelspitze in Leinenschlag mit Durchbrüchen, Grund in unregelmässiger Point de Paris, Garn: 2-fädig, S-Drehung
7 × 68 cm und 7 × 28 cm; Rapport: 13,8 cm
Inv.-Nr.: 00185.1-2
Ankauf aus der Sammlung John Jacoby, 1954

Borte in fortlaufender Klöppelspitze. Diese Art wird auch als Opake Spitze bezeichnet. Ranken mit voluminösen Pfingstrosen aus zwei Perspektiven – seitlich und von oben – dominieren das Dekor. Die Blüten erinnern stark an ähnliche chinesische Blumenmotive in der Stickerei und auf Geweben. Stilistisch handelt es sich bei diesem Exemplar um eine Weiterentwicklung jener Art Antwerpener Spitze, wie sie beispielweise als Brustband in der Sammlung Iklé vorliegt (vgl. Inv.-Nr. 00691, Tafel 63).

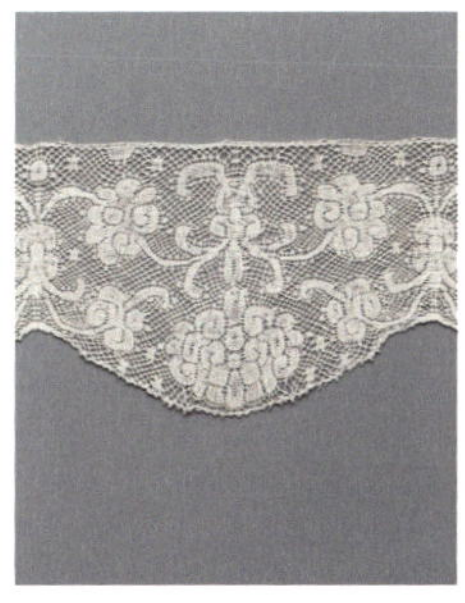

62 Borte

Antwerpen, um 1650
Leinen, ecru
Klöppelspitze in Leinenschlag mit Durchbrüchen, Löchergrund; Garn: 2-fädig, S-Drehung
10 × 273 cm; Rapport: 15 cm
Inv.-Nr.: 00587
Ankauf aus dem Sammlung John Jacoby, 1954

Gewellte Borte vom Typ Antwerpener Klöppelspitze mit fortlaufendem Faden. Motiv und Grund mit alternierenden voluminösen Blumen und Ranken. Zehn Jahre später mutiert der gewellte Aussenrand bei Antwerpener Klöppelspitzen zur Geraden, die Motive bleiben aber sehr ähnlich.

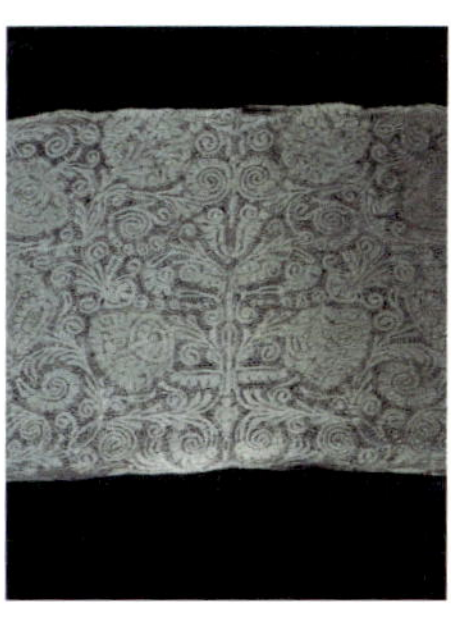

63 Brustband

Flandern, vermutlich Antwerpen, um 1660
Leinen, weisslich
Klöppelspitze in Leinenschlag, durchbrochener Leinenschlag, Heftstich; Garn: 2-fädig, S-Drehung
14 × 95 cm; Rapport: 24,5 cm
Inv.-Nr.: 00691
Ankauf aus der Sammlung John Jacoby, 1954

Sehr schöne, in Teilen gearbeitete Klöppelspitzenborte mit zu- und abnehmenden Fäden, auch Opake Spitze genannt. Dekor teilweise in chinesisch inspirierten vielblättrigen Blüten, etwa Pfingstrosen, mit eingerollten Ranken in Vasen auf Sockelgestell. Das Gemälde eines Mädchens,

1660 von Jan Albertsz Rotius geschaffen (Westfries Museum, Hoorn, Niederlande), zeigt diese Art Spitze als eng anliegenden Schulterkragen, der eher wie ein Gewebe wirkt, denn wie eine Spitze.

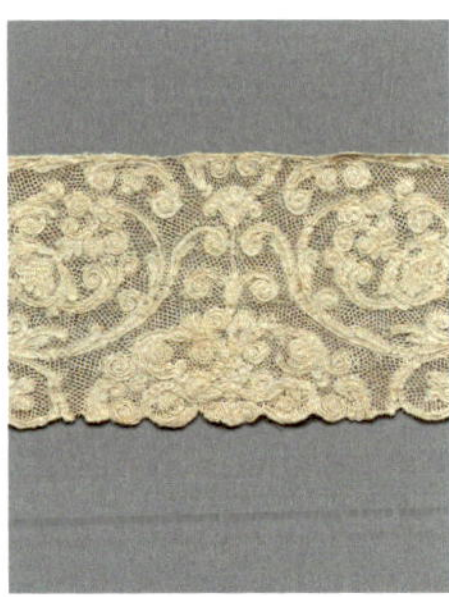

64 Borte

Flandern, um 1670
Leinen, ecru
Klöppelspitze in Leinenschlag, aufgenähte Gimpe, Flechtgrund, Heftstich; Garn: 2-fädig, S-Drehung
10 × 110 cm; Rapport: 39 cm
Inv.-Nr.: 00315
Ankauf aus der Sammlung John Jacoby, 1954

Borte aus unterbrochen geklöppelter Bänderspitze. Ungewöhnlich ist die angenähte Gimpe, die eventuell erst nachträglich aufgebracht wurde, um eine *Point de Venise* zu imitieren. Der Dekor setzt sich aus stark gerolltem Rankenwerk mit Blättern und Blüten zusammen. Der Grund wurde in einem zweiten Arbeitsgang um die Motive gearbeitet.

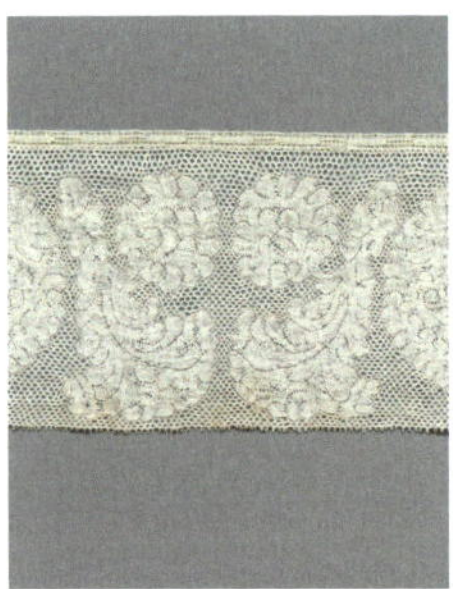

65 Borte (zwei Fragmente)

Antwerpen, drittes Viertel 17. Jahrhundert
Leinen, ecru
Klöppelspitze in Leinenschlag mit Durchbrüchen, Grund in Point de Paris; Garn: 2-fädig, S-Drehung
9,5 × 580 cm; Rapport: 23 cm; 9 × 56,5 cm; Rapport: 21 cm
Inv.-Nr.: 00585.1-2
Ankauf aus der Sammlung John Jacoby, 1954

Borte in fortlaufender Klöppelspitze mit Motiv und Grund. Diesen Typ Antwerpener Spitzen trifft man oft mit kleinteiligeren Motiven an. Das Beispiel zeigt abwechselnd grosse ovale und kleinere runde Blumenmuster. Bei den Blüten handelt es sich um Pfingstrosen. In einigen Blüten sieht man auch kleine Figuren, zum Beispiel Enten. Ähnliches beobachtet man bei zeitgleich entstandenen *Point-de-Venise*-Nadelspitzen. Es könnte sich dabei um eine Eigenheit einer Produktionsstätte oder Region handeln.

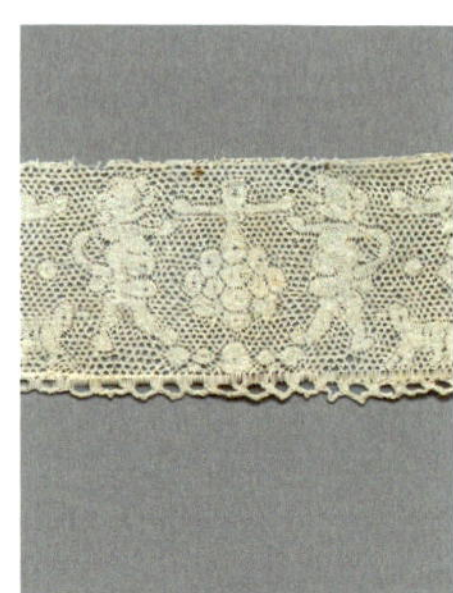

66 Borte (zwei Fragmente)

Antwerpen, um 1640
Leinen, ecru
Klöppelspitze in Leinenschlag mit Durchbrüchen, Grund in Point de Paris; Garn: 2-fädig, S-Drehung
4,5 × 48 cm und 4,5 × 36 cm; Rapport: 17,5 cm
Inv.-Nr.: 00611.1-2
Schenkung Leopold Iklé, 1904

Borte in fortlaufender Klöppelspitze mit Motiv und Grund. Chinesisch inspirierte, voluminöse Blüten alternieren mit Entenpaaren in wolkenartigen Medaillons, die von kleinen Hunden und Putten mit Rebstock flankiert sind.

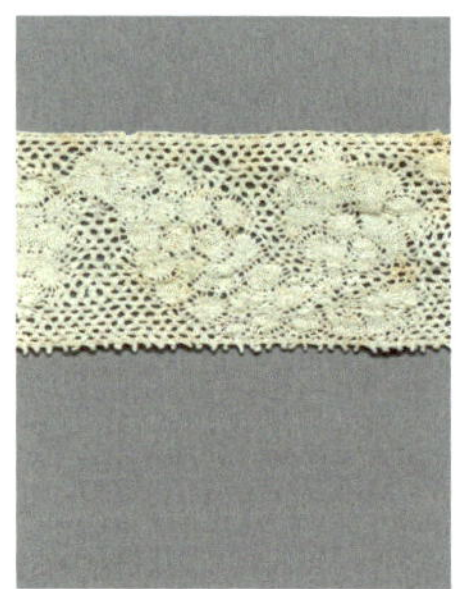

67 Borte (zwei Fragmente)

Flandern, 1645–1665
Leinen, ecru
Klöppelspitze in Leinenschlag mit Durchbrüchen, Point de Paris; Garn: 2-fädig, S-Drehung
4 × 232 cm und 4 × 51 cm; Rapport: 20 cm
Inv.-Nr.: 00621.1-2
Ankauf aus der Sammlung John Jacoby, 1954

Borte in fortlaufender Klöppelspitze mit Motiv und Grund, auch als Opake Spitze bekannt. Der Dekor aus Pfingstrosen weist chinesisch inspirierte Blüten auf. Stilistisch handelt es sich bei diesem Stück um eine Weiterentwicklung im Vergleich zum Objekt mit der Inventarnummer 00691 (vgl. Tafel 63).

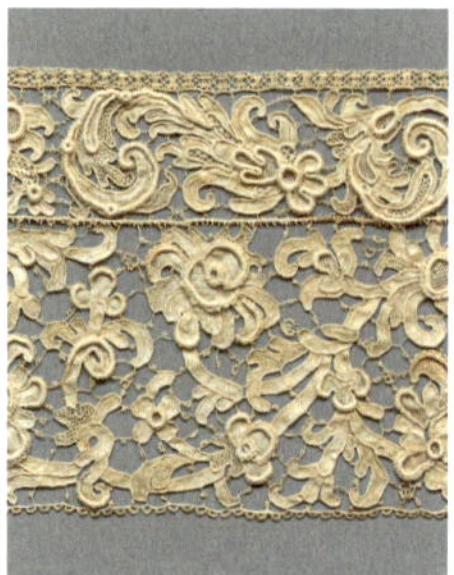

68 Borte

Italien, viertes Viertel 17. Jahrhundert
Leinen, ecru bis bräunlich
Nadelspitze in Schlingstich, verstärktem Schlingstich und gedrehtem Schlingstich, Durchbrüche in Rautenmuster, Wabenmuster, Streifen, drei verschiedene Reliefhöhen mit Schlingstich mit und ohne Schlingstich-Pikot, Stege in Schlingstich mit Schlingstich-Pikot, Fuss geklöppelt; Garn: 2-fädig, S-Drehung
17 × 46 cm
Inv.-Nr.: 01142
Schenkung von Leopold Iklé, 1905

Borte mit zwei gewellten Rankensystemen aus Blüten und Blättern, die unterschiedlich gezeichnet sind. Im schmalen Band ist eine Wiederholung des Musters ersichtlich, das üppig und zugleich gedrungen erscheint. Die Nadelspitze vom Typ *Point de Venise* ist eine der wichtigsten barocken Spitzen. Sie wurde vor allem in Venedig entworfen, teilweise auch dort gemacht, aber auch längs der dalmatischen Küste. Seit 1665 wurde sie auch in der Region Orne (Frankreich) produziert.

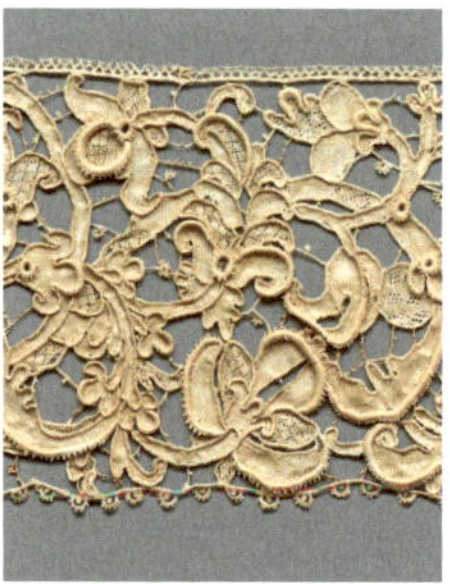

69 Borte

Venedig oder Frankreich, um 1690
Leinen, ecru bis bräunlich
Nadelspitze in Schlingstich, verstärkter Schlingstich und gedrehter Schlingstich, Durchbrüche in Chevronmuster, zwei verschiedene Reliefhöhen in Schlingstich mit und ohne Schlingstich-Pikots; erhabene Ringchen mit Schlingstich, Stege in

Schlingstich mit Schlingstich-Pikots, Fuss geklöppelt; Garn: 2-fädig, S-Drehung
11,5 × 31 cm
Inv.-Nr.: 01144
Schenkung von Leopold Iklé, 1905

Bortenfragment in *Point-de-Venise*-Nadelspitze mit eingerollten Ranken aus Blüten oder Blättern, bereichert durch kleine Früchte. Der Aussenrand ist gerade mit kleinen Bogen-*Pikots*. Im Vergleich zu anderen Spitzen dieser Art weist diese eine engere und kleinteiligere Zeichnung auf, was auf eine spätere Datierung schliessen lässt.

70 Borte

Orne (Frankreich) oder Venedig, 1680–1700
Leinen, ecru bis grau
Nadelspitze in Schlingstich, verstärktem Schlingstich und gedrehtem Schlingstich, Durchbrüche in Rautenmuster, Streifen, drei verschiedene Reliefhöhen mit Schlingstich, mit und ohne Schlingstich-Pikot, Stege in Schlingstich mit Schlingstich-Pikot, Fuss geklöppelt, Garn: 2-fädig, S-Drehung
10,5 × 41 cm
Inv. Nr.: 03242
Schenkung von Leopold Iklé, 1905

Sehr exakt gearbeitetes Bortenfragment vom Typ *Gros Point de Venise* mit ineinandergreifenden Wellenranken mit Blüten, Blütenknoten und eingerollten Blättern. Der Aussenrand ist gerade und mit Ringchen-*Pikots* versehen.

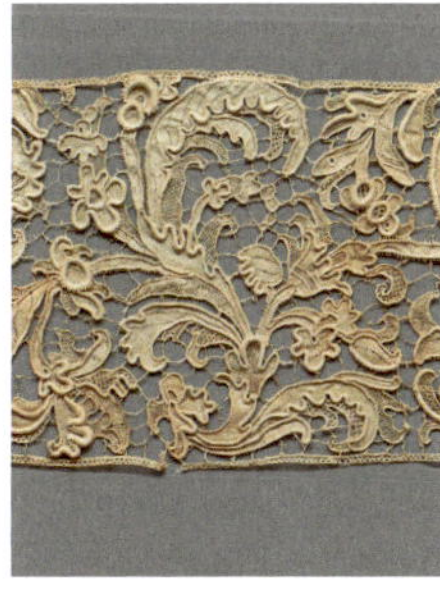

71 Borte

Orne (Frankreich) oder Venedig, drittes Viertel 17. Jahrhundert
Leinen, dunkel-ecru
Nadelspitze in Schlingstich, verstärktem Schlingstich und gedrehtem Schlingstich, Durchbrüche in Rautenmuster, Netze, Wabenmuster, Streifen; drei verschiedene Reliefhöhen mit Schlingstich und gedrehtem Schlingstich mit und ohne Schlingstich-Pikot, Stege in Schlingstich mit Schlingstich-Pikot, Fuss geklöppelt; Garn: 2-fädig, S-Drehung
13,5 × 37,5 cm
Inv.-Nr.: 01143
Schenkung von Leopold Iklé, 1904

Bortenfragment vom Typ *Point de Venise* mit aufwändigem vegetabilem Rankenwerk aus Blüten und Blättern. Das Relief ist ausserdem mit kleinsten Reliefbögen und *Pikots* verziert. Der Aussenrand ist beschnitten, der Fuss neu angenäht.

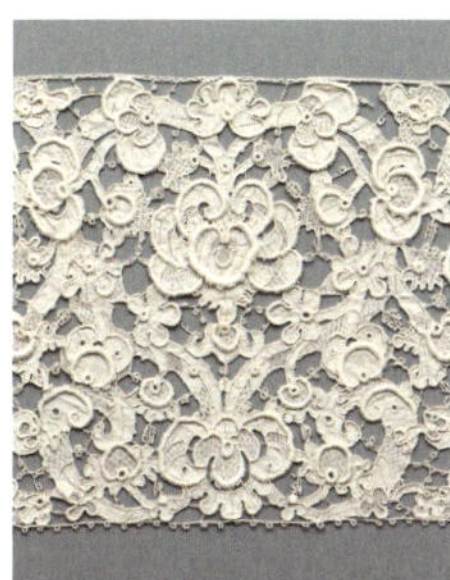

72 Borte (mit Abschluss)

Orne (Frankreich) oder Venedig, 1680–1700
Leinen, weisslich
Nadelspitze in Schlingstich, verstärktem Schlingstich und gedrehtem Schlingstich, Durchbrüche in Rautenmuster, Netze, Wabenmuster, Streifen, drei verschiedene Reliefhöhen mit Schlingstich und gedrehtem Schlingstich mit und ohne Schlingstich-Pikot, Stege in Schlingstich mit Schlingstich-Pikot, Fuss geklöppelt; Garn: 2-fädig, S-Drehung
22 × 77 cm
Inv.-Nr.: 00606
Ankauf aus der Sammlung John Jacoby, 1954

Borte vom Typ *Gros Point de Venise* mit axialsymmetrisch arrangierten Ranken aus Blüten und Blättern. Die dicken, zum Teil doppelten, gemusterten, umschlungenen Rankenstämme verleihen der Spitze Gewicht und stehen im Gegensatz zu den Reliefumrandungen, die mit kleinsten Reliefbögen und *Pikots* verziert sind. Grosszügig gearbeitete Spitze, die mit jener vergleichbar ist, die Jean-Baptiste Colbert auf einem Stich von Robert Nanteuil aus dem Jahr 1676 (National Gallery of Art, Washington) trägt.

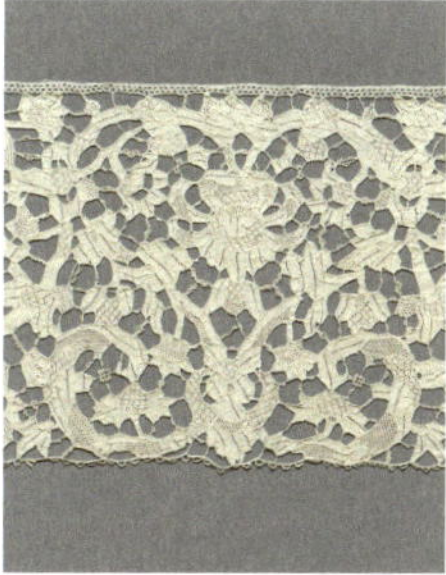

73 Borte (mit Abschluss)

vermutlich Venedig, 1680–1700
Leinen, hell-ecru
Nadelspitze in Schlingstich, verstärktem Schlingstich und gedrehtem Schlingstich, Durchbrüche in Rautenmuster, Netze, Wabenmuster, Streifen, Stege in Schlingstich mit Schlingstich-Pikot, Fuss geklöppelt; Garn: 2-fädig, S-Drehung
23 × 89 cm
Inv.-Nr.: 01176
Ankauf aus der Sammlung Jacoby, 1954

Diese Borte in *Point-Plat-de-Venise*-Nadelspitze verfügt über axialsymmetrisch arrangierte Ranken mit Blüten und Blättern, deren breite, gemusterte und umschlungene Rankenstämme ungewöhnlich sind. Die Trassierfäden sind als dickere Kordeln sichtbar. Der Aussenrand ist gerade und durch zarte Ringchen-*Pikots* akzentuiert. Die Borte hat fast genau dasselbe Motiv wie das Objekt mit der Inventarnummer 00606 (vgl. Tafel 72, S. XX), abgesehen davon, dass es unregelmässig gearbeitet ist und kein Relief aufweist. Es könnte sich in diesem Fall um eine einfachere Kopie handeln.

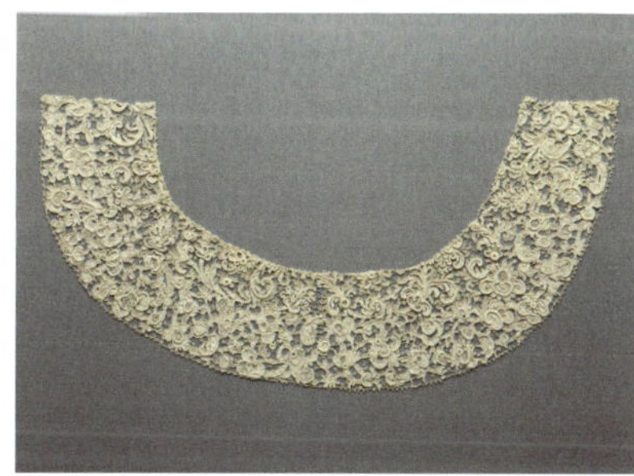

74 Kragen

Orne (Frankreich) oder Venedig, um 1680, Ende 19. Jahrhundert / Anfang 20. Jahrhundert nachbearbeitet
Leinen, ecru
Nadelspitze in Schlingstich, verstärktem Schlingstich und gedrehtem Schlingstich, Durchbrüche in Rautenmuster, Netze, Wabenmuster, Streifen, drei verschiedene Reliefhöhen mit Schlingstich, mit und ohne Schlingstich-Pikot, Stege in Schlingstich mit Schlingstich-Pikot und Ringchen in Schlingstich; Garn: 2-fädig, S- und Z-Drehung

126 × 15,5 cm
Inv.-Nr.: 01150
Ankauf aus der Sammlung John Jacoby, 1954

Der Kragen in *Point-de-Venise*-Nadelspitze wurde Ende des 19., Anfang des 20. Jahrhunderts aus verschiedenen Spitzen zusammengenäht. Gleichzeitig wurden auch die Stege eingesetzt. Üppige, untereinander nicht verbundene Rankenteile mit grossen und kleinen Blüten, Blättern und Früchten gestalten das Objekt. Spitzen dieser Art waren als Kragenbesätze und Krägen sehr beliebt.

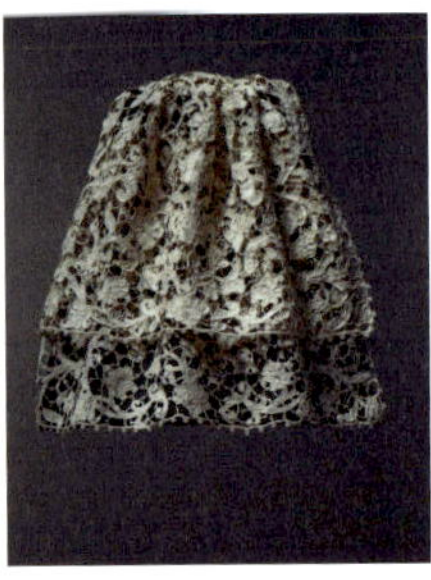

75 Manschetten oder Krawattenenden

Venedig, um 1690, Ende 19. Jahrhundert neu montiert
Leinen und Baumwolle, hell-ecru
Nadelspitze in Schlingstich, verstärktem Schlingstich und gedrehtem Schlingstich, Durchbrüche in Chevronmuster, Trassierfäden sichtbar, Stege als Grund in Schlingstich mit Schlingstich-Pikot; Garn: 2-fädig, S-Drehung
Je 19 × 29 cm
Inv.-Nr.: 01226.1-2
Ankauf aus der Sammlung John Jacoby, 1954

Krawattenenden oder Manschetten in *Point Plat de Venise*. Beide Teile entstammen einem grösseren Stück und wurden im 19. Jahrhundert neu mit Ringchen-*Pikot* aus Baumwollfäden eingefasst. Motivisch ist die Spitze recht locker gearbeitet und weist symmetrisch arrangiertes Rankenwerk mit Blättern und Blüten auf.

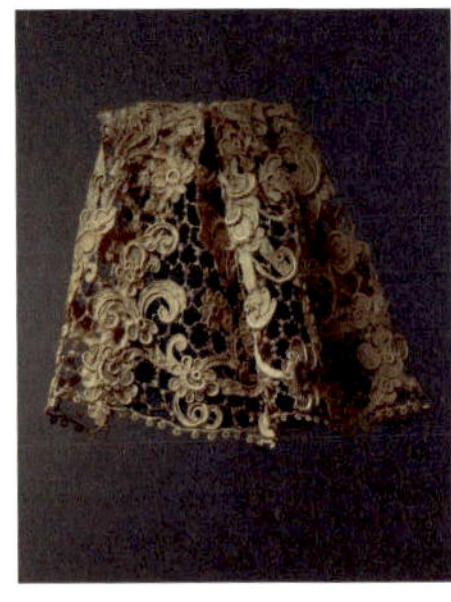

76 Krawattenende

Frankreich oder Venedig, um 1690
Leinen und Baumwolle, ecru bis braun
Nadelspitze in Schlingstich, verstärktem Schlingstich, gedrehtem Schlingstich, Durchbrüche in Chevronmuster, Streifen, drei verschiedene Reliefs in gedrehtem Schlingstich mit kleinen Bögen und Schlingstich-Pikot, sechseckige Stege mit Schlingstich mit kleinen Bögen und Schlingstich-Pikot, Fuss geklöppelt; Garn: 2-fädig, S-Drehung
19 × 40 cm
Inv.-Nr.: 01165
Schenkung von Leopold Iklé, 1905

Krawattenende in *Point-de-Venise*-Nadelspitze aus Leinen und Baumwolle. Es ist nicht möglich, herauszufinden, ob die beiden Fasern zusammen gesponnen oder separat verarbeitet wurden. Der Faden ist teilweise sehr fein und entspricht jenen Fäden, die im 18. Jahrhundert für die Klöppelspitzen verwendet wurden. Die Motive sind fein gearbeitet, eine S-förmige Ranke mit Blättern und exotisch anmutenden Blüten dominiert die Spitze, die von zarten *Pikot*-Ringen umrandet ist. Die Motive sind nicht axialsymmetrisch angeordnet. Dies lässt vermuten, dass ein zweites Krawattenende das Motiv spiegelverkehrt wiedergegeben hat.

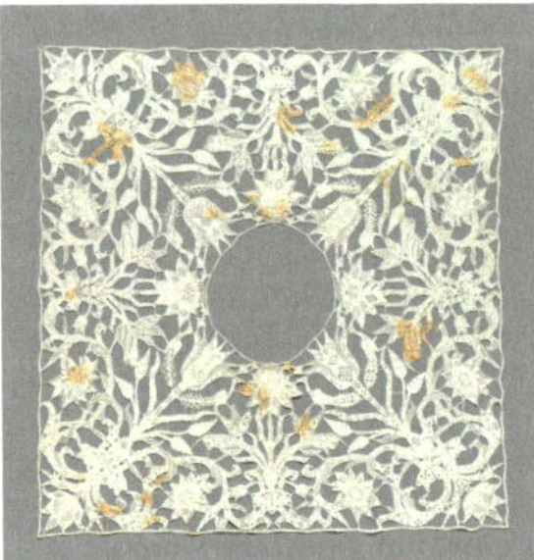

77 Kelchdecke

Flandern oder Lombardei, um 1710
Leinen, weisslich
Klöppelspitze in Leinenschlag mit durchbrochenem Rand und Löchern, verschiedene Ziergründe in Halbschlag, Gittergrund, Spinnen, einfacher Löcherschlag, Stege aus gedrehten Fadenpaaren, Heftstich; Garn: 2-fädig, S-Drehung
60 × 60 cm
Inv.-Nr.: 00431
Schenkung von Leopold Iklé, 1904

Kelchdecke in unterbrochener Bändchenspitze mit zu- und abnehmenden Fäden. Der exzellente Entwurf ist symmetrisch angeordnet mit alternierenden Blüten und länglichen, spitzen Blättern sowie Pfauen. Die in Spitzen endenden Blätter und Blumen passen nicht zu der typisch lombardischen oder flandrischen Spitzenproduktion. Allerdings ist die Klechdecke zu perfekt gearbeitet, um sie anderen Produktionszentren zuzuschreiben. Die Darstellung der Blumen scheint von botanischen Drucken des 17. Jahrhunderts inspiriert.

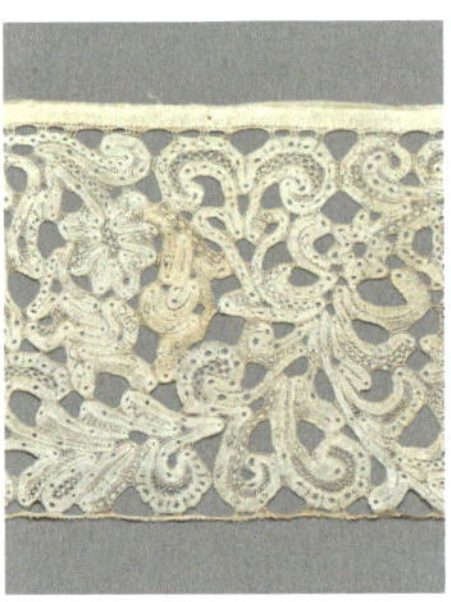

78 Borte

Flandern oder Lombardei, viertes Viertel 17. Jahrhundert
Leinen, ecru und bräunlich
Klöppelspitze, Motive in Leinenschlag mit durchbrochenem Rand, Löcher, Spinnen, Gitterschlag, Füllmuster in Fünflöcherschlag, Löcherschlag, Heftstich; Garn: 2-fädig, S-Drehung
24 × 53 cm
Inv.-Nr.: 02473
Schenkung von Leopold Iklé, 1901

Borte mit voluminösem und komplexem Rankenwerk aus Blättern und Blumen. Die unterbrochene Bändchenspitze wurde in verschiedenen Teilen geklöppelt. Die Spitze wurde seitlich beschnitten und durch eine einfacher gearbeitete, fortlaufende Klöppelspitze ergänzt. Der Fuss ist mit einem Leinenstreifen versehen. Die Leinenfäden bestehen aus zwei verschiedenen Qualitäten. Es scheint, dass die braunen Fäden verklebt oder nicht richtig gebleicht wurden, ihr Erhaltungszustand ist schlechter als der der anderen Fäden.

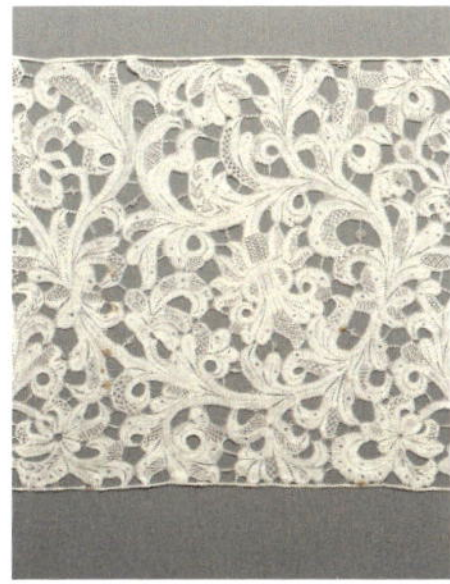

79 Borte

Lombardei, drittes Viertel 17. Jahrhundert
Leinen, hell-ecru
Klöppelspitze in Leinenschlag mit durchbrochenem Rand, Löchern, Spinnen und Flechten, Point de Paris, gekreuzter Leinenschlag, Stege in doppelten Flechten mit Pikot, Heftstich; Garn: 2-fädig, S-Drehung
37 × 87 cm
Inv.-Nr.: 00193
Ankauf aus der Sammlung John Jacoby, 1954; John Jacoby kaufte die Borte bei der Iklé-Auktion 1923.

Borte mit voluminösen Blattranken und Blüten, welche bei jeder Kreuzung veschlungene Knoten bilden. Bei dieser fortlaufend gearbeiteten Bänderspitze mit verschiedensten Verzierungen handelt es sich um ein einziges geklöppeltes Band, was auf eine perfekte Planung und Ausführung dieses herausragenden Stückes hinweist. Ein Rapport ist hier nicht zu erkennen. Bei barocken Klöppelspitzen kann dieser oft über einen Meter lang sein.

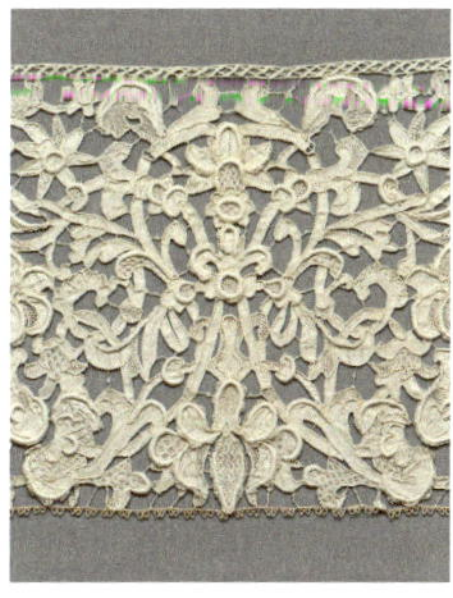

80 Borte

Venedig oder Frankreich, viertes Viertel 17. bis erstes Viertel 18. Jahrhundert, im 19. Jahrhundert ergänzt
Leinen, ecru
Nadelspitze in Schlingstich, verstärktem Schlingstich und gedrehtem Schlingstich, Durchbrüche, Chevronmuster, Netze, Wabenmuster, Streifen, schmale und voluminöse Relief-Akzente mit Schlingstich, mit und ohne Schlingstich-Pikot; Garn: 2-fädig, S-Drehung
24,5 × 68 cm
Inv.-Nr.: 01141
Ankauf aus der Sammlung John Jacoby, 1954

Borte vom Typ *Gros Point de Venise* mit sich verkreuzendem Rankenwerk aus elegant langgezogenen Blättern und Blüten. Die Blütenarten gleichen jenen, die bereits fünfzig Jahre früher auf Spitzen zu finden waren. Der Fuss und die Aussenborte der Spitze wurden Ende des 19. Jahrhunderts ergänzt. Eine zum Verwechseln ähnliche Spitze wurde als Kragen am k. k. Zentralspitzenkurs in Wien Ende des 19. Jahrhunderts genäht. Jene ist aber üppiger gestaltet und weist typische Stiche aus dem 19. Jahrhundert auf.

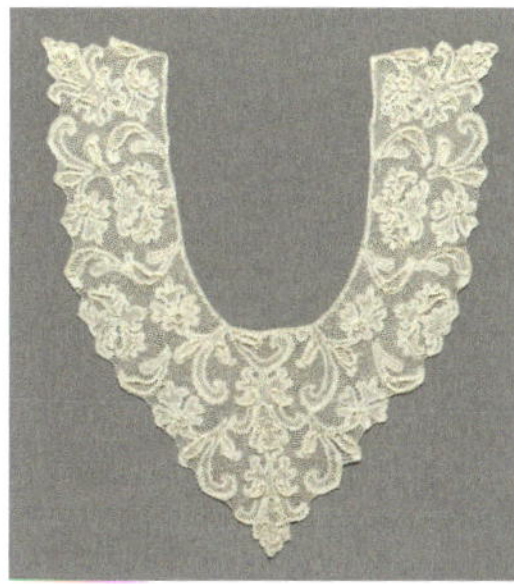

81 Kragen

Italien, viertes Viertel 17. Jahrhundert, Umarbeitung im 19. Jahrhundert
Leinen, ecru bis gräulich; Baumwolle
Klöppelspitze in Leinenschlag mit durchbrochenem Rand, erhabene Formenschläge, Füllmuster in Flechtschlag, einfacher Löcherschlag, Flechtgrund, Heftstich; Garn: 2-fädig, S-Drehung
52 × 20,5 cm
Inv.-Nr.: 00200
Ankauf aus der Sammlung John Jacoby, 1954

Kragen als unterbrochen geklöppelte Bänderspitze mit einzelnen Ranken und Blüten auf dichtem Grund, der in einem zweiten Arbeitsschritt gefertigt wurde. Die alte Spitze wurde teilweise auseinandergeschnitten, um damit Ende des 19., Anfang des 20. Jahrhunderts diesen Kragen zu fertigen. Die neue Form wurde mit Baumwollfaden zusammengenäht.

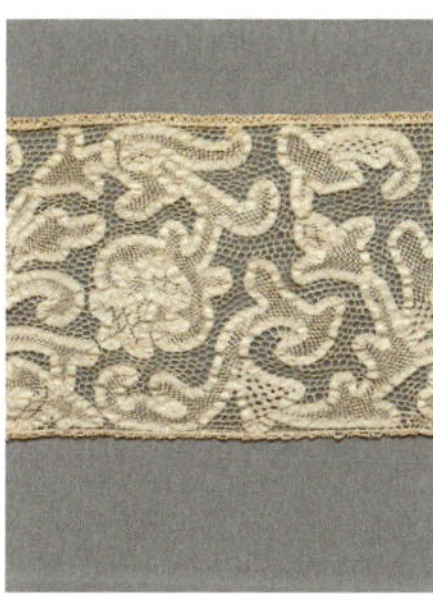

82 Borte (zwei Fragmente)

Italien, vermutlich Lombardei, viertes Viertel 17. Jahrhundert
Leinen, dunkel-ecru
Litzengewebe mit Nadelspitze in Schlingstich, doppelt gedrehtem Schlingstich, Knotenstich, Netzgrund in verstärktem Schlingstich, Fuss und Aussenrand geklöppelt; Garn: 2-fädig, S-Drehung
17 × 137 cm und 17 × 53,5 cm
Inv.-Nr.: 00786.a-b
Schenkung von Leopold Iklé, 1904

Etwas grobe Borte aus Ranken in Nadelspitze mit Blättern und Blüten, Fuss und Aussenrand wurden zusätzlich geklöppelt. Die Lombardei war bis ins 18. Jahrhundert ein wichtiges Produktionszentrum. Dennoch ist denkbar, dass diese Art Spitze auch anderswo in Europa hergestellt wurde. Litzenspitzen imitieren die *Gros-Point-de-Venise*-Nadelspitze, waren aber schneller herzustellen.

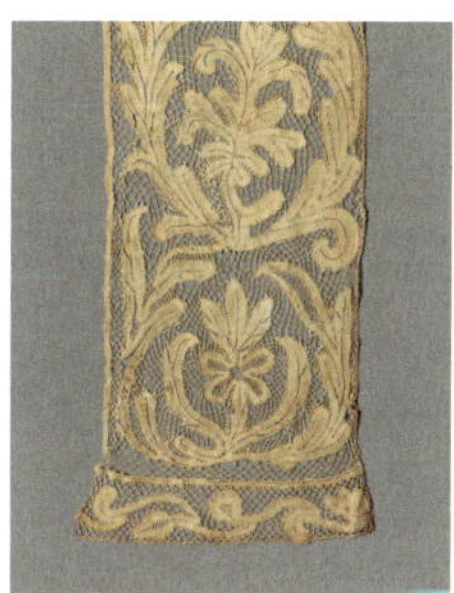

83 Borte

Lombardei, 1680–1720
Leinen, dunkel-ecru
Klöppelspitze in Leinenschlag mit durchbrochenem Rand, Durchbrüche, Füllmuster aus Spinnen, Löcherschlag, Formenschlag; Grund aus Flechten in Diamantenform, Heftstiche; Garn: 2-fädig, S-Drehung
19 × 278 cm; Rapport: 62 cm
Inv.-Nr.: 00783
Schenkung von Leopold Iklé, 1905

Borte vom Typ fortlaufende Bänderspitze mit Rankenwerk, das im Rapport je drei Medaillons, beziehungsweise Module bildet, die der Grösse des Klöppelkissens und des Klöppelbriefes entsprechen. Der Grund ist etwas grob und wurde in einem zweiten Arbeitsgang um die Motive herum gefertigt. Nach der Vollendung des jeweiligen Moduls wurde der Grund eingearbeitet, danach erst wurden die Stecknadeln entfernt und das nächste Modul begonnen. Diese Unterbrechung kann man in der Spitze erkennen, was typisch für die lombardische Produktion des beginnenden 18. Jahrhunderts ist.

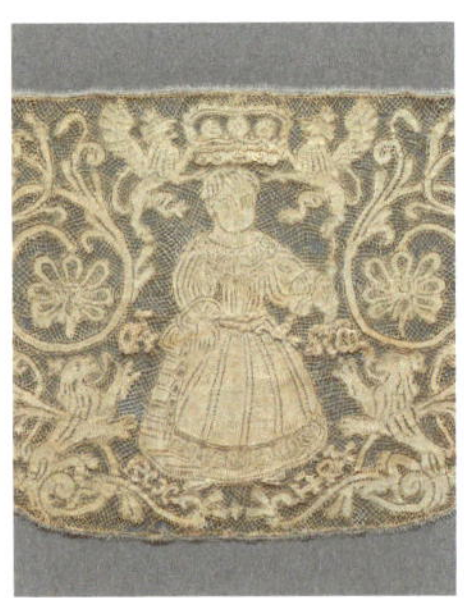

84 Borte

Flandern, vermutlich Antwerpen, 1665
Leinen, dunkel-ecru
Klöppelspitze in Leinenschlag mit durchbrochenem Rand und Durchbrüchen; Grund in Löcherschlag, Heftstich und Gimpe; Garn: 2-fädig, S-Drehung (Motive); 1-fädig, S-Drehung (Grund)
18,5 × 23,5 cm
Inv.-Nr.: 00696
Ankauf aus der Sammlung John Jacoby, 1954

Auf der Teilklöppelspitze mit zu- und abnehmenden Fäden ist der vierjährige König Karl II. von Spanien zwischen zwei eingerollten Ranken und vier Löwen dargestellt. Zwei Löwen halten eine Krone über den Kopf des Kindes. Unter den Füssen Karls ist die Beschriftung aus Gimpenschnur *REX HPA* zu sehen. Das Fragment wurde in jüngerer Zeit neu eingerahmt. Das Victoria and Albert Museum, London, besitzt eine vergleichbare Borte (T.26-1949) aus mehreren Teilen, allerdings wurde die Beschriftung dort ohne Gimpe angefertigt.

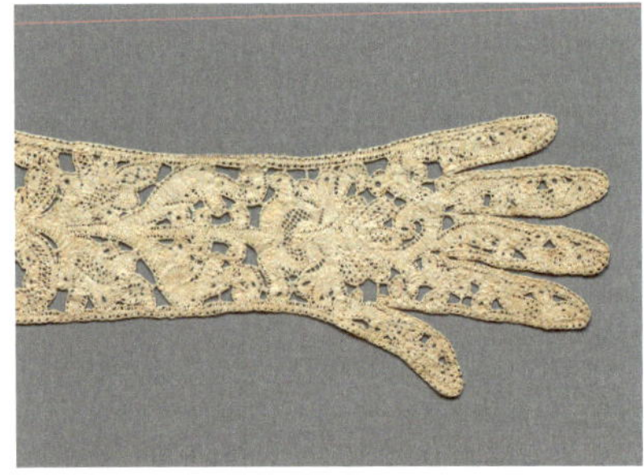

85 Handschuh (Oberteil)

Vermutlich Lombardei, zweite Hälfte 17. Jahrhundert
Leinen, ecru bis bräunlich
Klöppelspitze in Leinenschlag mit durchbrochenem Rand, Löchergrund, Heftstich; Garn: 2-fädig, S-Drehung
36,5 × 11,7 cm
Inv.-Nr.: 00223
Schenkung von Leopold Iklé, 1904

Handschuh aus unterbrochenen Bändern mit zu- und abnehmenden Fäden. Das Muster besteht aus drei übereinander aufgebauten Blüten sowie kleinen Ranken in den einzelnen Fingern. Eine eher grobe Arbeit, die wahrscheinlich als Applikation für einen Stoffhandschuh gedacht war.

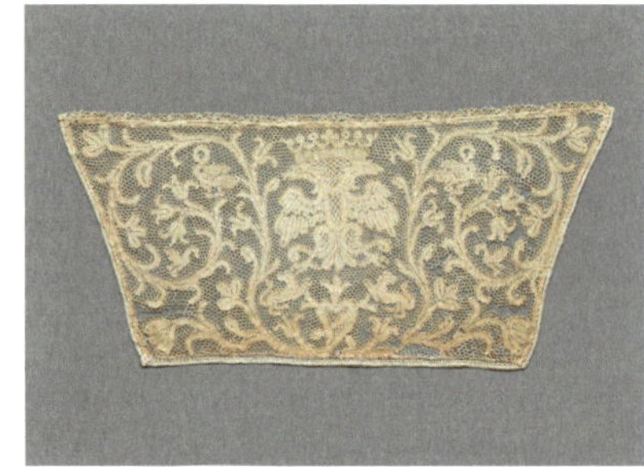

86 Manipel-Ende oder Manschette

Lombardei, um 1700
Leinen, dunkel-ecru
Klöppelspitze in Leinenschlag mit durchbrochenem Rand, Füllmuster aus Spinnen, Maschengrund; Garn: 2-fädig, S-Drehung
16 × 37 cm
Inv.-Nr.: 00698
Schenkung von Leopold Iklé, 1904

Trapezoides Feld aus fortlaufenden und unterbrochenen Bändchen mit zu- und abnehmenden Fäden. Der Grund um die Motive wurde in einem zweiten Arbeitsgang geklöppelt. Die Mitte ziert ein gekrönter Doppeladler, kaiserliches Wappentier, darunter befindet sich ein durchstochenes Herz, das auf den Opfertod Christi verweist. Rechts und links davon sind Löwen, umgeben von symmetrischen Ranken, Blüten und Schwänen dargestellt. Die Umrandung des Objekts ist auf drei Seiten original, wurde aber im 19. Jahrhundert mit einem schmalen Band verstärkt.

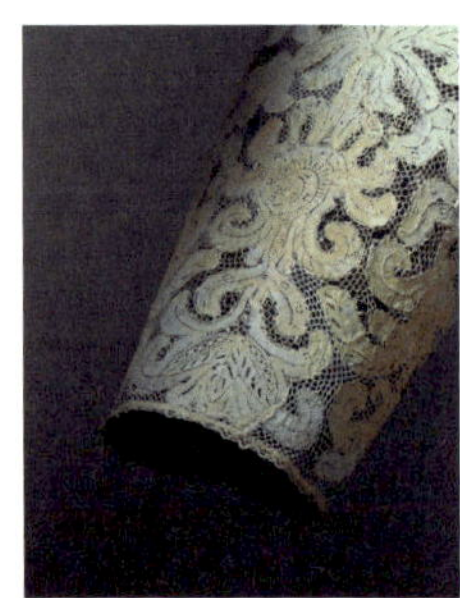

87 Manschette

Lombardei, um 1700
Leinen, dunkel- und hell-ecru
Klöppelspitze in Leinenschlag mit durchbrochenem Rand, Durchbrüchen, Spinnen, Halbschlag, Maschengrund, Heftstich; Garn: 2-fädig, S-Drehung
24 × 48 cm
Inv.-Nr.: 00202
Schenkung von Leopold Iklé, 1904

Manschette als unterbrochenes Band geklöppelt. Der Grund wurde in einem zweiten Arbeitsgang eingefügt und um die Motive herum gearbeitet. Von einer zentralen Blüte aus entwickeln sich rechts und links Blattranken. Die Spitze ist an einigen Stellen gebrochen, der Grund sowie einzelne seitliche Elemente wurden teilweise nachträglich ergänzt.

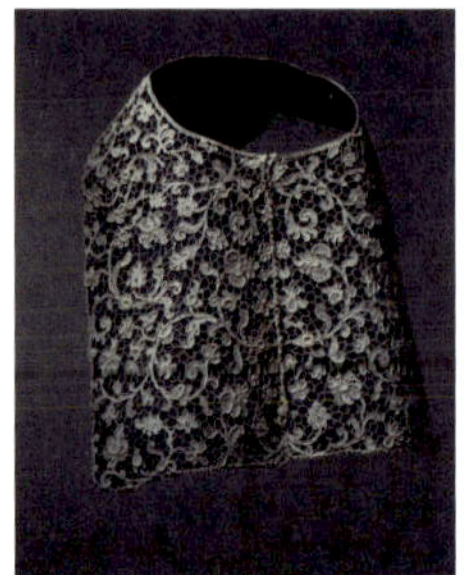

88 Rabat

Venedig oder Orne (Frankreich), um 1690
Leinen, ecru
Nadelspitze in Schlingstich, verstärktem und gedrehtem Schlingstich, Durchbrüche, einzelne Reliefs in Schlingstich mit Schlingstich-Pikot, Stege als Grund in Schlingstich mit Schlingstich-Pikot; Garn: 2-fädig, S-Drehung
16,5 × 73 cm
Inv.-Nr.: 01194
Ankauf von Edith Jacoby, 1954

Rabat in *Point-de-Venise*-Nadelspitze mit feinen gewundenen Ranken, an welchen Blätter, Blüten und Knospen wachsen. Obwohl das Muster axialsymmetrisch angelegt ist, unterscheiden sich die Durchbrüche und Formen beidseits der Spiegelachse leicht. Es könnte sein, dass Teile in verschiedenen Abteilungen einer Werkstatt gearbeitet wurden oder dass die Spitzennäherinnen teilweise ihre eigenen Interpretationen ausführten. Rabats wurden noch bis zum Ende des 17. Jahrhunderts getragen, allerdings wurden zu dieser Zeit bereits gebundene Krawatten bevorzugt.

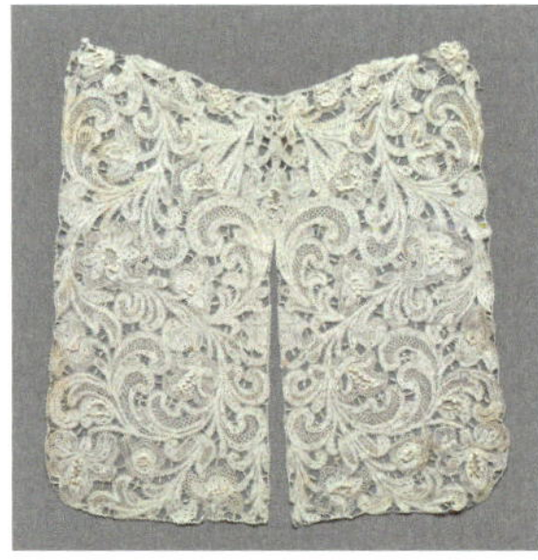

89 Rabat oder Krawatte

Flandern, viertes Viertel 17. Jahrhundert
Leinen, weisslich
Klöppelspitze in Leinenschlag mit durchbrochenem Rand, Löcher, z. T. in Fünflöcher-

schlag, erhabener Formenschlag, Gittergrund, Füllmuster in Fünflöcherschlag, Gittergrund, Spinnen, Löcherschlag und Heftstich;
Garn: 2-fädig, S-Drehung
28×28,5 cm
Inv.-Nr.: 00692
Ankauf aus der Sammlung John Jacoby, 1954

Rabat aus geklöppelten, unterbrochenen und geteilten Bändern mit zu- und abnehmenden Fäden. Das reiche, flächendeckende Motiv ist symmetrisch angelegt mit geschwungenen Ranken, eingerollten verzierten Blättern und Blüten. Der Rabat wurde etwas später geändert um daraus vermutlich eine oben angereihte Krawatte zu fertigen. Dafür wurde am oberen Ausschnitt ein Dreieck aus einer ähnlichen Spitzenart eingesetzt.

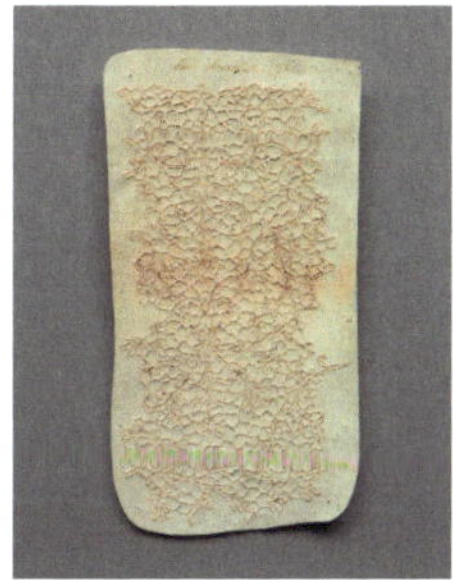

90 Borte auf Pergament

Italien, zweite Hälfte 17. Jahrhundert
Leinen und Aloefaser, weisslich; Pergament, beige
Trassierte Vorarbeit zu einer Nadelspitze mit Stegen in Schlingstich mit Pikot mit kleinen Schrägstichen und durchlaufenden doppelten Fäden; Garn: 2-fädig, S-Drehung
10×19,5 cm
Inv.-Nr.: 01259
Schenkung von Leopold Iklé, 1905

Trassierte Vorarbeit zu einer Borte in Nadelspitze mit symmetrischem Rankenmuster.

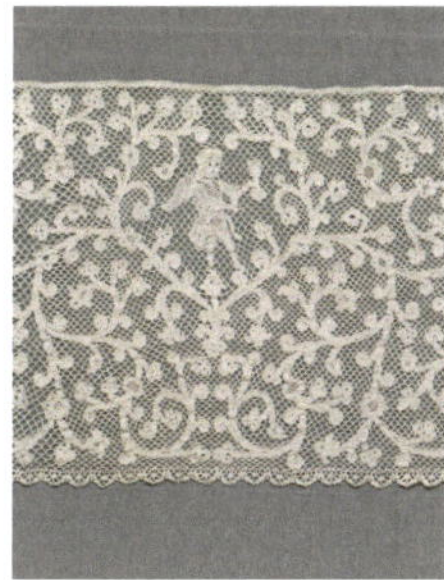

91 Borte für Rochett

Lombardei, Ende 17. Jahrhundert
Leinen, ecru
Klöppelspitze in Leinenschlag mit durchbrochenem Rand, Löchern, Halbschlag, erhabenem Formenschlag, Füllmuster in einfachem Löcherschlag, gehefteter Flechtgrund, Heftstich, runde Flechten, Knoten, Nadelspitze in Schlingstich, Garn: 2-fädig, S-Drehung
21×320 cm, Rapport: 40 cm
Inv.-Nr.: 00699
Ankauf aus der Sammlung John Jacoby, 1954; John Jacoby erwarb das Objekt wahrscheinlich aus der Sammlung Iklé.

Breite Borte als unterbrochene Bänderspitze und Teilklöppelspitze mit zu- und abnehmenden Fäden. Der Grund wurde in einem zweiten Arbeitsgang mit einer im Zickzack geführten Flechte geklöppelt und immer wieder geheftet. Es handelt sich hierbei um eine typisch italienische Technik. Rankenwerk mit kleinen Blättern und Knospen formen alternierend ein Herz und einen Fries, der modisch gekleidete Engelsfiguren einrahmt. Die Figuren, ob männlich oder weiblich, tragen die Armae Christi (Kreuz, Lanze, Würfel und dergleichen). Die Masse der Borte stimmen überein mit jenen eines Rochetts, welches Teil der kirchlichen Paramentik ist. Die Borte könnte als solches verwendet worden sein.

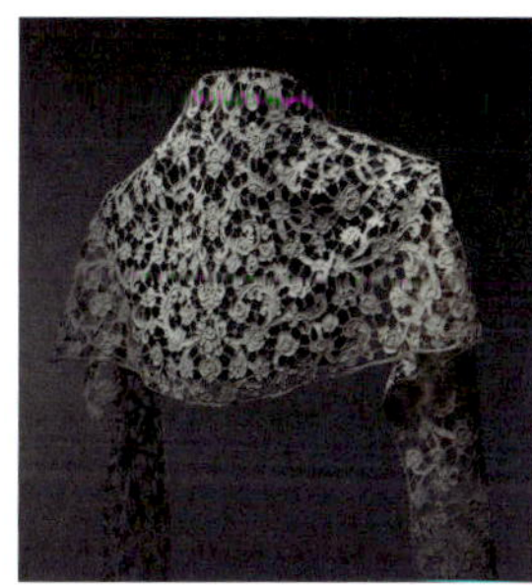

92 Schultertuch oder Fontange

Italien, um 1700
Leinen, gräulich
Nadelspitze in Schlingstich, verstärktem Schlingstich und gedrehtem Schlingstich, Durchbrüche mit Rautenmuster, Relief in Schlingstich mit zwei unterschiedlichen Reliefhöhen mit und ohne Schlingstich-Pikot und Ringelknötchen-Pikot; Garn: 2-fädig, S-Drehung
35×140 cm
Inv.-Nr.: 01180
Ankauf aus der Sammlung John Jacoby, 1954

Das Schultertuch in *Point de Venise* könnte eventuell auch als *Fontange* oder loser Schleier getragen worden sein. Die kleineren Formen und das wirre Rankenwerk weisen auf Italien als Produktionsort hin. Von der Mitte aus entwickeln sich axialsymmetrisch angeordnete Ranken mit Blüten und Blättern. Der Aussenrand ist ringsum mit *Pikots* aus kleinen Ringen eingefasst.

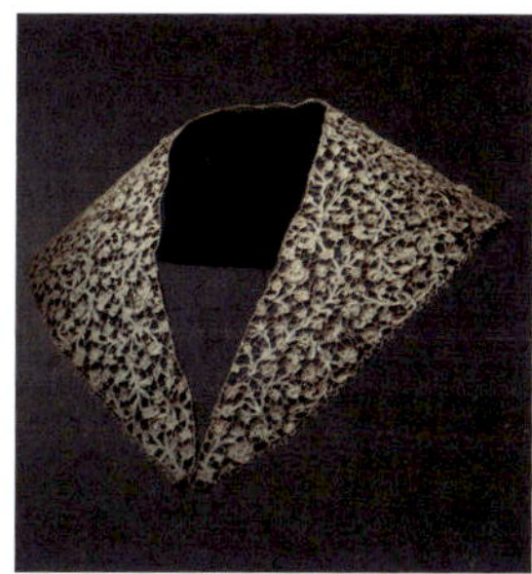

93 Kragen

Venedig, um 1700, Ende 19. Jahrhundert zusammengesetzt
Leinen, ecru bis bräunlich
Nadelspitze in Schlingstich, verstärktem Schlingstich und gedrehtem Schlingstich, Durchbrüche mit Rautenmuster, Netze, Wabenmuster, einzelne Reliefs mit Schlingstich mit und ohne Schlingstich-Pikot, kleine Bögen in Schlingstich, Stege als Grund in Schlingstich mit Schlingstich-Pikot; Garn: 2-fädig, S-Drehung
16×100 cm
Inv.-Nr.: 01201
Schenkung von Leopold Iklé, 1905

Kragen in *Rosalinen*-Nadelspitze (Benennung des 19. Jahrhunderts) mit feinem, kleinteiligem Rankenwerk, Blüten und Blättern. Der Aussenrand ist mit kleinen Bögen eingefasst. Die Stege und Motive sind reich verziert und erinnern an Sterne. Der Kragen ist im 19. Jahrhundert entstanden, der Aussenrand stammt aus der Zeit um 1700 und wurde ebenfalls erst im 19. Jahrhundert angenäht.

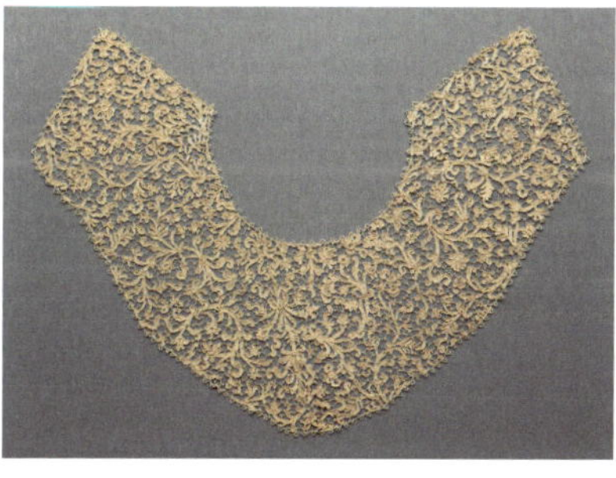

94 Kragen

Venedig, um 1700, Ende 19. Jahrhundert zu Kragen montiert
Leinen, bräunlich
Nadelspitze in Schlingstich, verstärktem Schlingstich und gedrehtem Schlingstich, Durchbrüche mit Rautenmuster, Netze, Wabenmuster, Streifen, Relief mit Schlingstich, mit und ohne Schlingstich-Pikot, Stege in Schlingstich mit Schlingstich-Pikot, Garn: 2-fädig, S-Drehung
19,5 cm×110 cm
Inv.-Nr.: 01172
Schenkung von Leopold Iklé, 1905

Der Kragen in *Point-de-Venise*-Nadelspitze weist kleinteiligere Muster als die frühen barocken Spitzen auf. In Venedig wurde noch länger in diesem Stil gearbeitet als in Frankreich. Die Spitze ist um 1700 datiert, der Kragen entstand aber erst Ende des 19. Jahrhunderts und wurde aus verschiedenen Teilen zusammengesetzt. Die Musterung setzt sich aus einzelnen Ranken mit Palmettenblättern, kleinen Blüten und Früchten zusammen. Charakteristisch sind die reich verzierten Stege, die Sternformen aufweisen. Einige Konturen sind reliefartig eingefasst.

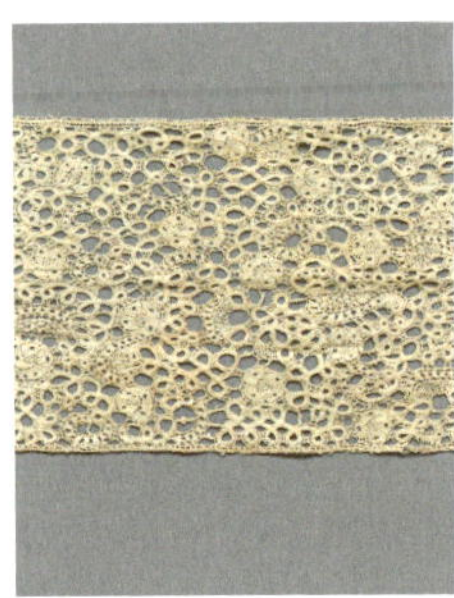

95 Borte
Westeuropa, 1690–1725
Leinen, ecru
Klöppelspitze in Leinenschlag mit glattem und durchbrochenem Rand, Halbschlag, Formenschlag, Heftstich; Garn: 2-fädig, S-Drehung
10×69 cm; Rapport: 14 cm
Inv.-Nr.: 02449
Schenkung von Leopold Iklé, 1901

Borte aus Klöppelspitze mit sich ständig kreuzendem Bändchen, fortlaufendem dichten Ringelwek und vereinzelten Blumen im Dekor.

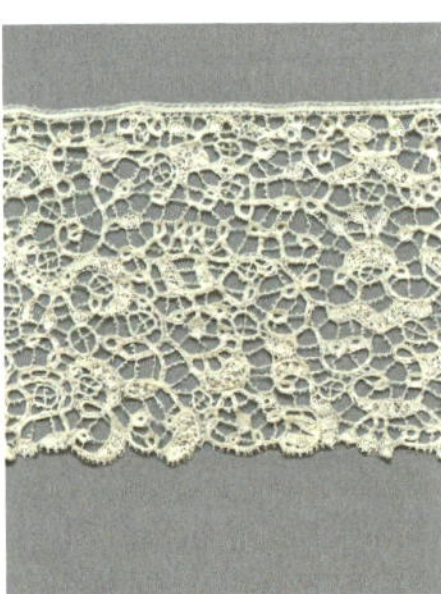

96 Borte
Brüssel, um 1700
Leinen, ecru
Klöppelspitze in Leinenschlag mit durchbrochenem und glattem Rand, durchbrochener Leinenschlag, Halbschlag, Formenschlag, Stege in Flechten mit Pikot, Heftstich; Garn: 1-fädig, S-Drehung
8×275 cm
Inv.-Nr.: 00557
Schenkung von Leopold Iklé, 1905

Extrem feine Teilklöppelspitzen-Borte mit sich wiederholenden bizarren Motiven, wie Schiffen und Vasen in Rankenwerk mit Stegen, aber ohne Rapport. Die Stege wurden in einem zweiten Arbeitsgang gefertigt.

97 Borte
Orne (Frankreich), 1690–1710
Leinen, ecru
Nadelspitze in verstärktem Schlingstich, gedrehtem Schlingstich, Reliefs in Schlingstich mit Schlingstich-Pikot, Stege als Grund in Schlingstich mit Schlingstich-Pikot; Garn: 2-fädig, S-Drehung
19×36,5 cm
Inv.-Nr.: 00619
Schenkung von Leopold Iklé, 1904

Borte in *Point-de-France*-Nadelspitze im Stil des Hofkünstlers Louis XIV., Jean Bérain, mit minutiös gestaltetem Dekor und wenigen Reliefakzenten. Klare vertikale Linien ordnen den Entwurf, dazwischen finden sich sechs typische Kandelabermotive aus kombinierten Elementen wie Brunnen, Muscheln und kleinen Blüten.

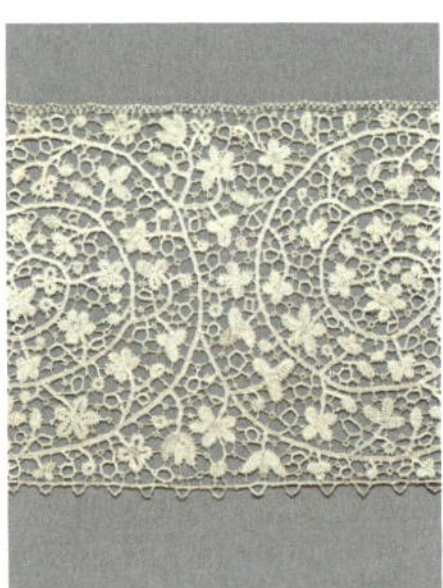

98 Borte
Venetien, um 1700
Leinen, ecru
Klöppelspitze in Leinenschlag, durchbrochenem Leinenschlag und einfachem Löcherschlag, erhabener Formenschlag, Stege aus gedrehten und gehefteten Fäden mit Flechten und Pikot, Heftstich; Garn: 2-fädig, S-Drehung
19×33 cm; Rapport: 19,5 cm
Inv.-Nr.: 00308
Schenkung von Leopold Iklé, 1904

Borte mit aufeinanderfolgenden Spiralranken mit Blättern und Blumen. Fortlaufend geklöppelte Bandspitze in der Art des *Punto Venezia* mit überarbeiteten Kordeln. Es handelt sich um eine kaum bekannte Art, die die Nadelspitze der Zeit perfekt imitiert. Im späten 19. Jahrhundert wurde diese Technik in Cantù (Lombardei) wiederentdeckt und wird dort bis heute angewandt.

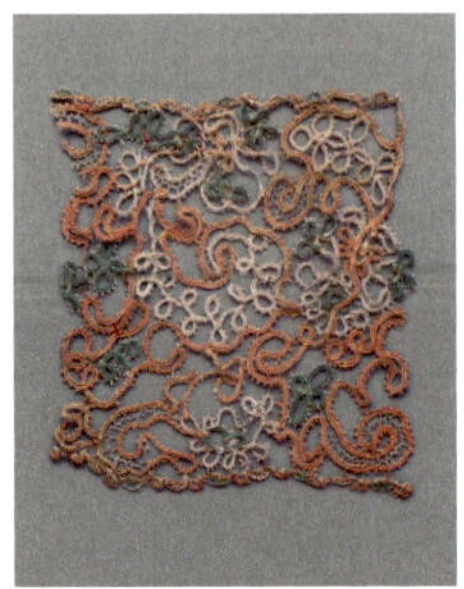

99 Besatz oder Borte
Frankreich, um 1700
Seide, grün und rosa; Leinen, ecru
Klöppelspitze in Leinenschlag mit Helftstich und Pikot; Garn: Gimpe mit Seele, 2-fädig, S-Drehung
27×24 cm
Inv.-Nr.: 34489
Schenkung von Leopold Iklé, 1904

Bei dieser *Guipure* – der Begriff „Guipure" wird im Barock für Spitzen ohne Grund verwendet – handelt es sich um eine Posamentenarbeit, die Rankenwerk mit einzelnen Blättern und Knospen bildet. Solche Verzierungen findet man als Besatz ab 1695 auf Damenkleidern, aber auch bei Theaterkostümen und Maskenballdekorationen.

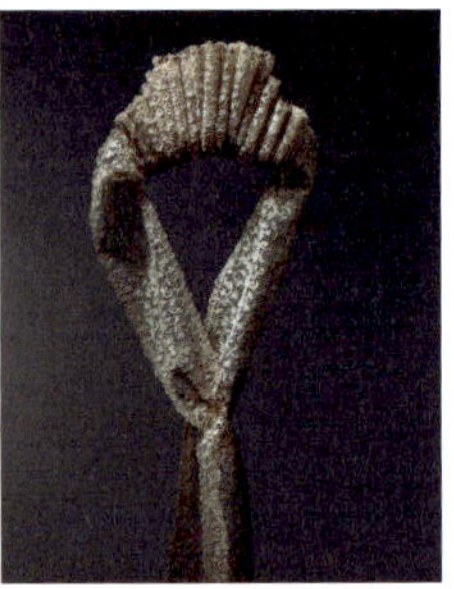

100 Fontange mit Barben
Orne (Frankreich), um 1695
Leinen, ecru bis bräunlich
Nadelspitze in verstärktem Schlingstich, gedrehtem Schlingstich, wenige Reliefs in Schlingstich mit Schlingstich-Pikot, Stege als Grund in Schlingstich mit Schlingstich-Pikot; Garn: 2-fädig, S-Drehung
127,5×11,8 cm
Inv.-Nr.: 01246
Ankauf aus der Sammlung John Jacoby, 1954

Ausserordentliche *Fontange* in *Point-de-France*-Nadelspitze mit sich verbreiterndem zentralen Ornament. Die *Fontange* wurde auf dem Kopf getragen und zu diesem Zweck vermutlich ursprünglich angereiht auf eine Metallstruktur gesteckt. Die seitlichen Teile hingen als Barben herunter, deren Motive axialsymmetrisch angelegt sind. Kleine architektonische Motive sind zwischen kleinteiligen Blätterranken und Blüten angeordnet.

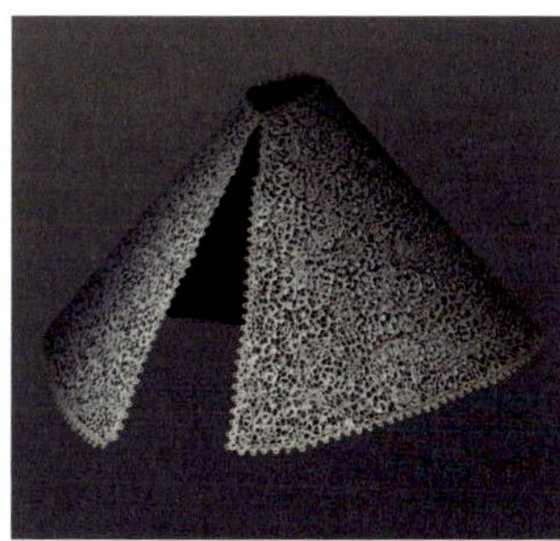

101 Kragen

Italien, 1690–1715, im 19. Jahrhundert neu montiert
Leinen, ecru
Klöppelspitze in Leinenschlag mit glattem und durchbrochenem Rand, Reliefband, Halbschlag, Spinnen, Fünflöcherschlag, Dieppegrund, Stege in Flechten mit Pikot, Heftstich, Garn: 1-fädig, S-Drehung
36 × 124 cm
Inv.-Nr.: 00524
Schenkung von Leopold Iklé, 1905

Das aussergewöhnlich feine Objekt wurde vermutlich aus einem grösseren Teil ausgeschnitten und im 19. Jahrhundert zu einem Kragen verarbeitet. Es handelt sich um eine fortlaufende und unterbrochene, sich ständig kreuzende Bänderspitze mit zu- und abnehmenden Fäden in dichter Rankenmotivik. Drei Seiten sind mit Klöppelfuss gerandet. Möglicherweise wurden die ausgebuchteten Stellen im Rankenwerk in jüngerer Zeit mit Hilfe von Wachs oder Leim und Hitze fixiert.

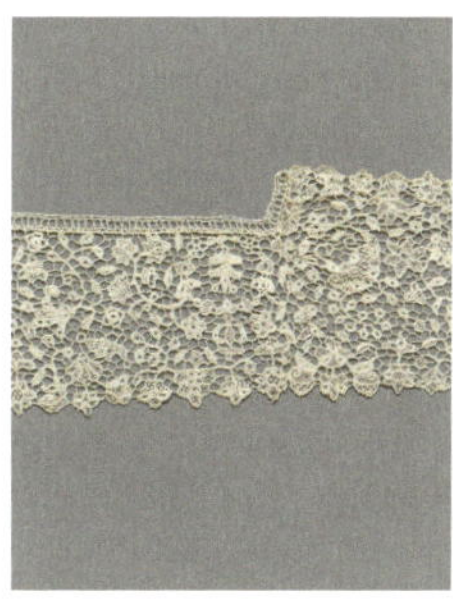

102 Fontange mit Barben

Orne (Frankreich), um 1700
Leinen, ecru
Nadelspitze in verstärktem Schlingstich, gedrehtem Schlingstich, Stege als Grund in Schlingstich mit Schlingstich-Pikot; Fuss geklöppelt; Garn: 1- und 2-fädig, S-Drehung
214 × 12,7 cm
Inv.-Nr.: 02158
Ankauf aus der Sammlung John Jacoby, 1954

Fontange in *Point-de-France*-Nadelspitze, sehr durchsichtig und ohne Relief gearbeitet. Die Dekoration setzt sich aus Vasen, Palmetten, Füllhörner, Blättern und Blumensträussen zusammen. Der Fuss wurde möglicherweise nachträglich neu geklöppelt.

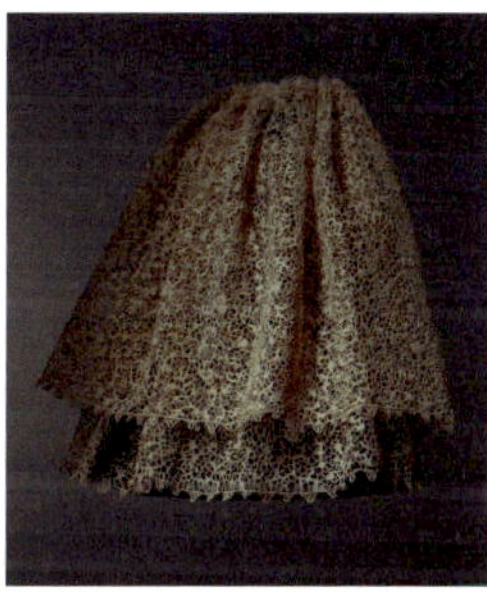

103 Krawatte

Venedig oder Frankreich, um 1700
Leinen, ecru
Nadelspitze in verstärktem Schlingstich, Durchbrüche, Stege als Grund in Schlingstich mit Schlingstich-Pikot, Fuss geklöppelt; Garn: 2-fädig, S-Drehung
23,5 × 47,5 cm
Inv.-Nr.: 01213
Schenkung von Leopold Iklé, 1905

Krawatte in *Coralinen*-Nadelspitze, die zeitgleich mit der *Point de France* produziert wurde, sich stilistisch aber von diesem unterscheidet, da die feinsten Verästelungen kein Relief ausfweisen. Die Einteilung des Dekors ist axialsymmetrisch. Feine, kleinteilige Rankenelemente mit Verästelungen füllen das Feld. Im getragenen, also in Wellen gelegten Zustand, war das fein komponierte Muster nicht mehr im Detail sichtbar. Der Aussenrand ist auf drei Seiten mit kleinen Bögen versehen.

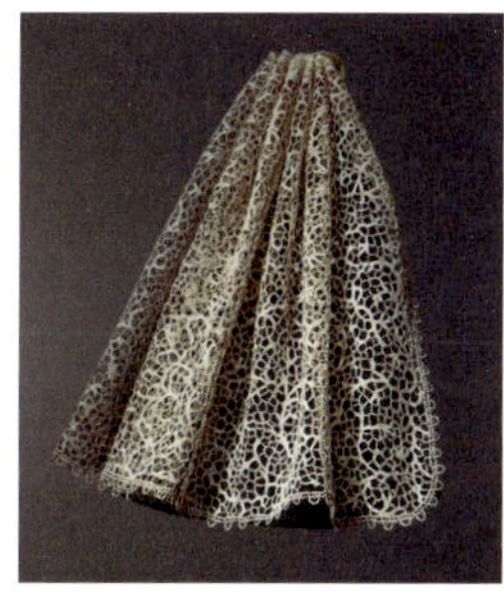

104 Krawattenende

Venedig, um 1700
Leinen, hell-ecru
Nadelspitze in verstärktem Schlingstich, Durchbrüche, Stege als Grund in Schlingstich mit Schlingstich-Pikot, Fuss geklöppelt; Garn: 2-fädig, S-Drehung
21,5 × 41,5 cm
Inv.-Nr.: 01211
Schenkung von Leopold Iklé, 1905

Krawattenende in sogenannter *Coralinen*-Nadelspitze, die während derselben Zeit wie die *Point-de-France*-Spitze in Mode war. *Coralinen*-Spitzen weisen jedoch kein Relief auf und konnten dank der einfachen Motive dementsprechend schneller gefertigt werden. Das Muster ist symmetrisch mit filigranem Rankenwerk auf Steggrund aufgebaut. Der Aussenrand weist auf drei Seiten kleine Bögen auf. Der Fuss wurde geklöppelt.

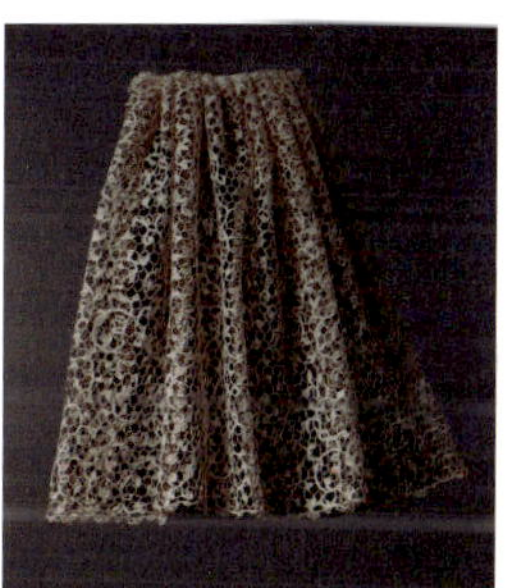

105 Krawattenende

Frankreich oder Venedig, um 1700
Leinen, ecru
Nadelspitze in verstärktem Schlingstich, gedrehtem Schlingstich, Stege in Schlingstich mit Pikot, Fuss geklöppelt; Garn: 2-fädig, S-Drehung
24,5 × 48 cm
Inv.-Nr.: 01212
Schenkung von Leopold Iklé, 1905

Krawattenende in der Art der *Rosalinen*- oder *Coralinen*-Spitze gefertigt, mit feinen Verästelungen, Blüten und Blättern, die sich an der Vertikalachse annähernd spiegeln.

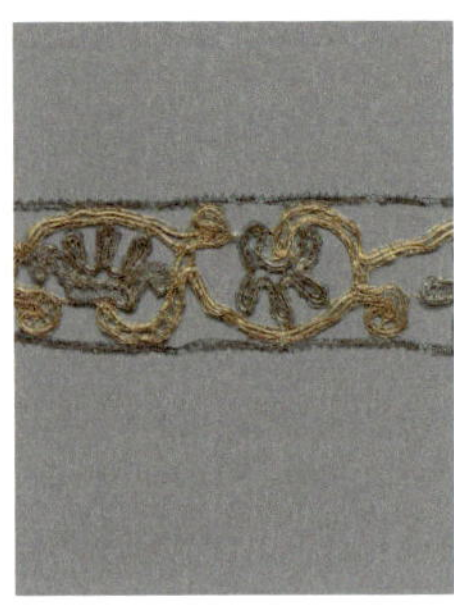

106 Besatz

Süd- oder Westeuropa, viertes Viertel 17. Jahrhundert
Gold- und Silberlahn um Seidenseele
Klöppelspitze in Leinenschlag, Löcherschlag, Heftstich; Lahn: S-Drehung
6,5×60 cm; Rapport: 31 cm
Inv.-Nr.: 01104
Schenkung von Leopold Iklé, 1905

Besatz mit floral geschmückten Wellenranken in fortlaufender Bänderspitze mit Teilspitze.

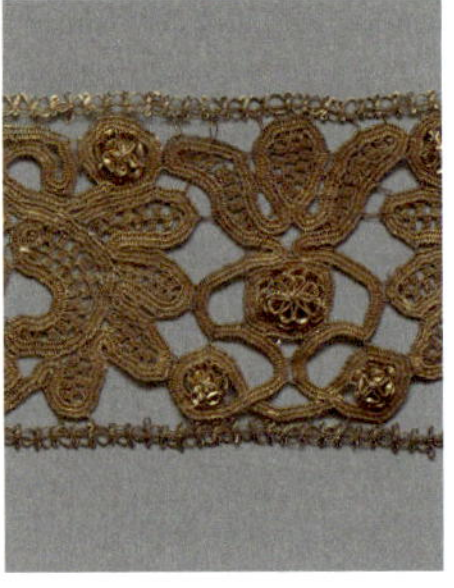

107 Besatz (zwei Fragmente)

Süd- oder Westeuropa, 1676–1750
Goldlahn um Seidenseele, Pergamentstreifen
Klöppelspitze in Formenschlag, Füllmuster aus Formenschlagblättchen, Heftstich, beide Aussenborten mit geflochtenem Faden und Konturfaden, Blumen aus umwickelten Pergamentstreifen; Lahn: S-Drehung
12×53 cm und 12×56 cm
Inv.-Nr.: 01123.1-2
Schenkung von Leopold Iklé, 1905

Besatz mit Blütenmuster in fortlaufender Bänderspitze. Das Füllmuster wurde in einem zweiten Arbeitsgang gefertigt, die erhabenen Blumen wurden nachträglich aufgenäht. Die Verwendung von Pergament in den Posamenten spricht für eine Datierung ins späte 17. oder frühe 18. Jahrhundert. Solche Posamenten-Arbeiten waren unter anderem auch wichtig für die Dekoration von Kleidersteckern und Kopfbedeckungen.

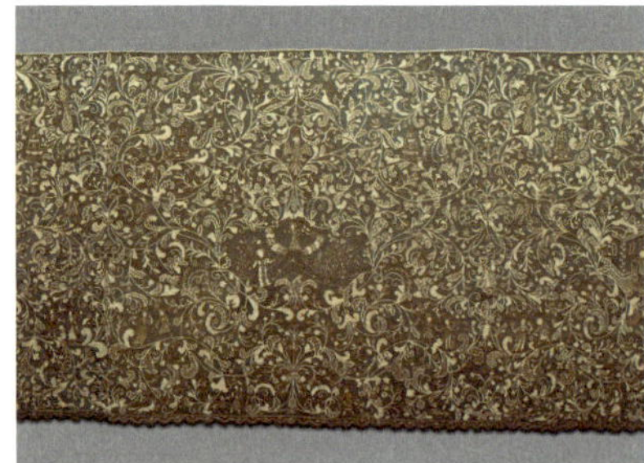

108 Antependium

Frankreich, Italien, Spanien oder Flandern, 1695–1710
Leinen, hell-ecru; Goldlahn auf Seide
Gewobene Litze mit Nadelspitze in verstärktem Schlingstich, geknoteter Schlingstich, Grund mit Netz aus Schlingstichen; Garn: 2-fädig, S-Drehung, Lahn: S-Drehung
74×365 cm
Inv.-Nr.: 00816
Ankauf aus der Sammlung John Jacoby, 195; John Jacoby erwarb das Antependium bei der Iklé-Auktion 1923.

Antependium in Litzenspitze mit Nadelspitze und Grund in Goldlahn. Der einzigartige Charakter des Stückes spricht für eine Auftragsarbeit, die dem Kloster gewidmet wurde.
Fünf regelmässig in symmetrisch arrangiertem Blattrankenwerk mit Wildtieren, Adlern und menschlichen Figuren verteilte Kartuschen zeigen in Abfolge die Geschichte einer Stiftung an ein Zisterzienserkloster. Die menschlichen Figuren sind detailliert ausgeführt und in der Mode der Zeit zwischen 1695 und 1710 gekleidet. Der Aussenrand ist mit einem Fries aus Wellenbögen und Goldfransen akzentuiert.
Von rechts nach links sind im ersten Feld acht Betende mit Taube in einem Garten dargestellt, im zweiten Feld sechs sitzende Figuren und ein Mönch.
Szene drei zeigt den Hl. Georg mit Fahne und einem Mönch, gefolgt von einer Gartenszene, die eine gekrönte Dame mit Begleiterinnen und Kind vor einem kniendem Mann zeigt. In Szene fünf empfangen fünf Nonnen einen gekrönten Mann mit seinem Gefolge. Über den Szenen ist je ein gekrönter Adler platziert – es könnte sich um den *Águila de San Juan* der spanischen Könige handeln. Die gekrönten Häupter könnten somit König Karl II. und seine Frau Maria Anna von der Pfalz sein.

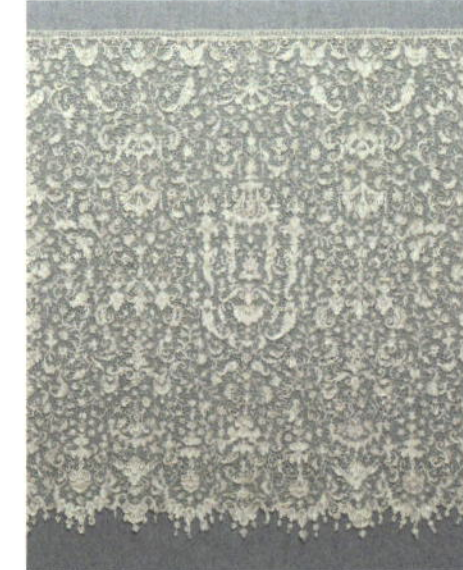

109 Borte

Orne (Frankreich), um 1700, im 19. Jahrhundert ergänzt
Leinen, ecru
Nadelspitze in Schlingstich, verstärktem Schlingstich und gedrehtem Schlingstich, Durchbrüche und einzelne Reliefs in Schlingstich mit Schlingstich-Pikot, Stege als Grund in Schlingstich mit Schlingstich-Pikot, geklöppelter und maschineller Fuss (später zugefügt); Garn: 2-fädig, S-Drehung
65×326 cm; Rapport: 110 cm
Inv.-Nr.: 01232
Ankauf aus der Sammlung John Jacoby, 1954

Superbe breite Borte in *Point-de-France*-Nadelspitze im Stil von Jean Bérain, die entweder im sakralen Bereich als *Antependium* diente oder im Palastinterieur als Möbeldekor Verwendung fand. Das über drei Meter breite Textil ist in drei Rapporte eingeteilt. Die reiche Groteskendekoration zeigt wohl geordnet grosse, chinesisch inspirierte Pavillons, Blumenvasen, Voluten und feines Rankenwerk. Der Aussenrand ist durch gewellte Muschelformen mit einzelnen Blüten akzentuiert.

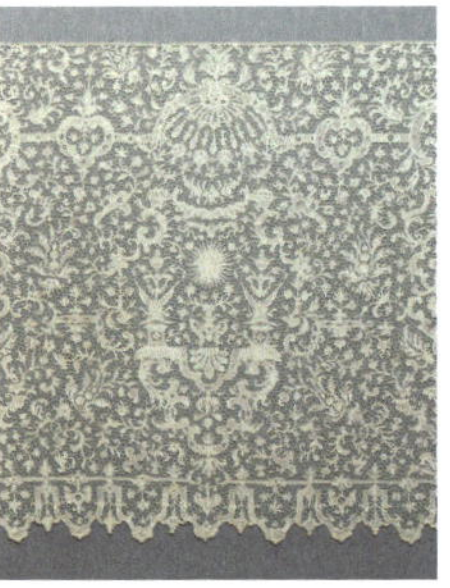

110 Borte

Frankreich, 1695–1710
Leinen, ecru
Nadelspitze in verstärktem Schlingstich, verstärktem gedrehter Schlingstich, Schlingstich, Durchbrüche und Spalten, Grund aus Stegen in Schlingstich mit Schlingstich-Pikot; Garn: 2-fädig, S-Drehung
60×362 cm; Rapport: 53.5 cm
Inv.-Nr.: 01231
Ankauf aus der Sammlung John Jacoby, 1954

Breite Borte in *Point-de-France*-Nadelspitze. Es handelt sich hierbei um eines der qualitativ hochwertigsten Exemplare in der Sammlung Iklé, die sich aus der Zeit erhalten haben. Die Spitze ist im zeittypischen Bérain-Stil des Hofes Louis XIV. gestaltet. Es ist denkbar, dass sie dort auch Verwendung fand. Die Dekoration ist durch die charakteristischen Kandelaber strukturiert, architektonische Elemente ergänzen diese. Zudem findet sich eine Reihe von Vasen, Muschelformen, Kartuschen, Blattranken und Sonnen. Letztere könnten auf den französischen König verweisen. Ähnliche Spitzen befinden sich unter anderem im Musée des Arts Décoratifs in Paris.

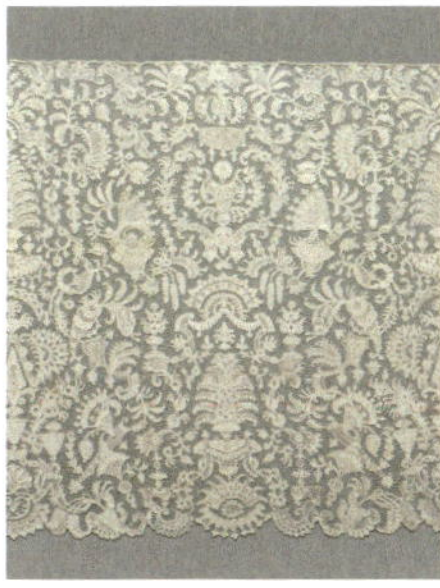

111 Borte

Orne (Frankreich), um 1710
Leinen, ecru
Nadelspitze mit Schlingstich, verstärktem Schlingstich, Durchbrüchen, Füllmuster in gedrehtem Schlingstich, erhabene kleine Ringe mit Schlingstich, nur Aussenrand mit Relief in Schlingstich, Grund in sechseckigem Schlingstich mit Schlingstich-Pikot; Garn: 1- und 2-fädig, S-Drehung
58,5 × 81,5 cm
Inv.-Nr.: 00700
Schenkung von Edith Jacoby / IGM und Stickerei-Exporteure, 1955

Ausgezeichnet gefertigte, breite Borte in *Point-de-France-*, vielleicht schon *Point-de-Sedan*-Nadelspitze. Das Relief befindet sich nur am Aussenrand. Die Dekoration weist zahlreiche bizarre Motive auf, zudem kleinere Motive, die als Vorboten jener Spitzenmotive, wie man sie später in Seidengeweben findet, gedeutet werden können. Kandelabermotive strukturieren die Spitze, zudem findet man Vasen, Fächerformen, kleine Bäume in Vasen, Füllhörner und Rankenelemente.

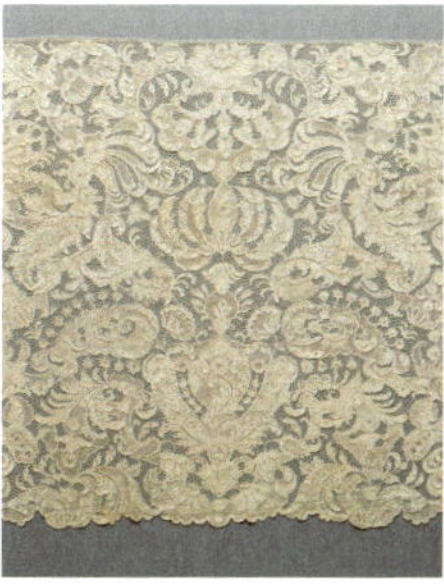

112 Borte

Orne (Frankreich), erstes Viertel 18. Jahrhundert
Leinen, ecru bis gräulich
Nadelspitze in verstärktem Schlingstich mit Durchbrüchen, Relief mit Schlingstich und Pikot, Füllmuster und -netze in gedrehtem Schlingstich, Stege als unregelmässiger sechseckiger Grund in Schlingstich mit Pikot; Garn: 2-fädig, S-Drehung
64 × 670 cm; Rapport: 72 cm
Inv.-Nr.: 01235
Ankauf aus der Sammlung John Jacoby, 1954

Bei der breiten Borte aus *Point-de-Sedan*-Nadelspitze handelt es sich um eine besonders feine Arbeit. Der Entwurf ist grosszügig und ausgewogen, reliefartige Erhöhungen ergeben ein bewegtes Bild. Die markanten vertikalen Achsen sind noch erkennbar und mit Vasen, Muscheln, Boteh-Elementen und fantastischen Pflanzen dekoriert. Die Musterung ist mit zeitgenössischen Seidengeweben vergleichbar, in die Spitzenmuster eingewebt sind.

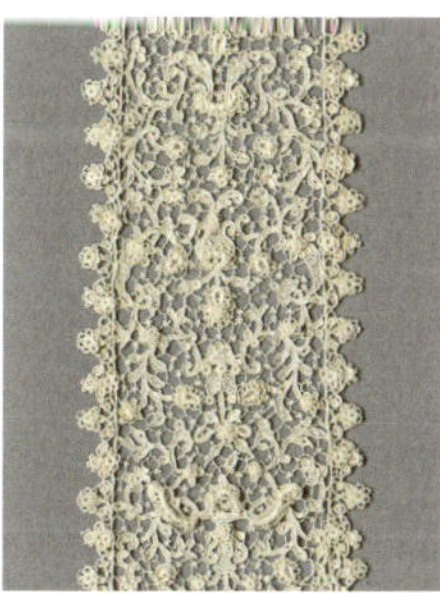

113 Barbe

Venedig oder Orne (Frankreich), um 1700
Leinen, ecru
Nadelspitze in Schlingstich, verstärktem Schlingstich, gedrehtem Schlingstich, Durchbrüche, feine einzelne Reliefs in Schlingstich, kleine Bögen und Sterne in Schlingstich mit Schlingstich-Pikot, Stege als Grund in Schlingstich mit Schlingstich-Pikot; Garn: 2-fädig, S-Drehung
121 × 9 cm
Inv.-Nr.: 01203
Ankauf aus der Sammlung John Jacoby, 1954

Barbe in *Point-de-France-* oder *Rosalinen*-Nadelspitze mit ähnlichen, aber kleineren Motiven als die früheren Barockspitzen. Der Dekor ist durch Kandelabermotive im Bérain-Stil symmetrisch gegliedert und durch kleine Brunnen, Vasen und Rankenelemente ergänzt, was für eine Herstellung in Frankreich sprechen dürfte. Venedig als Herstellungsort ist dennoch nicht auszuschliessen. Teilweise sind die Stege reich verziert und sternförmig. Der Aussenrand besteht aus kleinen Blüten mit eingerollten Knospen.

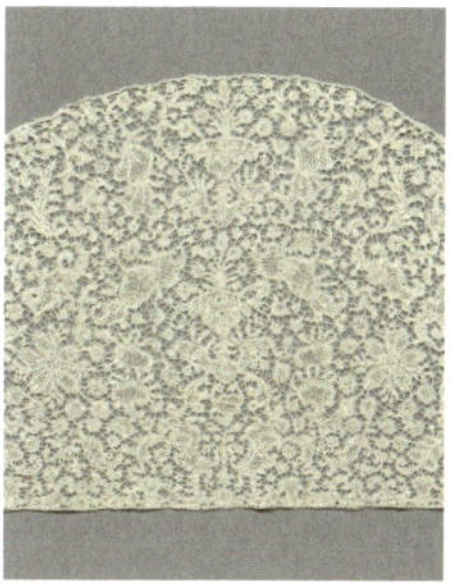

114 Haubenboden

Brüssel, um 1700
Leinen, dunkel ecru
Klöppelspitze in Leinenschlag mit durchbrochenen Rändern, Löchern, Füllmuster in Fünflöcherschlag, Formenschlag mit Dieppegrund, Stege aus Flechten mit Pikot, Heftstich; Garn: 1- und 2-fädig, S-Drehung
19,5 × 29 cm
Inv.-Nr.: 00748
Ankauf aus der Sammlung John Jacoby, 1954

Haubenboden in Brüsseler oder *Point-d'Angleterre*-Teilklöppelspitze. Der axialsymmetrische Dekor gruppiert sich um die zentrale Kandelabermotivik mit Blumenvasen. Der Haubenboden wurde aus einem grösseren Stück ausgeschnitten und später neu vernäht.

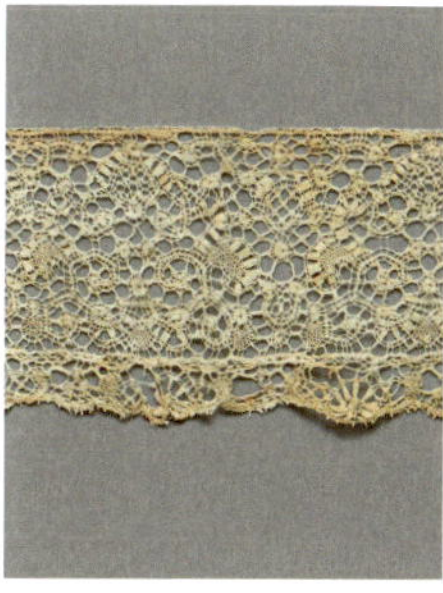

115 Borte

Binche, um 1700
Leinen, ecru bis bräunlich
Klöppelspitze in Halbschlag, Formenschlag, Flechtschlag, Leinenschlag, mit Durchbrüchen und Spinnen, Grund aus

Flechtenstegen; Garn: 1-fädig, S-Drehung
5,5 × 137 cm; Rapport: 5,6 cm
Inv.-Nr.: 03011
Schenkung von Leopold Iklé, 1901
Die Borte ist in der Art der Binche-Spitzen gestaltet. Motiv und Grund bestehen aus fortlaufenden Fäden. Beim Bérain-Stil, der hier vertreten ist, verschmelzen kleine Friese und Blüten mit dem Grund. Der Aussenrand besteht aus einem Klöppelbändchen.

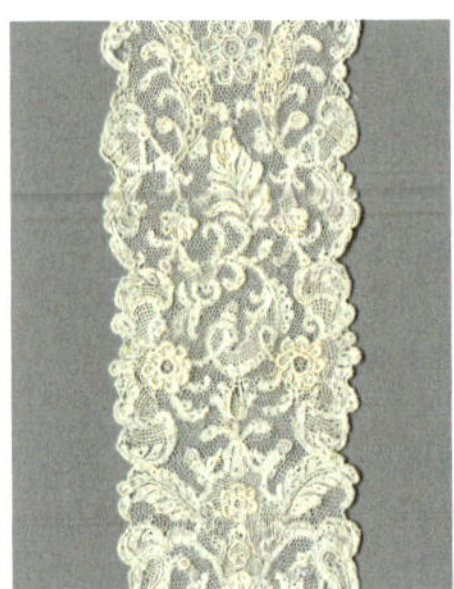

116 Barben

Alençon oder Argentan, um 1720
Leinen, ecru bis gelblich
Nadelspitze in verstärktem Schlingstich, gedrehtem Schlingstich, wenige Reliefs in Schlingstich mit Schlingstich-Pikot, Grund in Alençon-Masche; Garn: 1- und 2-fädig, S-Drehung
57 × 10 cm
Inv.-Nr.: 00702.1-2
Ankauf aus der Sammlung John Jacoby, 1954
Barben in *Point-de-Sedan*-Nadelspitze. Der Dekor der beiden Stücke ist nicht axialsymmetrisch aufgebaut. Unterschiedliche Motivabschnitte mit voluminösen Blumen, Blättern, Vasen und Kandelabermotiv strukturieren die Dekoration.

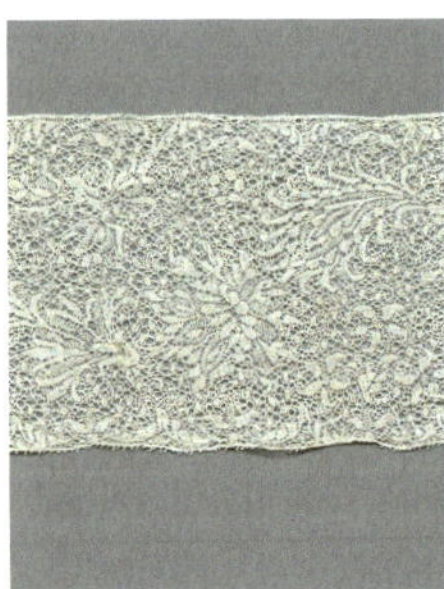

117 Borte

Valenciennes oder Binche, 1720–1740
Leinen, ecru bis gräulich
Klöppelspitze in Leinenschlag mit Durchbrüchen, Halbschlag, Füllmuster in Halbschlag, Spinnen; Grund aus Spinnen, kleinstes Rankenwerk; Garn: 1-fädig, S-Drehung
7 × 74 cm; Rapport: 12 cm
Inv.-Nr.: 00751
Schenkung von Leopold Iklé, 1904
Die Borte in fortlaufender Klöppelspitze besteht aus zwei zusammengenähten Teilen mit unterschiedlichen floralen Motiven, die sich als Rankenmuster entwickeln und die im kleingemusterten Grund versinken. Die Spitze ist ausserordentlich fein gearbeitet und die im Grund verborgenen Motive machen sie besonders reizvoll.

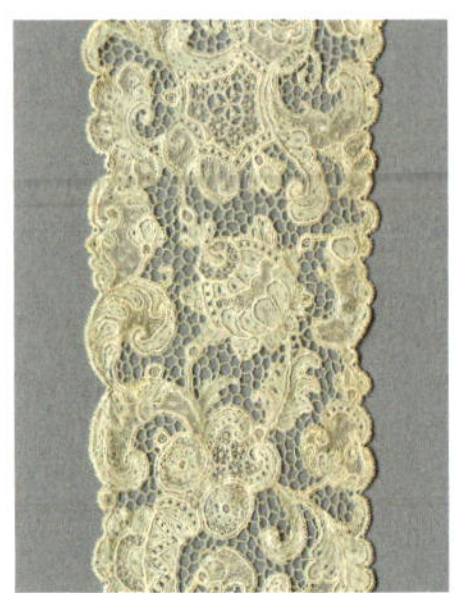

118 Barben (Fragmente)

Brüssel, Alençon oder Argentan, um 1720
Leinen, ecru
Nadelspitze in verstärktem Schlingstich, gedrehtem Schlingstich, Füllmuster aus Netzen und Sternchen in gedrehtem Schlingstich und Schlingstich, Konturen in Schlingstich mit Pikot, Trassierfäden, Stege als Grund in Schlingstich mit Schlingstich-Pikot; Garn: 1-fädig, S-Drehung
Je 37 × 7,5 cm
Inv.-Nr.: 02159.1-2
Ankauf aus der Sammlung John Jacoby, 1954
Barbe in *Point-de-Sedan*-Nadelspitze, die oben beschnitten ist. Die aufsteigenden Blumen- und Blattmotive ähneln jenen auf Seidengeweben der Zeit, zudem sind bizarre Elemente vorhanden. Barben waren ein variabel einsetzbarer Bestandteil von Hauben. Am geraden Teil des Haubenbodens befestigt, hingen sie entweder hinten über die Schultern oder wurden unter dem Kinn gebunden. Manchmal wurden sie gefaltet an der Haube festgemacht oder am Ausschnitt fixiert. Die französische Stadt Sedan war bekannt für die feinen Leinenfäden, die dort hergestellt wurden. Es gibt jedoch keinen Hinweis darauf, dass diese *Point-de-Sedan*-Spitze tatsächlich dort produziert wurde.

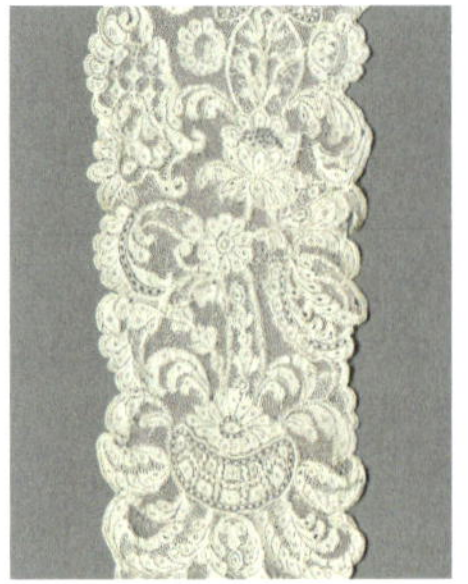

119 Barben (zusammengenäht)

Brüssel oder Alençon, um 1710
Leinen, ecru bis gräulich
Nadelspitze in verstärktem Schlingstich, gedrehtem Schlingstich, Füllmuster aus kleinen Ringen, Durchbrüche, Gitter, Chevronmuster in Schlingstich, gedrehte Fäden, Konturen durch Trassierfäden, Grund in Alençon-Masche quer zur Kante; Garn: 1-fädig, S-Drehung
114 × 8,5 cm
Inv.-Nr.: 00721
Ankauf aus der Sammlung John Jacoby, 1954
Zusammengenähtes Barbenpaar in Brüsseler Nadelspitze mit unterschiedlichen fantastischen, bizarr anmutenden Blüten, fedrigen Blättern und Kapseln, die ineinander verwachsen sind. Es ist nicht geklärt, ob diese Art Spitze nur in Brüssel hergestellt wurde.

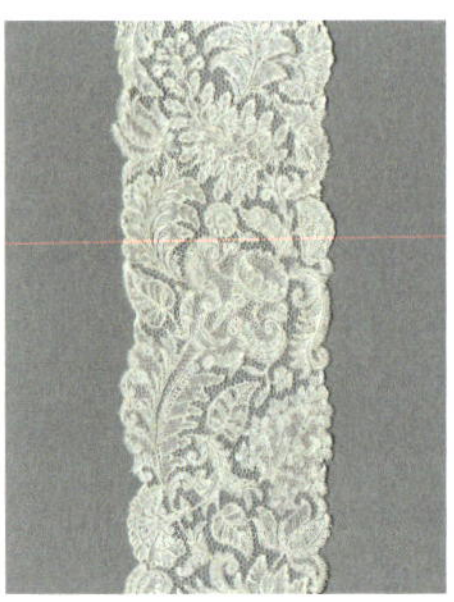

120 Barbe

Brüssel, um 1720
Leinen, ecru bis gelblich
Klöppelspitze in Leinenschlag, Halbschlag mit Reliefbändchen, Füllmuster aus Spinnen, Fünflöcherschlag, Formenschlag im Löcherschlag, Flechtgrund, Heftstich, Garn: 1-fädig, S-Drehung
128,5 × 9,5 cm
Inv.-Nr.: 02542
Ankauf aus der Sammlung John Jacoby, 1954
Barbe in Brüsseler oder *Point-d'Angleterre*-Teilklöppelspitze. Die Spitze ist bis in die kleinsten Details virtuos gearbeitet. Der aufsteigende, schräg verlaufende Dekor beinhaltet grosse Blattformen, Blüten und Kartuschenformen. Der nur wenig vorhandene Grund zeigt schon Anzeichen der späteren Droschel-Technik.

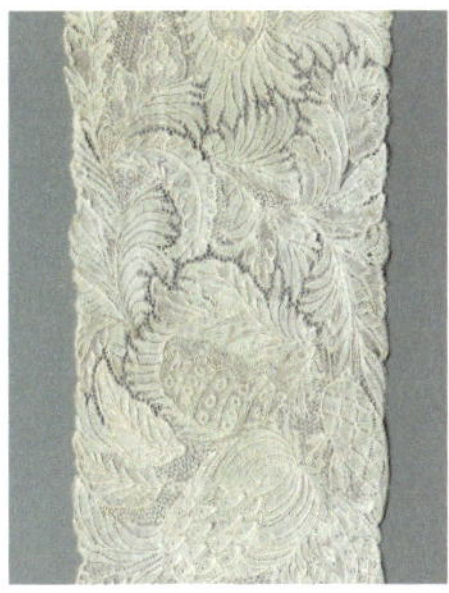

121 Barben

Brüssel, um 1720
Leinen, hell-ecru bis gelblich
Klöppelspitze in Leinenschlag, Halbschlag mit Reliefbändchen, Füllmuster aus Spinnen, Halbschlag, kleine Flechtstege, Helftstich; Garn: 1- und 2-fädig, S-Drehung
67,5 × 11,5 cm
Inv.-Nr.: 00716.a-b
Ankauf aus der Sammlung John Jacoby, 1954

Barben in Brüsseler oder *Point-d'Angleterre*-Teilklöppelspitze in äusserst qualitätvoller Ausführung. Der Dekor ist sehr dicht und stellt üppige vegetabile Formen wie Blätter und Fruchtkapseln dar. Er erinnert an die naturnahen Motive auf Seidengeweben jener Zeit.

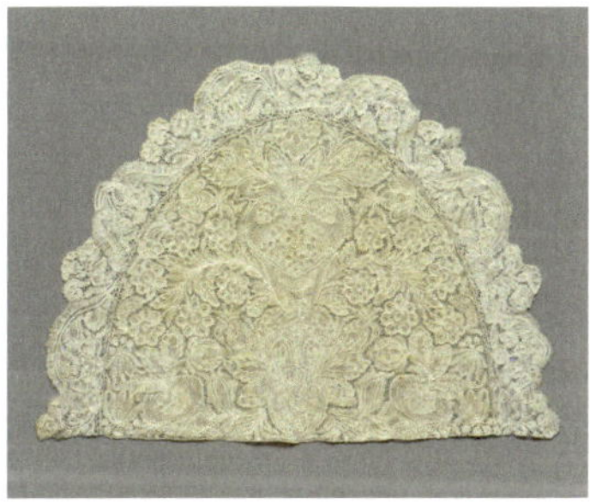

122 Haubenboden

Brüssel, um 1720
Leinen, dunkel-ecru
Klöppelspitze in Leinenschlag, Halbschlag mit Reliefbändchen, kleine Spinnen im Grund, Stege aus gedrehten Fadenpaaren, Heftstich; Garn: 1-fädig, S-Drehung
29 × 21 cm
Inv.-Nr.: 00717
Ankauf aus der Sammlung John Jacoby, 1954

Haubenboden in Brüsseler oder *Point-d'Angleterre*-Teilklöppelspitze. Seltener, symmetrisch geordneter Dekor mit voluminösem Blatt- und Blumenwerk mit Früchten. Die gewellte äussere Spitzenborte ist mit Blättern und Blüten verziert. Die beiden Elemente wurden später kombiniert.

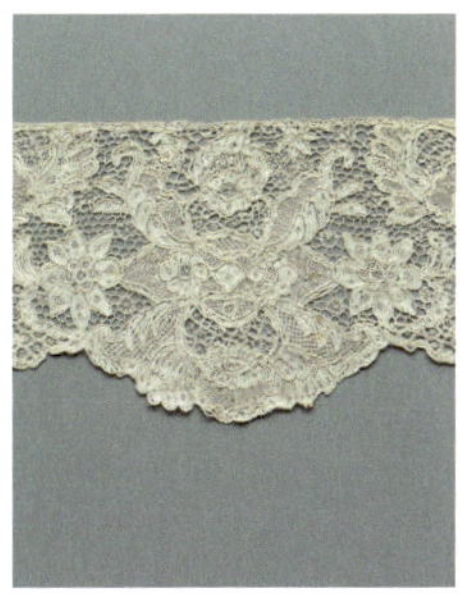

123 Engageantes

Alençon oder Argentan, um 1730
Leinen, hell
Nadelspitze in verstärktem Schlingstich, Füllmuster und -netze in Schlingstich, Reliefkonturen in Schlingstich, Grund aus sechseckiger Masche in Schlingstich mit Brides picotés; Garn: 1-fädig, S-Drehung
Je 10 × 74 cm
Inv.-Nr.: 02131.1-2
Ankauf aus der Sammlung John Jacoby, 1954

Die beiden *Engageantes* sind aus *Point-de-Sedan*-Nadelspitze. Im breitesten Teil ist eine grosse Blüte auf einem Sockel zu sehen. Die Spitze ist symmetrisch organisiert. Die schräg eingesetzten Motive wirken bizarr. Die *Engageantes* scheinen am Fuss gekürzt und mit einem neuem Fuss versehen worden zu sein.

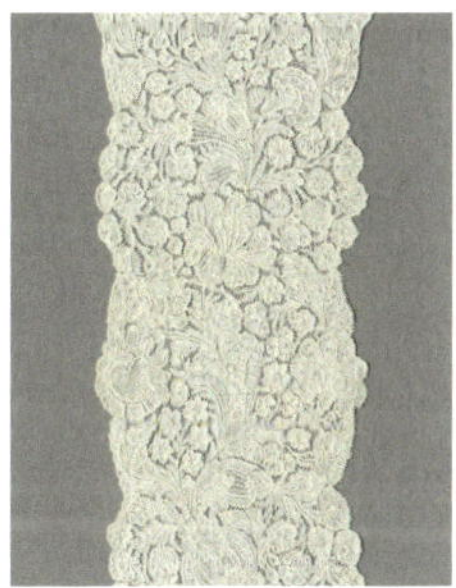

124 Barbe

Brüssel, um 1720, im 19. Jahrhundert verändert
Leinen und Baumwolle, ecru
Klöppelspitze in Leinenschlag, Halbschlag, Reliefbändchen, Chevronmuster, Spinnen, Stege aus gedrehten Fadenpaaren, z. T. später (19. Jahrhundert) mit Baumwollfaden eingearbeitet; Garn: 1-fädig, S-Drehung
124 × 12,5 cm
Inv.-Nr.: 00718
Ankauf aus der Sammlung John Jacoby, 1954

Barbe in Brüsseler oder *Point-d'Angleterre*-Teilklöppelspitze. Obwohl die Spitze sehr dicht gearbeitet ist, erscheint sie dank des Reliefbändchens gut lesbar. Von einem Blumenkorb ausgehend entwickelt sich eine übereinander gestaffelte Ranke mit Früchten, Blüten und Blättern. Die Stege scheinen im 19. Jahrhundert nachgearbeitet worden zu sein.

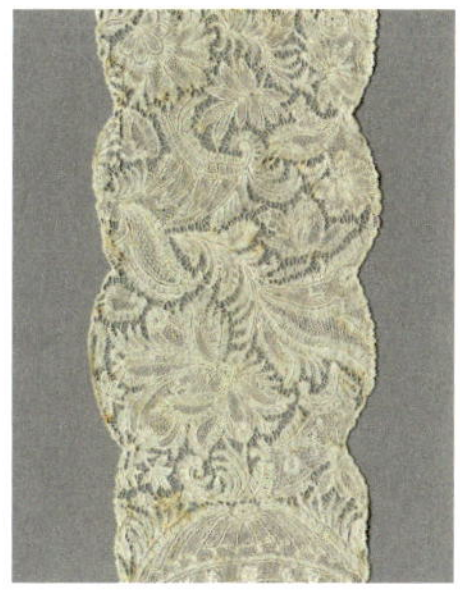

125 Barben

Brüssel, um 1720–1730, in der zweiten Hälfte des 19. Jahrhundert verändert
Leinen und Baumwolle, ecru bis gräulich
Klöppelspitze in Leinenschlag, Halbschlag, mit Reliefbändchen, Füllmuster aus Spinnen, Fünflöcherschlag, Grund in Flechtstegen mit Pikot, Heftstich; Garn: 1-fädig, S-Drehung
90 × 15 cm und 87 × 14 cm
Inv.-Nr.: 02555.1-2
Ankauf aus der Sammlung John Jacoby, 1954

Barbenpaar in Brüsseler oder *Point-d'Angleterre*-Teilklöppelspitze. Die Barben bestehen aus ursprünglich nicht zusammengehörigen Elementen: Der obere Teil unterscheidet sich vom unteren und ist zehn Jahre früher zu datieren Er ist stilistisch noch den bizarren Mustern mit kleineren exotischen Blüten und Zackenblättern verpflichtet. Der untere Teil hingegen ist symmetrisch angelegt, zeigt eine Vase mit grossen Blättern und Blüten unter einer Pagode und ist zeitlich in die 1730er-Jahre einzuordnen. Die beiden Teile sind je mit Baumwollfaden zusammengenäht.

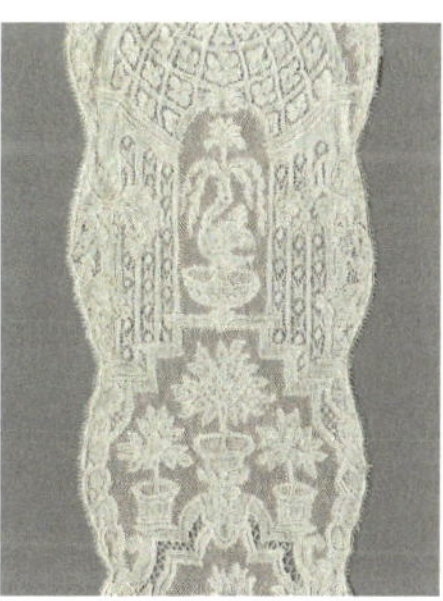

126 Barbe

Mechelen, um 1730
Leinen, ecru bis gräulich
Klöppelspitze in Leinenschlag mit Konturfaden, Füllmuster aus Spinnen, Rosenschlag, Löcherschlag, Mechelnergrund; Garn: 2-fädig, S-Drehung
51,5 × 11,5 cm
Inv.-Nr.: 02604
Ankauf aus der Sammlung John Jacoby, 1954

Barbe aus fortlaufender Mechelner Klöppelspitze. Es handelt sich um eine sehr feine Klöppelspitze mit vier exakt gearbeiteten, symmetrisch und perspektivisch angelegten Gartenmotiven (Pavillon, Brunnen), die übereinander gestaffelt sind und zu den damals beliebten naturalistischen Seidenstoffen passen. Die Dichte im fast durchsichtigen Leinenschlag ist mit fünf bis acht Fäden pro Millimeter sehr hoch.

127 Borte

Alençon oder Argentan, um 1730
Leinen, ecru bis gräulich
Nadelspitze in verstärktem Schlingstich, gedrehtem Schlingstich, Füllmuster mit Gittern, Netzen, Chevron- und Schachbrettmustern in gedrehtem Schlingstich, Reliefkonturen in Schlingstich, Grund aus Alençon-Masche quer zum Fuss gearbeitet; Garn: 1-fädig, S-Drehung
6,3×71,5 cm; Rapport: 41 cm
Inv.-Nr.: 02154
Ankauf aus der Sammlung John Jacoby, 1954; John Jacoby erwarb das Stück bei der Iklé-Auktion 1923.

Bei der Borte handelt es sich um eine *Point-de-Sedan*-Nadelspitze. Es ist nicht ganz klar, in welcher der zwei genannten Städte, Alençon oder Argentan, diese Spitze produziert wurde. Das Muster besteht aus eingerollten Stielen, Blüten, Früchten und Blättern, die abwechselnd aus dem Fuss oder aus dem Aussenrand herauswachsen. Die Motive sind dabei etwas naiv und mit zittrigen Linien gezeichnet. Der Grund ist sehr unregelmässig gearbeitet.

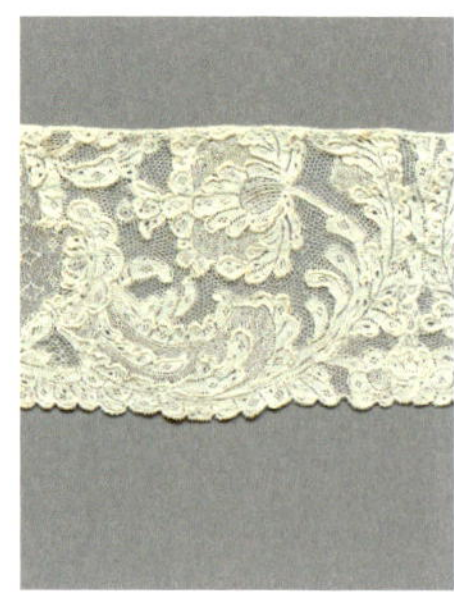

128 Borte

Alençon oder Argentan, um 1730
Leinen, hell-ecru
Nadelspitze in verstärktem Schlingstich, gedrehtem Schlingstich, Füllmuster mit Netzen, Rauten und gedrehtem Schlingstich, Reliefkonturen in Schlingstich mit Schlingstich-Pikot, Grund in Alençon-Masche; Garn: 1-fädig, S-Drehung
8×62 cm
Inv.-Nr.: 02169
Ankauf aus der Sammlung John Jacoby, 1954

Borte in *Point de Sedan* oder in der Art der Brüsseler Nadelspitze gefertigt. Das Dekor besteht aus voluminösen Blättern, Früchten und Blüten. Die Spitze scheint aus verschiedenen kürzeren Stücken zusammengenäht worden zu sein. Eine Seite ist beschnitten. Möglicherweise war die Borte ursprünglich eine Barbe.

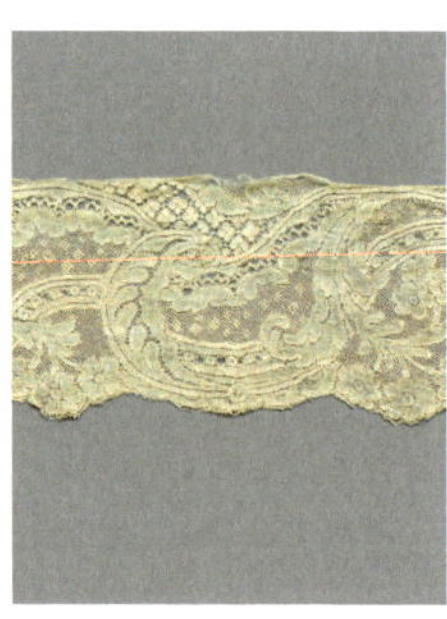

129 Borte

Mechelen, um 1730
Leinen, dunkel-ecru
Klöppelspitze in Leinenschlag mit Konturfaden, Durchbrüche, Füllmuster mit Spinnen, Spinnen im Quadrat, Halbschlag, Mechelnergrund mit Formenschlag, Garn: 1-fädig, S-Drehung
6,5×66 cm; Rapport: 21 cm
Inv.-Nr.: 02583
Schenkung von Leopold Iklé, 1901

Borte aus fortlaufender Klöppelspitze in Mechelner Art. Der Dekor weist aneinandergereihte, voluminöse Kartuschen mit floralen Elementen und Blättern auf. Das Objekt besteht aus zwei perfekt gearbeiteten Spitzen, die kunstvoll mit feinem Faden zusammengenäht wurden. Die Dichte des Leinenschlags variiert zwischen vier und sechs Fäden pro Millimeter.

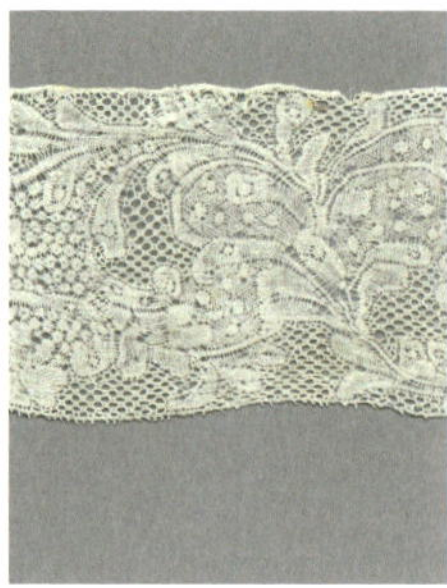

130 Borte

Valenciennes oder Flandern, um 1740
Leinen, ecru
Klöppelspitze in Leinenschlag mit Durchbrüchen, Halbschlag, Füllmuster aus Spinnen, Grund in Fünflöcherschlag; Garn: 1-fädig, S-Drehung
7×52 cm; Rapport: 12,5 cm
Inv.-Nr.: 00743
Schenkung von Leopold Iklé, 1904

Es handelt sich um eine fortlaufend geklöppelte Valenciennes- oder Binche-Spitze mit einer Leinenschlagdichte von drei bis vier Fäden pro Millimeter. Vielfältige Blüten ranken sich fortlaufend als Wellenmotiv über die Borte.

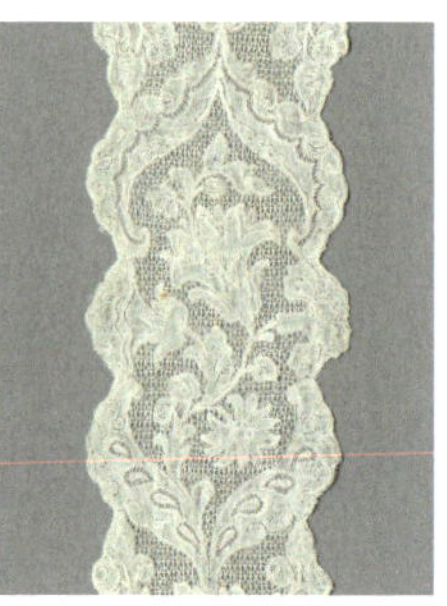

131 Barbe

Mechelen, um 1740
Leinen, weiss
Klöppelspitze in Leinenschlag mit Konturfaden, Durchbrüche, Halbschlag, Flechten, Gittergrund aus Flechten mit Pikot; Garn: 1-fädig, S-Drehung; Konturfaden: 2-fädig, S-Drehung
52×8,9 cm
Inv.-Nr.: 03047
Ankauf aus der Sammlung John Jacoby, 1954

Barbe in fortlaufender Klöppelspitze vom Typ Mechelner Spitze. Fein komponierter Dekor mit voluminösen Blattkartuschen und Blumen. Die Dichte des Leinenschlags variiert zwischen vier und fünf Fäden pro Millimeter.

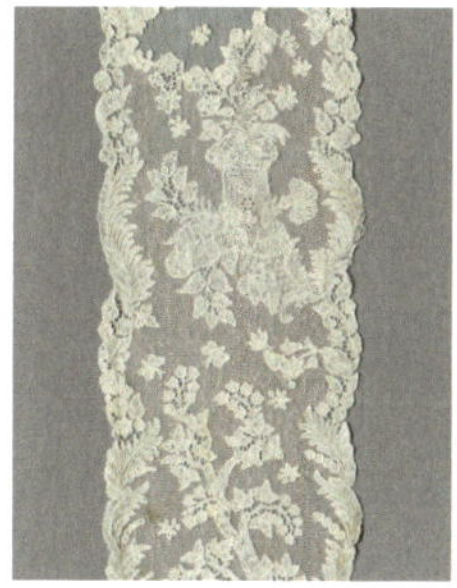

132 Barben

Brüssel, um 1740, repariert im frühen 19. Jahrhundert
Leinen und Baumwolle, weisslich
Klöppelspitze in Leinenschlag mit durchbrochenem Rand und Reliefbändchen, Füllmuster aus Flechten mit Pikot, Chevronmuster in Leinenschlag und Halbschlag, Nadelspitze in Schlingstich, Droschel-Grund, maschineller Twisttüll (Reparatur frühes 19. Jahrhundert), Heftstich; Garn: 1-fädig, S-Drehung
Je 60 × 10 cm
Inv.-Nr.: 02563.1-2
Ankauf aus der Sammlung John Jacoby, 1954

Fein gearbeitete Barben in Brüsseler Teilklöppelspitze. Sie zeigen blühende Bäume, die sich nach oben schlängeln, sowie verzierte Sockel als Vasen mit reichhaltigem Blumendekor. Der obere Teil beider Barben wurde im frühen 19. Jahrhundert mit einem selten erhaltenen, maschinell produzierten Twisttüll neu unterlegt.

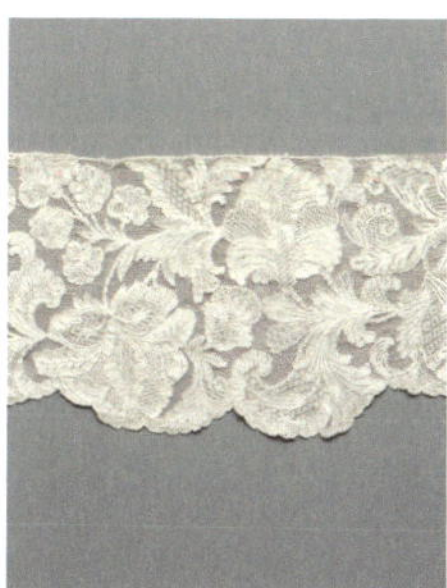

133 Haubenverzierung oder Fontange

Brüssel oder Alençon, um 1735
Leinen, weisslich-grau
Nadelspitze in verstärktem Schlingstich, gedrehtem Schlingstich, Füllmuster aus kleinen Ringen, Gittern, Rautenmuster, Zackenmuster in Schlingstich, gedrehte Fäden, Konturen durch Trassierfäden, Alençon-Maschen-Grund längs zum Fuss; Garn: 1-fädig, S-Drehung
13 × 125 cm
Inv.-Nr.: 00725
Ankauf aus der Sammlung John Jacoby, 1954

Die Verzierung der Haube oder *Fontange* in Nadelspitze wird von grossen, ineinandergeschlungenen Blättern und Blüten gebildet. Diese Spitze ist ausserordentlich naturalistisch gestaltet. Sie hat sogar einen leicht plastischen Effekt. Es ist ungewiss, ob sie in Brüssel oder Frankreich angefertig wurde.

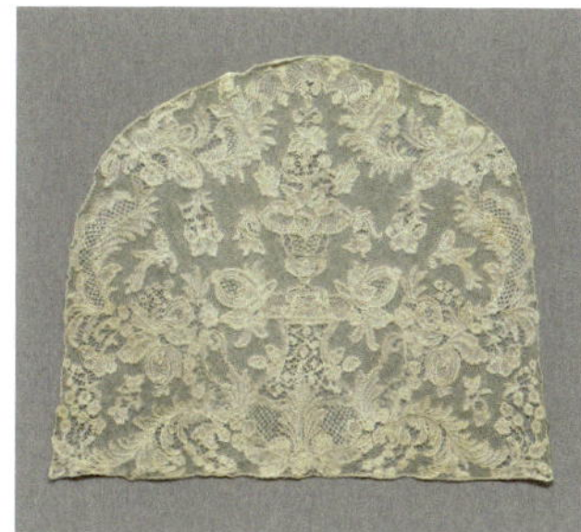

134 Haubenboden

Brüssel, um 1750
Leinen, dunkel-ecru
Klöppelspitze in Leinenschlag, Halbschlag, Reliefbändchen, Füllmuster mit Spinnen, Flechte mit Pikot, vierblättrige Blüten mit Reliefbändchen im Rombenmuster, geklöppelter Droschel-Grund; Garn: 1-fädig, S-Drehung
22 × 19 cm
Inv.-Nr.: 00731
Ankauf aus der Sammlung John Jacoby, 1954

Haubenboden in Brüsseler oder *Point-d'Angleterre*-Teilklöppelspitze. Der Dekor ist symmetrisch geordnet, die Mitte bildet eine Blumenvase, die von Blumen, Vögeln, Früchten und Blättern flankiert wird. Der Haubenboden wurde am unteren Rand eingereiht, eine Spitzenborte ziert den Aussenrand.

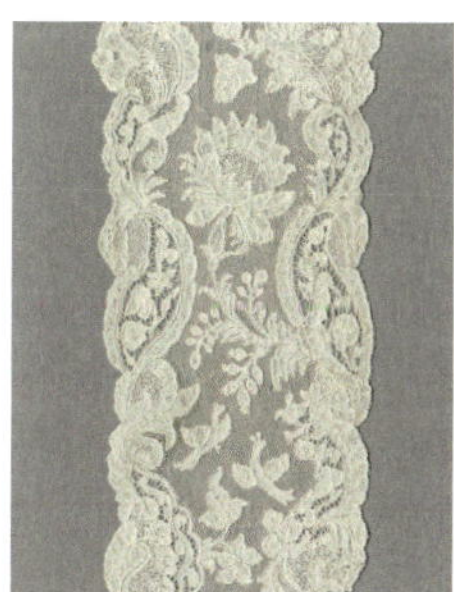

135 Barben

Brüssel, um 1750, Ende 19. Jahrhundert neu kombiniert
Leinen, weisslich; Baumwolle
Klöppelspitze in Leinenschlag, Durchbrüche, Reliefbändchen, Füllmuster, Halbschlag, Chevronmuster, Spinnen, Flechten mit Pikot, Droschel-Grund, Heftstich; Garn: 1-fädig, S-Drehung
Je 120 × 12 cm
Inv.-Nr.: 00014.1-2
Ankauf aus der Sammlung John Jacoby, 1954.

Barben in Brüsseler oder *Point-d'Angleterre*-Teilklöppelspitze. Prononcierter floraler Dekor längs der Aussenränder, daraus wachsen grosse Blumen ins zentrale Feld, das zusätzlich durch Vögel akzentuiert wird. Im 19. Jahrhundert wurden die Barben mit einem Baumwollfaden neu zusammengenäht.

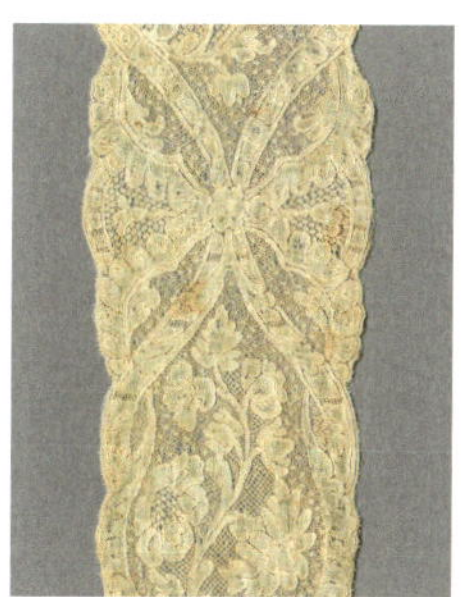

136 Barbe

Mechelen, um 1750
Leinen, bräunlich
Klöppelspitze in Leinenschlag mit Konturfaden und Durchbrüchen, Grund aus Spinnen und eingerahmten Spinnen; Garn: 1-fädig, S-Drehung
52 × 8,5 cm
Inv.-Nr.: 02585
Schenkung von Leopold Iklé, 1901

Die Barbe ist axialsymmetrisch aufgebaut. Die ovalen Medaillons sind mit Blütenzweigen und Blumen gefüllt. Die Barbe ist fortlaufend geklöppelt, Motiv und Grund sind also aus einem Stück. Die Dichte des Leinenschlags variiert dabei zwischen vier und sechs Fäden pro Millimeter.

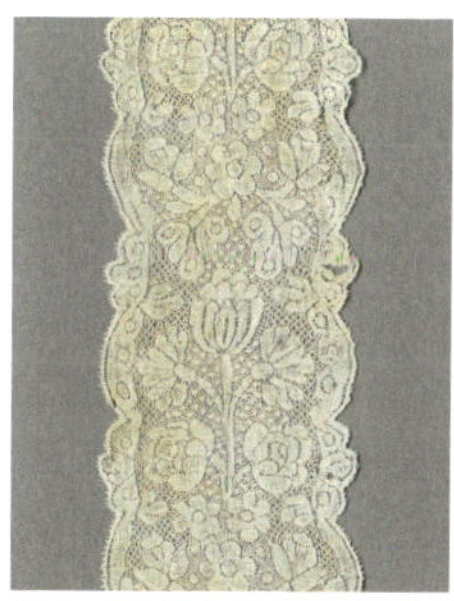

137 Barbe

Valenciennes oder Flandern, um 1740
Leinen, bräunlich
Klöppelspitze in Leinenschlag mit Durchbrüchen, Grund in Halbschlag, Spinnen, Fünflöcherschlag; Garn: 1- und 2-fädig, S-Drehung
54 × 8,5 cm

Inv.-Nr.: 00744
Schenkung von Leopold Iklé, 1904
Die Valenciennes-Spitze ist fortlaufend geklöppelt. Die verschiedenartigen Blumen sind bei dieser Barbe beinahe axialsymmetrisch in den Grund gelegt. Die Dichte des Leinenschlags beträgt drei bis vier Fäden pro Millimeter. Anton Raphael Mengs malte 1744 ein detailliert ausgeführtes Porträt von Dorothea Sophia Thiele (Gemäldegalerie Alte Meister, Dresden), auf dem sie Barben und Spitzen trägt, die dieser auffällig gleichen.

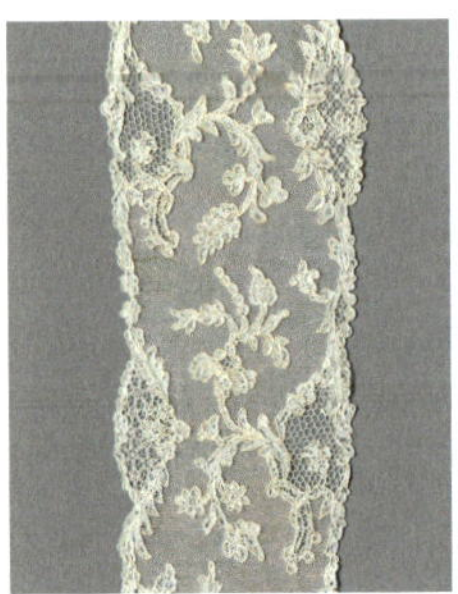

138 Barben

Alençon oder Argentan, um 1760
Leinen, hell-ecru
Nadelspitze in verstärktem Schlingstich, gedrehtem Schlingstich, Füllmuster als Stege in Schlingstich, Reliefkonturen in Schlingstich, Alençon-Maschen-Grund quer zum Aussenrand; Garn: 1-fädig, S-Drehung
Je 67 × 11,5 cm
Inv.-Nr.: 00729.1-2
Ankauf aus der Sammlung John Jacoby, 1954
Barben aus *Point d'Alençon* mit Rocailleformen am Aussenrand und unten. Aus den Rocailles wachsen einmal rechts, dann links Pflanzen mit herunterhängenden Blüten und Blättern.

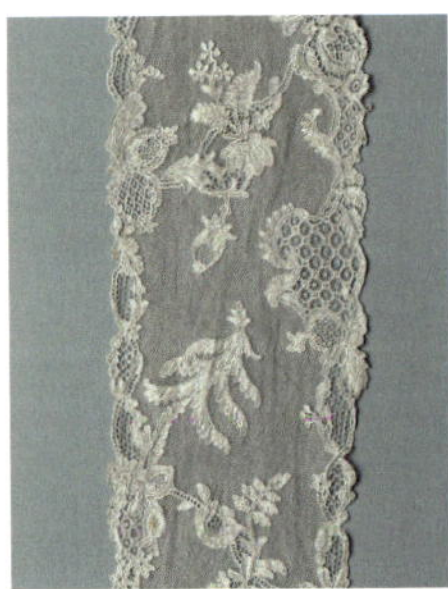

139 Barben

Brüssel, um 1750
Leinen, hell-ecru
Nadelspitze in verstärktem Schlingstich mit Durchbrüchen, Reliefkontur aus Fadenbüscheln mit Schlingstich, Füllmuster aus Netzen in gedrehtem Schlingstich, kleine Ringe, kleine Sterne in Schlingstich mit Schlaufen-Pikot, geklöppelter Droschel-Grund; Garn: 1-fädig, S-Drehung
Je 60,5 × 11,5 cm
Inv.-Nr.: 02341.1-2
Ankauf aus der Sammlung John Jacoby, 1954
Barben in gemischter Brüsseler Nadelspitze. Die Aussenränder zeigen grosse Früchte, Blüten und Rocailles. Dazwischen sind schräg hängende Pflanzen und kleine Bäume, Blüten und Früchte zu sehen.

140 Borte

Brüssel oder Brabant, um 1740, im 19. Jahrhundert verändert
Leinen, ecru; Baumwolle
Klöppelspitze in Leinenschlag, Halbschlag mit Reliefbändchen, Füllmuster mit Spinnen, Flechtengrund mit Pikot, Heftstich, Chevronmuster in Leinenschlag und Halbschlag, Droschel-Grund; Garn: 1-fädig, S-Drehung
7 × 104 cm
Inv.-Nr.: 00734
Schenkung von Leopold Iklé, 1904
Zwei feine, im 19. Jahrhundert mit Baumwollfaden zusammengenähte Borten in Brüsseler oder *Point-d'Angleterre*-Teilklöppelspitze. Der Dekor zeigt unterschiedliche Szenen mit einem Schwan sowie Blumen-, Blatt- und Fruchtdekor.

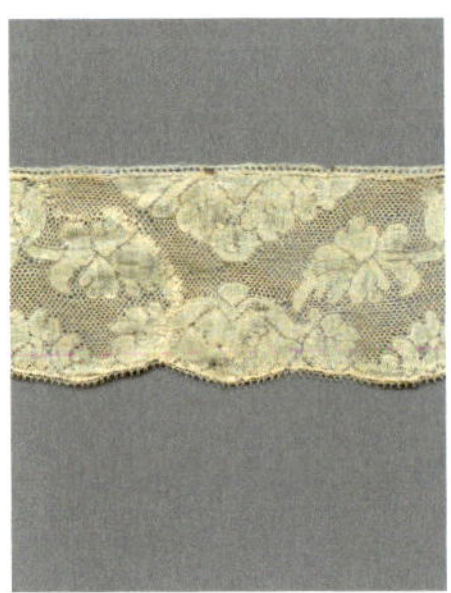

141 Borte

Valenciennes, um 1750
Leinen, gelblich
Klöppelspitze in Leinenschlag mit durchbrochenem Rand und Durchbrüchen, runder Valenciennes-Grund; Garn: 1-fädig, S-Drehung
5 × 63 cm; Rapport: 15 cm
Inv.-Nr.: 02878
Schenkung von Leopold Iklé, 1901
Leicht gebogte Valenciennes-Borte in fortlaufender Klöppelspitze mit sichtbaren Reparaturen. Blumen- und Blattdekor, für das zusätzliche Fäden eingezogen wurden, um das Motiv dichter zu gestalten. Die Dichte des Leinenschlages liegt bei fünf bis sechs Fäden pro Millimeter.

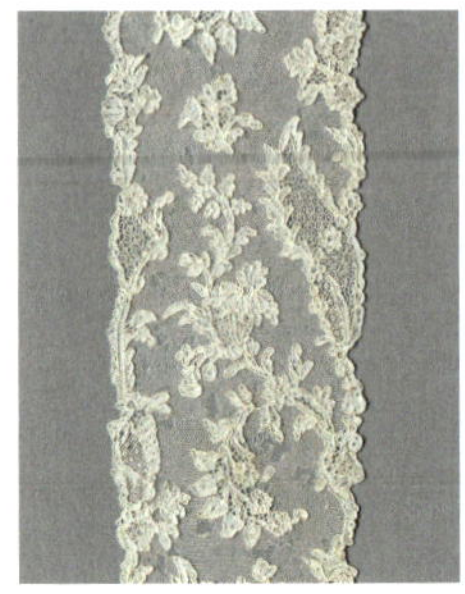

142 Barben

Alençon, um 1750
Leinen, weiss
Nadelspitze in verstärktem Schlingstich, gedrehtem Schlingstich, Füllmuster mit kleinen Sternen, Gittermuster in Schlingstich, Reliefumrandung in Schlingstich, Grund in Alençon-Masche, Garn: 1- und 2-fädig; S-Drehung
Je 61,5 × 11 cm
Inv.-Nr.: 00730.1-2
Ankauf aus der Sammlung John Jacoby, 1954
Barben in *Point-d'Alençon-* oder *Point-d'Argentan*-Nadelspitze. Der Dekor besteht aus seitlichen Rocailleformen und reichem Blumenwerk. Die Barben zeigen bereits viel Grund. Dieser ist quer gearbeitet, nicht mehr um die Motive herum.

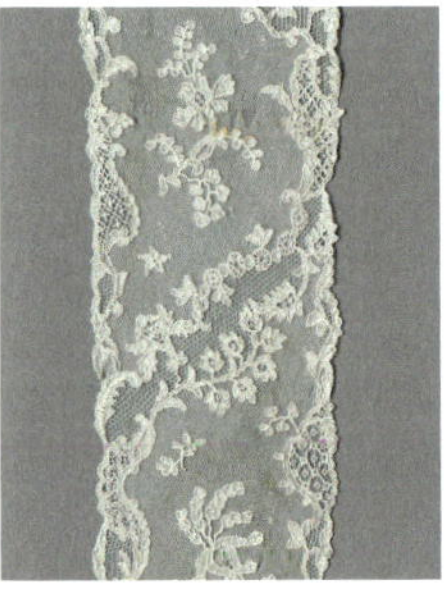

143 Barbe

Brüssel, um 1770
Leinen, gräulich-weiss
Nadelspitze in verstärktem Schlingstich, gedrehtem Schlingstich, Füllmuster aus Rauten mit kleinen Punkten und Ringen in gedrehtem Schlingstich, geklöppelter Zackengrund aus Flechten, Reliefkonturen

in Schlingstich, geklöppelter Droschel-Grund; Garn: 1-fädig, S-Drehung
108×9 cm
Inv.-Nr.: 00736
Ankauf aus der Sammlung John Jacoby, 1954

Barbe in *Point-d'Angleterre-* oder Brüsseler Nadelspitze mit typischem Girlandenmotiv und losem Arrangement der Blumen- und Rocaillemotive, die ähnlich auf Seidenstoffen jener Zeit zu finden sind.

144 Borte

Argentan oder Alençon, um 1760
Leinen, bräunlich
Nadelspitze mit verstärktem Schlingstich, Relieffaden mit Schlingstich, Füllmuster in Alençon-Grund, kleine Sterne in Schlingstich, Grund aus Brides bouclés mit Schlingstich; Garn: 1- und 2-fädig, S-Drehung
9×164 cm; Rapport: 40,5 cm
Inv.-Nr.: 50130
Schenkung von Konrad Huber-Iklé, 2000; das Objekt stammt aus der Sammlung von Leopold Iklé.

Borte in Argentan-Nadelspitze. Der Dekor besteht aus zwei sich wellenden und kreuzenden Girlanden, zwischen denen sich Streublumen befinden.

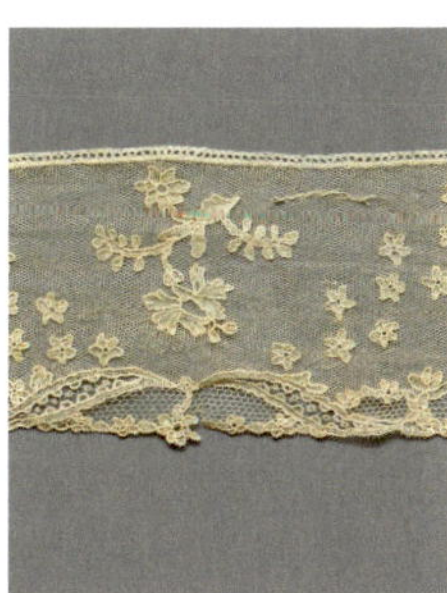

145 Borte

Brüssel, viertes Viertel 18. Jahrhundert
Leinen, gelblich
Nadelspitze in verstärktem Schlingstich mit Durchbrüchen, Reliefkontur aus Fadenbüscheln mit Schlingstich, Füllmuster mit Netzen in gedrehtem Schlingstich, kleine Sterne in Schlingstich, geklöppelter Droschel-Grund; Garn: 1-fädig, S-Drehung
7×81 cm
Inv.-Nr.: 02345
Schenkung von Leopold Iklé, 1901

Borte in Brüsseler Nadelspitze mit geklöppeltem Droschel-Grund. Eine Wellenranke aus kleinsten Blüten umspielt zwei alternierende Blumenzweige.

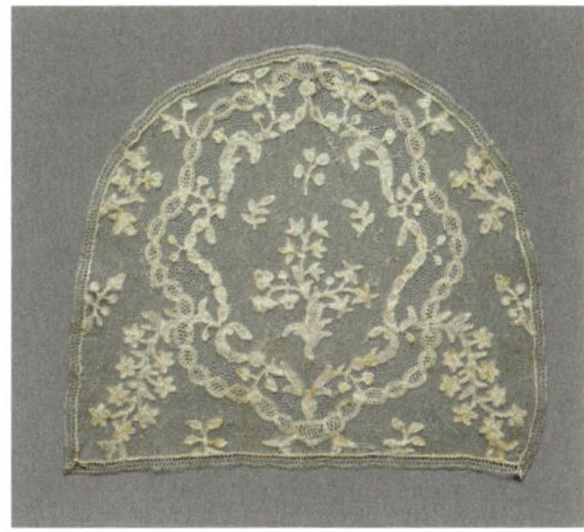

146 Haubenboden

Brüssel, um 1760
Leinen, ecru
Klöppelspitze in Leinenschlag mit durchbrochenem Rand, Reliefbändchen, Formenschlag, Droschel-Grund und Flechtgrund, Heftstich; Garn: 1-fädig, S-Drehung
22×25,5 cm
Inv.-Nr.: 03014
Ankauf aus der Sammlung John Jacoby, 1954; John Jacoby erwarb den Haubenboden bei der Iklé-Auktion 1923.

Haubenboden in Brüsseler Teilspitze, auch *Point d'Angleterre* genannt. Ein ovales Medaillon mit Blüten und Blättern dominiert den Dekor der Haube. Der Droschel-Grund wurde in sichtbaren Streifen geklöppelt und zeigt viele Restaurierungsspuren.

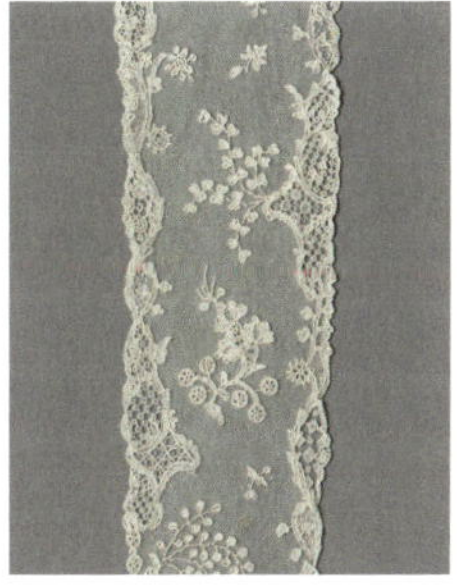

147 Barben

Brüssel, um 1770
Leinen, hell-ecru
Nadelspitze in verstärktem Schlingstich, Füllmuster aus Netzen mit kleinen Ringen, sechseckiger Grund, Stege in Schlingstich, gedrehtem Schlingstich, Reliefkonturen in Schlingstich, geklöppelter Droschel-Grund; Garn: 1-fädig, S-Drehung
57,5×8 cm
Inv.-Nr.: 00728.1-2
Ankauf aus der Sammlung John Jacoby, 1954

Barben in Brüsseler Nadelspitze mit geklöppeltem Grund. Das Objekt hat einen für die Zeit typischen losen Aufbau der Motivstruktur, der dem Grund viel Platz einräumt. Rocaille-, Frucht- und Blumenformen zieren den Aussenrand, Blumeninseln sind im zentralen Feld zu sehen.

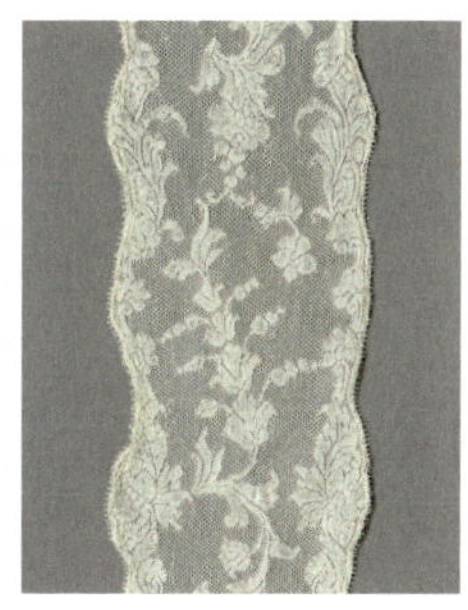

148 Barben

Valenciennes, um 1760
Leinen, weisslich
Klöppelspitze in Leinenschlag mit durchbrochenem Rand und Durchbrüchen, runder Valenciennes-Grund; Garn: 1-fädig, S-Drehung
45,5×8,5 cm und 48×8,5 cm
Inv.-Nr.: 02880.1-2
Ankauf aus der Sammlung John Jacoby, 1954

Valenciennes-Barben mit fortlaufender Klöppelspitze. Die Barben unterscheiden sich in ihrer Länge und in der Dichte des Leinenschlags. Letztere beträgt bei dem einen Stück vier bis fünf und bei dem anderen fünf bis sechs Fäden pro Millimeter. Das zentrale Feld mit Rankenelementen und Streublumen wird von Friesen mit Blüten und Blättern eingerahmt.

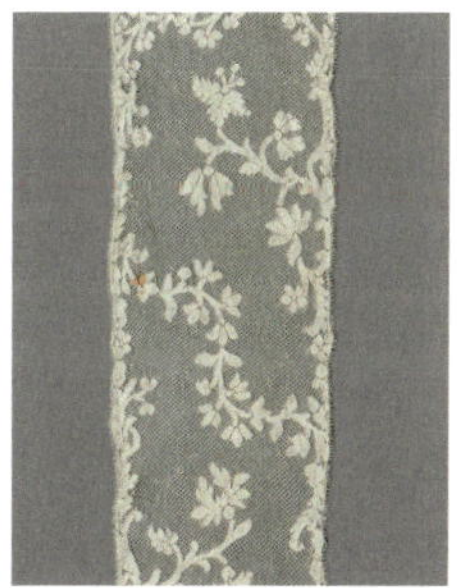

149 Barbe

Valenciennes, um 1775
Leinen, hell-ecru
Klöppelspitze in Leinenschlag mit durchbrochenem Rand, eckiger Valenciennes-Grund; Garn: 1-fädig, S-Drehung
111×8,5 cm

Inv.-Nr.: 02874
Ankauf aus der Sammlung John Jacoby, 1954
Barbe vom Typ Valenciennes mit fortlaufender Klöppelspitze mit zartem Dekor am Aussenrand und diagonalen Blumenranken in der Mitte. Der Grund ist sehr offen gestaltet. Um die Motive selbst dichter zu gestalten, wurden zusätzliche Fäden eingezogen und über den Grund zum nächsten Motiv geführt. Am Schluss wurden diese unter dem Grund flottierenden Fäden abgeschnitten.

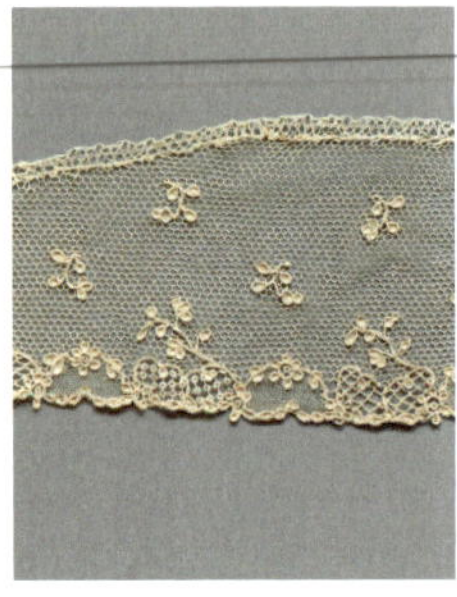

150 Engageante oder Ärmelbesatz

Alençon, um 1800
Leinen, bräunlich
Nadelspitze in verstärktem Schlingstich, Füllmuster aus kleinen Sternen in Schlingstich, Alençon-Masche, Reliefkonturen in Schlingstich, z. T. mit Schlingstich-Pikot; Grund aus Brides bouclés diagonal zum Fuss auf vorbereitetem Grund; Garn: 1-fädig, S-Drehung
7×98 cm
Inv.-Nr.: 02338
Schenkung von Leopold Iklé, 1901

Bei dieser Alençon-Nadelspitze dürfte es sich um einen Ärmelbesatz oder eine *Engageante* handeln, zumal ein Teil – wie bei *Engageantes* üblich – schmaler ist. Am Aussenrand der Spitze sind kleinste Rocailleformen und Ranken zu sehen, im Grund finden sich zwei Reihen mit versetzt angeordneten Blüten. Um 1800 benutzte man jedoch selten angerüschte Spitzen am Ärmel.

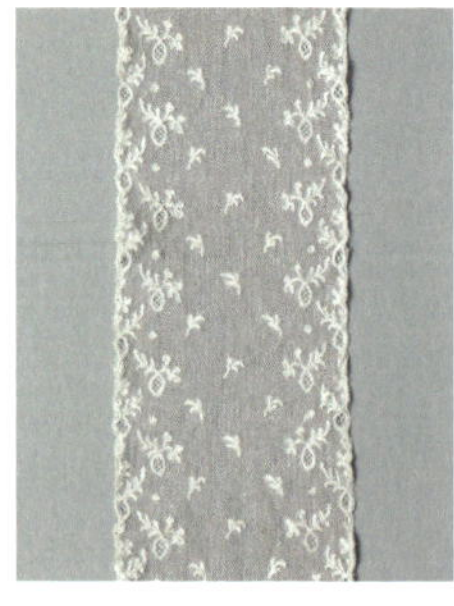

151 Barben

Mecheln, um 1785
Leinen, ecru
Klöppelspitze in Leinenschlag mit Konturfaden, Rosengrund, Mechelner Grund; Garn: 1-fädig, S-Drehung
Je 79,5×8,5 cm
Inv.-Nr.: 02646.1-2
Ankauf aus der Sammlung John Jacoby, 1954

Barben in fortlaufender Mechelner Klöppelspitze. Es handelt sich um eine recht einfache Spitze. Der feine Blumendekor mit kleinen Rocailleformen ist streng geordnet auf sehr regelmässig gearbeitetem Grund. Spitzen mit so kleinen Motiven im Grund zierten Ende der Louis-XVI.-Periode oft Kostüme und Accessoirs für Damen und Herren.

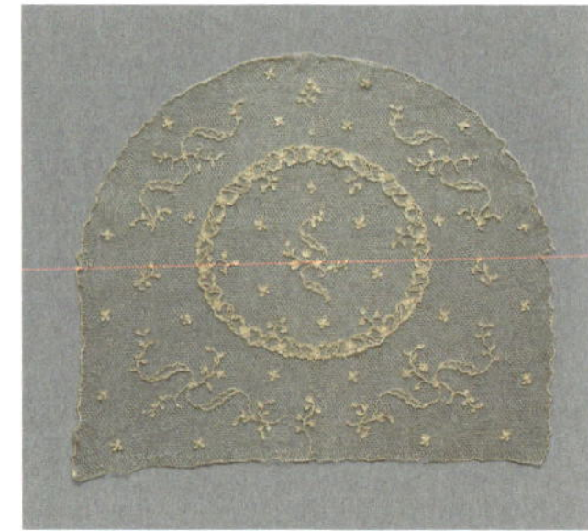

152 Haubenboden

Argentan oder Alençon, 1790–1800
Leinen, bräunlich
Nadelspitze in verstärktem Schlingstich, Füllmuster mit Sternchen in Schlingstich, Wabenmuster in gedrehtem Schlingstich, Alençon-Masche, Reliefkonturen in Schlingstich, teilweise mit Schlingstich-Pikot, Brides bouclés diagonal zum Fuss auf vorbereitetem Grund; Garn: 1-fädig, S-Drehung
22×26 cm
Inv.-Nr.: 02195
Schenkung von Leopold Iklé, 1901

Haubenboden in Argentan-Nadelspitze mit Blumenkranz, Rankenelementen und Streublumen, im Grund symmetrisch angeordnet. Dieser ist sehr regelmässig gearbeitet und gleicht daher den maschinell hergestellten Wirktülls des ausgehenden 18. Jahrhunderts.

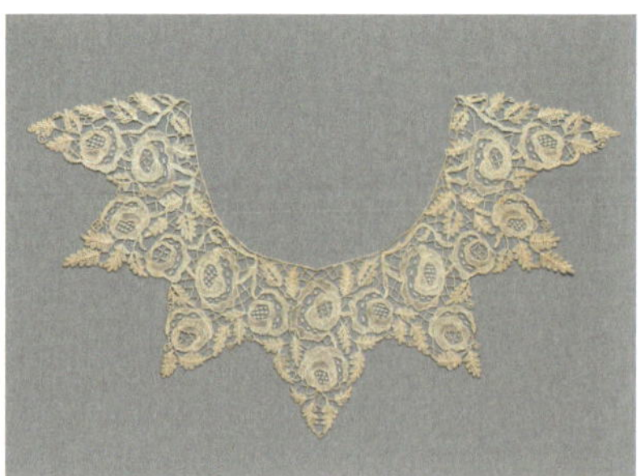

153 Kragen

Honiton (England), zweites Drittel 19. Jahrhundert
Leinen, ecru bis gräulich
Klöppelspitze in Leinenschlag, Halbschlag, Konturbändchen, Konturschnur, Füllmuster aus Formenschlag, geflochtene Stege mit Pikot; Garn: 2-fädig, S-Drehung
40,5×11,5 cm
Inv.-Nr.: 03058
Schenkung von Leopold Iklé, 1901

Kragen mit Zacken in Honiton-Teilklöppelspitze mit den typischen, spiralförmig gestalteten Rosen und Blättern im Dekor.

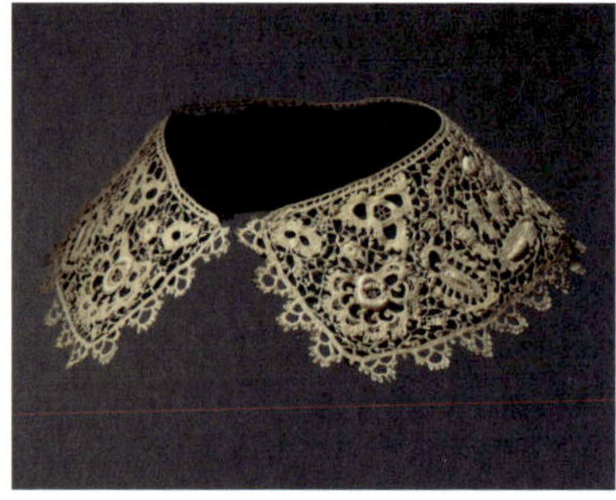

154 Kragen

Irland, um 1860
Baumwolle, ocker
Häkelspitze in Luftmaschen, festen Maschen auf Einlegfaden, Wülste mit festen Maschen, Stäbchen, Nadelspitze in Schlingstich; Garn: mehrfädig, S-Drehung
8×35 cm
Inv.-Nr.: 01609
Schenkung von Leopold Iklé, 1905

Stilistisch einfach gestalteter Kragen in Irischer Häkelspitze mit einzelnen floralen und geometrischen Motiven im Grund und kleinen Bögen an den Aussenrändern.

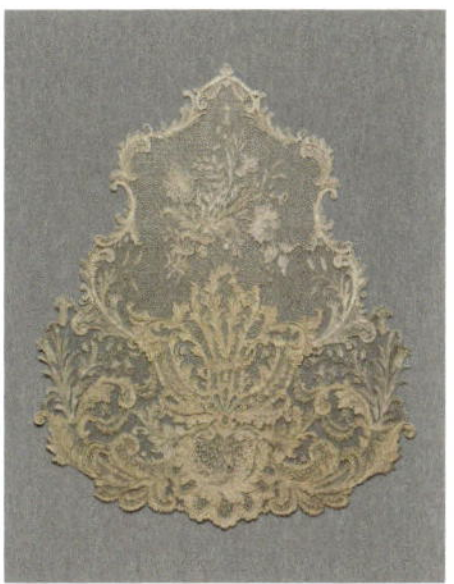

155 Medaillonmotiv

Alençon oder Argentan, drittes Viertel 19. Jahrhundert
Baumwolle, ecru bis gräulich
Nadelspitze in verstärktem Schlingstich, verschiedene Konturreliefs in Schlingstich, Konturen in Trassierfäden, Füllmuster mit gefüllten Rautenmustern, Netzen in Schlingstich und gedrehtem Schlingstich, Grund in Alençon-Masche; Garn: 2-fädig, S-Drehung
48 × 40 cm
Inv.-Nr.: 03470
Schenkung von Leopold Iklé, 1901

Geschwungenes Medaillonmotiv in Alençon- oder Argentan-Nadelspitze mit charakteristischen Motiven des späten 19. Jahrhunderts: Dekor im Stil des Neorokokos mit Rocailleformen, Blättern und Blüten. Dieses Stück wurde urspünglich Burano (Italien) zugeschrieben, die äusserst feine Fertigung spricht jedoch eher für Frankreich als Produktionsort.

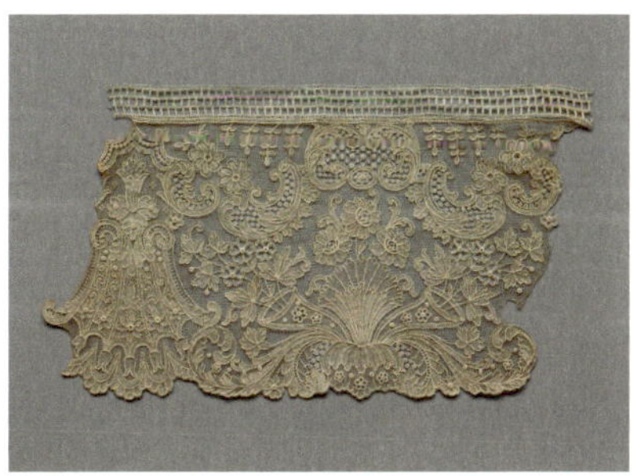

156 Borte (Muster)

Alençon, um 1880
Baumwolle, ecru bis bräunlich
Nadelspitze in verstärktem Schlingstich, Konturrelief in Schlingstich, Füllmuster mit kleinen Sternen, Netze in Schlingstich und gedrehtem Schlingstich, Alençon-Maschen-Grund; Garn: 2-fädig, S-Drehung
11 × 17 cm
Inv.-Nr.: 03332
Schenkung von Leopold Iklé, 1901

Borte in Alençon-Nadelspitze mit floralen Fantasiemustern des Neorokoko, mit Muscheln, Rocailleformen und Blumen.

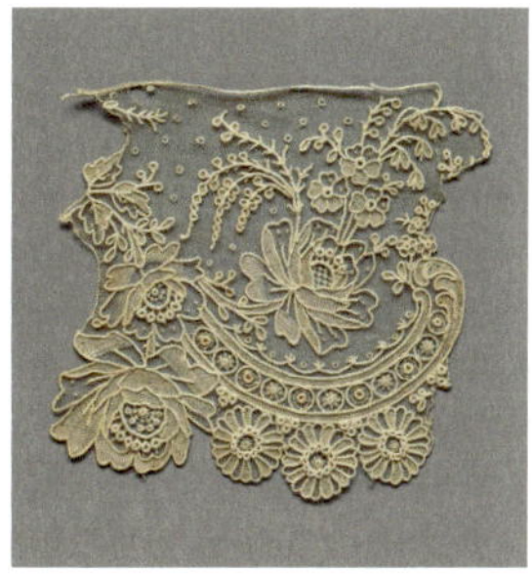

157 Borte (Muster)

Brüssel, um 1890
Baumwolle, ecru bis bräunlich
Nadelspitze in verstärktem Schlingstich mit Durchbrüchen, Reliefkontur aus Fadenbüscheln mit Schlingstich, Füllmuster mit Netzen in gedrehtem Schlingstich, kleine Ringe teilweise erhaben, kleine Sterne in Schlingstich mit Schlaufen-Pikot, Grund in Point-de-Gaze-Masche; Garn: 2-fädig, S-Drehung
10 × 9 cm
Inv.-Nr.: 03337
Schenkung von Leopold Iklé, 1901

Borte mit gewellten Aussenrändern in Brüsseler Nadelspitze mit einem reichhaltigem Blumenmuster und aus mehrblättrigen Rosen.

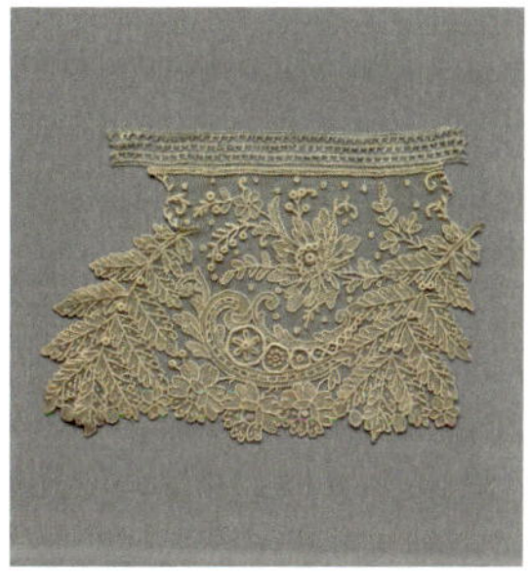

158 Borte (Muster)

Brüssel, um 1890
Baumwolle, ecru bis bräunlich
Nadelspitze in Schlingstich, Reliefkontur aus Fadenbüscheln mit Schlingstich, verschiedene Kreisfüllungen, z. T. auch erhaben, Grund in Point-de-Gaze-Masche; Garn: 2-fädig, S-Drehung
10 × 15 cm
Inv.-Nr.: 03338
Schenkung von Leopold Iklé, 1901

Borte in Brüsseler Nadelspitze mit Blattwedeln, Voluten und Blumenmustern.

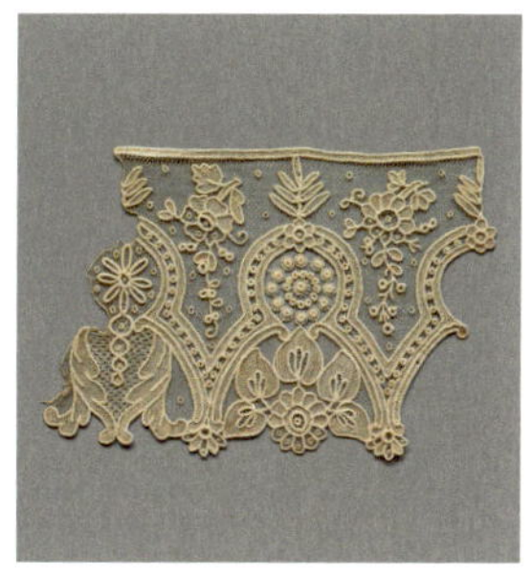

159 Borte (Muster)

Österreich, um 1890
Baumwolle, gelblich
Nadelspitze in Schlingstich, gedrehtem Schlingstich, Reliefkontur aus Fadenbüscheln mit Schlingstich, kleine Ringe mit Schlingstich, Grund in Point-de-Gaze-Masche; Garn: 2-fädig, S-Drehung
8 × 11 cm; Rapport: 12 cm
Inv.-Nr.: 03341
Schenkung von Leopold Iklé, 1901

Borte in Brüsseler Nadelspitze mit Bögen und Blumenmuster.

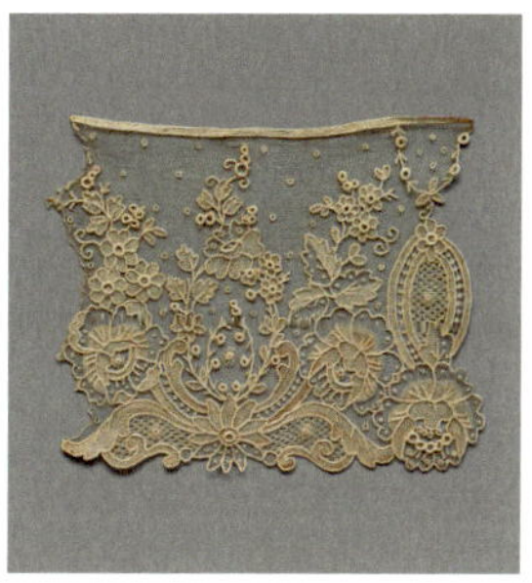

160 Borte (Muster)

Belgien oder Wien, um 1900
Baumwolle, gelblich
Nadelspitze in Schlingstich, gedrehtem Schlingstich, Konturfäden und kleine Ringe mit Schlingstich, Grund in Point-de-Gaze-Masche; Garn: 2-fädig, S-Drehung
9,5 × 11,5 cm; Rapport: 11 cm
Inv.-Nr.: 03356
Schenkung von Leopold Iklé, 1901

Borte in Brüsseler Nadelspitze mit variationsreichem Blumendekor und Voluten.

Glossar

Aetzstickerei: Maschinenstickerei, deren nicht bestickter Stoffgrund nach dem Übersticken durch chemische und physikalische Prozesse entfernt wird. Das Resultat gleicht einer Nadelspitze. Aetzstickerei wird auch St. Galler Spitze genannt.

Ausschneidstickerei: Aus dem Grundgewebe werden Formen geschnitten, ohne die Kette oder den Schuss zu berücksichtigen. Man verstärkt die Schnittkanten anschliessend mit Schlingstich und verziert den Hohlraum mit Nadelspitze.

Aussenrand: Der äussere Rand einer Spitze. Er kann gerade, gezackt, gebogt oder festoniert sein.

Bänderspitze: Einfache Klöppelspitze aus Bändern, die musterbildend sind. Wurde ab dem 17. Jahrhundert hergestellt und erfuhr im Barock einen Höhepunkt.

Barben: Lange Bänderpaare aus Spitze, die im 17. und 18. Jahrhundert unten an einer Haube befestigt waren. Ursprünglich waren Barben wohl gewobene Bänder, mit denen die Haube unter dem Kinn festgebunden werden konnte. Später wurden sie zum feinen Spitzen-Accessoire und sowohl gebunden als auch offen getragen.

Besatz: (Spitzen-)Dekor, der auf Stoff genäht wird.

Binche-Spitze: Eine feine, klein gemusterte Klöppelspitze, deren Motive oft schwer lesbar sind. Die Spitze wurde vor allem im 18. Jahrhundert produziert.

Borte: Streifen (aus Spitze) mit Aussenrand und Fuss. Die Borte wird am Rand eines Textils, z. B. eines Kleides oder Tischtuches, befestigt.

Brides: siehe Stege

Brüsseler Spitze: Sehr feine Nadelspitze des 18. Jahrhunderts mit flächigen Motiven ohne Relief und mit feinem Grund.

Coralinen-Spitze: Nadelspitze mit Musterung aus kleinsten Verästelungen, die in Venedig Ende des 17. Jahrhunderts und Anfang des 18. Jahrhunderts hergestellt wurde.

Doppeldurchbrucharbeit: Fäden werden in Kett- und Schussrichtung aus dem Stoff gezogen. Das so entstandene teilweise offene Gewebe wird verziert, hier können zum Beispiel Nadelspitzeneinsätze eingearbeitet sein.

Duchesse-Spitzen: Teilklöppelspitze, die mit Nadelspitzen-Elementen kombiniert sein kann und sich aus grossen floralen Motiven zusammensetzt.

Durchbrucheffektstickerei: Man zieht unter Benutzung gewisser Sticharten die Kett- und Schussfäden so zusammen, dass kleine Öffnungen entstehen.

Einfache Durchbrucharbeit: Fäden werden nur in eine Richtung (Kett- oder Schussrichtung) aus dem Gewebe gezogen. Die übrig gebliebenen Fäden werden als Grundlage für weitere Verzierungen verwendet.

Einsatz: Streifen (aus Spitze) mit zwei geraden Aussenrändern, der zwischen zwei Stoffteilen eingesetzt wird.

Engageantes: Im 18. Jahrhundert lose eingereihte Rüschen aus Spitze oder Stickereien, die an den Ärmeln von Kleidern angesetzt werden.

Entre-Deux: Siehe Einsatz.

Feston: Lappenförmiger Aussenrand einer Spitze, charakteristisch für Spitzen der ersten Hälfte des 17. Jahrhunderts.

Filetstickerei: Kombination von Knüpf- und Nadelarbeit, die bereits ab dem 15. Jahrhundert nachweisbar ist. In den geknüpften Netzgrund, der ein Grundraster bildet, werden mit der Nadel Muster eingestickt.

Flechte: Ein aus vier Fäden geflochtenes Element der Klöppelspitze. Auch bei frühen Nadelspitzen wurden Flechten verwendet, um ein Raster zu bilden, auf das die Spitze genäht wurde. Nadelspitzen-Flechten werden oft aus fünf, sechs oder sieben Fäden geflochten.

Fontange: Der Name leitet sich von der Herzogin von Fontange ab, Liebhaberin von Louis XIV., die sich, so die Legende, ihr Haar bei der Jagd in einer charakteristischen Weise zusammengebunden haben soll. Es handelt sich um einen Kopfschmuck aus Spitze, die zu einer plissierten Krone zusammengenäht und mit zwei seitlich herabhängenden Barben versehen wird. Je nach Grösse der textilen Krone, muss sie von einem Metallgerüst gestützt werden. Die Fontange war von ca. 1680 bis 1710 in Mode.

Fortlaufende Klöppelspitze: Spitze, die im Gegensatz zur Teilklöppelspitze in einem Stück geklöppelt wird.

Frisado de Valladolid: Nadelspitze in welcher der Goldfaden, ähnlich wie bei der Lasurstickerei, mit Schlingstichen von einem Seidenfaden überfangen wird und so nur diskret sichtbar ist. Die fragile Spitze wird nicht frei hängend verwendet, sondern als Besatz aufgenäht.

Füllmuster: Verzierte Bereiche innerhalb von Motiven (vor allem seit dem 18. Jahrhundert); nicht mit dem Grund zu verwechseln.

Fuss: Gerade Kante bei allen Spitzenborten und -einsätzen, die jeweils am Stoff angenäht wurde.

Genueser Spitze: Klöppelspitze der zweiten Hälfte des 16. Jahrhunderts und des ersten Viertels des 17. Jahrhunderts, die in Genua und Umgebung hergestellt wurde. Technisch besteht kein Unterschied zu zeitgleich im Norden Europas gefertigten Spitzen. Nur war der Faden, der in Genua benutzt wurde, dicker und bildete eine festere Spitze.

Gimpe: Zierkordel mit einem Kernfaden aus einem groben Material, der mit einem hochwertigen Garn, zum Beispiel Seide, umwickelt wird.

Gold- / Silberlahn: Feine Metallstreifen werden mit Gold, respektive Silber beschichtet und um einen Leinen- oder Seidenfaden, genannt Seele, gewunden, den sie fast gänzlich verdecken.

Gros Point de Venise: Charakteristische venezianische Nadelspitze, die in der zweiten Hälfte des 17. Jahrhunderts in Venedig ihre höchste Blüte erreichte. Die schwere Spitze zeichnet sich durch starke Reliefs mit voluminösen, floralen Mustern aus.

Grund: Bereiche, welche die Motive einfassen, zum Beispiel verschiedenartig hergestellte Netze. Oft gibt die Art, in welcher der Grund gefertigt wird, den Namen des Spitzentyps vor.

Häkelspitze: Besteht aus Maschen, die mithilfe einer Häkelnadel und eines Arbeitsfadens fortlaufend ineinander verschlungen werden.

Haube: Kopfbedeckung aus Leinen, Seide oder Spitze, oft verziert.

Haubenboden: Halbkreisförmiges Textilstück aus Spitze oder Weissstickerei, das den hinteren Teil der Haube bildet, oft zusätzlich mit Spitzen umgeben und am unteren flachen Rand zu Rüschen eingereiht.

Honiton-Spitze: Teilklöppelspitze, die in England nach belgischen Vorbildern entwickelt wurde. Sie stellt eine vereinfachte Form der Brüsseler Spitzen dar. Im 19. Jahrhundert wird sie für ihre typischen Motive – Rosen aus Spiralen, Distel und Kleeblatt – sowie für charakteristische Füllmuster bekannt.

Irische Häkelspitze: Besonders qualitätvolle Häkelspitzen, die seit Anfang des 19. Jahrhundert in Irland hergestellt wurden. Hierbei werden die Motive einzeln gefertigt, zum Teil mit Relief, und nachträglich mit einem gehäkelten Grund verbunden.

Klöppelspitze: Spitze, die durch komplexes Verflechten von Fäden entsteht, die auf einzelne Klöppel aufgewickelt und auf einem Klöppelkissen befestigt sind. Das Flechtwerk wird in Form gehalten, indem es mit Stecknadeln auf einem Polsterkissen fixiert wird. Die Entwurfsvorlage, der Klöppelbrief, ist darunter eingespannt.

Krawatte: Während der zweiten Hälfte des 17. Jahrhunderts ein Halstuch mit spitzenverziertem Ende, das unter dem Kinn verknotet wird, wobei nur noch die Spitze zu sehen ist.

Litzenspitze: Spitze, bei der gewebte Bandchen das Motiv bilden. Zwischen die Bändchen sind Nadelspitzeneinsätze genäht.

Makramee: Knotenspitze, die entweder aus Kettfäden eines Gewebes oder aus Fransen gefertigt wird, indem man durch das regelmäßige Verknoten ornamentale Motive erzeugt.

Mailänder Spitze: Geklöppelte Bandspitze des Barock, bei der die Bänder mit Stegen verbunden sind, später auch mit Grund.

Malla-Spitze, auch *Redicella* oder *Redes* genannt: Filetspitzen, die aus einem Zentrum heraus gearbeitet werden und aus verschieden grossen, runden Formen bestehen.

Manschette: Zierstück am aufgeschlagenen Ende eines Ärmels.

Mechelner Spitze: Fortlaufend geklöppelte Spitze mit Konturfaden und feinem, transparentem Aussehen.

Modelbuch: Buch mit Mustervorlagen für die Herstellung von Nadel- und Klöppelspitzen, Stickereien und Filetarbeiten. Als erstes Modelbuch gilt das *Furm- oder Modelbuchlein* von Johannes Schönsperger der Jüngere, das wahrscheinlich 1523 in Augsburg gedruckt wurde. Danach folgten weitere, vor allem aus Italien, aber auch aus Frankreich, der Schweiz und Deutschland.

Mühlsteinkragen: In Rüschen gezogene oder in Wellen gelegte Halskrause als Dekor eines Kragens. Es handelt sich um einen wichtigen Bestandteil der Kleidung im späten 16. und frühen 17. Jahrhundert

Nadelspitze: Spitze, die mit Nadel und Arbeitsfaden hergestellt (genäht) wird. Auf einer gezeichneten Vorlage werden Trassierfäden fixiert, in die mit dem Arbeitsfaden Motive, Füllmuster, Stege oder Grund sowie Reliefs eingearbeitet werden. Hierfür wird am häufigsten der Schlingstich verwendet. Zuletzt wird die Spitze von der Vorlage gelöst. Nadelspitzen können am Stück gefertigt oder aus verschiedenen kleineren Teilen zusammengesetzt sein.

Opake Spitze: Dies sind vor allem geklöppelte Spitzen aus Flandern und Nordeuropa, die zwischen 1620 und 1660 entstanden sind. Hier werden die Motive mit Leinenschlag so eng aneinander gearbeitet, dass die Spitze sehr dicht, eben opak, erscheint und nur wenige Durchbrüche zeigt.

Pikot: Kleinste Stäbchen oder Schlaufen, die als Verzierung längs einer Aussenkante, an Reliefwülsten, Stegen, Flechten und in einigen Nadelspitzengründen zu finden sind. *Pikots* findet man an Klöppel- sowie Nadelspitzen.

Point d'Alençon: Nadelspitze, die zunächst in der Stadt Alençon, in der Region Orne (Normandie, Frankreich), bald aber auch anderswo hergestellt wurde. Bereits im 17. Jahrhundert installierte Jean-Baptiste Colbert in Alençon eine höfische Werkstatt, in der Nadelspitzen für den königlichen Gebrauch hergestellt wurden, diese wurde stilprägend. Charakteristisch für die *Point-d'Alençon*-Spitze sind die eng umwundenen, reliefbildenden Musterkonturen.

Point d'Angleterre: Hierbei handelt es sich sehr wahrscheinlich um flämische Teilklöppelspitzen, die für den englischen Markt produziert wurden, aber von König Charles II. von England mit einer Einfuhrsperre belegt wurden. Um dem zu entgehen, wurden diese Spitzen kurzerhand in *Point d'Angleterre* umbenannt, was implizierte, dass sie in England gefertigt worden seien. Sie zeichnen sich durch eine besondere Feinheit und Luftigkeit im Entwurf aus.

Point d'Argentan: Spitze aus der Stadt Argentan in der Region Orne (Normandie, Frankreich), wo schon im 17. Jahrhundert Nadelspitzen und Durchbrucharbeiten genäht wurden. Wie in Alençon produzierte man dort bis ins 19. Jahrhundert Nadelspitzen. Prägend ist ihr mit Schlingstich fest gearbeiteter, sechseckiger Grund.

Point de Bruxelles: Siehe Brüsseler Spitze.

Point de Dresde: Feine Durchbrucheffektstickereien, die vorwiegend in Sachsen hergestellt wurden. Sie werden meist auf feinem Baumwollmusselin gearbeitet, in dem durch das Zusammennehmen oder Anziehen einzelner Fäden Öffnungen erzeugt werden und der zudem durch Stickstiche strukturiert wurde. Die Feinheit der Stickerei evozierte Spitzenmuster.

Point de France: Frühester Nadelspitzentyp, der ab 1665 in Hofwerkstätten in Frankreich entwickelt wurde. Die Dessins hierfür stammten oft von Künstlern am Hofe von Louis XIV. Sie zeichnen sich durch eine kleinteilige vegetabile und architektonische Motivik aus.

Point de Gaze: In allen Teilen transparent wirkende Nadelspitze.

Point de Saxe: Siehe *Point de Dresde.*

Point de Sedan: Hochwertige Nadelspitze, die um 1715–35 in Frankreich entwickelt wurde und als stilistische Weiterführung des *Point de France* gilt. Sie zeichnet sich durch flächendeckende florale Motive und reiche Zierelemente aus.

Point de Venise: Siehe *Gros Point de Venise.*

Point Plat de Venise: Flache venezianische Nadelspitze ohne Reliefs, die zur gleichen Zeit wie der *Gros Point der Venise* entwickelt wurde.

Posamenten: In unterschiedlichen Techniken gefertigte Zierbänder, Borten, Kordeln und Spitzen, aber auch Quasten und Knöpfe. Sie zierten Kleidung und Interieur.

Puncetto: Knotenspitze, die mit der Nadel frei in der Hand gefertigt wird. Man weiss nicht, wann genau diese Art Spitze vom Mittleren Osten nach Europa kam, aber sehr wahrscheinlich existierte sie lange vor der herkömmlichen Nadelspitze. Ähnliche, auf der Hand gearbeitete Knotenspitzen findet man noch heute, vom Piemont über Griechenland bis Armenien und Nordafrika.

Punto Avorio: Siehe *Puncetto.*

Punto Fogliami: Doppeldurchbrucharbeit mit Nadelspitzeneinsätzen, deren Motive kleine vegetabile Formen zeigen.

Punto in Aria: Bezeichnung für frühe Nadelspitzen. Der Name *Punto in Aria* wurde in Venedig aber auch noch im 17. Jahrhundert für *Point de Venise* verwendet.

Punto Venezia: Klöppelspitze vom Ende des 17. Jahrhunderts, Anfang 18. Jahrhunderts, die der damaligen Nadelspitze stark ähnelt. Die Spitze wird als fortlaufendes feines Band mit wenigen Fäden gearbeitet. Das Band formt Stiele, Blätter und Blüten in spiralförmig verlaufenden Ranken.

Rabat: Latzartige Krawatte aus Spitze oder anderem Stoff mit einer Öffnung vorne.

Rapport: Kleinste, sich wiederholende Einheit in einem Muster.

Reticella: *Rete* (italienisch) = Netz; *Reticella* = kleines Netz. Es ist in erster Linie eine Arbeit in Doppeldurchbruch, wobei dem Stoff regelmässig Fäden ausgezogen werden. Übrig bleibt ein Quadratraster, das mit verschiedenen Stichen verziert wird. Im Anschluss ersetzt man den durchbrochenen Stoff mit Flechten oder Trassierfäden, die in Rasterform auf einer Unterlage, die das Muster vorgibt, befestigt werden. Alle diese Techniken werden als *Reticella* beschrieben, wobei nur die in zuletzt beschriebener Technik gefertigten als Spitzen gelten.

Rosalinen-Spitze: Nadelspitze, die im späten 17. Jahrhundert in Venedig entwickelt wurde und sich durch kleine Blumenmotive und korallenartige Gebilde auszeichnet.

Solspitze (auch *Ruedas* genannt)**:** Einfache Durchbrucharbeit mit Nadelspitzeneinsätzen, deren Hauptmuster durch runde Elemente (*sol* / *ruedas*) gebildet werden. Wurden im 17. Jahrhundert in Spanien entwickelt und fanden vor allem im Gebiet des heutigen Mittelamerikas Verbreitung.

Stege: Oft verzierte Verbindungen zwischen Motiven.

Tambourierstickerei: Eine ab der zweiten Hälfte des 17. Jahrhunderts in Europa sehr beliebte Kettstichstickerei, die mit dem sogenannten Tambourhaken gefertigt wird.

Teilklöppelspitze: Spitze aus einzeln geklöppelten und anschliessend zusammengesetzten Elementen.

Torchon-Spitze: Einfache Klöppelspitze, die im 19. Jahrhundert stark verbreitet war und sich durch geometrische Muster auszeichnet.

Valenciennes-Spitze: Feine und gleichzeitig feste, fortlaufend geklöppelte Spitze mit sehr klaren Motiven, die im 18. und 19. Jahrhundert vor allem in Frankreich und Belgien hergestellt wurde.

Für Begriffe zur Spitzenherstellung, wie verschiedene Sticharten, Schläge und Spitzengründe, vgl. die Fachliteratur, wie z. B. Earnshaw 1999 oder Graff-Hoefgen 1983.

Literatur

Abegg, Margaret, *Apropos Patterns: for Embroidery Lace and Woven Textiles*, Riggisberg: 1998 (2. Aufl.).

Auktionskatalog 1923: *Auktionskatalog Sammlung Leopold Iklé St. Gallen*, 2 Bde., Zürich: 1923.

Auktionskatalog 1989: *The Iklé Collection*, Christie's South Kensington, Perth: 1989.

Bericht über das Industrie- und Gewerbe-Museum St. Gallen und über die Zeichnungsschule für Industrie und Gewerbe 01.05.1896–30.04.1897.

Binaghi Olivari, Maria Teresa, „I Pizzi nell' Abbigliamento", in: Alessandra Mottola Molfino, Maria Teresa Binaghi Olivari (Hrsg.), *I Pizzi: Moda e Simbolo, Catalogo della Mostra di Venezia*, Mailand: 1977, S. 7 – 21.

Bleckwenn, Ruth, *Dresdner Spitzen – Point de Saxe: Virtuose Weißstickereien des 18. Jahrhunderts*, Dresden: 2000.

Bodmer, Walter, *Die Entwicklung der Schweizerischen Textilwirtschaft im Rahmen der übrigen Industrien und Wirtschaftszweige*, Zürich: 1960.

Boerlage-Laa, Gré, „Eenvoudige Kanten aan 18de Eeuwse Mutsen", in: *Kostuum, Bulletin van de Nederlandse Kostuumvereniging*, 2017, S. 42 – 55.

Boyle, Elizabeth, *The Irish Flowerers*, Belfast: 1971.

Bräker, Ulrich, *Lebensgeschichte und natürliche Abentheuer des Armen Mannes im Tockenburg*, Samuel Voellmy (Hrsg.), Zürich: 1978.

Bury Palliser, Fanny, *History of Lace*, London: 1865.

Butazzi, Grazietta, „Tendenze Revival nella Moda del Tardo Ottocento: Alcune Proposte per una Chiave di Lettura", in: Doretta Davanzo Poli, Grazietta Butazzi, Alessandra Mottola Molfino (Hrsg.), *Diafano Capriccio i Merletti nella Moda 1872 – 1922*, Burano: 1982.

Campagnol, Isabella, „Lace-Making in Venice: Digging into the Archives", in: Karbacher 2012 (a), S. 129 – 133.

Coppens, Marguerite, „Un Cahier de Dessins de Dentelles, daté de 1750, et son Contexte commercial, d'après les Archives d'une Famille de Fabricants Anversois, les Reyns", in: *Bulletin des Musées Royaux d'Art et d'Histoire*, Jg. 53, 1982, S. 49 – 72.

Coppens, Marguerite, „‚Au Magasin de Paris' une Boutique de Modes à Anvers dans la première Moitié du XVIIIe Siècle", in: *Revue Belge d'Archéologie et d'Histoire d'Art*, Jg. 52, 1983, S. 81 – 107.

Coppens, Marguerite, „La Spécificité des Dentelles destinées à l'Exportation vers l'Espagne et ses Colonies américaines aux XVIIe et XVIIIe Siècles: Usages et Terminologie", in: *Bulletin des Musées Royaux d'Art et d'Histoire*, Jg. 77, 2006, S. 121 – 168.

Coppens, Marguerite, „The Trade and Production of Lace in the Southern Netherlands during the Seventeenth Century: New Data, in Particular on the Subject of Black Lace", in: Johannes Pietsch, Anna Jolly, Abegg Stiftung (Hrsg.), *Riggisberger Berichte: Netherlandish Fashion in the Seventeenth Century*, Riggisberg: 2012, S. 71 – 79.

Craveri, Benedetta, *La Civiltà della Conversazione*, Mailand: 2001.

Danieli, Bartolomeo, *Libro di diversi Disegni*, Bologna: 1630.

Danieli, Bartolomeo, *Libro di diversi Disegni*, Bologna: 1634.

Danieli, Bartolomeo, *Vari Disegni di Merletti*, Bologna: 1639.

Danieli, Bartolomeo, *Vari Disegni di Merletti*, Bologna: 1641

Davanzo Poli, Doretta (Hrsg.), *Merletti: Esposizione di una Selezione di antichi Merletti Veneziani dalle Collezioni IRE*, Venedig: 2001.

Dreger, Moriz, *Die Wiener Spitzenausstellung*, Leipzig: 1906.

Earnshaw, Pat, *A Dictionary of Lace*, London: 1999.

Fäh, Adolf, *Textile Vorbilder aus der Sammlung Iklé in St. Gallen: Kunststickereien*, Zürich: 1920.

Fäh, Adolf, *Leopold Iklé, 1828 – 1922: Gedenkblätter unter Zugrundlegung seiner Memoiren*, St. Gallen: 1922.

Foillet, Jacques, *Nouveaux Pourtraicts de Point coupé*, Montbéliard: 1598.

Framke, Gisela, *Spitze: Luxus zwischen Tradition und Avantgarde*, Heidelberg: 1995.

Franco, Giacomo, *Nuova Inventione de diverse Mostre*, Venedig: 1596.

Froschauer, Christoph, *Nüw Modelbuch, allerley Gattungen Däntelschnür*, Zürich: um 1561.

Gächter-Weber, Marianne, *„Eine Spitze im Blickpunkt"*, in: Vereinigung der Schweizer Spitzenmacherinnen (Hrsg.), *VSS Bulletin*, Jg. 14, Nr. 2, 1997, S. 11–16.

Gächter-Weber, Marianne, *Spitzen umschreiben Gesichter*, St. Gallen: 1997.

Gering, Anne-Marie, *De Fundatie Terninck te Antwerpen 1697 – 1750*, unveröffentlichte Masterarbeit, Katholieke Universiteit Leuven, 1990.

Glen, Jean de, *Du debvoir de filles*, Lüttich: 1597.

Graff-Hoefgen, Gisela, *Die Spitze: Ein Lexikon zur Spitzenkunde*, München: 1983.

Hashagen, Joanna, Santina M. Levey, *Fine & Fashionable: Lace from the Blackborne Collection*, Durham: 2006.

Herman, Georg, *Ein new kunstlich Modelbuch*, Nürnberg: 1625.

Hochuli, Urs, „‚In welchem Styl man decoriren soll ...': Der Stickereientwurf um die Jahrhundertwende", in: Roellin 1989, S. 60 – 67.

Iklé, Ernest, *La Broderie mécanique, 1828 – 1930*, Paris: 1931.

Iklé, Leopold, Adolf Fäh, Kaufmännisches Directorium St.Gallen (Hrsg.), *Die Sammlung*

Iklé: Beiträge zur Entwicklungsgeschichte der Spitze, Zürich: 1919.

Iklé, Leopold, Emil Wild, *Textilsammlung Iklé*, Zürich: 1908.

Karbacher, Ursula, „St. Galler Stickereigeschichte: Imitation oder Innovation?", in: *Schriften des Vereins für Geschichte des Bodensees und seiner Umgebung*, Nr. 125, 2007, S. 125–140.

Karbacher, Ursula (Hrsg.), *Gros Point de Venise: The Most Important Lace of the 17th Century*, St. Gallen: 2012 (a).

Karbacher, Ursula, „Erzeugnisse der verschiedenen Concurrenzländer", in: *Cahiers Bruxellois*, Jg. XLIV, 2012 (b), S. 131–135.

Karbacher, Ursula, „Imitation et Réinterprétation du Point d'Alençon à Saint-Gall", in: Musée de Normandie (Hrsg.), *Dentelles: Quand la Mode ne tient qu'à un Fil*, Caen: 2012 (c), S. 131–141.

Karbacher, Ursula, „Les Destinées de la Broderie de Saint-Gall entre Haute Couture et Copie pour la Production de Masse", in: *Revue Historique Vaudoise*, Jg. 123, 2015, S. 61–71.

Kraatz, Anne, *Modes en Dentelles XVIe–XXe S.*, Calais: 1984.

Kraatz, Anne, *Merletti*, Mailand: 1988.

Leyder, Dirk, Johan Frédérique, „La Galanterie des Flammens, of hoe een trouwe Provincie zich in 1760 met Naaldkant bij de Oostenrijkse Habsburgers", in: *Beeld Werkte: L'Image et l'Imaginaire, Beeld en Beeldvorming in Liber Amicorum André Vanrie*, Brüssel: 2009, S. 1–14.

Levey, Santina M., *Lace: A History*, Leeds: 1983.

Lock, Léon, „Il Merletto Veneziano Scolpito alle Corti d'Europa: Bernini, Gibbons, Foggini, Quellinus", in: Angela Negro (Hrsg.), *Storie di Abiti e Merletti: Incontri al Museo sull'Arte e il Restauro del Pizzo*, Rom: 2014, S. 41–52.

Lotz, Arthur, *Bibliographie der Modelbücher*, Leipzig: 1933.

May Lewis, Florence, *Hispanic Lace and Lace Making*, New York: 1939.

Meili, Caspar, Eric Häusler, „Swiss Embroidery: Erfolg und Krise der Schweizer Stickerei-Industrie 1865–1929", in: Historischer Verein des Kantons St. Gallen (Hrsg.), *155. Neujahrsblatt*, St. Gallen: 2015, S. 1–101.

Mottola Molfino, Alessandra, „Merletti Lombardi", in: Doretta Davanzo Poli (Hrsg.), *Cinque Secoli di Merletti Europei: I Capolavori*, Burano: 1984, S. 33–47.

Neu, Peter, *Margaretha von der Marck (1527–1599): Landesmutter, Geschäftsfrau und Händlerin, Katholikin*, Essen: 2013.

Orsi Landini, Roberta, *Moda a Firenze 1540–1580: Lo stile di Cosimo I de' Medici*, Florenz: 2011.

Ostaus, Giovanni, *La vera Perfettione del Disegno*, Venedig: 1557.

Ostaus, Giovanni, *La vera Perfettione del Disegno*, Venedig: 1561.

Ostaus, Giovanni, *La vera Perfettione del Disegno*, Venedig: 1591.

Pagano, Matio, *Il Spechio di Pensieri delle belle et virtudiose Donne*, Venedig: 1546.

Pagano, Matio, *Giardinetto novo di Punti tagliati*, Venedig: 1550.

Parasole, Elisabetta Catanea, *Studio delle virtuose Dame*, Rom: 1597.

Parasole, Elisabetta Catanea, *Pretiosa Gemma delle virtuose Donne*, Venedig: 1600.

Parasole, Elisabetta Catanea, *Fiore D'Ogni virtu*, Rom: 1610.

Parasole, Elisabetta Catanea, *Teatro delle nobile e virtuose Donne*, Rom: 1616.

Parasole, Elisabetta Catanea, *Gemma pretiosa delle virtuose Donne*, Rom: 1625.

Parasole, Elisabetta Catanea, *Teatro delle nobile e virtuose Donne*, Rom: 1636.

Rapp, Anna, *Schweizerische Mustertücher, Aus dem Schweizerischen Landesmuseum*, Bd. 40, Bern: 1976.

Risselin-Steenebrugen, Marie, „Une Dentelle à l'Effigie de Charles II d'Espagne", in: *Bulletin des Musées Royaux d'Art et d'Histoire*, 1951, Jg. 23, S. 65–68.

Risselin-Steenebrugen, Marie, „A propos d'un couvre-pied en Dentelle de Bruxelles", in: *Bulletin des Musées Royaux d'Art et d'Histoire*, Jg. 25, 1953, S. 42–49.

Risselin-Steenebrugen, Marie, „Martine et Catherine Plantin: leur Rôle dans la Fabrication et Commerce du VIe Siècle", in: *Revue Belge d'Archéologie et d'Histoire d'Art*, Jg. 26, Nr. 3–4, 1957, S. 169–188.

Risselin-Steenebrugen, Marie, „Caroline d'Haluin: Marchande de Dentelles à Bruxelles au XVIIe Siècle", in: *Annales de la Société d'Archéologie de Bruxelles*, 1957, S. 114–128.

Risselin-Steenebrugen, Marie, „Dentelles Anversoises et Commerce Espagnol au Début du XVIIIe Siècle", in: *Bulletin des Musées Royaux d'Art et d'Histoire*, Jg. 30, 1958, S. 59–70.

Risselin-Steenebrugen, Marie, „Christophe Plantin: Facteur de Lingerie fine et en Dentelles", in: *De Gulden Passer*, Jg. 37, 1959, S. 74–111.

Risselin-Steenebrugen, Marie, „Un Livre de Patrons de Dentelle du XVIIIième Siècle", in: *Bulletin des Musées Royaux d'Art et d'Histoire*, Jg. 43–44, 1971–1972, S. 131–141.

Risselin-Steenebrugen, Marie, „Les Débuts de l'Industrie dentellière à Bruxelles", in: *Bulletin des Musées Royaux d'Art et d'Histoire*, Jg. 48, 1976, S. 101–118.

Rizzini, Marialuisa, „Il Cinquecento e la sua Fortuna", in: Marina Carmignani, Marialuisa Rizzini, Maria Paola Ruffino (Hrsg.), *Merletti dalle Collezioni di Palazzo Madama*, Cinisello Balsamo: 2013, S. 17–47.

Rizzini, Marialuisa, „Il Seicento", in: Marina Carmignani, Marialuisa Rizzini, Maria Paola Ruffino (Hrsg.), *Merletti dalle Collezioni di Palazzo Madama*, Cinisello Balsamo: 2013, S. 49–87.

Roche, Daniel, *La Culture des Apparences: une Histoire du Vêtement XVIIe–XVIIIe Siècle*, Paris: 1989 (2. Aufl.).

Roellin, Peter (Hrsg.), *Stickereizeit: Kultur und Kunst in St. Gallen, 1870–1930*, St. Gallen: 1989.

Sabbe, Maurice, *L'Œuvre de Christophe Plantin et de ses Successeurs*, Brüssel: 1937.

Schoenholzer Nichols, Thessy, „Merletti di Moda", in: *Merletti e Mode: I Merletti nell'Abbigliamento tra i Secoli XVIII e XX*, Cantù: 2003, S. 16–24.

Schoenholzer Nichols, Thessy, Raffaella Sgubin (Hrsg.), *I Merletti del Monastero Sant'Orsola nelle Collezioni di Musei Provinciali di Gorizia*, Gorizien: 2011.

Schoenholzer Nichols, Thessy, Silvio Tomasini (Hrsg.), *Merletti a Gandino: La Collezione in Oro, Argento e Lino del Museo della Basilica*, Gandino: 2012.

Schoenholzer Nichols, Thessy, *Spitzen in Arbeit: neue Erkenntnisse zur Herstellung von Nadelspitzen*, St. Gallen: 2012.

Schönsperger, Johannes, der Jüngere, *Furm- oder Modelbuchlein*, Augsburg: 1523.

Sercy, Charles de, „La Révolte des Passements", in: *Recueil de Pièces en Prose les plus agréables de ce Temps*, Paris: 1661.

Sessa, Giovanni-Battista und Marchio, *Le Pompe*, Venedig: 1557.

Sessa, Giovanni-Battista und Marchio, *Le Pompe: Libro secondo*, Venedig: 1557.

Sgubin, Raffaella (Hrsg.), *Abitare il Settecento*, Gorizien: 2008.

Sibmacher, Johann, *Schön neues Modelbuch*, Nürnberg: 1597.

Siegfried, Walther, *Aus dem Bilderbuch eines Lebens*, Zürich / Leipzig: 1926.

Sorber, Frieda, „Kledij in Antwerpse Archieven uit de zeventiende Eeuw", in: *Antwerpen in de XVIIde Eeu*, Genootschap voor Antwerpse geschiedenis, Antwerpen: 1989, S. 451–486.

Sorber, Frieda, „Het Windesel van het miraculeuze Beeld van Onze-Lieve-Vrouw in Zand in de Sint-Waldetrudiskerk te Herentals", in: *Historische Jaarboek van Herentals*, Jg. XXVI, 2017, S. 72–81.

Tagblatt der Stadt St. Gallen 15.04.1898 und 22.11.1901.

Tozzi, Pietro Paolo, *Libro Nuovissimo di Reccami*, Padova: 1596.

Truyens-Bredael, C. L., *Het Kantwerk van de Ommegang*, Antwerpen: 1941.

Van Overloop, Eugène, *Matériaux pour servir à l'Histoire de la Dentelle en Belgique*, Bd. 1, Brüssel: 1908.

Vecellio Cesare, *Corona delle nobili et virtuose Donne: Libro 2*, Venedig: 1601.

Vecellio Cesare, *Corona delle nobili et virtuose Donne: Libro 3*, Venedig: 1617.

Verwaltungsberichte des Kaufmännischen Directoriums an die kaufmännische Korporation in St. Gallen 1897.

Vinciolo, Federigo de, *Les singuliers et nouveaux Pourtraicts et Ouvrages de Lingerie*, Paris: 1588.

Walsh, Beth, „Look at the Lace: Why, it's Gros Point de Venise of Course!", in: Karbacher 2012 (a), S. 84–92.

Wanner-JeanRichard, Anne, *Kunstwerke in Weiss: Stickereien aus St. Gallen und Appenzell im 19. Jh.*, St. Gallen: 1983.

Wanner-JeanRichard, Anne, „Baumwolle in der Schweiz", in: Schloss Thunstetten (Hrsg.), *Stoffe und Räume: Eine textile Wohngeschichte der Schweiz*, Bern: 1986, S. 91–108.

Wanner-JeanRichard, Anne, *Leinenstickereien des 15.–17. Jahrhunderts aus der ehemaligen Sammlung Leopold Iklé*, St. Gallen: 1990.

Wanner-JeanRichard, Anne, *Muster und Zeichen: gestickt und gesammelt auf textilem Grund*, St. Gallen: 1996.

Wanner-JeanRichard, Anne, *Von der Idee zum Kunstwerk: Stickereien aus der Sammlung des Textilmuseums St. Gallen und Tagebuchnotizen eines Stickereientwerfers*, St. Gallen: 1999.

Wanner-JeanRichard, Anne, Marcel Mayer, „Vom Entwurf zum Export: Produktion und Vermarktung von St. Galler Stickereien, 1850–1914", in: Amt für Kultur des Kantons St. Gallen (Hrsg.), *Die Zeit des Kantons 1861–1914*, St. Gallen: 2003, S. 143–167.

Wanner-JeanRichard, Anne, *Kettenstich und andere Stickereien: eine Sammlung von Stickereibeispielen, die Fritz Iklé in den Jahren 1931 bis 1933 für Adolf Jenny-Trümpy zusammenstellte*, Edition Comptoir-Blätter Nr. 7, Sent: 2013.

Wanner-JeanRichard, Anne, *Embroidery Stitches*, St. Gallen: 2014.

Wanner-JeanRichard, Anne, Marianne Gächter-Weber, Cordula Kessler-Loertscher, *Leopold Iklé: ein leidenschaftlicher Sammler*, St. Gallen: 2002.

Wanner-JeanRichard, Anne, Urs Hochuli, *Entwerfer unbekannt, Entwurf weggeworfen*, St. Gallen: 1994.

Wardle, Patricia, *75 x Lace*, Amsterdam: 2000.

Werder, Ludwig Otto, *Neue Spitzen: Entwürfe für Spitzen, Stickereien, Gardinen in moderner Auffassung*, Zürich: 1898.

Werder, Ludwig Otto, *Dentelles Nouvelles: Types modernes pour Dentelles, Broderies et Rideaux*, Plauen: 1901 (2. Aufl.).

Zander-Seidel, Jutta, *In Mode: Kleider und Bilder aus Renaissance und Frühbarock*, Nürnberg: 2015.

Zola, Émile, *Au Bonheur des Dames*, Paris: 1884.

Zoppino Niccolo, *Esemplari di Lavori*, Venedig: 1530.

www.arnoldsche.com
www.textilmuseum.ch

Herausgeber
Textilmuseum St. Gallen, Iklé-Frischknecht-Stiftung

Autorinnen
Roberta Orsi Landini, Thessy Schoenholzer Nichols, Frieda Sorber, Anne Wanner-JeanRichard

Konzeption und Redaktion
Michaela Reichel, Barbara Karl, Textilmuseum St. Gallen

Projektkoordination
Greta Garle, Arnoldsche Art Publishers

Lektorat
Silvia Gross, Ilona Kos, Textilmuseum St. Gallen

Übersetzung
Kirsten Schneidereit (für Roberta Orsi Landini), T. Häfliger und V. Blandford (für Frieda Sorber)

Fotografie
Michael Rast

Objektmontierung
Sarah Obrecht

Grafische Gestaltung
Silke Nalbach, nalbach typografik, Mannheim

Offset Reproduktion
Repromayer, Reutlingen

Druck
Nino Druck, Neustadt an der Weinstrasse

Papier
150 g/m² Profibulk 1.1

Bibliografische Information der Deutschen Nationalbibliothek
Die Deutsche Nationalbibliothek verzeichnet diese Publikation in der Deutschen Nationalbibliografie; detaillierte bibliografische Daten sind im Internet über www.dnb.de abrufbar.

ISBN 978-3-89790-533-7

Made in Europe, 2018.

Umschlagabbildungen
Kragen / Italien, 1690–1715, im 19. Jahrhundert neu montiert / 36 × 124 cm, vgl. Tafel 101, Inv.-Nr. 00524.

Diese Publikation entstand mit grosszügiger Unterstützung der Iklé-Frischknecht-Stiftung.